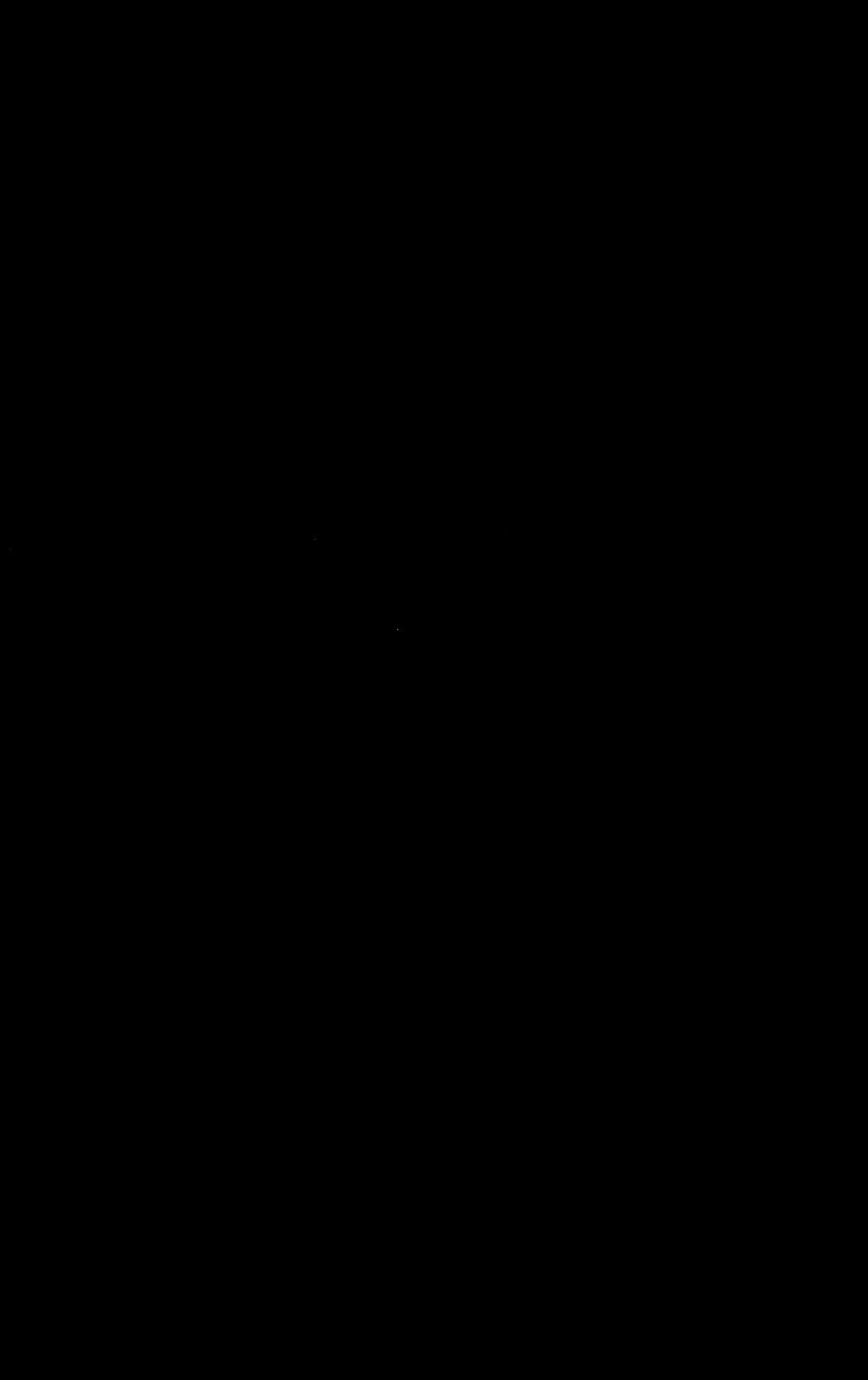

고독한 리더를 위한 6가지 결단의 힘

Hard Call: The Art of Great Decisions by John McCain
Copyright ⓒ 2007 by John McCain and Marshall Salter
All rights reserved.

This Korean edition was published by Sallim Publishing Co. LTD. in 2009
by arrangement with John McCain c/o Sterling Lord Literistic, Inc., New York
through KCC(Korea Copyright Center Inc.), Seoul.

이 책의 한국어판 저작권은 (주)한국저작권센터(KCC)를 통한 저작권자와의 독점계약으로 (주)살림출판사가 소유합니다.
저작권법에 의하여 한국 내에서 보호를 받는 저작물이므로 무단전재와 복제를 금합니다.

The Art of Great Decisions

고독한 리더를 위한 6가지 결단의 힘

존 매케인·마크 솔터 지음 | 안혜원 옮김

1% 리더들만 알았던 결정의 기술

살림Biz

| 시작하는 말 |

나는 밤새 잠을 잔 사내를 알고 있다. 그는 거의 한계에 다다랐다. 상처 입고, 굶주리고, 넋이 나가고, 지칠 대로 지친 그는 자신의 상황을 신중하게 판단했다. 자유의 광경과 자유의 소리가 그에게 손짓하며 분명 그쪽을 향해 달려가고 싶은 충동을 자극했을 것이다. 여정이 막바지에 이르자 그는 자신이 미쳐가고 있는 건 아닌지 걱정했다. 의식이 들었다 나갔다 하고 있었다. 그는 어린 시절의 주일학교 선생님과 큰 소리로 말다툼을 하고 있는 환각에 빠졌다. 이만큼 멀리 데려다주신 하나님께 감사하는 동안 그는 잠시 자신의 목소리를 다른 미국인의 목소리로 착각했다. 이제 그는 엄청난 용기와 남아 있는 지혜를 모두 동원해서 자신의 인생에서 가장 중대한 결정을 내려야 했다. 마지막으로 돌진할 것인가, 기다릴 것인가. 그의 선택으로 영웅의 특권이냐 언제 끝날지 모르는 고통과 괴로움이냐, 아내와 아이들의 축복이냐 분노한 적의 잔혹행위냐, 자유냐 포로 신세냐, 죽느냐 사느냐가 결정될 것이다.

그는 기다리기로 결정했다.

2주 전인 1967년 8월 26일, 공군 소령 조지 '버드' 데이(George 'Bud' Day)는 베트남 비무장지대 북쪽에서 포로가 되었다. 버드 데이 소령은 격추된 제트 전투기 F-100에서 탈출하면서 오른팔 세 군데가 부러지고, 무릎을 심하게 다치고, 얼굴을 부딪쳤다. 그를 생포한 북베트남군은 골절된 뼈를 거칠게 맞추고, 부러진 팔에 조잡하게 만든 깁스를 했다. 그러고는 발목을 묶어서 북쪽으로 이송하기 전까지 흙구덩이에 놔두었다. 버드 데이는 나이가 많긴 했지만 탈출하기로 결정했다. 그날 밤, 그는 밧줄을 풀고 구덩이 밖으로 기어 나와 재빨리 비무장지대 반대쪽, 남쪽으로 약 32킬로미터 떨어진 곳에 있는 미군 비행장으로 움직이기 시작했다.

  뒤이은 2주 동안 버드는 밤에 움직이고 낮에 잠을 잤다. 그는 벼를 심은 논을 건너고, 정글 사이로 움직이며, 언덕을 기어오르고, 강을 건너고, 빽빽한 정글 풀숲에서 길을 잃고 헤매며, 가까스로 다시 체포되는 것을 모면했다. 한번은 대나무 장대 두 개에 의지해서 벤하이(Ben Hai) 강을 타고 떠내려가다가 적의 총에 맞을 뻔했다. 그는 이슬과 빗물, 때로는 열매를 조금씩 먹으며 연명했고, 살아 있는 개구리마저 삼켰다. 그러다 병이 들어 어느 순간에는 물도 삼킬 수 없었다. 열이 펄펄 끓었다. 그러나 버드는 보통사람보다 강인하고 용감했다. 그는 계속 남쪽으로 움직였다.

  도망친 지 13일째 되는 날 밤 마침내 버드는 미 공군기지까지 2킬로미터가 채 남지 않은 곳에서 멈췄다. 헬리콥터와 비행기가 이착륙하는 모습을 보며 한두 번 신호를 보냈지만 성공하지 못했다. 그는 굶주리고 무릎을 다치고 팔이 부러진 빈사상태의 남자가 낼 수 있는 가장 빠른 속도로 동포들을 향해 달려가고 싶은 충동과 싸웠다. 그는 달려가지 않았다. 버드가 처한 상황, 그리고 도착하기만 하면 금방이라도 비참한 상태를 면할 가능성이 있었다는 점을 고려해보라. 그의 억제는 놀라운 인내심으로 이룬 성과와 자유 근처까지 도달한 배짱과 더불어 내게는 거의 초인적으로 보인다. 물론 곧 밝혀지듯이 버드 데이는 평범한 사람이 아니다.

그는 마음의 평정을 유지하고 가장 괴로운 상황에서 성급한 행동의 위험성을 가늠하는 훈련을 받았다. 그는 비행장 주변 경계선에 지뢰가 있을 거라고 생각했다. 그리고 깡마르고 몸이 굽고 햇볕에 그을린 남자가 어둠 속에서 절뚝거리면서 황급히 기지로 다가오는 모습을 본 보초병이 자신을 미 조종사가 아닌 다른 사람으로 오인할까봐 걱정스러웠다. 보초병은 장전한 M-1 소총을 지녔을 테고, 자신의 목숨을 위협받기 싫어할 것이다. 결국 버드는 날이 밝기를 기다려 움직이기로 결론짓고 정글 안에 누워 마지막 밤을 보냈다.

그것은 현명한 결정이었다. 아마 올바른 결정이었을 것이다. 경계선에는 지뢰가 묻혀 있었고, 또 적으로 오인받아 총에 맞았을 가능성이 매우 높았다. 그러나 분명 쉽지 않은 결정이었다. 위험이 너무 컸고 생존이 걸린 결정을 내리기에는 알지 못하는 요소가 많았다. 그것은 매우 어려운 결정이었다.

버드는 시간이 지나면 결정의 옳고 그름이 밝혀질 수 있을지 알지 못한 채 결정을 내렸다. 밤에 사로잡히지는 않을까? 아침까지 살아남을 수 있을까? 그가 알고 있는 유일한 것은 자신이 최선의 결정을 내리는 데 필요한 훈련을 받았다는 사실이었다. 그는 비겁함이 아니라 그가 가진 정보에 근거한 위험 가능성 때문에 자제했고, 위험 가능성과 용기가 있었기에 두려움과 고통 속에서 하룻밤을 더 견딜 수 있었다. 버드는 자신이 처한 상황과 위험성, 성공했을 때의 보상을 알고 있었다. 그는 시간과 상황이 허락하는 선에서 자신의 가능성을 현명하게 따져보았다. 그리고 훌륭한 선택을 했다.

그는 모험의 시작부터 끝까지 올바른 선택을 했다. 거의 대부분의 사람들이 불가능하다는 이유로 탈출을 거부했을 상황에서 그는 모험을 했다. 신중하고 정확하게 자신이 처한 상황을 판단했다. 그는 단단하게 묶여 있지 않았다. 감방에 갇힌 게 아니라 얕은 흙구덩이에 있었다. 가까이에서 감시를 받지도 않았다. 아마도 그를 붙잡은 사람들이 상태가 좋지 않은 남자가 탈출을 시도할 거라고는 상상하지 못했기 때문일 것이다. 버드는 그 지역에 익숙했고 어느 쪽이 안전한 방향이고 안전한 곳까지 얼마나 가야 하는지 알고 있었다. 그는 어둠 속에 몸을 숨겼다.

그는 그 작전을 믿었다. 자신에게 그 작전을 완수할 능력이 있다고 자신했다. 자만에서 비롯한 무분별한 자신감이 아니었다. 부상을 이겨낼 용기와 체력이 충분하다는 것을 알고 있었다. 그때가 적기라는 것을 알았다. 포로생활을 하면 하루가 다르게 건강이 악화되고, 얼마 안 있어 북쪽에 있는 감옥으로 끌려간다. 버드는 자기 자신만을 위해 행동한 것이 아니라 다시 만나고 싶은 가족을 위해 행동했다. 그는 가족에 대한 의무, 그리고 포로로 붙잡힌 미군은 가능한 한 탈출하라는 군사규정에 대한 의무 때문에 힘을 냈다. 다른 사람들은 불가능하다고 생각했을 테지만 그는 가능하다고 생각했다.

또한 그의 마지막 결정은 타이밍에 관한 문제였다. 같은 편의 총에 맞거나 어둠 속에서 지뢰를 밟는 것이 나을까? 아니면 적에게 붙잡히는 것이 나을까? 그는 적절하고, 현명하고, 어려운 결정을 내렸다. 그는 전자가 후자보다 훨씬 더 위험하다고 생각했다. 버드는 기다렸다.

그는 자유를 얻었고, 자유를 지키기 위해 싸웠다. 내가 아는 어느 누구도 그와 같이 행동하지 못했을 것이다. 버드의 행동은 적절했다.

나중에 안 사실이지만, 그날 밤 버드가 손에 넣을 뻔한 자유를 위해 그는 6년 가까이 기다리게 된다. 그는 동이 틀 무렵에 일어나서 기지 쪽으로 움직였다. 버드와 안전한 피난처 사이에 있는 마지막 정글에서 3~4미터 떨어진 지점, 북베트남군 두 명이 그를 발견했다. 그들은 멈추라고 소리를 질렀다. 버드는 숨기 위해 정글로 달렸다. 그러나 미처 몸을 숨기기 전에 왼쪽 다리에 총을 맞고 넘어졌다. 그는 안간힘을 써서 덤불 속에 숨었다. 고통 때문에 신음 소리를 내거나 숨을 크게 쉬지 않으려고 노력하면서 꼼짝도 하지 않았다. 오직 심장박동 소리만 들렸다. 버드는 적군이 미친 듯이 정글을 헤치면서 소리를 지르고 마구잡이로 총을 발사하는 소리를 들었다. 그중 한 명이 거의 손에 닿을 정도로 가까이 왔다. 그는 잠시 동안은 버드의 모습도 보지 못하고, 아무 소리도 듣지 못했다. 그러나 곧이어 버드를 발견했다.

그들은 하노이로 향하는 장거리 여행 도중, 용기 있는 행동을 한 대가로 버드를 고문했다. 으슥한 밤에 호아로(Hoa Lo), 그들이 불타는 용광로라고 부르는 위압적이고 위험한 감옥에 도착한 뒤로 고문은 더욱 잔혹해졌다. 고문은 한 사람을 영원히 바꿀 수도 있었다. 그러나 버드는 바꾸지 못했다. 그는 거의 탈출에 성공했던 그날처럼 강하고 용감하고 긍정적이었다.

버드는 대부분의 사람들은 경험하지 못할 가혹한 시련 속에서 적절한 결정을 내렸다. 분명 가장 올바른 결정이었을 것이다. 그러나 그가 기대한 대로 일이 잘 풀리지는 않았다. 운이 따르질 않았다. 그렇지만 그는 낙담하지 않고 불행을 받아들일 줄 아는 사람이었다.

붙잡힌 것은 버드 자신에게 불행한 일이었지만 다른 죄수들에게는 구원이었다. 베트남 전쟁포로수용소에 있는 지도자들 중 버드만큼 지조 있고, 용감하고, 의욕적인 사람은 거의 없었다. 영웅적인 탈출 시도 때 보여준 용기 덕분에 버드는 명예훈장을 받았다. 명예훈장은 또한 오랜 세월 동안 우리 모두를 대신해서 용감하게 고난을 이겨낸 것에 대한 보상이기도 했다. 그의 공훈에는 내 생명을 살린 일도 포함된다. 버드 데이와 그의 불행이 아니었더라면 나는 결코 감옥을 떠나지 못했을 것이라고 생각한다. 그러나 그것은 전혀 다른 이야기이니 이 정도에서 그만두기로 하자.

내가 버드의 이야기에서 이 부분을 말하는 이유는 그 안에 중대하고 감탄할 만한 결정이 들어 있기 때문이다. 오래지 않아 나도 그와 같은 처지가 되었고, 나는 버드가 힘들고 때로는 목숨까지 건 다른 결정을 내리는 것을 보았다. 그리고 내가 보기에는 대부분 올바른 결정이었다. 그러나 나는 모든 것을 건 이 결정이 훌륭한 결정 그리고 모범적인 의사결정자와 관련해서 내가 가장 중요시하는 특성을 모두 보여준다고 생각한다. 우리는 대부분 결과를 근거로 결정의 옳고 그름을 판단한다. 그러나 이 경우에는 해당하지 않는다. 우리는 만일 그가 다른 선택을 했다면 살아남아서 그 이야기를 들려줄 수 있었을지 확신할 수 없다. 그것이 이유 중 하나이다. 게다가 버드는 가장 비참한 상황에서 육체적으로나 정신적으로 극도의 고통을 겪었다. 의논할 상대도, 어떤 식으로든 도와줄 사람도 없이 감정적인 동요를 겪으며 철저히 혼자였다. 그는 혼자서 자신의 선택을 분명하고 신중하게 생각하고, 냉정하게 심사숙고해서 판단했다. 그것이 또 다른 이유이다. 그는 결정을 고수하고, 지나친 생존본능이 앞서지 않도록 조심하면서 잠을 청했다.

버드는 결정을 내려야 하는 상황임을 깨달았다. 그는 그 지역을 알고 있었다. 어떤 길로 가야 할지를 알았다. 위험 가능성과 기회를 이해했다. 목적을 달성하는 데 필요한 수단—이 경우에는 불굴의 정신—을 갖추었다고 믿었다. 적의 역량을 꿰뚫어보고 그들이 움직이는 방법과 장비에 관한 정보를 가능한 한 많이 파악했다. 18살 먹은 보초병이 어둠 속에서 깜짝 놀랐을 때 일어날 수 있는 불상사도 염두에 두었다.

버드는 발목에 묶여 있는 줄을 풀어야 하는 바로 그 순간이 가까이 왔음을 알았고, 그 순간이 순식간에 지나가리라는 것을 깨달았다. 그리고 마지막 결정을 내렸을 때, 아직 죽을 때가 되지 않았음을 깨달았다.

그에게는 예지가 있었다. 대부분의 사람들이 절망과 재난으로 여겼을 곳에서 버드는 가능성을 볼 수 있었다.

예지가 흔히 그렇듯이, 버드의 예지도 확신에서 비롯했다. 사람들은 종종 자만을 확신으로 착각하기도 한다. 그의 예지는 오랜 경험과 준비로 갈고닦은 본능이었다. 그는 자신만만했지만 허영심 때문은 아니었다. 버드는 자신의 강점과 상식을 믿었다. 모두 항상 그에게 큰 도움을 준 것들이었다. 베트남전은 그에게 있어 세 번째 전쟁이었고, 생사가 달린 결정을 내리는 것도 처음이 아니었다. 그는 경험으로 결점과 절망을 보완했다. 그리고 자신에게 결정을 포기하지 않을 용기가 있다고 믿었다.

버드는 무리하게 저항하지 않았다. 그가 감금이나 그보다 더 지독한 일을 목숨을 걸고 피하지 않은 이유는 자기 자신이 아니었다. 그가 사랑하고 그를 필요로 하는 가족을 위해서였다.

그리고 마지막으로 의무와 장교의 명예가 그에게 손짓하고 용기를 북돋아주었다.

나는 오랫동안 인식, 예지, 타이밍, 확신, 겸손, 영감이 최고의 결정과 그 결정을 내린 사람들에게서 볼 수 있는 전형적인 특성이라고 생각했다. 앞으로 이어지는 내용은 그 특성들, 그리고 성격과 행동에서 그런 특성을 지닌 사람들에게 바치는 찬사이다.

이 책에 포함된 이야기들은 이런 특성들 중 적어도 한 가지는 분명하게 보여주기 때문에 선택했다. 사실 버드 데이의 결정에서처럼 대부분의 이야기는 앞에서 말한 특성을 모두 포함한다. 그러나 각각의 일화에 대한 우리의 목적은 한 가지 특성에 초점을 맞추고 그것을 거울삼아 어려운 결정을 내리는 방법이 아니다. 결정을 내린 후―그리고 가능하면 그 전에―그 결정을 판단해서 최고의 결정에서 일반적으로 나타나는 특성들을 갖추었는지 확인하는 방법을 배우는 것이다.

우리는 벤저민 프랭클린(Benjamin Franklin)이 친구인 영국인 과학자 조셉 프리스틀리(Joseph Priestly)에게 했듯이 어려운 결정을 내리는 절차상의 방법을 제시하려는 것이 아니다. 그는 종이 한 장을 두 칸으로 나눠 찬성과 반대를 적고 새로운 생각이 떠오를 때마다 추가하라고 조언했다. 보통 어려운 결정은 가능한 모든 결과를 검토할 시간이 없는 상태에서 내려야 할 때가 많다. 가장 이상적인 방법은 그런 결정을 내려야 할 상황이 온다는 것을 예측할 수 있어서 행동으로 옮길 시간이 오기 전에 꼼꼼하게 상황을 분석하는 것이다. 그러나 항상 그렇게 하지는 못한다. 우리는 때로 상황을 즉시, 또는 매우 짧은 시간 안에 파악해야 한다. 때문에 우리의 선택사항과 그에 따른 발생 가능한 결과를 대강 살펴볼 수밖에 없다.

우리는 우리가 책임을 진 상황에 대해 가능한 모든 정보를 수집해서 일어날 수 있는 결과에 대비해야만 한다. 최선을 다해서 관련된 사람들 중 우리와 같은 입장인 사람들과 반대 입장인 사람들을 이해해야 한다. 자기 자신, 자신의 장점과 단점, 장점을 살리고 단점을 보완하는 가장 좋은 방법을 알아야 한다. 거의 본능적으로 이전의 결정—성공한 결정과 실패한 결정 모두—에서 배운 교훈을 기억해야 한다. 그리고 필요하다면 아무리 큰 장애물이 있어도 행동으로 옮기는 법을 배워야 한다. 또한 신중을 기해야 할 때는 아무리 조급하다고 느껴도 기다리는 법을 배워야 한다.

그러나 결정을 내리는 방법은 우리가 처한 상황과 자신의 특성에 따라 항상 달라진다. 우리에게는 판단에 영향을 미치는 저마다의 특징, 가치, 습관, 본능, 근심, 미신—평생에 걸쳐 쌓인—이 있다. 나는 결정을 평가할 때 결정의 특성, 결과 또는 그런 결정을 내린 과정을 검토하기 전에, 의사결정자의 성격에 대해 가능한 모든 것을 알고 싶어 한다. 아이젠하워(Dwight Eisenhower) 대장이 단독으로 유럽 공격을 시작하라는 신호를 보냈을 때, 그는 만일 공격이 실패한다면 모두 자신의 책임이며 성공한다면 군인들의 용기와 지략 덕분이라고 말하는 성명서를 썼다. 여기에서 우리는 아이젠하워의 인격에 대해 많은 것을 알 수 있다. 그리고 아이젠하워가 결정을 내리는 데 이용한 요소와 절차 못지않게 중요한 결정의 특성도 볼 수 있다. 그는 막대한 책임을 명예롭고 진지하게 받아들였으며 따뜻한 마음과 겸손으로 결정을 내렸다. 누가 결정을 내리느냐는 분명 어떤 결정을 내리느냐만큼 중요하다.

좋든 나쁘든 결국 역사를 움직이는 가장 큰 힘은 항상 인격이다.

나는 초보자를 위한 위대한 결정을 내리는 방법이나 몇 가지 단계를 제시할 수 없다. 내가 어떻게 결정을 내리는지를 납득할 수 있게 설명하지도 못할 것이다. 내가 중요한 결정—올바른 것이든 실패한 것이든—을 내리는 방법은 세월이 지나면서 바뀌었다. 나는 그것이 점점 더 바람직한 방법으로 변했기를 바란다. 그러나 최근에 전혀 자랑스럽지 못한 실수도 많이 저질렀다.

인생에서 용기와 겸손함으로 어려운 결정을 내린, 훌륭한 인격의 소유자이며 분별력 있는 사람들과 함께할 수 있어서 얼마나 감사하는지 모른다.

나는 그분들의 선례에서 많은 것을 배웠다. 중요한 결정을 내릴 때 내가 그 교훈들을 유의하지 않는다면, 그것은 그분들의 잘못이 아니라 내 부족함 탓이다. 내가 올바른 결정을 내릴 수 있는 이유는 나에게 최고의 선생님들이 있기 때문이다.

나는 모든 것이 극히 불안정한 상태에 있을 때 밤새도록 잠을 잔 사내를 알고 있다. 그는 기쁜 일이건 슬픈 일이건 간에 아침에 어떤 일이 일어나든지 그것을 감수했을 것이다. 그는 최선을 다했고 휴식을 취했다. 그리고 그것이 우리 모두가 해야 할 일이다.

| 차례 |

시작하는 말 ···4

1장 | 인식 AWARENESS ···17
변화를 준비한 사람들 ···25
위기를 기회로 만든 용기 ···56
최선의 결정이 가장 중요하다 ···76

2장 | 예지 FORESIGHT ···99
위험은 언제나 존재한다 ···106
특허번호 174465, 세상의 거리를 좁히다 ···129
세계를 만든 신념과 용기 ···152

3장 | 타이밍 TIMING ···185
인간들로 가득 찬 하늘 ···191
면도기가 아닌 면도를 판매하라 ···207
이스라엘이여, 이슬람이여, 영원하라 ···226

4장 | 확신 CONFIDENCE ···257
멈추어 설 이유가 없다 ···264
이글, 착륙하다 ···280
앞서 가는 사람의 등에는 수많은 화살이 꽂혀 있다 ···299
지휘관의 결정이 승패를 만든다 ···316

5장 | 겸손 HUMILITY ··· 343
    타인의 행복을 위하여 ··· 348
    권리를 지키다 ··· 366
    전쟁의 모순을 용서하라 ··· 387
    진정한 자비 ··· 411

6장 | 영감 INSPIRATION ··· 435
    가장 성스러운 장소 ··· 437
    죽은 자들에 대한 의무 ··· 465
    고귀한 약속 ··· 480

    맺는말 ··· 499
    감사의 말 ··· 509
    옮긴이의 말 ··· 511
    주 ··· 513
    찾아보기 ··· 527

Part
1

인식
AWARENESS

당신이 더 많은 것을 알수록 더욱 현명한 결정을 내리는 법이다.
잘못된 결정을 내린 사람이 하는 가장 흔한 말이 무엇인가?
"난 정말 몰랐어."이다.

해군 조종사들은 비행작전 중 마주치는 전술적 상황에 대한 조종사들의 이해력, 즉 조종사들이 주위에서 일어나고 있는 혹은 일어날 가능성이 있는 모든 것들에 관련된 정보를 얼마나 제대로 파악하고 있는지를 설명하기 위해 '상황 인식(situational awareness)'이라는 용어를 만들어야 한다고 주장한다.

편대비행에서 조종사의 위치는 어디인가? 착륙할 지면은 어디인가? 목표물과 얼마나 가까이 있는가? 연료는 얼마나 남았나? 조종사의 전투기는 어떻게 움직이고 있는가? 항공전자 시스템은 정확하게 작동하고 있는가? 기상상태 때문에 작전이 방해받거나 위험도가 높아지지는 않는가? 적군이 있는 곳 혹은 있음직한 곳은 어디인가? 적군의 사정거리, 위치, 공중방어 범위는? 그는 자신이 파악하거나 자신에게 전달된 새로운 정보를 분석하고, 또 그에 따라 목표를 변경하고 있는가? 그러나 임무의 성공 가능성을 높이기 위해서 조종사가 반드시 기억해야 할 몇 가지 변수들이 있다.

조종사가 임무수행 중 내리는 결정에는 좀 더 주관적인 판단들이 포함된다. 그는 얼마나 훌륭한 조종사인가? 그가 속한 비행편대의 다른 조종사들은 얼마나 훌륭한가? 얼마나 지쳐 있는가? 경험은 풍부한가? 스트레스 정도는? 적군의 실력은 어떤가? 조종사 자신 또는 편대원들의 성격적 특성 중 판단에 영향을 미칠 수 있는 것은 무엇인가? 중압감을 이겨낼 수 있는가? 다른 조종사들은 어떤가? 그들은 용감한가? 비행이 자연스럽게 느껴지는가, 아니면 난해하고 고된 작업이어서 신경이 곤두서고 임무 완수에 정신을 집중하기가 힘든가? 그는 자신만만한 타입인가? 어떤 상황에 대한 다른 조종사들의 의견 때문에 해서는 안 될 모험을 감행하거나 책임을 회피하는가? 의욕이 넘치거나 아드레날린 분비로 기세가 등등해서 위험이 커져도 아랑곳하지 않는가? 적군의 무기 시스템이 그를 겨냥하고 있다는 경고음이 들리면 목표물을 향해 돌진하는 타입인가, 아니면 즉시 대피하는 타입인가? 조종사는 결정을 내릴 때 이런 모든 변수들을 이해해야 하고 이것들을 조정하도록 노력해야 한다. 그가 내리는 결정은 임무의 결과에 영향을 미치며, 어쩌면 그의 생사 여부도 결정하기 때문이다.

아무튼 이것이 내가 항공학교에서 배운 것이다. 그리고 개인적 경험이 더해져 그때 배운 것을 깊이 각인했다. 구사일생으로 목숨을 건진 베트남에서의 마지막 군사작전에서 나는 그 임무 때문에 내 목숨이 위태로워질 수도 있다는 것을 인식하지 못했다. 나는 이전 경험들을 비행 중에는, 특히 위험하고 긴장된 상황에서는 일이 종종 잘못될 수도 있다는 증거로, 또 위험을 좀 더 염두에 두었어야 한다는 깨달음으로 받아들여야 했다. 그러나 그 대신 나는 나 자신이 불사신이라는 그릇된 생각을 키웠다. 그리고 그런 자만심 때문에 내가 직면한 위험을 대수롭게 여기지 않았다. 나는 내 지식과 통제력을 과신하고 있었다. 그리고 그날, 내 운도 다했다. 적군의 미사일이 나를 겨냥했다는 경고음을 들었을 때 나는 막 목표물에 폭탄을 떨어뜨리기 직전이었다. 내가 생각하기에는 폭탄을 떨어뜨리고 나를 향해 날아오는 미사일을 피하기에 시간이 충분했다. 게다가 소련의 원조로 역사상 공중전이 가장 치열해진 하노이를 벗어나고 싶은 마음이 간절했다. 먼저 공격하고 빠져나갈 자신도 있었다. 모든 걸 이번 한 번으로 끝내고 싶었다. 나는 5년 반이라는 긴 시간 동안 그때의 내 결정과 잘못된 자기 인식을 후회했다. 잘못된 자기 인식 덕분에 나는 치기어린 오기를 깨닫지 못했다. 그리고 그 결과, 전쟁과 인생에 관한 불변의 진리를 무시했다. 바로 행운은 믿을 게 못 된다는 진리 말이다.

물론 모든 중대한 결정이 그렇게 심각한 것은 아니다. 그러나 당신이 결정을 내려야 하는 상황을 정해진 시간 내에 객관적으로나 주관적으로 가장 정확하게 인식하면 모든 결정의 질이 높아진다. 당신의 대답을 요하는 첫 번째 질문은 이렇다. 어떤 심각성을 내포하고 있는가? 당신의 결정이 어떤 위험을 야기할 수 있으며, 또 위험해질 가능성은 얼마나 되는가? 만일 생사가 달리고, 중대한 사업의 흥망을 결정하고, 사랑하는 사람의 안위에 영향을 미치는 심각한 문제라면, 결정을 내리기 전에 신중하게 움직이면서 마지막 순간까지 모든 노력을 기울여 관련 정보를 모을 것이다. 잘못된 결정을 내릴 경우, 회복할 수 없을 만큼 타격을 입는 상황이라면 당신이 느낄 부담감은 한층 더 무거워질 것이다. 반면, 그다지 심각한 문제가 아니거나 잘못된 결정을 내려도 그것을 만회할 시간이 있다면 좀 더 과감한 행동을 취할 여지가 있을 것이다. 즉 실패할 가능성이 높기는 하지만 옳은 결정이었음이 입증될 경우 상당한 성공을 거머쥘 수 있는 행동 말이다. 상황이 너무 긴박해서 과감한 결정을 내리는 것만이 유일한 살길인 경우가 있는 것도 사실이다. 만일 그런 경우라면, 당신에게 행운을 빈다. 당신에게는 엄청난 행운과 용기가 필요할 것이다. 어쩌면 당신은 아무런 결정을 내릴 필요도 없이 그저 어떤 이익을 얻을 기회만을 엿보고 있을지도 모른다. 당신은 그에 대해 어떤 대가를 치를지 알고 있는가? 그런 모험을 할 가치가 있는가? 당신의 도박에 상당한 승산이 있다고, 단순히 요행을 바라는 게 아니라고 자신할 만큼 주위상황을 제대로 파악하고 있는가?

다음으로 고려해야 할 사항은 시간이다. 그 문제는 언제까지 해결 가능한가? 기회는 언제까지 유효한가? 잘못된 결정을 내려도 그것을 만회할 또 다른 기회가 있는가? 언제까지 최종결정을 내려야 하는가? 결정을 유보하는 것 때문에 성공 가능성이 낮아지거나 높아지는가? 인내심은 득이 되는가, 해가 되는가? 얼마나 오래 생각하고, 얼마나 오랫동안 다른 사람들과 의논해야 하는가? 현실적으로 정해진 시간 내에 더 많은 정보를 모을 수 있는가? 즉석에서 결정을 내려야만 하는가? 그렇다면 세 번째 주요 질문에 대답할 수 있어야 한다.

    당신은 결정을 내릴 준비가 되었는가? 당신의 업무를 알고 있는가? 당신이 모르는 것이 무엇인지 알고 있는가? 정해진 시간 내에 긴급 결정을 내리는 데 익숙한가? 지금 당신이 처한 상황과 비슷한 위험부담과 성공보수가 달려 있는 상황에서 동일한 멤버와 함께 즉석에서 또는 충분한 시간을 갖고 옳은 결정을 내려본 적이 있는가? 만일 경쟁자가 있는 상황이라면, 그들이 얼마나 준비되었고 노련한 사람들인지 알고 있는가? 그들이 무엇을 모르는지 알고 있는가? 당신이 결단을 내릴 수 있다고 확신하는가? 그것이 중요한가? 믿고 조언을 구할 만한, 경험이 풍부하고 준비를 더 철저히 한 사람들이 있는가?

    결정을 내리기 위한 시간이 더 많이 주어진다면 더욱 많은 것을 알아야 한다. 더 많은 정보를 모으고, 더 많은 사람들에게 자문을 구하고, 자신이 처한 상황을 분석해 그와 유사한 결정을 면밀히 검토하고, 관련 문제들에 대한 답을 찾고, 잠재된 문제들을 확인할 수 있다.

    넷째, 결정을 내리기 위해 당신이 이용하는 정보가 믿을 만하다고 확신하는가? 당신의 가설은 분명 당신이 현재 속한 상황과는 주요한 그리고 아마 잘 알려지지 않은 면에서 차이가 있는가? 혹은 따끈따끈한 최신정보에 비추어서 재평가하지 않은 틀에 박힌 판단이자 여러 사람이 논의한 결과에 지나지 않는가? 아니면 특정 상황에 대한 관찰을 토대로 한 것인가? 당신은 서로 상반된 증거를 비교 검토하고 어느 쪽이 정확한지에 관한 타당한 결론을 도출하는가? 이런 질문들에 대한 대답은 그 정보의 출처에 대해 당신이 갖고 있는 개인적 경험에 따라 결정될 것이다. 과거에는 그 출처가 믿을 만했는가? 그러한 정보를 제공한 전력이 있는 출처인가? 당신이 의지하는 것이 인간의 지성이라면, 관련 정보를 찾고 평가하기 위한 사람들의 자격조건은 무엇인가? 그들의 동기는 무엇인가? 하려고 마음먹었다면 동기를 감추는 것도 가능했을까? 과거에 그들의 판단을 확신하지 못할 만한 일이 있었는가? 그들은 불필요한 것과 중요한 것을 구분할 수 있는가? 당신이 원하는 것을 이해하는가? 상황을 보는 방식이 당신과 같은가, 다른가? 그 이유를 알고 있는가? 기억하자. 컴퓨터 프로그래머들이 말하듯이, 쓰레기를 넣으면 쓰레기가 나온다. 잘못된 정보는 고정화하는 경우가 많다. 만일 잘못된 정보가 전략적 사고의 전제를 형성하고 그것이 잘못된 것임이 제때 밝혀지지 않는다면 두 번, 세 번, 계속해서 잘못된 결정을 내릴 가능성이 있다.

미국이 이라크를 침공한 주된 이유는 사담 후세인이 화학무기 및 생화학 무기를 갖고 있으며 핵무기 제조에서 큰 진전을 이루고 있다는 확신이 있었기 때문이다. 그런 확신은 부분적으로 이전부터 출처가 불확실했거나 미심쩍은 정보를 바탕으로 했다. 또 한편으로는 다른 많은 국가들의 국가정보기관들도 그와 같은 추측을 하고 있다는 사실에서 자신감을 얻었기 때문이기도 하다. 우리가 후세인의 무기 프로그램 상태를 정확히 알았다면 과연 공격을 감행해야 했는지에 대한 질문은 논외로 하자. 어떤 이들은 우리가 공격해서는 안 되었다고 주장한다. 나를 포함한 다른 이들은 후세인은 여전히 위협적인 존재이기 때문에 더 늦기 전에 그 일에 착수하는 것이 최선이라고 주장했다. 내가 이 문제를 언급하는 이유는 단지 잘못된 정보가 어떻게 계속해서 다른 실수들을 야기하는지 보여주기 위해서이다. 침공 직후 우리는 존재하지도 않는 무기 때문에 이라크를 소탕하려는 노력에 시간과 인력을 쏟아 붓고, 정부의 최우선 과제로 삼았다. 차라리 이 시기에 더 시급한 임무, 이를테면 재래식 무기 저장고를 확보한다든가 바그다드로 진격하느라 뒷전으로 미루었던 다른 지역의 저항세력에 집중하고 거기에 군사를 배치했다면 훨씬 더 효율적이었을 것이다. 우리가 이라크에서 저지른 정치적, 군사적 실수들은 인식 부족이 초래한 다양한 사례들을 보여준다. 그 모든 사례를 다루는 꽤 두꺼운 책들이 시중에 많이 나와 있다.

인식의 중요한 요소는 최초의 결정이 옳았다고 입증될 경우에 앞으로 내려야 할 결정을 예상하는 것이다. 예를 들면 우리는 이라크의 군사력, 우리가 싸우려는 곳의 주변상황, 우리가 무너뜨리려는 정권이 견고하다는 사실, 심지어 우리가 몰아내려는 폭군의 성격까지 매우 잘 파악하고 있었다. 우리는 군사작전계획을 수립하며 우리가 알고 있는 것을 재빨리 적용했다. 그러나 우리는 작전이 성공할 경우 그 이후의 일을 계획하지도, 군대를 대비시키지도 않았다. 우리가 계획한 방법으로 첫 번째 목적을 이룬 후에 이라크에 무슨 일이 생길지 알지 못했고, 어떤 일이 일어났을 때 필요한 것이 무엇인지를 깨닫는 데 기민하지 못했다. 결국 그런 요인들이 매우 심각하고 비극적인 실수로 판명되었다.

인식을 구성하는 마지막 요소이자 반드시 필요한 요소는 당신의 결정에 도움을 준다. 또한 그것에 영향을 받는 사람들에 대한 개인적인 경험으로서, 이것이 가장 주관적이다. 그리고 이 등식에서 가장 중요한 부분은 자기 인식이다. 당신은 세부 사항을 모으고 평가하는 것보다 큰 그림을 그리는 데 더 능숙한가? 그것을 보완해줄 사람이 주위에 있는가? 당신은 인내심이 많은가? 충동적인가? 당신의 조언자들 사이에 의견이 일치하지 않으면 두려운가? 당신은 의견 차이를 대수롭지 않게 여기는가? 당신은 이미 내린 판단에 합당한 증거를 구하는 데 집중하며 반대되는 증거는 무시하는 경향이 있는가? 일단 마음을 정하면 실행하는 데 집중하는가? 아니면 만약 다른 사실들이 밝혀질 경우 마지막 순간에라도 마음을 바꾸는가? 당신은 자주 자기 의심에 사로잡히는가? 아니면 낙관적인 태도로 과거의 나쁜 기억을 털어내는 타입인가? 당신이 저지르는 가장 일반적인 실수는 무엇인가? 스트레스가 많은 상황에서도 일을 잘하는가? 아니면 정보를 더 많이 모으고, 추가로 도움을 얻고, 상황이 좀 더 분명해지기를 기다릴 만큼 시간적 여유가 있을 때 일을 훨씬 잘하는가? 과거에 당신의 본능은 맡은 역할을 잘 해냈는가? 그렇다면 그것과 반대되는 사실이나 경험이 풍부한 상담사들의 조언보다 본능을 더 신뢰하는가? 그리고 가장 중요한 것. 당신은 자기 자신에 대한 이러한 사실들을 알고 있는가? 그것들을 보완하기 위해 무엇을 했는가? 당신에게 부족한 부분을 보완하기 위해 부분적으로나마 팀을 조직해본 적이 있는가? 현명한 결정을 내리기 전에 생각해야 하는 개인적인 질문들이 많이 있다. 그리고 당신이 결정을 내려야 하는 상황에 직면하기 전에 스스로에게 그 질문들을 던지고 그 답을 구해야만 한다.

정기 건강검진에서 좋지 않은 결과가 나오고 두 가지 이상의 치료방법을 선택할 수 있는 상황이라면 당신은 어떻게 행동하는가? 그저 의사에게 의견을 묻고 그 결정에 동의하는가? 담당 의사가 유능하다는 것을 아는가? 상냥함과 친밀함 외의 다른 근거로 담당 의사를 신뢰하는가? 만일 당신의 의사가 적절한 조언을 할 자격이 없다면, 그들은 아마 당신을 다른 의사에게 보낼 것이다. 당신은 다른 선택사항을 찾아본 적이 있는가? 당신 질병의 근본 원인에 대한 정보를 찾아본 적이 있는가? 추천받은 각 치료방법의 성공률은 어느 정도인가? 상황이 심각해져서 선택의 여지가 제한되기 전까지 시간이 얼마나 남았는지 알고 있는가? 당신은 다른 사람들보다 정신적으로나 육체적으로 어떤 치료를 잘 견딜 수 있을지 알 만큼 당신 자신을 잘 알고 있는가? 수술이 필요하다면 수술을 집도할 수 있는 최고의 의사를 찾는 데 신중을 기하는가? 당신에게 필요한 수술이나 치료로 높이 평가받는 병원을 선택하는가?

간단히 말하자면, 당신이 더 많은 것을 알수록 더욱 현명한 결정을 내리는 법이다. 잘못된 결정을 내린 사람이 하는 가장 흔한 말이 무엇인가? "난 정말 몰랐어."이다.

변화를 준비한 사람들

브랜치 리키(Branch Rickey)는 변화를 일으켰다. 「타임(Time)」지가 야구계의 가장 영리한 인물로 꼽은 그는 야구경기에서 가장 중요한 혁신을 일으킨 사람이다. 세인트루이스 카디널스(St. Louis Cardinals)의 단장이었던 그는 유망주 발굴을 위해 마이너리그팀들의 경영권을 획득하여 팜시스템(farm system: 체계적으로 운영되는 마이너리그. 우수한 신인을 조직적으로 육성·배출하는 조직을 가리킨다―옮긴이)을 도입했으며, 정교한 통계분석을 이용해서 선수들의 성적을 평가했다. 놋홀 갱(knothole gang: 당시 세인트루이스 지역에 거주하는 어린이와 십 대를 위한 야구경기 관람 할인 프로그램―옮긴이), 슬라이딩 피트(sliding pit: 인조 잔디구장에서 선수들이 부상 염려 없이 슬라이딩을 할 수 있도록 베이스나 홈플레이트 주위를 흙으로 덮어놓은 구역―옮긴이), 티배팅(tee batting: 야구에서 선수의 키에 알맞은 타격대 위에 공을 얹어놓고 때리는 타격훈련방법―옮긴이), 헬멧도 모두 그의 아이디어였다. 그는 타격, 투구, 수비 능력은 타고난다고 생각했지만 그 밖의 다른 것들은 가르칠 수 있다고 생각했다.

브랜치 리키는 야구경기의 기본 원리와 새로운 전술을 칠판에 그려가며 가르친 선구자였다. 그는 인재를 판단하는 가장 날카로운 눈의 소유자였다. 스카우트 조직을 집중 육성한 리키는 가장 전도유망한 선수를 찾아 마이너리그에서 잠재력을 높이고 성공적인 프로야구 선수로 탈바꿈시켰다. 그는 트레이드의 대가였다. 스타 선수의 기량이 절정에 이르렀을 때를 알아보고 그의 기량이 눈에 띄게 쇠퇴하기 전에 더 나은 선수와 상당한 액수의 보상금을 받고 다른 팀으로 보내는 비상한 능력이 있었다.

리키가 일하기 시작했을 때 카디널스는 17만 5,000달러의 빚을 진 최악의 팀이었다. 리키가 떠날 무렵의 카디널스는 가장 수익성이 높은 팀이자 '개스하우스 갱(Gashouse Gang: 거친 선수들이 많아 붙은 별명—옮긴이)'들의 본거지, 1930년대 내셔널리그 최고의 팀이면서 정규 시즌에서 여섯 번, 월드시리즈에서 네 번 우승한 팀이었다.

그는 어깨가 넓고 체격이 다부졌으며, 볼품없는 양복과 나비넥타이, 중절모를 걸쳤다. 헝클어진 검은 머리는 눈썹 위로 흘러 내려와 있었다. 살이 오른 얼굴에 짙은 눈썹을 가졌고, 입가에 시가를 물었다. 그는 에너지가 흘러넘치고 과장된 태도로 독실한 신자인 척하는 남자였다. 오하이오 농장의 엄격한 감리교도 집안에서 자란 리키는 욕을 하지 않고 술도 마시지 않았다. 스포츠 담당 기자들이 질문을 할 때면 이를 기회 삼아 야구와 도덕, 반공산주의, 미국식 삶의 방식에 대해 일장연설을 늘어놓았다. 기자들은 그가 설교하는 사무실을 '바람의 동굴(Cave of the Winds: 장광설을 늘어놓는 사람에게 long-winded라는 표현을 쓴다—옮긴이)'이라고 불렀다. 그는 국제 로터리 클럽(사회봉사와 친선을 모토로 하는 국제적 사교단체—옮긴이)과 자신의 가족, 그리고 때로는 놋홀 갱 프로그램을 이용하는 아이들에게도 참을성 많은 뉴욕 언론들을 진절머리 나게 한 것과 똑같은 장광설을 늘어놓았다. 「타임」지는 그를 두고 '피니어스 바넘(Phineas T. Barnum: 미국의 유명한 서커스 사업가로, 매순간마다 바보가 태어난다(There is a sucker born every minute)는 말로도

◆ 브랜치 리키와 재키 로빈슨(커트 건서/특파원, Getty Images).

유명하다―옮긴이]과 자신이 하는 일이 대단하고 숭고한 것인 양 말하는 경향이 있던 빌리 선데이(Billy Sunday: 원래 프로야구 선수였으나 나중에 유명한 복음 전도사가 되었다―옮긴이)를 섞어놓은 듯한 인물'이라고 말했다.[1]

리키는 경건하고 약삭빠르며 계산적인 사람이었다. 그는 독실한 어머니의 뜻과 자신의 신앙심에 따라 일요일 경기에는 참석하지 않았다. 그러나 라디오로 경기를 들었고 그를 비난하는 사람들이 끊임없이 지적했듯이 그도 야구장에서 가장 수입이 좋은 날은 일요일이라는 사실은 부인하지 않았다. 그는 금주법을 거리낌 없이 지지하면서도 야구계의 주당들과 친분을 유지했다. 아내에게 헌신적인 남편이자 여섯 명의 아이들에게 모범적인 아버지였으며 예의범절에 엄격하고 도박을 싫어했다. 그러나 브루클린 다저스(Brooklyn Dodgers)의 단장으로 있었을 때 걸핏하면 심판에게 악담을 퍼붓고 뉴욕 환락가의 수상쩍은 인물들과 도박을 일삼던 난폭한 술고래 레오 듀로셔(Leo Durocher)를 보호했다. 그는 정직의 미덕에 대해 열변을 토했지만 더 큰 목적을 위해서라면—야구경기에서 승리하는 것과 같은—속임수를 쓰는 일에 양심의 가책을 거의 느끼지 않았다. 카디널스에 있을 때는 유명한 공화주의자로 매우 보수적이었고 미주리 주지사로 출마하는 것도 고려했다. "그의 적은 루스벨트 대통령과 공산주의자와 사회복지다."라는 말이 있을 정도였다.[2] 그 시절부터 그의 마음속에 자리 잡았던 원대한 계획은 미국 공산당을 포함한 전국의 가장 급진적인 세력들과 동맹을 맺는 것이었다.

그는 야구계에서 고액연봉을 받는 경영진이며 가장 인색한 사람이었다. 선수들에게 가장 낮은 임금을 주는 것으로도 악명이 높았다. 니그로리그(Negro League)에 속한 어떤 팀의 구단주는 이렇게 말했다. "저는 리키 씨가 매우 신앙심이 깊은 사람이라고 들었습니다. 만일 그 말이 사실이라면 그의 종교는 황금만능주의라 할 수 있을 겁니다."[3] 팀 내 최고의 타자가 자신의 팀 공헌도에 걸맞은 임금을 요구하자 핀잔을 놓은 적도 있었다. "자네가 있어도 경기에 이기지 못했지. 경기에서 지는 건 자네 없이도 할 수 있다네." 리키의 날카로운 통찰력에 대한 인상보다 그의 인색함을 경멸하는 마음이 컸던 뉴욕 「데일리뉴스(Daily News)」의 지미 파워스(Jimmy Powers)는 그에게 별로 자랑스럽지 않은 '싸구려'라는 별명을 붙였다.

리키는 일요일을 제외하고는 이른 아침부터 늦은 밤까지 쉬지 않고 일했다. 경기에서 승리하는 것과 가능한 한 돈을 많이 벌기, 이 두 가지가 그가 고집스럽게 추구하던 직업적 과제였다. 그는 "행운은 그것을 계획한 사람들에게만 찾아온다."라는 말을 했다. 1942년 리키가 브루클린에 도착했을 때 다저스는 정규 시즌에서 우승한 적이 있긴 하지만 마이너리그 시스템이 취약하며 쇠퇴일로에 접어든 팀이었다. 리키는 몇 년에 걸쳐 이 팀을 최고의 팀으로 만들었다. 그는 더욱 안정된 팜시스템을 구축하고 스카우트 담당 직원 수를 네 배로 늘렸다. 제2차 세계대전이 일어나고 있을 때는 나이가 너무 어려 드래프트 대상이 되지 못한 선수들과 계약을 맺어 호들갑스러운 뉴욕 언론들의 비웃음을 샀다. 그러나 전쟁이 끝날 무렵에는 이들 중에서 최고의 선수들이 배출되었다. 다저스는 리키가 부임한 지 3년째 되는 해에 리그 순위가 7위였다. 팬과 스포츠 기자들은 가차 없이 등을 돌렸다. 그러나 다저스의 선수들은 그의 동기부여 능력과 재능에 거의 종교적이라 할 만한 존경심과 충성심을 보였다. 그는 선수들의 이름을 불렀지만, 선수들은 그를 리키 씨라고 불렀다. 그가 그렇게 고집했기 때문이다.

기자들은 그를 교수, 박사, 싸구려, 집사 등의 여러 별명으로 불렀지만 그 중 그에게 가장 잘 어울리는 최고의 별명은 '마하트마(Mahatma : 위대한 영혼)'였다. 이는 스포츠 기자 톰 미니(Tom Meany)가 리키를 '하나님 아버지와 태머니홀(Tammany Hall : 뉴욕 시 민주당의 정치조직으로, 정치적 부패와 추문으로 악명이 높았다—옮긴이) 지도자의 결합'이라고 설명하기 위해 만든 별명이었다.[4]

리키는 연극적이고 오만하고 교활하고 빈틈없는 사업가인 동시에 신념으로 가득 찬 사람이었다. 자신이 사랑하는 야구경기만이 아니라 국가 전체에도 변화를 일으킬 수 있다고 믿었고, "야구장 너머 바깥세상에서 중요시하는 문제를 위해 내 재능을 발휘하고 싶다."라고 공공연하게 말하곤 했다.[5] 젊었을 때는 몇 년간 프로야구 선수로 뛰기도 했다. 냉철한 판단력을 지닌 그는 자신이 야구 선수로는 큰 성공을 거두지 못하리라는 것을 알았다. 공은 제법 잘 쳤지만 훌륭한 외야수는 아니었다. 1907년 그는 한 게임에서만 도루를 13번 허용했다. 인생에서 성공하기 위해 오하이오 주의 웨슬리언 대학에 들어간 그는, 이후 미시간 대학에서 법학 석사학위를 받았다. 아직 카디널스에서 일하고 있던 어느 날 오후, 그는 뜻밖에도 야구경기에서 승리하는 것보다 더 뜻 깊은 사회적 목적을 위해 재능을 사용하지 못한 좌절감을 아들에게 토로했다.

> 나는 대학 과정을 3년 만에 끝마쳤단다. 법과대학원에서는 동기들 중에서 상위 10퍼센트에 속했지. 나는 법무박사이자 명예 법학박사란다. (중략) 내가 교양

있는 사람이라는 건 너도 인정해야만 될 게다. (중략) 나도 내가 똑똑한 사람이라 믿고 싶구나. (중략) 그러면 도대체 왜 나는 오늘 디지 딘(Dizzy Dean)이라는 사람과 대화를 하면서 지루한 네 시간을 보낸 걸까.⁶⁾

그는 오하이오 웨슬리언에서 야구팀을 지도했다. 젊은 흑인 찰리 토머스(Charlie Thomas)는 팀의 포수이자 최고의 타자였다. 토머스에 따르면 리키는 항상 '그의 행복에 특별한 관심'을 가졌다고 한다.⁷⁾ 웨슬리언 대학팀이 노트르담 대학팀과의 경기를 위해 사우스벤드에 갔을 때 호텔에서는 토머스에게 방을 내줄 수 없다고 했다. 리키가 "어째서 방을 줄 수 없다는 겁니까?"라고 묻자, 호텔 매니저는 "저희 호텔 방침상 백인들만 투숙할 수 있기 때문입니다."라고 대답했다. 리키는 호텔 주인을 설득해서 토머스가 자신의 방 간이침대에서 잘 수 있게 했다. 호텔을 빙 돌며 선수들이 각자 방에 있는지 확인하고 돌아온 그는 의자에 앉아 흐느끼고 있는 토머스를 보았다. 토머스는 마치 자신의 피부색을 벗겨내려는 듯이 손을 문지르고 있었다. "리키 씨, 제가 이 검은 피부를 하얗게 만들 수만 있다면 좋을 텐데요." 토머스는 이 사건을 그의 코치가 한 이야기보다 덜 극적인 사건으로 기억하긴 했지만, 리키는 자신이 평생 그 기억에 사로잡혀 있었다고 말했다. "맹세컨대, 찰리 토머스가 겪은 쓰라린 수모를 다른 미국인들이 당하지 않도록 저는 언제든지 제가 할 수 있는 일은 무엇이든 할 겁니다."⁸⁾

어쩌면 리키가 그 이야기를 미화시켰을지도 모른다. 그러나 그의 종교적 신념이 부당함을 진심으로 혐오했다는 점은 의심의 여지가 거의 없다. 그는 링컨(Abraham Lincoln)을 존경했고, 노예제도와 흑인차별법에 관한 책을 닥치는 대로 읽었다. 인종차별에 대한 글을 쓴 유명한 대학 교수들과 편지를 주고받으며, 미국인들의 사고방식을 바꿀 방법에 대해서도 논의했다. 리키의 딸 제인은 그가 세인트루이스 시절에 정의를 향해 도덕적으로 헌신했던 또 다른 예를 떠올렸다. 리키는 제인이 받은 교통위반 딱지에 이의를 제기하기 위해 딸과 함께 법원에 갔다. 그가 법원에 있는 동안, 살인사건의 용의자가 되어 경찰로부터 매우 모욕적인 심문을 받고 있는 한 흑인이 그의 관심을 끌었다. 거기에 끼어들어 경찰을 비난한 리키는 그에게 변호받을 권리가 있음을 상기시켰다. 그리고 그를 변호하겠다는 제안과 함께 명함을 건넸다. 그 후 그 남자는 풀려났고 리키는 그를 운전기사로 고용했다.[9]

브랜치 리키는 항상 경제적인 이익을 따져서 결정을 내린 사람으로 기억될 테지만, 그는 분명 그 결정의 도덕적인 면도 고려한 사람이었다. 처음에 그는 자신의 진정한 목적을 제대로 이해할 수 있는 소수의 사람들에게만 조심스럽게 진심을 이야기했다. 그 밖의 다른 사람들에게는 그가 한 일들이 오직 다저스의 우승을 위해서였다고 주장했다. 그는 책략가적 기질을 십분 활용해서 성공적인 결과를 이끌어내고 야구계와 대중이 그 결과를 받아들이게끔 했다. 그러나 그가 진정 원하는 것을 이루기 위해서는 교묘함과 재치 있는 홍보활동 이상의 것이 필요했다. 브랜치 리키는 야구계와 미국을 변화시키고자 했다. 그러려면 그를 돕고 대의를 위해 고난을 이겨낼 수 있는 배짱 두둑한 사람이 필요했다. 그는 스카우트 담당 직원들을 파견해서 전국에서 그 일을 할 수 있는 사람을 찾도록 했다. 그들이 찾아낸 사람은 니그로리그에서 뛰는 캔자스시티 모나크스(Kansas City Monarchs) 소속 유격수였다.

재키 로빈슨(Jackie Robinson)의 아내 레이첼은 UCLA 간호학과 학생이었다. 그녀가 뛰어난 운동선수인 재키에게 처음 관심을 가졌던 이유는 '고개를 들고 등을 곧게 펴고 걸으며, 자신의 피부색뿐만 아니라 같은 인종인 흑인을 자랑스러워하는 듯한 그의 위엄 있는 모습' 때문이었다.[10] 그는 인종차별에 굴복하는 온순한 사람이 아니었다. 항상 자신의 권리를 주장했으며, 학대를 순순히 받아들이는 일이 거의 없었다. 자신을 잔인하게 대하는 사람들보다 나은 사람임을 증명하기 위해 문제에 휘말리는 일은 비일비재했다. 어린아이였을 때 그는 캘리포니아 주 패서디나 길거리에서 "깜둥이

래요, 깜둥이래요."라는 놀림을 받았다. 그의 가족은 그런 모욕은 무시하라고 충고했지만 그는 그렇게 할 수 없었다. 그는 "야, 이 흰둥이야!"라고 쏘아붙였고, 돌이 날아오면 그 돌을 집어 들고 다시 던졌다.[11]

몰리 로빈슨은 몇 년 전 캘리포니아로 이주한 오빠 버튼의 성화에 못 이겨 다섯 아이를 데리고 조지아 주 카이로에서 패서디나로 옮겨갔다. 그때 재키는 겨우 한 살이 넘었을 뿐이었다. 재키가 태어나고 얼마 안 있어 바람기 있는 몰리의 남편이 소작농 오두막에 살고 있던 가족을 버리고 떠났다. 그녀와 아이들은 그 때문에 극심한 가난에 시달려야 했다. 그녀를 '전에 없이 건방진 검둥이 계집'으로 기억하고 있는 악독한 백인 집주인 때문에 몰리는 더 괴로웠다.[12] 얼마 안 되는 저축으로 기차표를 산 그녀는 아이들을 데리고 패서디나로 떠났고, 그곳에서 부유한 가정의 가정부 자리를 구했다.

몰리는 신앙심이 깊고 엄격한 여성이었지만 마음씨가 고왔고 아이들 이야기에 귀를 기울이는 엄마이기도 했다. 그녀는 일 년 내내 동이 트기 전 집을 나서서 일하는 집까지 수 마일을 걸어갔고 저녁 무렵에 집으로 돌아왔다. 그리고 모든 아이들에게 각자 책임지고 바로 아래 동생을 돌보라고 일러두었다. 두 번째로 어린 윌리 메이가 재키를 돌보았다. 막내인 재키는 자기 스스로를 돌보았다. 로빈슨 가족은 조지아에서보다 패서디나에서 더 많은 기회를 얻었지만 여전히 가난을 면치 못했다. 하루에 두 끼, 어떤 날에는 하루 한 끼를 먹기도 힘에 겨웠다. 어떤 때는 설탕 넣은 우유에 적신 빵 한 조각이 전부인 날도 있었다. 만일 로빈슨 가족이 남부 흑인차별법의 압제에서 벗어나길 바랐다면, 패서디나에서 그들을 기다리고 있던 것은 법이 아닌 관습적인 부당한 차별대우였다. 로빈슨 가족은 몰리 자매의 가족과 함께 노동자계급 거주 지역에서 소박한 흰색 목조주택 한 채를 간신히 마련할 수 있었다. 그들은 페퍼 스트리트에서 유일한 흑인 가정이었고 이웃에게 환영받지 못했다. 그 집에 산 지 얼마 되지 않아 이웃 중 누군가가 십자가에 불을 붙여 앞마당 잔디에 던졌다. 재키의 큰 형 에드거가 그 불을 껐다. 창문으로는 돌이 날아들었다. 그들을 그 지역에서 몰아내려는 온갖 시도가 있었다. 그러나 그들은 자신들의 피난처, 그들이 '성'이라고 부르던 집에서 참고 견뎠고 오래지 않아 이웃들은 마지못해 그들을 인정하게 된다.

패서디나에는 흑인 학교가 없었다. 로빈슨네 아이들이 다니던, 대부분이 백인인 학교에서는 그들이 다른 사람들과 어울리지 않고 자신들의 열등한 신분을 묵묵히 감수하기를 바랐다. 등하굣길에는 백인 아이들로부터 폭언과 폭행에 시달렸다. 어른들마저 자동차 유리창을 내리고 욕설을 퍼붓거나 위협했다. 재키와 몇몇 친구들이 찌는 듯한 더위를 피해 마을 저수지로 뛰어들었다가 보안관 대리에게 체포된 적도 있었다. 그는 이렇게 말했다. "이것 봐라. 깜둥이들이 내가 마시는 물에서 수영을 하네." 유치장에서 소년 중 한 명이 목이 마르다고 투덜거렸다. 보안관은 보안관 대리에게 "저 검둥이가 배가 고프다는군. 가서 수박이나 좀 사오게(흑인을 비하한 표현이다. 남부 흑인 노예들은 주린 배를 채우기 위해 수박을 많이 먹었다―옮긴이)."라고 비꼬았다.[13] 재키는 "어떤 면에서는 패서디나 사람들이 남부 사람들보다 이해심이 부족했다. 그들은 더 공공연하게 적개심을 드러냈다."라고 회고했다. 그는 항상 자기 자신이 '침입자'처럼 느껴졌다고 했다. 그리고 평생 동안 그것에 분개했다.[14]

그러나 재키 로빈슨도 자신이 백인 아이들과 동등하거나 더 낫다는 것을 입증하기 위한 기회가 남부에서보다는 캘리포니아에서 더 많이 주어졌다는 사실은 부인할 수 없을 것이다. 그는 주로 공원 놀이터와 학교 운동장, 남부보다 몇 년 앞서 인종차별이 폐지된 야구팀에서 그런 기회를 찾을 수 있었다. 재키가 캘리포니아를 떠나고 오랜 시간이 흐른 뒤에도 놀이터에서 그가 놀던 모습을 기억하는 사람들은 재키 같은 운동선수는 본 적이 없다고 회상했다.

재키의 어머니는 그에게 긍지를 가져야 하며 다른 사람들의 무지 때문에 자부심이 약해져서는 안 된다고 가르쳤다. 자신의 권리를 지키기 위해서는 단호하게 행동하고, 존엄성이 의심받을 때는 몸가짐을 당당히 하되 분노를 앞세워 대응하지 말라고 했다. 그녀는 자신이 품고 있는 신념, 즉 하나님이 보시기에 아름다운 사람이 되는 것이 가장 중요한 일이라는 믿음을 아이들에게 심어주려고 노력했다. 그러나 재키에게는 분노를 억누르는 일이 쉽지 않았다. 모욕을 묵묵히 견딜 수가 없었다. 그는 싸움에 휘말리는 일이 많았고 경찰서를 제집 드나들듯이 했다. 재키가 잠시 동안 자칭 무서운 녀석들이라는 비행소년들과 어울린 적이 있었다. 그들이 저지르는 범죄행위라고 해봐야 경미한 공공시설 파손 수준에서 벗어나지 않았지만 말이다. 그러나 재키에게 관심을 갖고 있던 젊은 교장이 어서 무리에서 빠져나와 그의 좌절과 에너지를 운동경기에 돌리라고 설득했다. 그리고 그 자신을 위해서나 미국을 위해서나, 다행스럽게도 그는 교장의 충고를 진지하게 받아들였다. 그는 곧 스포츠가 분노를 발산하고 자신의 존엄성을 주장하기에 더 적합한 장소라는 것을 이해했다. 어린 시절부터 줄곧 가깝게 지내온 친구 한 명은 이렇게 말했다. "재키는 호감을 주는 사람이 아니었습니다. 그의 모든 관심사는 오직 승리하는 것, 다른 사람들을 이기는 것뿐이었으니까요."[15] 재키는 마치 그를 부당하게 대우한 모든 백인들과 그를 미심쩍어하는 백인들에게 그의 가치를 증명하겠다는 듯이 경기에 임했다.

　축구에서 탁구에 이르기까지 그가 두각을 드러내지 않은 스포츠는 거의 없었다. 패서디나 전문대학에서 그리고 UCLA에서도, 그는 육상경기, 축구, 농구, 야구에 탁월한 재능을 보였다. 어떤 전문가는 UCLA의 포인트 가드가 미국 최고의 농구 선수라고 했다. 또 다른 사람은 그가 전국에서 가장 훌륭한 하프백이라고 믿었다. (재키는 공을 가지고 보통 10미터가 넘게 달렸다.) 골프와 테니스에서도 트로피를 획득했고, 수영대회에서 우승하기도 했다. 멀리뛰기 기록도 갱신했는데, 1940년 도쿄 올림픽이 제2차 세계대전 때문에 취소되지 않았더라면 분명 거기에 출전해서 메달을 땄을 것이다. 재키의 형인 맥은 1936년 베를린 올림픽 200미터 경주에서 제시 오언스(Jesse Owens) 다음으로 들어와 은메달을 목에 걸었지만, 패서디나로 돌아와서는 잡역부 일자리도 겨우 구할 수 있었다.

  체격이 좋고 천성적으로 민첩해서, 180센티미터가 넘는 신장임에도 폭발적인 속도로 달리는 데다 두려움을 모르는 재키는 경기장과 코트에서 위협적인 존재였다. 안짱다리여서 걸을 때 몸이 흔들거리고 모양새가 어색했지만, 달릴 때는 마치 경주용 자동차 같았다. 사람들은 재키가 세 번째 발걸음을 뗄 때면 이미 전속력을 낼 수 있다고 말하곤 했다. 미식축구경기에서 그가 공을 들고 사이드라인을 질주할 때면 그를 저지해야 하는 수비수들은 괴롭기 짝이 없었다. 느긋하던 UCLA 농구팀 공격수들은 재키가 들어오면서 속공을 하게 되었고 상대편은 그의 드리블에 속수무책이었다. 그가 가장 좋아하는 스포츠는 아니었지만 야구에서도 "그는 베이스의 무법자였다. 때로는 도루로 2루, 3루 그리고 홈까지 훔치는 경우도 있었다."[16] 그러나 재키는 그 모든 재능보다도 승부근성으로 기억된다. 그의 승부근성은 무척 치열해서 그의 경기를 한 번이라도 본 사람들은 오랫동안 그 모습을 잊지 못했다. 재키는 완고한 사람이었고, 다른 선수들에게보다 스스로에게 더 엄격했다. 만일 자신의 경기가 마음에 들지 않으면, 배에 통증을 느꼈다. 아무리 사소한 경기일지라도 모든 경기에서 가능한 가장 큰 격차로 상대편을 이기고 싶어 했다. 그는 승부욕에 불타고 있었다.

  백인 팀 동료와 학생들 때문에 느낀 분노가 어떤 것이었든지 간에, 대부분의 분노는 그가 탁월한 운동능력을 입증하는 동안 사라졌다. 그리고 UCLA 최고의 운동선수(어쩌면 캘리포니아 주 전체에서)로서의 전설은 전 주에 퍼졌다. 그러나 그런 명성에도 불구하고 그는 말수가 적은 젊은이였으며 자신을 스타로 취급하는 사람들 중 일부는 한때 그의 가족을 멸시했을 거라는 생각에 그들을 경계했다. UCLA에 들어간 지 얼마 되지 않아 재키는 큰 충격에 휩싸였다. 가장 가까웠던 형 프랭크가 오토바이 사고로 치명상을 입고 극심한 고통을 받다가 병원에서 숨을 거두는 모습을 지켜본 것이다. 그 당시 그의 신중함은 괜한 무게를 잡는 것처럼 보일 수 있었고, 이는 거만함으로 오인될 가능성도 있었다. 그는 담배를 피우지도, 술을 마시지도 않았다. 품위 있고 당당하며 의지가 강한 레이첼 이섬을 만나기 전까지는 데이트도 거의 하지 않았다. 원정경기를 떠날 때면 능숙한 솜씨로 카드놀이를 하긴 했지만 도박에 빠지지는 않았다. 그에게는 카드놀이도 그저 또 다른 형태의 경쟁이었다. 그리고 그는 게임에서 이겼다. 묵묵히 참는 일에 소질이 없던 그는 여전히 싸움에 휘말리곤 했다. 그리고 경기에 임하는 공격적인 태도 때문에 일각에서는 폭력배라는 평판을 얻었다. 경기장에서 그의 힘의 원천이 되어준 분노는 성공과 유명세로도 잠재울 수 없었다. 그는 대학에서는 스포츠 덕분에 특별대우를 받을 수 있었는지 모르지만, 대학을 떠난 이후에는 자신의 재능을 살릴 기회가 희박하리라는 것을 알았다. 여느 백인 청년에게 재키 반만큼의 정열과 재능이 있었다면 그에게는 그 이후로도 수많은 기회가 있었으리라.

재키는 1941년, 마지막 학기 봄에 UCLA를 떠났다. 더 이상은 그곳에 남아 있을 여유가 없었다. 그는 가족에 대한 의무가 있었고 이제 생활비를 벌어야겠다고 생각했다. 그의 어머니는 그 무렵 그와 진지하게 사귀고 있던 레이첼과 마찬가지로 학교를 졸업하라고 설득했다. 그녀는 재키의 마음을 돌리려고 노력하면서 재키의 좋은 성적, 그리고 앞으로 살아가면서 학위가 중요할 것이라는 사실을 언급했다. 그러나 아마 두 사람 모두 그런 미래가 있다고 확신하지는 못했을 것이다. 재키는 어머니에게 그 문제를 많이 생각해봤다고 말했다. "누군가 어머니를 도와야 한다는 결론을 내렸어요. 어머니는 쓰러지기 직전까지 일을 하셨어요. 어머니는 도움이 필요한데 저는 제가 어머니를 도울 수 있다는 걸 알면서도 돕지 않고 있어요. 저는 그게 옳지 않다고 생각해요."[17] UCLA는 남은 학기 동안 수업료를 면제해주겠다고 제안했지만 그는 마음을 바꾸지 않았다. 재키 로빈슨은 무엇을 하기로 마음을 정하면 그대로 실행하는 사람이었다.

무슨 일을 하면 좋을지 뚜렷한 계획은 없었지만 그는 스포츠에 관련된 일을 하고 싶었다. 그는 어린이 캠프에서 야구를 가르치며 두어 달 일한 다음, 호놀룰루에서 건설 일을 하며 세미 프로팀에서 축구를 했다. 재키는 12월, 진주만 공격이 있기 이틀 전에 호놀룰루에서 배를 타고 로스앤젤레스로 돌아왔다. 그리고 로스앤젤레스 레드 데블스(Red Devils)에서 세미 프로야구 선수로 뛰던 중 1942년 3월에 입영통지서를 받고 캔자스 주 포트 라일리에서 기초훈련을 받았다.

그가 포트 라일리 야구팀에서 뛸 수 있는지를 물었을 때 팀의 코치였던 젊은 대위는 백인들만 선수가 될 수 있다고 했다. 그리고 다른 백인 장교에게 "팀에 검둥이를 받아들여야 한다면 그 전에 먼저 팀을 해체하겠네."[18]라고 말했다. 미식축구 코치가 재키를 위해 팀에 자리를 마련해주겠다고 했지만 재키는 이전의 모욕에 대한 앙갚음으로 그 제안을 거절했다. 아들이 미식축구팀의 선수였던 한 장교는 코치가 선수로 뛰라는 명령을 내릴 수도 있다고 충고했다. 그때 재키는 코치가 나를 뛰게 만들 수는 있지만 자신이 경기를 잘하도록 명령할 수는 없다는 사실을 일깨워주었다.

이런 유쾌하지 못한 갈등에도 불구하고 재키는 기초훈련을 무사히 마치고 극기, 인성, 사격에서 좋은 점수를 받았다. 그리고 해군사관학교에 지원했지만 결과는 불합격이었다. 운이 좋게도 헤비급 권투 챔피언 조 루이스(Joe Louis)가 그 당시 포트 라일리 기지에 머물러 있었고 재키는 그와 친구가 되었다. 재키가 떨어졌다는 사실을 안 루이스는 육군성에 있는 친구에게 연락을 취해서 유능한 흑인 후보자가 관습 때문에 학교 입학을 거부당했다는 보고를 조사하게 했다. 오래지 않아 재키의 지원을 거절한다는 결정이 번복되었고, 1943년 1월에 그는 소위로 임관했다. 그는 레이첼에게 줄 약혼반지를 사며 그 순간을 기념했다. 두 사람은 삼 년이라는 시간을 함께 보내고 일시적인 이별을 한 번 겪은 후 마침내 결혼한다. 그 무렵 재키와 레이첼의 인생 그리고 나라 전체는 변화를 준비하고 있었다. 두 사람이 처음 약혼했을 때 예상했던 것보다 더 큰 변화였다.

재키는 전쟁 중 단 한 번도 전투를 보지 못하고 전쟁이 끝날 때까지 미국에 남아 있었다. 그의 짧은 군 경력 중 일어난 두 가지 사건은 주목할 만한 가치가 있다. 첫 번째 사건은 포트 라일리에서 흑인 병사들의 사기를 책임지는 장교로 있을 때였다. 그는 흑인 병사들이 피부색 때문에 기지에서 견뎌야 하는 수많은 모욕에 대한 불평에 귀를 기울였다. 특히 매점에서 흑인 병사들이 이용할 수 있는 테이블은 몇 개 되지 않는 반면, 백인 병사들은 테이블을 넉넉하게 이용할 수 있다는 사실에 관심을 가졌다. 재키는 헌병사령관으로 복무하던 백인 소령과 그 문제를 처리하겠노라고 약속했다. 다음 날, 그는 해프너 소령에게 전화를 해서 매점에서의 인종차별이 공식적인 정책인지 아니면 그저 관습인지를 물었다. 해프너는 두 가지 모두에 해당한다고 대답했다. 로빈슨이 이의를 제기하자 자기와 이야기하고 있는 사람이 흑인 장교라는 사실을 모르는 해프너가 재키에게 물었다. "당신 부인이 검둥이 옆에 앉는다면 기분이 어떻겠소?"[19] 이 말에 격분한 재키는 윗사람이 아닌 아랫사람을 대할 때의 말투로 소령을 질책했다.

얼마 되지 않아 재키는 포트 후드(Fort Hood)의 흑인 탱크 대대로 전입되었다. 포트 후드는 텍사스에 위치한 곳으로 최근에 도착한 흑인들, 심지어 새로 임관한 소위에게도 호의적이지 않은 곳이었다. 그러나 재키는 훌륭한 장교였고 그가 지휘하는 소대는 기지에서 최고라는 평가를 받았다. 공정하고 유능한 장교였던 대대장은 재키에게 매우 좋은 인상을 받았다. 어느 날 저녁, 재키는 장교 클럽에서 버스를 타고 기지에 있는 병원에 갔다. 그곳에서 축구를 하다가 다친 발목을 치료하고, 해외 임무에 적합한지를 알아보기 위해 엑스레이 촬영을 할 예정이었다. 그가 버스 앞좌석에 앉자 백인 버스기사는 그에게 뒤쪽으로 옮기라고 명령했다. 로빈슨 소위는 단호하게 거부하며 최근 육군성이 군사기지 내의 버스에서 인종차별을 공식적으로 폐지한다는 지침을 내렸음을 언급했다. 화가 난 버스기사는 자리에서 일어나라고 고집을 부렸고, 재키는 당신 할 일이나 잘하라고 말했다. 그의 태도가 오만하다고 생각한 일부 백인 승객들이 요란하게 화를 내자 재키는 그들에게 참견하지 말라고 했다. 쓸데없는 논쟁이 조금 더 이어진 후, 기사는 버스에서 내려 배차 담당자와 헌병 두 명을 데려왔다. 헌병들은 즉시 재키를 부 헌병사령관인 제럴드 베어 대위에게 데려갔다. 대위는 '인종 폭동'을 일으키려 한다며 그를 꾸짖었다. 재키는 입장을 굽히지 않았다. 그리고 텍사스의 인종차별법이 군사기지에도 적용되어야 한다고 믿는 대위의 민간인 비서가 재키를 모욕했을 때 그에 응수했다.

다음 날 아침, 재키의 대대장인 베이츠 대령은 하극상, 평화교란, 장교답지 않은 행동, 민간인 모욕, 상급 장교의 합법적 명령 불복종이라는 죄목으로 그를 고발하는 문서에 서명해달라는 요청을 받았다. 베이츠는 그 요청을 받아들이지 않았다. 포트 후드의 군단장은 즉시 재키를 다른 대대로 보냈다. 베어 대위는 재키가 군사법원에 회부되자 만족스러워했다. 재키가 처한 부당한 상황에 격분한 다른 흑인 장교들은 전미유색인지위향상협회(NAACP)에 연락했고 주도적인 아프리카계 미국 신문들은 곧 그 소송을 다룬다.

재키의 변호를 위해 선임된 유능한 변호사는 베어 대위, 헌병 둘 그리고 다른 목격자들의 증언을 쉽사리 무력화시켰다. 사건을 담당한 고위 장교들 모두 공정한 사람들이었다. 재판 시작 네 시간 후에 무죄 판결이 나왔고, 사 개월 후, 재키는 군에서 명예롭게 제대했다.

재키는 텍사스에 있는 작은 흑인 대학인 사무엘 휴스턴 대학이 제안한 야구팀 코치 자리를 받아들였다. 그리고 일 년 후, 니그로리그의 유명한 팀 캔자스시티 모나크스에서 입단 테스트를 받아보라는 제안을 받았다. 캔자스시티 모나크스는 벅 오닐(Buck O'Neil)이 선수와 감독을 겸하고 있으며, 마흔이 넘은 나이에 여전히 속구를 던지는 최고의 투수 사첼 페이지(Satchel Paige)가 있는 팀이었다. 언제나 최고의 투수와 타자, 외야수, 주자가 버티고 있는 모나크스는 니그로리그에서 독보적인 존재였다. 쿨 파파 벨(Cool Papa Bell), 더블 듀티 래드클리프(Double Duty Radcliffe)와 같은 이름을 가진 각양각색의 선수들은 소란스러운 원정생활 중에 누구 못지않게 흥청망청 술을 마셔댔다. 지도 방식은 형편없었고, 훈련이라는 말은 아예 존재하지도 않았다. 늘 야구장비가 부족했으며 야구공마저 충분하지 않았다. 규칙도 느슨하기 짝이 없었다. 투수들은 각양각색으로 수선한 공을 사용했다. 바셀린을 공에 바르고, 손톱용 줄로 표면을 문질렀으며, 주머니칼로 홈을 팠다. 경기 스타일은 제멋대로였다. 그러나 모나크스는 모든 경기에 대비했고 승리하는 일에 전념했다.

재키가 막 도착했을 때 팀 동료들은 그가 신체적으로 뛰어난 야구 선수라고는 생각하지 않았다. 그의 팔은 유격수를 보기에 적합하지 않았고 베이스를 달리는 것만큼 수비가 빠르지도 않았다. 그러나 그들은 재키의 총명함에 반했다. 어떤 팀원은 이렇게 말했다. "처음에 재키는 야구에 재능이 있는 것 같지 않았어요. 그러나 머리가 좋았지요."[20] 재키는 주루기술을 배웠다. 그가 언제 도루를 할지 몰라 온 내야수를 안절부절못하게 만드는 능력은 최고의 도루왕 쿨 파파 벨에게서 배운 것이다. 무엇보다 가장 인상적인 것은 그의 승부욕으로, 여전히 UCLA에 있을 때만큼 치열했다. 그는 어느 팀원 못지않게 혹은 어느 누구보다 더 승리를 원했다. 그 시즌 재키의 타율은 3할 8푼 7리였다.

그러나 낮은 임금, 고달픈 원정생활, 고장 난 버스, 흑인차별법이 있는 남부를 오랫동안 여행하는 것, 그리고 흔히 그러하듯 남부 사람들에게 모욕당하는 것, 싸구려 호텔, 어설픈 심판, 변덕스러운 경기, 술 파티, 난폭 행위들 때문에 재키는 니그로리그 생활이 만족스럽지 않았다.

그는 더 많은 것을 원했고, 자신에게 성공할 능력이 있지만 인종이 걸림돌이 된다는 사실에 분노했다. 재키는 짓궂은 장난이나 모욕 그리고 경멸을 대하면 장소를 가리지 않고 불같이 화를 냈다. 때로는 폭력적으로 변하기도 했다. 팀 동료들은 버스가 미시시피 주의 주유소에 도착했을 때 일어났던 사건을 이야기했다. "그곳 급수대는 흑인용과 백인용으로 구분되어 있었고, 우리는 잔돈도 받지 못하고 떠나야 했지요. 재키는 몹시 화를 냈습니다."[21] 한번은 이런 일도 있었다. 가게 주인이 재키를 '저 자식'이라고 불렀을 때 모나크스의 감독이 버스로 달려왔다. 그는 다른 선수들에게 도움을 청했다. "재키 때문에 우리 모두 큰일 나겠어."[22] 재키가 그만두려고 한 적도 있었지만 임금을 인상해주겠다는 제안으로 무마되었다. 그러나 그 시즌이 끝날 무렵, 그는 모나크스와의 계약을 끝내고 브루클린 다저스 산하 최고의 마이너리그팀인 로얄즈(Royals)에서 뛰기 위해 몬트리올로 떠났다. 브랜치 리키가 그에게 메이저리그에서 뛰는 첫 번째 흑인 선수가 되어달라고 부탁했을 때, 재키 로빈슨은 그러겠다고 대답했다.

국기인 야구는 미국 사회를 반영하기도 하고, 또 결정적인 순간에 전혀 다른 집단과 사람들을 한데 모으기도 했다. 남북전쟁 후에는 국민의 결속을 강화하는 역할도 했다. 남부에서 메이저리그 야구팀이 있는 도시는 세인트루이스와 워싱턴, 신시내티, 이 세 곳뿐이었다. 그러나 남부 신문들도 북부와 중서부만큼 경기 소식을 열성적으로 전했다. 20세기 초, 범국민적 오락으로 확고하게 자리매김한 야구는 부유하거나 가난한 사람, 흑인과 백인, 모든 소수민족 그리고 모든 도시와 주에서 사랑받았다. 공원과 길거리, 농장에서는 아이들이 야구경기를 하며 놀았다.

동부 및 남부 유럽에서 온 거대한 이민자 집단에서 최고의 야구 선수들이 배출되었다. 조 디마지오(Joe DiMaggio)의 아버지는 시칠리아 어부였고, 행크 그린버그(Hank Greenberg)는 루마니아에서 이주해 온 정통 유대교도의 아들이었다. 야구경기에 등장하는 다양한 (백인) 소수민족 출신 선수들의 존재는 엘리스 섬(Ellis Island: 뉴욕 항의 작은 섬으로, 전에 이민 검역소가 있었다—옮긴이)에 도착하기 전에는 한 번도 야구를 보거나 들은 적이 없는 이민자들, 주로 이민 1세대 미국인들의 충성심을 고취했다. 덕분에 그들은 자신들이 선택한 새로운 나라의 주류 문화에 서둘러 융화될 수 있었다. 그러나 미국에서 군사제도나 여타 다른 국가제도만큼 사람들을 결속시키는 힘이 강했던 야구는 남부의 인종차별법과 북부의 사실상의 인종차별을 정당화하기 위해 1940년대의 인종분리평등정책(흑인과 백인을 분리는 하지만 교육, 교통, 수단, 직업 등에서는 차별하지 않는 정책—옮긴이)이라는 사회적 통념의 거짓과 부정을 반영하기도 했다. 아무리 특출하더라도 흑인 선수들은 흑인들만의 리그에서 뛸 수밖에 없었다. 메이저리그는 오직 백인 선수나 동양인 선수들만을 위한 것이었다. 분명 흑인 선수는 존재하지 않았다. 야구계에 인종차별을 강요하는 규칙은 없었다. 메이저리그에서 흑인 선수를 배제한다는 공식적인 정책이 있었던 적도 없다. 오랫동안 커미셔너(프로 스포츠의 품위·질서 유지를 위한 최고책임자—옮긴이)를 지낸 독재적인 성향의 케네소 마운틴 랜디스(Kenesaw Mountain Landis)는 메이저리그에는 흑인 선수를 제외시키는 어떤 성문율이나 불문율도 없다고 단언하곤 했다. 그러나 모든 사람은 메이저리그에 불문율이 존재한다는 사실을 알고 있었다. 랜디스는 야구계의 인종차별 폐지에 대한 무자비한 적이었다.

제2차 세계대전으로 미국 사회에 많은 변화가 일어났다. 그중 하나는 남부의 흑인들이 일자리가 더 많고 인종차별 문제가 덜한 북부로 이주한 것이다. 메이저리그 구단주들은 북부의 야구장에서 열리는 니그로리그에 관중이 몰리는 것을 속수무책으로 바라보았다. 게다가 흑인들이 성실하고 헌신적이며 전쟁에서 영예롭게 싸웠다는 인식이 인종 간의 관계에 대한 백인들의 태도에 영향을 미쳤다. 이는 1940년대와 1950년대의 민권 향상에 동기를 부여했다. 1941년, 전국고용평등위원회(National Fair Employment Practices Committee)가 설립되어 정부 차원의 고용에서 인종차별이 있다는 진술을 조사했다. 뉴욕 의회도 그와 유사한 위원회를 허가했다. 흑인 신문과 민권운동 지도자들, 뉴욕 「데일리뉴스」의 지미 파웰(Jimmy Powell)을 포함한 북부의 수많은 백인 스포츠 기자들은 전쟁 기간 동안 야구계의 인종차별 폐지를 목소리 높여 주장했다. 뉴욕 시장인 피오렐로 라과디아(Fiorello La Guardia)는 평등 고용과 주거 문제에 관한 법률을 시행하기 위해 뉴욕의 유명한 민권운동 지도자들로 이루어진 화합위원회를 설립했다.

보스턴에서는 민권운동가 회의가 일요일마다 보스턴에 있는 메이저리그 경기장 두 곳을 닫게 할 법안을 만들겠다고 위협했다. 1945년 4월, 레드삭스(Red Sox)는 경제적 재난의 위협을 막기 위해 니그로리그 선수 세 명에게 입단 테스트를 허락한다는 데 동의했다. 그러나 입단 테스트는 홍보 수단에 불과했고 계약서에 서명한 선수는 아무도 없었다. 레드삭스 감독인 조 크로닌(Joe Cronin)에게 실력을 인정받기는 했다. 그러나 공을 몇 번 치고, 날아가는 공을 쫓아가고, 수고했다는 말을 들은 것이 전부였다. 그중 두 명은 레드삭스가 자신들과 계약하는 데 관심이 없다는 사실이 새삼 놀랍지도 않았기 때문에 쉽게 실망감을 떨쳐버렸다. 그러나 또 한 명의 선수는 속보이는 행동에 진심으로 화가 났다. 최고의 흑인 신문에서 일하는 스포츠 칼럼니스트로, 입단 테스트를 준비하고 선수들을 보스턴에 데려다준 웬델 스미스(Wendell Smith)는 그 일이 있은 후에 재키 로빈슨이 자신에게 한 말을 기억했다. "이보게, 스미스, 그 따위 핑계나 들으려고 2,400킬로미터나 떨어진 곳까지 왔다는 사실이 정말 화가 난다네."[23]

전쟁은 또한 메이저리그의 인적 자원을 고갈시켰다. 전쟁 후 경기장으로 돌아온 많은 선수들이 국가의 부름에 응하느라 선수 인생의 황금기를 희생했다. 야구계는 새로운 인재가 필요했다. 마운틴 랜디스는 1944년에 갑작스럽게 세상을 떠났다. 그러나 전 미국 상원의원이자 켄터키 주지사였던 신임 커미셔너 '해피' 챈들러(A.B. 'Happy' Chandler)의 인종 간 갈등에 대한 진보적인 관점은 거의 알려지지 않았다. 뉴욕 메이저리그팀인 양키즈(Yankees), 자이언츠(Giants), 다저스에 인종차별을 폐지하라는 압력이 커지자 양키즈의 단장은 신임 커미셔너에게 편지를 썼다. 그는 편지에서 상황이 "점점 더 심각하고 중대해지고 있습니다."라는 설명과 함께, "즉시 뭔가 조치를 취하지 않으면 1945년 무렵에는 흑인 선수들이 우리 마이너리그에서, 그리고 얼마 안 있어 메이저리그에서도 뛰게 될 겁니다."[24]라고 경고했다. 그러나 챈들러는 다음과 같은 말로 그 문제에 대한 자신의 관점을 묻는 언론인들을 놀라게 했다. "만일 흑인 소년이 오키나와 과달카날(Guadalcanal) 그리고 지옥에서 성공할 수 있다면, 야구에서도 마찬가지일 겁니다. 여러분께 한 가지만 말씀드리지요. 저는 절대 마음을 바꾸지 않을 겁니다. 제 말을 믿으셔도 좋습니다."[25]

브랜치 리키는 이런 진보를 주시했다. 그는 수년 동안 역사의 한 페이지를 장식할 기회와 적절한 때를 끈기 있게 기다려온 사람의 날카로운 감각으로 그것이 무엇을 의미하는지를 깨달았다. 인종차별이 뿌리 깊은 도시 세인트루이스에서는 기회가 없었다. 1942년에 브루클린으로 온 이후로 그는 인종차별 폐지를 준비해왔다. 그는 문제에 신중하게 접근하고 진짜 목적을 교묘하게 숨겼다. 다저스에서 흑인 선수와 계약을 하는 것이 민권운동가들과 언론, 좌파 정치인들이 리그에 행사하는 압력에 굴복하는 모습으로 보여서는 안 되었다. 그 사실을 알고 있던 리키는 때로 화를 내며 인종차별폐지론자들이 그 문제를 강요하는 듯한 모습을 보여서 목적 달성에서 점점 멀어지고 있다고 경고했다. 그는 사회 변화를 빈틈없이 주시했다. 그리고 인종차별폐지론자들의 노력이 자신이 엄청난 일을 시도할 환경을 조성하고 그 시기를 앞당기고 있다는 것도 알았다. 리키는 여전히 브루클린 팬과 선수 그리고 구단주들에게 흑인 선수와의 계약 결정은 그것이 팀에 가장 이롭기 때문이라고 주장할 생각이었다. 경기에서 우승하고, 홈구장인 에벳 필드(Ebbets Field)의 좌석을 채우기 위해서이지 사회정의를 실현하겠다는 목적 때문은 아닌 것이다. 그러나 그의 마음속에서는 더 고귀한 목적이 자리 잡고 있었다. 그는 나중에 이렇게 말한다. "나는 그분의 흑인 자녀들이 내 인생의 모든 것인 야구경기에서 백인 자녀들과 분리되고 차별받는다는 것을 아는 상태로는 더 이상 나의 하나님을 똑바로 마주할 수 없었다."[26] 그 중요한 임무를 완수하려면 그 일에 적임인 사람이 필요했다. 앞으로 당할 모욕을 견디며 주먹이나 욕설로 대응하지 않고 그저 뛰어난 야구 선수이자 신사라는 것을 입증할 사람, 용기 있고 정직하고 강한 사람이 필요했다.

리키는 다저스에서 인종차별을 폐지할 계획을 세웠는데 이것은 여섯 단계로 나뉘어 진행되었다.

1. 다저스 이사들과 주주들의 후원과 찬성. 이들의 투자와 사회적 지위도 고려하고 보호할 것.
2. 경기장에서 그 일을 해내기에 적합한 흑인 고르기.
3. 경기장 밖에서 그 일을 해내기에 적합한 흑인 고르기.
4. 언론과 대중으로부터 긍정적인 반응 이끌어내기.
5. 계획을 오해하지 않도록 흑인들로부터 충분한 이해와 지지 구하기.
6. 팀원들의 동의 구하기.[27]

리키가 자신의 계획을 논의하기 위해 처음 접근한 사람은 은행 총재이자 다저스 이사회의 일원이며, 팀의 공동 소유자인 조지 맥러플린(George McLaughlin)이었다. 맥러플린은 그 계획에 행운을 빌어주었지만 그가 부딪힐 팬과 선수들의 반대에 대해 충고했다. "다른 선수들보다 뛰어난 사람을 찾는다면 그 계획은 성공할 거요. 그러나 그런 사람을 찾지 못하면 당신은 끝장이오."[28] 몇 주 후, 다저스의 이사들을 만난 리키는 자신의 계획에 대한 동의를 얻었으며, 그들은 가족에게도 그 일을 비밀로 하겠다고 약속했다. 리키는 이것을 가족과 측근에게도 가능한 한 비밀로 부쳤다. 그러고는 스카우트팀을 보내서 적임자를 찾게 했다.

자신의 목적을 숨기기 위해 스카우트팀에게는 US리그(United States League)에 니그로리그를 신설할 계획이며 거기에서 뛸 선수들이 필요하다고 말했다. 자신들이 흑인 선수를 스카우트하고 있다는 사실을 안다면 그만두겠다는 사람이 있을지도 몰랐기 때문이다. 리키는 1945년 5월에 그 계획을 발표하며 부적절한 연습방법을 바로잡고 제멋대로인 니그로리그 경기를 개선하겠다고 약속했다.* 뉴욕 시장 라과디아가 만든 인종차별반대위원회의 한 사람에게 자신의 비밀을 털어놓은 리키는 분과위원회를 구성해서 야구계의 인종차별 폐지 가능성을 검토하면 어떻겠냐고 넌지시 물어보았다. 그리고 그것이 인종차별 폐지 지지자들에게 진행 중인 일이 있다는 사실을 분명히 알리고, 뉴욕 야구계가 받는 압력을 줄일 방법이며, 리키 자신이 비밀리에 일하고 자신만의 계획표에 따라 마땅한 선수를 찾기 위한 일종의 책략이라는 사실을 인정했다. 리키는 라디오에서 다저스 게임을 중계방송하는 월터 래니어 '레드' 바버(Walter Lanier 'Red' Barber)를 만났다. 그리고 그 미시시피 출신의 스포츠 캐스터에게 사실을 털어놓았다. "다저스에 흑인 선수가 한 명 오기로 했네. 그가 누구인지, 어디에 있는지, 언제 올지는 모른다네. 그러나 그가 온다는 건 분명하지. 곧 오게 될 걸세."[29] 리키는 바버의 엄청난 인기가 브루클린 팬들이 흑인 선수 영입을 찬성하거나 반대하는 데 영향을 미칠 수 있다는 걸 알았다. 그는 자신을 지지하도록 바버를 설득할 수 있다고 믿었다. 남부 전통의 영향을 받기는 했지만 바버는 공정한 사람이었기 때문이다. 이야기를 들은 바버는 잠자코 있었지만 앞으로의 일을 걱정했다. 그는 그 소식을 혼자만 간직했지만 다저스를 떠나는 것까지 고려했다. 그러나 결국 리키가 예상했듯이 바버는 팀에 남아 경기를 계속 방송했다.[30] 다저스에 도착한 재키 로빈슨이 경기장에서 자신을 입증했을 때, 레드 바버는 그의 열렬한 지지자가 되었다.

리키는 흑인 스포츠 기자들에게 니그로리그에서 어느 선수가 가장 유망하다고 생각하는지 물었다. 로빈슨을 레드삭스 입단 테스트에 데려다주었던 웬델 스미스는 재키를 높이 평가하며 이미 리키가 스카우트팀에게 받았던 보고를 뒷받침해주었다. 어쩌면 적임자를 찾은 건지도 모르겠다고 생각한 리키는 직접 캘리포니아를 여행하며 로빈슨의 배경을 조사했다.

---

* US리그는 한 시즌 후에 폐지되었다.

재키 로빈슨의 전기 작가인 쥘 튀겔(Jules Tygiel)은 리키가 어떤 사람을 찾고 있었는지를 설명한다.

> 후보자는 선천적으로 뛰어난 실력을 타고나야 하지만, 최고의 흑인 선수일 필요는 없었다. 그보다는 경쟁의 정점에서 재능을 발휘할 수 있는 사람이어야 했다. 자제심을 발휘해서 위엄을 잃지 않고 사람들과의 충돌을 피할 수 있어야 했다. 리키는 나중에 그의 생각을 이런 말로 설명했다. "실력 있고, 오점 없고, 위엄 있고, 모범적인 사람이 어떻게 그 모든 걸 참을 수 있겠습니까?" 게다가 후보자는 경기장에서 침착해야 함은 물론, 경기장 밖에서도 모범적인 사람이어야 했다. "선수로서의 능력은 파악할 수 있었습니다. 그러나 경기장 밖에서의 그는요? 그의 동료들, 성격, 교육 정도, 지적인 능력은 어떻습니까?" 이상적인 개척자의 모습을 완성했을 때 리키가 내린 결론은 이랬다. "그런 사람은 그리 많지 않았습니다."[31]

그러나 브랜치 리키는 한 명을 찾아냈다.

재키 로빈슨은 리키의 모든 조건을 놀라울 정도로 만족시켰다. 훌륭한 야구 선수인 데다 민첩하고 경쟁적이며 천부적으로 뛰어난 운동선수인 재키는 어떤 역할을 맡기더라도 경기를 잘 풀어나갈 수 있는 능력과 머리가 있었다. 리키는 그가 민첩성과 두뇌를 이용해서 상대팀의 내야수를 동요시키는 방법에 감탄했다. 재키는 기가 막힌 솜씨로 번트를 댔고, 투 스트라이크를 먹었을 때 결정타를 치는 훌륭한 타자였다. 그는 결단력이 있는 사람이었다. 그것을 의심하는 사람은 아무도 없었다. 그는 대학교육을 받았는데 그 당시 프로야구에서는 비교적 드문 일이었다. 재키는 말씨가 점잖았고 품위 있게 행동했다. 인종차별이 폐지된 UCLA의 팀에서 뛰었고, 대부분이 백인인 학교 학생들과 팬들 사이에서 인기가 높았다. 또한 가정교육을 잘 받았고, 역경을 이겼으며, 성공을 추구하면서 놀랄 만한 극기심을 보여주었다. 알려진 바로는 술과 담배도 하지 않고 다른 나쁜 습관도 없었다. 아름답고 젊은 숙녀와 약혼해서 결혼을 앞두고 있기도 했다. 그는 마음이 따뜻하고 용감하고 사려 깊은 사람이었다. 리키가 장담할 수 없었던 것, 그리고 확실히 알아야 했던 것은 재키에게 자신이 훌륭한 선수임을 증명하겠다는 강한 의지가 있는지, 또 그의 원동력인 분노를 오직 야구로만 돌릴 수 있는지였다. 리키는 그가 자립했다는 사실을 존경했으며, 그가 부당함에 대항해 분노를 터뜨린 여러 사례들은 별로 개의치 않았다. 그러나 재키가 다저스로 왔을 때는 경기장 안에서나 밖에서 그와 같은 일을 되풀이하게 내버려둘 수 없었다.

재키가 군사법원에 회부되었다가 무죄 판결을 받은 사건에 관한 보고서를 읽은 리키는 부당함에 맞서 싸운 재키의 용기를 높이 샀다. 리키는 보고서에 '이상을 가진 남자이자 투사'라고 적어두었다. 그러나 재키가 리키의 기대대로 끈기 있고 현명하게 싸움에 임할 수 있을지는 미지수였다. 마지막으로 결정적인 확신을 갖기 전에 재키를 시험해봐야 했다. 그는 최고의 스카우터인 클라이드 수크포스(Clyde Sukeforth)를 모나크스가 경기를 하고 있는 시카고로 보냈고, 재키를 브루클린으로 데려왔다.

1945년 8월 28일, 몬태규 스트리트 215번지에 위치한 다저스 본사에서 브랜치 리키와 재키 로빈슨이 만났다. 이 3시간짜리 만남은 야구 역사에 오랫동안 기록될 전설이다. 사소한 부분에서 기억이 조금씩 다르기는 했지만, 리키, 로빈슨, 수크포스 세 증인 모두 그날의 의미심장한 사건에 대해 대체적으로 의견이 일치했다. 모든 관계자들은 그 만남이 극적이고, 소모적이며, 강렬했다고 기억했다. 리키는 재키가 들었을 법한 것과 반대되는 이야기를 했다. 재키는 새로운 니그로리그의 선수로 경기를 하는 것이 아니라 브루클린 다저스와 계약을 맺는 것이었다. 단, 다저스에 합류하기 전에 몬트리올 로얄즈에서 일 년 동안 뛰어야 했다. 리키는 그가 빅 리그에서 뛰는 최초의 흑인 선수로서 필연적으로 마주할 엄청난 욕설을 견뎌낼 수 있는 인물인지 알고 싶었다. 리키는 재키가 부딪힐 가능이 있는 모든 시나리오를 상상해서 그 상황을 연출했다. 그는 땀을 흘리고, 욕지거리를 하고, 헐떡거리고, 얼굴을 일그러뜨렸다. 그리고 찌푸리고 살찐 얼굴을 재키의 얼굴에 바짝 가져다 댔다. 리키는 퉁명스러운 웨이터, 완고한 기차 차장, 불쾌한 호텔 데스크 직원, 무례한 팬, 편견을 가진 심판, 그리고 야구화 스파이크와 주먹, 빈볼, 야구방망이로 재키의 자존심을 건드리는 분노한 상대팀과 그 밖에 재키가 감수해야만 할 욕설을 퍼붓는 다른 모든 사람들의 흉내를 냈다. 재키는 훗날 이렇게 말했다. 리키의 "연기가 어찌나 설득력이 있었는지 저는 등 뒤로 주먹을 불끈 쥐었습니다."[32]

"자네는 유격수를 맡고 있어. 나는 1루에서 도루를 시도하면서 발을 높이 들지. 내 야구화의 스파이크가 자네 다리를 베었어. 자네 정강이에서 피가 흐르는 동안 나는 자네를 보고 씩 웃으며 말하지. '자, 이제 어떤가, 검둥이 청년?' 그 다음엔 월드시리즈야. 우리 둘 다 아주 진지해. 우리는 그 경기에서 승리하기를 원해. 경기에 규칙 같은 건 거의 없어. 나는 어떻게든 이기고 싶어서 스파이크를 들면서 2루로 들어가는데 자네도 물러설 기색이 없지. 꾀가 많은 자네는 공격하는 척을 해. 그리고 내가 몸을 날리는 동안 살짝 비켜서서 내 옆구리에 공을 세게 갖다 대지. 내가 소용돌이치는 먼지 속에 누워 있는 동안 내 옆구리는 쑤시고 심판이 '아웃!' 하고 외치는 소리가 들려. 벌떡 일어난 내 눈 앞에는 검고 번들거리는 자네 얼굴이 있어. 그래서 나는 소리를 지르지. '공으로 그렇게 세게 치지 마, 이 시커먼 자식아.' 나는 팔을 뒤로 빼서 주먹으로 자네 뺨을 정통으로 후려치네."[33]

이 말과 함께 리키는 주먹을 들어 재키의 얼굴 앞에 흔들었다. 재키가 서글픈 목소리로 물었다. "리키 씨, 맞서 싸우는 것을 두려워하는 선수를 원하십니까?" 그 질문에 리키는 자신이 정확히 어떤 사람을 원하는지 처음으로 분명하게 말했다. "나는 반격하지 않을 정도로 배짱이 있는 선수를 원하네."

"우리 힘만으로 이 상황을 바꿀 수는 없네, 로빈슨. 우리와 뜻을 같이하는 사람은 없어. 우리 쪽에는 거의 아무도 없는 거나 다름없네. 나는 수많은 팬들이 반대할까봐 걱정스러워. 우리 둘 다 앞으로 힘들어질 걸세. 내가 이 일을 하는 이유는 자네가 뛰어난 야구 선수이자 훌륭한 신사라는 사실을 세상 사람에게 납득시켜야만 우리가 승리할 수 있기 때문이네. 자네가 그 역할을 잘 해낸다면 우리는 올바른 방향으로 변화를 만들어갈 수 있을 거야. 그렇지만 내 이것만은 말해둠세. 이건 엄청난 용기가 필요한 일이야."[34]

그러고 나서 지쳐버린 리키는 지오반니 파피니(Giovanni Papini)의 『예수의 생애(Life of Christ)』를 읽었다. "눈에는 눈을, 이에는 이로 하라고 이르신 말씀을 들었을 것이다. 그러나 나는 너희에게 말한다. 악인에게 맞서지 마라. 오히려 누가 네 오른뺨을 치거든 다른 쪽 뺨마저 돌려 대어라."

재키 로빈슨은 그의 뜻을 이해했다. "제가 다른 쪽 뺨도 있다고 말하기를 원하시는 거군요."[35] 그랬다. 그것이 리키가 듣고 싶은 말이었다. "삼 년일세, 재키, 삼 년이야." 그동안에는 경기장 안에서나 밖에서 어떠한 사건도 있어서는 안 됐다. 수크포스는 재키가 동의하기까지 몇 분이 흘렀다고 기억했다. "리키 씨, 저는 몬트리올에서 뛸 수 있습니다. 브루클린에서도 뛸 수 있습니다. 단장님께서 이 도박을 원하신다면, 저는 사고가 일어나는 일은 절대 없을 거라고 약속드리겠습니다." 그리고 그것으로 모든 게 결정됐다. 리키의 사무실 벽을 장식한 링컨의 초상화 아래서 재키는 몬트리올에서 뛰는 조건으로 3,500달러, 그리고 매달 600달러의 보너스를 받기로 계약했다. 그 다음 해에는 5,000달러를 받고 다저스에서 뛰기로 했는데 신인이 리그에서 받을 수 있는 가장 낮은 임금이었다. 리키 씨는 결코 돈을 쉽게 내주는 법이 없었다.

두 달 후 다저스는 이 사실을 공표했다. "우리는 두 가지 이유에서 이런 결정을 내렸습니다. 첫째, 우선 이 젊은이가 야구 선수라고 생각하기 때문에 계약을 맺었습니다. 둘째로 우리는 이것이 공평함의 문제라고 생각했기 때문입니다." 리키는 가족과 절친한 친구들을 제외한 모든 사람들에게 경기에서 승리하고 더 많은 관중을 모으는 데 도움이 되기 때문에 재키를 영입했다고 말했다. 흑인 관중에게는 위대한 실험이 위태로워질 수 있기 때문에 흥분을 자제해야만 하며, 한 인종이 다른 인종을 이겼다는 인상을 주어서는 안 된다고 조용히 주의를 주었다. 대체로 그들은 리키의 충고에 귀를 기울였고, 떠들썩한 야구장 시위대를 저지하기 위해 "재키의 기회를 망치지 마라."라는 캠페인을 시작했다.

재키 로빈슨은 브랜치 리키가 앞으로 일어날 거라 경고했던 사례들은 물론, 그 밖의 온갖 굴욕을 경험했다. 로얄즈의 감독인 미시시피 출신의 클레이 호퍼(Clay Hopper)는 리키에게 흑인을 받아들여서는 안 된다고 간청했다. 그는 심기가 불편해진 리키에게 "정말 검둥이를 인간이라고 생각하는 겁니까?"라고 물었다. 이에 대한 리키의 반응은 기록으로 남아 있지 않다.[36] 재키는 로얄즈에서 눈부신 활약을 펼쳤다. 첫 번째 경기에서 그는 3점 홈런 한 번과 홈인 두 번, 도루 두 번을 포함해서 안타 네 개를 쳤다. 오래지 않아 재키를 응원하는 팬들과 팀 동료들이 생겼다. 그러나 사람들은 "검둥이는 집으로 가라!"라고 야유했고, 스파이크로 공격했으며, 경기장에 단단한 물체와 검은 고양이를 던졌다.* 상상할 수 있는 모든 모욕과 상해는 계속되었다. 그는 리키와의 약속을 지켰다. 아무런 사건도 일어나지 않았다. 그는 분노를 억누르거나 아니면 그 분노를 게임으로 돌렸다. 재키는 거의 신경쇠약에 이를 지경이었다. 시즌이 끝날 무렵, 그는 타격왕이 되었고 로얄즈가 리틀월드시리즈(Little World Series)에서 우승하는 데 기여했다. 다음 해 다저

---

* 검은 고양이 사건 중 하나는 시러큐스(Syracuse)에서 있었던 경기에서 재키가 홈플레이트로 걸어가는 동안 일어났다. 이 일은 재키가 3타점 3루타를 뽑아내는 결과를 낳았다.

스에서 재키를 불렀을 때, 클레이 호퍼의 태도는 한결 누그러졌다. "자네는 뛰어난 야구 선수이고 훌륭한 신사야. 자네가 우리 팀에 있었던 건 정말 멋진 일이었네."37)

브루클린에 도착한 재키는 팀원들로부터 환호와 냉대를 받았다. 봄 훈련 동안 다저스 팬들의 사랑을 한 몸에 받는 외야수 딕시 워커(Dixie Walker)가 팀 내 남부 출신 선수들에게 재키와 함께 뛰느니 차라리 다른 팀으로 가겠다는 탄원서를 돌렸다. 몇 명이 탄원서에 서명했는데, 켄터키 출신 신사인 유격수 피 위 리즈(Pee Wee Reese)는 거절했다. 리키는 레오 듀로셔를 시켜 그 일을 중지시켰다. 그리고 선수들에게 재키가 팀원으로 받아들일 수 없는 선수라면 즉시 다른 팀으로 보내주겠다고 말했다. 오직 한 선수만이 그 제안을 받아들였다.

1947년 4월 15일, 절반 이상이 흑인들인 2만 6,000명의 관중이 경기장 좌석을 가득 메운 가운데 에벳 필드에서 치룬 첫 경기는 재키에게 실망을 안겨주었다. 보스턴 브레이브스(Boston Braves)에게 0 대 3으로 패한 것이다. 다저스에서 보낸 첫 달에 재키는 타격 슬럼프에 빠졌고 수비는 자꾸 빗나갔다. 그는 왼손잡이에게 더 적합한 자리인 1루에 적응하느라 애를 먹었다. 이듬해 재키는 자신의 재능을 한껏 발휘할 수 있는 2루로 옮긴다. 그러나 다저스로 이적한 첫해에는 워커의 탄원서에 서명했던 에디 스탠키(Eddie Stanky)가 내내 2루를 지켰다.* 처음에 재키는 베이스에서 조금 머뭇거리기까지 했다.

물론 재키를 향한 비열한 가혹행위는 수없이 많지만 그는 내색하지 않고 견뎠다. 상대팀 선수들과 팬들의 욕설, 그를 동경하는 흑인 팬들의 환호 또한 그를 괴롭혔다. 경기 내용이 자신의 기대나 리키의 기대에 미치지 못한 날에는 흑인 팬들 앞에서 차마 고개를 들지 못할 정도로 부끄러웠다. 그

---

* 스탠키는 그해 말 다른 팀으로 트레이드되어 재키에게 2루 베이스를 넘겨주었다. 재키는 다저스의 인기 선수를 잃은 팬들의 분노를 견뎌야 했다.

는 지독한 인종차별적인 발언으로 끊임없이 조롱을 당했다. 살해하겠다는 위협도 있었다. 첫해에만 다른 선수들이 평생 맞은 것보다 더 많은 공에 맞았다. 베이스에 도착하기 전 아웃을 당한 세인트루이스 카디널스의 우익수 에노스 슬로터(Enos Slaughter)는 1루로 들어가면서 공중으로 뛰어올라 고의적으로 재키의 다리를 스파이크로 공격했다. 시즌 초반, 선수 벤치에서 상대팀에게 욕설을 퍼붓기로 악명 높은 필리스(Phillies)와 붙은 홈경기 세 차례에서 그는 첫 시즌에 들었던 가장 지독한 욕설을 들었다. 편협한 팀 감독 벤 채프먼(Ben Chapman)을 선두로 그들은 "목화 농장으로나 돌아가라, 이 검둥이 자식아!", "이봐, 오늘 밤에는 누구네 백인 마누라랑 데이트하나?"라고 소리쳤다. 결국 스탠키마저 참지 못하고 상대 벤치의 불량배들에게 욕설을 퍼부었다. 훗날 필리스의 한 투수는 채프먼이 재키에게 욕을 하지 않는 선수에게는 벌금 50달러를 물리겠다고 위협한 사실을 고백했다.

약간의 예외를 제외하고 다른 다저스 선수들은 재키를 정중하게 대했다. 그러나 처음에는 재키와 거리를 두었고 그것은 재키도 마찬가지였다. 다저스 라커룸에서 그들을 지켜보던 「뉴욕포스트(New York Post)」의 기자 지미 캐논(Jimmy Cannon)은 재키를 두고 '내가 본 중에 스포츠계에서 가장 외로운 사람'이라고 말했다.[38] 리키는 웬델 스미스를 고용했는데, 그의 일이란 게 주로 원정경기 동안 재키의 친구가 되어주는 것이었다. 그러나 팀원들의 선량함에 호소하는 것만으로 해결할 수 없었던 일을 다저스의 상대팀이 가하는 야유와 상해가 해결했다. 특히 난폭했던 신시내티 레즈(Cincinnati Reds)와의 경기에서 나타난 친절한 행동이 반가운 변화를 이끌어냈다. 야유가 거의 참을 수 없는 지경에 이르자 피 위 리즈는 재키에게 걸어가 그의 어깨에 팔을 둘렀다. 그 제스처는 레즈의 벤치를 침묵하게 만들었다. 그 모습을 보는 모든 사람들은 재키 로빈슨이 브루클린 다저스의 일원이며 다저스 팀원들이 그를 자랑스러워한다는 사실을 깨달았다.

5월경, 슬럼프에서 벗어난 재키는 열네 번의 경기에서 연속 안타를 치며 자신과 브랜치 리키가 기대했던 경기를 보여주기 시작했다. 그는 약속한 대로 다저스에서 보낸 처음 몇 년간 그가 경험한 잔인한 행위에 대해 같은 방식으로 응수한 적이 없었다. 재키와 재키 이후에 빅 리그로 온 많은 흑인 선수들이 전국에서 인정을 받았을 때, 재키는 그가 했던 약속에서 자유로워졌다. 그때부터 그는 자기가 받은 모욕은 어떤 것이든 간에 되갚아주었다. 재키가 판정을 두고 심판과 입씨름을 하거나 상대방을 몰아세우는 모습은 흔한 장면이 되었다. 그러나 초기 몇 년 동안은 오직 경기에만 집중했다. 상대 팀은 재키 로빈슨의 화를 돋우면 승리하겠다는 그의 의지만 강해질 뿐이라는 사실을 깨달았다. 그를 '검둥이'라고 부르면 그는 베이스를 하나 더 갔다. 누군가 그의 혈통을 문제 삼으면 거의 머리카락을 스칠 정도로 그의 머리 쪽에 가깝게 공을 쳤다. 그는 베이스에서 발군의 실력을 보여주었다. 첫 시즌에만 베이스를 29개 훔쳤다. 상대 투수들은 집중력이 흐트러졌고 내야수들은 초조해했다. 재키는 타이 코브(Ty Cobb)의 주루 플레이 이후 메이저리그에서 보지 못했던 어지럽고 흥분되는 경기를 재연했다. 그리고 그 모든 것을 정정당당하게 해냈다. 시즌이 막바지에 이르렀을 때, 일 년 전 야구계의 인종차별 폐지에 반대하는 사설을 실었던 「스포팅뉴스(The Sporting News)」는 처음으로 제정하는 신인왕으로 재키를 선정했다. 그해 재키의 성적은 타율 2할 9푼 7리, 12홈런, 42번트 성공이었으며, 다저스는 정규리그에서 승리했다. 이 년 후, 그는 리그 MVP를 거머쥐었다.

재키는 은퇴하기까지 십 년 동안 다저스에서 뛰었다. 팀에 합류했을 때 그는 28세였고, 신인선수치고는 나이가 많았다. 재키가 있는 동안, 다저스는 정규리그에서 우승기를 여섯 번 차지했고 월드시리즈에서 한 번 우승했다. 그는 사업에 뛰어들어 상당한 수입을 올리며 1950~1960년대의 민권투쟁에도 참여했다. 그리고 다른 사람들이 어떻게 생각하건 언제나 자신의 신념을 굳게 지켰다. 그는 자긍심과 자기 인종의 존엄성을 위해 인생에서 힘든 길을 택했다. 스트레스가 가져온 결과는 상상을 뛰어넘을 정도였다.

그는 당뇨로 고통받고, 눈이 멀고, 심장병으로 고생하다가, 1972년에 세상을 떠났다. 그때 그의 나이는 53세였지만 이십 년은 더 늙어 보였다.

브랜치 리키는 재키가 떠나기 전인 1950년에 구단주들과의 불화로 팀을 떠났다. 자신의 뛰어난 능력을 피츠버그 파이어리츠(Pittsburgh Pirates)로 고스란히 옮겨간 그는 로베르토 클레멘테(Roberto Clemente)를 스카우트했고, 고향 카디널스에서 보낸 2년을 끝으로 은퇴했다. 리키는 1965년, 연설을 하던 중 83세의 나이로 생을 마감한다. '바람의 동굴'에서 그의 설교를 견뎌본 적이 있는 기자들은 그것이 그에게 가장 잘 어울리는 죽음이라고 생각했다. 세상 사람들은 리키 씨도 그 생각에 동의했으리라 추측한다.

리키는 가장 위대한 야구 왕조 둘을 세운 사람이지만, 미국의 경기를 모든 미국인들에게 개방하기 위해, 또 야구장 안에서만큼 야구장 밖에서도 무엇인가를 성취하기 위해 그가 내렸던 교묘한 결정으로 기억될 것이다. 그는 재키 로빈슨에게서 운동능력보다 더 위대한 것을 보았다. 그가 본 사람은 신념과 용기, 위엄을 지닌 위대한 야구 선수였다. 리키가 찾은 그 사람은 화가 났을 때 그것을 애써 감추려 하지 않는 불같은 성격뿐만 아니라 훌륭한 인격의 소유자이기도 했다. 그리고 리키는 어쩌면 재키 로빈슨 본인조차 모르고 있을 다른 무언가를 보았다. 재키는 가장 괴로운 상황에서 평정을 유지할 수 있는 용기와 힘을 가진 사람, 자존심을 자제심으로 변화시킬 수 있는 사람이었다. 야구장 안에서나 밖에서나 이상적인 미국인을 상징할 수 있는 사람, 그리고 인종통합을 이루고, 인종의 정의를 위해 오래 기다리고, 백인 미국인들의 영웅이 될 수 있는 사람이었다. 그들은 악수를 하고 계약을 체결했다. 그리고 그들의 나라를 더 좋은 나라로 만들었다.

위기를 기회로 만든 용기

화재는 9시경에 일어났다. 산들바람이 부는 10월의 어느 일요일 밤, 시카고 서쪽 오레리 부인의 집 뒤쪽 골목에 있는 외양간이었다. 그리고 채 한 시간도 지나지 않아 시카고 서쪽 대부분을 잿더미로 만들었다. 자정 무렵에는 남서쪽에서 불어온 강한 바람이 시카고 강 남쪽 지류 건너, 상업 지구의 중심인 북쪽으로 불꽃을 실어 날랐다. 집, 술집, 교회, 극장, 크고 작은 상점들, 시청, 법원청사와 시 교도소, 포터 파머(Potter Palmer)의 근사한 새 호텔, 북쪽과 시카고 부자들의 화려한 저택으로 불꽃을 옮겼던 시카고 강 북쪽 지류를 가로지르는 스테이트 스트리트 다리 등 불이 지나간 길에 놓였던 모든 것이 소멸되었다. 화요일 이른 아침께가 되어서야 마침내 바람이 잦아들었고 약한 비가 불바람을 잠재웠다. 가득한 연기와 재로 숨이 막힐 듯한 공기 속에 도시는 폐허가 되었다. 불은 길이 6킬로미터, 넓이 약 2킬로미터에 달하는 길을 태웠다. 건물 수천 개가 파괴되고 2억 달러가 넘는 손실을 입었다. 수백 명이 사망하고 수천 명이 부상을 입었다. 도시 인구의 3분의 1은 집을 잃었다. 1871년 시카고 대화재에서 화마의 손길이 미치지 않은 것은 거의 없었다. 경쟁 도시들은 시카고는 이제 끝났다고 생각하며 기뻐했다.

그러나 미국 최대의 신흥 도시(미시간 호수 가장자리라는 지리적으로 유리한 위치, 강과 철도로 미시시피 강 골짜기의 비옥한 농지 그리고 그레이트플레인스의 곡창지대와 목장에 접근할 수 있는 전국 철도망의 연결점, 뉴욕에 버금갈 만큼 엄청난 속도로 돈이 오가는 도시이자 부러움의 대상인 미국 자본의 근거지)는 끝난 게 아니었다.

최근에 생긴 도심 쇼핑 지구의 폐허 중 일부는 유명한 도소매 직물가게들이었다. 필드라이터앤드컴퍼니(Field, Leiter and Company)는 불과 3년 전에 6층짜리 새 점포를 열었다. 그 사건은 대참사였다. 유니폼을 단정하게 차려입은 흠잡을 데 없이 정중한 직원들이 도시에서 가장 격조 높은 백화점에 오는, 도시에서 가장 부유한 단골손님들을 맞이했다. 새로 닦은 스테이트 스트리트를 차지하고 있는 백화점의 코린트식 기둥이 대로와 보도에 길게 늘어서서 거대한 대리석과 석회암으로 만든 호화로운 건물을 지탱하고 있었다. 회사에서 가장 크고 수익성 좋은 도매 매장은 건물 위쪽에 자리 잡고 있었다. 그러나 건물의 자랑거리는 1층 소매 매장이었다. 신사 숙녀들은 빛나는 조명과 사치스러운 가구를 갖춘 화려한 홀로 당당하게 들어가서 뉴욕과 유럽, 극동에서 온 최고급 옷감들이 품위 있게 정리된 선반과 테이블을 반짝거리는 눈으로 바라보았다. 떠오르는 신생 상업 도시의 거물급 인사들과 도도한 고객들은 흥분을 감추지 못했다. 과거에는 그와 같은 것을 본 적이 없었기 때문이었다. 사장인 필드와 라이터는 사람들의 반응을 관찰했다. 그리고 혁신을 일으키고 사업신념을 부단히 적용한 것이 성공적으로 판명될 때마다 습관적으로 그랬듯이 소리 없이―감정표현이 풍부한 사람들이 아니었다―기뻐했다. '만족 보장'이 회사의 좌우명이었다. 그리고 그날 모든 사람들은 만족스러워했다. 공상가 마셜 필드(Marshall Field

가 예상했던 그대로였다.

─────────※─────────

그는 1834년 매사추세츠 주 콘웨이(Conway) 근처에 있는 200에이커 규모의 아버지 소유 농장에서 태어났다. 대담한 350명의 사람들이 시카고에 정착한 지 일 년 후였다. 그는 16살 때 정규교육을 그만두고 아버지의 쟁기를 손에서 놓았다. 그리고 조합교회 집사 헨리 데이비스(Henry Davis)가 운영하는 피츠필드 근처의 작은 직물가게에 점원으로 취직했다. 이 젊은 점원은 수줍음을 많이 타고 말수가 적어서 학교에서 '고요한 늪'이라는 별명을 얻었다. 고용주는 그것이 손님들과 흥정하고 잡담하는 붙임성 좋은 상인에게는 어울리지 않는 별명이라고 생각했다. 만일 그 소년이 친구를 만들 정도로 쾌활하지 않다면 돈을 버는 재능은 없다고 봐야 할 테니 말이다. 처음에는 데이비스 집사와 가게 손님들 모두 그가 행동에 확신이 없고 머뭇거린다고 생각했다. 그러나 사실은 성품이 침착하고 진지하며 주의 깊고 이해력이 빠른 것으로 밝혀졌다. 그가 나중에 손님들, 특히 여자 손님들에게 인기가 높아진 이유는 그의 매력이나 언변이 아니었다. 바로 손님들의 요구와 취향에 대한 관심 때문이었다. 그는 손님들을 이해하려는 태도로 신뢰를 얻었다. 손님들을 상대할 때면 그들의 관심을 끌 만한 것들이나 그들의 말을 경청하면서 얻은 정보, 또는 유명 여성잡지에서 철저히 연구한 인기 상품들을 이야기했다.

5년 후인 1855년, 그는 형 조셉을 따라 일리노이로 떠났다. 미시간 호수 남서부에 위치한 신흥 도시 일리노이는 눈치 빠르고 근면한 상인들이 서부 개척 시대에 새로운 기회를 잡기 위해 활기차게 일하던 곳이었다. 그때 그의 주머니에는 이제 막 꽃피기 시작한 자신의 장사 재능을 증명할, 예전 고용주에게서 받은 추천서가 있었다.

저는 이 청년을 보기 드문 사업 재능을 가진 젊은 청년으로 강력하게 추천하는 바입니다. 사업 능력뿐만 아니라 청년의 인격과 신념으로 미루어볼 때 그가 인생에서 성공할 거라는 데에는 의심의 여지가 없습니다. 근면함, 끈기, 성실함에 의지력까지 더해진다면 성공하기 마련이니까요.[1]

    필드는 일리노이에 도착한 지 얼마 지나지 않아 시카고의 대형 직물 도매상가 쿨리워즈워스앤드컴퍼니(Cooley, Wadsworth and Company)에서 점원 자리를 구했다. 필드의 의지력은 곧 촉망받는 주니어 파트너였던 존 파웰(John Farwell)의 눈에 띄었다. 수년 후, 파웰은 옛 동료이자 이후에는 맞수가 된 필드가 "여성들의 본성을 놀랍도록 잘 이해한다는 것을 깨달았다. 그는 타고난 상인이었다. 그가 원한 것은 오직 훌륭한 상인이 되는 것이었다."[2] 필드는 주어진 일을 성실하게 해내고, 시키지 않아도 일을 찾아서 하며, 적극적으로 거래를 공부했다. 그리고 그를 높이 평가한 고용주 덕분에 고속으로 승진했다. 그는 여전히 말수가 없고 내성적이었지만, 회사의 출장 판매원들에게 각자 맡은 구역의 사업 환경 그리고 다른 마을과 도시에서 인기 있는 상품에 대해 물었다. 판매가 활발한 상품과 저조한 상품, 재고과잉과 부족분을 꼼꼼하게 기록하는 일도 잊지 않았다. 주 고객인 여성들의 구매 습성을 관찰하고 그들의 관심을 끄는 상품, 그리고 직원들의 태도와 응대방법에 어떻게 반응하는지를 메모했다. 상품과 서비스를 날카롭게 판단할 수 있는 안목을 길렀고 싸구려 상품과 강매는 경멸했다. 필드가 재고 담당으로 재능을 썩히고 있음을 알아본 파웰은 회사 사장단에 제안해서 필드를 출장판매원으로 보냈다. 필드가 거래 솜씨와 직물 사업에서 좀 더 실제적인 지식을 쌓을 수 있었던 기회는 이후 회사와 필드 모두에 도움이 된다.

    필드는 출장판매원의 고단한 생활은 좋아하지 않았다. 그러나 그 일을 매우 훌륭하게 해냈다. 그는 여느 판매원들과는 달랐다. 말주변이 좋거나 수다스럽거나 재미있는 것이 아니라 예의바르고 과묵했다. 그는 신뢰와 사

◆ 마셜 필드(월러스 커크랜드/특파원, Time & Life Pictures/Getty Images).

업 감각, 상대방의 입장에 대한 정확한 인식, 신중한 관찰로 얻은 지식을 바탕으로 고객들을, 또 소도시 소매상인들과 도매상인들을 설득하는 데 성공했다. 그는 그들이 무엇을 원하는지 알았다. 그리고 필요 이상으로 상품을 권하지도 않았고 팔지도 않는 상품을 사라고 강요하지도 않았다. 그의 진지함은 오래된 고객과 새로운 고객들의 신뢰를 샀고, 쿨리위즈워스앤드컴퍼니의 대차대조표에 새로운 주문으로 발생한 숫자를 추가했다. 만족한 회사의 사장단은 1860년 필드가 주니어 파트너가 되는 것에 찬성했다.

필드가 재고 담당에서 파트너가 되기까지는 5년이 걸렸다. 회사는 1857년 금융공황과 뒤이은 1858년의 불황에서 살아남았다. 1857년, 회사는 조직개편—워즈워스가 밀려나고 필드의 은인인 존 파웰이 그 자리를 대신했다—을 했다. 당시 은행이 문을 닫고 융자가 거의 불가능해지자 많은 시카고 도매상인들이 도산했다. 필드의 회사는 그와 같은 운명에 처하지 않으려고, 또 불황에도 승승장구하고 있는 것처럼 보이는 최대 경쟁자 포터 파머를 따라잡으려고 고군분투했다. 상황이 좋지 않지만 회사는 새로운 가게와 창고를 열었다.

포터 파머는 뉴욕의 어느 시골에서 시카고로 왔다. 마셜 필드가 도착하기 몇 년 전이었다. 1852년, 파머는 빌린 돈에 모아둔 돈을 보태서 그 도시 상업 지구의 중심이며 직물가게가 번창하고 있던 레이크 스트리트에 작은 가게를 열었다. 그는 뉴욕 록포트에서 가게를 운영할 때의 경험과 뉴욕 시의 유명 백화점 브로드웨이(Broadway)의 '대상인' 알렉산더 터니 스튜어트(Alexander Turney Stewart)를 관찰하며 배운 혁신적인 제도로 즉시 부유층을 사로잡았다.

자금 확보가 여의치 않아서 새 가게에 물건을 많이 들여놓지는 못했지만 그의 상품은 고급품이라는 평을 얻었다. 그리고 가게 선반과 테이블, 좀처럼 사용하지 않는 가게 정면 유리에 상품을 아름답게 진열하는 데 신경을 썼다. 그는 주로 여성을 대상으로 물건을 판 최초의 상인이었다. 정보를 얻는 데 공을 들여서 여성들이 특별히 흥미를 가질 만한 상품으로 관심을 끌었다. 보호자 없이 가게에 오는 여성들도 환영과 극진한 대접을 받았는데, 당시에는 보기 드문 일이었다. 상품만 아니라 사람을 보는 눈도 있었다. 그는 그와 비슷한 역량을 지니고 그의 장사 원칙을 충실하게 지키는 직원을 고용했다. 판매원들에게는 고객들의 이름과 취향을 기억하라는 지시를 내렸고 물건을 억지로 권하는 일은 금지시켰다. 손님들의 질문에는 재빨리 응대하고 손님들에게 필요한 것이 무엇인지 주의를 기울여야 했다. 고객이 무례하거나 혹은 예의와는 거리가 먼 대우를 받던 시대였지만, 얼마나 까다롭고 요구가 많든 "고객은 항상 옳다."라는 것이 파머의 주요 신념이었다. 파머의 목표는 상류층 시장이었다. 그러나 포터파머앤드컴퍼니(Potter Palmer and Company)에서는 신분과 재산에 관계없이 모든 사람들이—물건을 사러 왔든 그저 둘러보러 왔든—환영받았다.

그는 현금을 기반으로 사업을 운영했다. 융자는 거의 받지 않았으며 융자를 받을 때도 먼저 충분한 조사를 했다. 상품 가격을 명시하지 않고 가격 흥정으로만 거래가 이루어지던 시대였지만, 포터는 관습을 파괴했다. 그리고 단일가격정책을 시행했다. 포터는 매일 눈에 띄기 쉽게 가격을 붙여놓았다. 가격은 대체로 경쟁자가 제공하는 비슷한 품질의 상품보다 낮았다. 얼마 되지 않아 충분한 자금을 확보한 그는 가장 인기 있는 상품을 최저가에 판매한다며 대대적이고도 독창적인 광고를 했다. 정기할인행사 광고도 했다. 그 시대에는 경제상황이 안 좋거나 판매가 위태로울 정도로 저조할 때만 적용하던 관습이었다. 파머가 이룬 최고의 혁신은 환불정책이었다. 특별 고객들은 물건이 마음에 들면 산다는 조건으로 구매를 할 수 있었다. 파머는 고객들에게 말했다. "만일 남편 마음에 들지 않는다면 가져오십시오. 환불해드리겠습니다."[3] 경쟁자들은 그 정책을 비웃었다. 그들은 고객이 원하는 만큼 제품을 사용하고 되돌려주러 올 것이고, 그때가 되어서야 풋내기 경영자가 인간 본성에 대한 때늦은 교훈을 얻을 거라고 확신했다.

1857년, 공황이 엄습했을 때 파머의 경쟁자들은 가격을 대폭 인하하기 시작했고, 이는 대부분 폐업의 전조였다. 파머는 여전히 그들보다 물건을 싸게 판매했다. 그는 혼란이 가중되는 모습을 침착하게 지켜보았다. 만족을 전제로 상품을 제공하는 정책 못지않게 채무 반감, 현금정책, 혁신을 통한 수입 증가로 상당한 현금을 확보할 수 있었고, 그것은 파머가 어려운 시기를 헤쳐 나가는 데 도움을 주었다. 다른 사람들이 재고를 정리하는 동안, 파머는 유럽과 아시아의 제조업자들로부터 더 많은 상품을 구입했다. 상인들이 조금이라도 더 수입을 올리기 위해 가게와 창고를 임대할 때, 그는 가게를 확장했다. 경쟁자 대부분이 쓰러져가는 은행에서 예금을 찾으려고 발버둥칠 때 그의 회계장부는 흑자 행진을 기록했다. 파머는 도매사업을 접었다. 좀 더 유리한 고지를 점해서 경쟁 소매상인들을 앞서기 위해서였다. 마셜 필드가 파머의 이전 고객들과 거래를 하려 했을 때 그는 파머가 했듯이 무제한 환불정책을 약속할 수 없다면 일이 쉽지 않으리라는 사실을 깨달았다. 공황의 끝이 보일 무렵에 명성만큼이나 높은 수입을 올리던 파머는 바닥에 떨어진 시카고의 직물거래를 관찰했다. 그리고 그 분야에서 마셜 필드보다 열심인 사람은 없었다. 필드는 인간 본성과 상업을 공부하는 똑똑하고 진지한 학생이었고, 파머와 마찬가지로 사업에 의욕과 관심을 내비치며 성공하는 일에 열중하고 있었다.

쿨리앤드파웰의 주니어 파트너로서 판매부서를 책임진 필드는 사소한 부분까지 꼼꼼하게 처리하며 합리적이고 조직적인 부서를 만들었다. 일 년이 지나기 전에 그는 정식 파트너가 되었다. 그러나 최대 맞수의 연이은 성장과 혁신에 대한 감탄의 목소리가 높아지는 것을 지켜보며, 상사의 타고난 신중함과 상상력 부재 때문에 초조해했다. 1863년에는 병든 쿨리가 시카고를 떠났다. 회사는 파웰필드앤드컴퍼니(Farwell, Field and Company)로 개편되었다. 그리고 '현금거래가 원칙, 외상거래는 예외적으로' 라는 좌우명을 가진 회계원 레비 라이터(Levi Leiter)를 주니어 파트너로 맞이했다.[4] 필드는 자신의 체험과 파머의 시스템을 바탕으로 자신만의 혁신을 일으키기 시작했다.

시카고는 남북전쟁 동안 엄청난 인플레이션이 한창일 때 갑자기 경기가 좋아졌다. 성공한 상인들이 많았지만 파머만큼 큰 성공을 거둔 사람은 없었다. 그는 인플레이션의 압박 때문에 10에서 20퍼센트까지 가격을 올리는 경쟁자들보다 싼 가격에 물건을 팔았다. 그는 먼저 뉴욕에서 몇 달 지내며 개인적으로 자신의 백화점에 들일 상품들을 조사하고 구매를 늘렸다. 5층짜리 멋진 대리석 건물로 이전한 그는 다시 도매사업에 뛰어들었다. 파머는 이제부터 일부 불만족 고객들에게만 적용하던 환불보장방침을 모든 고객에게 확대 적용하겠다고 발표했다. 그의 결정은 경쟁자들의 비난과 비웃음을 샀다. 그러나 이제는 최대 맞수가 된 젊은이만이 유일하게 관심을 보이며 찬성의 뜻을 나타냈다. 필드 역시 경쟁자들보다 훨씬 낮은 가격을 유지하고 있었다. 필드는 단일가격정책을 시행하고 고객 서비스의 질을 향상시켰으며, 회사의 도매사업과 소매사업을 모두 확장했다. 또 늘어난 상품 물량을 소화하기 위해서 더 넓은 장소로 이전했다. 파머를 본받아 뉴욕에 간 그는 최신 유행과 소매정책을 관찰하고 회사의 물품 구입을 책임졌다. 이윽고 필드의 회사는 파머의 회사와 필적할 정도가 되었고, 금방이라도 추월할 것 같았다. 마셜 필드는 처음 아버지의 농장을 떠날 때 마음먹었던 것처럼 부유해졌다. 사람 보는 눈이 있던 파머도 그의 맞수를 존경했다. 그리고 필드가 눈치 채지 못하는 사이에 소매 쇼핑을 창조한 두 사람의 비범한 재능을 한데 합칠 수 있는 계획을 궁리했다.

1864년, 유명한 경영자가 된 지 이 년 후에 필드는 레비 라이터와 함께 파웰필드앤드컴퍼니를 떠났다. 그해, 파머의 의사는 그 정열적인 사업가에게 지칠 줄 모르는 활동이 그의 건강을 심각하게 해치고 있다고 경고했다. 파머는 독신이었고, 사업 외에는 다른 것을 할 시간이 거의 없었다. 그는 이제 인생을 즐겨야 할 때라고 결정했다. 유럽에서 몇 년쯤 휴식을 취하고 상상력을 재충전하며 새로운 사업 기회를 탐색하고 싶었다. 물론 그동안 사업을 맡아줄 적당한 경영자가 필요했다. 그는 오직 한 사람만이 그 일을 제대로 해낼 수 있다는 사실을 알았다. 파머는 마셜 필드에게 연락을 취했고 그와 라이터에게 자신의 도소매사업을 추산 가치보다 20퍼센트 낮은 가격에 팔겠다고 제안했다. 남북전쟁으로 가격이 최고조로 폭등한 시기였기 때문에 상당히 값비싼 제안이었다. 그러나 필드는 자신이 기반을 잡은 도시만큼이나 사업에 대해서도 잘 알고 있었고 그 두 가지가 서로에게 도움이 될 거라는 사실을 알았다. 그는 조건을 받아들였다. 파머는 수십만 달러를 새 회사에 맡기고 유럽으로 떠났다. 1865년 1월, 필드파머앤드라이터(Field, Palmer, and Leiter)는 포터 파머의 상점에서 새로운 경영진의 관리하에 사업을 시작한다.

재앙은 그와 거의 동시에 들이닥쳤다. 리 장군(Robert Lee)이 애퍼매턱스 코트하우스에서 항복하자 5년간 계속되던 악성 인플레이션이 갑작스레 끝났고, 새로운 금융공황이 초래됐다. 전국의 모든 도시가 경제적 혼란에 빠질 우려가 있었다. 그러나 시카고만큼 타격이 큰 곳은 없었다. 파머는 좋은 상품을 더 좋은 가격에 제공한다는 원칙에 따라 사업을 일으켰다. 필드는 그의 열성적인 제자였다. 상인들은 앞 다투어 가격을 인하했고, 필드는 수입이 감소하는 와중에도 원칙을 지키려고 필사적으로 노력했다. 이제는 필드의 의욕적인 계획을 실행하는 데 필요한 자본뿐만 아니라 새로운 회사의 지불능력 또한 위태로운 지경에 이르렀다. 필드는 레비와 함께 사업의 일부를 파머에게 되팔겠다고 제안했지만 그들의 파트너는 의연하게 견디라고 충고했다. 파머는 전에도 금융공황을 극복한 적이 있었다. 판매율을 높이려면 가격을 낮춰라, 조만간 흑자로 돌아설 것이다. 이것이 파머의 조언이었다.

그들은 회사에 부채를 지우지 않고 그들이 할 수 있는 만큼 새로운 상품을 구입했다. 도매물품을 늘리려고 고전하는 다른 상인들을 격려하기 위해 필드는 라이터를 설득했고, 그의 자랑거리인 엄격한 외상판매정책을 조금만 완화하기로 했다. 필드는 어떤 부실채권을 떠안더라도 경기가 다시 좋아졌을 때 대다수 손님들의 신뢰가 굳어지면 그것이 상쇄되고도 남으리라는 것을 알았다. 또한 사람과 물건을 판단하는 뛰어난 감각을 이용해 판매부서도 강화했다. 그는 진취적이고 정직한 사람들을 고용해서 명확한 책임을 부여하고 폭넓은 자유를 허락했다. 그리고 급여가 당시 평균 임금보다는 낮지만 열심히 일하고 지혜롭게 행동한다면 언젠가 회사의 파트너 명단에 이름을 올릴 수 있을 거라고 약속했다. 그러나 남북전쟁 후에 닥친 금융공황 기간 동안 필드와 라이터가 눈부신 성공을 이룰 수 있었던 가장 중요한 요인은 그들의 상점에서 이루어지는 쇼핑을 진보시켰다는 점이다.

필드파머앤드라이터가 설립된 첫해가 끝날 무렵, 회사는 800만 달러 상당의 상품을 판매하고 30만 달러의 흑자를 기록했다. 필드는 가장 좋은 상품을 가장 낮은 가격에 구입하기 위해 바이어들을 유럽으로 보냈다. 늘 좋은 상품을 가장 낮은 가격에 팔 수 있는 기회를 찾던 그는 영국 맨체스터에 사무실을 열어서 유럽인들의 구매를 직접 관리하기로 결정했다. 그는 형 조셉을 관리자로 파견했고, 조셉은 유리한 조건으로 거래를 성사시킨다는 명성을 얻으며 일을 훌륭하게 해냈다. 필드는 시카고를 통관항으로 만드는 데 힘을 보태서 그가 해외에서 구입한 물건들이 뉴욕 세관에 오랜 시간 묶여 있지 않도록 했다. 사업은 번창했다. 회사는 도매업에 주력했고 오랫동안 그 방식을 유지할 생각이었다. 그러나 필드는 시카고 최고의 명소 중 하나인 자신의 소매부서에 점점 더 많은 관심과 재능을 쏟아 부었고, 그러는 동안 소매사업은 갑작스러운 성장을 경험한다.

1867년 무렵, 필드와 라이터는 포터 파머의 지분을 인수할 자본을 마련했다. 파머는 부동산 투자에 온 관심을 기울이고 만족스러워하고 있었다. 그는 목재로 지은 작고 지저분한 선술집과 식료품 가게, 하숙집이 줄지어 서 있는 거리의 부동산을 사기 시작했다. 비좁고 별 볼일 없는 곳이었지만, 대부분의 직물사업이 자리 잡고 있는 레이크 스트리트보다 훨씬 더 수익성이 좋은 장소였다. 일단 스테이트 스트리트를 약 2킬로미터 정도 취득한 파머는 시를 설득해서 대로를 넓혔다. 그러고 나서 시카고에서 가장 품위 있는 상업용 건물을 짓기 시작했다. 1868년에 건물이 완공되자 필드라이터앤드컴퍼니는 상당한 액수를 지불하고 건물을 임대했다.

그리고 1871년, 필드는 이 건물이 불에 타는 모습을 지켜보았다.

필드는 재빨리 현장에 도착해서 가게를 지키려는 필사적인 노력을 지켜보았다. 그는 이내 모든 노력이 헛된 일이라는 것을 깨달았다. 가게는 곧 사라질 게 분명했다. 그는 직원들에게 불길이 건물을 집어삼키기 전에 가능한 만큼 물건을 가지고 나오라고 말했다. 일렬로 선 직원들이 가게 밖으로 제품을 나르는 동안 필드는 급히 일꾼들을 보내 가능한 한 많은 짐수레 마차를 가져오게 한 후 호숫가로 가도록 지시했다. 밤늦게까지 몸을 사리지 않고 일한 직원들은 가까스로 20만 달러 상당의 물품을 꺼낼 수 있었다.

마침내 불길이 잡혔을 때 가게 안에 남아 있는 물건이라고는 '계산대 보조 직원들과 여직원들은 10월 16일 월요일 아침 9시, 칼루멧 대로 60번지에 있는 필드라이터앤드컴퍼니에서 급여를 받을 것'이라고 쓰여 있는 조잡한 게시물이 전부였다.[5] 3주 후, 필드라이터앤드컴퍼니는 오래된 철도 차고에서 손상되지 않은 물건들을 깨끗이 닦고 가능한 한 아름답게 진열해서 영업을 시작했다.

다음 해, 필드와 라이터는 매디슨 스트리트에 있는 새 건물로 도매부를 옮겼다. 그리고 2년 후 화재 기념일에 싱어컴퍼니(Singer Company)에서 임대한 스테이트 스트리트의 새 건물로 소매부를 옮겼다. 포터 파머는 대화재 때에도 평소와 다름없는 자신감과 기회를 노리는 자세를 내비쳤다. 그는 화재로 빌딩 32채를 잃었지만 즉시 스테이트 스트리트에서 이전보다 더 웅장하게 재건공사를 하기 시작했다. 그가 지은 도시에서 가장 호화스러운 호텔, 내화성인 파머하우스(Palmer House)가 잿더미 위에서 일어섰다. 자신의 자유로운 독신생활을 기꺼이 포기하게 만든 여성, 훗날 시카고 사교계의 최고 여주인이 되는 버사 오노레 파머(Bertha Honoré Palmer)를 위한 선물이었다. 스테이트 스트리트에 있는 파머의 상업 빌딩에는 그의 예전 파트너들이 임대하고 있는 건물도 포함되었다. 그들의 상점이 영업을 다시 시작했을 때 온 나라는 또 다른 금융공황에 빠진다. 이번에는 1857년 공황보다 더욱 심각하고 오랫동안 계속되었다. 그러나 필드는 그의 스승처럼 어려움 가운데서도 평정을 유지했다. 그의 회사는 채무가 적고 현금이 풍부했다. 엄격한 외상 관리에 대한 레비 라이터의 열정 그리고 부동산과 물품에 대한 필드의 현금 지불 선호가 이 어려운 사태에서 큰 힘을 발휘했다.

그들은 도매 고객들에게 지불 유예 기간을 평소처럼 하고 영세 상인들에게는 좀 더 여유를 두겠다고 알렸으며, 경기 침체기에도 사업을 계속할 수 있다는 자신감을 보였다. 경쟁자들보다 싸게 파는 정책을 고수하면서도 그 것 때문에 타격을 입지는 않았다. 1876년, 서부와 그 중심지에서 불황이 걷히기 시작하자 시카고는 다른 도시들을 앞질러 번성했다. 동부의 제조업자들과 상인들은 다시 시카고에 자리를 잡았다. 새로운 경쟁과 그에 따른 희생이 회사에 부담이 되었지만 파트너들은 여전히 앞으로도 계속 성장하고 번영하리라는 자신감이 있었다. 특히 스튜어트가 시카고에 도매상점을 열었을 때는 고전을 면치 못했다. 두 회사는 가격할인에는 가격할인으로, 광고에는 광고로, 새로운 제도에는 새로운 제도로 맞섰다. 그러나 결국 스튜어트사가 백기를 들고 시카고에서 사업을 접는다. 필드라이터앤드컴퍼니는 시카고 직물거래에서 다시 선두에 섰다. 그리고 다시 한 번 큰 재난이 닥쳤다.

1877년 11월 14일, 새로운 소매상점이 잿더미가 되었다. 2주 후, 그들은 필드가 임대한 호숫가 전람회장에서 영업을 시작했다. 2년이 채 지나기 전에는 싱어컴퍼니에 상당한 액수를 지불하고 구입한 스테이트 스트리트에 있는 새 가게에서 손님들을 맞았다. 새 가게는 스테이트 스트리트에 있던 이전 가게 자리에 지어진 거대한 6층 건물이었다. 그 건물은 지금까지 그 자리를 지키고 있다.

마셜 필드가 내린 모든 중대한 결정 중에서 1870년대의 충격적인 사건 동안 그가 따랐던 행동 방침만큼 그의 용기를 잘 보여주는 것은 없다. 무거운 짐에도 불구하고 그처럼 신속하고 능숙하게, 또 변함없이 사업의 세부 사항에 세심히 주의를 기울이며 불행에 따른 변화를 헤쳐 나갈 수 있는 사업가는 거의 없을 것이다. 그는 시장 점유율을 꾸준히 높이고, 또 거기서 한 걸음 더 나아가기 위해 끊임없이 새로운 제도를 고안하면서 그 모든 것을 이뤄냈다. 그는 일단 스테이트 스트리트에 매우 값비싼 마지막 가게를 재건했고, 경쟁자들이 그 건물로 이전하도록 도와주었다. 점점 많은 인파가 필드와 포터 파머가 닦은 넓은 길로 몰려들었다. 필드는 경쟁자들의 사업을 활성화시킬 수 있다면 그것이 무엇이든 자신에게도 이익이 된다는 사실을 알았던 것이다.

물론 그의 아이디어 상당수가 포터 파머의 아이디어를 모방한 것이다. 그러나 그것은 또한 자기 자신과 자신이 살고 있는 도시, 사업, 인간의 본성을 인식하는 비상한 능력에 바탕을 둔 특별한 자신감의 산물이기도 했다. 그는 수년 전 존 파웰이 눈여겨보았듯이 이른 나이부터 상인으로서의 비범한 재능을 보였다. 그러나 그가 정확한 사업 본능, 기회를 포착해서 승부를 거는 본능, 때를 맞춰 올바른 결정을 내리는 본능을 타고난 것은 아니다. 다른 사람들보다 우수한 지적 능력은 선천적이었을지도 모른다. 그러나 그보다는 아버지의 농장에서, 데이비스 집사의 가게에서, 또 쿨리워즈워스앤드컴퍼니에서의 근면한 노력이 필드라는 사람과 그의 정직함을 만들었다. 조용하고 차분한 성격은 큰 재난에 직면했을 때 그가 보인 침착함과 단호함을 한층 두드러지게 했다. 그러나 한편으로는 그의 예리한 관찰력을 눈에 띄지 않게 덮어버리기도 했다. 마치 수줍음이나 자신감 부족으로 오인받은 과묵함 때문에 이야기를 더욱 잘 경청하는 사람으로 알려진 것처럼 말이다. 그는 사람들이 상품과 서비스에 어떻게 반응하는지를 눈여겨보았다. 판로를 구축하기 전부터 시장을 알았고, 사업을 새롭게 고안하기 전부터 거래를 배웠다.

물품 구입비, 지속적인 가격인하, 전 세계에 설립한 사무실과 공장, 자유로운 환불정책과 함께 고객에 대한 믿음, 직원들에게 허용한 권한, 가게에 대한 엄청난 투자, 고객에게 제공하는 여러 호화로운 편의시설 등은 필드의 경쟁자들이 쓸데없는 일이 될 거라 확신하면서 비웃었던 결정들이다. 그러나 그들은 한 번도 그를 경솔한 사업가라고는 생각지 않았다. 그들의 회사와는 달리 필드의 회사는 실패하는 법이 없었다. 그의 회사는 항상 번창했다.

필드는 엄격한 외상거래방침을 유지하기 위해 과도한, 때로는 불필요하기까지 한 기간을 설정한 것을 두고 이따금 라이터와 논쟁을 벌일 때에도 그의 분별력을 높이 평가했다. 그는 가능한 한 현금으로 건물을 짓고 물건을 구입했다. 항상 실패와 재난에 대비한 까닭에 경쟁자들보다 한결 수월하게 대응할 수 있었다. 평생에 걸쳐 축적한 방대한 지식 덕분에 다른 이들에게는 부족한 통찰력도 있었다. 다른 사람들이 특정 사업이나 아이디어가 위험하다는 생각만 할 때 그는 그 위험이 도전할 가치가 있다는 것을 알았다. 그는 자신이 도박을 한다고 생각해본 적이 없었다. "나는 타당한 판단을 내리고 심사숙고한 후, 그 결과에 따라 행동하고 사업을 운영하려고 노력해왔다. 엄청난 모험이나 위험은 결코 존재하지 않는다. 나는 느리지만 발전적인 정직한 사업 방식을 실천했고 열정과 훌륭한 시스템으로 그것을 뒷받침하려고 노력했다."

1881년, 마셜 필드와 레비 라이터는 동업자 관계를 정리했다. 라이터는 소매업에 염증을 느꼈고, 소매사업이 불경기에 취약한 믿을 수 없는 사업이라고 말했다. 필드의 끝없는 아이디어를 실행하는 데 엄청난 비용이 들지만 도매사업보다 수익성도 훨씬 떨어진다고 폄하했다. 필드는 평가 가치보다 훨씬 적은 돈으로 사업을 인수했다. 그는 회사에서 가장 가치 있는 자산이 파트너로 맞이한 사람들—필드의 시스템을 따르기로 맹세한 정력적이고 유능한 젊은이들—이라는 사실을 알고 있었다. 라이터와 협상을 하기 전 필드는 사람들 대부분에게서 자신과 함께 남아 있겠다는 다짐을 받았다. 라이터는 회사를 떠났다. 필드가 인수 조건을 제시하고 최고의 부하직원들이 자신을 따를 생각이라는 정보를 가지고 라이터와 마주했을 때, 회사가 자신보다는 필드에게 더 중요하다는 사실을 이해할 만큼 현명했기 때문이다.

회사의 주니어 파트너 중 많은 사람들이 평균보다 낮은 임금을 받으며 점원과 판매원에서부터 시작한 사람들이었다. 그들은 시카고에서 가장 훌륭한 회사—그곳에서 배운 사업지식은 훗날 어떤 사업에든 도움이 될 수 있었다—의 직원이라는 명예를 좋아했다. 그리고 통찰력 있는 고용주에게 근면하고 진취적이며 창의력이 풍부하고 충성스럽고 훌륭한 인격의 소유자라는 것을 증명하면 회사의 이익 배당에 지속적으로 참여할 수 있다는 약속을 좋아했다. 필드는 칭찬에 인색하고 늘 냉담했다. 그러나 그는 자신의 직원들을 이해했고, 그들의 성장을 지켜봤으며, 자격이 있다고 판단하면 대부분 아무런 말없이 적절한 보상을 했다.

일부 직원들은 결국 그런 기회를 얻었을 것이다. 그러나 회사 말단 사원으로 일하는 동안에는 장시간의 근무와 별 볼일 없는 급여를 견뎌야 했다. 노동조합을 혐오한 필드는 그들이 회사에 발을 들이지 못하도록 상당한 대가를 치렀고 어떤 곳에서도 노조 결성을 허락하지 않았다. 그러나 그는 직원들의 노동에서 오직 이익만을 얻겠다는 욕심은 없었다. 그는 회사의 수익에 사로잡힌 구두쇠도 아니었고, 직원들의 포부에 무신경하지도 않았다. 원칙을 철저하게 지킨 필드는 직원들도 그렇게 하기를 기대했다. 직원들이 열심히 일하고 솔선수범해서 자기만큼 출세하기를 바랐고, 그렇게 할 경우에는 상을 받아 마땅하다고 생각했다.

마셜 필드는 이전 파트너가 몰랐던 것을 알고 있었다. 소매사업이 훨씬 더 전도유망한 사업이었고 그가 투자한 비용과 노동은 그만한 가치가 있었다. 그는 자신이 살고 있는 도시가 어떠한 재난과 불운 속에서도 살아남으리라는 것을 알았다. 시카고는 서부만큼 놀라운 성장을 보일 수 있었다. 그 도시는 서부의 금융 수도이자 막대한 부를 시카고로 실어 나르는 거미줄 같은 철도망의 연결점이었고, 원자재를 모으고 제품을 생산하여 다시 전국 곳곳의 시장에 판매를 하는 곳이었다. 시카고는 불규칙적으로 발전하고 있었다. 결국 인구는 계속 증가하고 도시 수익은 높아지며, 부유층, 중산층, 가난한 노동계급 할 것 없이 모두가 도시와 함께 번영할 것이다. 그리고 마셜 필드앤드컴퍼니(Marshall Field and Company)는 안목 높은 수많은 고객들을 위한 최신 편의시설과 함께 가장 낮은 가격에 가장 좋은 상품을 제공하게 되리라.

마셜필드앤드컴퍼니는 전등에 투자한 최초의 소매상점이었다. 공중화장실과 휴대품 보관소, 대기실, 전 도시 배달 시스템, 안내소, 웨딩 레지스트리(wedding registry : 신랑신부가 신혼생활에 필요한 물품을 미리 정해놓으면 하객들이 축의금을 내는 대신 희망 품목 목록 내에서 주고 싶은 물품을 골라 선물한다—옮긴이), 극장표 판매소도 처음으로 제공했다. 처음으로 전화를 설치했고 나중에는 직접 전화교환대를 운영했다. 상점 안에 우체국도 입점시켰다. 처음으로 크리스마스 장식을 써서 상점의 정면 유리를 아름답게 꾸몄고, 고객을 위해 처음으로 상점 안에 찻집과 식당을 열었다. 전해오는 이야기로는 어떤 직원이 배고픈 고객과 함께 점심을 나눠 먹었는데, 필드가 그 광경을 보았다. 그는 즉시 손님들이 배를 채우기 위해 쇼핑을 그만두는 걸 지켜보는 것보다는 가게 안에 머무르도록 하는 쪽이 이익이라는 사실을 깨달았다고 한다. 마셜필드앤드컴퍼니는 서비스나 각종 설비의 질 그리고 호화로움에 있어서 언제나 경쟁자들보다 몇 년을 앞선 선구자적 존재였다.

소문에 따르면 어느 날 오후 스테이트 스트리트에 있는 가게를 둘러보던 필드가 한 점원과 여성 고객 사이에 설전이 오가는 것을 목격했다. 그는 점원에게 물었다. "뭘 하고 있는 건가?"

"불만 사항을 처리하고 있습니다." 점원이 대답했다.

"아니, 자네는 불만 사항을 처리하고 있는 게 아니네. 숙녀분이 원하시는 대로 해드리게나."[6]

필드가 소매사업과 도매사업에서 이룬 많은 혁신은 그가 큰 책임과 권한을 준 사람들이 고안했다. 사람에 대한 그의 정확한 판단력을 보여주기에는 존 셰드(John Shedd)나 해리 고든 셀프리지(Harry Gordon Selfridge)를 선택한 일만큼 적합한 예는 없을 것이다. 뉴햄프셔의 농장 출신인 셰드는 도매사업부 판매원으로 일을 시작했다. 그리고 단시간에 총지배인으로 승진했다. 셰드는 조용하고, 근면하고, 총명하고, 안목이 높았다. 그는 자신의 고용주만큼 주의 깊게 사업을 연구했다. 도매사업부 영업사원들을 충원해서 판촉활동을 할 때 신입 판매원들에게는 특정한 일부 상품만을 할당했다. 제품을 완전히 숙지할 수 있도록 하기 위해서였다. 그는 외상판매규칙도 얼마간 완화했다. 도매사업은 그의 관리 아래 활기를 띠었다. 마셜 필드는 가장 훌륭한 부하직원에게마저 칭찬을 아꼈지만, 존 셰드가 그의 회사에서 일하는 동안 부유한 사람이 되도록 배려했다.

학교 선생님의 아들로 미시간 주 잭슨에서 태어난 작고 민첩하고 활동적인 '수다쟁이' 해리 셀프리지는 재고 담당으로 시작했다. 더 나은 일자리도 마다한 그는 그에게 더할 나위 없이 잘 어울리는 소매업계에 들어가서 마침내 가게 지배인이 되었다. 그는 타고난 쇼맨십이 있었으며, 혁신적인 판매자이자 광고주였다. 또한 새로운 기회를 포착할 수 있는 날카로운 눈을 가진 사람이었다. 셀프리지도 필드처럼 고객 서비스에 정성을 다했다. 그는 직원과 고객들에게 예의범절의 중요성을 강조했다. 그리고 이상주의자인 창업자가 고안하고 실천해서 막대한 수익을 올린 원칙을 진심으로 받아들여달라고 직원들에게 간곡히 타일렀다. 고객들은 항상 '선생님'이나 '부인'으로 불렀으며, 직원들 간에 이름만 부르는 것도 용납하지 않았다. 이름에는 반드시 누구누구 '씨'라는 말이 함께 와야 했다. 필드를 설득한 셀프리지는 소매사업만을 담당하는 바이어들을 고용했다. 상점 유리 장식을 담당할 사람들도 고용했다. 지하 특설매장을 만든 그는 연간 2억 5,000만 달러의 매출을 올려서 그 계획에 회의적이었던 필드에게 가치를 입증했다. 또 오래된 재고를 정리하고 신상품을 위한 공간을 마련하기 위해 연간세일을 실시하기 시작했다. 임금은 낮았지만 구내식당과 직원 전용 화장실로 직원들의 만족도를 높였다. 공기 튜브로 업무를 자동화하기 전까지는 점원들 사이에서 돈을 운반하던 젊은이들이 학교에 다닐 수 있도록 지원했다.[7]

1893년에는 대대적으로 광고가 된 시카고 세계박람회가 열리고 거대한 모조 대리석 도시, 일명 '화이트 시티'가 시카고 호숫가에 세워질 예정이었다. 셀프리지는 이번이 마셜 필드의 명성을 전 세계에 떨칠 수 있는 기회라는 것을 깨달았다. 그의 말에 고무된 필드는 다른 도시에서 온 수천 명의 사람들과 외국인 관광객들을 매혹시키기 위해 화이트 시티에 세워질 그 어떤 건물보다 더 훌륭한 상점을 만들었다.

몇 년에 걸쳐 추가로 부동산을 구입한 마셜 필드는 상당한 부지를 확보했고, 그의 허락을 얻은 해리 셀프리지의 감독 아래 건물을 세우고 가구를 갖추어 고위 인사들과 직장 여성들의 감탄을 자아냈다. 그것은 최초의 현대식 백화점이었으며, 세계 방방곡곡에 도시의 명성을 떨친 세계박람회가 열린 그해에 시카고에서 가장 인기 있는 명소 중 하나가 되었다.

1902년, 마셜 필드는 셀프리지의 격려에 힘입어서 인접한 건물들을 헐고 당대에서 가장 웅장한 백화점을 지으라고 지시했다. 코린트식 기둥이 있는 신고전주의 양식의 거대하고 호화로운 12층 건물이 구역 전체를 차지했다. 백화점의 디자인과 집기와 상품들이 감탄사를 연발하게 만들었다. 증기 엘리베이터와 회전문도 있었다. 개점 후 3일 동안 15만 명의 사람들이 몰려들었다. 판매원들과 파트너들이 모든 손님들을 정중하게 맞이했고 그 순간을 기념하기 위해 기념품을 나눠 주었다. 마셜 필드는 다시 한 번 장안의 화제가 되었다.[8]

해리 셀프리지는 2년 후에 회사를 떠났다. 런던으로 옮겨간 그는 눈 깜짝할 사이에 영국 최초이며 가장 유명한 백화점인 셀프리지(Selfridges)를 설립했다. 존 셰드는 필드의 오른팔로 남았다. 두 사람은 은퇴할 때까지 그들에게 사업을 가르친 남자의 초상화 아래에서 책상을 지켰다.

1906년, 마셜 필드가 세상을 떠났다. 눈 내리는 새해 첫날, 골프를 치다 감기에 걸린 것이다. 그리고 약 2주 후 폐렴으로 숨을 거둔다. 백화점은 문을 열지 않았고, 시카고 상품거래소는 그의 죽음을 기리기 위해 거래를 일시 중단했다. 그는 도시 사업에 후원을 아끼지 않았고, 시카고 대학과 자연사박물관, 미술관 설립에 큰 도움을 주었다. 그러나 그의 가장 위대한 업적은 근면함과 지혜로, 또 선구적인 도시에서 내린 선구자적인 결정으로 쌓아

올린 사업이었다.

    필드가 세상을 떠난 지 3년 후, 스승의 뒤를 이어 사장이 된 존 셰드는 스테이트 스트리트에 있는 본점에 별관을 지었다. 색유리 조각 160만 개가 천장을 호화롭게 수놓은 또 하나의 거대한 건물이었다. 이를 보기 위해 떼를 지어 몰려온 사람들은 세상에서 가장 큰 백화점 마셜필드앤드컴퍼니가 무료로 제공하는 넉넉한 편의시설과 흠잡을 데 없는 서비스 속에서 즐거운 시간을 보냈다.

최선의 결정이 가장 중요하다

1986년 1월 28일 오전 11시 38분, 플로리다 케이프커내버럴(Cape Canaveral)에서 보기 드물게 추운 어느 날 아침, 미 우주왕복선 챌린저의 고체 연료 로켓부스터 두 개에 불이 붙고 챌린저를 발사대에 붙들고 있던 볼트가 폭발로 날아갔다. 그리고 우주왕복선은 발사되었다. 우주왕복선계획 51-L은 이번 발사로 우주개발계획에서 25번째 비행을 기록했다. 지난 5년간, 그 계획에서는 컬럼비아 호, 디스커버리 호, 아틀란티스 호, 챌린저 호, 모두 4대의 우주왕복선이 성공적으로 이용되었다. 우주선 승무원은 선장인 딕 스코비(Dick Scobee)를 비롯해서 우주선 조종사이자 베트남전에서 훈장을 받은 해군 비행사 마이크 스미스(Mike Smith), 우주선 탑승 운용 기술자 주디스 레스닉(Judith Resnick)과 엘리슨 오니주카(Ellison Onizuka), 론 맥네어(Ron McNair), 탑승 과학기술자인 공군 대위 그렉 자비스(Greg Jarvis), 뉴햄프셔 주 콩코드 중학교 역사·사회 선생님인 크리스타 매컬리프(Christa McAuliffe), 모두 7명이었다.

발사 0.5초 전, 그때는 눈에 띄지 않았지만 오른쪽 고체 연료 로켓부스터의 아래쪽 이음매 부분에서 검은 연기가 나고 있었다. 액체 수소와 액체 산소를 채운 외부 연료 탱크에 부스터를 연결시켰던 지지대 근처였다. 고체 연료 로켓부스터는 액체 연료 로켓부스터보다 훨씬 힘이 좋지만 일단 불이 붙으면 끌 수가 없다. 모든 것이 정상이고 안전하게 작동할 거라는 점을 확실히 하기 위해 설계, 건조, 점검에서 안전조치를 취해야 한다.

발사 28초 후, 주 엔진 세 개가 낮은 대기 압력에서 기체가 산산조각 나는 것을 막기 위해 감속하기 시작했다. 발사 37초 후, 강력한 윈드 시어(Wind Shear: 난기류의 일종으로 고도가 낮은 곳에서 풍향과 풍속이 급변하는 현상이다 — 옮긴이) 셋 중 첫 번째 윈드 시어가 감지되었다. 챌린저 호는 항행 유도장치와 내비게이션, 통제 시스템으로 균형을 잡았다. 발사 40초 후, 우주왕복선은 1만 9,000피트 고도에서 마하 1로 비행하는 초음속기였다. 발사 52초 후, 우주선의 공기역학적 저항이 최대치가 되는 순간인 맥스 큐(Max Q)에 도달한 왕복선은 최대추력을 내기 위해 출력을 높였다.

7초 후인 발사 59초 후, 부스터의 이음매에 생긴 틈을 통해 새어나온 가스에 불이 붙자 오른쪽 고체 연료 로켓부스터에서 연기 기둥이 생기기 시작했다. 그와 동시에 부스터의 내부 압력이 낮아졌다. 발사 64초 후, 화염이 외부 연료 탱크로 옮겨갔고 액체 수소 탱크에 불이 붙었다. 10분의 1초 후, 부스터와 외부 탱크 사이에서 밝은 빛이 보였다. 발사 66초 후, 연료 탱크 내부 압력은 급속도로 떨어지기 시작했다.

발사 72초 후, 부스터를 외부 탱크에 연결시킨 뒤쪽 지지대가 무너지고 부스터는 위쪽 지지대 주위를 돌며 제멋대로 움직이기 시작했다. 기록으로 남은 승무원들의 대화 중에서 마지막 말은 챌린저 호 조종사인 마이크 스미스가 "어어?" 하고 외치는 소리였다.

다음 순간 액체 수소 탱크의 바닥이 깨져서 내용물이 흘러나왔고, 액체 수소가 갑자기 액체 산소 탱크 쪽으로 밀려갔다. 부스터들은 일제히 위쪽 지지대에서 흔들리다가 외부 탱크에 부딪쳤다. 흘러나온 연료와 가스가 섞이고 불이 붙으면서 외부 탱크와 챌린저 호 사이에서 밝은 섬광이 나타났다. 발사 73.162초 후, 우주왕복선은 고도 4만 8,000피트 상공에서 하얀 증기 구름과 화염에 휩싸여 폭발하기 시작했다. 고체 연료 로켓부스터 두 개가 떨어져나간 상태로 비행을 계속하던 챌린저 호는 급작스럽게 항로를 이탈하고 그 즉시 파괴되었다. 우주왕복선은 거대한 불덩어리 모양이기는 했지만 연소 가스 때문에 폭발하지는 않았다. 그것은 극도의 공기역학 압력으로 분해되었다. 조종실은 분해되면서 6만 5,000피트까지 계속 올라간 후, 곡선을 그리며 대서양으로 추락했다. 일부 승무원들은 기체가 분해된 후에도 잠시 동안 의식이 있었겠지만 압력이 감소하자마자 정신을 잃었을 것이다. 그들은 바다를 향해 시속 320킬로미터 이상의 속도로 추락했고, 바다 표면과 충돌하는 과정에서 사망했다.

"챌린저를 발사하기로 한 결정은 잘못되었다."

참사의 심각성을 고려할 때, 어째서, 어떻게 그런 재앙이 일어났는지 설명하는 보고서의 제5장을 시작하는 이 간결한 문장은 지나치게 절제된 표현의 본보기이다. 물론 진상규명위원회가 우주왕복선 챌린저 사고에 대해 작성한 1,200쪽의 보고서는 챌린저 폭발의 물리적인 원인뿐 아니라 그 결정이 어떻게 잘못되었는지에 관한 세부적인 부분까지 자세하게 설명하고 있다. 끔찍한 인재(人災)와 우주탐사계획의 미래에 대한 미국인들의 자신감에 입힌 큰 타격을 설명하기에는 표현이 너무 진부해 보일지 모른다. 그러나 때로는 분명하게 눈에 보이는 사실을 절제된 표현으로 말하는 쪽이 직접적인 표현보다 더 효과적이다.

로널드 레이건(Ronald Reagan) 대통령은 1986년 2월 3일 금요일에 위원회를 구성했다고 발표하며 전 국무장관인 윌리엄 로저스(William P. Rogers)에게 의장직을 맡겼다. 로저스가 이끄는 위원회의 다른 위원 13명은 모두 충분한 자격을 갖추었고 대부분 우주탐사계획과 관련해서 상당한 경험이 있는 사람들이었다. 최초로 달에 발을 디딘 닐 암스트롱(Neil Armstrong), 최초의 여성 우주비행사 샐리 라이드(Sally Ride), 최초로 음속 장벽을 깬 유명한 공군 시험비행 조종사 척 예거(Chuck Yeager), 1965년 노벨 물리학상 수상자인 리처드 파인만(Richard P. Feynman) 등이 위원회에 포함되었다.

4개월 후인 1986년 6월 6일, 로저스 위원회는 보고서를 발표했다. 보고서는 이미 수없이 언론에서 다룬 이야기, 즉 오른쪽 고체 연료 로켓부스터의 네 곳이 연결된 이음매 부분을 봉하고 부스터 모터에서 생성된 뜨거운 가스와 불꽃이 외부 연료 탱크에 닿는 것을 막기 위해 사용한 오링(O-ring: 이음매나 틈새에 끼워 넣는 고무—옮긴이) 두 개의 결함이 원인이라고 확인했다. 보고서는 오링의 디자인적 결함 때문에 사고가 일어났다고 했다. 그 밖의 원인으로는 추운 날씨 탓에 오링이 수축되어 이음매를 제대로 막지 못했다는 사실을 언급했다.

그것은 1월 28일 아침에 일어난 일이었다. 밤사이 기온이 -6도 정도로 내려가서 발사 당시 기온은 2.2도였다. 그때까지 우주왕복선을 발사할 때 가장 낮은 온도로 기록된 것은 1985년 1월 24일 디스커버리 호를 발사할 때인 12도였다. 고체 연료 로켓부스터를 디자인한 모튼티오콜(Morton Thiokol)의 기술자들은 그렇게 낮은 기온에서는 부스터를 시험해본 적도 없을뿐더러 12도 이하의 기온이 부스터에 어떤 영향을 미치는지에 대한 자료도 가지고 있지 않았다. 그러나 그들은 문제가 생길지도 모르겠다고 생각했고, 거기에는 걱정할 만한 이유도 있었다.

위원회는 '사고를 초래한 원인'이라는 제목의 보고서 제5장, 즉 가장 고통스러운 부분은 발표하지 않았다. 티오콜의 중역들과 기술자들은 발사 전날 밤, 앨라배마 주 헌츠빌에 있는 케네디우주센터와 마셜우주센터에서 나사(NASA)의 연구원들과 오링의 문제 가능성에 대해 논의했다. 그들은 처음에는 발사를 취소하자고 제안했다. 그 다음에 일어난 일은 의사

결정자들이 결정적인 정보를 무시하고 간과하는 데 집단 역학(group dynamics)과 외적인 문제가 어떤 역할을 했는지에 대한 사례 연구이다. 이 경우에는 의사결정자들이 본인들이 내린 결정의 중요성을 인식하지 못하게 만든 역할을 했다. 발사는 취소해야 했다. 관련 정보를 논의한 결과 취소할 이유가 충분한 것으로 밝혀졌지만 그 정보가 미칠 영향력과 심각성은 충분히 논의되지 않았다.

모튼티오콜 기술자들은 이미 1977년에 문제를 인식하고 재설계 지시를 내렸다. 1981년, 두 번째 우주왕복선이 발사된 후 나사의 연구원들은 가스가 오링을 태웠다는 사실을 발견했다. 1985년, 디스커버리 호 발사에서도 가스 누출 때문에 오링이 부식된다는 증거를 찾을 수 있었다. 낮은 온도가 오링에 미치는 영향을 조사한 티오콜 기술자들은 문제점을 개선하라고 지시했지만 챌린저를 발사할 때까지 마무리되지 않았다.

1985년 8월, 티오콜의 기술자 로저 보이스졸리(Roger Boisjoly)와 나사 연구원 리처드 쿡(Richard Cook)은 각자 상급자에게 보내는 문서에서 오링의 결함이 대참사를 일으킬 수 있다는 우려를 나타냈다. 보이스졸리는 이렇게 썼다.

> 만약 지금 당장 한 팀을 배정해서 가장 시급한 이음매 문제를 해결하지 않을 경우 우주왕복선과 함께 발사대의 모든 설비까지 위태로워질 것 같아 대단히 걱정스럽습니다.

같은 달, 티오콜의 관리자인 어니 톰슨(A. R. 'Arnie' Thompson)은 사내 메모에 "최근 오링 문제가 심각해졌다."라고 기록했다.

챌린저의 마지막 비행 이전에도 최소한 우주왕복선 절반 정도가 이음매에서 같은 문제를 경험했지만 모두 안전하게 귀환했다는 사실이 나중에서야 밝혀졌다. 1985년, 나사는 그 문제를 '발사 제한'으로 분류했다. 바꿔 말하면 오링이 부식될지도 모른다는 우려가 발사를 취소하기에 충분한 이유라는 뜻이었다. 그러나 앞선 여섯 번의 경우 발사 제한은 번복되었다. 나사 관리자들은 우주왕복선의 다른 문제들에 익숙해졌기 때문에 결함에도 익숙해졌다. 오링 부식에 따른 우주왕복선의 위험은 감당할 수 있는 일로 받아들여졌다. 관리자들은 위험을 더 자세하게 분석한 정보를 보았지만, 그동안 오링의 기능에 아무런 문제도 없었기 때문에 잠재적 재앙의 중대성을 인식하지 못했고 방심했다.

무관심과 방심이 심해진 데에는 나사가 서둘러 챌린저를 발사할 수밖에 없었던 정치적, 경제적인 우려도 한몫했다. 우주개발계획은 더 이상 대중의 사랑을 받고 정부로부터 예산 지원을 받는 귀하신 몸이 아니었다. 사람들에게 우주비행은 일상적인 일이 되었고 머큐리(Mercury) 계획이나 아폴로(Apollo) 계획 때만큼 흥분하지도 않았다. 우주개발계획에 대한 연방기금 삭감은 아폴로 17호가 마지막으로 달에 착륙했을 때부터 시작되었다. 게다가 우주왕복선의 실용성에 대한 연방의회의 회의론이 유럽우주기구(European Space Agency)와의 경쟁과 맞물리면서 나사 관리자들을 초조하게 만들었다. 의욕적인 비행계획의 목적은 우주왕복선을 군사적, 과학적, 상업적으로 활용할 수 있는 믿을 만하고 재사용 가능한 우주수송 시스템으로 자리 잡게 해서 궁극적으로 그 계획에 들어가는 비용을 자체적으로 충당하는 것이었다. 또한 매번 발사에 필요한 비용을 절감하려는 의도도 있었다. 이런 압박감 때문에 나사의 판단력은 흐려지고 감독은 소홀해졌다. 계획의 안전보다 정치적, 경제적 문제가 우선시되어 결정에 더 많은 영향을 미쳤다. 모든 사람들에게 경종을 울렸어야 할 정보는 따로 분류되거나, 문제없는 것으로 결론 내려지고, 아니면 무시되었다.

챌린저 발사는 다양한 기계적인 문제와 날씨 관련 문제로 그 어느 때보다도 여러 번 연기되었다. 다음 우주왕복선계획까지 한 달도 안 남은 상태였고, 발사대를 다시 만들 시간적 여유가 거의 없었다. 그 때문에 나사의 관리자들은 챌린저를 어서 궤도로 쏘아올리고 싶었다. 우주왕복선 주요 계약업체인 록웰인터내셔널(Rockwell International)의 기술자들은 나사의 우주개발계획 관리자인 아놀드 알드리치(Arnold Aldrich)에게 발사대 위의 얼음 때문에 발사시 챌린저에 문제가 생길 가능성이 높아질 거라고 말했다. 알드리치는 발사를 한 시간 정도 연기하는 데 동의했다. 그리고 조사관들이 상황을 판단할 수 있도록 시간을 더 할애했지만, 기술자들은 발사 취소를 강력하게 주장하지 않았다. 물론 알드리치도 발사 취소를 제대로 고려하지는 않은 것으로 보였다.

발사 전날, 케네디우주센터와 마셜우주센터에서 전화 회의가 있었다. 저녁 8시 45분에 시작된 이 회의에서 모튼티오콜의 프로젝트 감독인 알란 맥도날드(Alan McDonald)와 티오콜의 기술자 보이스졸리 그리고 톰슨이 더 심각한 문제를 제기했다. 보이스졸리와 톰슨에게 한 시간이 주어졌고 그 시간 동안 두 사람은 부스터의 이음매에 문제가 있다는 것과 추운 날씨가 오링의 성능에 미치는 영향을 증명했다. 발표를 마친 그들은 오링에 아무 문제도 없을 거라고 확신하는 가장 낮은 기온인 12도가 될 때까지 발사를 연기하는 것이 좋겠다고 권고했다.

나사의 관리자들은 그들의 권고에 놀라움과 곤혹스러움을 나타내며 결론에 이의를 제기했다. 마셜우주센터에 있던 나사의 한 고위 간부는 티오콜의 권유에 '질겁한' 것으로 알려졌다. 기술자들은 계속해서 발사 반대를 주장했다. 티오콜 '우주선 부스터 프로그램'의 부사장 조 킬민스터(Joe Kilminster)는 기술자들과 5분 동안 직접 그 문제를 논의하게 해달라고 청했다.

티오콜의 고위 간부들만 참석한 마지막 회의에서 상임 부사장 제럴드 메이슨(Jerald Mason)은 기술 담당 부사장인 로버트 룬드(Robert Lund)에게 '관리자 입장'에서 생각하라고 요구했다.[1] 논의 결과 그들은 추운 날씨가 부스터 이음매에 있는 주요 오링의 상태에 영향을 미칠지라도 각 이음매에 있는 보조 오링들이 효과적으로 제 역할을 다할 거라는 결론을 내렸다. 그 시각 케네디우주센터에서 진행되던 논의에서는 어니 톰슨이 계속해서 발사 연기를 주장하고 있었다. 모든 관계자가 참석한 두 번째 전화 회의가 밤 11시에 시작되었다. 조 킬민스터는 티오콜의 결론을 설명하고 예정대로 발사가 가능하다는 회사의 '기술 평가'—이 경우에는 재평가—결과를 알렸다. 마셜우주센터에 있던 나사의 고위 관리자 조지 하디(George Hardy)는 킬민스터에게 티오콜의 권고 사항을 서면으로 요청했다.

그렇게 해서 우주왕복선 챌린저 호는 1986년 1월 28일에 마지막 비행을 떠났다. 그 결정에 관련된 사람들 중에 결과에 대해 전적으로 책임을 지거나 모든 비난을 떠안아야 하는 사람은 없었다. 기술적 문제를 반복적으로 과소평가했던 점과 이전의 성공적인 우주왕복선 발사로 굳어진 잘못된 생각이 우주비행사 일곱 명의 운명을 결정했다. 발사를 강행하는 것은 나사의 관례가 되었고, 매번 문제점을 교묘하게 회피하면서 잘못된 자신감만 키웠다. 결함이 있었지만 오랫동안 문제가 발생하지 않은 우주왕복선계획은 여러 의사결정자들을 방심하게 만들었다. 중요하기는 하되 결정적이지 않은 사항이 최우선으로 고려해야 하는 가장 중대한 문제인 챌린저의 무사 귀환보다 우선시되었다. 우주왕복선은 발사되어야만 했고, 그 계획은 성공적일 수 있었다. 왜냐하면 성공해야만 했기 때문이다.

단호하고 비판적인 견해를 포함한 로저스 위원회의 보고서에서 리처드 파인만은 다음과 같은 소견을 밝혔다.

> 우주왕복선의 실패가 운송 수단과 인명의 손실로 이어질 가능성에 대해서는 대략 100대당 1대에서부터 10만 대당 1대라는 의견까지 매우 분분하다. 현장에서 일하는 기술자들은 그 가능성을 높게 보고, 관리자들은 가능성이 매우 낮다고 말한다. (중략) 우리는 나사 임원들에게 건의해서 가능성이 아니라 사실만을 따져서 기계적 결함과 취약점을 개선하겠다는 약속을 받아야 한다. 그들은 우주왕복선의 비용과 효용성을 우주에 도달하는 다른 방법들과 현실적으로 비

교해야 한다. 그리고 계획의 비용과 문제점을 따져서 현실적으로 계약을 맺어야 하며, 지킬 수 있는 합리적이고 현실적인 계획만 세워야 한다. 만일 정부가 이런 방법을 지지하지 않는다 해도 어쩔 수 없는 일이다. 나사는 경제적으로 지원을 아끼지 않은 미국 국민들에게 정직하고, 공정하고, 충분한 정보를 제공할 의무가 있다. 그래서 국민들이 한정된 예산을 위해 가장 지혜로운 결정을 내릴 수 있도록 해야 한다. 성공적인 과학기술을 위해서는 홍보활동보다 있는 그대로의 사실이 우선이어야 한다. 기술적 문제는 기만할 수 없기 때문이다.[2]

철학 교수 마리카 바론(Marica Baron)은 집단 역학에 내재된 문제가 어떻게 챌린저 발사라는 결정을 도출했는지에 관해 유익한 기록을 남겼다.

> 헌신에 대한 안타까운 사실 중 하나는 헌신 때문에 외곬이 되기도 한다는 점이다. 어떤 목적을 추구하는 외곬은 때로 존경할 만한 특성이며 다른 사람들에게 동기를 부여한다. 그러나 국민의 안전에 매우 심각한 영향을 미치는 기술자에게는 권장할 만한 특성이 아니다. 이기심에서 비롯되었든 고귀한 이타적인 헌신에서 비롯되었든, 무책임은 가장 비참한 결과를 낳을 수 있다.[3]

위의 의견은 나사가 내린 결정의 결함을 적절히 설명한다. 그러나 모든 관련 정보에 주의를 기울이고 또한 정보를 무시하거나 과소평가하고 잘못 이해하는 관료주의적 사고방식에서 벗어난다면 기술자들의 외곬이 목표를 성취하는 데 도움이 될 수도 있음을 보여주는 사례들은 배제한다. 중요한 것은 올바른 목표에 전념하며, 당신이 내리는 결정이 무엇인지를 인식하는 일이다. 챌린저 결정에 관련된 올바른 목표는 안전하고 성공적인 비행이어야 했다. 그것이 나사의 미래에 영향을 미칠 수 있는 그 어느 것보다 중요했으며 나사 경영의 최우선 순위였다. 여기서 그들은 흔한 실수를 저질렀다. 눈앞에 있는 결정보다 최후의 목표에, 그리고 그것을 성취하기 위해 설립된 기관을 우선시한 것이다. 그들은 추운 날씨에 발사를 한다는 결정 때문에 인간의 생명뿐 아니라 계획 자체가 위험해질 수 있다는 사실은 충분히 고려하지 않았다. 오직 발사가 지연되면 개발계획 후원에 차질이 생길까봐 걱정했다. 목표를 이루기 위해서 그러한 위험을 경고했을 게 분명한 정보를 못 본 척해야만 했다. 일부러 정보에 둔감해져야만 했다. 그 결과는 일곱 가정에 닥친 끔찍한 비극과 우주왕복선이 마침내 상업적으로 실행 가능한 우주 트럭이 될 거라는 자신감과의 작별이었다.

더 큰 목적을 성취하는 데 올바르게 전념한 의사결정자는 목적을 향하는 과정이 그 길에 놓여 있는 다양한 결정에 따라 성공하기도 실패하기도 한다는 사실을 알고 있다. 모든 결정은 지금 닥친 상황에서 그것이 최선의 결정인지에 대한 이해, 그리고 올바른 결정이 미래의 목적에 더 많은 도움이 된다는 사실에 대한 인식을 중심으로 내려야 한다. 챌린저 호 발사 자체가 우주개발계획의 미래에서 특별히 중요했던 것은 아니다. 중요한 것은 안전한 발사였다.

현대 로켓공학의 아버지가 16살이었을 때 그는 가지를 치기 위해 벚나무에 올라갔다. 그는 하늘을 바라보며 공상에 잠기기 시작했다. 훗날 그는 이렇게 기록한다. "나무에서 내려왔을 때 나는 다른 사람이 되어 있었다." 그에게는 앞으로 오랫동안 낙담과 질병, 비웃음, 거절과 성공을 겪으면서도 간직할 목표가 생겼다. "화성으로 올라갈 수 있는 장치를 만들면 얼마나 근사할까. 작은 장치를 내가 밟고 있는 초원 위로 쏘아올린다면 어떻게 될까?"

로버트 고더드(Robert Goddard)가 벚나무 가지에서 미래를 보았던 이후로 백 년이 넘는 세월이 지났다. 그는 평생 동안, 액체 연료 로켓을 고안하고, 항공기의 안정을 위해 자이로스코프(gyroscope: 회전체의 역학운동을 관

◈ 로버트 고더드(Time & Life Pictures/특파원, Time & Life Pictures/Getty Images).

찰하는 실험기구로서 로켓의 관성유도장치, 선박이나 비행기의 안전장치, 정밀한 기계의 평형을 유지하는 곳에 이용한다—옮긴이)를 만들었으며, 최초의 다단계 로켓을 설계했다. 또, 음속 장벽을 깨고 가장 높은 고도를 기록한 로켓을 발사했고, 소형 발사관으로 발사하는 고체 연료 로켓인 바주카포를 개발했으며, 언젠가 인간을 달로 데려다줄 기초 이론을 세웠다. 그는 발명품으로 200개가 넘는 특허권을 땄다. 오늘날 이용되는 모든 액체 연료 로켓은 그의 발명을 기초로 한 것이다.

고더드는 매사추세츠 주 우스터에서 자란 허약한 소년으로 건강이 좋지 않을 때가 많았다. 그러나 수학과 물리, 화학에는 소질이 있는 책벌레였다. 어린 시절부터 그는 인간이 만든 도구로 하늘에 올라간다는 생각에 매료되었으며 불꽃놀이, 연, 풍선에 마음을 빼앗겼다. 웰스(H. G. Wells)의 걸작 『우주 전쟁(The War of the Worlds)』을 읽은 그는 인간의 우주비행이 언제까지나 공상과학 소설가의 창조물만은 아닐 거라고 믿었다. 1907년, 그는 우스터 공과대학 학생일 때 쓴 논문에서 항공기를 안정시키는 방법을 제안했다. 불꽃 로켓의 추진력을 연구하던 고더드는 화약이 추진 연료로서 별로 효과적이지 않다는 사실을 깨달았다. 1909년에는 액체 수소와 액체 산소를 사용하는 로켓 추진을 위한 수학공식을 세웠다. 1914년, 결핵을 앓고 회복하는 동안 자신의 첫 특허 두 개를 땄는데 하나는 가솔린과 아산화질소로 발사하는 로켓이었고, 또 하나는 3단계 로켓이었다.

1916년, 스미스소니언협회(Smithsonian Institution)가 그가 물리를 가르치고 있는 클라크 대학의 실험실에서 로켓 실험을 계속할 수 있도록 약간의 보조금을 주었다. 그는 대학 실험실에서 밀폐된 공간을 만들어 실험을 했다. 그 결과 로켓이 진공상태에서 날 수 있다는 것을 증명했고 첫 번째 액체 연료 로켓 모터를 만들었다. 1919년, 스미스소니언협회는 로켓 비행에 대한 그의 이론을 뒷받침하는 수학공식과 액체 연료 추진 실험을 설명한 그의 논문 「최고도에 도달하는 방법(A Method of Reaching Extreme Altitudes)」을 출판했다. 논문 뒷부분에서 그는 연료와 크기가 충분한 로켓이 그의 추진방법을 사용하면 달에 갈 수도 있다고 했다. 그 주장에는 한 치의 오차도 없었지만 너무나 파격적인 탓에 엄청나게 조롱을 당했고, 이 때문에 고더드는 오랫동안 괴로워했다.

「뉴욕타임스(The New York Times)」는 고더드 교수의 우주항공기와 로켓 비행 이론이 자연법칙에 위배되기 때문에 실패할 수밖에 없다고 비웃었다. 그리고 고더드의 이론을 제1면에 싣고 그 다음 날 사설에서 '고등학생도 그보다는 나을 것'이라며 무시했다.

그때의 경험으로 고더드는 평생 동안 언론을 불신했다. 또한 물리학 이론가이자 실용공학 연구자로서 자신의 뛰어난 재능을 이해하지 못하는 사람들에게는 그가 발견한 것을 말하는 데 신중한 태도를 취했다. 그는 엘리트들의 조소와 대중의 무지에 용기를 잃지 않고 오히려 이전보다 더욱 열심히, 하지만 가능한 한 조용하게 연구를 계속했다. 그러나 연구를 조용하게 진행하는 일이 쉽지는 않았다. 가솔린과 아산화질소로 추진하는 3미터 길이의 로켓 넬(Nell)이 에피 숙모네 농장에서 발사되었다. 로켓은 2.5초 후 양배추 밭에 떨어지기 전까지 12미터 정도 올라갔다. 잠깐 동안의 짧은 거리였지만, 액체 연료 로켓 최초의 성공적인 발사였다.

이때의 성과로 고더드는 로켓과학과 우주비행 분야의 다른 두 선구자, 콘스탄틴 치올코프스키(Konstantin Tsiolkovsky)와 헤르만 오베르트(Hermann Oberth)를 앞설 수 있었다. 치올코프스키는 1903년 「로켓을 이용한 우주탐사(Investigations of Space by Means of Rockets)」를 출판한 러시아의 교사이며, 오베르트는 고더드가 혁신적인 논문을 발표한 지 4년 후에 「우주 행성으로 가는 로켓(The Rocket into Planetary Space)」을 자비로 출판한 독일의 물리학자이다. 두 사람도 고더드와 마찬가지로 자타가 공인하는 과학계의 지도자들과 여론 주도층으로부터 경멸당했다. 또한 고더드와 마찬가지로 그 시대의 고루한 관습에서 비롯한 조롱과 제약에 굴복하지 않았다.

1929년 한 지역 신문의 기자가 '달로켓, 238,799$\frac{1}{2}$ 마일 차이로 목적을 이루지 못하다〔달까지의 거리는 238,800마일이고, 고더드의 로켓은 약 0.5마일(12미터) 날아갔다—옮긴이〕.'라는 머리기사로 고더드의 최근 로켓 발사를 다루었다. 그리고 얼마 지나지 않아 고더드는 언론의 회의적인 시선이 미치지 않는 곳에서 연구를 계속하는 편이 낫겠다고 결심한다. 구겐하임재단(Guggenheim Foundation)에서 받은 자금과 일찍부터 고더드의 연구를 열성적으로 지원한 찰스 린드버그(Charles Lindbergh)의 도움으로 그는 뉴멕시코의 사막으로 떠났다. 그가 여생을 보내는 그곳에서 그는 이제껏 본 적이 없는 크기로 빠르고 멀리 날아가는 정교한 로켓들을 개발했다. 여전히 대중의 환호에서는 비켜나 있었지만, 정부는 고더드의 로켓에 약간의 관심을 가졌다. 그리고 다른 곳의 물리학자들, 특히 독일 우주여행협회(Verein für Raumschiffahrt)의 회원들이 그를 주목했다.

1930년대 거의 대부분을 오직 과학 발전만을 위해 보낸 고더드는 자신의 연구를 미국 정부보다 훨씬 더 진지하게 대해준 독일인 동료들과 공유했다. 그를 존경하는 독일인 중 일부는 결국 나치의 전쟁 준비를 도우며 고더드의 연구를 무기 개발에 이용했다. 고더드가 그들에게 제공한 대부분의 연구 자료는 특허출원을 한 상태라 공개적으로 이용할 수 있었다. 특히 그들 중에 헤르만 오베르트의 제자 한 명은「최고도에 도달하는 방법」에 영향을 받아 고더드의 로켓 디자인을 V-2 로켓의 모델로 삼았다. V-2 로켓은 나치의 무기고에서 가장 무시무시한 무기로서, 일명 '복수의 무기 2(Vergeltungswaffe 2)'라 불렸다.

고더드는 그의 로켓을 군사적으로 사용하는 데 미국 육군의 관심을 돌리려고 헛된 애를 썼다. 그는 로켓이 하늘로 올라가는 것을 무심하게 바라보는 어느 장군에게 이런 말을 했다. "각도를 조금만 기울이면 적에게 피해를 끼칠 수도 있습니다."[4] 그러는 동안 고더드를 선각자로 치켜세우던 나라에서는 그의 추종자가 군사용 무기를 만들고 있었다. 페네뮌데라는 독일의 어느 작은 마을, 발트 해에 있는 한 외진 연구소에서는 나치 공군의 지배 아래 베르너 폰 브라운(Wernher von Braun)이 로켓 팀을 이끌었다. 이 연구소가 만든 액체 연료 로켓들은 전쟁이 치러지던 마지막 달에 런던을 공포에 떨게 했다.

폰 브라운은 나치 친위대의 장교였는데, 훗날 그 임무를 맡지 않을 수 없었다고 주장했다. 그가 만든 미사일은 부헨발트 강제수용소에 수용되었던 포로들이 만든 것으로, 그들의 고통은 그도 목격했었다. 나중에 그는 한 번도 진정한 나치였던 적이 없다고 주장했다. 다만 시민으로서의 의무로, 또 그럴 수밖에 없었기 때문에 나치의 전쟁 무기를 만드는 일에 동원되었고, 과학자들이 으레 하는 일을 했던 데 불과하다는 것이다. 폰

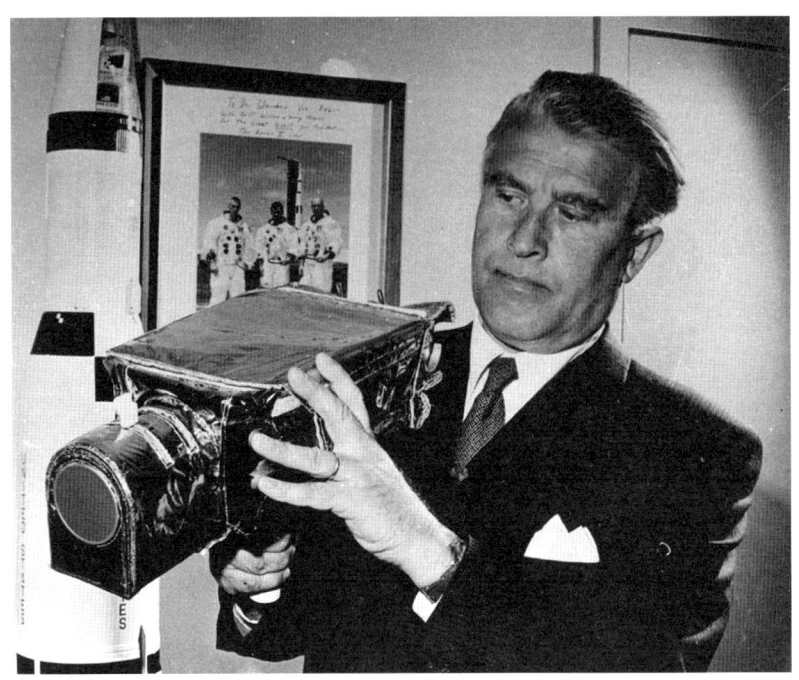

◈ 베르너 폰 브라운(센트럴 프레스/특파원, Getty Images).

브라운이 진심으로 나치에 가입한 게 아니고, 사실은 당의 이데올로기와 음모를 경멸했으며, 또 그의 주장대로 포로들이 처한 상황에 충격을 받았다는 말은 그럴듯하다. 사실 그는 전쟁 막바지에 나치 친위대에 체포되어 잠시 억류된 적이 있다. 그러나 그것은 폰 브라운이 당에 충성하지 않았다는 명백한 증거라기보다 하인리히 힘러(Heinrich Himmler)에 의한 세력 다툼의 결과로 보는 편이 타당하다. 그리고 그가 한 번도 나치의 반인도적 범죄에 반대하거나 나치 정권의 몰락을 앞당길 바람에서 자신의 연구 결과를 파괴한 적이 없다는 점은 매우 명백한 사실이며 가증스럽기까지 하다.

명성이 더럽혀지기는 했으나 폰 브라운이 명석하고 상상력이 풍부한 과학자였다는 사실은 부인할 수 없다. 그의 어린 시절도 로켓과 우주여행에 사로잡혀 있던 로버트 고더드와 같았다. 고더드가 읽은 책과 논문들을 읽고, 웰스에게 영향을 받고, 관습에 도전하고, 고더드가 꿈꾸던 것과 같은 미래를 꿈꾸었다. 폰 브라운이 루터파 교회에서 세례를 받았을 때 프로이센 귀족이었던 그의 부모님은 그 순간을 축하하기 위해 그에게 망원경을 선물했다. 바로 이것이 그가 평생을 열중한 우주여행의 꿈에 불을 붙였다. 1920년대, 오베르트의 독창적인 연구를 읽은 그는 이전에는 별 흥미를 보이지 않던 수학과 과학 공부에 매진했다. 제3제국(히틀러가 권력을 장악한 1933년부터 1945년까지의 독일제국—옮긴이)이 그의 도움을 청했을 때, 그는 로켓과학 분야에서 스승 오베르트에 버금가는 걸출한 인물로 독일 과학계의 존경을 받고 있었다.

동쪽에서 구소련이 다가오고 유럽에서 전쟁이 끝날 무렵 폰 브라운은 팀원 500명을 이끌고 미군 부대 쪽으로 가서 제일 처음 만난 미군 병사에게 항복했다. 그들은 만일의 예방책으로, 버려진 광산에 V-2 기록을 숨겼다. 폰 브라운은 미국의 정보장교들에게 광산의 위치는 물론 남은 V-2 부품의 위치도 털어놓았다. 미국 정부는 나중에 페이퍼클립(Operation Paperclip: 제2차 세계대전 종전 직전과 종전 후 나치 독일의 과학자들을 미국으로 빼돌리기 위한 비밀 작전—옮긴이)으로 알려진 작전 아래 폰 브라운과 그의 팀을 미국으로 보내는 데 찬성했다. 그런 작전명이 붙은 이유는 육군이 미국에서 일할 독일 과학자들을 선택할 때 해당 파일에 클립을 끼워놓았기 때문이었다. 그들은 수개월 내에 텍사스 주 엘패소 밖에 있는 포트 블리스(Fort Bliss)로 옮겨졌다. 그리고 뉴멕시코 주 화이트샌드에 위치한 육군병기부의 무기 실험소에서 정부 과학자 20명이 육군 부대가 독일에서 배로 실어온 V-2를 재조립하고 시험하는 것을 도우라는 지시를 받았다.

폰 브라운의 작품을 관찰할 기회가 있던 미국인 중에는 로버트 고더드도 있었다. 그는 그것이 전반적으로 자신의 발명품을 토대로 만들어졌다는 사실을 깨달았다. 체포된 독일 로켓팀의 누군가—소문에 의하면 폰 브라운이라는 말이 있다—가 V-2의 디자인에 대한 질문을 받자 "당신네 나라 고더드 박사에게 물어보는 게 어떻겠습니까? 그분이 우리들보다 훨씬 더 잘 아십니다."라고 말했다. 적국의 과학자들이 당대 미국인들보다 자신의 연구를 더 존중하고 더욱 많은 관심을 보이는 것을 이상하게 여겼을지도 모른다. 그러나 고더드는 그것에 대해 한 번도 언급한 적이 없었다. 그때쯤 그는 분명 젊은 시절에 자신의 이론과 실용성을 증명하기 위해 벌였던 길고 외로운 투쟁에 수반된 모순에 익숙해졌을 것이다. 고더드는 다른 로켓을 만들지는 않았다. 그 걸출했던 미국인 과학자이자 로켓 기술자는 V-2를 본 이후 얼마 지나지 않아 암으로 사망했다.

'페이퍼클립' 과학자들은 1950년이 될 때까지 포트 블리스에 남아 있었다. 그곳에 있는 동안 폰 브라운은 주체하지 못할 정도로 많은 자유시간을 누렸다. 미국은 오랜 전쟁으로 지쳤고 미사일에 그리 많은 관심을 보이지 않았다. 폰 브라운은 오랫동안 품고 있던 우주개발계획을 계속 진척시켰다. 그리고 2년 후 「콜리어스 위클리(Collier's Weekly)」에 달 착륙과 화성 유인 탐사에 대한 꿈을 표현한 '인간의 우주 정복은 눈앞으로 다가왔다!'를 연재했다. 폰 브라운은 그 계획을 위해 재사용 가능한 우주선이 우주비행사들과 장비를 나를 때 필요한 직경 76미터짜리 바퀴 모양 우주정거장을 고안했다. 비록 나중에 나사가 만든 재사용 가능한 우주선이 그가 상상했던 것만큼 우주개발계획에서 큰 역할을 하지 않았지만, 역사는 폰 브라운이 우주왕복선에 대한 아이디어를 떠올렸다고 말한다.

한편 미군은 폰 브라운에게 다른 일을 지시했다. 1950년, 팀 동료들과 함께 앨라배마 주 헌츠빌에 있는 레드스톤 조병창으로 옮겨간 그는 육군의 탄도미사일 개발팀을 감독했다. 그는 이후 헌츠빌에서 20년을 더 보내며, 1955년에는 미국에 귀화했다.

그는 친구에게 이런 말을 한 적이 있다. "1945년에 미국 땅을 밟았을 때 간절하게 소망했던 것이 한 가지 있네. 내가 첫 번째 인공위성 발사에 기여할 수 있다면 하는 것이었지."[5] 그것은 그가 오랫동안 품었던 꿈이었다. 폰 브라운은 15살 때 로켓이 인공위성을 쏘아 올리는 데 필요한 속도를 계산했다.

그러나 미군이 폰 브라운에게 원한 것은 전쟁 무기인 탄도미사일 제조였다. 그것은 그가 독일에서 한 것과 똑같은 일이었다. 미국은 또다시 한국에서 전쟁을 벌였고, 새로운 적인 소비에트연방을 공격할 때 궁극적으로 핵탄두를 장착할 수 있는 무기가 필요할지도 모르는 상황이었다. 폰 브라운은 V-2와 동일한 성능에 탄두 분리가 가능한, 길이 21미터의 레드스톤(Redstone) 로켓을 만들었다. 이 미사일은 1953년에 처음 발사되었고, 최초의 핵미사일 시험에 사용되었다.

레드스톤 로켓 작업을 하는 동안, 폰 브라운과 그의 팀은 로켓을 이용해서 인공위성을 궤도에 진입시키려는 그들의 처음 계획을 자발적으로 진행했다. 그러나 그들의 노력은 우주탐사의 중요성을 인식하지 못한 정부 때문에 물거품이 되었다. 1948년, 국방장관 제임스 포레스탈(James Forrestal)은 인공위성 작업은 기본적인 설계 연구에만 국한하라고 지시했다. 사실상 모든 개발이 멈췄다. 레드스톤 계획이 시작될 무렵 폰 브라운은 그가 의지하던 동료 에른스트 스툴링거(Ernst Stuhlinger)에게 이렇게 말했다. "레드스톤이라면 성공할 수 있을지도 몰라!"

"무얼 성공한단 말인가?" 스툴링거가 반문했다.

"당연히 인공위성 발사지!"[6] 폰 브라운은 인공위성 개발계획을 승인해달라며 상관을 설득했고, 만약을 위해 팀 동료들과 함께 레드스톤 개조 작업도 계속 진행했다.

1954년, 마침내 정부는 인공위성에 흥미를 보였다. 폰 브라운은 인공위성에 큰 관심을 가진 군부대 및 산업계 인사들과 함께 워싱턴으로 가서 인공위성 발사를 위한 공동 협력을 의논하라는 지시를 받았다. 폰 브라운은 개조한 레드스톤 위에 5파운드짜리 인공위성을 올려서 발사하자고 제안했다. 해군이 인공위성 기술 개발에 동의했고, 인공위성 프로젝트에 청신호가 켜졌다.

폰 브라운과 동료들은 회의를 위한 보고서를 준비했다. 그는 "우리가 실현할 수 있는 계획이기 때문에 다른 나라들도 이 일을 할 수 있다고 생각하는 게 당연합니다. 만약 우리가 먼저 인공위성을 발사하지 못한다면 미국은 위신에 큰 타격을 입을 겁니다."라고 주장했다.[7] 워싱턴은 아니었을지 모르지만, 그와 레드스톤에 있는 동료들은 소비에트가 인공위성 발사 준비에 박차를 가하고 있다는 사실을 잘 알고 있었다. 폰 브라운은 자신의 목표에만 매진하는 외골수였지만 주위에서 일어나는 일까지 모르지는 않았다. 오히려 자신의 연구와 관련된 개발이라면 출처를 막론하고 모든 정보에 촉각을 곤두세웠다. 소비에트의 과학자들은 최초로 우주에 가려는 계획에 상당히 노골적이었다. 폰 브라운은 인공위성 개발 경쟁에 참가하게 해달라고 있는 힘을 다해 상관들을 설득했다.

여러 가지 이유로 그는 허락을 받지 못했다. 육·해·공 3군 사이의 경쟁이 합작 인공위성 프로젝트를 추진하려던 노력을 방해했다. 1955년, 백악관은 국제적 과학운동인 국제지구물리관측년(International Geophysical Year)을 기념해서 1957년 7월 초에 인공위성을 발사할 계획이라고 발표했다. 폰 브라운은 자신의 레드스톤이 미국에 성공을 안겨줄 거라고 생각했다. 그러나 미국 국방부가 임명한 과학위원회는 미국 해군연구소(Naval Research Laboratory)의 뱅가드(Vanguard) 인공위성 시스템을 선택했다. 뱅가드의 설계는 훌륭하지만 아직까지 검증되지 않은 상태였다. 폰 브라운은 "이건 디자인 경연대회가 아니오. 인공위성을 발사하기 위한 경쟁이란 말이오."라고 항의했다. 그리고 그 경쟁에서 폰 브라운은 어느 누구보다도 훨씬 앞서 있었다.[8] 그러나 위원회는 요지부동이었다. 그들은 뱅가드가 좀 더 위엄이 있다고 주장했다. 폰 브라운은 몹시 화가 났다. "위엄이라니! 이것은 냉전에 사용하는 기계요. 어느 이름 모를 나라가 만든 인공위성이 어느 날 갑자기 우리 하늘에 나타난다면 우리가 얼마나 위엄을 세울 수 있겠소?" 그러나 인공위성 프로젝트는 결정 나고 말았다.

풀 죽은 헌츠빌의 과학자들은 군사 미사일을 만드는 일로 돌아가 모든 인공위성 연구와 개발을 종결하라는 명령을 받았다. 그러나 폰 브라운은 생각이 달랐다. 그는 팀원들에게 새로 개조한 2단계 레드스톤 미사일 주피터(Jupiter)를 계속 연구하는 한편, 나중을 위해 3단계 미사일도 개발하자고 말했다. 그는 해군의 뱅가드는 결국 자신이 할 수 있는 일을 하지 못할 거라고 확신에 차서 말했다. "우리는 인공위성 발사를 도와달라는 요청을 받을 겁니다. (중략) 서둘러 3단계 고체 연료 로켓 위에 인공위성을 올릴 겁니다. 우리는 잘 해낼 겁니다. 정부가 우리에게 부과한 제약을 어기지 않고서도 해낼 수 있습니다." 마침내 그는 워싱턴을 설득해서 훨씬 강력한 4단계 로켓 주피터-C를 만들라는 허락을 얻었다. 주피터-C는 1956년 9월에 발사 준비를 마쳤다. 물론 순전히 군사적인 목적을 위해서였다.

1956년 내내 그리고 1957년에 들어서도 소비에트가 곧 인공위성을 발사할 거라는 조짐이 자주 나타나고 점점 더 확실해졌다. 그 소식을 접하고 나서 자신이 그 일을 먼저 할 수 있었다는 것을 아는 이보다 낙담한 사람은 없었다. 1957년 10월 4일, 육군 장교들과 폰 브라운의 수석팀 회의에 뛰어들어온 헌츠빌의 홍보담당관은 큰 소리로 외쳤다. "소비에트가 인공위성을 발사했습니다!"

"우리는 2년 전에 할 수 있었을 텐데······." 폰 브라운이 말했다. 장교들은 앞으로 할 일에 대한 지시라도 기다리듯이 그를 쳐다보았다. 그는 모든 준비가 되어 있었다. "저에게 그 일을 맡겨주십시오. 60일 내에 미국의 인공위성이 궤도에 오를 겁니다."[9] 한 달 후, 소비에트는 라이카(Laika)라는 잡종견 한 마리를 태운 또 다른 우주선을 발사했다.

그 소식을 들은 아이젠하워 대통령은 평소처럼 침착한 반응을 보였다. "결국엔 우리가 앞설 겁니다." 그는 미국이 미사일 연구에서 소비에트보다 훨씬 더 앞서 있다는 사실을 알았기 때문에 소비에트가 사소한 경주에 한 번 이겼다고 해서 특별히 신경을 쓰지는 않았다. 그러나 미국 국민과 국회의원들은 크게 동요했다. 그들은 어떻게 소비에트가 미국에 앞설 수 있었는지를 알고 싶어 했다. 그리고 무엇보다 미국의 인공위성을 당장 우주로 쏘아 올리기를 바랐다.

스푸트니크(Sputnik)가 발사된 지 2주 후, 폰 브라운은 '스푸트니크의 교훈'이라 이름 붙인 문서를 회의에서 제출했다. 그는 "우리는 심각한 판단 착오를 일으켰습니다."라고 인정했다.[10] 그러나 그는 또한 이렇게 좌중을 안심시켰다. "우리는 전투에서 한 번 졌지 전쟁에서 진 것이 아닙니다. 우리가 육군이나 해군, 공군의 인공위성보다 미국의 인공위성을 쏘아 올리는 게 더 중요하다는 사실을 기억하기만 하면 됩니다."[11] 라이카가 마지막 여행을 떠난 며칠 후에는 백악관이 폰 브라운 팀에게 인공위성 프로젝트를 다시 시작하라고 지시했다.

폰 브라운이 기회를 얻기 전에 마지막으로 시도된 일이 있었다. 1957년 12월 6일, 정오가 조금 못 된 시각, 머리 부분에 작은 인공위성을 실은 뱅가드가 발사되어 하늘에 모습을 보였다. 뱅가드는 곧 불덩어리와 검은 연기구름에 휩싸여 추락했다. 인공위성은 미사일에서 완전히 분리되어 화를 면할 수 있었다. 인공위성에서 안테나가 튀어나와 신호를 보내기 시작했다. 적어도 인공위성은 제대로 작동한 것이다.

육군탄도미사일개발국(Army Ballistic Missile Agency)에 있던 폰 브라운 팀에게 가능한 한 빨리 인공위성 발사 준비를 마치라는 지시가 내려왔다. 1958년 1월 31일 오후 10시 48분, 길이 122센티미터, 직경 15센티미터의 인공위성을 머리 부분에 장착한 4단계 로켓 주피터-C가 케이프커내버럴에서 발사되었다. 로켓은 밤하늘을 날아가더니 이내 시야에서 사라졌다. 초조해하는 과학자들과 정부 당국자들에게는 보이지 않았지만, 5분 안에 4단계를 모두 거쳐 성공적인 발사가 이루어졌다. 9분 후, 모하비 사막에 있는 골드스톤 관측국에서 "인공위성을 탐지했습니다."라는 보고가 들어왔다. 미국 최초의 인공위성 익스플로러 1(Explorer 1)은 안전하게 궤도에 올라 지구로 신호를 보내기 시작했다. 그 일에 어느 누구보다 크게 기여한 폰 브라운은 이렇게 선언했다. "우리는 우주에 확고한 기반을 마련했습니다. 앞으로 다시는 이 자리를 양보하는 일이 없을 겁니다."

1960년, 폰 브라운은 군업무를 끝냈다. 그는 민간 항공우주국 나사가 새로 설립한 마셜우주비행센터의 초대 책임자가 되었다. 그리고 그곳에서 가장 유명하고 영향력 있는 우주개발계획의 후원자로서 행복한 10년을 보냈다. 폰 브라운의 레드스톤 로켓들은 머큐리 우주비행사들을 우주로 데려갔으며, 그가 만든 레드스톤의 후예 새턴 V(Saturn V)는 미국인들을 달에 보냈다. 폰 브라운은 1977년, 65세의 나이로 세상을 떠났다.

그는 평생 동안 그의 꿈이었던 우주 탐사에 도움이 되는 모든 지식과 기회를 이용했다. 그는 미국의 우주개발계획을 관리하는 관료제도 내에서 모두가 열정적으로 일하도록 격려했다. 또 거대 제도가 흔히 그렇듯, 창조적인 사람들을 옭아매곤 하는 여러 제약을 멀리했다. 그는 나사의 헌신적인 투사였다. 그러나 그가 가장 헌신한 대상은 자신의 꿈이었다. 그가 모든 지식과 경험을 적용해서 내린 모든 결정은 그가 항상 인간의 힘으로 이룰 수 있을 거라 믿었던 꿈을 한 발짝 앞으로 나아가게 했다.

그는 「타임」지에서 이런 말을 했다. "인간이 저 밖에 갈 수 없을 거라는 말은 하지 마시오. 인간은 원하는 곳이라면 어디든 갈 수 있소."[12]

Part 2

예지
FORESIGHT

자신이 처한 상황을 정확하게 이해하는 사람들은 그 상황이 변한다는 것을 안다. 지금 상황에서 변화가 반가울 수도 있고 그렇지 않을 수도 있지만, 결국 상황에는 변화가 생긴다. 가능하다면 기회를 포착해서 당신의 목적에 도움이 되는 방법으로 변화시키는 편이 좋다.

나는 하키 공이 있는 곳이 아니라 공이 움직일 곳으로 미끄러져갔다. 이것은 웨인 그레츠키(Wayne Gretzky)가 그를 전무후무한 위대한 아이스하키 선수로 만든 기술을 간결하게 설명한 말이다. 하키 공이 어디로 갈지 어떻게 알았을까? 본능적으로? 아마 맞는 말일 것이다. 그렇다면 본능이란 무엇인가? 후천적으로 습득하는 것인가, 아니면 선척적인 재능인가? 어떤 사람들에게는 기회를 감지하는 능력, 즉 육감이 있을지도 모른다는 가능성도 배제하지 않겠다. 그러나 그런 본능이 있는 사람 중 내가 알고 있거나 연구한 이들은 철저한 준비에서 비롯한 경험을 통해 그것을 습득했다. 그레츠키의 경우, 팀원들과 경기하고 연습한 결과 언제 어디서 동료들이 하키 공을 패스할지 알게 되었을 것이다. 그는 성공한 프로 운동선수들 대부분처럼 상대편을 주의 깊게 연구했다. 그리고 그들이 공을 어디로 패스할지를 알고 그 전에 미리 그곳으로 갔다.

예지가 육감 같은 거라고 생각하는 사람들이 많지만 예지는 육감보다 좀 더 논리적이며 대개는 근면과 노력으로 얻을 수 있다. 그러나 주로 선천적으로 상상력이 풍부한 사람들이 예지를 지닌 것처럼 보인다. 철강 재벌인 찰스 슈왑(Charles Schwab)은 "최고의 의사결정자는 현재를 마치 지나간 과거인 양 볼 수 있다."라고 말했다. 그러나 현재를 지나간 과거로 만들기 위해서는 먼저 어떻게 현재에 이르렀는지를 이해해야 한다. 앞으로 닥칠 일을 예견하는 능력으로 칭송받아온 위대한 정치가들은 미래를 예견하기 전에 과거에 일어난 일들을 연구했고 역사를 결정지은 사건들을 이해했다. 그들은 어떻게 상황을 바꿀 수 있을지를 생각하기 전에 먼저 자신들이 처한 상황 전체를 파악했다. 나폴레옹 밑에 있던 한 장군의 말에 따르면, 나폴레옹은 망원경으로 적군의 형세를 판단하기 위해 한 번 빙 둘러본 다음, 언제 어디를 공격할지 알았다고 한다.

겉보기에는 불가사의한 능력 같지만, 진정한 예지란 소수의 사람들에게만 주어진 특별한 천재의 징표가 아니다. 그보다는 좀 더 일반적이다. 지성과 상상력을 갖춘 인물 윈스턴 처칠처럼, 예지는 보이지 않는 패턴과 동기, 필요성, 기회 또는 전조가 되는 행동을 미리 파악하기 위해 힘겨운 탐구를 한 결과이다. 또한 이미 알고 있는 사실도 엄격하게 논리적으로 판단한 결과이다. 어떤 사람들은 연역적 추론에서 비롯한 통찰력으로 앞일을 예견하고, 배운 것을 모두 머릿속에서 정리하여 신속하고 확실히 결론을 내리는 능력이 다른 사람들보다 뛰어나다. 그러나 그것은 신이 주신 특별한 능력이 아니다. 근면과 성실은 모든 사람에게 있는 능력이고 연역적 추론에는 근면과 성실이 필요하다. 통찰력은 연역적 추론을 통해 얻을 수 있다. 그렇기 때문에 근면과 성실은 통찰력을 얻을 수 있는 방법이기도 하다. 예지를 얻으려면 이 상관관계를 이해해야 한다.

자신이 처한 상황을 정확하게 이해하는 사람들은 그 상황이 변한다는 것을 안다. 지금 상황에서 변화가 반가울 수도 있고 그렇지 않을 수도 있지만, 결국 상황에는 변화가 생긴다. 당신이 어떤 행동을 하느냐에 따라 현재 상황이 좋아질 수도 있고 악화될 수도 있다. 만일 현재 상황이 당신에게 유리하다면 그것을 바꾸려는 위험을 감수하지 않을 것이다. 상황을 바꾸려는 다른 사람들의 노력에 대항할지도 모른다. 그러나 결국 누군가 혹은 어떤 사건 때문에 상황은 바뀐다. 가능하다면 기회를 포착해서 당신의 목적에 도움이 되는 방법으로 변화시키는 편이 좋다.

남다른 통찰력을 보인 사람들은 인습에 얽매이지 않는 경향이 있다고 말하는 편이 적절할 것이다. 그들은 오래되었다는 것 외에 별다른 장점이 없는 전통에는 거의 영향을 받지 않는다. 동료들의 압력이나 여러 사람의 의견에도 구속받지 않는다. 기회를 엿보며 위험을 예측한다. 대담해지는 것을 두려워하지 않는다. 비록 어떤 사람들에게는 대담함이 심사숙고해서 모험을 택하는 자신감이라기보다 자만심의 표현이지만 말이다. 역사 속에서 공상가로 불린 사람들은 동시대인보다 무모해 보이는 경우가 많고 성공보다 실패를 더 많이 겪었다. 처칠의 숭배자인 버컨헤드 경(Lord Birkenhead)은 자신의 친구에 대해 이렇게 말한 적이 있다. "윈스턴이 옳을 때는 그가 절대적으로 옳다. 그가 틀렸을 때는 뭐가 잘못되어도 한참 잘못된 거다."

만일 당신이 통찰력이라고 생각한 것이 당신을 잘못된 길로 이끈다면, 당신은 그 결함을 찾고 다음번 어떤 행동을 하고 싶을 때 지금 배운 교훈을 적용하도록 노력하겠는가? 아니면 운이 없었다거나 다른 사람들 잘못 탓이라고 간주하고 다음에도 같은 방법으로 도전하겠는가? 실패한 이유와 그것을 바로잡을 수 있는 방법을 파악해서 예지 능력을 향상시키겠는가? 아니면 실패 때문에 신중해지겠는가? 어쩌면 예지는 신중함에서 비롯하는 것인지도 모른다. 그러나 예지를 좇아 행동할 용기가 없다면 묵언수행을 하는 수도사의 목소리가 매우 아름다운 것만큼이나 쓸모가 없다 하겠다.

예지에서 가장 설명하기 어려운 특성은 당신이 창조할 수 있다고 믿는 완전한 미래를 상상하는 능력이다. 슈왑은 그것을 '모든 것에 비전과 꿈을 갖는 것'으로 비유했다. 아마도 어느 누군가가 제한된 환경 속에서 어떤 아이디어와 발명 또는 행동이 미치는 영향을 관찰하고 거기서 더 큰 변화를 이끌어낼 가능성은 없는지 궁금해하기 시작했을 것이다. 작은 발명이 더 큰 변화를 일으킬 수 없다고 생각할 이유는 없다. 당신은 아마 작은 발명이 산업이나 과학, 어떤 국가나 세계에서 얼마나 큰 변화를 일으킬 수 있었는지 상상할 수 있을 것이다. 호기심과 높은 안목은 공상가들의 특징이다.

미국의 헌법제정자들은 고대 공화국들의 역사를 읽었다. 단순히 그들의 영광을 모방하려던 것이 아니라 그들의 잘못을 되풀이하지 않기 위해서였다. 인간의 최대 관심사이자 그들이 설립한 정치제도의 최대 관심사는 다른 사람들보다 우월해지려는 이기심이었다. 그런 원초적인 본능을 고려하지 않은 국가들은 공화국이라 할지라도 부패하여 몰락의 길을 걷는다. 그래서 그들은 인간의 미덕에 의지하기보다 인간의 악덕을 조심하기 위해 각각의 기관을 다른 기관들의 권위로 제한하는 분리된 정부 시스템을 만들었다.

예지는 변화가 초래한 혼란과 무질서를 꿰뚫어보고, 새로운 방향을 제시하는 신호를 찾을 수 있다. 1985년, 각각 인텔의 사장과 CEO인 앤디 그로브(Andy Grove)와 고든 무어(Gordon Moore)가 만나 그들이 창조한 시장인 메모리칩 사업에서 그들의 자리를 위협하고 있는 일본 제조업자들과 경쟁할 방법을 논의했다. 다른 사람들은 인텔의 주요 제품이 변화하는 시장에서 계속 번창할 거라고 생각하며 관심을 보이지 않았다. 개인용 컴퓨터의 수요와 공급이 증가하고 있어서 경쟁 때문에 이익이 감소할 리는 없다고 생각한 것이다. 그래도 그로브와 무어는 불안한 마음을 떨칠 수 없었다. 두 사람에게는 경쟁이 예상외로 치열해졌다는 점이 유행이 더 빨라지고 인텔의 역할과 이익은 하강 곡선을 그릴 거라는 의미로 다가왔다. 그들은 자신들을 변화의 희생양이 아니라 변화의 주체로 상상했다. 그로브는 무어에게 회사 이사회가 그들을 해고하고 문제를 해결하기 위해 참신한 시각을 갖춘 새로운 CEO를 데려왔다는 상상을 해보라고 했다. "그 사람이 뭘 할 것 같은가?" 그로브가 물었다.

"우리더러 메모리칩 사업에서 손을 떼라고 하겠지." 무어가 대답했다.

그로브는 "나는 정신이 멍해져서 무어를 뚫어지게 쳐다보았다."라고 회상했다. 그때 그는 무어에게 "우리 문밖으로 나갔다가 다시 돌아와서 새로운 CEO가 할 일을 우리가 해보면 어떻겠나?"라고 제안했다. 그 깨달음의 순간, 마이크로프로세서를 탄생시키고 인텔을 새로운 시장의 선두주자로 만들어 회사 수익을 가파르게 상승시킨 아이디어가 태어났다.

지금 시대에도 예지의 필요성을 인식하는 것은 어렵지 않다. 변화는 우리 주변 어디에서나 일어나고 있다. 그중에는 만족스러운 변화도 있고 혼란스러운 변화도 있다. 어느 나라보다 미국이 가장 큰 공헌을 하고 있는 세계 시장의 성장은 기회를 알아보는 사람들에게 수많은 기회를 제공하지만, 동시에 혼란을 초래하기도 한다. 심지어 숙련된 기술을 요하는 미국 회사의 일자리가 점차 해외로 옮겨가고 있다. 당신이 회사 중역들에게 문제의 근본적인 원인을 설명해달라고 부탁하면, 예외 없이 거의 대부분 교육 문제를 지적할 것이다. 미국은 교육 부문에서 학생 한 명에게 투자하는 비용이 가장 높은 나라 중 하나이다. 그러나 수많은 학생들은 고용주의 눈에 띨 수 있는 기술은 배우지 않는다. 고용주들은 훨씬 낮은 임금으로 미국인과 비슷하거나 더 나은 기술을 가진 직원을 고용할 수도 있는데 말이다. 우리 아이들이 유능한 일꾼이 되거나 독자적인 기술을 익힐 수 있도록 교육 시스템을 체계적으로 개편하지 않는다면 앞으로 일자리를 놓고 중국인이나 인도인과 경쟁하기가 점점 더 어려워질 것이다. 일자리를 놓고 우리와 경쟁하는 국가들의 생활수준이 향상되고 있기 때문에 미국인 근로자들이 세계 시장에서 가격경쟁력을 갖게 될 거라고 말하는 사람들도 있다. 그러나 다른 개발도상국들이 우리의 새로운 경쟁자로 부상할 것이다.

미국에 혁신과 선견지명이 있는 지도자가 필요한 부분이 있다면 바로 교육이다. 체계적인 변화를 가로막는 제도적 장애물은 이루 헤아릴 수 없이 많다. 국가 예산만 낭비하는 교육행정기관, 학생들이 아니라 교사들의 이익만을 위한 정치적 영향력을 갖춘 교원노조, 소심한 교육위원회 모두가 진정한 변화와 변화를 일으키는 가장 효과적인 힘, 경쟁을 거부하고 있다.

시스템 밖에 있는 사람들은 문제가 무엇인지 파악해서 해결책을 찾는 것이 쉽다고 생각할지도 모른다. 그러나 시스템 내부에는 변화를 극도로 꺼리는 걸림돌이 있다. 때문에 변화의 가장 강력한 힘, 즉 현실을 이해하고 새로운 이상을 향해 강행군을 할 사람이 내부에서 나와야 한다. 연금만이 아닌 교육의 다른 부분에서도 변화를 일으키고자 조직을 결성하기로 결심한 교사들, 또는 새로운 학교를 설립하기 위해 아예 학교를 떠난 교사들은 발전을 방해하는 인습에 구애받지 않는다. 정부기관은 그 새로운 변화를 허용하고 있다. 교육위원회는 가르칠 수 있는 교육행정가를 필요로 한다. 사립학교의 경쟁에 분개하지 않고 거기서 뭔가를 배우는 노조 임원은 공교육의 질을 향상시킨다.

근본적인 변화를 일으키는 데 항상 여러 사람들의 동의가 필요한 것은 아니다. 때로는 그저 앞을 내다본 소수의 사람들이 반대를 물리치고, 불만족스러운 현 상황을 바꾸고, 그 자리를 더 좋은 것이 차지할 수 있도록 일을 추진하기로 결심했을 때 근본적인 변화가 이루어진다.

위험은 언제나 존재한다[1]

1911년 7월 1일, 독일 포함 판테르(Panther)가 모로코의 아가디르 항구에 닻을 내렸다. 카이저 빌헬름 2세(Kaiser Wilhelm Ⅱ) 정부는 군함을 파견해서 독일이 프랑스의 모로코 지배를 인정하는 조건으로 프랑스령 콩고를 보상받아야 한다고 주장했다. 현대를 사는 우리들 눈에는 경무장한 작은 군함의 등장이 별 의미 없는 행위로 보인다(군악대까지 동반했었다). 그들 자신도 북아프리카 왕국에 있는 프랑스군과 싸울 수 있다는 기대는 하지 않았을 것이다. 그러나 1911년 당시의 유럽 열강에는 엄청난 도발이었다. 이 행동은 독일의 야심에 대한 불신을 키우고 유럽이 제1차 세계대전이라는 전례 없는 4년간의 살육을 앞당기는 계기가 되었다.

유럽 도시들 사이에서는 이미 독일 군국주의에 대한 불안이 확산되고 있었다. 잘 훈련된 독일의 대규모 상비군은 언제나 근심거리였다. 대부분의 열강이 자국을 존중하지 않는다는 독일인들의 지칠 줄 모르는 불만도 계속 제기되었다. 최근 몇 년간 가장 큰 걱정을 불러일으킨 것은 강력한 해군을 양성하겠다는 카이저의 단호한 결심이었다. 독일은 그리 대단한 해양국가 아니었다. 독일의 가장 긴 해안선과 해군기지는 발트 해의 빙해를 끼고 있었고, 발트 해 해안선은 덴마크 반도에 의해 북해의 작은 해안선과 항구들로부터 격리되어 있었다. 슐레스비히홀슈타인 주에 있는 킬(Kiel) 운하는 바다 두 곳과 연결되었지만 너무 좁아서 독일이 건조하고 있는 대형 전함들이 지나갈 수 없었다. 영국, 프랑스와는 달리 독일은 대규모 해군을 유지해서 해외 영토를 늘리는 데 적극적이지 않았다.

1871년 통일 이후, 독일의 군사력은 프로이센이 지배하는 제국 군대에 있었다. 유럽 여러 왕들의 사촌인 카이저는 영국에 있는 삼촌 에드워드 7세의 영국 해군에 대해 오랫동안 감탄을 금치 못했다. 그러나 많은 영국 지도자들은 카이저의 행동이 단순히 전함에 대한 부러움의 표현이 아니라며 우려했다. 독일과 달리 영국은 침략에 대비하기 위해 상비군에 의지하지 않았다. 대영제국을 건설한 섬나라는 국가 방위의 제일선으로 세계에서 가장 강력한 해군을 자랑했다. 넬슨 제독 시절부터 영국의 국가적 자존심과 국가 안보의 핵심은 영국이 바다를 다스린다는 자신감에 있었다. 영국의 해군력을 따를 나라는 없었다. 20세기에 접어들면서 영국은 모든 도전자들로부터 해상 지배권을 지키겠다고 결심했다.

2년 전에 전함을 6척 더 건조하겠다는 영국 해군의 계획에 반대했던 영국 재무부 장관 데이비드 로이드 조지(David Lloyd George)도 아가디르에서 벌인 독일의 무모한 행동 때문에 다른 사람들만큼 놀랐다. 그는 친구이자 동료인 내무부 장관의 격려로 7월 21일에 연설을 한다. 그 연설에서 그는 청중인 은행가들에게 영국은 항상 다른 열강과 평화적인 관계를 유지하려 했다고 분명히 말했다.

> 그러나 영국이 하찮은 나라처럼 취급받는 것만이 (중략) 평화를 지킬 수 있는 유일한 길이라면, 단호히 말하건대 그런 대가를 치른 평화는 우리나라 같은 위대

한 국가에는 견딜 수 없는 굴욕입니다.

로이드 조지는 영국 정부를 대변해 연설을 한 것이다. 그리고 외무부 장관 에드워드 그레이(Edward Grey)는 아가디르 사건 후 유럽 국가들에 바로 그와 같은 취지의 해외 전보를 보냈다. 위기는 결국 협상을 통해 해결되었고 독일은 상처 입은 자존심을 달래며 철수했다.

그러나 로이드 조지가 연설을 했을 때도 불안감은 여전했으며 독일은 해외 전보에 포함된 장관의 발언에 분노했다. 전보는 외교에서 쓰는 통상적인 표현으로 호전적인 어조를 교묘히 감추고 있었다. 그레이는 로이드 조지와 내무부 장관을 외교부로 불러서 독일의 반응을 보여주었다. 두 사람은 격분했고, 영국은 카이저 정부의 명령을 받거나 위협을 느끼지 않을 거라는 외교상의 해외 전보를 베를린에 보낼 준비를 했다. 내무부 장관은 로이드 조지와 함께 새로운 전함 건조에 대해 반대 주장을 폈었다. 그러나 아가디르 사건으로 그 주장을 다시 생각해볼 수밖에 없었다. "아가디르에서 보인 독일의 행동은 사악할 뿐만 아니라 우리에게 자신들의 정책과 방법에 비추어 자신들이 요구하는 바를 생각하라고 강요했다."[2] 훗날 로이드 조지는 전쟁이 일어날 거라는 조짐, 그리고 1911년 여름 유럽 정치인들이 몰두했던 수많은 외교적 논의를 자신이 어떻게 생각했는지를 떠올렸다.

> 그들은 이 위험한 말들을 매우 신중하고 정확하게 발음한다. 조용하고 커다란 방에서 부드럽고 나지막한 목소리로 정중하고도 심각한, 그리고 정확하게 계산된 말을 한다. 그러나 별다른 경고도 없이 대포는 발포되었고 여러 국가들은 모두 독일 때문에 타격을 입었다. 지금 해군본부는 무선 라디오를 통해 전 함대에 낮은 목소리를 속삭이고 함장들은 깊은 생각에 잠겨 갑판 위를 오간다. 대단한 일은 아니다. 신경 쓸 가치도 없다. 20세기에 일어나기에는 너무 어리석고 비현실적인 일이다. 아니면 갑자기 우리를 공격하기 위해 난데없이 나타난

포화와 죽음이란 말인가? 아직 잠이 덜 깬 배의 바닥을 부수는 어뢰는 해상 지배권 상실을 알리는 서곡인가? 지금까지 잘 지킨 섬이 위험해진단 말인가? 별일 아니다. 어느 누구도 그런 일은 하지 않을 것이다. 지금은 그런 위험을 걱정하지 않아도 될 정도로 문명화한 시대이다. 무역과 통상에서 국가 간의 상호의존, 공법에 대한 분별력, 헤이그 조약(Hague Convention: 1899, 1907년의 2차례에 걸쳐 네덜란드 헤이그에서 개최된 국제회의에서 체결된 일련의 국제조약—옮긴이), 자유주의 원칙, 노동당, 대형 금융거래, 기독교 박애정신, 상식이 있는 한 그런 무서운 일이 가능할 리 없다. 당신은 정말 확신하는가? 우리 판단이 틀렸다면 매우 유감스러울 것이다. 그런 실수는 오직 한 번뿐, 더 이상 있어서는 안 된다.[3]

3개월이 조금 지났을 때, 내무부 장관은 비극적인 실수에 대비하는 책임을 맡았다. 바로 그 당시 새로운 관직이자 새 직함인 해군장관에 임명된 사람이 윈스턴 스펜서 처칠(Winston Spencer Churchill)이었다.

독일의 건함 계획은 20세기를 10년 앞둔 19세기 말, 알프레드 폰 티르피츠(Alfred von Tirpitz) 제독을 해군장관으로 임명하면서부터 시작되었다. 티르피츠는 독일이 세계 강대국이 되기 위해서는 거대한 전함이 필요하다는 데 카이저와 의견을 같이했다. 그의 지도 아래 독일은 일반 전함과 잠수함을 증강하기 시작했다. 카이저와 티르피츠는 독일 해군이 영국 함대와 대등하지는 않더라도 심각한 피해를 줄 수 있을 정도로 강력해진다면 앞으로 독일과 다른 유럽 열강 사이의 어떤 전쟁에도 관여하지 말라고 영국을 설득할 수 있을 거라 믿었다. 그들의 결심은 1904년 영국과 프랑스가 수세기에 걸친 두 유럽 강대국 사이의 적대관계를 청산하면서 협상을 맺고, 1907년 영국과 러시아가 협상을 체결한 후에 훨씬 더 절박해졌다. 프랑스와 러시아가 더해져 3국 협상 형태가 되었기 때문이다. 공식적인 군사동맹은 아니었다. 그러나 독일과 오스트리아-헝가리(Austro-Hungarian) 제국이 프랑스나 러시아와 전쟁을 할 경우 영국이 그들을 도와 전쟁에 참전한다는 점은 적시

◆ 윈스턴 처칠(케이스톤/특파원, Getty Images).

하고 있었다. 게다가 전쟁이 일어날 경우 서부 전선에 대한 독일의 전략적 작전[이 작전을 계획한 슐리펜(Alfred Graf von Schlieffen) 육군 참모총장의 이름을 따서 슐리펜 작전이라고 부른다]은 벨기에를 첫 침략 대상으로 삼기 위해 먼저 프랑스의 오른쪽 측면을 공격한다는 것이었다. 영국은 1839년에 벨기에와 함께 벨기에의 중립을 지키겠다는 조약을 맺은 상태였다.

그러나 카이저 빌헬름과 그의 강력한 해군장관은 제국 해군을 엄청나게 증강하면 1839년 조약—독일 수상은 그 조약이 한낱 '종잇조각'에 불과하다고 말했다—의 의무와 상관없이 황제의 영국 사촌이 중립을 지키도록 설득할 수 있다고 믿었다. 그러면 영국이 해상 지배권을 위태롭게 하기보다 자국 영토의 안전을 위해 독일과의 충돌을 피하고, 세계 강대국이 되려는 독일의 야심에도 동의할 것이다. 바로 이것이 티르피츠의 생각이었다. 그 목적을 위해 독일 제국의회는 해군 증강을 승인하고 마침내 독일은 세계에서 해군 규모가 두 번째로 큰 국가가 된다.

독일과 영국 사이의 해군 무기 경쟁은 1906년 영국이 가공할 만한 현대식 전함인 HMS 드레드노트(Dreadnought)를 처음으로 완성했을 때 가속화되었다. 독일은 자력으로 드레드노트를 만들겠다고 공표하며 이에 응수했다. 드레드노트 설계와 건조를 감독한 사람은 해군원수 존 아버스넛 피셔(John Arbuthnot Fisher)로, 영국 해군 역사에서 넬슨에 버금가는 걸출한 인물이다. 그의 면전에서는 아니지만 흔히 재키 피셔라 불린 그는 1905년 제1군사위원(미국 해군 참모총장에 해당한다)이었다. 그는 영국 군함이 돛을 이용해 움직이던 시대에 젊은 해군사관 후보생으로서 경력을 쌓기 시작했다. 60년 동안 이어진 해군 경력에서 그는 영국 해군을 현대화하는 데 가장 큰 영향력을 미쳤다.

그는 오만하고 참을성 없고 따지기 좋아하며 성마르고 개혁을 꿈꾸는 사람이었다. 그래서 추종자만큼이나 적도 많이 만든 것으로 보인다. 제1군사위원이었던 그는 능률보다 해군의 구식 전통을 존중하는 고루한 장교들을 거칠게 대하고 해군 훈련을 완전히 개편했다. 현대 해군에는 어울리지 않는다고 판단한 노후한 전함과 그 밖의 쓸모없는 물품들도 헐값에 팔아치웠다. 그리고 새로운 전함 22척을 포함해서 새 군함을 161척 주문했다. 잠수함 함대 구성을 재촉하기도 했다. 그는 다른 어떤 특성보다 배의 속도를 중요하게 여겼다. 그렇기 때문에 처음에는 드레드노트급 전함 건조를 지원하는 일을 주저했다. 무거운 철갑 때문에 현대 해군전에서 사용하기에는 너무 느리고, 결국 어뢰와 기뢰에 취약하다고 걱정한 것이다. 그는 좀 더 빠르고 가벼운 장갑순양함을 선호했다. 피셔는 철갑에는 별 관심이 없었다. 속도가 가장 중요했다. 훗날 그는 후계자인 윈스턴 처칠에게 이렇게 말한다.

당신이 원할 때

당신이 원하는 곳에서

당신이 원하는 방식으로[1]

그렇게 싸우려면 무엇보다 속도가 중요했다.

그러나 독일 해군의 야심을 염두에 둔 영국 정부는 드레드노트를 건조하라고 명령했다. 피셔는 모든 작업을 면밀히 살펴본 후, 지금까지의 어떤 전함보다 화력이 월등한 드레드노트의 무기류를 개선해야 한다고 고집했다. 정부를 설득해서 함대 무기고 안에서 그리고 세계에서 가장 큰 대포―0.3톤 포탄을 발포하는 12인치 대포―를 0.5톤 포탄을 발포하는 13.5인치 대포로 바꾼 사람이 그였다. 또한 전함의 연료를 석탄에서 석유로 바꾸자고 주장했다. 당시 영국에 매장된 석유가 없고 질 좋은 웨일스 석탄은 풍부했다는 점을 고려해볼 때 상당히 논쟁의 여지가 있는 의견이었다. 그는 석유를 연료로 하는 구축함 50척과 엄청난 수의 잠수함을 만드는 데 성공했다. 그러나 대영제국 해군 전함의 자존심인 드레드노트와 그 전에 건조한 전함들은 여전히 보일러에 석탄을 공급하고 있었다.

피셔는 1906년에 대서양, 지중해, 해협 함대에서 끌어온 전함 7척으로 새로운 본국 함대를 구성하는 것을 감독했다. "우리의 적이 될 가능성이 있는 유일한 나라는 독일이다. 독일의 모든 함대가 항상 영국에서 몇 시간 떨어진 거리에 집결해 있다. 따라서 우리도 그 두 배의 함대를 독일에서 몇 시간 거리에 있는 곳에 집결해야 한다." 그는 왜 본국 함대가 북해를 순항해야 하는지를 설명하며 넬슨의 선언을 인용했다. "그대들의 전장이 그대들의 연병장이 될 것이다."[5]

피셔는 1909년 기사 작위를 받았고, 갑옷 위에 걸치는 덧옷에 "하나님과 드레드노트를 두려워하라(중의적 표현으로, '하나님과 새 함선인 드레드노트를 두려워하라.'라는 뜻인 동시에, 성경에 나오는 표현인 '하나님을 경외하고 아무것도 두려워 마라.'라는 뜻이다―옮긴이)."라는 문장을 넣었다. 다음 해 은퇴한 피셔는 스위스의 루체른 호수 근처에 칩거했다. 그는 해군을 떠나며 영국과 독일 사이의 전쟁, 그리고 두 나라 해군 사이의 엄청난 충돌을 피할 수 없고, 그것이 조만간 일어난다고 확신했다. 그리고 놀랍게도 그 시기를 1914년 10월이라고 예견해 '아마겟돈 전쟁'이 시작되는 날짜까지 거의 맞출 뻔했다.

피셔를 가장 중요한 조언자로 여기며 그에게 의지하던 사람도 다가오는 전투를 비상할 정도로 정확하게 예상했다. 아가디르 사건의 와중에, 수상인 허버트 애스퀴스(Herbert Asquith)는 8월 23일 제국방어위원회(Committee of Imperial Defence) 회의를 소집했다. 화가 난 처칠은 공문을 준비해 회의에 앞서 위원회 임원들에게 돌렸다. 처칠의 아들이자 전기 작가인 랜돌프 처칠(Randolph Churchill)은 그것이 '처칠이 쓴 가장 선견지명 있는 문서'라고 했다. 그는 독일이 서쪽에서 첫 공격을 시작할 거라고 예상했을 뿐만 아니라 1914년 벨기에와 프랑스에 대한 독일의 군사작전을 거의 날짜까지 맞추었다.[6]

처칠은 이렇게 경고했다. "20일째 되는 날에는 프랑스군이 뫼즈(Meuse)까지 밀려가서 파리로 후퇴할 겁니다. 여기에 반대되는 가설을 바탕으로 세운 모든 계획은 요행을 바라는 겁니다." 슐리펜 작전은 러시아가 동부 전선에 군대를 완전히 동원하기 전에 독일이 프랑스를 쉽게 패배시킬 수 있을 거라는 가설을 바탕으로 했다. 그러나 슐리펜 작전의 가설과는 반대로 처칠은 서부 전선에서 고통스러운 교착 상태가 계속될 거라 예상했고, 그의 무서운 예상은 결국 현실이 되었다. 처칠은 '30일째 되는 날부터 러시아가 점차 압박'을 가할 수 있을 거라고 믿었다. 방어선을 확장한 독일은 목적을 달성하기 위해서 엄청난 수의 군인들이 필요할 테고, 프랑스에 파견한 영국 원정군이 독일의 진군을 저지할 것이다. 전쟁 시작 40일 무렵에는 독일 내부적으로도, 또 전쟁터에서도 버티기가 힘들어진다. 상황은 점차 악화되어 결국 방어선이 무너진다. 그 시점에서 처칠은 결정적으로 영국군과 독일군의 힘을 시험할 기회가 올 거라고 내다봤다. 그러나 그것을 위해서는 필요한 게 많았다.

프랑스의 많은 희생이 뒤따라야 한다. 상당한 인내심을 가지고 적군의 침략과 영토 점령, 파리의 포위를 겪어야만 한다. 그러면 적군은 후퇴하거나 방어전을 펼칠지도 모른다. 프랑스의 통치자가 이런 희생을 심사숙고하든지 프랑스 군인들이 이 희생을 견디든지 간에, 이 시험은 대영제국이 어떠한 군사적 지원을 하느냐에 달려 있다 하겠다. 그리고 프랑스는 이것을 미리 알아야만 한다. 그래야 우리가 결정을 내리기 전에 그들이 무엇을 할 준비가 되었는지 알 수 있다.[7]

처칠은 전쟁이 시작될 때 영국군 10만 7,000명을 프랑스에 배치하고 40일이 지나기 전에 인도에 있는 영국 육군 10만 명을 더 추가하자고 제안했다. 처칠의 공문은 거의 모든 항목에서 전쟁의 초기 진행 과정과 머지않아 서부 전선의 끔찍한 참호에서 벌어질 피비린내 나는 전투를 예상하고 있었다. 1914년, 전쟁이 시작했을 때 전 수상인 아서 밸푸어(Arthur Balfour)는 '승리의 예언'이라며 그 공문을 칭찬하곤 했다.

애스퀴스는 전쟁에 대비해 국가의 준비 태세를 갖추는 처칠의 강력한 결단력에 깊은 인상을 받았다. 그리고 그를 해군장관으로 삼을 것을 고려한다. 그는 전쟁을 준비하면서도 이상하게 긴장감이 결여된 해군과 전함이 앞으로 닥칠 문제를 해결하는 데 부적절하다는 처칠의 우려에 동의했다. 처칠은 수상에게 보내는 편지에 자신의 불안을 표현했다. "크로마티에 있는 우리 전함이 독일의 전함 전체를 무찌를 만큼 강하다고 확신하십니까? 확신하지 못하신다면, 지금 즉시 전함을 강화해야 합니다."[8] 9월 27일, 애스퀴스는 처칠에게 해군장관 자리를 제안했다. 잠시 후, 처칠을 만난 애스퀴스의 딸 바이올렛이 차를 권했을 때 그는 '진지하지만 반짝거리는 눈'으로 그녀를 바라보았다. 그리고 "아니, 괜찮습니다. 차는 사양하겠습니다. 저는 지금 아무것도 필요한 게 없습니다. 당신 아버지께서 방금 저에게 해군장관 자리를 제안하셨거든요."*[9]라고 대답한다.

처칠은 그의 전기에 자세한 말을 덧붙일 필요가 없을 정도로 유명하고 존경받는 인물이다. 미국인들은 제2차 세계대전 때 그가 보여준 영웅적인 지도력과 전쟁 전 그의 '재야 시절' 동안 홀로 나치 독일의 위협이 커지고 있음을 경고하던 흔들림 없는 용기에 가장 익숙하다. 정치생활의 전반에 있었던, 젊은 나이에 눈부시게 정계에 등장한 일, 갑작스러운 실각, 그 이후의 복귀 등은 별로 회고되지 않는다. 현대에는 그의 인생에 필적할 만한 인생을 산 사람이 없다. 때로 그의 이야기는 소설로도 감당하기 힘들 정도로 극적이며 전기는 더더욱 어울리지 않는다. (사실 완전히 꾸며낸 것은 아니지만 그의 비범한 인생에 등장한 사건은 많은 부분 각색되었다. 그렇다고 그의 독특함이 빛을 잃을 정도는 아니지만 말이다.) 해군장관으로서 처칠의 첫 번째 행동을 떠올리는 많은 사람들이 그의 실각을 초래한 다르다넬스 작전의 대실패와 호주, 뉴질랜드에서 무참히 살육당한 병사들, 그리고 갈리폴리 해변에서 참사한 영국군만을 기억한다. 나는 처칠이 다른 사람들의 실수와 우유부단함의 희생양이 되었다고 생각한다. 그러나 이는 보편적인 견해가 아니며 여기에서 다루기에는 별로 어울리지 않는 화제이다. 이번 장의 목적을 위해서는 처칠과 재키 피셔가 불가피하다고 믿은 아마겟돈 전쟁을 영국 해군에 준비시키면서 이 젊은이가 내린 중대한 결정을 고찰하는 것만으로도 충분하다.

해군장관으로 임명된 순간부터 처칠은 전통에 매인 영국 해군의 세계, 장점과 약점, 앞으로 닥칠 적의 도전을 폭넓게 이해하는 일에 정력적으로 몰두했다. 영국과 독일의 해군 무기 경쟁에 대한 뛰어난 연구인 「드레드노트」에서 로버트 매시(Robert Massie)는 처칠이 업무를 처음 시작한 날 사무실에서 보낸 일과를 설명한다. 처칠은 책상 뒤 벽에 커다란 북해 지도를 걸었다. "당직 장교가 하루도 빠짐없이 독일 해군의 주요 함선 위치를 작은 깃발로 표시했다. 매일 아침 사무실에 들어선 처칠은 지도 앞에 서서 독일의 대양 함대가 어디쯤 있는지를 살펴보았다. 그는 '위험은 언제나 존재한다

---

* 처칠의 임명은 그의 37번째 생일 닷새 전인 10월 24일에 발표되었다.

는 생각을 자기 자신에게 주입' 시키려 했다."[10]

처칠의 목적도 피셔처럼 해군을 현대화하는 것이었고, 그러려면 최근 상황을 알아야만 했다. 그는 다양한 의견을 제시하고, 계획을 신속하게 실행했다. 지켜야 할 것이 있으면 호전적인 태도를 보이는 경우가 많아서 충동적인 인상도 주었다. 그러나 그의 주장을 설명하거나 주장을 할 때 필요한 근거가 부족했던 적은 거의 없었다. 그 점에서는 상당히 부지런했다. 해군장관에게 주어진 특권 중 하나로 마녀(Enchantress)라는 이름의 요트가 있었는데, 그 요트는 그 후 4년 동안 처칠의 사무실이자 집이었다. 신임 해군장관은 마녀를 타고 거의 모든 영국 해군기지와 조선소를 돌며 해군 전술과 해군의 능력에 대한 세부 사항을 빠짐없이 배우기 시작했다. 그는 동시에 온갖 곳에 나타나서 질문하고 귀찮게 하고 배우는 것처럼 보였다. 틀림없이 대포를 다루는 기술에서부터 해군의 사기에 이르기까지, 그의 시야에 있는 모든 것이 이내 그의 관심대상이 되었을 것이다. 처칠은 "나는 모든 사물의 모양과 모든 사물의 위치, 또 그것들이 서로 어떻게 조화를 이루는지 알아야 했다. 마침내 나는 원하는 모든 것을, 원하는 때에, 원하는 방식으로 할 수 있었다."라고 말했다.[11] 비행기에 매료된 그는 즉시 그것이 전쟁에서 유용하다는 사실을 깨달았다. 그리고 걱정하는 아내 클레멘타인의 요구로 훈련을 중지하기 전까지 비행하는 법을 배우면서 하늘에서 수백 시간을 보냈다. 비좁은 포탑으로 기어들어가 작동 원리를 익히기도 했다. 그는 "새벽부터 자정까지 몰두해 있었다."[12] 강인한 정신으로 주저하는 해군을 설득했고, 자신이 꼭 필요하다고 판단한 개혁을 승낙하게 만들었다. "해군장관은 기술적 향상에서 항상 선두에 있었으며, 언제나 선구자들을 지원하고, 생각이 고루한 사람들의 비판은 일축했다."[13]

하급 장교들과 일반 해병들에게 정보를 듣고 의견을 구하는 일은 처칠의 습관이었다. 반면 걸핏하면 노발대발하는 상급 장교들과는 논쟁을 벌이거나 무시했다. 아랫사람을 존중하고 그들이 충분한 급여와 물질적인 혜택을 누릴 수 있도록 노력한 덕분에 그는 부하들에게 인기가 있었다. 상급 장교들은 자신들에게 퉁명스럽게 굴고 그들의 자존심의 바탕인 유서 깊은 해군 전통을 바꾸려 하는 처칠을 좋아하지 않았다. 처칠을 전설적인 인물로 만든, 진위 여부가 의심스러운 한 일화에 따르면 그는 해군의 전통이 존중받아 마땅하다는 생각은 전혀 하지 않았다고 한다. "그것들이 다 뭐랍니까? 럼주, 동성연애, 채찍질 아니던가요. 그럼, 안녕히 계십시오, 신사 여러분." 나중에 처칠은 그런 신랄한 말을 한 적이 없다고 부인했지만, 그랬으면 좋았을 거라고 밝혔다. 해군에서 15년을 보내고 해군 대령의 자리에 오른 왕일지라도 해군장관이 내린 판단의 타당성에 의혹을 품으면 처칠에게 경멸을 받았다. 클레멘타인에게 보낸 편지에서 처칠은 군주의 우둔함을 한탄했다. "국왕께서는 해군에 관해 이전에 말씀하셨던 것보다 훨씬 더 어리석은 말씀을 하셨소. 온통 그분의 마음을 사로잡고 있는 그런 경솔하고 지각없고 철없는 소리를 듣는다는 건 정말 기운 빠지는 일이 아닐 수 없소."[14)]

해군성과 육군성이 협조가 부족하다는 사실에 처칠은 깜짝 놀랐다. 그가 걱정한 것은 해군의 일관성 없는 전쟁 준비였다. 전쟁이 일어날 경우 프랑스로 원정군을 파견하는 계획이 아직도 제대로 세워지지 않았다는 사실도 그를 당황시켰다. 내무부 장관이었을 때, 그는 자신이 해군의 화약 창고를 지켜야 할 책임이 있다는 사실을 알고 놀랐었다. 아가디르 사건 동안, 육군성이 해병대를 보내서 창고를 지켜야 한다는 그의 요구는 거절당했었다. 해군장관으로서 그는 첫 번째 행동을 취했고, 육군부를 모델로 삼아 해군부를 설립했다. 그리고 육군성과 전쟁 계획을 조정하는 일을 책임지게 했다. 그것은 그의 전임자가 임명한 해군본부위원들의 반대를 무릅쓰고 성취한 것이었다. 해군본부위원들은 전쟁계획을 비밀로 하고 싶었고, 대체적으로 호기심 많은 육군성과 정치가들에게 간섭받는 것을 좋아하지 않았다. 해군본부에서 보낸 첫 일 년 동안 처칠은 해군본부위원 4명 중 3명을 교체했다.

후임자 선택에 대한 조언을 얻기 위해 그는 열렬한 투사이자 재치 있고 총명하며 그의 가장 중요한 의논 상대가 된 재키 피셔에게 의지했다. 피셔와 처칠은 1907년 프랑스에서 2주간의 휴가를 함께 보낸 이후로 서로를 잘 이해하고 존경했다. 이내 그들은 서로가 지성과 성격, 그리고 영국 해군에 대한 의견이 비슷하다는 것을 눈치 챘다. 해군장관에 임명되기 전날, 처칠은 스위스에 있는 피셔에게 전보를 보내 가능한 한 빨리 만나고 싶다고 했다. 피셔는 3일 후에 도착했다. 처칠은 그에게 해군을 전쟁에 대비시키려는 자신의 계획을 알리고 조언을 구했다. 나중에 처칠은 피셔에 대해 이렇게 말했다. "그는 진정한 지식과 통찰력의 화산이다. 나의 주된 목적이 무엇인지 이해하자마자 그는 격렬한 폭발상태로 변했다. 일단 분화하기 시작한 그는 좀처럼 멈출 수가 없었다. 나는 그에게 질문을 던지고 그는 아이디어를 쏟아냈다."[15]

상급 지휘관 임명, 전쟁 계획, 영국 해군의 배치도 중요했다. 그러나 피셔와 처칠의 주된 관심은 함선 설계를 개선하고 독일 대양 함대의 우위에 설 새로운 함대 건조를 서두르는 일이었다. 그들은 처음에 배의 대포 구경을 키우는 계획에 집중했다. 피셔는 정부를 설득해서 새 드레드노트의 대포 구경을 12인치에서 13.5인치로 바꾸었다. 이제 처칠은 15인치짜리 포—0.9톤 포탄을 발포한다—8문을 자랑하는 슈퍼드레드노트 다섯 척으로 새 함대를 구성하자고 제안했다. 피셔는 평소처럼 과장된 태도로 그의 계획을 열렬히 지지했다. "이런 대포를 비축하는 것은 바다에서 큰 승리를 보장받는 것과 다름없소. 이를 위해 노력하지 않는다면 대영제국에 대한 불충이오."[16]

"대포를 큰 것으로 바꾸자는 것은 배가 커야 한다는 뜻이고 배가 커야 한다는 것은 비용이 늘어난다는 뜻이다." 처칠은 시험용 대포를 개선해서 시험할 시간이 없었다. 퀸엘리자베스(Queen Elizabeth)급 전함을 위해 곧 용골(선박 바닥의 중앙을 받치는 길고 큰 재목. 이물에서 고물에 걸쳐 선체를 받치는 기능을 한다—옮긴이)을 놓아야 했다. 독일은 발트 해에 있는 함선들이 덴마크를 빙 돌지 않고 신속하게 북해에 도착할 수 있도록 킬 운하를 넓히고 있었다. 카이저의 허락을 받은 처칠은 운하를 넓히는 것만 아니라 함선 건조 증가도 허가하는 독일의 새 해군법을 검토했다. 그 문서를 본 처칠은 "독일 해군의 5분의 4는 완전히 전시체제를 갖췄다."라고 결론 내렸다. 운하는 1914년에 완공될 예정이었다. 이 심상치 않은 개발은 독일의 공격에 대비할 시간이 불과 몇 시간밖에 주어지지 않는다는 의미였다. 슈퍼드레드노트들은 반드시 새로운 대포를 갖춰야 했다. 독일과 영국 함대의 충돌은 '선제공격의 중요성, 강한 공격의 중요성, 공격 지속의 중요성'을 강조하는 계기가 될 터였다.[17] 처칠은 그를 격려하는 피셔와 두 차례 의논한 후, 대포의 화력이 얼마나 좋을지 전혀 확신이 없는 상태에서 총력을 기울여 새 대포를 만들라고 명령했다. 그만한 크기의 대포는 만들어진 적도 없고 다른 국가의 해군조차 시도한 바 없었다. 처칠은 이렇게 기록했다. "그 순간부터 우리는 새 대포에만 매진했다. 수천 개에 달하는 새 군함의 모든 세부적인 부분들은 새 무기에 맞추어 다시 만들었다."[18]

그는 다른 무엇보다도 4개월 안에 대형 대포를 만들어서 시험을 완료하는 일이 우선이 되어야 한다고 지시했다. 실패한다면 손실을 메우기에 여전히 늦은 시기일 테지만, 최소한 처칠이 우수한 영국 전함에 날개를 달아준 건지, 아니면 최악의 실패를 자초했는지에 대한 답은 구할 수 있었다. 그가 정부에 제출한 해군 견적서(연간 예산)는 일 년 전 예산과 비교가 안 될 정도로 큰 금액이었다. 1914년의 견적서는 영국 역사상, 또 세계 역사상 가장 큰 해군 예산이었을 것이다. 처칠의 계획에 대한 비용 마련 책임이 있던 재무장관 로이드 조지는 깜짝 놀라서 이렇게 불평했다. "윈스턴은 갈수록 보일러에 열중하고 있다."[19]

대포를 시험하는 날이 가까워지자 처칠의 불안감은 극에 달했다. "만일 실패한다면 무슨 일이 일어날 것인가. 재앙이자 폭로이며, 어떤 변명도 용납되지 않을 것이다. 나는 '그 자리에 있게 된 지 한 달도 안 돼서', '전임자가 세운 계획을 모두 변경하고', '이런 지독한 대실패만 초래한', '무분별하고 세상물정 모르는' 사람이라는 걸 뼈저리게 느낄 것이다." 그러나 그는 제 1군사위원에게 보낸 편지에서 "전시만이 아니라 평시에도 위험을 무릅써야 합니다. 그리고 새 대포에 대한 지금의 용기가 훗날 전쟁에서 우리를 승리로 이끌 겁니다."라고 썼다.[20]

새로운 15인치 대포가 '눈부신 성공' 임이 입증되었을 때 처칠은 속도 문제에 관심을 돌렸다.[21] 새 대포와 무거운 포탄이 전함에 무게를 더했기 때문에 처칠은 현재 드레드노트가 포탑 5개를 싣는 것과는 달리 퀸엘리자베스 드레드노트에는 포탑을 4개 싣고 보일러를 늘리라고 지시했다. 새 전함은 13.5인치의 강철 철갑으로 보호받고 있어서 더 무거워질 수밖에 없었다. 속도를 위해 철갑을 포기했으면 피셔는 더 만족했을 테지만 처칠은 그 제안에 난색을 표했다. 그의 주장대로 막대한 비용을 쏟아 부은 새 전함은 공격도 견딜 수 있어야 했다. 피셔와 처칠 모두 알다시피 새 전함은 해전에 쓰이는 성가신 무기, 어뢰에 취약했다. 그러나 피셔는 처칠에게 영국 함대가 '크로싱 T(Crossing T)' 전술을 펼칠 수 있는 장소로 적군을 유인하는 것이 가장 중요하다고 일깨워주었다. 이 전술은 적군의 제일선을 가로질러 움직이며 한쪽 현측(舷側)에 있는 대포 전부로 일제히 사격한 후 적군을 에워싸는 것이다. 이것이 가능하려면 철갑보다 속도가 더 중요했다. 피셔는 처칠에게 보낸 편지에서 이런 말을 했다. "자네 글라스 부인의 요리법 중에서 토끼 스튜 만드는 법을 기억하나? 첫째, 토끼를 잡아라."[22] 이 정도의 우수함을 갖추려면 새 드레드노트들은 경무장한 순양 전함의 속도인 25노트, 또는 그 이상의 속도를 내야만 한다. 그러나 크기와 철갑, 대포를 고려할 때 고작 20노트가 한계인 것 같았다.

한 가지 방법이 두 사람 앞에 등장했다. 바로 석유였다. 석유는 석탄보다 가연성과 효율성이 좋고 증기를 더욱 빨리 올릴 수 있었다. 때문에 전함의 속도는 훨씬 더 빨라지고 보일러에 대한 의존도도 낮출 수 있었다. 석유를 연료로 하는 전함들은 연기가 적어 먼 거리에 있는 적군의 눈에 잘 띄지 않았다. 또한 석탄을 채워 넣을 수많은 병사들이 필요 없었기 때문에 배 위에 더 많은 공간을 확보해 전함 설계를 훨씬 더 효율적으로 할 수 있었다. 게다가 처칠이 "전 승무원을 지치게 한다."라고 말했던 석탄을 배에 싣는 노동 집약적인 과정도 생략할 수 있었다. 석탄을 연료로 사용하면 어느 때든 함대의 4분의 1은 항구에 남아서 급탄을 해야 했다. 그러나 석유를 연료로 사용하는 함선은 해안에 있는 탱크에서 밸브만 한 번 돌리면 연료를 공급할 수 있었다. 게다가 더욱 중요한 사실은 해상에서도 연료 보급이 가능하다는 점이었다. 처칠은 "액체 연료의 이점은 헤아릴 수가 없다. 증기를 더욱 빠르게 올리고, 무기를 더 많이 싣고, 인력은 덜 필요하며, 더욱 오래 항해할 수 있다."라고 기록했다.[24]

그러나 함대 연료를 석탄에서 석유로 바꾼다는 결정은 처칠의 개혁에서 가장 큰 논란을 빚었다. 영국은 석유 생산국이 아니었다. 영국은 석탄을 생산하는 나라였다. 그 사실은 처칠도 알았다. "세계의 석유 공급은 외국의 거대한 석유기업연합이 통제하고 있다. 석유를 사용하는 함선을 건조하면 사실 수많은 문제에 부딪힐 것이다."[25] 언제나 그랬듯이 처음 부딪힌 문제는 해군의 반발과 석탄에서 석유로 전환하면 너무 많은 전략적 이점을 포기하는 꼴이라는 사령관들의 우려였다. 전임 해군장관 중 한 명인 윌리엄 파머(William Palmer)는 1904년, "석탄을 석유로 대체하는 것은 불가능하다. 세계의 석유 매장량은 충분하지 않기 때문이다."라고 말하며 그 계획을 거부했다. 공급이 확실하게 보장된다 하더라도 연료를 석유로 바꾸는 데에는 또 다른 문제들이 있었다. 가장 큰 문제는 석유가 가연성이 높다는 점이었다. 석탄은 불이 잘 붙지 않는다. 따라서 적군의 포탄이 석탄 저장고에 떨어져도 고체 연료에 곧바로 불이 붙지는 않았다. 반면 석유 탱크가 직격탄을 맞으면 그 즉시 엄청난 불길이 솟아오르고 적의 대포는 파괴력이 훨씬 더 커진다. 해안 저장 탱크는 적의 공격에 취약하며 석유 연료를 잃으면 석탄보다 대체하기가 힘들었다.

그러나 처칠은 "우리가 난관을 돌파하고 위험을 극복한다면 더 좋은 함선, 더 훌륭한 군인, 경제력 향상, 전력 증강 등 해군의 힘과 경쟁력을 더 높은 수준으로 끌어올릴 수 있습니다. 한마디로 말하자면, 해상 지배권 자체가 모험에 대한 상입니다."라고 확신했다.[26]

처칠은 또한 석유를 연료로 하는 새로운 구축함과 순양 전함을 원했다. 이미 언급했다시피 피셔는 수많은 구축함을 중유 전용선으로 바꾸는 허가를 받았다. 그러나 새 구축함 건조 후 석유 부족과 비용, 변화 그 자체를 염려한 해군본부는 이후의 구축함은 다시 석탄 연료를 사용하라고 지시했다. 처칠은 "느려터진 구축함이라니! 차라리 느린 경주마를 키우는 게 낫지." 하고 한탄하며 어리석은 행동을 끝내기로 결심했다. 그는 새 슈퍼드레드노트 연료로 석유를 이용하도록 정부를 설득할 수 있다면 앞으로 다른 함선도 석유를 이용하자는 자신의 주장에 반대하는 목소리가 낮아질 거라고 믿었다. "일단 큰일을 넘기면 작은 일은 쉽게 해결된다."[27]

그러나 그것은 막대한 비용이 드는 위험한 모험이었다. 연료 전환에 대한 격렬한 반대를 극복하려면 거기서 얻는 이익이 위험 요소를 벌충하고도 남는다고 정부를 설득해야 했다. 또한 엄청나게 비싼 비용이 소요되는 개혁에 벌써부터 지친 기색을 보이는 영국의 재정 책임자가 곤란해하지 않을 비용으로 안정된 석유 공급을 보장할 방법도 찾아야 했다. 처칠 혼자서는 그 일을 할 수 없었다. 그래서 그는 1913년에 다시 한 번 그의 동지인 재키 피셔의 도움을 받는다. 처칠은 재키에게 석유 공급에 관한 영국심의회에서 의장을 맡아달라고 부탁했고 노신사는 쾌히 승낙했다. 6개월이 지나기 전에 위원회는 연료를 석유로 전환할 것과 4년간의 석유 수입을 강력하고 설득력 있게 주장하는 의사록을 발표했다. 처칠은 엄청난 반발에 부딪혔다. 늘어만 가는 해군의 막대한 예산은 로이드 조지와 재정적으로 신중한 다른 장관들을 격노시켰다. 그는 "이대로 굴복할까봐 두려웠던 적이 한두 번이 아니었다."라고 기록했다. 그러나 결국 피셔의 도움으로 영국 의회와 신중한 해군본부가 누그러졌고, 급유함과 저장 탱크를 만드는 데 필요한 총 1,000만 파운드 지출을 허가받았다. 또한 처칠은 중동으로 대리인을 파견해서 안정된 석유 공급원을 찾고 관리하게 했다. 1914년, 4년 동안 포격이 계속되는 제1차 세계대전이 시작되기 한 달 전, 처칠은 영국을 위해 220만 파운드 상당의 영국-페르시아 석유회사(Anglo-Persian Oil Company) 경영 지배권 51퍼센트를 확보했다.

처칠과 피셔는 독일도 함대 연료를 석유로 바꾸고 있는 건 아닌지 걱정했다. 만일 그렇다면 이는 전략적 위험보다는 속도와 적응성 면에서 석유가 함대에 제공하는 이점이 훨씬 더 크다는 두 사람의 확신이 옳았음을 입증하는 셈이었다. 그러나 그것은 기우였다. 독일은 석탄의 가연성을 높이기 위해 그 위에 석유를 뿌리는 방법으로 석유를 이용했다. 독일 군함은 제1차 세계대전 이후에도 중유 전용 함선으로 바뀌지 않는다. 아마겟돈이 시작될 즈음, 영국 해군은 유리한 고지를 점할 수 있었다.

연료를 석유로 전환한다는 것은 대담하고 위험한 결정이었지만 결국에는 영국에 확실한 전략적 이점을 제공했다. 미국은 이미 석유 연료 전함을 건조하기 시작했다. 그리고 제1차 세계대전 후에는 모든 주요 해상국가들이 석유 연료 함대 건조에 총력을 기울였다. 그러나 처칠의 결정은 세계를 진동시킬 위기를 영국에 납득시켰고, 국가 안보를 위해 어느 강대국보다 해군에 훨씬 더 많이 의존하던 영국은 여전히 세계 최강의 해군을 보유한 국가로 남을 수 있었다. 석유를 연료로 하는 고속 전함을 건조하겠다는 결정은 중대한 결정 중 하나에 지나지 않았다. 그러나 가장 중요한 결정이었다. 역사에 커다란 영향을 끼칠 변화에 뛰어들면서 처칠이 보여준 놀랄 만한 자신감은 그의 성격 중 역사적으로 가장 존경받는 특징이다. 그러나 그가 지혜와 근면, 설득력으로 해군을 전쟁에 대비시켰을 당시 그의 나이가 겨우 30대에 불과했다는 점을 기억하는 것이 중요하다. 그는 그보다 연장자인 반대 세력이 지닌 경험과 지식의 무게에 도전했고, 그들이 보지 못하는 것을 보았다. 처칠은 다른 사람들이 불가능하다고 단정한 것이 가능하다고 믿었다. 그리고 그것을 해낼 수 있었다. 왜냐하면 결정을 내리는 데 알아야 하는 모든 것을 배움으로써 경험 부족을 보완했기 때문이다.

해군 예산은 독일이 건조하는 모든 함선 한 척당 두 척을 건조하겠다는 그의 강력한 의지에 바탕을 두었다. 그는 함선 건조를 중단하거나 제한할 경우 독일도 그렇게 해야 한다고 말했다. 독일이 그 제안을 거절했을 때, 처칠은 계획대로 진행했다. 그는 의지와 재원이 있다면 군함의 수나 질 면에서 영국의 우월성을 유지할 수 있다는 자신감이 있었다.

다음 해 전쟁에서 우위를 점한 이후로, 처칠은 영국에서 독일의 군사적 의도를 가장 정확하게 판단하고 명확하게 전달하는 전령이었다. 그는 한시라도 빨리 자신의 섬나라를 지킬 수 있는 조치를 취해야 한다는 사실을 알았다. 그는 독일 대양 함대가 할 수 있는 역할은 오직 한 가지, 전쟁을 일으키겠다는 위협뿐이라고 주장했다. 그게 아니라면 식민지가 얼마 없는 나라에는 터무니없이 값비싼 사치품에 지나지 않는다. 반면 영국에는 강력한 해군이 전혀 다른 별개의 것임을 국민들에게 상기시켰다. 1913년, 처칠은 자신이 제안한 예산안을 지지하기 위해 의회에서 한 연설에서 다른 강국들은 영토를 지키는 데 해군이 필요하지 않다고 말했다. "그들은 세계정세에 영향력을 행사하려고 함선을 건조합니다. 그들에게는 그것이 오락이지요. 그러나 우리에게는 생사가 걸린 문제입니다."[28]

처칠은 독일 대양 함대와 맞붙을 바다 근처에 영국의 본국 함대가 전시에 정박할 만한 안전한 장소가 없음을 걱정했다. 그는 오크니 제도(Orkney Islands)에 있는 스캐파플로에서 한 장소를 찾아냈다. 그곳이라면 전쟁이 일어날 경우 카이저의 드레드노트들이 통과해야 하는 헬리골랜드 만을 빈틈없이 감시할 수 있었다. 전쟁이 시작되었을 때 처칠과 함대는 이미 준비되어 있었다.

1914년 6월 28일, 가브릴로 프린치프(Gavrilo Princip)라는 세르비아인

민족주의자가 차를 타고 좁은 사라예보 거리를 지나는 오스트리아 황태자 프란츠 페르디난트(Franz Ferdinand)와 그의 부인을 저격해 숨지게 했다. 한 달 후인 7월 23일, 오스트리아는 세르비아에 최후통첩을 했다. 카이저에게서 독일은 오스트리아와 러시아의 전쟁에서 오스트리아를 돕겠다는 확답을 받은 후였다. 영국 외무부 장관 에드워드 그레이는 이를 두고 '한 나라가 다른 나라로 보낸 문서 중 가장 무시무시한 문서'라고 평했다. 자유를 귀하게 여기는 국가라면 받아들일 수 없는 조건이었다.

제1차 세계대전의 도화선이 된 그 사건이 일어났을 때, 영국 내각은 아일랜드 자치 문제로 정신이 없었다. 아일랜드 문제에 관한 소모적인 논쟁에 이어 그레이가 동료 각료들에게 오스트리아가 위협적인 어조로 쓴 최후통첩의 요구사항을 읽어주던 순간을 처칠은 이렇게 기억했다.

> 우리는 모두 무척 피곤했다. 그러나 단어와 문장이 계속 이어지자 완전히 다른 문자에 대한 인상이 내 마음속에서 형체를 갖추기 시작했다. 낭독이 계속되는 동안 이 세상의 어떤 국가라도 그것을 받아들이는 것은 완전히 불가능해 보였다. 혹은 아무리 비굴한 나라가 그것을 수락한다 하더라도 침략자를 만족시키지는 못할 것 같았다. 퍼매너(Fermanagh)와 티론(Tyrone) 행정구가 아일랜드의 안개와 돌풍 속으로 사라지자마자 유럽 지도 위에 이상한 빛이 하나 떨어져서 커지기 시작했다.[29]

세르비아는 오스트리아를 달래려고 했지만 오스트리아는 요구를 전부 수용하라고 주장했다. 세르비아는 거절했다. 그리고 두 나라는 전쟁을 시작한다. 예상했던 대로 러시아는 군대를 동원해서 동맹국인 세르비아를 지지했다. 독일은 오스트리아를 도왔다. 프랑스는 러시아를 도울 의무가 있었다. 서쪽을 공격하기 시작한 독일은 중립국 벨기에를 침범하여 대영제국을 전쟁으로 끌어들였다. 그렇게 해서 19세기 군사작전이 20세기 무기와 결합한 4년간의 끔찍한 대학살이 시작된다.

처칠과 영국 정부는 여전히 전 유럽의 전쟁만은 피할 수 있을 거라는 희망을 품고 있었다. 그러나 하루하루 시간이 흘러가면서 희망도 희미해졌다. 처칠은 국가의 안보를 두고 도박을 할 생각이 없었다. 그는 왕과 함께 나중에 대 함대로 이름을 바꾸는 본국 함대의 함선 223척으로 이루어진 영국 역사상 가장 거대한 관함식을 감독했다. 보통 관함식 후에는 함선들이 해산하고 병사들에게 2주간의 휴가를 주었다. 그러나 그날 밤 처칠은 해군본부에 전화를 걸어 오스트리아의 최후통첩에 관한 정보를 얻었음을 알리며 해산하지 말고 이후의 명령을 기다리라고 명령했다. 그는 무장한 군인들을 보내 무기 저장고와 석유 저장 탱크를 지키게 하고, 북해 연안을 따라 있는 요지로 폭격기 중대를 파견했다. 지중해 함대 부함장에게도 교전에 대비하라는 전보를 보냈다. 그런 다음 매우 이례적이게도 전시에 정박할 스캐파플로로 가라는 명령을 직접 내렸다. 그는 훗날 "평화의 기회를 훼손할 우려가 있는 도발적인 행동으로 오인될까봐 내각 앞에서 이 문제를 꺼내기가 두려웠다."라고 썼다.[30]

저서 『세계의 위기(The World Crisis)』에서 처칠은 대 함대의 항해를 인상적으로 묘사한다.

> 우리는 지금 소함선과 순양함을 거느린 이 거대한 함대가 연기를 내뿜으며 소함대별로 천천히 포틀랜드 항을 빠져나가는 모습, 그리고 수많은 거대한 강철 요새가 안개와 반짝이는 바다를 가로질러 가는 모습을 마음속으로 볼 수 있다. 마치 거인들이 불안한 듯 생각에 잠기며 고개를 숙인 것 같다. 어둠이 내려앉는 동안 우리는 다시 그들을 마음속으로 볼 수 있다. 군함들은 30킬로미터 가까이 늘어서서 전속력으로 달린다. 그리고 완전한 어둠 속에서 좁은 해협을 통과해서 중대한 사건의 요새인 북쪽의 드넓은 바다로 나아간다. 만일 전쟁이 일어난다면 영국 함대가 어디 있는지 아무도 알지 못할 것이다. 거대한 무리는 우리 섬

의 북쪽 망망대해 어딘가에서 이리저리 떠돌며 천둥과 안개 속에 몸을 숨겼다. 그러나 필요하다면 우리는 해군본부에서 언제든 그들과 말을 할 수 있다. 왕의 함선들은 항해 중이다.

처칠이 명령을 내린 지 6일 후, 독일은 벨기에를 침공했고 대영제국은 전쟁 중이었다. 처칠은 그 당시 74세였던 자신의 멘토 재키 피셔를 불러 다시 제1군사위원 자리를 맡겼다.

독일은 자국의 대양 함대가 군사력에서 처칠이 만든 함대에 상대가 되지 못함을 깨달았다. 전쟁 시작 후 2년 동안 독일은 양국 함대 전체가 참여한 충돌은 피하고자 했다. 독일은 양국 함대가 어느 정도 균형을 이루고 자신들이 북해 지배를 넘볼 수 있는 정도까지 영국 해군의 세력이 조금씩 약화되기를 기대했다. 그리고 영국 함대의 일부만 전투에 유인하려고 했지만, 한 번도 성공하지 못했다. 1916년, 독일 함대는 마침내 대군을 이루어 북해로 들어갔다. 경무장한 순양 전함 소함대의 일부(처칠의 전 해군차관이었던 데이비드 비티(David Beatty) 해군중장이 이끌었다)가 알아차리지 못하게 한 다음 공격하고 나머지 영국 함대가 도착하기 전에 다시 발트 해로 달아날 속셈이었다. 계획은 처음에는 성공적이었다. 비티의 소함대가 독일 함대로부터 탄막포화 세례를 받았다. 최고의 함선 세 척이 파괴되었고 배에 타고 있던 병사들도 모두 목숨을 잃었다.

상황이 바뀌었다. 독일 함대는 어느새 중유 전용 함선인 퀸엘리자베스급 슈퍼드레드노트 네 척의 대형 대포가 발포 중이라는 사실을 깨달았다. 그렇게 빨리 도착하리라고는 예상하지 못했다. 지독한 전투였다. 영국이 가장 큰 손실을 입긴 했지만 양측 모두 사상자가 엄청났다. 독일 함대는 결국 발트 해로 달아날 수밖에 없었다. 카이저의 대양 함대는 두 번 다시 북해 지배를 목적으로 영국에 도전하지 않았다. 비록 그 전투에서 확실한 승자는 없었지만, 영국은 전략적 목적을 달성할 수 있었다. 그런 이유로 유틀란트 해전은 윈스턴 처칠이 만든 대 함대의 승리로 여겨진다.

그 시점에서 처칠과 피셔는 그곳을 떠났다. 실패한 다르다넬스 작전 동안에는 두 사람의 의견이 첨예하게 대립했었다. 피셔가 항의 표시로 사임했을 때 처칠도 은퇴했다. 몇 년 후, 처칠은 해군장관으로서 자신이 내린 선견지명 같은 결정을 뒷받침하기 위해 유틀란트의 결과를 칭송한다. 그리고 슈퍼드레드노트의 속력이 전세를 뒤집었다는 것을 깨달은 최고권위자인 해군장관 티르피츠를 언급한다. 처칠은 다시 돌아와 산산조각 난 정치 이력을 회복하기 전에 프랑스 전선에서 대대를 지휘했다. 그는 재무장한 독일의 위험을 경고하고 조국의 주의 깊은 감시자라는 익숙한 역할을 맡는 동안 권력의 정점에 우뚝 섰다. 그리고 다시 실각한다.

마침내 나치 독일이 폴란드를 침공할 거라는 그의 통찰력이 다시 한 번 입증되었을 때 네빌 체임벌린(Neville Chamberlain)은 그를 불러 그의 지위였던 해군장관 자리를 제안했다. 바다에 있는 모든 영국 함선들은 불빛으로 서로 신호를 보냈다. "윈스턴이 돌아왔다."

특허번호 174465, 세상의 거리를 좁히다

사무엘 모스(Samuel Finley Breese Morse)는 유럽에서 정기선 설리(Sully)를 타고 집으로 돌아왔다. 그는 초상화로 명성이 높아지고 있는 재능 있는 화가였다. 부유함과는 거리가 멀었지만 정치적으로 활발한 활동을 했고 사회적으로는 폭넓은 인맥을 쌓았다. 예일 대학교 학생일 때 그는 예술 이외의 다른 과목에는 거의 관심을 보이지 않았다. 그러나 아직 시작 단계였던 전기학만큼은 특별한 관심을 나타냈다. 그래서 저명한 미국 물리학자이자 과학자인 찰스 잭슨(Charles T. Jackson) 박사 또한 설리 승선권을 예약했다는 사실을 알고는 무척 기뻤다. 잭슨은 모스와 함께 최근 유럽인들의 전기 실험에 대해서 열띤 대화를 나누었다.

1820년, 프랑스의 물리학자인 앙드레 마리 앙페르(André-Marie Ampère)는 전기와 자기 사이의 이론적 관계를 증명했다. 1825년에는 영국의 과학자 윌리엄 스터전(William Sturgeon)이 전자기유도를 발견했다. 스터전은 쇠붙이를 U자 모양으로 만들어서 그 위에 코일을 느슨하게 감은 후

◆ 사무엘 모스(타임앤라이프 픽쳐스/특파원, Time & Life Pictures/Getty Images).

전류를 흘려보냈다. 전류는 코일에 자기를 띠게 했고, 스터전은 철심 200그램으로 쇠막대 4킬로그램을 들어 올림으로써 이것을 증명했다. 스터전이 전류를 끊자 자기장은 사라졌다. 몇 년 후, 미국의 발명가 조셉 헨리(Joseph Henry)는 1.6킬로미터 길이의 철사를 통해 전자석에 전류를 흘려보내고 전자석이 벨을 울리게 하는 방법으로 전자석을 원거리 통신에 이용할 수 있다는 가능성을 증명했다.

모스와 대화를 나누던 잭슨은 이런 실험들이 벤저민 프랭클린이 발견한 "전기는 아무리 긴 선이라도 순식간에 통과한다."라는 사실을 증명하는 것이라고 했다.

이 주장에 대해 모스는 "만일 우리가 선을 통과하는 전기의 존재를 눈에 보이는 형태로 만들 수 있다면, 전기로 정보를 즉각 전달하는 것도 가능하

다고 생각합니다." 하고 말했다.[1]

전신에 대한 생각은 전에도 했었지만, 잭슨과 나눈 대화에 자극받은 그의 비범한 상상력은 이제 무한한 가능성을 품었다. 그는 "만일 전기가 단숨에 1.6킬로미터를 간다면, 선을 구부려서 지구를 한 바퀴 돌게 할 수도 있을 거야."라고 생각했다.[2] 설리를 타고 있는 동안 모스가 스케치한 그림은 1837년 그가 처음으로 만든 전신기와 전기 임펄스(electric impulse)로 암호화한 알파벳의 밑바탕이 되었다.

부유한 실업가의 아들인 알프레드 베일(Alfred Vail)은 우연히 모스의 느리고 비실용적인 발명품을 보았다. 그리고 그 기계의 가능성에 마음을 빼앗겼다. 그는 재빨리 모스와 동업 관계를 맺고 아버지에게 그들 회사에 자금을 조달해달라고 조처했다. 모스보다 더욱 숙련된 기계공이었던 베일은 모스의 투박한 견본을 뉴저지 모리스타운에 있는 가족 소유의 스피드웰 철공소에서 개량하기 시작했다. 1838년 1월 6일, 모스와 베일은 최신 모델의 시험을 성공리에 마쳤다. 전선 3킬로미터를 통해 전류를 보내면 전자석이 암호화한 메시지 "끈기 있게 기다리는 사람은 실패하지 않는다."를 규칙적으로 두드리는 시험이었다. 모스는 처음에는 전신 부호 사전에 있는 단어를 나타내기 위해 숫자를 이용했다. 그러나 곧 훨씬 간단한 방법, 즉 암호를 이용한 알파벳으로 각 글자를 나타내는 방법을 고안했다. 모스인가, 베일인가? 누가 진짜 모스부호를 만든 사람인지에 대한 논쟁은 수년 동안 계속되었다. 그러나 베일은 모스가 창안자라는 사실에 이의를 제기한 적이 없으며, 사실 1838년에 아버지에게 보낸 편지에서 암호화한 알파벳에 들인 모스의 노력을 인정한다고 말했다.

그들은 다음 몇 년간 발명품을 좀 더 손본 후에, 보스턴과 뉴욕, 필라델피아, 워싱턴에서 영향력 있는 관중에게 선보였다. 모스는 유력한 국회의원 한 명을 포함해서 다른 동업자들을 끌어들였다. 1840년, 전신기에 대한 첫 특허를 신청할 무렵에는 베일의 지분이 8퍼센트까지 감소했다. 1843년, 간신히 연방의회의 지원을 받은 모스는 시험적으로 워싱턴과 볼티모어 사이에 최초의 전신선을 개통했다. 1844년 5월 24일, 모스는 대법원에서 볼티모어에 있는 B&O 철도역으로 '하나님이 만드는 것'이라는 전보를 보냈다. 베일은 철도역에서 이것을 받아 해독했다.

베일은 추가로 전신선을 설치하는 일을 감독하며, 전신기에서 가장 중요한 초기의 기술 혁신 중 일부를 책임졌다. 모스는 미국과 유럽에서 새로운 것을 잘 받아들이는 사람들에게 자신의 발명품을 알리고, 더 많은 후원자들과 대규모 전신망에 대한 정부 지원을 확보하는 데 총력을 기울였다. 1846년 무렵에는, 워싱턴에서부터 볼티모어, 필라델피아, 뉴욕, 보스턴 그리고 버펄로까지 전신선이 연결되었다.

1848년, 베일은 워싱턴앤드뉴올리언스 전신회사(Washington and New Orleans Telegraph Company) 책임자로서 그저 그런 급여를 받았다. 그해 말, 그는 워싱턴에 있는 사무실에서 모스에게 뉴저지로 돌아갈 생각이라는 내용의 편지를 썼다. "내 도움이 필요하지 않은 전신회사를 떠나기로 마음먹었네. 내가 원하는 도움을 회사에서 받지 못하기 때문이지. (중략) 나는 전신사업에 작별을 고하고 좀 더 수익성 높은 사업을 찾으려 하네." 모스는 벼락부자가 된 전신회사들을 상대로 특허권 침해 소송을 제기하느라 많은 시간을 쏟았다. 전신기에 대한 모든 특허권은 그에게 있었다. 베일이 발명했다고 여겨지는 것에 대해서도 마찬가지였다. 1854년, 미국 대법원은 그의 특허권을 인정했다. 그가 발명한 전신망을 사용하는 모든 미국 회사들은 모스에게 특허 사용료를 지불해야 했다. 어마어마한 부자가 된 모스는 자선사업에 많은 돈을 기부하고, 바서(Vasser) 대학 설립을 도왔으며, 1872년에 세상을 떠날 때까지 부와 명성을 유지했다.

1850년에는 각각 다른 전신회사 50곳이 운영 중이었고, 곧 사무엘 모스에게 사용료를 지불할 예정이었다. 상대적으로 전신 사업에 뒤늦게 뛰어든 뉴욕앤드미시시피밸리 인쇄전신회사(New York and Mississippi Valley

Printing Telegraph Company)는 히람 시블리(Hiram Sibley)의 주도 아래 뉴욕 주 로체스터의 투자자들이 1851년에 설립한 회사였다. 그들은 멀리 뉴욕에서부터 세인트루이스까지 연결된 전신선을 관리했다. 처음에 뉴욕앤드미시시피밸리는 모스의 특허품에 의지하지 않고 버몬트의 발명가 로열 하우스(Royal E. House)가 만든 장치를 이용했다. 이것은 모스의 점과 선 대신 종이에 곧바로 문자가 찍히는 장치였다. 사업에 뛰어든 직후부터 시블리의 회사는 혼란스럽고 가파르게 성장하는 전신 사업에서 경쟁사들을 인수하기 시작했다. 그리고 5년 후에는 모스와 하우스의 특허 사용권을 취득한 웨스턴유니언 전신회사(Western Union Telegraph Company)로 통합했다.

웨스턴유니언은 허드슨 강 서쪽에 전매회사를 설립할 계획이었다. 최초의 대륙횡단 전신선을 완공하면서 모든 일은 순조롭게 흘러갔다. 남북전쟁 동안 북부군과 남부동맹군은 전신기에 의지해서 각각 정부와 전장에 있는 사령관들로부터 지시사항과 정보를 주고받았다. 그들은 전신선이 거의 철도만큼이나 전쟁에 유용하다고 생각했기 때문에 전신선을 보호하고 확장하는 데 주력했다. 1866년, 웨스턴유니언은 최초로 주식시세 표시기를 도입했다. 같은 해에는 대형기선 그레이트 이스턴(Great Eastern) 호를 이용해서 2,300해리의 대서양을 지나는 해저 전선 가설에 성공했다. 그리고 오늘날까지 계속되고 있는 전에 없이 빠른 정보혁명이 세계를 가깝게 만들기 시작했다.

회사는 50만 달러에서 시작해서 10년 후 4,100만 달러 규모의 기업으로 성장했다. 1870년에는 미국에서 시간을 표준화하는 서비스를 시작했다. 다음 해에는 전신으로 돈을 보내는 업무를 시작해서 나중에는 이것이 회사의 주요 사업으로 자리 잡았다. 1870년대 후반 무렵, 웨스턴유니언은 34만 1,825킬로미터 길이의 전신선을 자랑하는 전국에서 가장 큰 기업이 되었고, 연 3,000만 건의 전보를 8,500곳의 전신국으로 전달했다. 자산 규모는 5,500

만 달러에 달했고, 기업의 주요 회사인 웨스턴일렉트릭의 지분도 3분의 1을 확보했다. 기업의 최대 주주는 철도 재벌 코넬리어스 밴더빌트(Cornelius Vanderbilt)의 아들인 윌리엄 밴더빌트(William Vanderbilt)였고, 전직 교사이자 서점 주인이었던 윌리엄 오튼(William Orton)이 막강한 영향력을 가진 사장이었다.

1876년, 보스턴의 특허 전문 변호사인 가디너 그린 허버드(Gardiner Greene Hubbard)가 윌리엄 오튼에게 그의 사위가 만든 장치에 대한 특허를 10만 달러에 사라고 제안했다. 오튼은 "우리 회사가 그런 전기 장난감을 어디에 쓰겠소?"라는 신랄한 말과 함께 이 제안을 거절했다. 허버드는 그 장치, 즉 전화기를 직접 판매하는 수밖에 없었다. 2년 후, 오튼은 몹시 후회하며 동료들에게 다시 한 번 그 제안을 받는다면 기꺼이 2,500만 달러에 특허권을 살 거라고 말했다.

전신은 세상을 변화시켰다. 그러나 천성적 호기심 때문이든 열정이나 영리적인 기회 때문이든 간에 가장 혁명적인 과학기술에서조차 끊임없이 혁신을 일으키려는 것이 인간의 본성이다. 그러한 노력은 필연적으로 과학기술의 발전을 초래한다. 그래서 처음에는 사람들의 흥미를 끌던 멋진 발명품도 어느 순간 진부한 것으로 만든다. 앞으로 사람들이 무엇을 원할지 간파하는 사람은 과학과 상업을 발전시키고 인간에게 새로운 경험을 선사한다. 가디너 허버드는 그의 사위인 알렉산더 그레이엄 벨(Alexander Graham Bell)과 함께 그런 유형에 속했다.

벨은 1847년, 스코틀랜드 에든버러의 유명한 발성법 교사 가문에서 태어났다. 벨의 할아버지 알렉산더 벨은 웅변가이자 저명한 발성 전문가로 명성을 얻기 전에는 눈에 띄지 않는 배우였다. 그의 두 아들 알렉산더 멜빌과 데이비드도 아버지와 같은 직업을 선택했고, 언어 치료사로서 멜빌의 명성은 마침내 아버지를 능가했다. 멜빌은 10년 연상의 재능 있는 피아니스트 엘리자 그레이스 시먼즈와 사랑에 빠져 결혼했는데 그녀의 청각 장애는 남편이 훌륭한 업적을 이루는 동기가 되었다. 1864년, 그는 후두와 혀, 입술이 소리를 낼 때의 위치와 움직임을 본떠 만든 생리학적 알파벳 '시화법(視話法)'을 고안했다. 멜빌 벨은 자신의 방법을 이용해서 청각 장애인들에게 말하는 법과 다른 사람들의 말을 읽는 법을 가르쳤다. 소문에 의하면 조지 버나드 쇼(George Bernard Shaw)의 희극 〈피그말리온(Pygmalion)〉에 등장하는 히긴스 교수가 그를 모델로 삼았다고 한다.

멜빌 벨은 아들 세 명이 발성법 교사가 되도록 지도했다. 어머니의 음악적 재능을 물려받은 둘째 아들 알렉산더 그레이엄은 천부적 재능을 바탕으로 아버지의 시화법을 이용해서 뛰어난 청각 장애인 교사가 되었다. 어린 알렉은 일찍부터 아마추어 발명가로서의 재능을 보였다. 그러나 실제로 발명품을 만드는 것보다는 아이디어를 떠올리는 일에 더 능숙했다. 그는 자신의 이론을 실제로 적용해서 정교한 제품을 만들 만큼 기계 조작에 능숙하지도 못할뿐더러 손재주도 부족했다.

소리가 나는 원리에 강렬한 호기심을 느꼈던 벨은 19세 때 모음과 음표 사이의 관계를 연구했다. 입을 벌린 후 앞에 소리굽쇠를 들고서 모음을 발음한 그는 모든 모음이 두 가지 음조로 이루어져 있으며 정해진 순서대로 하나가 올라가면 다른 하나가 낮아진다는 사실을 깨달았다. 그리고 이 발견에 신이 나서 이미 이런 현상에 주목했던 독일의 물리학자 헤르만 폰 헬름홀츠(Hermann von Helmholtz)를 연구했다. 훗날 벨이 이야기하듯이 독일어를 잘 모르던 그에게 이것은 어처구니없는 실수였다. 헬름홀츠는 소리굽쇠 근처에 있는 전자석에 간헐적으로 전류를 흘려보내 진동을 일으킨 다음 모음을 재생하는 방법을 고안했다. 헬름홀츠가 쓴 독일어를 읽느라 안간힘을 쓰던 벨은 그 물리학자의 책 『음감에 대해서(On the Sensations of Tone)』에 포함된 도해에 집중했다. 그는 헬름홀츠가 전신으로 소리를 전달했다고 잘못 이해했다. 그러나 헬름홀츠는 그런 주장을 한 적이 없었다. 나중에 벨은 자신이 올바로 이해했더라면 실험을 시작하는 일은 없었을 거라고 말했다.[3]

이 정확하지 않은 판단이 벨을 흥분시켰다. 그는 친구들에게 전신으로 말과 음악을 전달할 날이 가까워지고 있다고 단언했다. 그리고 전신장비와 전자석, 소리굽쇠로 실험을 시작했다. 음악적 재능이 있는 어머니에게서 물려받은 피아니스트로서의 솜씨와 음감은 실험에 큰 도움을 주었다. 나아가 만약 서로 세기가 다른 전류를 이용해서 전선 하나를 통해 한 번에 한 가지 메시지가 아닌 더 많은 메시지를 전달할 수 있는 방법이 고안된다면 전신이 놀랄 만큼 발전할 수 있다는 아이디어도 얻을 수 있었다.

형제 두 명을 결핵으로 잃고 알렉산더 또한 건강이 좋지 않자 멜빌 벨은 가족을 데리고 북아메리카로 가야겠다는 생각을 굳혔다. 벨 가족은 1870년에 온타리오의 브랜트퍼드에 정착했다. 그 다음 해, 벨은 보스턴으로 이사했고, 연달아 보스턴 농아학교, 클라크 농아학교, 코네티컷 주 하트포드에 있는 농아원에서 교사로 일했다. 그리고 1872년 후반에는 보스턴에 발성생리학학교(School of Vocal Physiology)를 설립했다.

교육의 중심지 보스턴은 자신의 아버지가 고안한 시화법을 이용해서 농아 학생들 사이에서 눈부신 결과를 만들어낸 젊은 교사를 엘리트 과학자와 발명가 집단 속으로 맞아들였다. 1873년, 그는 보스턴 대학에서 음성생리학 교수 자리를 제의받고 이를 수락했다. 최신 과학기술에 대해 열정을 갖고 있던 벨은 2중 전신기 발명에 성공한 보스턴의 또 다른 발명가와 마찬가지로, 동시에 여러 소리를 전신으로 보내는 방법에도 흥미를 나타냈다.

벨은 매사추세츠 공과대학에서 실험실을 빌려 '다중 전신(harmonic telegraph)' 연구를 다시 시작했다. 이번 실험에서는 소리굽쇠 대신 오르간의 리드(reed) 같은 유연한 금속 조각을 이용했다. 금속 조각은 전자석을 진동시키고 복합적인 여러 신호음을 만들었다. 또한 간헐적인 전류가 아닌 파동 전류를 이용한 실험도 시작했다. 파동 전류를 이용하자 음조는 물론 진폭도 전달할 수 있었다. 벨은 전류가 사람의 목소리로 활성화된 수많은 진동판의 진동을 회로 반대쪽 수화기로 전달하고 바로 그 리드의 진동을 통해서 목소리를 재생하는 것이 가능하겠다고 생각했다.

벨이 하프 송신기(harp transmitter)라고 부른 그 장치는 인간의 목소리가 내는 모든 주파수를 포착해서 재생해야 했다. 따라서 제대로 작동하기에는 너무나 크고 복잡해 보였다. 그러나 우연한 일 때문에 해결 가능성이 드러났다. 벨은 MIT에서 포노토그래프(phonautograph: 음파를 기록하는 장치—옮긴이)라는 새로운 발명품을 보았다. 나팔 모양 보청기와 유사한 생김새로, 입구를 얇은 막으로 덮고 작은 바늘과 연결한 장치였다. 누군가 입구에 대고 말을 하면 얇은 막이 진동하고, 그 진동으로 바늘이 유리 조각 위에 소리를 새겼다. 인간의 귀를 간단하게 본뜬 것으로, 얇은 막이 내이(內耳)에 있는 뼈의 진동으로 움직이는 고막 역할을 했다.

그 발명품의 영향으로 벨은 다중 전신에 대한 연구를 중단하고 더 작고 정밀하게 내이를 만드는 실험을 시작했다. 그리고 그 결과, 소리를 받아들이고 전달하는 방법에 대한 훨씬 간단한 원리를 구상할 수 있었다. 그는 진동판 한가운데에 인간의 목소리에 공명하며 진동하는 자기를 띤 리드가 있다면 이 진동판이 하프 송신기에 있는 모든 리드를 대신할 수 있으며, 수신기에 있는 막의 진동을 이용해서 식별 가능한 소리를 전달할 수 있을 거라 생각했다. "그 순간 바로 말하는 전화에 대한 개념이 마음속에서 완전하게 모습을 갖추었다. 송신기로 이용한 것과 비슷한 장치를 수신기로도 이용할 수 있다는 걸 알았기 때문이다."[4] 벨은 여름방학 동안 온타리오에 있는 부모님 집에서 실험을 계속했다. 그리고 그를 유명하게 만들어줄 발명품의 첫 스케치와 함께 보스턴으로 돌아왔다.

보스턴에 있는 찰스 윌리엄(Charles William)의 기계공장은 그 당시 발명가들에게 유명한 곳이었다. 솜씨가 좋기로 유명한 윌리엄의 기계공들은 풋내기 발명가나 성공한 발명가들과 일하는 데 익숙했다. 토머스 에디슨은 다른 유명한 발명가들과 마찬가지로 그곳의 단골손님이었다. 1874년 여름, 알렉산더 그레이엄은 불행히도 그에게는 없는 손재주를 가진 직원을 찾으려고 윌리엄의 가게로 급히 들어갔다. 그는 처음 마주친 직원, 무뚝뚝하고 교양 없고 불손하지만 매우 영리한 토머스 왓슨(Thomas Watson)을 붙잡고 그의 아이디어를 열정적으로 설명했다. 그런 다음 자신을 도와 다중 전신기를 만들어달라고 설득했다. 벨의 입장에서는 분명 운이 좋았다고 할 수 있다. 토머스 왓슨과의 우연한 만남에 이보다 더 적절한 표현은 없을 것이다. 태도가 세련되지는 못했지만 왓슨은 재능 있는 기계공일 뿐 아니라 벨만큼 열정적이고 창의적인 아이디어를 떠올리는 사람이었다.

청각 장애인들을 가르치는 동안 벨은 그의 학생이자 나중에 아내가 되는 메이블의 아버지 가디너 허버드와 또 다른 학생의 아버지이며 매사추세츠 주 세일럼의 부유한 가죽상인인 토머스 샌더스(Thomas Sanders)를 알게 된다. 두 사람은 벨을 존경했고 그의 실험에 깊은 인상을 받았다. 그들은 벨을 경제적으로 지원하는 대신 다중 전신기에 대한 특허권의 일부를 소유하기로 합의했다. 특허 전문 변호사인 허버드는 특히 그 장치의 필요성을 잘 이해했다. 전국의 전신선을 관리하고 있는 웨스턴유니언이 한 번에 한 가지 메시지가 전달되기만을 기다리면서 전보의 엄청난 양에 어찌할 줄 모르고 있었기 때문이다.

벨은 사람들의 말을 전신으로 전달할 수 있다는 아이디어에 자신만큼이나 마음을 빼앗긴 왓슨과 음향 시험 결과를 공유했다. 그들은 찰스 윌리엄의 공장 다락방에서 서너 가지 종류의 다중 전신기를 연구했다. 그러나 어느 것도 기대한 만큼 작동되지 않았다. 두 사람은 그 기계를 잠시 미뤄두고 본격적으로 벨의 새로운 아이디어를 연구하기 시작했다. 왓슨은 훗날 이렇게 회상했다. "만약 다중 전신기가 부모 말을 잘 듣는 착실한 기계였다면, 그때 이미 이삼 년 동안 벨의 머릿속에서 맴돌고 있던 어떤 놀라운 아이디어에서 말하는 전화가 태어나는 일은 결코 없었을지도 모른다."[5]

그러나 허버드는 다중 전신기는 판로가 있지만, 전화가 과연 수익성이 있을지는 확실하지 않다고 주장했다. 벨과 허버드 모두 웨스턴유니언에서 일하는 또 다른 발명가 엘리샤 그레이(Elisha Gray)가 복합 송신기(multiple transmitter)를 연구하고 있다는 사실을 알았다. 허버드는 벨이 가능한 한 빨리 다중 전신기 발명을 끝내고 특허를 얻어야 한다고 역설했다. 벨은 1875년 2월, 자신의 발명품에 대한 특허 신청 서류를 제출하러 워싱턴으로 달려갔다. 그러나 이미 그레이가 그의 송신기로 특허를 신청한 사실을 알게 되었다. 다행히도 벨이 사용한 기술은 중요 부분에서 그레이의 발명품과 달랐고, 그것을 근거로 벨은 특허 두 개를 취득했다. 워싱턴에 있는 동안 벨은 한때 강력한 전자석으로 사무엘 모스에게 영감을 주고 지금은 스미스소니언 협회 회장으로 있는 조셉 헨리를 만날 기회를 얻었다. 벨은 다중 전신기뿐만 아니라 그의 놀라운 아이디어인 전화에 대해서도 헨리와 의논했다. 경제적 후원자의 의견과는 반대로 헨리는 그 젊은 발명가의 착상이 뛰어나다는 사실을 이해하고 단 한마디로 조언했다. "그것을 만드시오."

4개월 후인 1875년 6월 2일, 벨과 왓슨이 여전히 다중 전신기와 씨름하던 중 또다시 행운의 여신이 찾아왔다. 벨이 수신기의 나사를 조이는 지루한 작업을 하고 있을 때였다. 다른 방에 있던 왓슨이 금속 리드 하나를 잡아당기는 바람에 이것이 송화기의 전자석에 부딪쳤다. 수신기를 귀에 대고 있던 벨에게 갑자기 이전에 전선을 통해 들었던 소리와는 완연히 다른 어떤 소리가 들렸다. 왓슨이 잡아당긴 나사로 단단히 조여진 리드가 진동판 역할을 하고 다양한 세기의 파동을 일으켜서 벨이 있는 쪽에서 윙 하는 소리가 들린 것이다. 그들은 우연한 발견을 하루 종일 되풀이해서 시험했고, 매번 똑같은 결과를 얻었다. 벨은 왓슨에게 새끼 양 가죽을 진동판으로 이용해서 작년 여름에 스케치했던 말하는 전화를 만들라고 지시했다. 그들은 다음 날 저녁 윌리엄의 기계공들이 퇴근한 후에 그 발명품을 시험했다. 벨이 수신기 앞에 앉았다. 그러나 그는 왓슨이 2층 아래에서 송화기에 대고 하는 말을 듣지 못했다. 그들은 자리를 바꾸었다. 왓슨은 벨의 목소리가 희미하게 들리기는 하지만 무슨 말을 하는지 알아들을 정도는 아니라고 했다. 왓슨은 그것이 벨의 목소리는 낮게 울리기 때문에 전달이 더 잘 되고, 또 자신이 벨보다 귀가 밝기 때문이라고 추측했다. 여름이 끝나고 벨이 온타리오에 가기 전까지 그들은 단방향 통신이라는 난해한 문제를 해결하기 위해 고심했다. 그리고 9월에 벨이 돌아오자 연구를 재개했다. 실험을 하는 동안 그들은 사람 목소리의 음파로 전선이 진동할 때 전선의 일부를 전도성 용액에 넣어 전류의 세기에 변화를 주고 파동 전류를 생성하기로 했다.

벨은 허버드가 캐나다로 떠나기 전에 그들의 발견을 말했다. 허버드는 여전히 상업적 실용성에 회의적이기는 했지만 마침내 그 발명품의 중요성을 이해했다. 허버드와 샌더스는 다중 전신기에 대한 투자금을 전혀 회수하지 못했다. 재정적 지원은 감소했고 벨은 개인 경비를 충당하기 위해 다시 교사 일을 시작한다. 11월에 메이블 허버드와 결혼한 후에는 지출이 배로 늘어났다. 오랫동안 좋지 않았던 그의 건강은 과로 때문에 점점 더 나빠졌다. 그는 여전히 학교에서 종일 근무를 마친 후에 협조적인 조수와 함께 밤늦게까지 연구에 몰두하는 생활을 했다. 벨은 1875년 가을과 겨울 내내 그의 뛰어난 아이디어를 완성하기 위해 노력했다.

벨은 성공이 코앞으로 다가왔음을, 그리고 또다시 비슷한 발명품을 만들고 있던 엘리샤 그레이도 분명 마무리 단계에 접어들음을 깨달았다. 그래서 다음 해 2월, 워싱턴에 가서 특허 신청 서류를 접수했다. 특허는 '여기서 설명하고 있듯이, 목소리나 다른 소리들에 수반되는 공기의 진동과 유사한 형태로 전기 파동을 일으켜서 전선을 통해 사람의 목소리와 그 밖의 다른 소리들을 전달하기 위한 장치와 그 기계'에 대한 것이었다. 벨은 그레이보다 불과 몇 시간 전에 도착했다. 두 사람은 서로의 연구를 잘 알고 있었다. 19세기 미국 발명가협회는 규모가 작았고, 무슨 일이 일어나고 있는지 쉽게 알 수 있었다. 벨은 토머스 에디슨과 이탈리아계 이민자인 안토니오 메우치(Antonio Meucci) 또한 전화를 발명 중이라는 사실을 알았다. 사실 메우치가 최초로 전화를 발명한 사람이지만 최초로 특허를 신청하지는 못했다. 그레이는 분명 비슷한 실험에 전념하는 벨에게 자극을 받았지만, 그레이나 에디슨 모두 자신이 발견한 것의 중요성을 벨만큼 제대로 이해하지는 못했다. 1875년, 그레이는 변호사에게 보내는 편지에서 "벨은 말하는 전화에 모든 에너지를 쏟고 있는 것 같소. 전화는 과학적으로 매우 흥미롭기는 하지만, 상업적인 가치는 없소."라고 말했다.[6]

1876년 3월 7일, 벨은 이제까지의 특허품 중에서 가장 상업적 가치가 높은 것으로 여겨지는 '전신의 발전'에 대해 미국 특허번호 174,465를 취득했다. 17년 만에 맺은 결실이었다. 3일 후, 벨과 왓슨은 특허를 취득한 발명품을 다시 연구했다. 벨이 소리쳤을 때, 혹은 전설적인 저 유명한 외침, "왓슨, 이리 오게. 자네 도움이 필요하네."를 외쳤을 때, 벨은 송화기 부분에서 왓슨은 수화기 부분에서 작업을 하고 있었다. 소문에 의하면 벨이 전도성 용액으로 사용하던 전지 산(battery acid)을 옷에 엎질렀는데 우연히 도와달라는 소리가 전화선을 타고 다른 방에 있던 왓슨에게 전달되었다고 한다. 역사가들은 당연히 그 이야기가 신빙성이 없다고 생각한다. 두 사람 모두 꼼꼼하게 기록하던 일지에 그 사건을 언급하지 않았기 때문이다. 게다가 전지 산 때문에 막 불이 붙은 사람의 반응치고는 어쩐지 좀 침착해 보이는 것도 사실이다. 제아무리 신사라도 그런 상황에서는 거친 표현이 나오는 게 당연할 텐데 말이다. 그러나 그 운명의 날, 두 사람 사이에 무슨 일이 있었든지 간에, 알렉산더 그레이엄 벨과 토머스 왓슨은 전화 발명에 성공했다. 그리고 그 중대한 사건은 벨이 상상했던 대로 세상을 완전히 변화시킨다.

6월 25일, 벨은 필라델피아에서 열리는 미국 독립 100주년 기념 박람회에 발명품을 가져갔다. 전시회에서 브라질의 황제 돔 페드로 2세(Dom Pedro Ⅱ)는 반대쪽에 있는 벨이 셰익스피어의 독백을 큰 소리로 말하는 동안 수화기를 귀에 대고 흥분한 목소리로 "들린다, 들려!"라고 외쳤다. 놀라운 발명에 대한 소문이 퍼지기 시작했다. 벨과 왓슨은 캐나다와 미국의 여

◆ 알렉산더 그레이엄 벨(Time & Life Pictures/특파원, Time & Life Pictures/Getty Images).

러 박람회에서 전화 통화를 시연했다. 그리고 그중 가장 큰 성공을 거둔 것은 전신선을 빌려 세일럼에서 32킬로미터 떨어진 보스턴으로 건 전화였다. 그들은 찰스 윌리엄의 기계공장에 최초로 무료 전화를 설치하고, 공장과 윌리엄의 집을 연결하는 최초의 전용 전화선을 최초의 전신대 위에 설치했다. 일 년이 지나기 전에 고객 200명이 벨의 전화를 임대했다. 두 달이 조금 지나서는 그 수가 세 배로 늘어났다. 벨의 초기 고객 대부분은 비싼 임대료를 지불할 여유가 있는 사업가들이었고, 능숙한 전신 교환원을 고용하지 않아도 되는 전혀 새로운 통신수단을 높이 평가했다. 1878년 즈음에는, 5,000대의 전화를 임대했다.

여전히 전화의 상업적 실용성은 불투명해 보였다. 처음에는 모든 전화를 전용 회선으로 관리했고 비교적 짧은 거리 내의 전화 두 대만 연결할 수 있었다. 벨과 왓슨은 박람회를 열고 전화를 방송 시스템으로 이용할 수 있다고 강조했다. 벨이 셰익스피어의 작품을 읽거나 왓슨이 신문을 읽는 식이었다. 때로는 가수를 고용해 전화선 너머로 복잡한 음표와 곡조로 된 노래를 부르면서 발명품의 유용함을 증명하기도 했다. 그러다 1878년 코네티컷 주 뉴헤이번에 전화교환국이 설립되고 가입자 21명이 나타나면서 상황은 완전히 달라졌다. 다른 도시들도 재빨리 전화교환국을 만들었다. 코네티컷 주 하트포드의 유명한 초기 가입자 한 사람은 그 발명품이 경이로우면서도 성가시다고 생각했다. 그는 결국 전화 통화를 풍자하는 작품뿐만 아니라 가디너 허버드에게도 편지를 썼다. 그리고 하트포드의 전화교환국이 밤에는 문을 닫기 때문에 욕지거리를 연습하려고 전화를 이용할 때면 서비스를 받을 수 없는 경우가 빈번하다고 불평했다. 그는 편지에 자신의 필명 마크 트웨인(Mark Twain)으로 서명했다.

가디너 허버드와 그의 동업자들을 부유하게 만든 사업 계획은 대부분 허버드 덕분이라 해도 과언이 아니다. 처음에 가디너 허버드는 특허 실용화에서 발생하는 모든 이익을 나누겠다는 약속과 함께 벨과 샌더스, 왓슨과 함께 벨 특허협회(Bell Patent Association)를 구성했다. 왓슨은 전화 발명에 지대한 공헌을 한 그의 역할 덕에 10퍼센트의 지분을 받았다. 1877년 7월, 허버드는 벨 전화회사를 설립해서 벨과 메이블, 허버드, 허버드의 아내와 형제, 샌더스, 왓슨에게 각각 회사 주식 5,000주를 지급한다는 계약서 초안을 만들었다.

사업을 확장할 자본이 얼마 되지 않았기 때문에 허버드는 자기 자본으로 전송선을 깔고, 전화교환국을 세우고, 지역 독점권에 따라 해당 가입자들에게 전화를 설치해주는 데 동의한 지역 대리점에 특허권을 허용하는 시스템을 고안했다. 가장 중요한 조건은 지역 대리점이 설치하는 모든 전화는 회사에서 구입하지 않고 임대한다는 점이었다.

회사 설립 후 몇 년 동안은 모든 전화가 찰스 윌리엄의 공장에서만 제조되었다. 아마 그의 역할을 감사하는 마음에서, 또 고질적인 회사 자금난 때문에 지불이 자주 늦어지는 점을 그가 이해해주었기 때문일 것이다. 이 합의 때문에 회사는 전화 산업을 계속 지배하는 한편, 막대한 자본을 들이지 않고도 빠르게 성장할 수 있었다. 또한 처음에 엄청난 금액의 자본을 한꺼번에 확보하지 않고도 정기적으로 돈이 들어오는 회사의 안정적인 수입원을 창출할 수 있었다. 물론 사업 전체가 벨의 특허권을 얼마나 철저하게 관리하느냐에 달려 있었다. 만일 특허권이 침해받는다면 더 부유한 경쟁자들이 재빨리 벨의 사업을 공격해서 파산으로 몰고 갈 게 뻔했다. 그리고 몇 년 후, 그들은 이런 사업상의 쓰라린 제안을 경험하고 만다.

만일 1876년에 윌리엄 오튼이 허버드의 제안을 거절하지 않았더라면 이 모든 일은 일어나지 않았을 것이다. 최초의 전화교환국을 설립하기 전에 허버드는 전화가 그저 신기한 물건으로만 시장에서 거래되거나 사업 기반시설을 확충하는 데 필요한 후원자를 찾지 못할까봐 우려했다. 그가 오튼에게 제안했던 10만 달러는 투자금을 아직 한 푼도 건지지 못한 토머스 샌더스에게 돌려줄 돈이었다. 그리고 허버드는 그 제안을 하며 웨스턴유니언이 특허권을 구입한다면, 전화회사는 투자자들과 파트너들에게 훌륭한 투자처가 될 거라고 확신했다.

물론 오튼이 그 제안을 거절한 일은 역사상 가장 큰 사업상의 실수로 여겨진다. 그러나 오튼은 어리석은 사람이 아니었다. 오히려 그는 평범한 회사를 전국에서 가장 큰 기업으로 성장시켰고, 경영 능력을 입증한 사람이었다. 그는 회사의 엄청난 성장을 관리하며 거의 모든 경쟁사들을 사들이거나 무너뜨렸고, 엘리샤 그레이가 설립한 제조업체, 웨스턴일렉트릭이 지배적 지분을 보유하도록 했다.

그는 인상적인 사람이었고, 자신이 회사의 미래를 정확하게 예측하고 있다고 믿을 만한 타당한 이유도 있었다. 어쨌든 그의 전성기 때 그가 이끈 회사는 오늘날의 마이크로소프트만큼, 어쩌면 그보다 더 대단하고 기반이 확실했다. 그러나 그는 수익을 창출하는 사업에 도움이 되지 않는 발명품에서는 그 가치를 내다보지 못했다. 다중 전신기는 그의 관심을 끌었기 때문에 엘리샤 그레이를 고용해서 그것을 발명하게 했을 것이다. 그러나 전신과 경쟁하여 마침내 그 자리를 대신할 완전히 새로운 통신 시스템까지는 만들지 못했다. 오튼은 전신이 40년 동안 높은 수익을 안겨줬지만 여전히 초기 단계에 불과하며, 앞으로도 지금까지 경험한 것보다 더욱 눈부신 성장을 이룰 거라고 내다봤다. 그래, 전화는 전신과 비슷하지만 속도가 빠르지. 그런데 그게 어쨌다는 거지? 이미 전신이 거둔 정도의 성공밖에는 이루지 못할 새로운 통신사업 발전에 어째서 막대한 자본을 투자해야 한단 말인가? 오튼은 전화가 전신이 제공하지 못하는 친밀감, 편리한 작동, 신속한 양방향 통신을 잠재 고객들에게 제공한다는 사실을 보지 못했다.

물론 알렉산더 그레이엄 벨은 사업가가 아니었다. 그는 음감이 좋은 농아학교 교사이자 놀라운 아이디어를 떠올리는 재주꾼이며, 과학의 무한한 경이로움에 열광하는 아마추어 발명가였다. 그는 우연히 발견한 사실을 상상력과 결합해 행동으로 옮겼다. 회사의 수익에 관여하지 않고 자신의 아이디어를 발전시키고 그것을 실현할 방법을 찾는 데만 몰두했다.

1877년에 벨은 메이블 허버드와 결혼하고 유럽으로 장기간 신혼여행을 떠났다. 런던에 있는 동안 그는 자신의 특허권을 구입할 영국인 발명가를 찾으려고 노력했다. 나중에 그는 사업 안내서를 작성했는데, 그중에 윌리엄 오튼이 보지 못한 전화의 실용성에 대한 비전을 제시하는 매우 인상적인 단락이 있다.

> 일반 가정집과 시골에 있는 집, 상점, 공장 등의 분기선을 잇는 전화선 케이블을 지하나 머리 위로 설치하고, 여러 분기선을 모은 전화교환국에서는 원하는 곳의 선을 연결해서 한 도시의 다른 두 장소에 있는 사람들이 직접 통화를 할 수 있게 해줄 거라고 생각합니다. (중략) 그러나 그뿐만 아니라 미래에는 그 선들이

다른 도시에 있는 전화교환국과도 연결되어, 다른 도시에 있는 사람들과도 통화가 가능해질 거라고 생각합니다."

엄청난 상상력 차이는 오튼이 허버드의 제안을 거절한 지 몇 년 후에 벨과 웨스턴유니언의 관계에 영향을 미쳤다. 허버드가 오튼에게 특허권을 제안했던 것이 실수였음을 깨닫는 데에는 그리 오랜 시간이 걸리지 않았다. 오튼은 특허 대기 중인 자사의 발명품들과 함께 엘리샤 그레이와 에디슨의 전화에 대한 특허권 구입을 허가하고, 벨과 경쟁할 자회사를 설립했다. 에디슨은 곧 새로운 송화기를 발명했다. 벨의 발명품보다 훨씬 우수한 송화기였다. 먹지 진동판과 목소리로 활성화된 전류가 아닌 배터리로 활성화된 전류를 사용했으며, 상대방에게 말을 전하기 위해 목소리를 한껏 높일—우스갯소리로 집 밖에 있는 말들이 놀랄 정도였다고 한다—필요가 없었다.

벨과 허버드의 특허권은 1893년이 만기였다. 두 사람 모두 특허권 침해에 즉각 대처하지 않으면 거대한 경쟁사들이 자본과 기반시설의 이점을 앞세워 그들의 사업을 무너뜨릴 거라는 사실을 알았다. 1879년까지, 웨스턴유니언은 뉴욕과 시카고에서 가장 많은 가입자를 확보하고 있었다. 그러나 벨에게는 다가올 재판에서 지식과 언변을 활용해 회사의 특허권을 보호하기 위한 증인 임무를 훌륭하게 해내는 역할밖에는 주어지지 않았다. 왓슨은 전설적인 벨 전화연구소의 전신이라 할 수 있는 연구개발 부서의 책임자로 일했다. 그는 전화 사용자들이 상대방에게 전화가 왔다는 것을 알리려고 송화기를 내리치는 일을 방지하기 위해서 전화벨을 발명하는 데 상당한 시간을 쏟아 부었다. 허버드와 샌더스는 웨스턴유니언의 위협적인 도전에 만반의 준비를 갖추기 위해 노력했다.

샌더스는 부유한 뉴잉글랜드 투자가들에게 접근해서 뉴잉글랜드 전화회사 형태로 벨사의 임원에 합류하라고 설득했다. 뉴잉글랜드 전화회사는 곧 벨사와 합병하고, 특허권을 판매할 수 있는 전국적인 규모의 회사로 성장하기 위해 모회사에 필요한 자본을 제공한다. 유능한 철도우편 감독관인 토머스 베일(Thomas Vail)은 허버드의 설득으로 벨사의 초대 총지배인이 되었다. (베일은 사무엘 모스에게 실망한 동료 아서 베일의 먼 친척이었다.) 고전하고 있는 전화회사의 불확실한 보상 때문에 전도유망한 직장인 우체국을 포기해서는 안 된다는 상사들의 충고도 무시하고 내린 결정이었다. 베일이 총지배인으로서 처음 한 행동은 벨의 특허증 복사본을 모든 벨사 대리점에 보내고 경쟁사의 특허 침해에 맞서도록 격려한 일이다. 그는 대리점들에 "우리가 특허권의 원 소유자입니다. 우리가 이 사업을 체계화하고 시작했으며, 다른 어떤 회사에도 이 사업을 허락한 적이 없습니다."라고 분명히 말했다. 또한 그는 회사가 절실히 필요로 하는 자본을 산출하려면 더 많은 제조업체와 거래해야 한다는 사실을 깨달았다. 윌리엄의 공장만으로는 지금 회사가 계획하고 있는 전화 수요와 보조를 맞출 수 없었다.

벨사의 발명가들이 에디슨의 발명품만큼 훌륭한, 아니 어쩌면 그보다 더 우수한, 또 다른 진보된 수신기를 내놓았다. 왓슨은 그 효율성을 알아보고 구입을 권했다. 뉴잉글랜드 전화회사와 합병한 후, 회사를 내셔널벨 전화회사(National Bell Telephone Company)로 개편한 허버드와 샌더스 그리고 베일은 이제 본격적으로 싸움에 뛰어들 준비를 마쳤다. 벅찬 상대라 하더라도 기꺼이 부딪쳐야 했다. 그 당시 벨사의 총자본은 50만 달러에 조금 못 미쳤지만, 밴더빌트가의 지원을 받는 웨스턴유니언은 그보다 100배 정도 많은 자본을 자랑했다. 그러나 벨사는 특허품에 대한 독점권을 소유할 자격이 있다는 스타 증인의 자신 있는 진술을 보완하기 위해 유능한 법률 대리인을 고용할 돈은 충분히 가지고 있었다.

웨스턴유니언은 벨사의 첫 번째 시장이자 가장 중요한 시장인 매사추세츠에서 전화 서비스를 제공하기 시작했다. 내셔널벨 전화회사는 1878년 9월 12일에 웨스턴유니언의 아메리칸스피킹 전화회사(American Speaking

Telephone Company)와 엘리샤 그레이를 특허권 침해로 고소했다. 예상대로 벨은 스스로가 설득력 있는 증인임을 입증했다. 더군다나 그레이는 특허를 신청하기 전에 본인의 전화를 발명 중이었다는 것을 증명할 증거자료도 전혀 제출하지 못했다. 벨은 1874년 초에 실용 전화에 대한 아이디어를 떠올렸다는 것을 증명하는 실험 기록과 다른 서류들을 제시했다. 판결이 내려지기 전, 웨스턴유니언은 내셔널벨사와 합의하는 데 동의했다.

거대 기업이 그런 의외의 결정을 내린 데에는 몇 가지 이유가 있었다. 벨이 제시한 증거와 그의 주장 대부분으로 미루어보아 반대 주장이 약하다는 사실을 웨스턴유니언이 납득했기 때문이다. 물론 그들은 원한다면 소송을 몇 년 동안 끌고 갈 수 있는 방법도 알고 힘도 있었다. 그러나 경쟁 전신회사를 경영하며 벨사에 제휴를 제의한 악명 높고 끈질긴 자본가 제이 굴드(Jay Gould)가 가할 위협도 염두에 두어야만 했다. 무엇보다 가장 중요한 점은 그들이 벨사와 합의한 내용이 당장 전신회사에 이익이 되고, 회사의 주요 사업을 보호하는 것처럼 보였다는 사실이다. 원한다면 웨스턴유니언은 에디슨의 전신기에 대한 권리를 주장하고 이런저런 이유로 벨에게 이의를 제기할 수도 있었지만 그만두기로 결정했다. 합의 조건에 따라 웨스턴유니언은 전화사업을 포기하고 모든 전화 특허권을 벨사에 양도했다. 그 대신 벨사는 웨스턴유니언에 모든 임대 전화에 대한 20퍼센트의 사용료를 지불하기로 했다. 아울러 벨사는 전화교환국 본사에서 반경 24킬로미터로 제한된 지역 전화교환국을 웨스턴유니언의 사업에 해가 될 수 있는 전반적인 사업 정보나 주식 시황, 소식을 거래하거나 발표하는 데 이용하지 않겠다고 동의했다.[8] 따라서 합의 내용에 따르면 지역 시장을 독점할 벨사와 장거리 서비스라는 수익성 좋은 시장 지배권을 강화한 웨스턴유니언이 통신 시장을 나눠 가진 것처럼 보였다.

웨스턴유니언은 누구나 현명한 결정이라고 인정할 만한 사업적 결정을 내렸다. 웨스턴유니언의 사장 노빈 그린(Norvin Green)은—윌리엄 오튼은 일 년 전에 세상을 떠났다―회사가 '격렬하고 소모적인 경쟁'에서 벗어 났다며 만족감을 표시했다.⁹⁾ 그러나 사실 웨스턴유니언은 벨사가 사업에 제기한 진짜 도전을 깨닫는 데 또다시 실패했다. 벨사는 양보한 것이 없었 다. 이제 완전히 새로운 시장의 강력한 경쟁자, 아니 지배자가 되는 길에 거칠 것이 없었다. 그리고 웨스턴유니언은 그 시장에서 철수하기로 동의 한 것이다.

합의 내용이 발표된 직후, 벨사의 주식은 두 배로 뛰어올랐다. 토머스 베 일의 탁월한 지도력 아래 회사는 가파른 성장세를 보였고 자산도 늘어갔다. 1881년, 내셔널벨은 웨스턴일렉트릭의 기업지배권을 확보했고, 이 회사가 주요 전화 장비 제조사가 되었다. 1887년 무렵에는 미국 전역에서 사용되 는 벨사의 전화가 16만 7,000대였다. 모든 전화 사용자가 벨사에 상당한 사 용료를 지불했다. 그 후 18년 동안, 벨사는 600명이 넘는 경쟁자들이 제기 한 소송에 맞서 싸웠다. 그리고 모든 소송에서 이겼다. 대개의 경우, 배심원 들의 공감을 사는 데 실패한 적이 없는 알렉산더 그레이엄 벨의 증언 덕분이 었다.

벨의 특허권이 만료되었을 때, 경쟁 전화회사들이 우후죽순으로 생겨나 기 시작했고 상당수가 벨사의 주요 시장에 뛰어들었다. 회사의 주요 투자자 인 모건(J. P. Morgan)이 벨사의 독점권을 지키기 위해 여기에 개입했다. 그 는 비범한 사업적 재능을 발휘해서 경쟁자들에게 회사를 벨사에 팔든지 파 산하든지 선택하라고 권했다. 1885년, 또 한 번의 합병을 마친 회사는 자회 사인 미국전신전화회사, AT&T(American Telephone and Telegraph Company)를 설립했고, 이곳이 결국 벨사의 지주회사가 되었다. 1909년, AT&T 이사들을 설득한 베일은 제이 굴드의 아들이자 상속인인 조지에게 서 오랜 맞수인 웨스턴유니언을 매입했다.

벨과 왓슨은 오래전부터 사업에 지쳐 있었다. 끊임없는 소송에서 오는 압박감과 거대한 사업 운영과 얽힌 복잡한 이해관계에 질린 두 사람은 자신들의 관심사를 좇기 시작했다. 벨은 계속해서 새로운 발명품을 만들었다. 만일 전화가 벨이 세울 미래의 모든 업적들을 압도하지 않았더라면 이 발명품들이 그에게 상당한 명성을 안겨주었을 것이다. 그는 워싱턴에 거주하며 여전히 청각 장애인들을 위해 일하는 한편, 영향력 있는 과학잡지 「사이언스(Science)」를 창간했다. 그리고 장인의 뒤를 이어 내셔널지오그래픽협회(National Geographic Society)의 회장이 되었다. 그들이 설립한 회사는 이따금 벨과 왓슨에게 특별한 상황에서 예전과 같은 발명가 역할을 맡아달라고 부탁하곤 했다. 베일은 위험부담이 있긴 하지만 근본적으로 수익성이 높은 벨사의 장거리 전화사업을 성장시키는 데 모든 노력을 기울였다.

1915년, 회사가 전국 규모의 서비스를 시작하면서 서비스의 시작을 알리는 첫 통화를 벨에게 부탁했다. 이에 동의한 그는 뉴욕에서 그의 오랜 친구 왓슨이 있는 샌프란시스코로 전화를 걸었다. 벨은 그와 왓슨이 주고받던 인사말, '여보세요(hello)'가 아닌 '어이(hoy)'가 전화 사용자들 사이에서 일반적인 인사가 될 거라는 희망을 오래전에 포기했었다. 그러나 그는 그 인사말을 고집했다. "어이, 이보게 왓슨!" 벨이 전화했다.

"어이, 벨!" 왓슨이 대답했다. 그리고 오랜 친구 두 명은 회사가 써준 대본은 옆으로 밀쳐둔 채 마치 오랫동안 만나지 못한 친구들인 양 23분 동안 대화를 나누었다.

이 두 사람은 역사상 가장 혁신적인 기술을 함께 발명했다. 지난날 두 사람이 찰스 윌리엄의 기계공장 다락방에서 탄생시킨 것은 인간의 통신수단을 영원히 바꿔놓았다. 벨은 언뜻 미래를 보았다. 그러나 그조차도 그의 발명품이 가져올 결과는 예측하지 못했다. 전화는 수없이 많은 새로운 회사들을 등장시키고, 벨의 통찰력을 이해하지 못한 수많은 회사들을 사라지게 했다.

가장 큰 손실을 입은 웨스턴유니언은 전신 송금과 다른 사업들에 의지해서 회사를 유지해야만 했다. 전신은 전화 때문에 사양길로 접어들었지만 사용자가 점차 줄어가는 와중에도 몇 십 년 동안 명맥을 유지했다. 2006년, 이

회사는 보도 자료를 통해 "웨스턴유니언은 더 이상 전신과 전보 서비스를 제공하지 않습니다."라고 발표했다. 일찍이 농아학교 교사이자 아마추어 발명가인 알렉산더 그레이엄 벨은 확신을 가졌지만, 재계의 거물은 그의 발명품을 장난감으로 일축했다. 그리고 이제 웨스턴유니언은 마침내 그 운명 앞에 무릎을 꿇은 것이다.

세계를 만든 신념과 용기

크리스 구에프로이(Chris Gueffroy)에게 전환점은 너무 늦게 찾아왔다. 1989년 2월 6일, 아직 어둠이 가시지 않은 이른 아침, 동베를린에 있는 브리츠 운하 근처에서 21세의 웨이터와 그의 친구 한 명이 베를린 장벽을 넘으려 했다. 탈출자 사살까지도 가능한 동베를린 국경수비대의 복무규정이 완화되었을 거라고 잘못 생각했기 때문이다. 그들이 금속 울타리를 기어오르자 수비병들이 총격을 가하기 시작했다. 구에프로이는 총알 10발을 맞고 심장에 치명상을 입었다. 심각한 부상을 입긴 했지만 목숨을 건진 그의 친구는 불법으로 국경을 넘으려 한 죄로 징역 3년을 선고받았다. 수비병들은 정부의 표창을 받았다. 국경수비대는 탈출자를 총격하면 보상을 받았다. 엄격한 임무 수행을 장려하기 위해서였다. 탈출자를 막지 못한 수비병들이 구속되는 일도 많았다. 희생자들의 가족은 사랑하는 이의 죽음을 공론화하지 말라는 명령을 받았다. 공식 보고서의 사인은 '심장 부위 총상'에서 '심장 부위 손상'으로 바뀌었다. 그렇지만 구에프로이의 가족은 어떻게든 그의 사망 신고가 신문에 실리도록 조치했다.

　베를린 장벽은 소비에트가 지배하는 지역의 압제와 빈곤으로부터 서쪽의 정치적 자유와 경제적 기회를 찾아 떠나는 엄청난 이주자들을 막기 위해 1961년에 세워졌다. 장벽은 28년의 역사 동안 서너 번 재건되었다. 1980년에 완성된 장벽은 1961년의 간단한 철사 울타리가 아니었다. 높이 3미터의 철근 콘크리트 장벽과 금속 울타리, 철조망, 울타리와 벽 사이에 불을 밝힌 '죽음의 땅'이라 불린 완충지대, 차가 들어가지 못하는 참호, 감시탑 302개, 벙커 20개로 이루어진 인상적인 구조물이었다. 장벽은 도시 중심부로부터 베를린 교외까지 155킬로미터 길이로 뻗어 있었다. 동베를린 시민 1,000명이 그 장벽을 넘으려다 목숨을 잃은 것으로 추정된다. 크리스 구에프로이는 마지막 희생자였다. AK-47 자동소총이 그의 심장을 관통한 지 9개월 후, 베를린 장벽으로 모여든 동·서 베를린 시민 수만 명이 환호성을 지르며 자유를 가로막는 악명 높은 장애물을 산산조각 냈다. 그 극적인 사건을 일으키기로 결정한 전혀 다른 두 남자가 텔레비전으로 그 장면을 지켜보았다. 두 사람 모두 그런 날이 오리라는 것을 알았지만, 한 사람이 훨씬 일찍 그 사실을 예측했다.

　1982년 6월, 레오니트 브레주네프(Leonid Brezhnev)는 소비에트 공산당의 사무총장이었다. 그때 소비에트 군대는 아프가니스탄에, 쿠바의 군인들은 앙골라에 있었다. 6개월 전에 폴란드의 공산 정권이 계엄령을 선포하고 폴란드 자유노조 지도자들을 수감했다. 1970년대부터 시작된 바르샤바 조약의 재래식 병력 증강은 동유럽의 군사가 나토(NATO)의 군사보다 세 배가량 많아져 수적으로 우세해지는 결과를 가져왔다. 더욱 우려되는 것은 소비에트가 현재 사용하고 있는 SS-4, SS-5보다 훨씬 강력하고 정확하며 사정거리가 긴 새로운 중거리 탄도탄 SS-20을 배치했다는 사실이었다. 나토는 전역 핵무기(theater nuclear weapons)에 의지해서 재래식 병력에서 앞서는 소비에트에 맞섰다. 그러나 SS-20의 배치로 전략적 균형이 깨졌다. 나토는 이를 보완하기 위해 핵무장한 크루즈 미사일과 중거리 탄도탄 퍼싱 II

(Pershing Ⅱ)를 배치하기로 계획했다. 이 결정은 서유럽 사람들의 공공연한 항의와 핵무기 동결 운동의 발단이 되었다. 나토가 군사적 억제력을 강화하면 동·서 유럽 사이에 불필요한 긴장이 만들어지고 유럽에서 핵무기 전쟁이 일어날 가능성이 높아진다고 생각했기 때문이다.

1981년, 나토와 소비에트연방은 유럽에서 핵무기를 제한하기 위해 협상을 시작했다. 그러나 미국 대통령 로널드 레이건은 레이건 정부가 '제로 옵션(Zero Option)'이라 부른 조건을 주장했다. 소비에트가 SS-20, SS-4, SS-5를 완전히 철거한다면 나토의 퍼싱 Ⅱ와 핵무장한 크루즈 미사일도 전부 철거하겠다는 제안이었다. 그 제안은 핵무기 동결 지지자들과 그 제안이 신중하지 못하며 실현 가능성이 희박하다고 생각한 서유럽의 여러 저명한 외교 정책 '전문가들'에 의해 거부되었다. 미국과 소비에트의 무기 제한 협상은 실질적인 핵무기 감소에는 이르지 못했지만 앞으로의 무기 증가율은 제한했다. 레이건 대통령은 그 제안을 완고하게 주장했다. 그것은 레이건을 비판하는 사람들에게 그가 미국 대통령이 마땅히 있어야 할 냉전의 회색 현실보다는 할리우드식 흑백 세계에서 살고 있는 증거로 보였다. 정직한 사람은 항상 옳은 일을 하고 선이 언제나 악에 승리하는 세계 말이다. 더욱 우려되는 것은, 레이건이 그들의 비난에 큰 충격을 받은 것 같지도 않다는 점이었다. 그들은 레이건을 바보로 잘못 생각했다.

무기 제한에 대한 제안은 그의 신념 중 일부였다. 즉 그의 생애에서 미국의 권익이 더욱 확고하게 보장되는 더 좋은 세상을 이룰 수 있으며, 인류의 꿈을 대표하는 미국의 이상이 전제정치의 가장 어두운 구석에서도 움틀 거라는 신념 말이다. 레이건 비판자들은 비현실적이고 꿈같은 이야기라며 비웃었다. 여러 서유럽 정치가들과 외교 정책 분석가들의 의견은 경제적, 정치적 시스템에 어떤 결함이 있든지 간에 소비에트연방과 그 황제가 강력하고 빈틈없는 적이라는 점과 초강대국 사이의 균형이 오랫동안 깨지지 않을 거라는 점에서 일치했다. 미국의 정책은 더 밝은 내일을 꿈꾸는 몽상가의 계획 때문에 그 균형에 균열이 생기지 않도록 유지하는 데 주력했다.

그러나 로널드 레이건은 그의 신념을 부끄러워하지 않았다. 1982년 6월, 웨스트민스터 궁 로열 갤러리 단상에 오른 로널드 레이건은 영국 의회와 세상을 향해 소비에트의 위협을 관망하는 것을 넘어서서 이제 어떤 행동을 개시할 때가 되었다는 자신의 확신을 이야기했다. 그는 과거에는 상상할 수 없었던 끔찍한 위험에 대해, 두 초강대국의 핵무기가 초래할 수 있는 세계의 최후에 대해, 자유 진영과 공산 진영 사이의 전략적 균형의 기초가 되는 정책에 대해서 말했다.

> 그렇다면 우리의 앞길은 무엇입니까? 문명은 불타는 원자가 퍼붓는 가운데서 멸망해야 합니까? 자유는 전체주의의 악과 조용히, 맥없이 화해하다가 시들어야 합니까?

그는 세상을 향해 그렇지 않다고 단언했다. "눈에 쉽게 보이지는 않지만, 나는 우리가 전환점의 시기를 살고 있다고 믿습니다."

> 역설적인 의미에서 칼 마르크스가 옳았습니다. 오늘날 우리는 커다란 혁명적 위기상황을 목격하고 있습니다. 경제 질서의 요구가 정치 질서의 요구와 정면에서 충돌하며 발생한 위기입니다. 그러나 이 위기는 마르크스주의와 관계없는 자유로운 서방 진영에서 일어나는 것이 아닙니다. 마르크스주의와 레닌주의의 본거지인 소비에트에서 일어나고 있습니다. 소비에트는 자국민의 인간적 자유와 존엄성을 부정함으로써 역사의 조류를 거스르고 있습니다. 또한 심각한 경제적 곤경에 처해 있기도 합니다. (중략) 경제성장의 지속적 위축은 군사 생산의 성장과 맞물려, 소련 국민에게 무거운 짐을 지우고 있습니다. 우리는 여기서 경제 기반에 부응하지 못하는 정치구조와 정치적 힘이 생산력을 저해하는 사회를 봅니다.

레이건은 위대한 소비에트제국이 필연적인 과정의 일환으로 몰락하기 시작했다며, 강경한 미국을 비롯해서 결연한 서방이 그 몰락을 앞당기기 위한 행동을 해야 한다고 설득했다. 그는 '지나치게 낙관적'으로 들리지 않았으면 좋겠다는 말과 함께 계속된 주장을 펼쳤다. 분별력 있는 의원들은 그의 주장이 허황된 미사여구에 불과한지, 아니면 그가 세계의 현실을 이해할 만한 지적 능력이 부족한 건지 의아해했다.

> 소비에트는 전 세계에서 일어나고 있는 현실에서 자유롭지 못합니다. 과거에도 그랬습니다. 소수의 집권 엘리트들은 억압을 강화하고 다른 국가를 도발하여 국내 불안을 진정시키려는 실수를 저지르거나, 아니면 더 현명한 길을 선택합니다. 국민들에게 자기 운명을 결정할 권리를 허락하기 시작하는 겁니다. 후자의 과정이 곧바로 이루어지지 않는다 해도, 새로운 민주화운동의 힘에 자유를 위한 전 세계적 운동이 더해져 무기 제한과 세계 평화에 대한 전망을 밝게 할 것으로 믿습니다. (중략)
> 자유를 억압하고 국민의 의사표현의 자유를 억누르는 독재자들은 역사의 잿더미 속에 묻혔습니다. 이제 자유와 민주주의가 바로 마르크스-레닌주의를 역사의 잿더미에 묻어버리고 전진할 것입니다.

이어서 그는 "더 이상 소극적이어서는 안 됩니다. 우리 힘에 의지합시다. 희망을 제시합시다. 새로운 시대는 그저 가능한 것이 아니라 지금 우리에게 다가오는 것이라고 세상에 이야기합시다."라고 말했다. 레이건의 비판자들은 그가 뒤늦게 현실을 깨달았고, 그런 비현실적인 비전은 "우리 세대에서 완수하지 못하고, 우리 다음 세대의 과제로 남겨질 것입니다."라고 말했다고 주장했다. 그러나 레이건은 지금, 그의 임기 동안 그 과제를 시작하기로 마음먹었다.

그의 예언에서 유일하게 틀린 것으로 입증된 부분은 마지막 조건이었다.

대부분의 사람들이 그 후로부터 몇 단계를 거쳐 소비에트 정권이 붕괴하리라고는 생각조차 하지 못했다. 「타임」지는 레이건의 연설을 다룬 기사에서 "어떤 사람들에게는 마치 레이건이 소비에트의 경제적 붕괴가 임박했음을 예언하는 것처럼 보였을 것이다. 그것은 가장 친미적인 대다수의 나토 지도자들조차 결코 동의하지 않은 견해였다."라고 말했다.[1] 서구의 저명한 소비에트 연구 학자들은 소비에트연방의 구조적 약점에 대한 레이건의 판단을 비웃었다. 그들 중 많은 사람들이 10년도 채 지나지 않아 레이건이 옳았음이 입증되었을 때도 레이건의 지혜를 인정하는 예의조차 보이지 않았다. 그들은 제국의 붕괴를 레이건이 설명하고 그들이 과소평가했던 바로 그 약점 탓으로 돌렸고, 로널드 레이건의 대통령 선출 여부와는 상관없이 어차피 그런 결함들이 같은 결과를 가져왔을 거라고 단언했다.

세베린 비알러(Seweryn Bialer) 교수와 조안 아페리카(Joan Afferica) 교수는 다음과 같은 글을 썼다. "소비에트연방은 현재도 심각한 구조적 위기에 처하지 않았으며, 향후 10년 안에도 그런 일은 일어나지 않을 것이다. 정치적, 사회적 안정을 이룰 잠재력이 엄청나기 때문이다."[2]

레이건의 비판자들은 보지 못했지만 레이건이 본 것은 무엇인가? 그의 확신은 무엇을 근거로 한 것인가? 그를 비난한 사람들이 말하듯이 그의 신념은 무지의 소치였는가? 그는 소비에트의 경제적, 정치적, 사상적 구조의 허황됨을 그들보다 더 잘 꿰뚫어보았다. 그는 소비에트가 파산 직전이며 군사력을 지나치게 확장했다는 것을 알았다. 소비에트는 세계 최대의 군사 대국이었다. 미국이 베트남 전쟁 후 병력을 축소한 반면, 소비에트연방은 40만 명을 증강했다. 그러나 소비에트는 첨단기술의 발전과 실용화에서 미국보다 훨씬 뒤처졌다. 다음 대통령으로서 레이건이 우선 해야 할 일은 국방을 강화하고 임기 첫 2년 동안 매해 군비를 25퍼센트씩 인상하는 것이었다. 본질적으로 결함이 있는 경제적 구조 속에서 거의 유례가 없을 만큼 군사력을 확장한 소비에트는 뒤처지지 않으려다 곤경에 처했다. 모스크바는 아프가니스탄으로의 인력과 자원 유출, 경제적 지원에 대한 신하들과 속국들의 끊임없는 요구 때문에 현상 유지조차 버거웠고, 경쟁자가 활기를 띠고 재무장하는 것에 제대로 대처하지 못했다. 레이건은 소비에트가 기력이 다했음을 알아채고 서방에게 40년 가까이 참을성 있게 유지해온 전략적 균형을 뒤엎을 기회가 왔음을 깨달았다. 그리고 냉전에서 승리했다.

그에게 비전을 심어준 것은 지식이었다. 그러나 거기에 힘을 불어넣은 것은 다른 어떤 것이었다. 로널드 레이건은 보잘것없는 집안에서 태어나 성공하고 의미 있는 인생을 살았으며, 마침내 늦은 나이에 자국의 대통령이 되었다. 그는 평생 동안 미국을 신뢰했다. 미국은 야망과 약간의 행운만 있으면 누구든지 그처럼 성공할 수 있는 나라였고, 그가 누린 기회와 그가 살았던 의미 있는 삶을 위한 곳이었다. 그는 미국의 신념인 자유와 정의, 자유시장이 성공적인 사회의 필수조건이라는 사실을 믿어 의심치 않았다. 그렇기 때문에 그와 반대되는 구조, 즉 모든 개인과 그들의 노동이 국가에 종속되는 구조는 실패할 수밖에 없다고 생각했다. 만약 그 정반대의 구조가 미국의 구조를 위협한다면 그때는 우리가 그것을 실패하게 만들어야 했다. 그래서 그는 그 일을 시작했다.

웨스트민스터 연설 전에도 레이건 대통령은 대부분의 사람들과는 미래를 달리 본다는 점, 그리고 그 미래의 도착을 앞당길 수 있는 기회를 이용할 것이라는 점을 분명히 했다. 1981년, 그는 이런 말로 노트르담 대학의 학생과 직원들을 확신시켰다. "서구에는 공산주의가 계속되지 않을 겁니다. 공산주의를 뛰어넘을 겁니다. 공산주의는 인류 역사에서 기괴한 한 장으로 기억될 것이며, 지금 이 순간에도 그 마지막 장이 쓰이고 있습니다." 그리고 웨스트민스터 연설 후 일 년이 조금 못 되어서 플로리다 주 올랜도에 있는 복음주의협회(National Association of Evangelicals)에서 훌륭한—그 시절에 대한 당신의 관점에 따라서는 형편없는 연설이 될 수도 있겠다— '악의 제국' 연설을 했다. 연설에서 그는 소비에트 정권을 현대 세계에서 악의 중심지적인 존재라고 비난하며, 톰 페인(Tom Paine)의 인용문으로 연설을 마무리했다. "우리에게는 세상을 다시 시작할 수 있는 힘이 있습니다."

그 연설은 전문가들을 대경실색하게 만들었고, 잘해봤자 무의미한 중상이며 최악의 경우에는 초강대국들의 관계를 악화시키는 위험한 도발이라고 비난받았다. 소비에트의 지배 아래 고통받는 수백만의 사람들이 레이건의 메시지를 환영했다는 사실은 별로 중요하지 않았다. 레이건에게도 그의 편이 있었다. 그들 중 가장 중요한 인물 두 명은 명성이 자자한 마가렛 대처(Margaret Thatcher)와 폴란드 국민들의 해방을 돕기 위해 교황의 지위를 이용할 용의가 있는 폴란드 출신의 교황이었다. 그러나 많은 비판자들은 레이건이 과장된 표현으로 말로만 위협을 주고받던 냉전시대의 관습을 따르지 않은 점, 그리고 그들이 오만한 이원론적인 세계관이라고 몰아세웠던 그의 세계관이 전 세계에 극심한 불안을 야기했다고 생각했다. 그들을 더욱 불안하게 만든 것은 레이건이 그의 임기 동안 계속해서 대중 앞에서 그의 뜻을 밝히겠다고 한 점이었다. 그를 가장 혹독하게 비난하는 사람들조차 그가 그 방면에 타고난 재능이 있다는 사실은 인정했다. 레이건은 그의 입장을 밝히기로 마음먹었고, 마찬가지로 약속을 행동으로 옮기기로 결심했다. 반대자들이 보기에는 이것이 동서 진영의 긴장을 증폭시키고, 긴장 완화와 군비 제한 협상에서 아무런 진전도 이루지 못할 거라는 좋지 않은 징조였다.

소비에트 정권을 약화시키기 위한 레이건의 계획은 1982년에서 1983년까지의 8개월에 걸쳐 승인한 국가안보지침(National Security Decision Directives)을 개시하는 것이었다. 그 첫 번째 지침이 대통령이 1982년 5월 20일에 서명한 NSDD-32이다. 이는 미국이 동유럽의 반소비에트 집단, 특히 폴란드의 자유노조를 비밀리에 지원함으로써 '영향력을 증대시키려는 소비에트연방의 노력을 무효화' 하는 것을 공식 허가했다. 1980년 8월, 그단스크(Gdansk)에서 레흐 바웬사(Lech Walesa)가 파업 중인 조선소 노동자들을 이끈 이후로 자유노조의 인기는 폴란드에서 공산당 지배의 정당성을 위협할 정도로 높아졌다. 러시아는 다른 동유럽 위성국가들도 자유노조의 영향을 받을까봐 염려했고, 야루젤스키(Wojciech Jaruzelski) 국방장관이 이끄는 폴란드 정부에 결말을 지으라고 재촉했다. 1981년 12월 31일, 계엄령이 발표되었다. 분개한 레이건 대통령은 미국이 소비에트를 응징하고 자유노조를 도와야 한다고 주장했다. NSDD-32는 몇 년 동안 소비에트제국 한가운데서 그들을 무너뜨리기 위해 헌신하고 있는 자유노조의 활동을 은밀히 지원하는 방법이었다. NSDD-32에 서명한 지 3주 후, 레이건은 바티칸에서 교황 요한 바오로 2세를 만나 교황의 고향에 있는 자유세력을 돕기 위한 공동 계획을 논의했다.

1982년 11월 29일, 레이건은 "안보 우선 정책을 수립해서 앞으로 동서 유럽의 경제 관계를 다스린다."라는 것을 골자로 하는 NSDD-66에 서명했다. 이로써 미국은 미국 정책의 공식적인 목표대로 경제적 지원과 첨단기술 습득, 천연가스 파이프라인 완성을 위한 국제 원조를 거절했고, 소비에트 경제에 혼란을 초래할 수 있었다. 그 대강의 밑그림을 그린 국가안전보장회의의 보좌관 로저 로빈슨(Roger Robinson)은 "소비에트연방에 은밀하게 경제전쟁 선전포고를 한 것과 다름없다."라고 말했다.[3]

NSDD-75는 레오니트 브레주네프가 사망하고 병든 유리 안드로포프(Yuri Andropov)가 소비에트 공산당의 지도권을 계승한 지 두 달 후인 1983년 1월 17일에 서명되었다. NSDD-75는 미국이 소비에트의 영토 확장 정책을 좌시하지 않고 적극적으로 막을 것이라는 입장을 밝혔다. 그리고 그 방법 중 하나는 소비에트의 정치적, 경제적 구조를 자유롭고 다양하게 만들려는 소비에트 내부의 변화를 지원하는 것이었다.

모스크바에 가하는 경제적 제재는 중요한 의미가 있었다. 소비에트기 만들고 있는 거대한 천연가스 파이프라인의 완성을 저지하는 데 가장 큰 영향을 미칠 수 있는 나라는 미국밖에 없었다. 레이건은 파이프라인 공사에 서유럽이 기술을 이전하는 것을 막으려 했다. 레이건 정부는 비록 서유럽 동맹국들의 반대로 뜻을 이루지는 못했지만 완공을 2년 뒤로 늦출 수 있었다. 그러나 소비에트 경제에 더 큰 충격을 안겨준 것은 레이건이 사우디를 설득해 석유 공급을 엄청나게 늘려서 석유 가격을 낮춘 일이었다. 석유는 소비에트연방 경화 수입의 80퍼센트를 차지했다. 1985년, 석유 가격이 배럴당 30달러에서 12달러까지 떨어졌을 때, 이미 연평균 경제성장률이 0퍼센트인 소비에트 경제에 미친 영향은 가히 파괴적이었다.

칼럼니스트 찰스 크로서머(Charles Krauthammer)가 만든 용어인 레이건 독트린(Reagan Doctrine)은 아프가니스탄, 니카라과, 앙골라 같은 제3세계 소비에트 종속국의 게릴라 운동에 대한 물자 지원을 설명하기 위해 사용되었다. 물자 지원은 매우 중요했다. 특히 아프가니스탄에서는 그 의미가 각별했는데, 그곳의 저항세력은 소비에트에 엄청난 부담이었다. 그러나 그것은 레이건의 전략 중 일부에 불과했다. 서방의 회의론자들은 그것을 무시했지만, 모스크바에서는 그 영향력을 이해했다. 소비에트 공산당 중앙위원회의 고위 관리인 예브게니 노비코프(Yevgeny Novikov)는 "중앙위원회에는 레이건에 대한 불안감과 두려움이 만연해 있었다. 레이건은 그들이 워싱턴에서 가장 싫어하는 인물이었다."라고 회상했다.[4]

따라서 소비에트는 레이건이 벼랑 끝 외교 정책으로 동서 간의 위험한 대립을 조장하고 있다는 서방의 불안감을 증폭시키려 했다. 그들은 미국과 미국을 이끄는 무모한 카우보이에 대한 위협 수위를 이전보다 높였다. 1983년, 소비에트 통신사인 타스(Tass)는 레이건이 '호전적이고 광적인 반공산주의'에 사로잡혀 있다고 단언했다. 사망하기 2주 전, 브레주네프는 소련 장성들에게 레이건이 '모험주의와 야만, 공공연한 이기주의' 정책을 시행하고 있으며, 이것을 견제하지 않으면 '세계를 핵전쟁의 화염 속으로 몰고 갈 것'이라고 경고했다.

1983년 9월 1일, 소비에트의 미그(MiG) 전투기가 예정 항로를 이탈하고 소비에트 영공으로 들어간 한국의 민간 항공기를 격추했다. 초강대국들의 관계는 극으로 치닫는 것처럼 보였다. 당연히 레이건은 미국인 61명까지 죽음으로 몬 그 사건을 '비인도적인 범죄'라고 규탄했다. 안드로포프는 미국 정부가 전쟁을 도발하고 '기본적인 예의'도 지키지 않고 있다고 비난했다. 레이건과 안드로포프를 1984년 올해의 인물로 선정한 「타임」지는 소비에트가 레이건을 아돌프 히틀러(Adolf Hitler)에 비유한 것과 레이건 정부가 정권을 잡고 있는 동안 레이건이 긴장 완화 정책을 유지할 수 있는 '모든 환상'을 깨뜨렸다고 말한 안드로포프의 말을 인용했다. 소비에트는 핵무기를 제한하기 위한 제네바 협상 장소에서 퇴장하며, 전략적 핵무기 제한과 재래식 병력 감축에 대한 협상 재개를 거부했다.

점차 적대적으로 변하는 소비에트의 발언과 외교는 서방 사회의 불안을 가중시켰다. 그러나 대통령의 입장에는 별다른 영향을 미치지 못했다. 1983년 11월, 확산되는 반대여론에도 불구하고, 첫 번째 크루즈 미사일이 영국에 도착했다. 다음 달에는 첫 번째 퍼싱 Ⅱ 미사일들이 서독에 배치되었다. 소비에트와 서방의 레이건 비판자들을 더욱 당황하게 만든 것은 1983년 3월 23일에 방송된 새로운 방위 정책인 전략적 방위 구상(Strategic Defense Initiative)을 공표하는 레이건의 텔레비전 연설이었다. 그는 미국이 핵무기를 무력하고 쓸모없는 무기로 만들 탄도탄 요격 미사일을 개발할 계획이라고 선언했다. 당연히 SDI는 소련의 관심과 외교에서 최우선 관심 대상으로 부상했다. 전략적 미사일 방위는 완성되거나 개시되지 않았다. 그러나 그 구상은 냉전에서 승리한 레이건의 정책 중 가장 성공적인 요소였다. 결국 훨씬 더 명민한 새로운 소비에트 지도자들도 소비에트가 미국과의 무기 경쟁에서 이길 수 없다는 사실을 납득했다. 그런 의도 아래 어떤 시도를 한다면 제국을 더 이상 유지할 수도 없고 몰락만 앞당길 뿐이었다.

로널드 레이건의 외교술에 대한 서구의 비평은 특히 레이건이 불규칙한 서신 왕래 외에는 소비에트 지도자들과 개인적으로 연락을 취하지 않았다는 점을 지적한다. 으레 몇 주 전에 미리 합의된 협정서에 서명하는 것으로 마무리하던 미국과 소비에트의 정상회담은 협력의 걸림돌을 극복하기 위한 최선의 기회를 제공한다고 여겨졌다. 긴장 완화를 위해서는 정상회담이 필요했다. 그러나 레이건의 첫 임기 동안에 정상회담은 전혀 계획되지 않았다. 냉전 외교의 귀중한 도구를 의도적으로 거부한다는 비난에 대해, 레이건은 소비에트 지도자들이 "내 임기 동안 계속 사망하고 있다."라며 무시했다. 유리 안드로포프는 1984년 11월에 신장쇠약으로 사망했고 그의 뒤를 이은 콘스탄틴 체르넨코(Konstantin Chernenko)도 일 년이 조금 지나 세상을 떠났다.

로널드 레이건은 체르넨코의 후계자가—마가렛 대처의 표현을 빌리자면— '거래를 할 수 있는' 사람이라고 생각했다. 이제 겨우 45살인 미하일 고르바초프(Mikhail Gorbachev)는 원기 왕성하고 재치 있고 매력적인 인물로, 오랫동안 소비에트 공산당 정치국을 대표했던 완고하고 딱딱한 관료들과는 확연히 달랐다. 1931년에 소작농 가정에서 태어나 기아로 고통받는 북 카프카스 스타브로폴 시 근처에서 보낸 그의 어린 시절은 순탄하지 않았다. 조부모 모두 소비에트의 탄압에 희생된 피해자였다. 스타브로폴은 제2차 세계대전 때 독일군에게 점령되었고, 그의 아버지는 전쟁에서 심각한 부상을 입었다. 미하일은 똑똑하고 부지런한 학생으로, 아버지와 함께 집단농장에서 일했다. 1949년에는 기록적인 대풍작을 이룬 공으로 적색노동기(Order of the Red Banner of Labor) 훈장을 받았고, 그 다음 해에 모스크바 국립대학에 들어가 법을 공부했다. 그는 1952년에 공산당에 가입했고, 1955년에 학교를 졸업하고 함께 공부하던 라이자 막시모프나 티토렌코와 결혼해서 이리나라는 딸을 한 명 낳았다.

그는 당의 여러 자리를 거치며 빠르게 출세했다. 학생 시절과 젊은 당원으로서 보낸 몇 년 동안 고르바초프는 냉혹하고 편집증적인 스탈린(Joseph Stalin)이 만든 개인숭배 집단에 상당한 경의를 표했다. 그는 진심으로 헌신적이며 진지한 공산주의자였다. 그러나 집단 농장에서 어린 시절을 보낸 개

◆ 로널드 레이건과 미하일 고르바초프(빌 스위시/직원, AFP/Getty Images).

인적 경험으로 소비에트의 빈곤과 불평등을 현실적으로 인식하고 있었다. 그는 당의 공식 선전이 사회의 모습을 정확하게 반영한 것이라고는 생각지 않았다. 그 또래의 다른 당원들처럼 고르바초프도 1956년 제20차 소비에트 의회에서 니키타 흐루시초프(Nikita Khrushchev)가 스탈린을 공공연하게 비난한 것에 깊은 인상을 받았다. 그는 제한적이고 일시적인 소비에트의 자유를 환영했다. 혹자는 흐루시초프가 정권에서 밀려난 후 다시 탄압 정책으로 돌아가자 그가 적잖이 실망했을 거라고 말한다.

1970년, 고르바초프는 스타브로폴 지구당 제1서기에 임명되었으며, 다음 해에는 공산당 중앙위원회 위원이 되었다. 1978년, 모스크바로 간 그는

2년 후에 소비에트 역사상 최연소 공산당 정치국 위원이 되었다. 고르바초프는 전 KGB 의장이며 그의 총명함과 정치·행정적 수완을 높이 산 유리 안드로포프의 후원을 받았다. 비록 안드로포프 본인은 구제도의 고위직에 있었지만, 브레주네프 시대의 부정부패를 경멸하는 현명한 사람이었다. 그는 침체의 늪에 빠진 소비에트 경제와 쇠약해진 제도를 현대화하기 위해서는 정직함으로 정평이 난 정력적인 개혁가가 필요하다는 사실을 깨달았다. 그는 고르바초프가 자신의 뒤를 잇도록 준비시켰다. 그러나 안드로포프가 사망하자 당은 그들의 특권을 위태롭게 할지도 모르는 개혁 성향의 젊은이를 당의 최고 지위에 앉힐 수 없었다. 대신에 그들은 신뢰할 만한 당원인 체르넨코에게 의지했다. 그러나 다음 해에 소비에트가 쇠퇴하고 레이건 정부의 도전이 계속되자 완고한 공산당 정치국 위원들도 마음을 돌릴 수밖에 없었다. 그들은 경제와 정부를 되살리기 위해 뭔가 조치를 취해야 하며, 그들을 절망 상태로 몰아넣는 단호한 전직 영화배우와 세계무대에서 맞설 수 있는 사람을 찾아야 한다는 데 동의했다. 그 결과 그들이 선택한 사람이 미하일 고르바초프였다. 그들은 앞으로 어떤 일이 일어날지 전혀 몰랐을 것이다.

물론 고르바초프가 공산주의와 소비에트제국을 무너뜨리기로 작정했던 것은 아니다. 반대로 그는 필요한 변화를 일으켜 경제와 정부를 현대화시키려고 했다. 그것이 소비에트연방 공산당의 지배력 그리고 위성국들을 합리적이고 효과적인 형태로 유지하는 데 반드시 필요하다고 생각했기 때문이다. 그는 즉시 중앙위원회와 공산당 정치국에서 무능하고 부패하거나 그의 개혁에 걸림돌이 될 것 같은 장관들을 몰아냈다. 그의 경제적, 정치적 개혁은 처음에는 제한적이었지만, 실제로 변화를 일으키는 진짜 개혁이었다. 그리고 그것은 시작에 불과했다. 그 자신조차 자신의 '혁신적인 사고'가 어떤 결과를 가져올지 짐작조차 하지 못했을 것이다.

고르바초프가 취임했을 때 그는 레이건이 인정사정없는 적이자 전쟁 도발자라는 소비에트 정부의 보편적인 견해에 동의했다. 그러나 레이건의 정책이 효과적이라는 사실 또한 알고 있었다. 그래서 대외관계에 대한 천부적인 재능을 미국과의 관계와 외교에 이용했다. 그는 화해를 모색했고, 미국이 전략적 방위 구상을 포기하는 대신 실질적으로 무기를 감축하겠다고 제의했다. 그리고 마침내 1985년 4월, 소비에트연방은 유럽에 SS-20 미사일 배치를 중지하겠다고 발표했다. 그해 9월에는 양쪽 초강대국의 핵무기를 50퍼센트 감축하자고 제안했다. 두 달 후, 그는 제네바에서 레이건과 만났다.

회담에 앞선 어떤 협의도 없었다. 제네바 정상회담에서도 다를 바가 없었다. 무기를 감축하겠다는 고르바초프의 제안은 레이건에게도 매력적이긴 했지만, 핵무기 폐기라는 그의 꿈을 단념시키지 못했다. 레이건은 SDI에 적대적인 의도는 전혀 없다고 주장했다. 고르바초프는 그의 주장을 일축했다. "그 주장은 설득력이 없습니다. 감정에만 호소하고 있고 현실성이 없습니다. 그 계획을 통제할 수 있는 사람이 누구입니까? 감독할 수 있는 사람은요? 그것은 우주에서 무기 경쟁을 시작하는 겁니다."[5] 그는 소비에트가 미국을 먼저 공격하는 일은 절대 없을 거라고 맞섰고 레이건은 이를 신뢰하지 않았다.

협상은 결실을 맺지 못했다. 그러나 지도자 둘은 매우 사이가 좋았다. 레이건은 매서운 바람 속에 코트도 입지 않은 채 밖에 서 있다가 웃으며 손님을 맞이했다. 그는 활력이 넘치고, 품위 있고, 승리를 자신하는 듯 보였다. 리무진에서 내린 고르바초프는 재빨리 모자를 벗고 계단으로 뛰어올라 레이건에게 인사했다. 그들의 첫 번째 만남은 미국 측이 임시로 빌린 호숫가 저택의 활활 타오르는 벽난로 옆에서 이루어졌다. 그 만남은 양측 대표단이 합류해서 까다롭고 구체적인 협상을 시작하기 전에 이루어지는 15분을 넘지 않는 간단한 환영 인사가 될 예정이었다. 레이건은 측근들에게 사적인 대화를 위한 시간이 더 필요하니 그가 부르기 전에는 방해하지 말라고 말했다. 난롯가 정상회담으로 알려진 만남은 1시간 넘게 계속되었다. 양측의 입장 차이를 좁히지는 못했지만, 두 사람은 서로에게 우호적인 감정을 지닌 채 방에서 나왔다. 나중에 그들은 호숫가를 따라 산책하며 격의 없이 대화를 나누었다. 레이건은 아프가니스탄, 폴란드, 인권, 특히 유대인들의 이주 거부 문제를 비롯한 두 정부 사이의 모든 의견 차이를 거리낌 없이 언급했다. 레이건은 평상시처럼 온화하지만 단호한 태도로 대화를 이어갔고, 고르바초프는 미국 측이 소비에트 지도자들에게 기대한 것처럼 그 주제에 분개하는 반응을 보이지 않았다. 군비 제한 문제에 대해서는 합의점에 도달하지 못했지만 두 사람은 전략 무기를 50퍼센트 감축하도록 노력할 것과 다음 해 워싱턴에서 다시 한 번 정상회담을 하자는 데 동의했다. 레이건은 정상회담이 결국에는 의미 있는 성공이었음이 입증될 거라고 확신했다. 그는 "진짜 성적표는 몇 달 내지 몇 년 동안에는 나타나지 않을 것이다."라고 단언했다.

레이건은 사석에서, 또 측근들이 함께한 자리에서 고르바초프와 날이 선 대화를 주고받기는 했다. 그러나 레이건은 훗날 미국의 입장을 진지하게 경청하고 받아들이는 고르바초프의 태도에 얼마나 깊은 인상을 받았는지를 말했다. "그의 표정과 말투는 온화했다. 내가 그때까지 만난 소비에트 고위직 관료들에게서 보았던 증오에 가까운 냉혹함은 없었다."[6] 고르바초프도 측근들에게 레이건이 그가 예상했던 것보다 친절하고 포용력 있는 사람이라는 인상을 받았다고 말했다.

정상회담 후 몇 달 동안 언론은 '제네바 정신'이 사라질 위기에 처했다며 안타까워했다. 소비에트는 핵실험의 일시적 중지를 발표했고 고르바초프는 미국도 핵실험을 일시적으로 중지해야 한다고 설득했다. 그 제안은 민주당을 포함한 대부분의 의원들에게 환영받았다. 핵실험이 현재 미국의 무기가 믿을 만한지를 확인하는 데 반드시 필요하다는 것을 알고 있던 레이건은 제안을 거절했다. 또한 1986년, 레이건 정부는 소비에트의 부정행위 때문에 비준이 안 된 제2차 전략무기제한협정(SALT Ⅱ)을 지켜야 할 필요성을 더 이상 못 느낀다고 발표했다. 고르바초프는 전 주미 소련 대사인 아나톨리 도브리닌(Anatoly Dobrynin)을 미국으로 파견해서 대통령에게 미국의 행동이 앞으로 예정된 워싱턴 정상회담을 위태롭게 하고 있다고 알렸다. 레이건은 그 위협을 거의 염두에 두지 않았다. 그는 소비에트가 분명 '수를 쓰고 있는 것'이라고 생각했다. 그리고 일기에 "내 느낌에는 6월이나 7월이 아니더라도, 미국 의회선거 후 언젠가는 정상회담이 개최될 거라고 생각한다."라고 썼다.[7]

정상회담은 몇 가지 예상치 못했던 사건들 때문에 더욱 불투명해졌다. 레이건이 제네바에서 돌아온 직후, 이란-콘트라(Iran-Contra) 사건이 폭로되었다. 레이건 정부는 의회와 특별검사의 조사 대상이 되었다. 도브리닌과의 만남이 있고 2주 후, 미국 공군과 해군 폭격기가 트리폴리와 벵가지를 공격했다. 리비아가 서베를린의 나이트클럽을 폭파한 테러리스트와 관련이 있다는 이유로 행한 보복행위였다. 10일 후에는 키예프 외곽에 있는 체르노빌 원자로가 폭발했다. 그 위기에 대한 소비에트 정부의 대처방법에서 그들의 새로운 개혁개방 정책은 거의 보이지 않았다. 고르바초프는 곧 자신이 관련된 사건에 열중했다.

이런 갖가지 혼란에도 불구하고, 레이건은 고르바초프에게 '전면적인 새로운 군비 감축'을 제안했다. 모든 탄도미사일을 완전히 제거하되 양측이 방위체제에 대한 조사를 계속 진행하고, 효율적이라고 입증된 모든 시스템을 공동으로 시행한다는 내용이었다.[8] 예상했던 대로 고르바초프는 미국의 외교 정책 조직과 마찬가지로 그 제안이 '대화를 이어나가려는 척하는 시도'라고 단정했다.[9] 미국 대통령이 진심으로 그런 제안을 했다고 믿는 사람은 거의 없었다.

초강대국들 사이의 마지막 불화는 8월 30일에 일어났다. 소비에트는 미국에서 활동하던 스파이를 FBI가 체포한 데 대한 보복으로, 미국인 기자 닉 다닐로프(Nick Daniloff)를 체포했다. 그리고 그를 스파이 활동으로 공판에 회부한다고 발표했다. 레이건 본인의 표현을 빌리자면 이 일 때문에 레이건은 '노발대발' 했다.[10] 다음 몇 주 동안, 다닐로프 사건은 미국과 소비에트

관계의 주요 쟁점이었다. 소비에트는 미국이 소비에트 스파이를 석방한다면 그들도 다닐로프를 석방하겠다고 제안했다. 레이건은 거부했다. 9월 12일, 레이건은 모스크바가 즉시 미국인 기자를 석방한다면 재판을 기다리며 소비에트 대사관에 구류 중인 외교관 면책 특권이 없는 소비에트 첩자를 풀어주겠다고 제안했다. 소비에트 정부는 그 제안에 즉각적인 반응을 보이지 않았다. 9월 17일, 소비에트 대사관은 모스크바가 즉시 다닐로프를 석방하겠다는 통지를 보내지 않는다면 미국은 유엔에서 KGB 첩자로 의심되는 인물 25명을 추방할 계획이라는 통보를 받았다.

이틀 후, 소비에트 외무장관인 셰바르드나제(Eduard Shevardnadze)가 워싱턴에 도착해서 대통령과 만났다. 셰바르드나제가 가져간 고르바초프의 편지에는 다닐로프에 대한 언급이나 레이건의 이전 편지에 대한 대답은 없었다. 다만 군비 제한 협상에서 더 이상의 진전이 가능한지 알아보기 위해 런던이나 레이캬비크에서 하루 동안 즉석 회담을 갖자고 제안했다. 만일 양측이 여전히 워싱턴 정상회담이 가치가 있다는 데 동의한다면, 그 만남은 워싱턴 정상회담을 준비하기 위한 사전 회담이 된다. 공식적인 의제도 없고, 어떤 최종 합의를 도출하려는 의도도 없을 예정이었다. 레이건은 닉 다닐로프가 풀려나기 전에는 그 제안을 받아들이지 않겠다고 했다. 레이건의 일기에 의하면, 그는 셰바르드나제에게 다닐로프를 억류한 일을 불평하고 두 나라 체제의 차이점을 잠깐 이야기할 기회가 있었다. 그는 "나는 화난 상태를 즐겼다."라고 회상한다.[11]

그 후 2주 동안 여러모로 협상이 더 진행된 후, 모스크바와 워싱턴은 마침내 합의점에 도달했다. 다닐로프는 수감 중이던 소비에트 반체제 인사와 함께 석방되었다. 그 대가로 소비에트 스파이는 신속하게 모스크바로 추방되었다. 문제가 해결되자 미국 정부는 고르바초프의 비공식 정상회담 제안을 받아들이고 런던보다 워싱턴과 모스크바에 좀 더 가까운 레이캬비크를 회담장소로 제안했다. 정상회담은 1986년 10월 11일로 예정되었다. 회담이 끝났을 때 레이건은 그때의 경험과 자신의 느낌을 이렇게 요약했다. "나의 임기 중 가장 길고 가장 실망스러웠던—결과적으로 가장 분노했던—하루 동안, 핵무기 없는 세상에 대한 나의 희망이 잠시 한껏 부풀어 올랐다가 꺼졌다."

그 만남 전에 가졌던 마지막 CIA 브리핑에서 대통령은 "소비에트 경제를 현대화하고 오랫동안 미국과 효과적으로 경쟁하기 위해서는 고르바초프의 계획이 현재의 국방비 지출을 통제해야 합니다."라는 보고를 받았다. SDI의 가장 큰 효용성은 소비에트연방이 더 이상 냉전을 지속할 수 없으며, 냉전을 끝내기 위해서는 소비에트가 모든 면에서 변화해야 한다는 사실을 고르바초프에게 납득시키는 데 영향을 미친 점이었다. 학자들은 냉전 종식과 소비에트제국의 붕괴에 SDI가 얼마나 중요한 역할을 했는지 논쟁을 벌인다. 그러나 나는 레이건이 세계를 지키기 위해 전쟁 억지 효과보다 더 나은 방법을 찾으려고 그렇게 헌신하지 않았다면 동서 진영 경쟁의 바람직한 결과가 이렇게 빨리 나타나지 않았을 거라고 확신한다.

당시 소비에트 외무부 대변인이던 게라시모프(Gennady Gerasimov)는 "레이건의 SDI는 매우 성공적인 협박이었다. 소비에트 경제는 그런 경쟁을 견딜 수 없었다."라고 회고했다.[12]

SDI는 진심으로 그것을 지지한 사람에게는 협박 이상의 의미가 있었다. 레이건은 SDI가 소비에트의 약점을 이용하는 자신의 정책에 도움이 될 것을 알았다. 또한 '소비에트의 경제적 혼란 때문에 미하일 고르바초프가 우리 둘 모두가 수용할 수 있는 군축 협상에 동의할 수밖에 없을 것'이라고 생각했다.[13] 그러나 그가 SDI를 지지했던 더 큰 이유는 냉전시대의 세력 균형이 끔찍한 위협에 의존하고 있다는 사실을 혐오했기 때문이었다. 로널드 레이건은 핵무기 없는 세상을 만드는 데 가장 열렬한 핵무기 동결 지지자들보다 더 헌신적이었다. 그를 비난하는 좌파세력과 모스크바는 그가 군산복합체에 사로잡혔다고 생각했다. 그러나 그는 세상이 인류애가 넘치는 곳이며,

사람들이 많건 적건 정부로부터 혜택을 받고, 모두는 마음속에 평화와 자유, 번영에 대한 동일한 꿈과 동일한 가치를 가지고 있다고 믿었다.

반핵 운동이 깨닫지 못한 아이러니는 세상에서 핵무기 공포를 몰아내겠다는 레이건의 비전에 가장 비판적인 사람들이 그의 지지 세력인 우파였다는 것이다. 그들은 바르샤바 조약의 막대한 이점인 재래식 병력을 상쇄시키려면 핵무기가 필요하다고 주장했다. 평화는 핵무기의 전쟁 억지 효과에 힘입어 수십 년 동안 유지되었다. 그리고 그런 무기가 없다면 전쟁을 일으키려는 소비에트를 어떤 협박으로 저지할 수 있겠는가? 그러나 좌파세력이 2류 영화 속 총잡이라고 생각했던 사람에게는 평화에 대한 꿈이, 비현실적이지만 순수한 꿈이 있었다. 그리고 자신과 같은 막중한 책임감을 느끼는 사람이라면 마음속에 그와 비슷한 꿈이 있을 거라고 믿었다.

레이캬비크에 온 고르바초프는 미래에 대한 자신의 비전으로 레이건의 마음을 사로잡으려 했다. 그리고 그 순간 레이건의 기록대로 레이건의 희망은 한껏 부풀었다.

레이캬비크에 도착한 미국 측은 성공적인 워싱턴 정상회담을 위한 초석을 다지겠다는 생각뿐이었다. 측근에 의하면 고르바초프의 목적은 '국제 정치의 주요 난제를 대담하고 위험부담이 있는 우리 방식대로 다루자고 제안해 레이건을 제압하는 것'이었다.[14] 첫 번째 만남은 아이슬란드 정부가 제공한 수수한 숙소에서 오전 10시 40분에 시작되었다. 그 만남에는 통역관과 기록관들만 참석했다. 1시간 후, 외무장관 조지 슐츠(George Shultz)와 예두아르트 셰바르드나제가 자리를 함께했다. 고르바초프는 레이건에게 자신의 '대담한' 제안이 담긴 초안을 건네주었다. 그리고 양측이 전략적 무기를 50퍼센트 감축하고 프랑스와 영국을 제외한 유럽 전체에서 중거리 탄도탄을 완전히 철수하자고 제안했다. 바로 레이건이 처음에 제안했던 제로 옵션이었다. 그 대신 미국은 ABM 협정, 즉 탄도탄 요격미사일 협정(Anti-Ballistic Missile Treaty)을 10년 동안 충실히 지켜야 하며, 탄도탄 요격미사일 방위체

제에서 우주로 발사할 예정인 모든 무기 실험을 중지해야 했다.[15]

참으로 대담한 제안이 아닐 수 없었다. 미국 측이 어리둥절했음은 물론이다. 미국 대표단에서 가장 신념이 굳은 강경론자들마저 강한 인상을 받았다. 누구보다 대통령이 가장 놀랐지만 그는 마지막 조건에 난색을 표했다. 그는 SDI를 흥정하는 데 사용하려고 레이캬비크에 온 것이 아니었다. 고르바초프는 그의 제안을 되풀이해서 말했다. 레이건은 SDI는 평화를 목적으로 한 것이기 때문에 10년 동안 개발을 중지하라는 제의는 받아들일 수 없다고 주장했다. 전략적 방위 구상이 10년 내에 진척을 보여서 개시될 수 있을 거라고 잘못 생각한 것이다. 그는 다시 한 번 고르바초프에게 소비에트연방과의 핵전쟁에서 승리하기 위해 전략적 방위를 사용하는 일은 없을 거라고 다짐하며 소비에트와 기술을 공유하겠다는 제안을 되풀이했다.

고르바초프가 대답했다. "우리는 기자회견을 하고 있는 게 아닙니다. 그런 틀에 박힌 말을 할 필요는 없습니다." 고르바초프는 소비에트연방이 자력으로 시스템을 개발할 능력이 부족하다는 것을 알았기 때문에 기술을 공유하겠다는 레이건의 제안에 냉소적이었다. "(중략) 당신의 말을 진지하게 받아들일 수가 없군요. 당신은 유전 채굴 장비, 최첨단 기계, 아니 착유기조차 우리와 공유할 생각이 없습니다. SDI 공유는 제2의 미국 혁명만 일으킬 겁니다! 자, 우리 현실적으로 생각해봅시다."[16] 레이건은 그의 입장을 고집했다. 그러나 두 사람 모두 대표단에게 그날 밤 회담을 계속하며 군축 협상이 가능한지 알아보라고 허락했다.

레이건이 그렇게 포괄적이고 상세한 협상에 직접 참석하겠다고 주장한 사실을 알면 많은 사람들이 놀랄 것이다. 레이건은 친절하고 큰 그림을 볼 줄 아는 (다소 관대함이 부족하고, 고지식하고, 굼뜬) 지도자로, 복잡하고 난해한 토론에 맞지 않는 인물이라는 것이 전통적인 견해이다. 어쩌면 군비 제한 협상 대상인 모든 무기에 대해 전문가 같은 이해력은 갖추지 못했을 수 있다. 그러나 그는 협상가로서의 자신의 능력에 자부심을 갖고 역사적 책임감을 통감했다. 그리고 대다수 정치인들과는 달리 미리 작성된 협정서를 손에 쥐지 않고도 중요한 협상에 임하는 것을 두려워하지 않았다. 다른 사람들이 무관심이라고 오해했던 그의 침묵 시간은 아마도 전략이었을 것이다. 「워싱턴포스트(Washington Post)」의 칼럼니스트인 멕 그린필드(Meg Greenfield)는 자신의 깊이 있는 칼럼에서 레이건의 의사결정 과정이 미국 영화배우조합(Screen Actors Guild)의 회장으로 협상을 하면서 익힌 기술을 적용한 것이라고 설명했다. 그는 확고한 신념을 지니고 나타나 상대방이 그의 신념을 흔들려는 시도를 할 때까지 참을성 있게 기다렸다. 그리고 언제나 마지막 순간에 상대방의 구미를 당길 만한, '그러나 레이건의 본래 목적에서 한층 더 나아간 것으로 생각할 수 있는' 뭔가를 내놓았다.[17]

다음 날 아침, 미국 측 협상가들은 대통령에게 깜짝 놀랄 만한 협정이 거의 이루어졌다고 보고했다. 유럽에서 중거리 탄도탄을 완전히 철수하고 전략적 무기를 50퍼센트 감축한다는 내용이었다. 흥분한 레이건은 "진짜 기적이 일어나고 있다."라고 생각했다.[18] 레이건과 고르바초프는 아침식사 후 협상 자리에서 다시 만났다. 그들은 대표단을 놀라게 한 것만큼 세계를 놀랠 마지막 협정을 이룰 수 있을 거라는 기대에 휩싸여 출발을 늦추기로 합의했다.

논의는 빠른 속도로, 또한 거의 혼란스러울 정도로 진행되었다. 그리고 그 와중에 두 지도자는 대표단들을 핵무기 폐지에 대한 레이건의 꿈을 향해 몰아갔다. 그들은 처음에 유럽에서 미사일을 철수한다는 합의에 도달했다. 소비에트는 우랄 산맥 동쪽에 아시아를 목표로 하는 중거리 탄도탄 100대를 배치하고, 미국도 알래스카에 기지를 두고 아시아를 대상으로 한 미사일 100대를 보유하기로 했다. 그 밖의 다른 미사일들은 모두 철수하기로 했다. 레이건이 나토가 유럽에 있는 바르샤바의 대규모 군대에 대항하기 위해 전술상의 핵무기를 보유할 거라고 설명하자, 고르바초프는 그들의 재래식 병력 또한 더 큰 비율로 감축하겠다는 협상안을 제시했다. 전략적 무기를 50

퍼센트 감축한다는 협정이 거의 이루어진 것 같았다. 그러나 고르바초프가 또다시 미국이 탄도미사일 방위체제를 시험하지 않는다는 약속을 해야 한다고 주장했다. 레이건은 다시 한 번 그 체제가 양측의 안전을 위한 것이라는 사실을 납득시키려 노력했다. 두 사람 모두 입장을 바꾸지 않았지만 회담이 계속되어야 한다는 데에는 동의했다. 양측이 불가능한 일을 해결하기 위한 방법을 찾는 동안 두 지도자는 자리를 떠났다.

레이건의 승인 아래, 미국 측은 ABM 협정에 따라 SDI의 연구와 개발, 시험을 5년 동안 제한할 것이며 그동안 전략적 무기를 절반 수준으로 줄이겠다고 제의했다. 다음 해부터 두 나라 모두 탄도미사일을 점차 줄여나가 완전히 철수하기로 했다. 그 시점에서는 양측 모두 방위체제를 개시하지 않아도 되었다. 두 지도자가 협상을 재개했을 때 소비에트 측은 '공격용 탄도미사일'을 모든 핵무기를 포함한 '전략적 공격 무기'로 대신하겠다는 제안에 반대했다. 마침내 그들은 방위체제 시험을 허락하되, 실험실에서의 시험만 허용하겠다는 안을 제시했다. 우주공간에서의 시험은 계속 금지하기로 했다. 두 지도자는 불가능해 보이는 무기 감축 협상을 제의하는 동안, 또다시 상대방을 설득하려는 헛된 시도를 했다. 레이건은 고르바초프에게 모든 핵무기 폐지를 약속할 수 있다고 말했다.

러시아 지도자가 대답했다. "우리도 약속할 수 있습니다."

"그럼, 그렇게 하도록 하죠." 미 국무장관 슐츠가 끼어들었다.[19] 그러나 레이건과 고르바초프 모두 SDI에 대한 각자의 입장을 포기하려 하지 않았다.

미국 측은 '실험실'이라는 단어만 제외한다면 제안을 받아들이겠다고 했다. 고르바초프는 거절했다. 레이건은 "단어 하나가 골칫거리구나."라며 유감스러워했다. 갑자기 세상을 핵무기로부터 비롯한 멸망에서 자유롭게 하자는 협정이 문자 그대로 그의 판단에 달린 문제가 되었다. 그 협정은 소비에트가 재래식 병력에서 우위를 점하도록 양보했다는 이유로 서유럽에서 수많은 논쟁을 불러일으킬 수 있었다. 레이건은 진심으로 협상을 타결하고 싶었지만, SDI를 희생할 정도는 아니었다. 고르바초프는 협정을 맺는 대신 SDI를 포기하라는 제안을 레이건이 거절한 데 대해 "보이지 않는 힘이 갑자기 대통령을 억눌렀다."라고 말했다.[20] 그 힘은 거의 눈에 띄지 않았다. 레이건은 처음부터 SDI는 교섭수단이 아니라고 주장했다. 고르바초프가 단지 그 말을 믿지 않았을 뿐이다. 과감히 핵무기를 축소하더라도 다른 나라들이 위협을 가할 가능성이 있었다. 레이건에게 SDI는 언젠가 자신과 고르바초프의 평화협정에 동의하지 않는 지도자들이 위험한 핵무기로 세계를 위협할 경우를 대비한 방지책이었다. 게다가 그는 국민들에게 미국의 안전을 약속했다.

레이건은 "마음을 바꿀 수는 없겠습니까? (중략) 우리가 함께 세상에 평화를 가져올 수 있을 겁니다."라고 간청했다.

고르바초프가 대답했다. "그럴 수는 없습니다. 그러나 우리가 우주공간에서 연구를 금지하는 데 합의한다면 2분 안에 서명할 수도 있습니다." 이 말과 함께 두 사람과 측근들은 논의를 끝내고 떠날 준비를 했다. 방 밖에 있는 모든 사람들, 그리고 기자들조차 무슨 일이 일어났는지 알지 못했다. 레이건과 고르바초프가 모습을 드러냈고 레이건은 참모들에게 공동 성명은 없을 거라고 말했다. 모든 언론이 지켜보는 가운데 고르바초프는 레이건에게 "일이 원만히 해결되지 않아서 유감입니다. 내가 달리 무슨 일을 할 수 있었을지 모르겠군요."라고 말했다.

실망한 레이건은 "제안을 받아들이겠다고 할 수도 있었지요."라고 신랄하게 대꾸했다.

얼마 안 있어 언론과 온 세계가 두 초강대국들이 역사적 협정에 얼마나 가깝게 접근했었는지 자세히 알게 될 터였다. 물론 모두들 레이건의 굳은 표정과 낙심한 슐츠 장관의 짧은 언론 발표를 통해 뭔가 엄청난 일이 시도되었다가 성공하지 못했다고 짐작할 수 있었다. 대통령 전용기에서 레이건은 우울해 보였다. '세계를 다시 시작하기' 위한 힘이 거의 그의 수중에 들어왔다가 손가락 사이로 빠져나갔다. 그는 자신이 옳다고 확신했다. 그러나 잃어버린 기회를 몹시 슬퍼했다.

고르바초프는 소비에트의 국방비 지출을 줄이고 경제 개혁을 이룰 수 있을 협상을 고대하고 있었다. 소비에트의 최고사령관 아흐로메예프(Sergei Akhromeyev)는 그런 고르바초프가 군의 이익을 단념하지 못하도록 레이캬비크에 온 인물이다. 그는 좀 더 낙관적인 견해를 갖고 있었다. 그는 "양국이 먼 미래를 내다본다면 이것은 우리 관계에서 대단히 큰 발전입니다."라고 말했다. 레이건이 떠난 후 레이캬비크에서 가졌던 기자회견에서 고르바초프도 "레이캬비크 회담은 실패한 게 아닙니다. 이번 회담은 획기적인 성공으로, 우리가 처음으로 저 먼 곳을 바라보는 계기였습니다."라고 말했다. 낙담한 채 레이캬비크를 떠났던 레이건은 곧 낙관적인 태도를 회복하고 레이캬비크에서 언뜻 보았던 기회를 깨달았다. 그리고 대통령의 지위를 발판으로 삼아 세계를 변화시키기 위한 노력을 다시 시작했다.

고르바초프는 비록 SDI에 대한 레이건의 보증을 믿지 않았지만, 모스크바에 돌아와 레이건이 진심으로 초강대국 사이의 평화를 위해 헌신하고 있다고 확신했다. 그래서 그는 공산당 정치국에 SDI가 협정에 걸림돌이 되어서는 안 되며, 협정을 맺으면 이길 수 없는 경쟁에 무리하게 돈을 쏟아 부을 필요가 없다고 주장했다. 레이캬비크 회담 후 일 년이 지나지 않아 두 나라는 워싱턴에서 유럽의 중거리 탄도탄을 철수하고 역사상 처음으로 핵무기를 감축하는 데 합의하는 협정서에 서명했다.

고르바초프의 워싱턴 방문도 엄청난 홍보 효과가 있었다. 미국인들은 전임자들과는 딴판으로 그들의 수도에서 손을 흔들고 아기들에게 입을 맞추며 친근하게 거리를 걷는 매력적이고 현대적인 정치인에게 감동받았다. 누구보다 가장 감동한 사람은 왕년의 영화배우였던 미국 대통령이었다. 그는 같은 정치인으로서 고르바초프의 절묘한 정치적 재능을 존경했다. 더욱 중요한 것은 미국 시민들처럼 그도 고르바초프가 진심으로 평화를 원하는 사람이라고 믿었다는 점이다.

　레이건은 워싱턴 정상회담 6개월 전 베를린에 갔을 때 그렇게 믿었다. 그리고 고르바초프 스스로가 원하는 역사적인 인물이 되도록 격려하겠다고 결심했다. 베를린 장벽 앞, 브란덴부르크 문이 보이는 곳에 서서 레이건은 연설을 했다. 그 연설을 들은 참모들의 의견은 양분되었다. 일부는 초강대국들 사이에 조성되는 화해 분위기가 감정적이고 비현실적이며 과장된 연설 때문에 위태로워질 수 있다고 우려했다. 레이건의 생각은 달랐다. 눈앞에 있는 그 순간이 냉전과 유럽의 분열을 종식시킬 거라고 확신했다. 그는 그 순간을 위해 정부의 정책을 수립했다. 그리고 미하일 고르바초프에 대한 개인적인 호감이 어떤 것이든 간에 소비에트를 그들이 있어야 할 자리, 아니 사실대로 말하자면 항복하고 자유 진영의 평화안을 받아들여야만 하는 자리로 몰아넣는 데 주저한 적이 없었다. 그는 자신의 친구에게 둘의 행동이 역사에 미친 영향을 상기시키려 했다. 레이건은 말했다. "고르바초프 서기장님, 만일 평화를 원하신다면, 소비에트연방과 동유럽의 번영을 원하신다면, 자유를 원하신다면 이 문으로 오십시오. 고르바초프 서기장님, 이 문을 여십시오! 장벽을 허무십시오!"

　로널드 레이건의 무엇이 그에게 미래를, 대부분의 사람들이 전혀 가능성이 없거나 먼 미래의 일이라고 생각했던 미래를 보게 했는가? 무엇이 그에게 그처럼 어려운 결정을 내리고, 씩씩하게 좌절을 이겨내고, 비판을 가볍게 받아들이고, 반대에 자신 있게 맞설 힘을 주었는가? 나는 그것이 다른 무엇보다 그가 이룬 성공에서 비롯한 확신이라고 생각한다. 그는 자신의 국가와 가치를 믿었다. 미국이 역사에서 정의의 편에 서 있다는 것을 의심해본 적이 없었다. 미하일 고르바초프에게 자유의 힘에 대한 자신의 믿음을 알리는 것, 그것은 그가 자신의 역사적 책임이라 느낀 과제이자 자유세계의 지도자로서 집중해야 하는 문제였다. 그를 훌륭한 연설가로 만들고, 세계무대에서 지휘를 하고, 그의 친구 마가렛 대처의 말에 따르면 '총 한 번 발사하지 않고도 냉전에서 승리할 수 있는 사람'으로 만든 것은 바로 그 믿음이었다. 그리고 그의 친구 고르바초프가 이런 생각을 하게 만들기도 했다. "그가 없었더라면 무슨 일이 일어났을지 누가 알겠는가?"

레이건은 자유에 대한 믿음에서, 미하일 고르바초프에 대한 믿음에서 모두 옳았다. 그리고 "세상이 다시 시작될 시기가 가까워졌다."라는 확신에서도 그가 옳았다.

미하일 고르바초프는 곧 소비에트 관료들에게 일방적으로 소비에트의 재래식 병력만을 감축하는 협정을 받아들이라고 강요했다. 그는 아프가니스탄에서 모든 소비에트 병력을 철수하고 그 다음에는 다른 종속국에서도 철수하라고 재촉했다. 그리고 그들을 피폐하게 만드는 제국에 대한 헌신을 절제하라고 요구했다. 그는 1968년 봄, 소비에트 탱크가 프라하를 짓밟았을 때 처음 선언한 브레주네프 독트린(Brezhnev Doctrine), 즉 한번 소비에트제국에 속한 나라는 제국을 벗어날 수 없다는 내용의 정책을 다시 생각해봐야 할 때라고 주장했다. 그는 이런 힘든 결정들이 경제적인 측면에서 필요하며, 그런 결정을 내리지 않고서는 개혁도 구제도 없다고 역설했다. 소비에트연방 자체를 와해하거나 공산당이 소비에트의 지배권을 포기하게 만들 생각은 아니었다. 그러나 적어도 소비에트라는 국가가 존재하기 위해서는 당, 정부, 제국과 관련한 모든 것을 바꾸어야 했다. 마침내 피할 수 없는 시기가 다가왔을 때, 그는 동유럽의 자유를 무력으로 막을 것인지의 여부를 결정하는 기로에 섰다. 그리고 현명하게 행동해서 동유럽이 자유를 찾게 했다.

1988년 3월, 고르바초프는 유고슬라비아에서 유럽의 새로운 질서를 이야기했다. "우리는 유럽의 분열이 끝나기를 희망합니다. 우리에게 필요한 것은 정직과 효과적인 선린 정책입니다. (중략) 경제 동맹과 협력, 유럽 공동 시장을 향한 점진적인 발전은 유럽의 평화로운 미래를 위한 필수 조건입니다." 오랫동안 억압받던 동유럽 사람들은 그의 말을 믿었다. 제국은 무너졌다. 헝가리에서는 서기장 야노스 카다르(János Kádár)가 부분적으로 고르바초프의 개혁과 개방 정책을 받아들였다. 그러나 결국에는 즉각적이고 포괄적인 변화를 원하는 국민들의 요구를 만족시키지 못했다. 그의 뒤를 이은 그로스(Károly Grósz)는 야당을 합법화하고 개방적인 다당제 선거를 준비하기 시작했다. 폴란드의 계엄령은 1988년에 해제되었다. 다음 해, 폴란드 국민들은 자유노조를 선택한다. 야루젤스키는 사임해서 연립 내각의 하위 관리로서 자유노조와 협력하기로 했다. 폴란드 수상이 된 자유노조의 지도자 마조비에츠키(Tadeusz Mazowiecki)는 바르샤바 조약 국가 중 최초로, 공산당에서 자유로이 선출된 정부로 평화롭게 정권을 교체했다.

그해 5월, 헝가리는 오스트리아와 국경을 개방하기로 발표하고 즉시 절차를 밟기 시작했다. 동독과의 또 다른 국경에서는 사람들이 두 사회주의 국가를 자유롭게 오갈 수 있었다. 헝가리가 서쪽으로 탈출할 경로는 제공하지 않았기 때문에 동독 사람들의 이주를 막기 위한 벽은 필요하지 않았다. 국경이 개방되자 돌아올 계획이 없는 동독 사람들 수백 명이 '관광객'으로서 헝가리로 넘어갔다. 그들 중 일부는 동독으로 강제소환됐지만, 8월 무렵에는 망명자가 헤아릴 수 없을 만큼 증가했다. 이에 헝가리 정부는 헝가리에 입국하는 모든 동독 사람은 이제부터 원하는 나라로 자유롭게 여행을 계속할 수 있다고 발표했다.

불가리아, 체코슬로바키아, 루마니아, 동독 등 다른 유럽 정부들은 겁에 질렸다. 이대로 조치를 취하지 않고 내버려둔다면 자신들의 정권도 곧 위협받으리라는 것을 깨달았다. 체코슬로바키아로 여행을 간 동독 사람들은 동독 대사관을 피신처로 삼았다. 프라하에서 시위대 3,000명이 반정부, 반소비에트 구호를 외치며 1968년의 소비에트 침공을 규탄했다. 그들은 곤봉을 휘두르는 경찰이 개입하면서 해산했다. 헝가리와 폴란드에서 일어난 사건은 분명히 상황을 악화시켰다. 공산주의 지도자들은 불안한 기색으로 모스크바를 주시하며 브레주네프 독트린에 대한 더 이상의 도전은 허용할 수 없다는 뜻을 분명히 밝혔다. 중국은 잠시 천안문 광장의 민란을 묵인했다가 6월에 무자비하게 진압했다. 동유럽의 나머지 전통 공산주의 통치자들은 이제는 중국처럼 대응하는 게 적절하다는 점을 고르바초프에게 납득시키고 싶었다. 그러나 고르바초프 정부는 개입할 의사가 없음을 분명히 밝혔다. 브레주네프 독트린은 폐기되었다. 모스크바는 폴란드와 헝가리의 상황에 놀라움을 표시했다. 그러나 그들이 자국을 어떻게 통치할지, 어떤 정책을 따라야 되는지 지시하는 것은 더 이상 소비에트제국의 소관이 아니라고 공표했다.

1961년, 베를린 장벽 건설을 감독했던 에리히 호네커(Erich Honecker)는 1971년 당의 서기장이 된 이후로 동독을 지배했다. 그는 오랫동안 권력을 지킬 생각이었다. 그리고 서유럽이 전제정치의 상징으로 바라본 베를린 장벽이 사회주의 국가의 불가침의 상징으로 남기를 기대했다. 그는 고르바초프의 개혁을 경멸했다. 레이건이 베를린 장벽 붕괴를 요구한 지 일 년 반이 지났을 때 호네커는 장벽이 '50년이나 100년은 존속할 것'이라고 말했다.

1988년 10월, 동독이 건국 40주년 기념 준비를 하는 동안 호네커 정권은 민란의 징조를 경험했다. 민주주의 운동가들이 벌이는 시위가 동독의 몇몇 도시에서 거의 매주 일어났다. 호네커는 기념행사에 주빈으로 참석할 미하일 고르바초프와 그의 부인 라이자의 도착을 기다렸고, 그들이 모든 시위대와 멀리 떨어지도록 계획했다. 그러나 고르바초프가 동베를린에 도착했을 때 군중들의 열렬한 외침이 그를 맞이했다. "고르비, 우리를 도와주세요." 고르바초프는 호네커가 깨닫지 못한 것이 무엇인지 알고 있었다. 동독은 전 제국을 휩쓸고 있는 변화를 피할 수 없었다. 냉전은 끝났다. 6월에 그는 본으로 갔다. 그리고 서독 수상 헬무트 콜(Helmut Kohl)과 공동 성명을 발표한다. 그는 '유럽의 불화를 극복하기 위한 (중략) 최우선 과제'는 '모든 사람들과 국가들이 자유롭게 자신들의 운명을 결정할 수 있는 권리'가 존중받아야 완성된다는 데 동의했다. 고르바초프는 동독 공산당 정치국에서 연설을 하며 완고한 호네커를 겨냥한 말을 했다. "누구든지 현실이 보내는 신호를 간과해서는 안 됩니다. 적시에 대응하지 못하는 사람들은 그 현실 때문에 고통받을 겁니다." 모스크바로 돌아가기 전 그는 동독의 불안과 미래에 대해 한마디를 던졌다. "사람들 스스로가 결정할 겁니다."[21] 그리고 곧 호네커의 뒤를 잇는 에곤 크렌츠(Egon Krenz)의 말에 따르면, 탑승을 준비하는 동안 고르바초프는 크렌츠와 그가 신뢰하는 몇몇 독일 동지들을 향해 "행동하시오."라는 충고를 남겼다고 한다.[22]

결말은 빨리 찾아왔다. 고르바초프가 개혁을 받아들이라고 경고한 지 이틀 후인 10월 9일, 호네커는 그날 저녁 라이프치히 중앙광장에서 예정된 대규모 시위에 대비했다. 그는 그날 아침 중국 부총리 야오이린(姚依林)을 만났다. 아마 야오이린은 정부가 민란에 어떻게 대처해야 하는지에 관한 자신의 의견을 제시했을 것이다. 호네커는 회담을 마치고 나와서 정부는 '사회주의 체제를 위태롭게 하거나 그 업적을 중상하려는 (중략) 어떠한 시도'도 용납하지 않을 거라고 경고했다.[23] 그러고 나서 동독 군대에 라이프치히 시위자들을 엄중히 단속하라고 명령했다. 그 다음에 일어난 일은 확실히 알려지지 않았다. 다만 시위가 계속되었고 독일인 5만 명은 평화롭게 행진을 했다고 한다. 동독 군대는 병영에서 움직이지 않았다.

에곤 크렌츠는 라이프치히로 가서 개인적으로 호네커의 명령을 철회했다고 주장한다. 그의 말이 사실일지도 모르지만, 그것을 신뢰하기는 쉽지 않다. 크렌츠는 호네커의 총애를 받는 최측근이었다. 그러므로 민주개혁에 대한 호네커의 헌신은 그가 진심으로 마음을 바꾼 것이라기보다 기회주의적인 행동에 가깝다고 보는 편이 타당하다. 동독 군대에 배속된 소비에트 사령관을 통해 모스크바가 결정적으로 개입했음을 암시하는 기록들이 많다. 소비에트 사령관은 동독 군인들에게 시위대를 저지하지 말라고 충고했다고 전한다. 고르바초프는 동독에 있는 소비에트 사령관과 매일 연락을 취한 것으로 알려져 있다. 심지어 어떤 보고서는 소비에트의 탱크가 라이프치히 근처에 있는 동독군 병영의 입구를 봉쇄했을지도 모른다고 말하고 있다.

어떤 일이 있었든지 간에, 모스크바는 호네커 정권의 붕괴를 막으려고 개입하지 않았다. 다음 달, 동독 공산당 정치국은 긴급회의를 소집했다. 10월 13일, 정부는 이전 시위 때 체포되었던 수감자들을 석방했다. 16일에는 호네커가 사임하고 크렌츠가 정권을 계승한다는 발표가 있었다. 점차 규모가 커진 민주주의 시위는 거의 매일 일어났다. 11월 4일, 50만 명의 시위자들이 자유를 요구하며 동베를린 시내를 행진했다. 11월 9일, 정부는 지금부터 동독 국민들은 자유롭게 서독을 여행할 수 있다고 발표했다. 그로써 사태는 일단락되었다. 동독 당국은 아마 새로운 여행 법령이 어떻게 해석될지 예상하지 못했을 것이다. 그러나 동베를린 사람들은 어떤 일이 일어날지 알고 있었다. 그들은 반대쪽에 있는 동료 독일인들과 마찬가지로 베를린 장벽으로 몰려가서 자유의 축제 속에서 장벽을 허물었다. 수일 내에 동유럽의 또 다른 공산주의 정권이 무너졌다.

12월 3일, 몰타 섬에서 만난 미하일 고르바초프와 조지 부시(George H. W. Bush) 대통령은 냉전이 종식되었음을 공식적으로 선언했다. 1990년 10월, 독일은 다시 하나의 국가가 되어 나토 회원국으로 남았다. 다음 해, 고르바초프가 잠시 체포되었던 쿠데타는 실패로 끝나고 4개월이 지난 후 소비에트연방은 해체되었다. 미하일 고르바초프는 민간인이 되었고 이 신분은 오늘날까지 계속되고 있다.

그는 변화에 대한 자신의 헌신이 일련의 사건들을 일으키리라고는 예상하지 못했다. 그러나 그는 그것을 막으려 하지도 않았다. 역사는 그의 인내에 후하게 보답할 것이다. 그의 동반자가 된 사람, 로널드 레이건은 그 모든 일이 일어날 것을 알았다. 논쟁의 여지가 있는 대담한 정책을 시행해서 악의 제국의 종말을 앞당기기로 결정한 그조차 일이 진행되는 속도에 스스로 놀라기는 했지만 말이다.

  레이건이 상상했던, 그리고 고르바초프가 받아들이기로 한 세계는 아직 역사에서 완전히 자리 잡지 않았다. 부패한 지도층 아래에 있는 오늘날의 러시아는 레이건이 우리에게 무적이라고 보증했던 민주주의의 가치를 거의 존중하지 않는다. 그리고 가능하면 더 교묘한 방법으로, 필요하다면 위협과 협박을 해서라도 제국의 외형을 복구하려는 것처럼 보인다. 그러나 자유롭고 독립적인 국가들이 서로 평화롭게 지내는 세상은 총명한 이상주의자 레이건이 믿은 것처럼 아직 우리 힘으로 만들 수 있다. 그런 세상을 만들기 위해 우리에게 필요한 것은 신념과 용기이다. 여기에 의혹을 품는 사람들은 역사 속에 얼마나 많은 아이러니가 있었는지 깨달아야 한다. 그들은 장벽이 사람들을 갈라놓지 못할 거라고 믿는 나태한 몽상가로 조롱받았으나 현명하다고 입증된 한 사람을 기억해야 할 것이다.

Part 3

타이밍

— TIMING —

타이밍이 전부는 아니다. 아이디어의 질이 더 중요하다. 그러나 아직 그 아이디어를 시작할 때가 무르익지 않거나, 또는 현명한 결정으로 중요한 기회를 잡거나 재앙을 피할 수 있는 때를 놓쳐서 좋은 아이디어들이 실패하는 경우가 종종 있다.

얼마나 많은 사람들이 "이제 때가 되었다."라는 확신과 함께 계획을 실행하고, 생산을 시작하고, 제안을 하는가? 그런 호언장담은 너무나 많이 그리고 자주 있어서, 마치 모든 불완전한 생각, 쓸모없는 소비성 품목, 근거 없는 자신감, 무의미한 몸짓을 위한 때가 오고 있는 것처럼 보일 정도다. 설령 시간이 무한하다고 해도 그 모두를 실현하기에는 부족하다. 가엾은 빅토르 위고(Victor Hugo)는 "적의 침입에는 저항할 수 있지만, 현실화할 때가 된 아이디어는 막을 수 없다."라는 격언을 남겼다. 그러나 그는 헛된 희망에서 비롯한 무수히 많은 아이디어들도 막을 도리가 없을 거라는 사실은 상상조차 하지 못했을 것이다. 냉정하게 말하자면 바누아투(Vanuatu: 남서태평양에 있는 섬나라―옮긴이)의 군대―만약 그 나라에 군대가 있다면―가 무익한 아이디어들보다 더 가치 있는 존재이다.

타이밍이 전부는 아니다. 아이디어의 질이 더 중요하다. 그러나 아직 그 아이디어를 시작할 때가 무르익지 않거나, 또는 현명한 결정으로 중요한 기회를 잡거나 재앙을 피할 수 있는 때를 놓쳐서 좋은 아이디어들이 실패하는 경우가 종종 있다. 결정을 내린 사람이 뭔가 훌륭한 일을 할 수 있는 순간이 다가오거나 지나가고 있다고 감지했기 때문에 중대한 결정―개인적인 것이든, 직업적인 것이든, 역사적인 것이든 간에―이 더욱 큰 영향력을 미친 경우도 쉽게 찾아볼 수 있다. 당대의 정치적, 사회적, 군사적 발전 정도로 미루어보아 역사의 방향을 더 좋은 쪽으로 바꿀 중대한 행동을 할 때라는 것을 인식하는 정치인, 새로운 시장이 구체화되고 뿌리를 내리고 있다는 징후를 포착해서 소비자들조차 아직 깨닫지 못하는 수요를 처음으로 충족시키는 기업인, 약간의 지연성 반응이나 어깨의 미세한 통증을 최상의 기량을 보여줄 수 있는 시기가 끝났다는 신호로 해석하고 쇠퇴기에 은퇴하기보다는 절정의 순간에 은퇴하기로 결정하는 운동선수들이 좋은 예이다.

예지나 올바른 결정의 다른 특성들과 마찬가지로 정확한 타이밍 또한 정확한 인식에서 비롯한다. 상황 인식을 올바르게 한 의사결정자는 무엇이 필요한지를 깨닫고, 기회가 다가오고 있음을 볼 수 있다. 한시 바삐 결정을 내려야 하는 위기일지라도 결정을 내리는 사람이 상황이 그리 심각하지 않다고 인식한다면, 상황이 개선되거나 현명한 결정을 내리는 데 필요한 정보를 얻을 때까지 기다릴 수 있다. 반대로 그 위기가 앞으로의 일이나 추가 정보를 기다릴 수 없을 정도로 시급하다면, 지금 즉시 현재의 정보만으로 결정을 내려야 한다. 다른 사람들, 말하자면 결정에 관련되었거나 성공적인 결정을 내리기 위해 의사결정자가 동의를 구해야 하는 사람들이 결정을 받아들일 준비가 되었는지의 여부도 판단해야 한다.

대법원 판사 펠릭스 프랭크퍼터(Felix Frankfurter)는 브라운 사건[Brown v. Board of Education : 캔자스 주의 토피카(Topeka) 시 교육위원회는 교과 과정, 통학 수단, 학교 시설, 교사의 질, 교사 봉급 등의 유형적인 요소들은 다 동일하되, 교육 장소에 있어서만 백인 학생과 흑인 학생을 분리하는 초등학교를 운영하고 있었다. 토피카 시의 흑인 학생인 브라운은 이 법에 의해 백인 초등학교 입학이 불허되어 흑인 초등학교에 다녀야만 했다. 브라운은 소송으로 맞섰다. 유명한 '브라운 대 토피카 교육위원회' 사건은 3년을 끌었고 1954년 5월 17일, 연방대법원은 '공립학교의 인종 분리는 위헌'이라는 역사적 판결을 내린다—옮긴이]에서 올바른 결정을 내리기 위해 고심했다. 후세 사람들에게는 너무도 당연해 보이는 결정이 그때 그에게는 쉽지 않은 결정이었다. 유대인이자 미국 귀화시민이었던 그는 '미국 문화, 특히 공교육이 갖는 융화와 변화의 힘'을 진심으로 믿었다.[1] 그는 흑인을 법원 서기로 고용한 최초의 판사였다. 또한 개인적으로 사형제도를 혐오했지만 제도의 합법성은 지지했다. 그는 '사법 자제주의(judicial restraint)의 신봉자'이며 사법 행동주의(judicial activism)를 경계했다. 역사가 리처드 크루거(Richard Kluger)는 이런 글을 썼다.

> 펠릭스 프랭크퍼터에게 대법원은 성지이며, 그곳의 자원은 주어진 권력 이상의 무의미한 성명서를 발표하는 데 낭비하는 일 없이 검소하게 쓰여야 한다. 만일 법원이 존엄성을 유지하려면 법원과는 상관없는 장소, 즉 입법부의 전쟁터나 현재 정책이 만들어지고 있는 밀실에 발을 디더서는 안 된다. (중략) 법원이 논쟁에 휘말려서는 안 되며, 어느 한쪽이 이 나라의 헌법을 공공연히 위반했을 때만 영향력을 행사해야 한다.[2]

그에게 선례 구속성의 원리(하나의 판결이 정립된 후에 동일 또는 유사한 사건에서 선례로서 판단을 구속하는 원리—옮긴이)와 법원의 판결을 존중하는 일은 중요했다. 그러나 미국 시민 개개인의 권리만큼은 아니었다. 그래서 꼼꼼히 재조사하고 심사숙고한 끝에 법원의 플래시 대 퍼거슨 판결(Plessy v. Ferguson: 백인 전용칸 탑승 거부로 고발당하자 이것이 위헌이라고 주장한 흑인 호머 플래시와 지방판사 퍼거슨이 충돌한 사건. 분리한 시설이 서로 동등하면 흑인의 평등권을 빼앗은 것은 아니므로 위헌이 아니라고 판결났다—옮긴이)과 공교육의 인종차별을 정당화하기 위해 이용한 그럴듯한 '분리 평등(separate but equal)' 정책을 뒤집었다.

그는 다른 판사 네 명이 반대하는 가운데 플래시 판결을 뒤집기로 결정한 다섯 번째 판사였다. 가까스로 과반수가 넘는 판결이었다. 프랭크퍼터는 이성적으로 생각했다. 역사에 남을 만한 중요한 결정을 내리는 데 법원의 의견 대립이 그렇듯 첨예하다면 대중에게 판결의 설득력이 떨어질지 몰랐다. 판결에 크게 분노하는 지역에서는 간신히 과반수가 넘은 판결을 시행하는 일이 더 크고 완고한 반발에 부딪힐 우려도 있었다. 대법원장 프레드 빈슨(Fred Vinson)은 플래시 판결을 지지했으며, 그의 견해는 다른 판사 셋에게도 영향을 미쳤다. 프랭크퍼터는 지구전을 계획하고 법원의 판결을 다음 개정으로 교묘하게 연기시켰다. 다음 개정 때는 판사 구성에 변화가 생길지도 모르고 찬성표가 좀 더 많아지거나 어쩌면 만장일치로 결정될 가능성이 있다고 생각했기 때문이다.

9명의 판사들은 어느 쪽에 찬성표가 더 많은지 알고 있었다. 그러나 법원은 아직 비공식적인 투표도 하지 않은 상태였다. 프랭크퍼터는 양측 변호사들에게 몇 가지 질문을 더 하자고 제안했다. 급할 것이 없는 빈슨은 제안을 받아들였다. 법원의 다음 개정 즈음, 빈슨이 사망하고 얼 워렌(Earl Warren)이 후임자로 정해졌다. 프랭크퍼터와 워렌 두 사람은 만장일치의 판결로 플래시 판결을 뒤집기 위해 노력했다. 타이밍에 대한 프랭크퍼터의 날카로운 감각이 공정한 판결을 더욱 효과적으로 만든 것이다.

워렌은 '신중하고 천천히' 공립학교들의 인종차별을 폐지하라고 명령하는 법원의 의견을 문서로 작성했다. 프랭크퍼터가 대법원은 그 판결이 지체 없이 시행되기를 기대한다는 말을 강조하라고 워렌에게 권한 것은 그리 놀라운 일도 아니다. 그는 진정 신중한 헌법 지킴이이자 헌법에 명시된 정의의 가치 수호자이며, 나무랄 데 없는 타이밍 감각을 갖춘 인물이었다.

타이밍을 고려한 결정의 중요성은 어떤 특정 시기에 결정을 내리는 것이 다른 시기에 내리는 것보다 얼마나 더 효과적인지의 문제이다. 만일 브라운 판결의 경우처럼, 그 결정이 피해자들에게 오랫동안 고통을 준 부당함을 바로잡거나 다른 시급한 도덕적 문제들을 해결한다면 어떨까? 문제를 해결하기 위해 즉시 행동하는 것이 계획 중인 해결책에 좀 더 유리한 상황이 올 때까지 기다리는 것보다 더 많은 것을 얻을 수 있을까? 그런 결정을 내리려면 현명한 사람이 필요하다. 그리고 프랭크퍼터와 에이브러햄 링컨 같은 현명한 사람들은 후자의 길을 선택했다.

그리 중대하지 않은 문제라면 결정은 훨씬 수월하다. 만일 한 대학생이 전공 결정을 미루거나 혹은 의과대학 학생으로 정해진 진로를 따라가다가 자신이 엔지니어로서 훨씬 더 큰 성취감을 맛본다는 사실을 뒤늦게 깨닫는다면 어떨까? 그것은 앞의 경우만큼 중요한 일일까? 아마 그렇지 않을 것이다. 비록 시간과 비용을 다시 투자해야 한다 할지라도, 그 학생이 결정을 바꿀 수 없을 만큼 늦은 일은 없다고 생각한다. 오직 개인적인 일과 관련된 잘못된 결정은 일반적으로 너무 많은 손실을 입기 전에 바로잡을 수 있다. 그리고 이미 많은 손실을 입었을 때라도 그 결과가 돌이킬 수 없을 만큼 심각한 경우는 거의 없다. 인간은 강한 존재이며 곤경에 처했을 때 가장 강해지기 때문이다. 그러나 다른 사람들을 위해 결정을 내리고 타이밍을 고려하는 사람들은 훨씬 더 큰 부담을 느낀다. 때를 놓친 또는 성급한 결정이 다른 이들에게 피해를 끼칠 수도 있기 때문이다. 다른 사람들을 난처하게 만들었다는 죄책감을 동반한 후회는 더 견디기 힘들다. 그때는 타이밍을 결정하기가 훨씬 더 힘들어진다. 그러나 타이밍 때문에 심각한 잘못을 바로잡는 일이 지연되었더라도, 어떤 성공적인 결정에서 타이밍이 결정적인 요소였음을 보여주는 예는 역사 속에 무수히 많다. 우리는 그러한 딜레마에 관련한 논쟁을 신중하게 판단해야 한다. 그러나 나는 행동하기 위해 최선의 순간을 기다리기로 선택한 사람들이 가장 존경받고 칭찬받을 자격이 있는 의사결정자라고 생각한다. 그들은 옳은 일을 했으며 그들의 타이밍은 완벽했다.

인간들로 가득 찬 하늘

여러 직원들이 2002년 국방비 예산안 검토를 마친 후, 세출위원회가 자금 제공이라고 표시한 미심쩍은 사업 계획 목록을 나에게 넘겨줬다. 그중 상당수가 국방부가 요청하지 않은 것들이었다. 이것은 내가 있는 상원 사무실에서 모든 세출 예산안에 대해 늘 하는 일이다. 논쟁을 시작하기 전에 우리는 의심스러운 사업들을 조사해서 우리 사무실 웹사이트에 올리고, 세출 예산안에 추가된 항목을 몇 개 추린 다음 예산안에서 삭제하라고 권한다. 대다수 의원들은 으레 내가 제안한 수정안에 반대표를 던진다. 양당의 국회의원들은 자신들의 선거구와 주의 사업 자금을 책정하는 관례를 지지한다. 그것은 국회의원의 가장 큰 특권이며 재선에 중요한 역할을 하기 때문이다. 특정 포크배럴(pork-barrel: 연방의회의 의원이 선거구의 이익을 위해 정부 보조금을 획득하는 것—옮긴이) 예산이 그 수령인과 그것을 제안한 사람이 아닌 다른 누군가에게 이익이 되는지 따져보는 경우는 거의 없다. 이 점을 아는 국회의원들은 종종 예정된 수령인, 후원자, 진짜 목적, 또는 어느 회사가 거기서 이익을 얻는지에 대한 정보를 거의 알리지 않는 모호한 표현으로 해당 항목을 숨기기도 한다.

그러나 이번에는 매우 큰 규모의 예산안 하나가 즉시 내 주의를 끌었다. 공군에 300억 달러를 지급해서 노후한 급유 비행기들을 새로운 편대로 교체한다는 내용이었다. 먼저, 현재의 급유 비행기를 교체해야 한다는 사실을 납득할 수 없었다. 대다수가 40년 이상 사용되고 있기는 했지만, 조사 결과 더 이상 제 역할을 할 수 없다고 증명된 적은 없었다. 그 비행기들은 애초에 제트 폭격기 B-47과 B-52에 연료를 보급하기 위해 만든 것으로, 공군에서 가장 튼튼하고 믿을 만하다고 여겨지고 있었다. B-52 자체는 오래되었지만, 50년이 지난 지금도 사용 중이며 놀라울 정도로 잘 작동했다. 어째서 그 폭격기에 연료를 보급하는 급유 비행기를 바꿔야 한단 말인가? 공군과 국회의사당에서 새로운 급유 비행기를 지지하는 사람들은 현재의 항공기에 부식 문제가 있다고 주장했다. 이후 조사에서는 이것이 고의적으로 과장된 문제임이 밝혀졌다.

만일 부식 문제가 사실이고 긴급한 문제였다면 공군은 왜 연방의회에 제출한 예산안에서 항공기 교체 비용을 요구하지 않았을까? 나를 가장 괴롭힌 것은 그 의문이었다. 공군은 새 급유 항공기를 예산에 넣지도 않고, 국회가 추가 자금을 지원할 수 있을 경우 공군에서 원하는 물건이 무엇인지를 명시한 '일시차입' 항목에 포함시키지도 않았다. 이 경우는 공군이 새 급유 항공기를 구입할 여유가 없었기 때문에 이 안을 제출했고, 세출위원회가 10년 동안 100대를 임대하는 조건으로 새 급유 항공기를 들여오는 데 동의한 것이다. 임대 기간이 끝나면 공군이 급유 비행기를 제조회사에 반납하거나 추가로 비용을 지불하고 구입할 것이다. 내가 보기에 임대료는 터무니없었고, 계획 자체도 의심스럽고 베일에 가려 있었다. 견적서가 정확하다면 수명이 30년에서 50년인 비행기를 10년 동안 임대하는 비용이 구입하는 비용보다 더 높았다.

그때 상원 통상위원회(Senate Commerce Committee)의 의장직을 맡고 있던 나는 내 권한을 이용해서 공군과 국방부 계약업체의 제안과 관련된 서류를 소환했다. 또한 상원 군사위원회는 내 요청에 따라 공청회를 열고 새 급유 항공기 임대의 필요성과 계획 중인 임대의 실용성, 계약 조건, 임대를 계획한 계기를 조사했다. 국방부 감찰관의 조사 그리고 결국에는 법무부 검사들의 조사 결과 사실이 밝혀졌다. 그 계획은 767기 시장이 위축되고 있는 것을 우려한 보잉사(The Boeing Company)가 제의하고 공군이 쾌히 승낙한 것이었다. 공군과 보잉사 경영진이 주고받은 수백 통의 이메일로 정부와 기업의 부패에 관한 비화가 폭로되었다. 이것은 결국 공군 조달 담당 최고책임자와 보잉사 재무 담당 최고책임자의 유죄 판결로 이어졌다. 조사는 또한 공군장관과 하급자 서넛, 보잉사의 사장이 사임하는 결과를 낳았다.

조사에서 밝혀진 부정부패는 분명히 공군의 명예를 손상하고, 국방부의 조달 업무에 만연한 태만을 밝히는 데 일조했다. 게다가 한때는 긍지와 지조가 있던 업계 대표에 그림자를 드리웠다. 수익성 하락은 없었을지 모르지만 명성에는 분명히 금이 갔다. 같은 기간, 최대 경쟁사인 록히드마틴(Lockheed Martin)에서 문서를 빼돌린 혐의로 보잉의 직원들이 적발되고 회사에는 벌금이 부과되었다. 보잉은 오랫동안 최상의 품질과 청렴함, 과감한 혁신으로 명성이 자자했다. 그것이 제2차 세계대전 후 놀랄 만큼 성장한 항공기 산업에서 선두 자리를 지킬 수 있는 원동력이었다. 수년 동안 보잉은 경쟁자들보다 앞서서 상업 시장과 정부 시장의 요구를 예측했고, 엄격한 품질 기준이나 기업 윤리를 양보하는 일 없이 시장의 요구를 만족시켰다. 임대한 급유 비행기로 교체하려고 했던 항공기는 시장에서 707이라는 이름으로 더 유명한 보잉사 최대의 역작 KC-135였다. KC-135의 개발은 보잉 역사상 가장 자랑스러운 순간이며, 회사의 전설적인 사장이자 최고경영자인 윌리엄 맥퍼슨 알렌(William McPherson 'Bill' Allen)이 내린 가장 훌륭한 두 가

◆ 윌리엄 맥퍼슨 알렌(STF/직원, AFP/Getty Images).

지 결정 중 하나에서 비롯한 결과였다.

알렌은 그 자리를 원하지 않았었다. 그는 선임자인 필 존슨(Phil Johnson)이나 클레어 에그베트(Claire Egtvedt) 같은 기술자가 아니었다. 그는 분명 어릴 때부터 비행기광이 아니었고, 보잉의 전설적인 설립자 빌 보잉(Bill Boeing) 같은 선구자도 아니었다. 광산 기술자의 아들인 알렌은 몬태나의 시골에서 자랐다. 그는 사업을 이해했지만 사업가는 아니었다. 그는 변호사였고, 2년 전에 아내와 사별한 후로 어린 딸 둘을 혼자 힘으로 키웠다.

알렌은 하버드 법과대학원에서 공부했는데, 그의 말에 따르면 그곳에서 자신이 다른 학생들만큼 똑똑하지 않다는 사실을 알았기 때문에 "부족한 부분을 채우기 위해 전력을 다해 노력하기로 결심했다."[1] 1925년에 졸업한 그는 설립된 지 9년 된 보잉사의 법률고문으로 있던 시애틀의 법률회사 돈워스토드앤드히긴스(Donworth, Todd and Higgins)에서도 그런 마음가짐으로 일을 했다. 그리고 마침내 보잉사의 최고 외부 변호사가 되었다. 그는 신생 보잉사의 발전을 가속화한 여러 결정에 참여하다가 회사의 모든 계약과 자금 조달까지 감독했고, 1931년에는 이사가 되었다. 그의 동료인 필 존슨이 제2차 세계대전이 끝날 무렵 뇌일혈로 사망하자 보잉의 이사들은 몇 개월에 걸쳐 후임자를 물색했다. 그리고 회사의 변호사가 적임자라는 결론을 내렸다. 깜짝 놀라고 분명 우쭐하기도 했을 테지만, 어쨌든 그는 이사들의 제안을 거절했다. 다시 생각해보라는 이사들의 권고가 있은 후에 그는 일기에 제안을 받아들여야 하는 이유와 거절해야 하는 이유를 적었다.

거절 1. 내가 자격이 없다고 생각한다. 그것이 가장 결정적인 이유이다. 2. 헤쳐 나가야 할 문제들이 있다. 3. 근무 연수가 부족하다. 만일 성공하지 못한다면 나는 자리에서 물러날 것이다. 그러면 그때 무슨 일을 할 것인가? 4. 내가 육체적으로 그 일을 감당할 수 있을지 걱정스럽다. 5. 아이들과의 시간이 줄어든다. 맹세코 지금도 충분하지 않다.

승낙 1. 물질적 보상이 조금 더 커진다. 2. 그 일은 새로운 도전일 것이다.[2]

일기장에 쓴 긍정적인 면은 그 일을 수락하지 말아야 하는 타당한 이유들만큼 설득력 있어 보이지 않았다. 그러나 알렌은 수많은 위대한 결정 중 첫 번째 결정으로, 이사회의 제안을 받아들여 보잉의 네 번째 사장이 된다.

그가 "물질적 보상이 조금 더 커진다."라고 표현한 것은 겸손에서 비롯한 말이 아니었다. 그의 급여는 5만 달러로 법률회사에 있을 때보다 약간 많아진 정도였다. 오늘날의 화폐가치로는 50만 달러 정도 되는 금액이지만 그렇더라도 현재 최고경영자들이 수십만, 수백만, 수천만 달러에 이르는 천문학적인 수준의 연봉에 스톡옵션과 그 밖의 다른 혜택까지 받는 것에 비하면 얼마 안 되는 금액처럼 보인다.

직업에 대한 그의 태도 역시 시대에 뒤떨어진 듯 보인다. 추문과 윤리적

해이로 얼룩진 오늘날의 기업 풍토에서는 유감스럽게도 그런 접근법이 시대에 뒤떨어진 것이 사실이다. 그들은 오직 경제적으로만 혁신을 이루려 하며 고객들에게 더 나은 제품을 제공하려는 마음보다 주식 가격에만 집중하는 경영을 우선시한다. 오늘날의 수많은 기업들에게는 사업 다각화, 위험 회피, 합병이 주식시장을 만족시키고, 동시에 자사 중역들에게 아낌없이 제공되는 회사의 주가를 올리는 가장 쉬운 방법이다. 그동안 계속 개혁 의지를 보여주기는 했지만 보잉은 매우 성공적인 회사 그리고 존경받는 회사로 성장할 수 있었던 원동력인 회사의 관행을 이따금 무시하곤 했다. 여전히 높은 수익을 기록하는 동안 보잉이 세운 계획은 일찍이 '회사 전체의 자본이 소요된다 하더라도' 707항공기를 만들겠노라고 선언했던 빌 알렌을 경악시킬 정도였다.

보잉의 사장이 되기로 결정한 날 밤, 알렌은 최소한 자기 자신에게 부끄럽지 않을 만큼 그 일을 훌륭하게 수행하는 데 필요한 자질들을 목록으로 만들었다.

> 항상 냉정하기. 절대 화내지 말 것.
> 동료들의 의견에 관심 갖기.
> 너무 많이 말하지 않기. 다른 사람들의 이야기에 귀 기울일 것.
> 모른다고 인정하는 것을 두려워 않기.
> 사소한 것에 연연해하지 않기. 큰 그림에 집중할 것.
> 업계 사람들과 친분을 맺고 유지하기!
> 직원들의 관점을 이해하도록 최선을 다해 노력하기.
> 단호할 것. 망설이지 말 것.
> 행동할 것. 성취하고 앞으로 나아갈 것.
> 보잉이 전후에도 계속 성장할 수 있도록 기반을 다져놓을 것.
> 열심히 노력하고 장애물을 극복하기. 모든 일을 침착하게 받아들일 것.

무엇보다도 인간적일 것. 유머감각 유지하기. 긴장을 푸는 법 배우기.

공명정대하기, 솔직하기, 비판을 받아들이고 비판에서 배우기.

자신감 갖기. 일단 결정했으면 그것을 최대한 활용하기.

열정과 무한대의 에너지로 업무에 임하기.

보잉을 지금보다 더 훌륭한 회사로 만들 것.[3]

빌 알렌이 보잉의 경영권을 쥐었을 때, 회사는 중폭격기 사업을 하고 있었다. 초기에는 수상 항공기를 제조하다 이후 우편배달업에 뛰어든 보잉은 국회가 우편배달을 목적으로 항공기를 제조하려는 회사와 정부 우편 업무 계약을 맺지 않는 법을 통과시킬 때까지 사업을 계속했다. 보잉은 제1차 세계대전 후, 민간 항공 시장의 성장에 발맞추어 항공기를 생산했다. 1935년에는 엔진이 네 개인 '299'를 출시했고, 1939년에는 객실을 기밀구조로 만든 전설적인 최초의 여객기 '스트라토라이너(Stratoliner)'를 만들었다. 보잉의 '클리퍼(Clipper)'는 승객들에게 처음으로 대서양 횡단 서비스를 제공했다. 그러나 미국이 제2차 세계대전에 참전하면서 모든 상황이 바뀌었다. 보잉은 육군을 위해 가장 크고 강력한 폭격기인 B-17, 일명 '하늘의 요새(Flying Fortress)'와 사정거리가 더 길어진 B-29 '슈퍼 공중요새(Superfortress)'를 만들었다. 적군뿐만 아니라 모든 사람이 깜짝 놀랄 만큼 많은 양이었다. 전쟁 마지막 해, 보잉은 생산 라인에서 이들 폭격기를 매달 350대씩 생산하며 거대 기업으로 성장했다.

보잉은 전쟁 말, 정부의 중폭격기 주문 감소에 대비해서 차례로 인원을 감축하기 시작했다. 그러나 이사회 회장이 알렌을 사장으로 임명했음을 발표한 후 얼마 되지 않았을 때 육군항공대로부터 폭격기 생산이 보잉의 예상보다 빠른 시일 내에 대폭 감소할 거라는 통보를 받았다. 그달 B-29 주문이 50대로 줄었고, 다음 5개월은 월 생산량이 10대로 줄었다. 그 후의 주문 상황이 어찌 될지는 아무도 몰랐다. 회사는 이미 주문량만큼의 비행기가 있었다. 1945년 9월 1일, 사장 취임 첫날, 보잉은 15억 달러가 넘는 계약을 잃었고 시애틀과 위치토 공장은 생산을 중단했다. 직원 4만 명이 일자리를 잃었다. 제안을 받아들여야 하는 이유를 적은 빈약한 목록에 "그 일은 새로운 도전일 것이다."라는 항목을 포함시켰을 때 알렌은 그것이 얼마나 큰 도전일지, 얼마나 빨리 닥칠지는 상상하지 못했다.

그런데도 다음 날 그는 보잉의 고위 간부 회의를 소집해서 B-50, 그리고 그 뒤에는 B-29를 민간 여객기 '스트라토크루저(Stratocruiser)'로 개조하겠다고 발표했다. 최소한 50대는 만들어야 가격을 낮출 수 있었기 때문에 알렌은 50대를 개조하라고 지시했다. 그는 그 비행기가 크고 빠르고 항공거리가 길기 때문에 항공사들이 관심을 보일 거라고 생각했다. 그러나 주문을 전혀 받지 않은 상태에서 내린 결정이었다. 그것은 당시 항공기 업계에서 일을 진행하는 방식이 아니었다. 먼저 주문을 받고 그 후에 비행기를 만드는 것이 관례였다. 알렌은 선택의 여지가 없다고 생각했다. 직원 수천 명이 실직 상태였고, 그들의 가족들은 궁핍한 생활을 할 지경에 이르렀다. 그리고 보잉은 장기간의 휴업에서 살아남지 못할지도 몰랐다. 그는 모험을 하기로 했다.

1년 후, 보잉은 가까스로 새 여객기 55대를 팔았지만 알렌이 예상한 대로 1,300만 달러 이상의 적자를 냈다. 문제될 건 없었다. 그의 모험은 훨씬 의미 있는 방식으로 성과를 거두었다. 생산 라인을 가동하고 있고, 기술자들이 일을 하고 있었으며, 그의 회사는 건재했다. 보잉은 규모가 훨씬 작아졌지만, 그것도 잠시였다.

보잉은 제트엔진 폭격기를 만들게 된다. 1946년 3월, 공군은 전략공군사령부(Strategic Air Command)를 만들고 제트엔진 폭격기와 정찰 비행기들을 구입하겠다는 계획을 추진했다. 보잉은 서둘러 계약 입찰에 참여해서 B-47(고고도, 중거리용, 엔진 6기)로 계약을 따냈다. B-47은 공중 급유가 가능한 첫 번째 완성형 제트엔진 전략 폭격기였다. 첫 번째 시제품은 1947년 11

월 덴버에서 성공리에 시험비행을 마쳤다. 공군은 B-47을 14년 동안 사용하면서 같은 제품을 2,000대 이상 구입했다. B-47의 혁신적인 디자인은 아직도 현존하는 모든 대형 항공기의 기본형이다.

그러나 공군이 B-47의 능력에 완전히 만족한 것은 아니었다. 빠르기는 했지만 전략공군사령부는 해외에서 작전을 효과적으로 수행하기 위해, 미국 영토 밖에 기지를 둘 필요가 없는 장거리 폭격기를 원했다. 보잉은 그 조건을 충족시키기 위해 노력했다. 1954년, 공군은 보잉이 제조한 장거리 폭격기, '성층권의 공중요새(Stratofortress)' 라 불리는 거대한 B-52를 보유한다. 세상에서 가장 큰 이 폭격기는 50년이 지난 지금도 언제나 그랬듯이 훌륭하게 임무를 수행하고 있다. B-52가 이룬 여러 성과 중 한 가지는 빌 알렌을 항공기 업계의 가장 위대한 지도자로 만드는 데 일조한 것이다.

그는 승부사 기질이 있는 사람처럼 보이지 않았다. 숫기가 없고, 사려 깊고, 끈기 있고, 곧이곧대로 솔직하게 말했다. 친절하지만 사교적이지 않고, 보수적이고 신중하지만 소심하지는 않았다. 대머리에 키가 크고 몸이 야윈 파이프 담배 흡연자였다. 그는 그 당시 항공기 산업을 지배하던 위세 등등하고 대담한 사람들과는 거리가 멀어 보였다. 그러나 비록 차분한 태도에 가려 눈에 띄지는 않았지만 그에게는 배짱이 있었다.

그는 오랫동안 미뤄뒀던 보잉의 인사 정책 개혁을 시작해서 인사고과에 근속연한 대신 성과를 반영했다. 그의 개인적 윤리는 확고해서 자사 직원들에게도 엄격한 행동 규범을 강요했다. 경영진에게는 비행기 무료 탑승과 비행기 내 무료 음식을 거절하라고 지시했고, 영업사원들이 고객들에게 기념품 이상의 것을 제공하는 일도 금지했다. 그가 사장으로 재직하는 동안, 보잉 본사는 주 생산 공장과 자사 비행기를 시험하고 출고하는 데 이용하는 보잉필드 공항에 인접한 낮고 별 특색 없는 사무용 빌딩에 위치했다.

1949년, 알렌은 위치토 공장을 방문하는 동안 B-47의 조종석에 앉았다. 시애틀로 돌아갈 때는 B-47과 비교했을 때 기어가는 것처럼 보이는 대형 프로펠러기를 이용했다. 일설에 의하면 고속 제트 수송기를 만들겠다는 그의 결정은 대형 프로펠러기 안에서 민간 항공기의 미래—서민들을 위한 빠르고 편리한 장거리 교통수단—를 엿보았을 때 처음 구상한 것이라고 한다. 다음 해, 알렌은 제트 수송기 '코멧(Comet)'을 생산하는 영국의 항공기 제조회사 드 하빌랜드(de Havilland)를 방문했다. 알렌은 코멧의 디자인에 깊은 인상을 받았지만 무엇보다 비행기 제작이 거의 수작업으로 이루어진다는 사실에 놀랐다. 자본만 뒷받침된다면 보잉은 앞선 기술과 기계 설비를 갖춘 조립 라인, 최첨단기술을 이용한 풍동 시험으로 더 저렴한 비용에 영국 경쟁자를 앞지를 수 있었다. 그러나 보잉은 민간 항공기 사업계의 큰손이 아니었다.

알렌은 여전히 제트 여객기의 필요성을 인식하고 있었다. 공군이 그때 그 사실을 알았는지는 모르겠지만 그는 언젠가 공군이 보잉의 도움을 필요로 할 거라고 믿었다. 장거리 승객들을 대형 프로펠러기로 나르는 항공사들도 보잉을 원할 거라고 생각했다. 팬아메리칸월드항공사(Pan American World Airways)의 후안 트립(Juan Trippe) 같은 업계의 리더들도 무한한 가능성이 있는 사업에 자신감을 갖고 뛰어들었다. 그들에게는 비행기 여행을 일반적인 경험으로 만들 어떤 획기적인 일이 있음을 감지하는 능력이 있었다. 알렌은 세상은 좁아지고, 해외 시장이 개방되고, 기업들은 세계 시장의 동향을 주시하며, 미국 경제가 급속하게 팽창하고 있다는 사실을 알았다. 보잉의 여객기에 대한 수요는 분명히 존재했다. 여객기 항공사 경영진들이 그들에게 필요한 것이 무엇인지를 깨달았을 때, 알렌은 보잉이 그 요구를 충족시키는 첫 번째 회사가 되길 바랐다. 그는 지금이 계획을 진행할 바로 그 순간이라고 느꼈다. 그리고 그에게는 직감에 따라 행동하는 승부사 기질이 있었다.

알렌이 영국에서 시애틀로 돌아왔을 무렵, 한국전쟁이 일어났다. B-52의 최초 시험비행은 겨우 며칠 후로 예정되어 있었다. 그는 공군이 전시 수요에 맞춰 대형 폭격기 주문을 늘릴 거라고 믿었다. 따라서 시험비행을 성공리에 마쳐야만 했다. 1951년 말, 그해 보잉의 수익은 700만 달러로 추정되었다. 보잉의 회계사는 다음 해 수익은 배가 될 거라고 자신했다. 알렌은 제트 여객기 생산에 필요한 자본이 가까스로 마련될 거라는 걸 알았다. 그리고 공군이 일단 B-52로 비행하기 시작하면 연료를 주유받을 항공기만큼 빠르게 비행할 수 있는 급유 비행기 구입의 필요성을 인식할 거라고 확신했다.

보잉의 기술자들은 이미 제트 여객기 설계 도안을 그려놓은 상태였다. 그러나 도안대로 진행하느냐의 문제는 아직 공식적으로 보잉 이사회에 상정되지 않았다. 먼저 알렌은 비서에게 보잉의 고위 간부들에게 질문할 설문지를 작성하라고 지시했다. 설문지는 제트 여객기 제작 가능성, 예상 비용, 성능, 예상 시장, 제트 여객기를 생산하려면 회사운영에 어떤 변화가 있어야 하는지 등을 묻고 있었다. 경영진은 만족스러운 대답을 내놓고 만장일치로 그의 직관을 지지했다. 알렌은 1952년 4월 22일에 이사회를 열어 그 안을 상정했다.

새로운 비행기가 이사회에 선을 보였다. 긴 동체에 날개 후퇴각이 35도이고, 그 아래 프랫앤드휘트니(Pratt & Whitney) 엔진이 담긴 포드(pod)를 네 개 장착했으며, 연료와 군대, 민간인 승객을 나를 수 있었다. 그들은 가격에 충격을 받고 디자인에 또 한 번 놀랐다. 알렌은 최초 시제품에 들어가는 비용이 대략 1,500만 달러(오늘날 달러 가치로는 1억 1,000만 달러)이며, 보잉이 생산을 개시하면 공장을 근대화하고 조립 라인을 바꾸는 데 수천만 달러가 더 필요하다고 말했다. 그들은 "총액이 회사 가치보다 더 크다."라는 사실을 깨달았다.[4] 알렌은 국세청을 설득해서 투자세액공제를 받을 자신이 있다는 말로 그들의 우려를 조금이나마 덜어주었다. 이사회가 엄청나게 비싼 견본을 만들기로 결정한다면, 타이밍과 기회에 대한 빌 알렌의 직감에 의존하는 수밖에 없었다. 아직 시장은 존재하지 않았다. 제트 여객기를 만들겠다는 결정도 B-50을 만들기로 한 결정과 마찬가지였다. 공군이나 항공사의 주문이 전혀 없고, 심지어 비행기로 수익을 거둘 수 있을지 확신도 없는 상태에서 이루어졌다. 설사 민간 시장에 수요가 있다고 판명 나더라도 드 하빌랜드는 보잉보다 3년 앞서 시장에 진출한 상태였다. 만약 빌 알렌의 도박이 실패한다면, 그것은 회사의 파산을 의미했다.

시제품, 일명 대시(Dash) 80을 만들겠다는 결정이 1952년 8월 30일에 발표되었다. 보잉은 코멧보다 훨씬 크고, 빠르고, 항속거리가 긴 여객기를 만들기로 했다. 제조팀은 성곽 마을(Walled Village)이라고 불린 공장 단지 내에서 극비리에 24시간 밤낮없이 일했다. 2년이 조금 못 되어 대시 80은 비행 준비를 마쳤다.

1954년 5월 21일, 보잉의 최고 시험비행사 텍스 존스턴(Tex Johnston)이 알렌과 악수하고 자신의 자리로 올라가 비행기를 보잉필드의 활주로로 몰았다. 시제품은 공군의 폭격기가 아니라 민간 여객기라도 되는 듯이 노란색과 갈색으로 칠해져 있었다. 오후 2시 정각, 대형 엔진 네 개가 회전속도를 올렸다. 대시 80은 활주로 2,000피트를 질주한 뒤 떠올라서, 급격한 고도로 하늘을 향해 치솟았다. 뉴스 카메라, 기자, 보잉 직원, 공군과 항공사 대표들과 빌 보잉 그리고 빌 알렌은 대시 80이 모든 성능 검사를 여유 있게 수행하고 90분 뒤 안전하게 착륙하는 것을 지켜보았다.

존스턴은 수많은 관객들 앞에서 시험비행을 하는 동안 약간의 연출을 통해 회사가 비행기를 판매하는 데 도움을 주고 싶었다. 그는 계획에 없던 비행기 회전으로 모든 관객을 즐겁게 했다. 그러나 즐거워하지 않은 사람이 한 명 있었다. 그가 착륙하자 보잉의 한 임원이 알렌이 지금 바로 사무실에서 그를 보고 싶어 한다고 알렸다. 존스턴이 사무실로 들어섰을 때 알렌은 그를 따뜻하게 맞이하며 가족에 대해 물었다. 그리고 존스턴이 비행기를 회전시켰다는 말을 들었다며 이렇게 말했다. "그때 무슨 생각을 했소?"

조종사가 대답했다. "비행기를 팔고 있다고 생각했습니다."

"다시는 그러지 마시오. 그리고 당신 부인에게 안부를 전해주시오." 알렌이 날카롭게 말했다.[5]

항공기 시험비행이 있고 얼마 안 있어 공군이 마침내 구입 의사를 내비쳤다. 그러나 1956년 10월로 논의된 납품일을 맞추기 위해서 알렌은 정부가 최종결정을 내리기 전에 전 생산 라인을 가동하라고 명령해야만 했다. 비용을 충당하기 위해서는 보잉의 자체 자본을 사용할 수밖에 없었다. 공군은 록히드의 설계가 마음에 들었지만 록히드는 종이에 그린 설계도뿐이고 보잉은 실물 비행기가 있었다. 일 년 후, 공군으로부터 급유 비행기 주문서가 도착했다. 보잉은 생산 기간 동안 KC-135를 564대 만들기로 했다. 알렌의 전략적 도박 중 절반은 성과를 거두었다.

이제 알렌은 직원들에게 항공기 산업에 전념하라고 지시했다. 그는 공군이 제트 여객기를 도입했기 때문에 이에 자극을 받은 다른 항공사들도 제트 여객기를 주문할 거라 생각했다. 보잉은 KC-135를 만드는 데 쓴 똑같은 기계 설비를 이용할 수 있었다. 그 결과 다른 경쟁사들보다 시간적인 면에서 유리했다. 그러나 KC-135를 707로 개조하려면 설계도의 상당 부분을 변경해야 하고, 아울러 항공사의 세부조건을 만족시키기 위해서는 비행기의 모든 부품을 그 기준에 맞추어야 했다. 가장 노련하고 성공한 민간 여객기 제조회사 더글러스항공사(Douglas Aircraft Company)가 모양이 707과 거의 흡사한 제트 여객기 DC-8을 만들기 시작했고, 드 하빌랜드의 코멧은 출시를 앞두고 있었다. 보잉은 경쟁 업체들보다 앞서기 위해 전력을 다해야만 했다. 707의 초기 예상 비용은 한 대당 백만 달러로 항공사들이 지불하고자 하는 금액보다 큰 액수였다. 알렌은 제조팀에게 설계상 변경해야 하는 부분은 모두 변경하고 항공사들이 제시하는 만큼 비용을 낮추어 생산하라고 지시했다.

더글러스와의 경쟁은 치열했다. 더글러스의 판매팀은 민간 항공용 비행기를 판매한 경험이 훨씬 더 풍부했으며, 어떤 항공사가 어떤 조건을 내놓든 받아들일 수 있다는 이점이 있었다. 종이 위의 비행기가 전부라서 고객의 희망사항을 충족시키기 위해 원하는 대로 변경할 수 있었던 것이다. 보잉은 이미 시제품이 있었다. 따라서 그런 식으로 변경하기가 훨씬 힘들고 비용도 많이 들었다.

빌 알렌과 후안 트립은 서로를 좋아하고 존경했다. 트립은 팬아메리칸월드항공이 승객들에게 제트 서비스를 제공하는 최초의 항공사가 되기를 원했다. 그래서 제일 먼저 707 20대를 주문했다. 그러나 그는 동시에 DC-8 25대도 주문했다고 발표했다. 더글러스의 비행기는 팬암의 요구사항을 더 충실히 반영했다. 폭이 조금 더 넓어서 더 많은 승객을 탑승시킬 수 있었던 것이다. 뒤이어 유나이티드항공(United Air Lines)도 DC-8 30대를 주문했다. 항공사들은 더글러스와의 거래가 더 익숙했다. 보잉이 수익성이 더 높은 정부와의 계약을 따는 데 집중하는 동안 더글러스는 당시 이용하는 비행기 대부분을 만들었다. 빌 알렌은 보잉이 번영하려면 반드시 민간 시장을 확보해야 한다는 사실을 알았다. 그래서 그는 항공기 산업의 선두주자가 되겠다고 마음먹었다. 보잉에는 비행기가 있고 더욱 빠른 시일 내에 납품할 수 있었다. 이제 남은 일은 자사의 비행기가 주요 경쟁사 못지않게 유용한 제품이라는 것을 고객들에게 입증하는 것이었다. 그러나 그러자면 비용도 많이 들고 또 한 번 대담한 결정을 내려야만 했다.

아메리칸항공은 외국 항로 때문에 더 길고 넓은 비행기를 원했다. 더글러스는 원하는 비행기를 제공하겠다고 약속했다. 알렌은 이미 생산 단계에 있는 비행기를 고수할 것인지, 아니면 아메리칸항공이 원하는 대로 모든 줄의 좌석을 6개로 늘릴 수 있는 큰 비행기를 만들 것인지를 결정해야 했다. 회사는 이미 생산비 때문에 자본이 거의 바닥났지만, 그럴 경우 다시 엄청난 비용을 감당해야 했다. 그렇지만 그는 그렇게 하기로 결정했다. 아메리칸항공의 중역들은 여전히 더글러스의 설계를 더 마음에 들어 했지만 알렌은 더글러스가 시제품을 만들기 전에 비행기를 배달하겠다고 약속했다. 보잉은 계약을 따냈다.

1958년, 후안 트립이 최초로 707기를 운행했다. 제트 여객기 시대가 열린 것이다. 비행거리가 가장 길고, 운항고도가 가장 높은 707은 시속 966킬로미터로 비행하는 전 세계에서 가장 빠른 제트 여객기였다. 탑승 인원은 코멧의 두 배인 200명이었다. 더글러스는 결코 따라잡을 수 없었다. 1967년, 맥도넬항공(McDonnell Aircraft Corporation)이 DC-8을 구입했다. 그러나 판매량은 여전히 제조비용을 충당하기에 충분하지 않았다. 신중하고 유능한 변호사가 절묘하게 시기를 맞춘 한 번의 훌륭한 선택으로 보잉은 국내 최대 정기 여객기 제조회사로 도약하는 중이었다.

근대의 후임자들은 유럽 중단거리 비행기와의 경쟁 속에서 빌 알렌이 결정했던 회사 방향을 틀었다. 그들은 민간 항공기 사업 대신 군대와의 계약에 의존하기 시작했다. 그리고 그 계약에 지나치게 의존한 결과 형편없는 결정을 내렸고, 알렌이 심히 부끄러워할 정도의 윤리적 잘못을 저질렀다. 회사는 발전했다. 이제는 알렌을 업계 최고의 승부사로 만들고 보잉을 세계 최대의 항공기 제조회사로 만든 사업의 미래를 다시 짚어보아야 할 때이다.

1965년, 알렌은 알래스카로 낚시여행을 가던 중 친구이자 같은 승부사인 후안 트립과 707의 대중화에 뒤따른 해외여행의 급증을 이야기했다. 트립은 그해 3,500만 명이 해외여행을 한 것으로 어림잡고, 해외여행객 수가 15년 내에 200퍼센트 증가할 거라고 예상했다. 비행기를 이용한 대중들의 해외여행은 그가 예상한 만큼 확대될 게 분명했지만 거기서 수익을 내려면 더 큰 비행기가 필요했다. 그는 알렌에게 상업적으로 비행할 수 있는 기간이 7년밖에 안 되더라도 707보다 2.5배 더 큰 제트 여객기 두 대가 필요하다고 말했다.

"자네가 그런 비행기를 만든다면 내가 구입하겠네." 트립이 친구에게 말했다.

"자네가 구입한다면 내가 만들어보지." 알렌이 대답했다. 대담하고 시기적절한 또 하나의 결정이 초대형 제트 여객기 보잉 747을 탄생시켰다. 보잉 747은 대중의 해외여행 시대를 열었으며, 빌 알렌이 예상한 대로 세계를 더욱 가깝게 만들었다.[6]

면도기가 아닌 면도를 판매하라

킹 캠프 질레트(King Camp Gillette)는 특히나 눈부신 통찰력의 소유자였다. 그의 통찰력은 그의 머릿속에서 슬며시 떠오르거나 서서히 형태를 갖추는 법이 없었다. 그의 말에 따르면, 갑자기 어떤 비전이 떠올라 완벽하게 형태를 갖춘 다음 공식적으로 발표할 수 있을 만큼 정리가 되었다고 한다. 그는 매번 어떤 비전이 떠오를 때면 마치 이마에 전기라도 맞은 것처럼 흥분했다. 그리고 그때마다 이렇게 과장된 감탄사를 내뱉었다. "이것은 분명 산업에 대한 우리들의 관념을 변화시킬 것이다. 우리 운명은 결정되었다." 사람들이 말하는 그의 특성에 약간의 희극적 매력이 더해진 데에는 아이디어에 대한 이런 열정도 한몫했을 것이다. 그는 열정에 완전히 압도된, 모순으로 가득 찬 별난 인물이었다. 또한 이상향을 꿈꾸는 사회주의자이자 활동적이고 유쾌한 자본주의자라는 서로 상반된 두 가지 정체성을 똑같이 열심히 추구할 수 있는 사람이었다. 이 점은 무척 흥미롭다. 그는 현실적이지만 이상적이고, 걱정이 가득하지만 낙천적인 미국인의 전형이었다. 그에게는 공상적인 비전과 날카로운 통찰력을 기반으로 한 비전, 두 가지가 있었다. 이상향에 대한 계획은 앞쪽 범주에 속했다. 그러나 미국의 상업을 영원히 바꾼 것은 물질적 성과이자 사업전략이었던 그의 유명한 발명품과 그것을 실현하기 위해 오랫동안 헌신하기로 한 그의 결정이었다. 그리고 아마도 그 현실적인 비전이 그의 특성에서 명백하게 다른 두 가지 측면들을 하나로 묶고, 그가 회의론자들의 비난을 금세 이겨낼 수 있었던 이유일 것이다. 킹 질레트는 변화를 좋아했다. 그리고 그에게는 변화에 대한 본능, 즉 시간과 가능성에 대한 사업가의 감각이 있었다. 그런 본능이 있었기에 세기가 바뀔 즈음의 미국 상업에서 그가 사회적 개혁가라고 믿었던 뛰어난 혁신자가 될 수 있었다. 그리고 그 덕분에 그의 호언장담이 허세로 끝나지도 않았다. 그는 실제로 산업에 대한 우리의 관념을 변화시켰고 그것을 운명으로 만들었다.

그의 가족이 잠들지 않는 사업과 개혁의 도시 시카고로 이주한 것은 1859년, 킹 질레트가 4살 때였다. 전직 특허변리사이자 아마추어 발명가였던 아버지 조지는 철물도매업을 했다. 강인하고 진취적인 어머니 파니는 30년 이상 요리법을 모으고 직접 만들어본 후 오늘날까지도 출판을 거듭하며 판매되고 있는 『백악관 요리책(The White House Cookbook)』을 공동 집필했다. 질레트의 전기 작가인 러셀 애덤스(Russell Adams)는 킹 질레트가 '평생 동안 능률을 신조로 생각하고 시간낭비에 반감'을 가진 데에는 어머니의 영향이 컸다고 말했다.[1]

질레트와 다른 두 형제 조지와 모트는 1871년 시카고 대화재 전에 시카고에서 고등학교를 다녔다. 그들은 다른 곳에서 운명을 개척하자고 아버지를 설득해서 뉴욕으로 이사했다. 아버지와 두 형은 뉴욕에서 함께 철물점 사업을 시작했다. 17살 때 자신의 길을 간 킹은 처음에 경쟁 철물도매업자의 점원으로 일했다. 21살에는 외판원으로서 첫발을 내딛었는데, 이것이 30년 넘는 세월 동안 그의 생계수단이 되었다. 근면하고 총명하고 매력적인 질레트는 뛰어난 외판원이었다. 그와 일한 고용주들 모두 철물에서부터

◆ 킹 캠프 질레트(ⓒBettmann/CORBIS).

가정용 청소기, 병마개에 이르기까지 모든 것을 팔 수 있는 그의 재능을 알아보고 그에 보답했다.

부모님에게서 독창성을 물려받은 그는 물건을 만들거나 자신이 판매하는 기계용품을 개선해서 특허를 취득하며 여가시간을 보냈다. 그는 나중에 "그것으로 돈을 번 것은 내가 아니라 다른 사람들이다."라고 말했다.[2] 그중에서 가장 눈에 띄는 특허는 맥주통의 내구성을 높이고 맥주를 따를 때 사용하는 수도꼭지-밸브 시스템을 개선한 것이었다. 이곳저곳 돌아다니는 외판원 생활에는 시간적 여유가 거의 없었다. 상당히 많은 수입이긴 했지만 그것만으로는 발명품을 개발해서 시장에 내기도 여의치 않았다. 그러나 질레트는 끈기, 자신감, 호기심, 상상력 등 끊임없이 노력하는 데 필요한 모든 특성을 지니고 있었다. 때로는 좌절하기도 했지만 제품 개발로 성공하기 위한 노력을 계속했다. 그리고 제품의 수요를 파악하는 것만큼, 판촉전략, 특히 유료 광고의 중요성을 재빨리 파악했다.

그는 1890년에 엘라 게인스와 결혼하고, 다음 해에는 볼티모어실컴퍼니(Baltimore Seal Company)의 뉴욕과 뉴잉글랜드 지역 영업사원이 되었다. 회사의 설립자이자 사장인 윌리엄 페인터(William Painter)는 즉시 새로운 스타 영업사원에게 호감을 가졌고, 질레트는 페인터가 자신과 관심사가 같다는 사실을 알아챘다. 페인터도 질레트처럼 보기 드문 독창성과 추진력을 가진 사람이었다. 페인터는 이미 자신의 발명품으로 부를 이뤘다는 점만이 달랐다. 질레트는 그를 존경했고 그가 젊은 후배에게 아낌없이 던지는 조언을 귀담아들었다.

질레트는 상업에 혁명을 일으키는 어떤 아이디어가 떠오르기 전까지, 꼭 필요한 일회용품이라는 모순적인 물건에 상상력을 집중할 수 있었던 것은 페인터 덕분이라며 평생 동안 고마워했다. 질레트가 볼티모어실컴퍼니에서 일한 지 얼마 안 되었을 때 페인터는 최근 시장에 내놓은 자신의 제품을 기리는 뜻에서 회사 이름을 크라운코르크앤드실컴퍼니(Crown Cork and Seal Company)로 바꾸었다. 페인터가 그 발명품으로 특허를 받기 전에는 재사용 가능한 고무마개를 철사로 고정시켜 탄산음료 병을 밀폐했다. 페인터는 값싸고 뛰어난 일회용 물품이자 대용품을 고안했다. 바로 코르크로 속을 채운 주석 병마개로, 아랫부분이 구불구불해서 뒤집힌 왕관처럼 보였다. 일단 음료수병을 열면 소비자가 다시 봉할 수 없었기 때문에 뚜껑은 그냥 버려졌다. 그러나 왕관 모양 병뚜껑은 이전 제품보다 훨씬 저렴해서 청량음료 제조업자들이 앞 다투어 주문했고, 재주문이 줄을 이었다. 고무마개는 이제 쓸모가 없어졌다. 크라운코르크앤드실컴퍼니는 성장에 성장을 거듭했다. 그 병마개는 20세기에 비틀어 여는 뚜껑이 발명될 때까지 업계의 표준으로 군림했으며, 회사는 「포춘(Fortune)」이 선정한 500대 기업에 들어 오늘날까지 그 자리를 지키고 있다.

19세기의 미국인 대부분은 여전히 사치품을 경시하는 검소한 사람들이었다. 그들은 가급적 물건 구입을 삼갔다. 그리고 본인들이 적은 시간과 노력으로 직접 할 수 있는 일은 서비스업을 이용하지 않았다. 또한 소유한 사람이 세심히 관리하면 오랫동안 사용할 수 있는 튼튼한 제품을 높이 평가했다. 그러나 미국은 변하고 있다. 인구는 늘어나고 더욱 부유해졌으며, 도시는 더욱 혼잡해지고, 국경도 확실하게 자리를 잡았다. 미국생활의 가장 큰 매력인 사회적 이동은 이전보다 더욱 수월해지고 제약도 훨씬 줄어들었다. 미국 중산층은 번영하고 있으며, 평균 미국인의 생활수준 역시 향상했다. 예나 지금이나 미국인들은 세계에서 가장 부지런한 사람들에 속한다. 그리고 확대된 부가 사람들을 더욱 한가하게 만들었지만, 휴식을 추구할 때조차 언제나 서두르고 바쁜 것이 특징이다. 소득이 늘어나면 편리함에 대한 욕구도 커진다.

윌리엄 페인터는 적절한 시기를 감지하는 재능이 있었다. 그의 유능하고 의욕적인 직원 킹 질레트도 같은 재능이 있었다. 고용주와 고용인은 서로 교제하는 것을 즐거워했으며, 질레트는 페인터의 여름 별장에 자주 초대받았다. 그러던 중 한번은 질레트가 그의 특허발명품들이 물질적 보상 측면에서 만족스럽지 않다고 말했다. 그러자 페인터는 자신의 방법을 따르라고 충고했다.

"한 번 사용하면 버리고 고객이 계속 재주문을 해야 하는 크라운 코르크 같은 것을 생각해보면 어떻겠나?" 페인터가 조언했다.

"그렇게 말하기는 쉽지만 코르크나 핀, 바늘 같은 것들이 과연 얼마나 있겠습니까?" 질레트가 대답했다.[3]

처음 보인 반응과 달리 질레트는 그 조언을 마음속에 새겼다. 그리고 그의 가장 큰 특징인 끊임없는 상상력을 이용해서 아이디어를 현실화시킬 실제적인 적용방법을 찾으려고 노력했다. 그가 닮고 싶은 성공한 고용주의 제품을 판매하기 위해 한 장소에서 또 다른 장소로 이동하며 기차로 미국 북동부 지역을 여행하는 동안, 나만의 크라운 병마개를 발명하겠다는 생각은 강박관념이 되었다. 그는 나중에 "나는 모든 물건에 아이디어를 적용했지만 아무런 성과가 없었다."라고 썼다.[4] 그렇지만 일회용 제품을 만들려는 노력을 게을리 하지 않았으며, 한편으로는 그의 또 다른 원대한 집념인 사회개혁에도 몰두했다.

그 당시 기준에서 보면 영업사원으로서 그의 재능은 충분한 대가를 받았다. 그러나 진취적인 그의 가족과 자신의 견해로는, 다른 사람의 물건을 판매하는 능력이 아무리 뛰어나도 성공하기에는 역부족이었다. 페인터의 회사에 일자리를 얻었을 때 질레트의 나이는 36살이었고, 같은 해 외아들인 킹 게인스 질레트가 태어났다. 좀 더 안정된 생활을 원하는 남편이자 아버지에게 쉴 새 없이 계속되는 여행은 이전만큼 매력적이지 않았다. 그러나 그는 가족을 부양해야 하는 의무감 때문에 여행을 계속했다. 그가 느낀 좌절감은 분명 더 나은 사회를 구상하는 일에 많은 자극이 되었을 것이다. 그러나 그런 목표를 추구하는 동안, 자유시장 경쟁의 위험에 대한 과도한 상상력이 질레트가 영업사원으로서 보여준 인간 본성에 대한 해박한 지식을 압도했다.

평소와 마찬가지로 완벽한 사회에 대한 그의 사상이 어떻게 시작되었는지 설명하던 질레트는 갑자기 어떤 깨달음이 머리를 스쳤다고 주장했다. 진실을 말하자면, 그는 하나님의 역할을 대신해서 그가 그리는 완벽한 사회에 걸맞게 인간의 본성을 만들 생각이었다. 어느 비 오는 날 아침, 그는 펜실베이니아 주 스크랜턴에 있는 호텔에서 창밖을 바라보았다. 고장 난 식료품 수레가 길을 막고 있어서 다른 수레와 사람들이 멈추었다. 러셀 애덤스에 의하면, 그는 "곧 고장 난 수레로 운반되던 식품들의 모든 최종 목적지 그리고 경로를 거슬러 올라가 그 식품들의 출처까지 상상했다. 그 순간, 세상의 정치와 산업이 별개의 조직으로 나누어져야 한다는 이전의 견해가 마음속에서 사라졌다. 그리고 '산업에 대한 인간의 개념은 바뀌도록 운명 지워졌다는 생각'이 그 자리를 채웠다. (중략) 전체로서의 산업은 하나의 거대한 메커니즘으로 움직이며, 모든 국가의 정부와 사회적, 정치적, 산업적 경제 연합 시스템을 포함한다."[5]

어떤 비전을 혼자만 간직한 적이 없는 질레트는 곧 자유시장 자본주의에 내재된 경쟁이 사회적, 경제적으로 파멸을 초래한다고 비난하는 책을 쓰기 시작했다. 그는 당시의 이상주의적 몽상가들이 쓴 책뿐만 아니라 자신의 경험적 지식에서 영향을 받았다. 그는 모든 사람들이 하나의 공유기업에서 일을 하고, 이 기업이 모든 산업을 관리하게 하자고 제안했다. 그리고 당시 6,000만 명이었던 전 미국인들이 나이아가라 폭포 근처 마천루에서 평화롭게 사는 꿈을 꾸었다. 나이아가라 폭포는 새로 통합된 국가에 풍부한 수력발전 자원을 제공해줄 수 있었다. 그는 자신이 생각한 고층 거대도시의 삽화를 책에 포함시켰다. 그리고 자신이 제안하는 세계 공동체에서는 "이기심이라는 것을 알지 못하며, 전쟁은 과거의 야만으로 남을 것이다."라고 단언했다.

다른 비전들과 비교했을 때, 질레트의 비전은 분명히 포괄적이었다. 우스꽝스럽고 의욕적인 그 비전은 1894년 『인간 표류(The Human Drift)』가 출판된 후에 그 책을 찬양했던 다른 동료 개혁자들과 신진 사회주의자들에게는 명백하지가 않았다. 질레트는 곧 19세기 사회개혁 운동에서 비주류 유명인사로 떠올랐다. 그의 사상은 주요 급진적 잡지인 「20세기(Twentieth Century)」에 자주 실렸고, 개혁가들은 자본주의의 잘못을 바로잡는 운동의 정치적 지도자 역할을 맡으라고 그를 부추겼다. 질레트가 그들의 운동에 전적으로 전념할 수 없었던 것은 분명 그에게나 나머지 미국인들에게나 다행스러운 일이었다. 그의 비범한 재능은 실용적인 노력에 더 적합했다. 그리고 만일 자신의 또 다른 집착 대상으로 돌아가지 않았다면 결국에는 좌절감에 숨이 막힐 지경이었을 것이다.

물론 자본주의의 약탈에서 인간성을 회복시키겠다는 그의 열의는 헛된 일임이 밝혀진다. 그러나 실로 운명의 변덕은 재미있다. 자신만의 병마개를 찾겠다는 그의 완고한 결심은 인류의 작은 불행을 덜어주고, 만족한 고객 수백만 명에게서 감사 인사를 받는 계기가 된다.

영국의 낭만주의 시인 바이런은 자신의 풍자시 「돈후안(Don Juan)」에서 매일 하는 귀찮은 일인 면도를 여성이 분만 중 느끼는 고통에 비유했다.

> 그들의 원죄로 출산의 고통을 선고받았다.
> 면도 또한 턱에 내려진 숙명,
> 일상의 골칫거리, 이 모두가 하나로 모였을 때
> 대체적으로 산고와 비슷할 것이다.

이런 견해는 19세기 초의 많은 사람들, 특히 이발사의 기술에 의지하지 않고 직접 면도를 하는 사람들에게서 공감을 얻었다. 면도는 전문가들에게 맡겼을 때 최상의 결과를 내는 작업이었다. 셰필드(Sheffield) 강철을 날카롭게 간 날로 얼굴과 목의 수염을 조심스럽게 깎는 일에는 정교한 솜씨가 필요했다. 덜렁대거나 서투른 사용자들이 살인면도기라는 일자면도기의 별명이 얼마나 적절한지를 증명하는 일이 없도록 말이다.

유행은 돌고 돈다. 남자의 수염도 다르지 않다. 그러나 남자들이 수염을 다듬는 방법은 일시적인 기분보다 필요에 따라 변할 때가 훨씬 많다. 원시인들은 수염에 이나 다른 해충들이 들끓는 것을 막기 위해 대합조개 껍질을 간단한 족집게처럼 사용해서 한 번에 수염 한 가닥씩을 뽑았다고 한다. 수염을 뽑지 않고 자르려는 초기 시도에서는 부싯돌이나 흑요석 같은 단단한 돌이 널리 이용되었다. 금속 가공이 발달한 고대 인도와 이집트에서는 구리로 만든 영구적인 면도칼을 생산했고, 지배계급 사이에서는 수염이 없는 스타일이 유행했다. 그 관습에도 이가 생기는 것을 막고 무더운 날씨 속에서 시원함을 유지하려는 목적이 있었다. 그러나 곧 미개한 사람들과 차별을 두기 위해 매일 얼굴과 머리를 면도하고 가발을 쓰는 것은 품위 있는 사람의 상징이 되었다.

면도는 하루에 면도를 두 번 하고, 전투 전에는 반드시 면도를 했던 알렉산더 대왕의 군대가 세계 대부분을 정복했던 것만큼 널리 보급되었다. 알렉산더 대왕이 외모 유지에 까다로워서 그랬을지도 모르지만 그가 면도를 한 이유는 허영심 외에 다른 이유들도 있었다. 전쟁터에서 수염이 있으면 적에게 머리를 벨 절호의 기회를 제공한다. 마찬가지로 줄리어스 시저도 항상 말끔하게 면도한 상태를 유지했으며, 특별히 훈련한 노예를 고용해서 수염을 뽑게 했다. 알렉산더와 시저는 남성의 외모에 대한 그리스, 로마의 전형을 후세에 길이 남게 했다. 하드리아누스(Publius Aelius Hadrianus) 황제가 수염을 기르기 전까지는—소문에 의하면 볼품없는 외모를 가리기 위해서라고 한다—그 스타일이 그들의 문화를 지배했다. 그러다 장발에 수염을 기른 야만인들이 로마를 침공했을 때는 크게 인기를 잃었다.

정복왕 윌리엄은 그 스타일을 부활시키는 데 일조했다. 윌리엄은 노르만 군사들에게 영국 침략에 앞서 머리와 수염을 민 수도사로 변장하라고 명령했다. 그리고 십자군에서 돌아온 수염 없는 기사들은 아랍 왕자들의 호화로운 궁전에서 선호하는 그 모습을 유지하기로 했다.

수염이 다시 유행했을 때도 여느 때처럼 실용적인 목적이 원인이었다. 미국의 남북전쟁 동안 남자들의 수염이 유행한 이유 중 하나는 전투의 발달로 백병전을 벌이는 횟수가 줄어들었기 때문이다. 스톤월 잭슨(Stonewall Jackson)은 인상적인 수염 때문이 아니라 총에 맞아 말에서 떨어졌다. 그러나 대개 남자들이 수염을 기르는 이유는 편하기 때문이었다. 전투 중 면도는 시간을 소모하는 일이었다. 일자면도기를 움직이는 손이 얼마나 안정되어 있는지도 중요해서, 이미 위험에 직면한 남자들에게 또 다른 위험을 안겨줄 수 있었다.

끝을 말고, 빗질하고, 정원처럼 공들여 다듬는 등 수염을 아무리 색다른 방식으로 기른다 하더라도 수염을 기르는 가장 큰 이유는 면도가 까다롭고 불편하기 때문이었다. 대부분의 남자들은 이발사에게 돈을 지불하고 면도를 했다. 아마 매일 이발사에게 가기에는 무리가 있었을 것이다. 그래서 그들은 수염을 자라게 내버려둔다거나 일주일에 한 번이나 두 번으로 면도 횟수를 제한했다. 직접 면도를 하는 사람들은 면도 준비를 해야 했다. 수염에 비누거품을 칠하고 부드럽게 만들려면 물이 필요했는데 19세기에는 오늘날처럼 물을 사용하기가 쉽지 않았다. 하물며 따뜻한 물은 말할 것도 없었다. 게다가 매번 면도 전에 혁지(革砥)로 면도날을 세우는 데 시간이 들고, 숫돌로 갈기 위해 정기적으로 칼 장수에게 가야 했다. 베이거나 더 나쁜 일이 일어날 위험이 도사리고 있으며, 상처 부위가 감염되는 일도 심심치 않게 있었다. 어째서 면도를 그렇게 지긋지긋한 일이라고 여겼는지 이해하기는 어렵지 않다.

19세기 말에는 날카로운 셰필드 강철 일자면도기 가격이 지금 돈으로 70달러 이상이었다. 사람들은 그것이 평생, 또는 그 이상 오래갈 거라고 기대했고, 종종 시계처럼 아버지가 아들에게 가보로서 대물림했다. 킹 질레트처럼 직업상 여행을 자주하는 사람들에게는 일자면도기가 거의 필요 없었다. 제아무리 손이 안정되었어도 흔들리는 기차 안의 작은 세면대 위에서 면도하는 일은 까다롭고 위험했다.

19세기 여행자들의 요구를 충족시키기 위해 뉴욕 브루클린의 캄페(Kampfe) 형제가 최초로 안전면도기에 대한 특허를 신청했다. 스타(Star)라는 이름의 안전면도기는 괭이 모양 면도칼을 발명한 영국인 제조업자의 디자인을 본떠서 만들었다. 면도기의 짧은 날은 손잡이에 직각으로 고정되어 있었다. 안전면도기 사용자들은 당연히 면도시 위험이 줄어든 것을 환영했다. 그러나 새 안전면도기도 사용할 때 상당한 주의를 기울여야 했다. 면도날은 잘 벼린 강철로 만든 작은 쐐기 모양이었고, 한쪽 면도날 끝이 예리했다. 또 일자면도기와 마찬가지로 사용 후 무뎌지면 정기적으로 혁지와 숫돌로 갈아야 했다. 칼집에서 꺼낸 작은 면도날을 혁지에 가는 일은 일자면도기 손잡이를 쥐고 힘차게 가는 것보다 위험했다. 그렇지만 스타 면도기는 순식간에 인기를 끌었다. 특히 영업사원들 사이에서 인기가 높았다. 질레트도 그것을 하나 구입했다. 그리고 아침에 새 스타 면도기로 면도할 준비를 하는 동안 마침내 자신의 일회용 발명품을 생각했다.

1895년 봄, 질레트는 면도기 날이 무뎌져서 혁지에 갈아야겠다고 생각했다. 그의 설명에 따르면, 저렴한 일회용 제품에 대한 아이디어가 번개처럼 갑자기 떠올랐다고 한다. 그는 즉시 발명에 착수했다. 러셀 애덤스는 발명의 과정은 좀 더 느리고 점진적인 것이라며 설득력 있는 주장을 한다. 그 아이디어는 질레트가 면도하는 동안 형체를 갖춘 것이 아니었다. 비싼 스타 면도기와 벼린 강철로 만든 쐐기 모양을 연구하는 동안 그는 결정적인 질문을 스스로에게 던졌다. 날을 만드는 데 그렇게 많은 강철이 꼭 필요한 걸까? 몇 년 뒤, 특허권을 지키기 위한 여러 소송 중 하나를 통해 그는 다음과 같이 증언했다.

> 수세기 동안 면도기, 특히 면도날에서 혁명이라 부를 수 있는 발전은 한 번도 없었다는 생각이 들었습니다. 그리고 만약 날을 갈 필요가 없고 사용자가 무딘 날을 새 것으로 교체할 수 있도록 저렴한 면도날이 만들어질 가능성이 있다면, 그런 발전은 면도기 기술에 매우 가치 있는 일이 될 것이라는 생각이 문득 제 머릿속을 스쳐 지나갔습니다.[6]

끊임없이 인간의 생활을 향상시킬 아이디어를 떠올렸던 질레트는 인류의 절반이 일상적으로 행하는 귀찮은 일에 대한 아이디어에서 실용적인 측면에 초점을 맞추었다. 그는 어느 누구도 상상하지 못했던 것을 상품화할 시기가 되었음을 깨달았다. 미국 도시들의 증가하는 인구와 사무직 근로자들이라는 신흥계급이 매일 쓰는 적당한 가격의 면도기를 위한 미개척 시장이었다. 그리고 편리하고 쉬운 면도, 이것이 질레트가 그들에게 판매하려는 것이었다. 그 면도기는 독창적이지만, 사용자가 귀한 가보로 여겨 애지중지할 리는 없었다. 판매를 촉진하기 위해 그는 면도기를 생산가보다 낮은 가격으로 판매하고 이용자들이 정기적으로 날을 교체한다는 개념에 익숙해지도록 할 계획이었다. 그의 통찰력은 운이 좋게도 대량생산이나 압연기 같은 산업시대의 발전과 맞아떨어졌다. 발전된 기술 덕분에 발명 아이디어는 실현 가능한 야망이 되었다. 그러나 질레트가 한 일은 유용한 제품을 발명한 것 이상이었다. 그의 면도기와 면도날 사업 모델은 오늘날까지 미국 경제에 활력을 불어넣고 있는 역동적인 소비자 제품 시장을 만드는 데 다른 어떤 발명품보다 큰 역할을 했다.

그는 그 아이디어를 떠올린 직후, 생산된 상품은 물론 스케치도 없는 상태에서 아내에게 편지를 썼다. "나는 해냈소. 내 운명은 정해졌소." 그는 평소와 같은 참을성을 발휘하며 최초의 일회용 면도날을 발명하는 작업에 착수했다. 질레트는 8년 동안 좌절하고 고생한 끝에 제품을 시장에 내놓을 수 있었다. 제조 과정에서의 실패와 만성적인 자금 부족이 이어졌다. 그런데도 그는 그 당시 널리 사용되던 제품과는 비교도 안 될 만큼 발전한 발명품을 만들어서 팔 수 있다는 확신에 단 한 번도 의혹을 품지 않았다. 그는 훗날 이렇게 큰소리쳤다. "세계 어느 나라의 특허청에서도 혁신적인 시스템으로 시간을 절약한 질레트 면도기에 필적하는 발명품, 이렇게 사람들의 요구를 충족시키는 발명품은 나온 적이 없다."

일단 아이디어에 사로잡힌 질레트는 끊임없이 그것에 대해 떠들었다. 그리고 다양한 디자인과 상업적 성공을 거둘 가능성에 대한 생각에 사로잡혀 친구들이나 조금이라도 친분이 있는 사람들을 귀찮게 했다. 그는 나뭇조각을 깎아 면도기 모형을 만들고 가끔씩 그가 가진 열정의 일부를 이해한 친구들에게만 보여줬다. 그림을 수십 번 그린 후에 그는 이미 시중에 있는 괭이 모양 면도기를 수정한 모양으로 결정했다. 그러고는 시간이 날 때마다 최근 이사한 보스턴의 기계공장에 중요한 구성 요소를 만드는 것을 도와달라고 간청하는 것이 일과가 되었다. 그가 원한 것은 양 옆을 예리한 날로 만든 아주 얇은 강철 조각으로, 생산비가 저렴해야 했다. 그러나 그가 만나본 기계공들은 이구동성으로 너무 얇은 강철판은 면도날 끝을 벼릴 때 견디지 못한다고 말했다. 질레트는 야금학(冶金學) 지식이나 칼 제조업에 대한 지식이 거의 없었다. 직접 얇은 날을 단조하려는 시도는 했지만 매번 수염 한 가닥도 자르지 못했다. MIT에 있는 야금학자에게 질문했을 때도 실패만 거듭했다. 투자자들을 찾는 일도 쉽지 않았다. 좌절 속에서 4년을 보내는 동안 그는 아이디어를 발전시킬 만한 것을 거의 찾지 못했다. 선견지명이 있는 윌리엄 페인터는 면도기의 우수함을 꿰뚫어본 몇 안 되는 사람 중 하나였다. 그는 포기하지 말라고 질레트를 격려했다. 질레트는 이렇게 한탄했다. "제 친구들은 하나같이 그 면도기를 웃음거리로밖에 안 봅니다. 보통 저에게 하는 인사말이 '질레트, 면도기는 어때?' 예요. 만약 제가 전문적으로 훈련을 받은 사람이었다면 그만뒀을 겁니다."[7]

1899년 여름, 질레트는 보스턴 출신의 한 기계공을 찾았다. 그는 질레트의 감독 아래 시제품 면도날 몇 개를 만들 의향이 있다고 말했다. 그러나 그 제작방법은 비용과 시간이 많이 소모되고, 소비자에게 부담 없는 가격으로 제공할 수 있을 만한 제품을 제작하기는 어려워 보였다. 그렇지만 질레트는 이제 투자자들을 끌어들이는 데 사용할 견본이 있었다. 그리고 누군가가 저렴하고 질 좋은 면도날을 평범한 근로자에게 적당한 값에 팔 수 있는 제조방법을 고안할 수 있을 거라 생각했다.

1900년, 질레트의 친구 한 명이 면도기에 약간의 자본을 투자하고, MIT 출신의 화학자이자 숙련된 발명가인 윌리엄 에머리 니커슨(William Emery Nickerson)에게 견본을 보여주었다. 니커슨은 일회용 면도날의 상업적 가능성은 이해했지만, 처음에는 생산 여부에 대해 회의적이었다. 그는 질레트의 견본 날이 "다루기에 유연성이 떨어진다."라고 생각했고, 그 점을 개선할 수 있을지 확신하지 못했다.[8] 그는 마침내 일주일에 40달러를 받고 그 도전에 응하기로 결정했다. 그리고 몇 주 후에 질레트와 소규모 투자자들에게 그 일이 가능하다고 자신 있게 말했다. 신이 난 질레트는 1901년에 아메리칸안전면도기회사(American Safety Razor Company)를 설립했다. 다음 해, 윌리엄 니커슨이 강철판을 단단하게 만드는 방법과 얇은 날을 자동으로 날카롭게 만드는 기계를 개발하느라 여념이 없는 동안, 질레트는 회사 이름을 질레트앤드니커슨안전면도기회사(Gillette & Nickerson Safety Razor Company)로 바꾸자고 제안했다. '니커슨'이라는 이름은 안전면도기의 발전된 기술로 방지할 수 있는 면도의 위험을 암시한다는 이유 때문에 회사 이름에서 제외된 적이 있었다('Nickerson'은 'nick(상처를 내다)'과 비슷하게 들린다—옮긴이]. 질레트는 그의 이름이 회사 이름에 있어야 한다고 고집했다.

윌리엄 니커슨은 일회용 면도날을 만들 수 있는 기술과 기계를 개발하는 데 3년이라는 시간을 쏟았다. 수많은 실험과 좌절이 있었다. 그리고 마침내 그는 질레트의 견본 손잡이를 개선해서 망가지지 않으면서도 수염을 깔끔하게 깎을 수 있는 넓이의 면도날을 개발했다. 또한 면도날 끝을 날카롭게 만드는 기계뿐만 아니라 얇은 강철조각을 단단하게 만드는 방법도 완성했다.

일회용 면도날에 대한 아이디어를 처음 생각한 이후로 질레트는 줄곧 크라운코르크앤드실에서 일했다. 그에게는 제품을 개발하고 시장에 내놓기까지의 8년 동안 가족을 부양할 다른 방법이 없었다. 이제 니커슨의 연구가 막바지에 이르고 질레트의 꿈이 실현되려고 할 때, 그의 신생 회사는 파산할 위기에 처했다. 니커슨의 연구에는 회사의 자본 전부보다 더 많은 돈이 들어갔다. 1902년 여름, 질레트안전면도회사는 1만 2,000달러 상당의 빚을 졌고, 이사회가 추가 자본을 찾을 가능성은 거의 없었다. 니커슨이 힘을 보태기로 결심하고 곧 15만 달러를 투자하는 조건으로 회사 지분을 51퍼센트 주겠다고 뉴욕의 투자자들을 설득했다. 그러나 질레트와 투자자들은 회사의 경영권을 넘기는 일에 반대하며 그 제안을 거절했다.

질레트는 어쩔 수 없이 자신의 초기 발명품 때문에 상당한 액수를 손해본 보스턴의 사업가 존 조이스(John Joyce)에게 도움을 청했다. 조이스와 질레트는 좋은 관계를 유지하고 있었다. 빈틈없는 사업가로서 질레트의 발명품과 재정적 어려움을 경청한 조이스는 즉시 그 면도기의 상업적 가능성을 이해했다. 그는 회사가 면도기를 시장에 출시할 만큼 충분한 돈을 투자하는 데 동의했지만 자신에게 훨씬 더 유리한 조건이어야 한다고 주장했다. 그는 10만 달러 상당의 회사채를 40퍼센트 할인한 가격에 구입하고, 같은 금액의 회사 주식도 받겠다고 했다. 투자 대가로 이사회의 일원이 되고, 모험이 만족스럽게 진행되지 않을 경우에는 3만 달러만 투자하고 계약을 끝낼 수가 있었다. 달리 선택의 여지가 없던 질레트와 이사회는 조건에 동의하고 조이스를 이사회에 받아들였다. 조이스는 곧 이사회에서 자신의 영향력을 과시했다.

1902년, 조이스의 재촉이 계속되는 가운데 부지런한 니커슨은 그의 투자금으로 제조방법을 완성하기 위해 박차를 가했다. 마침내 질레트 면도기와 면도날 생산 라인을 가동하기 시작했을 때 제품의 가격을 결정하기 위해 회사 중역들이 모였다. 면도기를 특매품으로 판매하고 면도날에서 수익을 올리겠다는 질레트의 처음 계획은 존 조이스의 반대에 부딪혔다. 면도날은 예상했던 것보다 제조비용이 많이 들었다. 질레트가 세운 계획의 핵심인 적당한 가격으로 판매하자는 전략은 이윤을 남기기 힘들었다. 게다가 이윤이 남는다 하더라도 얼마 되지 않을 게 뻔했다. 면도날 자체는 특매품으로 판매해야 할지도 모르지만 시장이 충분히 커지고 면도날을 더 낮은 비용으로 만들 수 있을 정도로 제조 기술이 발달하기 전까지는 그 손실을 면도기 손잡이 판매 수익으로 메워야만 했다. 질레트는 반대했지만 이사회는 조이스의 주장에 따라 손잡이 가격을 5달러로 정했다. 가장 값싼 일자면도기보다 2배 비싸고 평균적인 근로자들이 받는 주급의 3분의 1에 해당하는 금액이었다. 면도날 20개 묶음은 1달러에 판매하기로 했다. 얼마 안 있어 회사는 질레트의 본래 사업 계획으로 돌아가서 면도기는 싼값에 판매하고 대신 면도날을 판매하기로 결정한다. 그리고 질레트가 예상했듯이 그 결정으로 엄청난 수익을 거둔다. 그러나 지금 당장은 질레트 안전면도기의 편리함과 참신함, 저렴한 가격의 일회용 면도날이 그가 성공할 만큼 많은 소비자들의 관심을 끌 수 있기를 기대해야 했다.

회사는 시카고의 기업 타운젠드앤드헌트(Townsend and Hunt)와 계약을 체결했다. 타운젠드앤드헌트는 소매 시장 독점권을 갖는 대신 다음 해에 면도기 5만 세트를 구입하고 앞으로 4년 동안 한 해에 10만 개 판매를 보증하기로 했다. 1903년 10월, 새로운 면도기의 첫 광고가 등장했다. "우리는 새로운 면도기를 제공합니다." 판매 첫 달에는 실적이 부진했다. 그해 말까지 면도기 51개와 교체 면도날 포장제품 168개가 팔렸다. 그렇지만 질레트와 동료 주주들은 분명 5달러짜리 면도기 시장이 생겨날 거라는 희망을 갖고 가까운 미래에 판매가 활성화될 것으로 예상했다. 수익률을 높이기 위해 이사회는 곧 교체 포장제품의 면도날 개수를 20개에서 12개로 줄였다.

판매가 회사의 기대에 부응하기 전까지 킹 질레트는 계속해서 크라운코르크앤드실의 영업사원으로 생계를 유지할 수밖에 없었다. 그리고 1903년 11월에 런던으로 전근했다. 물론 그는 발명품이 마침내 시장에 합류한 시점에서 자리를 떠나는 것이 영 내키지 않았다. 그러나 선택의 여지가 없었다. 그가 설립한 회사는 아직 그에게 급여를 줄 처지가 아니었다. 그래서 회사 사장직을 내놓고 아내와 아들과 함께 영국을 향해 출항했다. 같은 날 미국 특허청은 질레트의 '기존 면도기들을 개선한 새로운 형태의 면도기'에 특허권 두 개를 허락하고 17년 동안 제조와 판매에 대한 독점권을 인정했다.[9]

니커슨이 만든 날을 가는 기계는 예상 수요를 맞출 수 있을 만큼 제대로 작동하지 않았다. 1904년 초에는 기계 고장 때문에 생산된 면도기들이 죄다 망가졌다. 제조방법을 개선하기 위해 자신이 직접 투자하기보다는 자금을 조달하려고 애쓰던 조이스는 10만 달러에 해외 판권을 매각하자고 제안했다. 급히 보스턴으로 돌아온 질레트는 그 안을 표결에 붙였을 때 제시간에 이사회 회의에 참석해서 거부권을 행사했다. 더군다나 이사회는 새 간부 후보들을 선출했다. 존 조이스가 회사의 새로운 사장으로 뽑혔고, 킹 질레트는 부사장이 되어 연봉 1만 8,000달러를 받기로 했다. 질레트는 크라운 코르크앤드실을 그만두고 가족과 함께 보스턴으로 돌아와 질레트사의 주식을 더 많이 구입하기 시작했다.

여러 결정을 둘러싼 질레트와 조이스의 대립은 점차 빈도수가 늘어나고 격렬해졌다. 그리고 그들의 이해관계도 처음 면도기 손잡이 가격에 대해 말다툼을 했을 때보다 훨씬 복잡해졌다. 1904년, 질레트 안전면도기의 총 판매량은 9만 개였으며 만족한 사용자들은 교체날 포장제품을 1만 개 구입했다. 질레트는 당시의 최대 주주인 조이스에게서 반드시 회사의 경영권을 되찾아야 한다고 마음먹었다. 질레트는 평소와 같은 에너지로 소유 주식을 계속 늘려갔고, 이사회를 설득해서 이사회 정원을 5명에서 7명으로 늘렸다. 자신이 선택한 사람들이 새로운 이사가 되도록 조치한 질레트는 1907년 존 조이스의 회사 사장직을 박탈할 때 그들의 지지를 얻었다.

가파르게 증가하는 수요 때문에 회사는 여전히 생산 문제로 씨름했다. 그러는 동안 고집 센 최대 주주 두 사람은 사사건건 충돌했다. 한편에서는 수많은 모방 면도기들로부터 특허권 침해를 지키기 위한 다수의 소송도 진행 중이었다. 그러나 그 모든 어려움을 이겨낸 회사는 킹 질레트를 제외한 모든 사람의 예상을 뛰어넘을 정도로 승승장구했다.

질레트는 언제나 면도 습관을 근본적으로 바꾸라고 미국 남성들을 부추기는 광고가 회사가 성장하는 데 중요한 역할을 한다고 믿었다.[10] 면도기를 처음 판매하던 순간부터 회사는 판매된 모든 면도기 하나당 25센트를 광고에 투자했다.

광고 예산은 크게 늘었다. 질레트는 발명품 마케팅에 대한 천부적 재능과 에너지를 면도기 판매 촉진에 이용했다. 초기 광고는 새 면도기의 편리함에 초점을 맞추었다. 면도날의 수명이 정해져 있기 때문에 귀찮게 혁지에 갈거나 숫돌로 갈 필요가 없다고 자랑하며, 편리함과 최상의 면도 상태를 보장한다고 강조했다. 초기의 한 광고 모델은 "더 이상 면도날에 베이는 일이 있어서는 안 됩니다."라며, '감염될 걱정 없고 (중략) 정기적인 이발소 방문에서 해방되는 만족감'을 약속한다고 자신 있게 말했다.[11]

킹 질레트의 가장 효과적인 판촉방법은 어깨까지 나온 그의 사진이었다. 그 사진은 질레트 면도기의 상표로서, 모든 면도날 포장상품에 인쇄되었다. 사진 속에서 그는 성공하고, 외모를 잘 꾸미는, 즐거운 1890년대 미국 남성의 전형처럼 보였다. 고개는 살짝 왼쪽으로 돌리고, 윙칼라(wing collar) 셔츠를 입고, 정확히 가운데에 가르마를 탄 머리에, 숱 많은 콧수염으로 매끄럽게 면도한 얼굴을 더욱 부각시키고 있었다. 그 사진은 곧 아이콘이 되다시피 했다. 면도날을 사려는 외국 남자들이 가게주인에게 '저 남자의 얼굴에 사용한 면도날 종류'를 묻는 일이 많았다.[12] 킹 질레트는 세계에서 가장 유명한 사람 중 한 명이 되었다.

킹 질레트는 엄청나게 부유해졌고, 한편으로는 존 조이스와의 계속되는 싸움에 지쳤다. 그는 1913년에 적극적인 회사 경영에서 물러났지만, 회사 사장이라는 직함을 죽을 때까지 유지했다. 그는 캘리포니아로 이사해서 부동산에 투자했고, 회사의 친선대사로서 세계를 여행하며 면도할 나이가 된 모든 남자들에게 일회용 면도날을 사용하는 질레트 면도기로 면도하라고 권했다. 도움을 청하는 회사에는 사업의 타이밍과 기회를 정확하게 포착하는 감각으로 유익한 조언을 하는 경우도 많았다. 그의 사업 감각은 회사 중역들에게 제1차 세계대전 중 유럽으로 떠나는 모든 미군을 위해 질레트 안전면도기와 교체 면도날로 구성한 금속 면도용품 세트를 만들라고 조언했을 때 가장 빛났다. 미국 군인들은 질레트 면도기 350만 개와 면도날 3,200만 개를 사용했고, 고국에 돌아와서도 질레트 면도기로 면도하는 습관을 이어갔다.

일단 회사 경영에서 손을 뗀 질레트는 새로운 활력에 차서 다시 비현실적인 계획을 세우기 시작했다. 그는 나이아가라 폭포 기슭의 거대 도시에 대한 초기의 공상적인 발상을 뛰어넘는 훨씬 큰 계획을 구상했다. 그는 애리조나에 '세계 공동체'를 만들겠다는 서류를 정식으로 제출하고, '드넓은 농장에 자동차가 없고 가장자리는 풀과 꽃으로 장식한 거리'를 약속했다.[13] 그는 연봉 100만 달러에 그 공동체의 지도자 자리를 루스벨트(Theodore Roosevelt) 전 대통령에게 제안했다. 현명하게도 루스벨트는 제안을 거절했다. 질레트가 공동체를 만들기 위해 필요하다고 생각했던 수천 명의 지원자도 모집하지 못했다.

놀라울 정도로 모순적이고 무한한 열의를 가진 이 남자는 그의 신념에 따라 문명과 인간 본성을 바꿀 기회를 찾지 못했다. 정부의 아낌없는 후원이 아닌 스스로의 힘에 의지하는 데 익숙해진 대부분의 사람들에게도 비웃음만 샀다. 혹자는 그가 신념을 품고, 또 조롱당한 이유이기도 했던 또 다른 노력에서 이룬 성공이 사회개혁가로서 실망감을 덜어주었을 거라고 말한다. 그가 성취한 것은 그가 원했던 것만큼 문명의 발전에 대단한 기여를 하지 못했지만, 소비재 시장에는 혁명적인 영향을 미쳤다. 그가 자유시장 경쟁의 폐해를 주장한 사람이었다는 점을 생각해볼 때 참으로 아이러니한 일이 아닐 수 없다. 그러나 그는 마지못해 면도기를 생산하기로 동의한 남자가 남긴 칭찬에는 자긍심을 느꼈을 것이다. 윌리엄 니커슨은 이렇게 말했다. "질레트 면도기는 소소한 발명품들 중에서 독보적인 존재이며, 그 발명가는 남자들을 자신의 외모를 가꾸는 달인으로 만들어서 명성을 얻었다." 그리고 그는 킹 캠프 질레트는 "남자들의 은인이다."라고 단언했다.

이스라엘이여, 이슬람이여, 영원하라

1942년 10월 15일, 독일군이 브레스트리토프스크에 있는 유대인 강제 거주 지역을 완전히 포위했다. 많은 유대인들이 숨으려고 시도했지만 독일군은 그들 전부를 찾아냈다. 그들은 유대인들을 총부리로 위협해서 철도역으로 끌고 가 가축 운반차에 태운 뒤, 북동쪽으로 110킬로미터 떨어진 다른 마을로 보냈다. 그곳에는 브레스트리토프스크의 유대인들을 위해 파놓은 커다란 도랑이 있었다. 유대인들은 옷을 벗으라는 명령을 받고 도랑으로 떼밀렸다. 기관총이 불을 뿜으면서 학살이 시작되었다. 남자와 여자, 아이들 5만 명이 기괴한 모양으로 산더미처럼 쌓이기까지 꼬박 하루가 소요됐다. 1913년 메나헴 베긴(Menachem Wolfovitch Begin)의 탄생을 환영한 유대인 공동체는 이렇게 끝이 났다.

"먼 곳에서 처형당한 군중들의 모습이 모든 사람들의 선잠을 방해했다. 피할 수 없는 그 순간 이 나라의 모든 유대인들은 자신이 살아 있다는 사실에 혐오감을 느꼈다."[1] 베긴은 시온주의자(Zionist)로 태어났다. 그 지역 시온주의자 조직은 그의 할례 날에 케이크를 보냈다. 아버지 제브 도브 베긴은 열렬한 유대인 민족주의자로 유대인 공동체의 사무관이었다. 아버지는 막내인 셋째 아들에게 유대 전통의 강렬하고 진지한 자부심을 불어넣었다. 제브 베긴은 어느 랍비의 수염을 자르려는 폴란드 군인을 공격한 적이 있었다. 그리고 용기에 대한 대가로 호되게 두들겨 맞았다. 그 사건을 목격한 메나헴은 아버지를 영웅으로 여겼다. 그는 나중에 "나는 그보다 더 용감한 사람은 본 적이 없다. 나는 아버지가 유대인의 명예를 지키기 위해 어떻게 싸우셨는지 결코 잊지 않겠다."라고 회상했다.

일찍부터 그의 인생에 상당한 영향을 미친 또 다른 인물은 우크라이나 태생의 블라디미르 야보틴스키(Vladimir Ze'ev Jabotinsky)였다. 야보틴스키는 호전적인 수정주의시오니즘연합과 청년운동인 베타(Betar)의 설립자였다. 유대인 학살이 한창일 때는 러시아계 유대인을 지키기 위한 유대인 민병대를 조직했다. 또한 제1차 세계대전 중에는 유대인 지원병들로 이루어진 5개 대대인 시온 뮬(Zion Mule) 군단을 조직해서 갈리폴리 전투에서 공훈을 세웠다. 1917년에 창설된 영국 군대의 유대인 연대에서 핵심적인 역할을 한 시온 뮬은 터키군에 맞서 요르단 계곡 전투에 참전했다. 야보틴스키는 아랍군이 예루살렘에 살고 있는 유대인들을 공격했을 때 네비 무사(Nebi Musa) 폭동 기간에 유대인 자위군 창설을 도왔다는 이유로 계급을 박탈당하고 체포되어 15년의 중노동을 선고받았다. 이 판결에 대한 국제적인 비난이 빗발치자 영국은 그를 석방했다. 1925년, 그는 세계수정주의시온주의자연합을 설립했다. 이를 통해 팔레스타인에서의 영국 정책에 반대하고, 팔레스타인으로 이주한 유대인 집단을 격려했으며, 유대인 지하 민병조직인 하가나(Haganah)를 지원했다. 영국은 그가 팔레스타인에 가는 것을 금지했고, 이 때문에 그는 두 번 다시 팔레스타인에 가지 못했다.

1935년, 독일 나치주의의 시작과 함께 야보틴스키는 절제와 타협을 정책으로 내세우는 대부분의 시온주의자들에게 계속해서 반대했다. 시온주의자 내부의 분열이 심각해지고, 하가나도 분열되었다. 좀 더 전투적인 투사들은 야보틴스키의 수정주의자들로 구성된 군사조직 이르군 즈바이 레우미(Irgun Zvai Leumi)를 지지했다.

야보틴스키는 뛰어난 연설가였고, 동시에 알탈레나(Altalena)라는 필명으로 글을 쓰는 재능 있는 작가였다. 그는 서너 개의 언어로 시와 산문을 썼다. 이를 통해 수정주의자 청년조직인 베타에 선조들과 고귀한 역사에 대한 경의와 더불어 유대인 정부 수립에 대한 충성심을 불어넣었다. 그는 태도가 흠잡을 데 없는 품위 있는 사람이었고, 그런 태도가 굉장한 위엄을 갖춘 그의 열정적인 리더십을 더욱 빛나게 했다. 물론 이는 젊은 제자 메나헴 베긴이 평생 동안 본받으려고 한 점이기도 하다. 야보틴스키는 1940년 유럽에서 팔레스타인으로 이주한 유대인들과 나치에 대항할 유대인 군사조직을 위해서 운동을 벌이던 중 뉴욕에서 갑작스럽게 사망했다.

베긴이 야보틴스키의 연설을 처음 들은 것은 1930년이었다. 그리고 유대인 조국에 대한 야보틴스키의 강력한 지지와 유창한 언변, 그의 지성에 흥분했다. 베긴은 16살 때 베타에 가입했다. 그는 바르샤바 대학에서 변호사 공부를 마친 후, 체코슬로바키아와 폴란드 지부 베타에서 일했다. 그러다 영국에 반대하는 시위를 선동했다는 이유로 잠시 수감되기도 했다. 1938년 베타 총회에서 그는 유럽의 유대인 망명가들을 받아들이지 않는 야보틴스키와 팔레스타인에서 영국군에 대항해 무기를 들어야 하는지를 놓고 정면으로 충돌했다. 야보틴스키는 여전히 양심에 대한 호소가 영국의 마음을 돌릴 수 있을 거라고 믿었다. 베긴은 반박했다. "세상의 양심은 더 이상 반응하지 않습니다. 우리의 동맹국 영국은 우리를 교수대로 이끌고 있습니다."[2] 무력으로 조국을 점령해야 한다는 베긴의 설득력 있는 주장은 유대인 민족주의자들 사이에서 그의 위상을 드높였다. 그는 폴란드 베타의 고위 위원이 되었고, 베타는 회원 10만 명과 불법으로 팔레스타인으로 이주한 폴란드계 유대인들에게 군사 훈련을 시켰다. 야보틴스키와 베긴의 입

◈ 메나헴 베긴(Getty Images/인쇄물, Getty Images).

장 차이는 분명했다. 그러나 야보틴스키는 1939년에 사사건건 논쟁을 일삼던 자신의 후계자와 알리자 아놀드의 결혼식에 참석하기 위해 바르샤바에서 런던으로 건너가기도 했다.

1939년 9월, 베긴은 바르샤바로 몰려오는 독일군을 피해 빌니우스로 도망갔다. 1940년, 소비에트 군대가 리투아니아를 점령했다. 소비에트 비밀경찰은 그를 체포했다. 그는 영국 첩자로 기소당해 유죄 판결을 받았고, 시베리아 강제노동수용소의 중노동형을 선고받았다. 수용소에서 교도관에게 고문을 당했고, 반유대주의자인 재소자들에게는 구타를 당했다. 알리자 베긴은 메나헴의 격려에 힘입어 팔레스타인으로 도망가는 데 성공했다. 베긴은 1941년 6월 독일군이 소비에트연방을 침략한 후에 석방되어 자유 폴란드군(Free Polish Army)에 입대했다. 1942년, 그는 팔레스타인에 있는 영국 정부기관에서 일하라는 명령을 받았고, 그때 가족 중 유일하게 살아남은 누나를 찾았다. 그의 어머니는 동네의 유대인 병원에서 사망했다. 형 헤르츨은 흔적도 없이 사라졌다. 아버지는 브레스트리토프스크에서 다른 유대인 5,000명과 함께 체포되어 도시 밖으로 끌려가 총살을 당했거나 강에 빠져 죽었다. 훗날 그는 이렇게 말했다. "아버지는 하나님에 대한 믿음을 선언하고 하티크바(Hatikvah: 이스라엘 국가—옮긴이)를 부르며 나치 손에 돌아가셨다. 아버지는 우리 유대인은 이스라엘 땅으로 돌아갈 거라고, 잠시 스쳐 지나가는 것이 아니라 그 땅에 정착할 거라고 말씀하셨다."[3]

그는 그렇게 이스라엘 땅으로 돌아왔다. 영국군 통역관으로 일하는 동안 그는 BBC 방송을 들으며 영어를 익혔다. 처음에 그의 동지들이 군대를 떠나 이르군(Irgun)을 지휘해달라고 설득하려 했을 때 그는 제안을 거절했다. 그는 "나는 약속을 했소."라고 말했다.[4] 1943년에 전역한 그는 이르군의 총사령관으로서 1944년에 시작된 유대인 반란을 계획했다. 1946년, 그는 팔레스타인에서 영국군의 본부 역할을 하던 킹 데이비드 호텔 폭파를 명령했다. 이르군은 베긴의 지시로 영국군에 경고 전화를 걸었지만 무시당했다. 영국인과 아랍인, 유대인 91명이 폭발로 사망하고 45명이 부상을 입었다. 그 공격은 팔레스타인에 있는 유대인 민족주의자들의 정통적인 정치 대표임을 자처하는 팔레스타인 유대인 기구의 분노를 자아냈다. 기구의 지도자인 데이비드 벤구리온(David Ben-Gurion)은 이르군을 유대인들의 적이라고 비난했고, 하가나는 과격한 반도들과의 협력을 중지했다. 하가나 투사들은 이르군 고위 관리들을 여러 명 체포해서 영국에 넘겼다.

영국은 생포하든 사살하든 간에 이르군 지도자를 잡아오면 포상금으로 5만 파운드를 주겠다고 제안했다. 하가나는 베긴을 납치하려고 시도했다. 텔아비브에서 잠적한 베긴은 때로는 랍비로 변장하면서 계속 이르군을 이끌었다. 1947년 5월, 그는 이르군 투사들에게 영국 군인으로 변장해서 유대인 저항세력 수백 명이 억류되고 그중 몇 명이 처형당한 아크레(Acre)에 있는 감옥을 공격하라고 지시했다. 1947년 6월, 그는 이르군 포로 처형에 대한 보복으로 영국인 하사관 두 명을 붙잡아 처형했다. 그 행동 이후 영국은 유대인 포로들을 더 이상 처형하지 않았다. 이는 또한 영국이 팔레스타인을 포기해야겠다고 마음먹는 계기가 되었다. 1948년 4월, 이르군은 나중에 첫 이스라엘-아랍 전쟁이라 불리는 전쟁 초기에 데이르 야신이라는 아랍 마을을 파괴했다. 노인과 여성, 아이들을 포함해서 100명이 넘는 아랍인들이 살해당했다. 벤구리온은 이를 대학살이라고 비난했다. 1948년 5월, 영국군은 팔레스타인을 유대와 아랍 영토로 나누겠다는 UN의 계획에 따라 팔레스타인에서 철수하겠다고 발표했다. 벤구리온은 그 계획을 받아들였고, 베긴은 거부했다.

1948년 5월 14일, 이스라엘은 벤구리온을 임시정부 지도자로 내세운 정부 수립을 발표했다. 그때 베긴은 이르군에게 무기를 내려놓고 하가나에 합류해서 새로운 이스라엘방위군(IDF)에 입대하라고 명령했다. 6월, 이르군은 프랑스 화물선 알탈레나에 실린 무기가 도착하기를 기다렸다. 그 사실을 안 벤구리온은 무기를 IDF에 넘기라고 명령했다. 베긴은 정부와 협상을 시도했지만 격론이 벌어졌고, 결국 정부는 알탈레나가 텔아비브에 도착하는 대로 공격하라는 명령을 내렸다. 배가 공격받을 때 배에 승선해 있던 베긴은 마지막 부상자가 후송되기 전까지 가라앉는 배를 떠나지 않았다.

사태가 심각했고 유대인 경쟁 파당들 간에 내전이 일어날 가능성도 있었다. 그러나 베긴은 이르군을 해산하고 IDF와 통합하자고 주장했다. 1949년 이스라엘의 첫 의회선거에서 벤구리온의 노동당이 승리한 후 베긴은 야당인 헤루트당(자유당)의 지도자로서 국회에 입성했다.

그는 아주 잠깐을 제외하고는 26년간 야당에 남아 있었다. 그리고 그 시절 동안 변함없는 극우 민족주의자로서 위대한 이스라엘을 부르짖었고, 아랍 게릴라들의 모든 공격에 대해 단호한 보복 조치를 취하자고 요구했다. 1952년, 그는 정부가 서독과의 배상 협정에 서명한 데 반대하며 국회에서 시위를 선동했고 이 문제 때문에 일시적으로 국회에서 정직당했다. 노동당 지도자들은 그를 경솔한 선동가라고 경멸했다. 벤구리온은 아예 그의 이름을 언급하지도 않았다. 베긴은 그런 비난에도 꿈쩍하지 않고 이전보다 더욱 과격해졌다.

1956년에 이집트와 전쟁이 벌어지고 그 결과 수에즈 위기―이스라엘이 프랑스와 영국과 연합하여 시나이 사막을 침공했을 때―가 일어났다. 그 무렵, 여기에 동의한 헤루트는 이스라엘에서 두 번째로 영향력이 큰 정당이 되었고 그 어느 때보다 대중의 지지를 많이 받았다. 1967년, 6일 전쟁(Six-day War) 동안 베긴은 노동당의 경쟁자들과 함께 통일정부를 유지했다. 그리고 1970년에 정부가 이웃한 아랍 국가들과 영토 문제 타협을 고려하는 데 반대해서 뛰쳐나오기 전까지 이스라엘을 이끌었다.

헤루트는 계속해서 세력을 확장했다. 중동에서 이스라엘로 이주하는 세 파르디계 유대인들의 수가 늘어나는 것을 환영한 것이 주된 이유였다. 1973년, 헤루트는 군소 야당들과 함께 연합정당 리쿠드(Likud)를 결성했다. 리쿠드는 베긴의 지도 아래 전쟁에서 팔레스타인과 주변 아랍 국가들로부터 빼앗은 영토를 조금이라도 양도해서는 안 된다고 거세게 반발했다. 1973년 10월, 이집트와 시리아가 이스라엘을 급습해서 초기에는 이스라엘 영토를 상당 부분 점령한다. 그러나 곧 미국으로부터 군수품을 재보급받은 이스라엘에 밀려 후퇴했다. 이스라엘 사람들은 눈앞에 닥친 재앙을 염려하고 최근의 정치적 추문에 넌더리를 냈다. 그러자 노동당의 오랜 집권 기반이 흔들리기 시작했다. 베긴과 리쿠드는 정부의 부적절한 전쟁 대책을 날카롭게 비난했다. 또 미국 국무장관 헨리 키신저(Henry Kissinger)의 주도로 진행된, 시나이에서 철수하겠다는 협상에도 반대했다. 베긴은 정당성을 인정받는 대가로 영토를 거래하라는 키신저의 대책을 맹렬히 비난했다. 그는 "우리에게 정당성은 필요 없다. 우리는 이렇게 존재한다. 따라서 우리는 진짜이다."라고 반박했다.

1973년에 일어난 정부의 실패 후에 얻은 신뢰를 바탕으로 1977년 선거에 임한 리쿠드는 최근의 이주민들로 인해 지지도가 매우 높았다. 그런데도 그들이 압도적인 표차로 승리하고 메나헴 베긴이 국무총리가 되었을 때 온 세상은 깜짝 놀랐다. 지금까지 전쟁을 네 번 치르고 초강대국들 사이의 관계에 걸림돌로 작용한 아랍과 이스라엘 분쟁에 대한 해결책을 찾는 일에 전념했던 서방 정치인들과 강화를 받아들일 의향이 있는 아랍 지도자들은 절망했다. 그 호전적인 국무총리는 오직 위대한 이스라엘과 전투만 고집했기 때문이었다.

베긴은 국무총리 시절 오랜 투쟁을 돌아볼 기회를 얻었다. "나는 열 번의 전쟁과 두 번의 세계대전을 겪었다. 소비에트의 강제수용소 지하에서 겁에 질린 인간으로 5년을 보내고도 살아남았다. 그리고 야당으로서 의회에서 26년을 보냈다. 26년 동안 나는 대의를 위한 신념을 잃은 적이 한 번도 없다."[5]

국무총리 베긴의 강경한 민족주의가 평화협상에 커다란 걸림돌이라는 일반적인 견해가 지배적이었지만, 놀랍게도 동요하지 않은 아랍 지도자도 있었다. 그는 "이스라엘에는 평화주의자가 없다. 오직 강경론자만 존재할 뿐이다."라고 냉담하게 말했다.[6] "만일 어느 국가가 그런 나라와 화해한다면, 그들은 화해의 대가로 이스라엘의 안위가 보장되기 전에는 영토를 포기할 의사가 없는 강경론자들과 화해를 하는 것이다. 이스라엘의 강경론자들은 단순한 평화 약속만으로는 단 1센티미터의 영토도 포기하려 하지 않을 것이다."

안와르 사다트(Anwar Sadat)는 현실을 이해하고 세상을 깜짝 놀라게 할 만한 대담한 행동을 하고, 그 대가로 평화를 위해 손을 내미는 사람이었다. 카리스마 넘치는 아랍 지도자 가말 압델 나세르(Gamal Abdel Nasser)에 대한 그의 충성을 아첨으로 본 사람들은 그를 두고 '애완견', '예스 대령'이라고 비웃었다. 그러나 그는 그들이 평가한 것보다 훨씬 신념이 확고하고, 공상적이면서도 현실적이며, 과감하게 행동할 때가 언제인지 냉철하게 판단할 수 있는 사람이었다. 그도 자국 고대 유산에 대한 옹호자이자 열렬한 민족주의자였다. 그러나 그의 충성심을 고취한 것은 이집트였다. 나세르의 명성을 미화하고 엄청난 비인도적 범죄에서 살아남은 자들이 수립한 이스라엘이 언젠가 아랍 국가들의 위협에 굴복할 거라고 현혹하는 범아랍주의에 대한 망상이 아니었다. 그는 긍지 있는 사람이자 긍지 있는 애국자였다. 그러나 아랍 민족주의가 주장하는 것이 결국에는 이집트의 자존심에 상처만 입힌 사건을 앞당겼다는 사실을 알았다. 그는 나라를 파멸시킬 우려도 없고 이집트의 이익보다 다른 국가들의 계획과 야심을 중요하게 여기지 않으면서도 그 자존심을 회복할 방법을 찾게 된다.

그는 자신의 자신감이 유년시절 덕분이라며 내 고향 "나일 삼각주 깊숙한 곳에 있는 조용한 마을 미트 아부알쿰(Mit Abuk-Kum)에서는 모든 것이 만족스러웠다."라고 회상했다.[7] 무하마드 안와르 엘 사다트는 1918년에 카이로에서 북쪽으로 64킬로미터 떨어진 조용한 마을에서 태어났다. 아버지 무하마드 엘 사다트는 교육을 꽤 받았고, 수단에 있는 이집트 육군병원에서 사무관으로 일했다. 아버지의 세 부인 중 첫 번째 부인인 사다트의 어머니는 교육을 받지 못한 수단 사람으로, 둘째 아들의 검은 피부는 그녀의 피부를 물려받은 것이다. 남편과 수단에서 살던 그녀는 미트 아부알쿰으로 돌아가 아이들을 낳고 시어머니에게 아이들을 맡겼다. 사다트는 마을 치료사로서의 재능과 지혜 때문에 마을 사람들에게 존경받는 할머니를 우러러봤다. 그는 할머니 덕분에 조국을 존경하고 농민 전통에 자부심을 갖게 되었다. 할머니는 그에게 "네가 이 땅에서 태어났다는 사실만큼 중요한 것은 없단다."라고 말했다.[8] 할머니는 손자가 일찍부터 교육을 받도록 배려했다. 처음에는 지역 모스크의 친절한 성직자에게 사다트를 맡겨 코란과 배움의 기쁨을 알게 했다. 그러고 나서 인근의 콥트 기독교 학교에 보냈다. 밤에는 영국 점령군과 싸우며 쓰러져간 이집트 애국자들의 이야기를 들려주었다. 그는 영국에 대한 혐오와 자신을 국가 고위직에 앉힌 혁명에 대한 열정을 할머니가 심어주셨다고 말했다.

이집트 육군의 영국인 사령관이 암살당한 후, 군대는 수단에서 돌아오라는 명령을 받았다. 1925년, 사다트의 아버지는 부인 셋과 아이들 열다섯 그리고 연로한 어머니를 데리고 카이로 교외에 있는 작은 집으로 이사했다. 그는 그곳에서 얼마 안 되는 급여로 가족을 부양하느라 어려움을 겪었다. 아들들의 수업료는 무하마드 사다트의 한 달 월급보다 많았다. 만일 안와르의 큰형 탈라트가 학교를 그만두지 않았다면 둘째 아들의 교육비를 계속 댈 수 있을지도 확실치 않았을 것이다.

사다트는 촌스러운 옷과 시골 억양을 놀리는 카이로의 상류층 자녀들과 함께 학교를 다녔다. 그러나 그는 그 아이들이 누리는 혜택을 부러워하거나 사회적 지위에 불안감을 느꼈을 거라는 추측을 일축했다. 사다트가 성인이 되어 사치스러운 옷과 화려한 가구로 꾸민 집을 좋아했다는 사실은 어린 시절에 계급 차이를 개의치 않았다는 그의 주장과 모순되어 보인다. 그러나 그는 농민 전통, 그리고 사랑하는 삼각주에서 일하는 것에 대한 긍지를 강조했다. 부유한 동창들의 조롱에서 그를 보호하고 상대적인 빈곤에 단련시킨 자랑스러운 가족의 일원이라는 사실도 빠뜨리지 않았다. "우리 마을에서는 그런 것들을 신경 쓰지 않았다. 비록 가난할지라도 고결한 사람이 우리의 이상이었다."9)

그는 연극을 좋아해서 연기수업을 받았고 배우가 되기를 간절히 원했지만, 검은 피부가 그 희망에 걸림돌이었다. 그러나 평생 동안 행한 그의 연설과 행동에는 연극적인 성향이 엿보였다. 그는 자신이 살고 있는 시대의 역사적인 사건들과 장소를 극적인 연극으로 보았다. 용기만 있다면 현명하고, 자신만만하고, 기민한 사람이 주목받을 기회를 잡을 수도 있었다.

영국은 19세기 말 이후 이집트를 지배했고, 제1차 세계대전 때는 공식적인 보호국으로 만들었다. 전쟁이 끝난 후, 영국은 이집트 왕의 지배 아래 이름뿐인 자치권을 주겠다며 고조되고 있는 이집트 민족주의를 가라앉히고자 했다. 그러나 가장 중요한 국가 통제 기구에 대한 실질적인 지배권, 특히 병권과 외교 정책 수행은 포기하지 않았다. 1936년, 파루크(Farouk)가 이

◆ 안와르 사다트(STF/직원, AFP/Getty Images).

집트의 왕으로 즉위했을 때, 이집트 주요 민족주의 정당인 와프드당(Wafd)과 교섭 중인 영국은 더 이상 이집트 정부에 간섭하지 않겠다고 했다. 그러나 가장 중요한 투자 대상인 수에즈 운하를 지키기 위해 주둔시킨 상당한 병력의 군대는 철수하지 않았다. 영국은 협정의 일부로서 모든 계층의 자녀가 입학할 수 있는 영국 왕립 육군사관학교를 설립했다. 그리고 규모가 커진 이집트 군대를 위해 새로운 장교 그룹을 양성하겠다고 약속했다. 안와르 사다트는 처음으로 그 학교에 입학한 학생 중 한 명이었다. 1937년에 입학해서 일 년 후에 졸업한 그는 소위로 임관했고 미트 아부알쿰에서 좀 더 부유한 집안의 딸과 결혼했다.

그의 첫 번째 부대는 카이로 교외에 있는 통신 부대였지만, 이윽고 이집트 북쪽에 위치한 외딴 부대로 전임했다. 사다트는 극우 혁명론자였다. 이집트 사람들을 채찍질하고 목매단 야만적인 영국의 압제자들에게 저항한 이집트인들의 이야기를 들으며 자랐고, 케말 아타튀르크(Kemal Ataturk), 나폴레옹, 간디, 히틀러, 그리고 그 밖의 다른 악명 높은 영국의 적들을 찬양했다.[10] 그는 부대에서 다른 하급 장교들과 함께 조국에서 영국을 몰아낼 수 있는 혁명적인 조직을 만들기 시작했다. 처음에는 친절하고 쾌활한 사다트가 동료 장교들에게 혁명의 열의를 불어넣는 중심인물로 보였다. 그러나 곧 '동료들과 농담을 즐기지 않는 진지한 젊은이' 가말 압델 나세르가 신생 조직의 주도권을 쥔다.[11]

제2차 세계대전은 사다트와 나세르 그리고 그들의 동료들에게 이집트에서 영국의 입지를 약화시키기 위해 위험을 무릅쓸 만한 동기와 기회 두 가지 모두를 제공했다. 이집트가 전쟁에 개입하는 것에 반대하던 이집트인들은 전쟁 초기 독일의 승리에 용기를 얻어 독일, 이탈리아, 일본과 접촉했다. 영국의 요구로 자국의 중립을 지지하고 전쟁터에서 군대를 철수한 이집트 수상이 사임했을 때, 그리고 영국군 탱크가 파루크 왕의 궁전을 포위하고 런던의 선택대로 후임자를 결정하라고 강요했을 때, 사다트와 나세르는 그 굴욕감을 이기지 못하고 증오심에 불타올랐다.

1941년, 사다트는 반란을 기도했다. 그가 지휘하는 부대는 카이로 외곽에서 반체제 인사들이 이끄는 다른 부대들과 모여 재빨리 정부를 제압하고 독일군 장교 에르빈 롬멜(Erwin Rommel)의 연이은 승리 때문에 사기가 저하한 영국을 이집트에서 몰아낸다는 계획을 세웠다. 그것은 허술하기 짝이 없는 계획이었고 분명 영국군의 귀에도 들어갔을 것이다. 작전의 날, 그 자리에 나타난 것은 오직 사다트의 부대뿐이었다.

같은 해, 사다트는 독일인들과 협력하던 이집트의 전 참모총장 아지스 알 마스리(Azis al-Masri)를 몰래 국가 밖으로 데리고 나가려고 시도했다. 그리고 그가 맡은 역할 때문에 영국 정보기관에 체포되어 잠시 감금되었다. 1942년 여름에는 사로잡힌 독일 첩자 두 사람 중 지역 연락책이었던 한 사람이 그의 신분을 누설하는 바람에 또 한 번 심문을 받고 풀려났다. 롬멜의 군대가 엘 알라메인(El Alamein)에서 유명한 승리를 거둔 후에 카이로로 계속 진격하자, 영국은 이집트 군대에서 폭동을 일으킬 가능성이 있는 사람들을 처리하는 일보다 더 걱정해야 할 중요한 일이 생겼다. 그러나 영국 제8군 사령관 버나드 몽고메리(Bernard Law Montgomery)가 카이로에 도착하면서 상황은 곧 바뀐다. 사다트는 이전의 부주의함 때문에 이제 영국 정보기관에 알려졌다. 몽고메리가 반항적인 수도를 더욱 강압적으로 통제하는 동안, 사다트는 혁명에 대한 열정 때문에 호된 대가를 치른다. 그는 1942년 가을에 체포되어 군에서 제명당하고 뒤이은 2년 동안 카이로의 여러 감옥에 수감되었다.

 1944년, 그는 단식투쟁을 하고 병원으로 이송되던 중 가까스로 탈출했다. 그후 전쟁이 끝나고 계엄령이 해제될 때까지 계속 몸을 숨겼고, 다시 폭동 계획을 세우기 시작했다. 나세르는 그때까지 반체제 인사들의 조직을 지휘하고 있었다. 사다트는 훗날 나세르가 조직의 지도자가 된 이유는 자신이 수감되고, 도망자로서 권력을 가질 입장이 못 되었기 때문이라고 주장했다. 그러나 나세르의 세력이 커진 데에는 사다트의 불행 말고도 다른 이유가 있었다. 나세르는 충동적인 사다트보다 더 신중한 혁명론자였고, 훨씬 더 카리스마가 있는 인물이었다. 사다트는 탁월한 유머감각과 대의를 위한 열정 때문에 인기가 있었지만, 나세르는 훨씬 더 엄격하고 경계심이 많았다. 그러나 나세르는 다른 간부들에게는 없는, 감히 범접할 수 없는 분위기로 용기를 불어넣는 지도자였다. 사다트는 부하 역할에 불만을 드러낸 적이 한 번도 없었다. 오히려 기꺼이 그 역할을 받아들였다.

 1946년 1월, 사다트는 영국군의 주둔을 지지한 유명한 이집트 장관의 암살에 관여했다는 죄목으로 또다시 수감되었다. 그는 이전에 수감되었던 어느 곳보다도 형편없는 곳에서 18개월을 보냈다. 카이로 중앙감옥에 있는 54개의 감방 중에서 유일하게 비품이 제공된 사다트의 감방에 있는 것은 바닥깔개와 더러운 담요가 전부였다. 어둡고 습기 찬 지하 감옥에는 벌레가 들끓었다. 잠시 감방 밖으로 나가는 것이 허락될 때는 운동을 하거나 입소자들에게 병을 퍼뜨리는 비위생적인 화장실을 이용할 때였다. 열악한 환경은 죄수들의 기를 꺾어서 잦은 심문 도중 자백하게 만들거나 무심코 비밀을 누설하게 하려는 목적을 감추고 있었다.

그러나 사다트는 의연하게 고통을 견뎠다. 게다가 그 경험 때문에 진정한 자신을 이해할 수 있었고, 앞으로 맞이할 시련과 영광의 세월 동안 그의 최대 장점이 되는 침착함을 얻었다고 말했다. 그는 이렇게 기록했다. "고통은 정신이 가진 고유한 강인함을 단련시킨다. 용기 있는 사람은 고통을 통해 인생에서 자신의 길을 찾고 그곳에 이르는 거리를 헤아릴 수 있기 때문이다."[12] 감옥에서 그는 알라신에 대한 믿음, 농민의 전통에 대한 믿음, 자신과 이집트의 운명에 대한 믿음 등 자신의 모든 믿음이 강해졌다고 주장했다. 그는 감옥에서도 의지가 꺾이지 않았다. 감언이설에 속거나 심문자들의 위협에 굴복하지도 않았다. 나아가 카이로 중앙감옥에 있는 동료들에게 심문자의 유도에 말려들지 않고 심문을 견딜 수 있는 방법을 조언했다. 그는 "격리된 곳에서 인생과 인간의 본성에 대해 곰곰이 생각한 결과, 생각의 틀을 바꾸지 못하는 사람은 결코 현실을 바꿀 수 없으며, 따라서 어떤 발전도 이룰 수 없다는 결론을 내렸다."라고 말했다.[13] 그의 첫 번째 변화는 사생활이었다. 그는 아내와 이혼하고 곧장 카이로의 유명한 외과의의 딸, 아름다운 영국계 이집트인인 지한 라오프와 결혼했다.

1948년, 공판에 회부된 그는 무죄를 선고받고, 1950년에는 군에 복직할 수 있었다. 그 무렵 이집트 군대는 다른 아랍 군대들과 마찬가지로 1948년에 새로운 이스라엘 정부와 벌인 전쟁에서 패하는 수모를 겪은 상태였다. 왕위에 앉는 대가로 이집트의 자존심을 팔아넘긴 나약하고 제멋대로인 파루크 왕과 영국이 이집트에 가한 수모에 또 하나의 수모가 더해진 것이다. 패배의 여파로 이집트 국민들은 점차 정부를 경멸했다. 마침내 이집트 정부는 영국과의 조약을 파기할 수밖에 없었다. 그러나 국가적 자존심을 회복시키려는 그 몸짓도 정권을 구하기에는 너무 늦었다. 1952년, 자유장교단(Free Officers' Organization)이 국가에서 부패한 왕과 영국인 고문들을 몰아낼 순간이 찾아온다.

6월 23일 밤, 자유장교단은 육군본부와 모든 정부 건물, 라디오 방송국을 장악했다. 사다트는 하마터면 이 모든 일에 참여하지 못할 뻔했다. 그는 쿠데타에 대한 사전 연락을 받지 못한 채 지한을 데리고 극장에 갔다. 그리고 집에 돌아와서 혁명이 시작됐다고 알리는 나세르의 메모를 발견했다. 그는 육군본부에서 작전을 지휘하고 있는 나세르를 찾았다. 사다트가 도착하자 나세르는 그에게 여러 반란군 지도자들과 연락을 취하는 임무를 맡기고 라디오로 쿠데타를 알리라고 지시했다. 그는 전투를 놓쳤지만, 이후의 사건에서는 중요한 역할을 했다. 존경받는 전 수상 알리 마헤르(Ali Maher)를 설득해서 임시정부의 지도자로 세운 사람이 사다트였다. 나세르의 지시로 파루크에게 최후통첩을 하고 무사히 망명하는 조건으로 퇴위하라고 권한 사람도 사다트였다. 대리대사와 대사관부 육군 무관이 찾아와 이집트 왕족들을 대하는 반군의 태도에 항의했을 때 사다트는 이렇게 일갈했다. "당신들과는 아무 상관없는 일이오. 영국 왕족 문제가 아니란 말이오."14)

반군은 대중적 인기가 높은 모하메드 나기브(Mohammed Naguib)를 대통령으로, 알리 마헤르를 국무총리로 세웠다. 마헤르는 몇 달 후에 사회주의자 나세르가 시행하자고 주장하는 토지 재분배와 그 밖의 개혁 정책에 반발하여 사임했다. 공식적으로 군주제는 폐지되었고, 이집트는 공화제를 선언했다. 사다트는 나세르가 1953년에 조직한 혁명위원회의 위원 12명 중 한 명이었는데, 이 위원회가 이집트의 실권을 쥐었다. 1954년, 나세르는 자신의 대권을 공식화하고 나기브를 강제로 사임시킨 후, 공화국 대통령 자리에 앉았다.

　사다트는 나세르가 재임한 15년 동안 국회 대변인을 포함해서 다양한 직책을 맡았다. 그는 나세르의 측근들에게 나세르의 개라며 조롱당했지만, 의심 많고 냉혹한 나세르가 자신의 충성심에 의혹을 품을 빌미를 제공하지 않기 위해 항상 조심했다. 안와르 사다트를 제외하면, 혁명위원회의 위원 중에서 나세르의 통치 기간 동안 계속해서 그의 호감을 산 인물은 없었다. 사다트는 두 사람의 19년 우정은 피로 맺어져서 굳건하며, 자신이 잘못되었다고 느끼는 결정이라면 이의를 제기할 수도 있고, 또 그렇게 하고 있다고 단언했다. 사다트는 분명 나세르의 다른 측근들과 달리 나세르에게 개인적으로 이의를 제기할 수 있는 사람이었다. 그리고 그 결과 그들 사이에 불화가 생겨도 언제나 일시적이었다. 두 사람의 동료들은 사다트의 정치 생명이 길었던 이유가 그의 무조건적인 복종 덕분이라고 했다. 그러나 그들 중에 그가 대담한 사람이라는 것을 눈치 챈 사람은 많지 않았다. 사다트는 이집트에서 아랍 세계의 정치를 좌지우지하고 겸손한 부하를 모욕하기를 즐겼다고 알려진 나세르의 그늘에 평생 동안 가린 나약한 인물로 인식되었다. 그러나 나약하다는 인상은 심각하게 잘못된 판단이었다.

　나세르는 영국을 수에즈 운하에서 철수시키고 이집트의 완전한 독립을 이뤘다. 그는 서유럽에는 상당한 액수의 원조를, 미국에는 아스완 댐 건설 지원을 약속해달라고 간청했다. 바르샤바 조약 회원국인 체코슬로바키아와 무기 계약을 맺은 후 원조를 거절당하자 그는 수에즈 운하를 국유화했다. 나중에 영국과 프랑스가 운하를 빼앗으려 했을 때 나세르는 아이젠하워 정부가 개입한 덕분에 운하를 지킬 수 있었다. 이스라엘은 나세르가 가자지구에서 빈번하게 싸움을 일으킨 데 대한 보복으로 프랑스, 영국과 연합하여 시나이 반도를 점령했다. 이 사건은 소비에트연방이 모든 외국 군대들은 이집트에서 철수하라는 최후통첩을 하며 수에즈 위기에 개입했을 때 끝이 났다. 유럽과 이스라엘을 상대로 거둔 나세르의 승리는 미국과 소련의 개입으로 성취한 것이었다. 그렇지만 그 운 좋은 수혜자는 영웅이 절대적으로 부족했던 시기에 아랍 세계의 영웅이 되었다. 그리고 자신의 인기를 최대한 이용했다.

그는 소비에트와 긴밀한 유대관계를 맺고, 소비에트 기술·군사고문 수천 명이 이집트에 오는 것을 환영했다. 소비에트의 경제적 지원과 보호 아래 나세르는 아랍 세계의 지도자로 불릴 수 있었다. 그는 아랍 사회주의와 아랍 자치권 옹호론자였다. 또 서구 제국주의자들과 팔레스타인에 있는 시온주의 침략자들에 맞서려면 강해져야 한다고 부르짖는 범아랍주의 지지자였다. 그는 범아랍 국가를 향한 첫발로 1958년 시리아와 함께 통일아랍공화국(United Arab Republic)을 수립했다. 그러나 여러 사람들이 우려하고 또 바랐던 대로, 이후에는 이름뿐인 연합이 된다. 1961년, 시리아의 불만으로 통일아랍공화국은 분리되었다. 1962년, 나세르의 야망이 그의 발목을 붙잡았다. 표면적으로는 아랍 민족주의라는 이름 아래 벌인 일이지만, 실제로는 사회주의나 범아랍주의에 별다른 관심을 보이지 않는 석유 부국인 사우디에 대한 경고 차원에서 이집트 군대를 예멘으로 보내 쿠데타를 계획한 것이다. 몇 달 지나지 않아, 나세르가 꾸준히 증강시킨 예멘에 있는 이집트 군대는 수많은 사상자가 발생한 후 교착 상태에 빠졌고, 마침내 1965년에 철수했다.

사회주의의 결과인 의욕 부족과 늘어나는 국방비 예산 부담으로 타격을 받은 이집트 경제는 소비에트의 원조도 역부족일 만큼 위기에 처했다. 1967년, 6일 전쟁에서 이스라엘이 아랍 군대들을 무찔렀을 때 다른 아랍 지도자들과 마찬가지로 나세르의 위신도 실추되었다. 그는 패배 후 대통령직을 사임해야겠다고 생각했지만, 이집트에 있는 수백만 명의 아랍인들과 아랍 세계 전체는 그에게 자리를 지키라고 요구했다. 생애 마지막 2년 동안, 나세르는 이스라엘이 차지한 시나이 반도의 영토를 되찾기 위해 소모전을 되풀이했다. 소비에트의 전폭적인 군사적 지원으로 이집트의 공군력이 엄청나게 증강되었는데도 나세르의 모험은 실패로 끝났다. 그리고 1970년 8월, 나세르가 심장마비로 사망하기 한 달 전쯤 휴전이 선언되면서 사건은 일단락되었다. 병든 나세르는 1969년에 사다트를 부통령으로 임명했고, 그가 사망했을 때 사다트는 임시 대통령이 되었다.

수차례 실패를 경험하기는 했지만, 죽음을 앞둔 나세르는 여전히 아랍 세계에서 가장 영향력 있고 존경받는 사람이었다. 어느 누구도 그의 친절하고 충실한 후계자가 대단한 일을 할 수 있으리라고 생각지 않았다. 그는 그저 사람들에게 아랍 세계의 상실이 얼마나 큰지를 상기시키는 존재일 뿐이었다. 사다트가 대통령이 되자 그들의 지도자처럼 천성적으로 의심이 많고 사람을 신용하지 않는 나세르의 측근 중에 시기하는 사람들이 생겨났다. 그들 중 누구도 대통령직의 권력을 가진 다른 사람은 믿으려 하지 않았다. 그들은 마지못해 대통령직을 잠시 사다트에게 맡기는 데 찬성했다. 나세르의 진정한 후계자가 나타나면 그를 쉽게 밀어낼 수 있을 거라 확신했기 때문이었다.

임기 첫해 여름, 사다트는 충성스러운 군 지휘관들의 도움으로 국방장관 모하메드 파우지(Mohammed Fawzi)가 주도한 쿠데타를 진압하고 경쟁자 대부분을 몰아냈다. 또한 부통령 알리 사브리(Ali Sabri)와 비밀경찰 수뇌인 사라위 고마아(Sharawy Gomaa)를 포함해서 정치적으로 가장 영향력이 큰 인물들을 수감했다. 누구도 예상치 못한 그 결정타는 '얼간이'라고 조롱받던 남자가 아무것도 눈치 채지 못한 사람들을 연달아 놀라게 한 일 중 첫 번째 사건이었다. 가장 큰 충격을 받은 사람들 중에는 사다트를 무능하고 일시적인 대리인이라고 생각했던 레오니트 브레주네프와 리처드 닉슨 정부도 있었다. 닉슨을 대신해서 나세르의 장례식에 참석했던 엘리엇 리처드슨(Elliot Richardson)은 워싱턴으로 돌아와 사다트 정부는 몇 주밖에 버티지 못할 거라고 보고한 바 있다.

외국의 한 지도자는 사다트에 대해서 좀 더 낙관적인 견해를 갖고 있었다. 이스라엘 국무총리인 골다 메이어(Golda Meir)는 이집트의 새로운 대통령을 '이스라엘과의 평화에서 얻는 이익을 냉정하게 따져볼 분별력 있는 사람'이라고 평가했다.[15]

사다트는 이스라엘과 소모전을 계속할 것인지의 문제에 직면했다. 그는 이스라엘과의 전쟁보다는 화해 쪽을 고려했다. 그러나 임기 첫 2년 동안에는 철저한 전쟁 준비만이 평화를 가져올 수 있을 거라고 판단했다. 이집트군은 1967년 전쟁에서 입은 피해를 상당 부분 복구했다. 이집트는 지구전 동안 시나이 영유권을 되찾는 일에서 실질적인 성과를 전혀 이루지 못했다. 여전히 운하의 동쪽 댐에는 이스라엘 점령군이 배치되어 있었다. 그러나 이집트가 또다시 굴욕적인 패배를 경험하는 일도 생기지 않았다. 서로 대등한 상태를 유지할 뿐이었다.

사다트는 이집트가 이스라엘의 대포와 공습에 취약하다는 것을 알았다. 그리고 소비에트가 약속과 달리 이스라엘에 대등한 협박을 가할 때 필요한 다수의 지대공 미사일과 전투용 비행기를 제공하지 않겠다고 하자 좌절했다. 그는 1971년 모스크바로 날아갔고, 소비에트는 그의 이야기가 사실이라면 소비에트의 허락 없이 공격에 사용하지 않는다는 조건으로 최신 미그-25와 지대공 미사일을 제공하겠다고 했다. 사다트는 그 조건을 거절했다. 결국 모스크바는 지대공 미사일 몇 기를 이집트로 보내는 데 찬성했다. 사다트가 요청한 만큼은 아니었지만, 이집트가 잠시 지구전을 중지시킨 휴전 협정에 얽매일 필요가 없다는 선언을 하기에는 충분한 물량이었다.

나세르도 모스크바의 지원이 충분하지 않고 지연되는 것에 낙담했다. 그러나 나세르와 달리 사다트는 그들의 고객과 후원자 관계 전반에 대해 재고함으로써 소비에트의 약속 불이행과 간섭에 대응했다. 임기 초기에 대통령직을 위협했던 쿠데타 선동자들은 대부분 친소비에트 인사들이었고 사다트는 모스크바가 그들의 계획에서 어떤 역할을 했다고 의심했다. 또한 그는 이집트를 개방하고 경제를 자유화해서 서구의 투자를 끌어들임으로써 사회주의로 인한 폐해를 본격적으로 다루기 시작했다. 사다트는 임기 초에 미국의 우호와 원조에 의지하는 국가, 그리고 공산권 국가와 동맹을 맺은 국가들 사이의 격차에 대해 전임자들보다 더 현실적으로 인식한 것으로 보인다. 곧 그가 워싱턴과의 관계를 개선하고 싶어 한다는 사실이 분명해졌다.

1971년 2월, 그가 국회연설에서 화평 제의를 발표한 이유 중 하나는 이집트가 동유럽과의 동맹과 이스라엘에 대한 아랍 지도자들의 적의를 재평가하고 있음을 보여주기 위해서였을 것이다. 그는 유엔 사무총장의 중재 아래 점령한 영토를 돌려받는 조건으로 이스라엘과의 평화협정에 관해 논의하고, 미국과 외교관계를 수립하겠다고 제안했다.

사다트는 1971년을 전쟁이 계속되거나 평화협상이 맺어질 '결단의 해'라고 선언했다. 이스라엘은 이집트가 또 다른 대규모 군사 충돌을 감행할 수 있다고 의심했다. 그의 평화 제안이 특별히 설득력 있어 보이지도 않았다. 그들은 사다트의 선언에도 불구하고 그가 아직 강화를 맺을 위치에 있지 않다고 판단했다. 모든 아랍 영토와 팔레스타인 땅을 되찾는 일보다 이스라엘과 평화협상을 맺는 데 열중하는 것은 이집트인들을 분노하게 만들 수 있었다. 그들은 아랍 세계와 이스라엘의 화해가 이집트가 약하기 때문에 비롯했으며, 그 결과 소비에트의 지원도 잃을 거라고 생각할 게 틀림없었다. 그리고 1971년이 전쟁도 평화협정도 없이 지나가자 이스라엘 사람들이 사다트의 '결단의 해'를 비웃었던 것이 당연해 보였다.

그러나 '한 손에는 평화, 다른 손에는 전쟁'이라는 사다트의 태도에서 사다트 정책의 중심을 볼 수 있다. 사다트는 이집트가 이스라엘에게 품은 25년 동안의 적개심을 해결하고 소비에트에 의존해서 생기는 이집트의 손해를 고려해야 했다. 아랍이 이스라엘을 정복하는 것은 불가능했다. 호전적인 범아랍주의와 이스라엘을 멸망시킨다는 명예로운 목적이―아랍 지도자들이 그 사실을 인정하건 인정하지 않건 간에―6일 전쟁에서 엄청난 사상자를 낸 원인이었다. 그런 망상 때문에 이집트에 지워진 부담은 감당할 수 있는 선을 넘었다. 최대 군사력을 보유한 아랍 최대 국가로서 이집트가 아랍과 이스라엘 간의 전쟁에서 입은 피해는 막심했다. 1967년 전쟁에서는 시리아와 요르단의 사망자를 전부 합친 것보다 세 배가 많은 군인들이 죽었다. 이집트 경제는 파탄에 이르렀다. 국가 예산의 25퍼센트를 차지하는 엄청난 국방비를 짊어지지 않는 한, 또 강대국 후원자의 도움이 충분하지 않는 한은 회복할 수 없었다. 이스라엘과의 화해는 반드시 이루어야 했다. 그러나 그것을 해내려면 사다트는 국내에서나 국외에서나 그의 위신을 세울 수 있는 일을 시작해야만 했다. 이집트인들의 구미에 맞는 화평을 제의해야 하며, 서방에 그가 진실하다는 인상을 심어주고, 전쟁의 위험을 재평가해서 화해를 시도할 필요가 있다는 것을 이스라엘에 납득시켜야만 했다. 그것은 의욕적인 계획이자 위험한 계획이었다. 그러나 그는 지금이 그 일을 시도할 때라는 것을 알았다.

1972년 5월. 모스크바에서 열린 초강대국들의 정상회담 동안 미국과 소비에트 지도자들은 중동의 전쟁을 멈추기 위한 공동 성명을 발표했다. 사다트는 이것을 소비에트가 이집트와의 약속보다 국제관계 긴장 완화에 관심이 있다는 신호로 받아들였다. 1972년 7월 18일, 그는 소비에트 군사고문들과 그들의 가족 1만 5,000명에게 다음 주가 되기 전에 이집트를 떠나라고 명령했다. 분명 그는 그 깜짝 놀랄 조치가 소비에트에게 약속을 지키길 바란다는 진지한 항변으로 여겨지길 기대했을 것이다. 그러나 또 한편으로는 이스라엘의 후원자인 미국과의 친선을 위해 길을 열어놓으려는 의도도 있었다. 아랍 최대 국가가 소비에트에 등을 돌리는 것은 미국으로서도 구미가 당기는 일이었다. 헨리 키신저는 사다트에게 편지를 보내 그가 내린 조치에 찬사를 보냈고, 양국의 고위급 회담을 제안했다. 키신저는 중동에서 또다시 전쟁이 일어난다면 마지막 전쟁처럼 아랍의 패배로 끝날 거라는 경고도 덧붙였다. 사다트는 키신저와 비밀 연락 채널을 개설하는 데 동의했다. 그러나 그들이 대화를 시작했을 무렵, 이집트 지도자는 군사 충돌과 관련한 또

한 번의 도박이 필요하다는 사실을 깨달았다.

소비에트의 추방을 선언한 며칠 후에 사다트는 장군들과 협의하여 전쟁계획을 세우기 시작했다. 그는 8월 말, 소비에트로 보내는 편지에서 그들 관계의 문제를 자세히 설명하며 소비에트가 약속한 군사적 지원을 제공하라는 요구를 되풀이했다. 그는 소비에트의 신의에 환상을 갖고 있지 않았다. 정확히 말하자면 그는 그들이 반정부 음모를 조장하고 있으며, 표면적으로는 국가의 형편없는 경제상황에 항의하는 이집트 좌파세력의 시위를 지원하고 있다고 의심했다. 그는 소비에트가 약속한 대량의 무기를 실제로 공급할 거라고는 믿지 않았다. 그러나 만일 자신이 전쟁을 결심한다면 소비에트가 어쩔 수 없이 협력하고, 동맹국이 또 한 번 굴욕스러운 패배를 겪지 않도록 그들이 할 수 있는 일을 하는 것이 그들에게도 이롭다는 사실을 깨달을 거라고 믿었다.

1972년 12월, 사다트는 참모회의에서 소비에트의 지원이 있건 없건 간에 전쟁을 시작할 생각이라고 말했다. 그리고 본격적으로 전쟁 준비를 시작했다. 사다트는 시리아로부터 골란 고원을 되찾기 위한 동시 공격에 참가하겠다는 약속을 받아냈다. 그는 나세르가 정치적 동료들에게 군사 명령을 내렸던 6일 전쟁과 같은 실수는 되풀이하지 않겠다고 다짐했다. 휴전선을 지나 수에즈 운하 동쪽으로 이동할 이집트 군대는 유능한 직업 장교들이 지휘할 예정이었다. 그가 예상한 대로, 결국 소비에트는 방어 미사일과 공격 미사일, 대전차 무기와 그 밖의 다른 무기들을 제공하며 협력했고 작전을 수정해야 한다고 주장했다. 이집트는 이후의 경각심을 낮추려는 의도로 1973년에 이스라엘이 전쟁 태세에 돌입할 정도의 대규모 군사훈련을 네 번 개최했다. 10월 6일, 이스라엘 속죄일(Yom Kippur: 모든 유대인들이 금식하며 하나님께 죄를 회개하는 날―옮긴이)에 진짜 전쟁이 시작되었다. 이집트의 항공기가 저공비행하며 폭탄을 투하하고 시나이에 있는 이스라엘군을 포격하자 이스라엘 지도자들은 경악했다.

사다트는 이집트군이 이전 전쟁에서보다 훈련을 잘 받고, 더 철저히 무장하고, 더 유능한 지휘자의 인솔을 받도록 조처했다. 이집트군은 첫째 날에 놀라울 정도로 적은 사상자를 내며 운하를 건넜다. 이집트의 방어 공격은 강력하기로 이름난 이스라엘 공군을 막아냈다. 소비에트의 대전차 무기는 효과적으로 사용되었다. 전쟁 첫 주에 이스라엘 탱크 수백 대가 파괴되었다. 시리아군은 좀 더 과감하게 골란으로 재빨리 진군했고, 서쪽에서 이집트군을 물리치는 일에 집중하고 있던 이스라엘은 시리아군을 막지 못할 것처럼 보였다. 충격을 받은 미국 정부는 긴급히 이스라엘에 군수품을 재보급하기로 결정했다. 10월 13일 즈음에는 군수품을 실은 첫 번째 배가 가까이 다가오고 있었다. 전쟁 8일째인 다음 날, 시나이에서 결정적인 대규모 전차전이 벌어졌다. 이집트는 아리엘 샤론(Ariel Sharon)이 이끄는 이스라엘 탱크부대에 참패했다. 형세가 바뀌었다. 그때부터 전방의 이스라엘군이 이집트와 시리아의 진군을 저지하기 시작했다. 10월 22일, 유엔 안전보장이사회가 휴전협정을 교섭했고 이스라엘은 전쟁 초기에 빼앗긴 영토의 대부분을 되찾았다. 전쟁이 4일 더 계속되고서야 모두가 유엔의 휴전안을 받아들였다. 전쟁 막바지의 몇 시간 동안 이스라엘은 이집트 제3군단을 함정에 빠뜨리고 전멸시킬 준비를 했다. 오직 미국의 개입만이 그 일을 막을 수 있었다. 가장 큰 충격을 받은 소비에트는 만일 워싱턴이 소비에트와 함께 휴전을 촉구하지 않는다면 일방적인 조치를 취할 거라고 위협했다. 두 나라는 크게 안도하며 10월 26일 휴전이 이루어지는 것을 지켜보았다.

    사다트는 승리가 아닌 현실적으로 성취 가능한 목표를 갖고 전쟁을 시작했다. 가장 큰 목적은 군사적인 것이 아니라 정치적인 것이었다. 그는 이집트와 아랍 세계에 이스라엘방위군이 무적이 아니라는 사실을 보여주려 했고 초반의 승리로 뜻을 이루었다. 이집트는 패했지만 굴욕감을 느끼지는 않았다. 사다트는 이집트인의 자존심을 회복했고, '횡단의 영웅'이라 불리며 환영받았다. 그는 또한 전쟁을 통해 초강대국 후원자의 아낌없는 지원을 받는 이스라엘이 결코 정복되지 않을 거라는 사실도 보여주었다. 이스라엘 정부는 실재하며 언제나 그러하다. 화해를 위한 시간이 다가오고 있었다. 휴전이 시작된 직후 사다트는 건설회사를 운영하는 친구를 불러 운하 근처에 주택을 지으라고 말했다. "이스라엘군의 사정거리 안에 다시 마을을 만들고 싶네. 이스라엘인들에게 다시는 그들을 상대로 전쟁을 일으킬 생각이 없다는 것을 보여줄 생각이네."16)

뒤이은 2년 동안 이뤄진 헨리 키신저의 왕복 외교 결과, 두 나라 모두 시나이에서 철수하겠다고 승낙했으며, 이로써 사다트는 수에즈 운하를 다시 이용할 수 있게 되었다. 사다트는 소비에트와 미국, 아랍 대부분의 국가들과 함께 팔레스타인 문제 해결을 포함한 중동 지역의 평화협정을 논의하기 위한 제네바 회담에 팔레스타인 대표들의 참석을 요청했다.

그러나 그는 곧 평화를 향한 그런 식의 접근방법에 절망했다. 시리아와 다른 아랍 국가들은 제어할 수가 없었고, 아랍 세계는 또다시 갈등을 겪었다. 이번에는 레바논에서 시작된 내전이 원인이었다. 이스라엘은 팔레스타인이 직접적으로 회담에 참여하는 것을 거부했다. 그리고 사다트는 이내 소비에트가 과거보다 더욱 적극적으로 믿을 만한 동맹임을 증명해줄 거라는 기대를 접었다. 사다트는 1977년 1월 카이로를 뒤흔든 식료품 가격 상승에 반대하는 대규모 폭동에 소비에트가 연루되었다는 것을 눈치 챘다. 동시에 전쟁이 끝났을 때보다 자신의 입지가 약해졌다는 사실을 깨달았다. 이집트군은 그가 소비에트를 대신해 이집트에 무기를 제공할 곳을 찾지 못하자 점차 불만을 품었다. 이집트 경제와 그 결과 생긴 극심한 빈곤은 국방비를 대폭 삭감하지 않는 한, 그리고 서구의 전폭적인 지원이 있지 않는 한 회복할 수 없었다. 사다트의 정책에 대한 급진적인 이슬람 근본주의자들의 반대도 심해지기 시작했다. 과대망상증 환자인 무아마르 카다피(Muammar Qaddafi)가 이끄는 리비아는 점차 사다트 정권을 적대시했다. 소비에트는 이집트 국경 근처에 있는 리비아 비행장에 정교한 감시 장비를 설치하고 있었다. 그들이 그만두라는 요청을 거절하자 사다트는 이집트 공군에 비행장을 파괴하라고 명령했다.

그는 여전히 공식적으로 제네바 회담을 지지하기는 했지만, 내심 소비에트가 회담에 관여하는 한 곤란한 문제만 생길 것이라고 예상했다. 그는 아랍 반대파가 정직하게 협상에 임하라는 부탁을 수용할 것이라고 생각지 않았다. 적군 중 한 나라가 이스라엘과 그 동맹국 미국에 깊은 인상을 줄 만한 과감한 행동을 하지 않는 한 이스라엘을 설득해서 타협을 이끌어낼 것이란 기대도 하지 않았다.

소비에트와 (이제 신임 대통령 지미 카터가 이끄는) 미국 정부는 공동 성명을 발표하여 제네바 회담을 거듭 촉구하는 한편, 팔레스타인인들의 합법적인 권리를 언급해서 이스라엘과 미국계 유대인 단체의 격렬한 비난을 샀다. 결국 카터 정부는 한발 물러서서 미국과 소비에트의 성명이 제네바 회담의 이유가 되지는 않을 것이라고 발표했다. 사다트는 전반적인 해결책을 찾으려고 힘겹게 노력했다. 그러나 관련 국가들의 이익이 상충하는 상태에서는 시나이를 되찾지 못한다는 사실을 깨달았다. 한편으로는 이집트 국민들이 자신보다 더 조바심을 내고 있다는 것도 알았다. 이집트인들은 1973년 전쟁으로 가시적인 성과가 나타날 거라 믿으면서 이집트가 팔레스타인을 대신해서 치르는 희생에 지쳐가고 있었다. 그가 전쟁을 시작한 이유인 평화의 가능성이 사라지고 있었다. 만약 그것을 막지 못한다면 또 다른 아랍-이스라엘 전쟁은 피할 수 없었다. 그는 홀로 행동하기로 결심하고 이스라엘 사람들과 성서에 나온 이스라엘 땅을 단 한 뼘도 내주지 못하겠다고 단언한 이스라엘 애국자에게 화평을 제의했다. 그는 평화를 위해 이스라엘과 함께 공동으로 노력하려는 시도가 다른 아랍 국가들과 팔레스타인 사람들, 이집트 내 반대파들의 분노를 산다는 것을 알았다. 참모들 대부분은 그 계획이 위험하다고 경고했다. 측근들과 정부의 지지를 얻으려면 세계의 이목을 집중시키는 한편, 진부한 외교술과 격렬한 증오, 효용성이 없어진 과거의 정책들을 타파할 수 있어야 했다.

1977년 10월, 사다트는 소비에트와 결연하면서도 이스라엘과 친선관계를 맺고 있는 루마니아의 지도자 니콜라에 차우셰스쿠(Nicolae Ceausescu)를 만났다. 차우셰스쿠는 사다트에게 이제는 그의 제안이 진심이라는 것을 믿는다고 말했다. 사다트는 그의 말에 적극적으로 반응했고, 차우셰스쿠는 이스라엘에 그 반가운 소식을 전했다. 11월 초 국회 개회식에서 그는 그만의 독특한 정치적 수완의 특징인 충동적이고 예측할 수 없는 몸짓을 사용하며 "이스라엘과 평화를 협의하기 위해서라면 이스라엘 땅, 이스라엘 국회에라도 가겠습니다."라고 선언했다.

베긴은 그 제안이 단순한 과시용이라고 생각해서 답하지 않았다. 사다트는 다른 행사에서 두 번 더 그 제안을 되풀이했다. 그러자 베긴은 그 제안을 가볍게 여겼던 것과 마찬가지로 별다른 기대는 하지 않는다는 듯 "나는 이로써 사다트 대통령을 (중략) 예루살렘으로 초대합니다."라고 말했다. 이스라엘에 가겠다고 한 아랍 지도자는 한 사람도 없었다. 대부분은 '이스라엘'이라는 이름조차 입에 올리기 싫어했다. 베긴은 형식을 철저하게 따지고, 의전에 세심한 주의를 기울이며, 사려 깊은 변호사 기질이 있는 인물이었다. 그는 어느 국가 원수가 전례 없고 대단히 중요한 의미를 가진 의사표현을 그렇게 아무렇지 않게 할 수 있으리라고는 상상조차 하지 못했다. 그러나 사다트가 CBS 기자인 월터 크롱카이트(Walter Cronkite)와 한 인터뷰에서 그 제안을 반복하자, 베긴은 정부에 이집트와 비밀 협상을 개시하고 사다트가 진심인지 아닌지를 판단하라고 했다. 놀랍게도 사다트는 진심이었다.

1977년 11월 19일 저녁 8시를 얼마 남겨두지 않은 시각, 메나헴 베긴은 동체에 '이집트 아랍 공화국'이라고 쓴 보잉 707이 착륙 기어를 내리고 텔아비브 벤구리온 공항 활주로에 닿는 것을 지켜보며 차렷 자세로 서 있었다. 잠시 후 안와르 사다트가 만면에 웃음을 띠고 손을 흔들며 나타났다. 트럼펫 소리가 그를 환영했다. 깜짝 놀라 소리를 지르는 이스라엘 사람들도 많았지만, 그 소리는 이 장면을 지켜보는 수천 명의 열광적인 함성 소리에 잠겼다. 이스라엘 사람들은 살아생전 이런 광경을 보리라고는 상상조차 하지 못했다. 적이 평화를 위해 이스라엘에 온 것이다. 이스라엘 군악대가 이집트 국가를 연주하는 동안 박수가 잦아들자 많은 사람들이 흐느끼는 소리가 들렸다.

자주 언급되었듯이, 두 사람은 아주 딴판이었다. 베긴은 사다트와 달리 동작이 큰 사람이 아니었다. 사다트는 세부적이고 까다로운 협상을 싫어했지만 베긴은 그런 일에 매우 능숙했다. 사다트는 일을 빨리 처리하는 것을 좋아했지만 베긴에게는 한없이 기다릴 수 있는 끈기가 있었다. 사다트에게는 말이 행동을 대신할 수 없었다. 말은 그저 행동을 촉구하기 위한 것이었다. 반면 베긴에게 말은 생사여부를 결정할 수도 있으며, 매우 신중하게 판단하고 사용해야 하는 것이었다. 그러나 가장 중요한 부분에서 그들은 공통점이 있었다. 바로 그들이 헌신하는 조국을 신뢰하고 자랑스러워했다는 것이다. 그들 모두 자국의 역사에 사로잡혀 있었고, 자국 독립에 이바지했다는 점을 자랑스러워했다. 게다가 자국 문명의 역사적 정체성과 자기 자신의 개인적 정체성의 일부로서 자국 영토에 강한 애정을 품었다. 그들은 자신의 삶의 목적이 조국을 지키고 명예롭게 하는 것이라고 굳게 믿었다. 두 사람 모두 용감하고 확신에 찬 사람들이었다. 그들은 위협을 두려워하지 않았으며, 위협을 용납하지도 않았다. 그들은 대부분의 사람들이 경험하는 것보다 더욱 혹독한 시련을 겪었다. 그리고 역사 속에서 그들이 해야 하는 역할과 신념에 더욱 강한 확신을 갖고 살아남았다. 그들은 자신의 대의를 위해서라면 거리낌 없이 폭력에 찬성하는 사람들이었다. 그들은 유혈사태를 좋아하지 않았지만 전쟁을 하겠다는 결정, 인간의 생명을 희생시킨 결정에는 아무런 망설임이 없었다. 그들은 과거의 기억에서 벗어날 수 없었으며, 벗어나기를 원하지도 않았다. 두 사람 모두 위험을 무릅쓰고 나라를 위해 싸웠다.

또한 당대 사건들 속에서 평화를 이루는 것이 가능해진 순간, 그리고 그 일을 위해 위험을 감수하는 것이 자신의 책임이 된 순간을 감지했다. 모든 협상, 모든 결정, 모든 전쟁, 평화를 위한 모든 제안에서 그들의 공통 관심사는 "이것이 국민들을 위한 일인가?"라는 한 가지였다. 그들은 서로의 됨됨이를 평가했고, 국민들을 위한 평화, 그들의 투쟁이 끝난 먼 훗날 태어날 세대들까지 누릴 수 있는 평화를 이룰 수 있을 거라 생각했다.

이스라엘 국회에서 사다트는 이스라엘 의원들 몇몇이 살아생전에 듣고 싶어 했던 말을 했다. "이 땅은 여러분의 것입니다. 여러분은 이곳에서 우리와 더불어 살기를 원합니다. 우리는 진심으로 여러분을 환영합니다. (중략) 이스라엘 사람들이여, 여러분의 자녀들에게 고통의 끝은 지나가고 새로운 삶이 다가올 거라고 가르치십시오." 그는 아랍인들은 빼앗겼다 생각하고 베긴은 해방되었다고 생각하는 팔레스타인 문제를 포함해서 자신이 판단하기에 평화를 지키는 데 필요하다고 생각하는 바를 거리낌 없이 주장했다. 베긴도 문제의 땅에 대한 이스라엘의 '명백하고도 영원한 권리'를 주장하며 "우리는 우리 자신과 아내, 아이들, 우리의 명예를 지키는 방법을 알고 있습니다."라고 말했다. 사다트가 이틀 동안 이스라엘을 방문함으로써 시작된 것이 중동의 전략적 균형을 영원히 바꾸었다. 이집트의 개입 없이는 아랍 어느 국가도 이스라엘과의 전쟁에서 승리할 수 없었다.

사다트는 예루살렘에서 받았던 환호보다 더 열렬한 환호를 받으며 영웅이 되어 카이로에 돌아왔다. 대부분의 아랍 세계와 팔레스타인해방기구의 다양한 반대파들은 즉시 그를 반역자라고 비난했다. 베긴과 사다트는 생전에 10번의 만남을 가졌다. 공식적인 평화를 이루고 유지하기 위한 그들의 협상은 길고 고되었다. 분위기가 험악해지는 경우도 자주 있었으며, 때로는 둘 사이에 냉기가 돌기도 했다. 그러나 1978년 9월, 캠프 데이비드에서 중재인 역할을 한 카터 대통령과 함께 13일 동안 힘든 협상을 하며—여러 번 결렬될 위기에 처하기도 했지만—두 사람 모두 평화를 위한 협정을 맺기 위해 뭔가를 양보했다. 자국을 위해서는 양보하는 대상보다 평화가 더 중요하다고 믿었기 때문이다. 시나이로 돌아온 베긴은 그가 절대 포기하지 않겠노라고 맹세했던 땅에서 이스라엘 사람들을 이동시켰다. 사다트는 언젠가 요르단 강 서안과 가자지구의 자치권 협상이 있음을 약속하는 조건과 더불어 5년 동안 현재 상태를 유지하고, 그곳에 유대인 마을을 세우는 것을 일시적으로—그 기간은 매우 짧았다—중지한다는 마지막 결정을 수용하기로 했다.

협정 원칙을 정식 조약의 세부 사항으로 만들고, 양국 간의 평화를 확립하고, 1979년 3월 26일 백악관 장미정원에서 서명을 하기까지, 또 한 번 힘든 교섭을 하며 6개월이라는 시간이 흘렀다. 이스라엘 사람들을 대표하는 완고한 전사 메나헴 베긴은 서명하는 자리에서 다음과 같이 외치며 말을 맺었다. "더 이상 전쟁은 없습니다. 유혈도 없습니다. 사별도 없습니다. 당신에게 평화를. 이스라엘이여, 이슬람이여, 영원하라!"

중동에서 그런 꿈은 지속되기 어려웠다. 언제나 더 많은 전쟁과 더 많은 폭력이 존재했다. 아랍의 다른 국가들은 그 조약을 거부하고 이집트를 아랍 연맹에서 제명했다. 또 다른 아랍 국가가 이스라엘과 공식적으로 화해를 하기까지는 오랜 시간이 걸렸다. 아랍과 이스라엘 사이의 평화를 유지하고 팔레스타인 문제를 해결하는 것은 여전히 까다로운 문제이다. 이스라엘은 일시적인 습격과 장기간의 전투를 자주 반복하며, 반이스라엘 운동과 박격포탄 공격, 끊임없는 테러 행위에 맞서고 있다. 그러나 이집트와의 평화 관계는 약속을 하고 그것을 지킨 한 명예로운 이집트인과 명예로운 이스라엘인 덕분에 계속 유지되고 있다.

다른 아랍 국가들의 냉소에도 불구하고, 이스라엘 국민들은 사다트가 이룬 평화를 환영하며 그를 다시 영웅으로 대접했다. 그러나 환호는 곧 가라앉았다. 베긴이 의회에서 조약을 투표에 부쳤을 때, 리쿠드당의 의원 43명 중 29명이 반대표를 던졌다. 그들은 그런 조약이 지켜진다는 보장이 없다고 주장했다. 베긴은 이렇게 항변했다. "이것은 이스라엘이 서명한 최초의 평화조약이자 다섯 번의 전쟁에서 이스라엘 국민 1만 2,000명을 잃은 끝에 맺은 최초의 평화조약입니다. 우리의 (중략) 꿈은 계속되는 이 증오를 멈추는 것입니다. 우리는 이 조약에 서명해야 합니다. 그것이 인간이 해야 하는 올바른 행동이기 때문입니다." 그는 진실한 사람이 그와 함께 서명했기 때문에 그 조약이 진정한 평화를 약속한다고 믿었다.

사다트는 성마른 여러 아랍 국가들이 이스라엘과 화해한다는 그의 결정에 분개할 거라고 예상했다. 그러나 그는 대부분의 이집트 사람들은 환영할 거라고 믿었고, 실제로 그들은 평화를 환영했다. 그는 결정을 망설이는 기색을 보인 적이 없었다. 이집트와 이스라엘 양국의 이익을 위해 대담한 행동을 했다는 이유로 이집트 동료들이 가할 엄청난 위험을 걱정한 적도 없었다. 그는 가혹하고 폭력적인 중동의 역사와 일치하는 방법으로 최후를 맞이하리라고는 예상하지 못했다.

1981년, 이스라엘 속죄일에 일어났던 제4차 중동전쟁 기념일, 관병식에 참석한 안와르 사다트는 군대에 잠입한 이집트 이슬라믹 지하드(Islamic Jihad) 대원들에게 암살당했다. 그의 마지막 말은 "이럴 수가."였다. 그러나 그 세계에서 폭력은 드문 일이 아니다. 나약하고 겁에 질리고 증오에 찬 그들은 폭력 이외의 것은 상상하지 못하는 것처럼 보인다. 중동에서 평화를 생각하는 것은 보기 드문 일이다. 사다트와 베긴이 이룬 것은 그들의 인생이 진실했음을 보여주는 증거이다. 그들은 국민의 성실한 보호자였으며, 그들이 한 약속은 국가의 약속이었다. 사다트가 성취한 평화는 그가 남긴 유산이었다. 그는 자신보다 더 오래 존재할 평화조약을 언제 제의해야 할지 알았다. 그리고 평화는 그가 세상을 떠난 지금까지도 계속되고 있다.

평화 동반자의 암살 소식에 큰 충격을 받은 베긴은 그의 장례식에 참석했다. 장례식은 유대교 안식일에 치러졌고 독실한 유대교 신자였던 베긴은 자동차를 탈 수 없었다. 그래서 그는 장례식장 근처 숙소에 머물게 해달라고 부탁했다. 장례식장 가까이에서 그가 묵을 수 있는 있는 곳은 황폐한 군용 막사가 전부였으나 그는 기꺼워하며 제안을 받아들였다. 이집트군은 존경의 표시로 길에 늘어서서 베긴이 지나가는 동안 깍듯하게 경례를 했다. 2년 후, 그는 사랑하는 아내 알리자의 죽음에 절망하고 그가 승인했던 레바논에서의 길고 잔혹한 전쟁에 회의를 느껴 갑자기 공직을 사임했다. 그는 "더 이상은 계속할 수 없습니다."라고 말한 뒤, 그로부터 10년 동안 철저한 은둔생활을 했다.

이번 장을 집필하던 시기에 이스라엘은 레바논에서 이란의 테러리스트들과 또 다른 전쟁을 치렀다. 이란의 대통령은 상습적으로 이스라엘을 멸망시키겠다고 선언하고, 이란 정부는 이스라엘 정부에 전술적 위협을 가할 핵무기를 개발하려 한다. 미국은 이라크에서 지루하고 고통스러운 전쟁을 치르고 있다. 시리아와 이란은 최근에 평화와 독립의 가치를 깨달은 레바논의 주권과 안정을 빼앗으려는 것처럼 보인다. 사다트를 살해한 지독한 극단주의는 지지자가 더 늘어났고 심지어 더욱 잔혹한 폭군들이 이들을 이끈다.

사다트와 베긴은 살아생전 평화를 거의 맛보지 못했다. 그러나 이스라엘과 이집트 간에는 더 이상 전쟁도 없고, 유혈도 없고, 사별도 없다. 그 일을 해낸 사람들에게 평화를. 이스라엘이여, 이슬람이여, 영원하라.

Part 4

확신
CONFIDENCE

만약 당신 스스로가 주어진 상황에서 최선의 결정을 내릴 수 있는 사람이라고 생각한다면, 그리고 그 결정이 현명하지 않음을 입증하는 새로운 사실이나 의견이 없다면 끝까지 밀고 나가는 결단력이 있어야 한다.

확신을 이해하기 위한 가장 중요한 열쇠는 확신은 자만이 아니라는 것이다. 허영이 참된 확신을 대신했을 때 참담한 결과를 빚는 경우가 자주 있다. 일부 의사결정자들은 자신의 재능을 무조건 확신하고, 혹은 대담하기로 명성이 자자하다는 이유 때문에 완전히 이해하지 못한 상황에서도 용감하게 행동하거나 주의 깊게 살펴봐야 할 정보를 무시한다. 그와 반대로 어려운 상황에서 책임감 있게 행동하는 것이 불안하고 내키지 않는다는 사실을 감추기 위해 자신 있는 인상을 주려고 애쓰는 사람들도 있다.

남북전쟁 때 조지 매클렐런(George McClellan) 장군은 버지니아 반도에서 그의 군대가 공세를 펼치고 있는 동안에도 병력과 무기의 이점을 활용하지 못했다. 자신의 능력에 대한 불안과 적에 대한 근거 없는 과대평가가 그의 결정에 악영향을 미쳤기 때문이다. 그는 자신의 명성과 자신만만함을 과시하며 자신의 불안감을 사람들에게 숨겼으며, 그를 비난하는 사람들과 총사령관 링컨을 무시하며 비웃었다. 그는 스스로 자기 확신에 가득 찬 사령관이라고 자부했고, 대다수 국민들도 그렇게 생각했다. 그러나 실제로는—자신조차도 인정할 수 없었던 사실이지만—전장에서 상황 판단 능력이 부족했고 비겁할 정도로 소심했다. 그러나 '젊은 나폴레옹'으로서 대중의 환호를 즐기는 그 남자만큼 자신만만해 보이는 장군도 없었다.

아마 그가 저지른 최악의 실수는 북부군이 앤티텀에서 가까스로 승리한 후 퇴각하던 로버트 리(Robert E. Lee) 장군의 북버지니아 군대를 쫓아 교전한 일일 것이다. 만약 그가 그런 실수를 하지 않고 뒤이은 전쟁에서 유능한 지휘관의 모습을 보여주었더라면, 남부연합군에 좀 더 결정적인 타격을 입히는 것은 물론 남부연합 최고의 장군을 체포하고 남북전쟁의 끝을 앞당길 수 있었을 것이다. 남부동맹의 장군 조 존스턴(Joe Johnston)은 리가 목숨을 부지한 후 그에게 보낸 편지에서 "공격을 앞두고 망설이는 사람은 매클렐런 밖에 없을 겁니다."라고 말했다.[1]

매클렐런은 으레 자신의 통찰력과 애국심을 내세우며 실패를 변명했다. 그는 불안 속에서 밤을 보낸 뒤 이렇게 말했다.

> 우리 군의 상황과 상태, 적의 장점과 위치를 철저하고 신중하게 조사하고 심사숙고한 끝에 나는 공격이 성공하리라는 (중략) 확신이 없다고 (중략) 결론 내렸다. 장군이란 모름지기 승리할 가능성이 높을 때는 전투를 감행해야 한다. 그러나 이런 위기의 순간에 승리한다는 확신도 없이 위험을 무릅쓰고 또 다른 전투에 뛰어들었다면 나는 국가의 상황을 넓은 시야로 보지 못한 것이다.[2]

매클렐런은 유능한 행정가였다. 그는 무질서하고 사기가 저하된 우유부단한 전투부대를 조직적이고 기강이 바로잡힌 유능한 포토맥군으로 훌륭하게 변화시켰다. 그러나 전장에서는 형편없는 사령관이었다. 매클렐런의 자신감은 그의 이미지를 향상시키는 특성이었다. 그것은 실제로 그가 지닌 특성이 아니라 한낱 장식품에 불과했다. 그는 충분한 정보를 모아 결정을 내리는 데 필요한 자신감이 부족했고, 결정한 것을 끝까지 밀고 나가는 데 필요한 배짱도 없었다. 자신의 능력과 특별함, 운명에 대한 지나친 관심은 대개 과신으로 이어지기 마련이라서 그의 사례는 매우 흥미로워보인다. 매클렐런의 경우에는 그 모든 지나친 관심이 겉치레로 이어졌기 때문이다. 과신의 근원인 허영과 이기심은 의사결정자를 무모하거나 소심하게 만들 수 있다. 그러나 두 가지 경우 모두에서 의사결정자가 임무를 제대로 수행할 수는 없다. 군대에서는 그런 성격적 결함이 부대와 임무에 대단히 큰 위험을 초래할 수도 있다. 매클렐런은 자신의 탁월함에는 관심이 있었지만, 자신의 군대나 전쟁터에서의 리더십에는 관심이 부족했다. 링컨이 그의 약점이라고 했던 성격 때문에 그는 역사에 불명예스러운 이름을 남겼다. 역사학자 케네스 윌리엄스(Kenneth Williams)는 이것을 매우 훌륭하게, 그러나 신랄하게 요약했다.

> 매클렐런은 진정한 장군이 아니었다. 매클렐런은 제대로 훈련받은 성실한 군인도 아니었다. 그는 군대 지식이 많고, 매력적이지만 허영심이 강하고 침착하지 못했다. 멋진 자세로 말에 앉을 수 있었으며, 대통령이 되고 싶어 한 사람이었다.[3]

확신을 갖고 결정을 내리고 실행에 옮기려면 우선 상황과 목적, 관련된 사람들, 위험 가능성, 유용한 정보의 양, 비슷한 상황에서의 과거 경험 등 관련 요소를 현실적으로 인식해야 한다. 의사결정자의 자기 확신은 정보와 조언을 이용해서 결정을 내릴 때의 자신감만큼 결정에 중요한 영향을 미친다. 항상 그런 것은 아니지만, 자기 확신은 대부분 이전에 성공적이었던 결정, 그리고 이론적으로 말하자면 결정이 어떤 이익을 가져오는지 판단하는 자리에 있는 사람들의 보고서에 대한 현실적인 평가에서 비롯한다. 성공뿐만 아니라 이전 실패에서 배운 교훈을 통해서도 얻을 수 있다. 자기 확신은 의사결정자가 결정을 내릴 준비가 되고, 당시 입수 가능한 모든 관련 정보에서 지식을 얻고, 관계없는 정보를 제외한 후에 얻는 것이어야 한다. 관련이 없는 정보를 제외하지 않고 얻은 자기 확신은 자칫 의사결정자가 길을 잃게 만들기도 하고, 이는 자기만족, 과신, 오만함으로 이어진다. 이전에 내린 결정들이 얼마나 성공적이었는지는 상관없다. 우리 성향과 반대되는 주지의 사실과 직감 사이에서 결정을 내려야 할 때 으레 '직감을 따르는' 선택을 할 정도로 자신감이 지나쳐서는 안 된다. 물론 과거 경험에 비추어볼 때, 또 본능적으로 정보가 정확하지 않다고 생각한다면 당연히 추가 정보를 찾거나 그 정보를 의심해봐야 한다. 그러나 유용한 정보의 중요성도 알아야 하지만, 또 한편으로는 그것에 얽매이지 않도록 노력해야 한다. 어쩌면 그것이 과감하게 행동하는 데 걸림돌이 될 수도 있기 때문이다.

다음에 이어지는 이야기들 중, 우리는 더글러스 맥아더(Douglas MacArthur) 장군이 한국전에서 내린 결정을 살펴볼 것이다. 오직 자존심에 좌우되는 자기 확신이 어째서 해로울 수 있는지 보여주는 설득력 있는 사례를 제시하기 때문이다. 결국 자기 확신은 먼저 의사결정자 스스로 최고의 결정을 내릴 준비가 되었다고 자신할 때 가치가 있다. 그 외의 경우는 허영심에 불과하다. 중요한 결정을 내릴 책임이 있는 사람에게 허영심은 최악의 특성이다.

자신감은 균형을 이루기가 쉽지 않다. 자신감이 너무 부족하면 순종적이 되고, 지나치게 규칙을 잘 따르며 의심이 많아지고, 심지어 결정을 내려야 하는 책임 때문에 의기소침해지기도 한다. 자신감이 지나치면 과도하게 의욕적이고 충고를 무시하고 부주의해지고 무모해진다. 약간의 겸손함은 양극단을 피하는 데 도움이 된다. 아무리 불안한 상황이더라도 자신감을 기를 방법은 존재한다. 지식을 쌓고, 조언에 귀를 기울이고, 자신의 책임을 인식한다면 적어도 두려움에 사로잡히는 일은 막을 수 있다. 또 아무리 경험 많고 성공한 사람이라 해도, 어제의 영웅이 어떻게 오늘의 악인이 되는지를 기억하면 교훈을 얻을 수 있을 것이다. 만일 양측 주장이 모두 일리가 있어서 결정을 내리기 힘들다면, 당신 마음에 드는 결정과 반대되는 주장과 정보가 당신 입장에 이의를 제기하는 것이 아니라 유익한 것이라고 생각하라. 문제를 해결하기 위한 유효한 추가 정보가 전혀 없다면 양측 의논 상대들의 경험과 신뢰도, 겸손함을 비교 검토한 다음, 더 높은 평가를 받은 쪽의 의견에 무게를 두어라. 이들 중 어떤 요소도 비교하지 못할 상황이거나 또는 비교했지만 결정적이지 않다면, 그때는, 비로소 그때가 되어서야 직감을 따르라. 자신이 그렇게 할 준비가 되었고 경험이 풍부하다고 생각할 경우에 말이다.

일단 결정을 내리고 실행방법이 정해지면 자신감은 더욱 확고해져야 한다. 캐서린 그레이엄(Katharine Graham)은 "사실상 내가 한 일은 한 발을 다른 한 발 앞에 내딛고, 두 눈을 질끈 감고 암벽에서 내려오는 것이었다. 놀라운 일은 내가 넘어지지 않고 일어섰다는 것이다."라고 기록했다.[4] 그녀는 1963년, 남편 필립이 자살한 후「워싱턴포스트」의 발행인으로 취임했다. 본인의 고백에 따르면 그녀는 수줍음 많고 자신감 없는 여성이었다. 그녀가「포춘」500대 기업에 선정된 회사를 운영할 수 있을 거라 생각하는 사람은 거의 없었다. 그녀는 남편의 죽음, 그리고 조울증을 앓던 마지막 2년간 그가 했던 엉뚱하고 부끄러운 행동 때문에 망연자실했다. 게다가 자기불신에 시달렸다. 그러나 결정을 내린 후 그녀는 전임자들에 필적하는, 어쩌면 그들을 뛰어넘는 강인함을 보였다. 그녀는 펜타곤 페이퍼(Pentagon Papers: 1971년「뉴욕타임스」는 "미국이 베트남을 선제공격해 베트남전이 일어났다."라는 내용 등이 담긴 7,000여 쪽의 국방부 기밀문서인 '펜타곤 페이퍼'를 보도했다. 닉슨 정부는 국익을 해친다며 즉각 출판정지가처분신청으로 후속보도를 중지시켰다. 그러나「워싱턴포스트」는 협박에도 불구하고 보도를 감행했다—옮긴이)와 워터게이트(Watergate: 1972년 6월 17일 미국 대통령선거를 앞두고, 닉슨 재선위원회가 민주당 본부가 들어 있는 워싱턴 시의 워터게이트 빌딩에서 도청을 시도한 사건.「워싱턴포스트」는 백악관의 압력에도 굴하지 않고 워터게이트 사건을 취재 보도했고 이 사건으로 닉슨은 대통령직에서 물러났다—옮긴이) 논쟁, 장기간의 고통스러운 파업사태 동안에도 평정을 잃지 않았다. 그녀의 자신감이 전형적인 최고경영자 수준에는 못 미쳤을지도 모르지만, 힘든 결정을 내리고 입장을 고수하는 결단력은 그녀의 겸손함과 정직만큼이나 훌륭했다. 그녀는 용기와 배짱 때문에 모범적인 의사결정자이자 여성 경영인의 선구자가 되었다.

만약 당신 스스로가 주어진 상황에서 최선의 결정을 내릴 수 있는 사람이라고 생각한다면, 그리고 그 결정이 현명하지 않음을 입증하는 새로운 사실이나 의견이 없다면 끝까지 밀고 나가는 결단력이 있어야 한다. 시간적 여유가 없거나 가시적 성과가 금방 나타나지 않고, 혼란스럽고, 사소한 실패를 경험하고, 또는 심각하지는 않아도 뜻밖의 반대 의견이 나오면 불안해지기 마련이다. 이는 어쩔 수 없는 일이다. 그런 일들 때문에 당신 쪽이나 상대편에서 일찌감치 비판하는 소리가 나오기도 한다. 그러나 어떤 의혹이나 걱정이 슬며시 고개를 들더라도 결정을 뒤집거나, 취소하거나, 계획을 실행할 행동 범위를 지나치게 제한할 정도까지 기세가 꺾여서는 안 된다. 결정을 내리기 전에 알지 못했던 새롭고 근거 있는 정보나 결과를 얻었을 때를 제외하고는 그런 일이 있어서는 안 된다. 그리고 새로운 정보나 결과를 검토한 결과 당신의 결정이 올바르지 못하다고 밝혀졌을 때는 결정을 뒤집거나 다른 방법으로 상황을 개선할 수 있는 확신이 있어야 한다.

제2차 세계대전 때, 윈스턴 처칠은 아랫사람들에게 보내는 메시지뿐 아니라 미국 대통령에게 보내는 메시지에도 KBO라는 약어를 써넣었다. 그것은 "포기하지 말고 계속 노력하라(keep buggering on)."라는 뜻으로 전쟁 중 처칠이 보여준 리더십의 좌우명이었다. 언제나 그런 것은 아니지만, 처칠은 종종 지식과 경험을 바탕으로 한 날카로운 판단력을 기존 사실에 적용해서 가장 중대한 결정을 내렸다. 그리고 실패할 조짐이 보이지 않는 한 그 결정대로 밀고 나갔다. 근심과 자신감 상실은 전쟁에서 실패하는 요인이다. 끈기가 있어야 전쟁에서 승리할 수 있다. 전쟁은 다른 어떤 경우보다도 우리가 원하는 만큼 결과가 빨리 나타나지 않는다. 인내할 수 있는 용기, 잘못을 인정할 수 있는 겸손함을 갖되, 잘못을 입증하는 결정적인 결과가 나타날 때까지는 확신을 갖고 기다려라. 경솔한 결정이라고 입증하는 사실이 나타나기 전에는 포기하지 말고 계속 노력하라. 그런 다음, 그만둘 수 있는 용기를 가져라.

멈추어 설 이유가 없다

1924년 여름, 파리 올림픽 경기에서는 지금까지도 올림픽 역사상 중요한 자리를 차지하고 있는 인상적인 경기들이 속출했다. 장거리 달리기에서 금메달 다섯 개를 목에 건 '하늘을 나는 핀란드인' 파보 누르미(Paavo Nurmi)는 1,500미터 경기에서 올림픽 신기록을 수립했고 한 시간 후에 5,000미터에서 또다시 기록을 세웠다. 영국 육상선수 에릭 리델(Eric Liddell)은 예선 경기가 일요일이라는 이유로 그의 주종목인 100미터 달리기 출전을 포기한 후 400미터 달리기에서 금메달을 획득했다. 그의 동료인 해롤드 아브라함(Harold Abrahams)은 100미터 경기에서 승리했다. 영국인들은 그들의 용기와 신앙심에 관한 아름다운 이야기를 57년 뒤에 영화 〈불의 전차(Chariots of Fire)〉로 만들어 기념했다. 올림픽에 처음으로 출전했던 조니 와이즈뮬러(Johnny Weissmuller)는 야유를 퍼붓는 한 관중을 구타해서 경기에서 거의 퇴출당할 처지에 놓였다가 수영에서 금메달 세 개, 수구에서 동메달 한 개를 획득했다. 그는 4년 후 암스테르담 올림픽에서 금메달 두 개를 추가한 후, 미국의 인기 있는 타잔으로 명성을 얻었다.

그해 올림픽 경기를 휩쓴 미국은 2위인 프랑스보다 거의 세 배 가까이 많은 메달을 획득했다. 미국 여성들은 수영 자유형 종목 100미터와 400미터에서 메달을 모두 휩쓸고, 100미터 배영에서 금메달과 동메달을, 200미터 평영에서 은메달, 400미터 릴레이경기에서 금메달을 땄다.

여성들이 올림픽 경기에 참여하는 것은 그 당시에는 일반적인 일이 아니었다. 참가할 수 있는 종목도 남자팀보다 훨씬 많이 제한되었다. 근대 올림픽 대회는 독재적인 창설자인 프랑스 귀족 피에르 드 쿠베르탱(Pierre de Coubertin)의 지휘 아래 1896년에 시작되었다. 그는 경쟁적인 운동경기에서 여성들의 역할은 운동선수인 아들을 키우는 데 제한되어야 한다고 믿는 사람이었다. 그는 1912년 올림픽 수영경기에 일부 여성들이 참가하는 것을 마지못해 승낙했다. 그러나 여성들은 지구력이 부족하기 때문에 400미터 이상의 개인전에는 출전할 수 없다고 주장했고, 이런 규정은 1960년이 되어서야 없어졌다. 1924년까지 여성들은 여전히 모든 육상경기에서 제외되었다. 그해 올림픽에 출전한 몇몇 미국 여자선수들은 성적으로 자유분방한 파리문화를 가까이하지 않으려고 올림픽 수영경기장에서 몇 킬로미터 떨어진 파리 교외에 숙소를 정했다.

그해 미국 여자팀의 우승은 흥미로웠지만, 세계 신기록을 수립하며 우승한 남자팀만큼은 아니었다. 개인전에서 메달을 모두 획득할 생각으로 파리에 온 미국 여자팀은 우승은 했지만 결과에 실망했다. 그들은 목표를 달성하지 못한 이유가 대서양 횡단에서 얻은 피로와 경기 첫날부터 끝까지 매일 이어졌던 길고 고된 여행 때문이라고 생각했다.

특히 한 선수가 결과에 가장 만족하지 못했다. 그녀는 두 경기에서 간신히 동메달을 목에 걸었고, 금메달을 딴 단체 릴레이경기의 일원이었다. 경기 결과는 그녀의 기대에 미치지 못했다. 그녀는 무릎 부상 때문에 어려움을 겪고 있었다. 비록 그해 미국팀에서 최고의 선수로 평가되지는 않았지만, 그녀는 자신이 당대 여자 수영선수들 중에서 가장 빠르다는 사실을 어느 누구보다—아마 자매인 멕을 제외하고는—잘 알고 있었다. 그녀는 장거리에 더 강했고, 그것을 증명하고자 했다. 64킬로그램의 다부진 체격, 넓은 어깨, 높은 광대뼈, 단발머리에 숫기 없는 거트루드 캐롤라인 에이덜리 (Gertrude Caroline Ederle)가 수영을 하는 이유는 그것을 좋아하기 때문이었다. 그녀는 헤엄치는 것을 너무 좋아해서 남녀를 가리지 않고 다른 선수들과 경쟁하며 물속에 있는 것을 가장 즐겼다. 그리고 짧지만 눈부신 선수 생활 동안 남녀 기록을 막론하고 수많은 기록을 갱신했다.

그녀는 훗날 자신은 어려서부터 '파도 사이에 있을 때 가장 행복' 했다고 말했다. 그녀는 1906년, 뉴욕 시에 살고 있는 독일인 이민자 가정에서 태어났고, 다섯 형제자매와 마찬가지로 자라서 뛰어난 수영선수가 되었다. 아버지 헨리 에이덜리는 뉴욕 시에서 성공한 음식점과 정육점 사장이었다. 아직 어린 소녀였을 때 그녀가 할머니 댁에 있는 연못에서 거의 익사할 뻔한 일이 있었다. 그러나 그녀는 공포에 떨지 않고 오히려 수영하는 법을 익혔다. 다음 해 여름, 뉴저지에 있는 가족 별장 근처에서 그녀의 아버지는 거트루드의 허리에 밧줄을 묶어 강으로 밀어 넣은 다음 그녀가 가라앉지 않으려고 정신없이 개헤엄을 치는 것을 보며 큰 소리로 응원했다. 그 후로 그녀는 물에서 떨어지려고 하지 않았다. 에이덜리 가족이 도시로 돌아온 다음, 거트루드는 새로운 취미에 빠져서 종종 아파트 근처에 있는 말구유에서 첨벙거리고 헤엄을 쳤다. 물론 그녀의 아버지는 불쾌해했다. 거트루드—가족은 거티(Gertie)라고 불렀다—는 다섯 살 때 홍역을 앓은 후로 청각 장애가 생겼다. 의사는 그녀의 부모에게 거트루드가 수영을 계속하면 증세가 악화될 수 있다고 주의를 주었다. 그러나 그녀와 자애롭고 관대한 그녀의 부모는 의사의 말에 개의치 않았다. 수영하는 법을 배운 지 4년이 지났을 때, 그녀는 880야드 자유형 경기에 출전해서 13분 19초의 기록으로 우승하며 세계 신기록을 보유한 최연소 선수가 되었다.

◆ 거트루드 에이덜리(커비, Hulton Archives).

　어머니와 아버지 모두 거트루드를 아낌없이 격려했지만 동생인 멕이 가장 열렬한 후원자였다. 거트루드는 자신이 순전히 취미 삼아 수영하는 것에 만족하고 있었고, 수영경기에 나가게 된 것은 오직 멕 덕분이라고 말했다. 최근 브루클린 호텔 지하 임대 수영장에 자리를 잡고 소녀들을 수영선수로 훈련시키는 뉴욕여자수영협회에 가입하라고 부추긴 사람도 멕이었다. 설립한 지 몇 년 지나지 않아 협회는 여자 수영계의 최고 교육기관이 되었고, 협회 학생들은 전국대회와 국제대회를 휩쓸었다. 나중에 올림픽 수영 챔피언이 되는 엘리노어 홀름(Eleanor Holm)과 할리우드의 전설 에스더 윌리엄스(Esther Williams)를 포함해서 유명한 선수 여럿이 이곳에서 훈련을 받았다. 그러나 가장 뛰어난 챔피언은 거트루드 에이덜리였다.

　협회의 눈부시고 빠른 성공 뒤에는 무역업을 하는 이탈리아계 이민자 루이스 드브레다 핸들리(Louis deBreda Handley)라는 천재가 있었다. 그는 수년간 아마추어 수영대회에 참가하다가 1904년 세인트루이스 올림픽에서 금메달 두 개를 획득했고 나중에는 스포츠 전문 지도자가 되었다. 그는 수영선수들의 기술을 분석해서 신문 네 곳에 기고하고, 같은 주제로 책을 5권 썼으며 『브리태니커백과사전』에 수록된 '수영'의 정의를 썼다. 친구들은 그를 루(Lou)라고 불렀고, 그가 여자수영협회에서 무료로 가르친 소녀들에게는 엘드비(L. deB)로 통했다.

그는 학생들에게 새로운 수영법인 프론트 크롤(front crawl)을 가르쳤다. 그것은 아메리카 원주민들의 오랜 수영법이었다. 그들은 프론트 크롤이 영국 식민주의자들의 방법보다 속도가 빠르다는 것을 입증했다. (영국인은 물에서 첨벙거리는 것이 교양 없다고 생각해서 그 수영법을 도입하려 하지 않았다.) 핸들리는 오스트레일리아 수영선수들이 그 방법으로 수영한다는 사실을 알고 학생들에게 적합하게 영법을 살짝 바꾸었다. 그 전에는 프론트 크롤이 수영계에 거의 알려지지 않았다. 그는 학생들에게 스트로크 한 번에 발을 세 번씩 차고, 가위 차기할 때처럼 무릎을 똑바로 펴지 말고 무릎을 굽힌 상태에서 물장구치듯 하라고 가르쳤다. 오스트레일리아 선수들은 스트로크 한 번에 발을 두 번 차는 방법을 이용하고 있었다. 핸들리가 변형시킨 영법은 6비트 더블 트러전 크롤(double-trudgen crawl : 힘이 덜 드는 초기 스트로크 형태를 발전시킨 영국 수영선수 존 트러전의 이름을 딴 것)이었고, 이것은 곧 간단하게 아메리칸 크롤이라고 불렸다. 또한 그는 몸 전체를 돌리지 말고 고개만 옆으로 살짝 돌려 숨을 쉬라고 가르쳤다.

그 전까지 대부분의 수영선수들—물론 남자들이었다—은 가위 차기를 이용한 평영으로 수영을 했었다. 살집이 있는 여성들이 특히 크롤에 적응을 잘한다. 부력이 더 크기 때문에 더 빠르게, 그러면서 훨씬 수월하게 발차기를 할 수 있다. 핸들리는 평영보다 그 방법이 여성들에게 좀 더 효과적이고 피로도 덜 느끼게 하는 기술이라는 것을 알았다. 그러나 대다수 선수들과 코치들은 여자들은 말할 것도 없이 남자들이 수영하기에도 기력이 많이 소모되는 방법이라고 생각했고, 자세가 품위 없다며 싫어했다.

핸들리가 키운 첫 번째 챔피언은 퇴화한 다리를 튼튼하게 하려고 여자수영협회에 가입한 소아마비 환자 에셀다 블레이브트레이(Ethelda Bleibtrey)이다. 그녀는 1920년 올림픽에 출전한 모든 경기마다 크롤을 이용해서 세계 신기록을 세웠다. 그러나 아메리칸 크롤을 대중화하고 다른 영법들보다 우수하다는 것을 입증한 사람은 거트루드 에이덜리였다. 에이덜리가 스트로크를 연습하던 초기에 그녀를 놀리던 한 재능 있는 경쟁자는 경기에서 에이덜리보다 한참 뒤처져서 들어왔다. 에이덜리는 핸들리의 선수들 중에서 처음으로 스트로크 한 번에 발차기를 네 번 하는 8비트 크롤을 적용했다. 이 방법으로 그녀의 수영 속도는 엄청나게 빨라졌으며, 나중에 깨달은 사실이지만, 지치지 않고 훨씬 오랫동안 수영을 할 수 있었다.

이제 막 15살이 된 숫기 없는 소녀에게 사람들의 관심이 집중되었다. 그녀는 맨해튼 해변에서 베르겐 해변까지 5.6킬로미터를 헤엄치는 조셉 데이 컵(Joseph P. Day Cup) 대회에 출전했다. 함께 출전하는 선수들 50명 중에는 미국과 영국의 전국대회 우승자 두 명도 있었다. 에이덜리는 장거리 수영선수로서는 완전히 무명이었다. 그러나 그날 출발을 알리는 총소리가 울렸을 때, 그녀는 8비트 크롤로 어느 선수에게도 뒤지지 않을 거라는 확신을 갖고 물속으로 뛰어들었고, 실제로 그렇게 되었다. 그녀는 경기에서 가볍게 승리했고 순식간에 스타가 되었다.

낭만적으로 이야기하면 재즈 시대라고 기억되는 1920년대는 여러 스포츠 기자들에게 미국 스포츠의 전성기로 여겨진다. 그때는 일명 매너사(Manassa)의 주먹인 헤비급 챔피언 잭 뎀프시(Jack Dempsey)가 보빙(bobbing: 머리를 앞뒤로 숙이며 상대의 펀치를 피하는 동작—옮긴이)과 위빙(weaving: 몸을 전후좌우로 피하는 방어 동작—옮긴이)을 보완하고 다듬으면서, 32번의 경기에서 28명을 KO시키며 연전연승을 기록한 시대였다. 볼티모어 출신의 고아 베이브 루스(Babe Ruth)는 한 시즌에서 홈런 60개를 치며 야구계의 거물이 되었고, 그와 루 게릭(Lou Gehrig), 양키즈 살인 타선(Murderers' Row: 1926~1928년 뉴욕 양키즈의 3, 4, 5, 6번 타순인 베이브 루스-

루 게릭-밥 뮤젤-토니 라제리를 일컫는 말이며, 이들 4명은 메이저리그 역사상 최고의 타선으로 꼽힌다—옮긴이)의 나머지 선수들이 상대팀 투수들을 위협하며 양키즈에 아메리칸리그 정규 시즌과 월드시리즈 우승을 각각 세 번씩 안겨준 시대였다. 레드 그레인지(Red Grange: 미식축구계의 전설적인 스타—옮긴이)와 노트르담의 네 기수들(Four Horsemen of Notre Dame: 노트르담 대학 미식축구팀의 전설적인 백필드—옮긴이)의 시대이자, 테니스의 '빅 빌' 틸든('Big Bill' Tilden), 골프의 바비 존스(Bobby Jones)와 월터 헤이건(Walter Hagen), 전설적인 경주마 맨오워(Man o' War)의 시대였다. 그리고 지금은 사람들의 기억 속에서 희미해졌지만, 짧은 순간 동안 누구보다 가장 빛나는 스타였던 거트루드 에이덜리의 시대였다.

그녀는 데이 컵 우승 후 잇따른 경기에서도 우승하며 전국적으로 유명해졌다. 17살 때 여자 올림픽팀에 합류한 그녀는 100미터부터 800미터에 이르는 각종 경기에서 세계 신기록을 18차례나 갈아치웠다. 우승컵 수십 개를 획득하고 전국 선수권도 수차례 제패했다. 1922년 여름 날 오후, 브루클린의 브라이튼 해변에서 열린 500미터 개인전에서 에이덜리는 세계 신기록 7개를 깼다. 1925년이 되었을 때는 세계 어느 여자선수보다도 많은 아마추어 국내기록과 세계기록 29개를 보유하고 있었다. 그리고 그녀의 최고 기록은 아직 그녀를 기다리고 있었다.

파리에서 돌아온 에이덜리는 가장 큰 목표, 어느 여자 선수도 이루지 못한 목표를 위해 훈련을 시작했다. 1925년 6월 14일에 그녀는 롱아일랜드 롱비치에서 열린 150야드 자유형 경기에서 3개월 전에 자신이 세운 세계 신기록을 2초 조금 못 되게 아주 약간 단축하며 세계 신기록을 수립했다. 다음 날, 그녀는 오늘날까지도 가장 장거리로 기록되는, 배터리(Battery)에서 뉴저지 샌디훅(Sandy Hook)까지의 27킬로미터를 수영하기 시작했다. 동트기 전 썰물 때 출발해 뉴욕 항 하류와 거버너 섬을 지나고 주요 수로를 건너는 동안 모든 것이 꽤 수월하게 진행되었다. 그러나 스테이튼 섬을 지나 뉴욕에서 멀어지기 시작했을 때 물의 흐름이 바뀌었고 그녀는 목표를 완수하기 위해 악전고투해야 했다. 눈은 바닷물 때문에 따끔거렸다. 게다가 음식과 물을 실은 보트를 동반하지 않기로 결정했기 때문에 허기가 찾아와 기진맥진했다. 그러나 7시간 11분 13초 만에 목표지점에 도착했을 때, 그녀는 남자선수가 세운 이전 기록을 깼다.* 다음 날 아침, 거트루드는 프랑스로 향하는 원양 정기선에 올랐다.

1925년 7월 11일, 「뉴욕타임스」는 큐나드사의 대서양 횡단 여객선 베렌가리아(Berengaria)의 승객들을 언급했다. "승객 중에는 월요일에 배터리에서 샌디훅까지(거트루드가 신기록을 세우며 우승한 경기) 헤엄친 거트루드 에이덜리 양도 있다. 그녀는 영국해협에도 도전할 예정이다." 영국해협 횡단 또한 멕의 아이디어였다. 거트루드는 "나는 그 애가 미쳤다고 생각했다."라고 회상했다. 그러나 그 아이디어가 점점 마음에 들었고, 성공할 수 있다는 자신감이 커졌다.

영국해협을 헤엄쳐서 건너는 것은 그때나 지금이나 장거리 수영의 에베레스트 산과 같다. 비행기와 자동차 경주, 프로 운동선수가 없던 시대에 그것은 거의 신화적인 존재였다. 1875년까지는 영국해협을 헤엄쳐 건넜다고 알려진 사람이 없다. 1875년 그해, 근육질 몸매에 큰 콧수염을 기른 영국 해군 장교 매튜 웹(Matthew Webb) 대령은 두 번째 시도에서 폭풍과 거대한 파도, 해파리의 공격을 견디며 21시간 45분 만에 해협을 건널 수 있었다. 그동안 그는 커피와 맥주, 브랜디를 마시고, 구운 쇠고기로 배를 채웠다. (7년 후, 웹 대령은 나이아가라 폭포 기슭에서 소용돌이치는 급류를 헤엄쳐 건너려다 목숨을 잃었다.) 도버(Dover) 시 시장은 해협에서 거둔 승리를 축하하는 자리에서 "앞으로 인류 역사에서 어느 누구도 이런 위업을 이룰 거라고는 생각지 않습니다."라고 예언했다.

---

* 그 기록은 2006년 에이덜리가 역할모델이라고 밝힌 오스트레일리아의 장거리 수영선수 타미 반 위세(Tammy van Wisse)가 두 시간 단축하며 기록을 갱신하기 전까지 81년 동안 깨지지 않았다.

요크셔 출신의 버지스(T. W. Burgess)가 눈을 보호하기 위해 자동차 운전자용 고글을 착용하고 열세 번 시도한 끝에 22시간 35분으로 성공하기 전에는 36년간 누구도 그 위업을 달성하지 못했다. 1911년에 버지스가 성공하고 1925년 8월 거트루드 에이덜리의 첫 번째 시도가 있기까지 오직 남자 셋만 횡단에 성공했다. 그 위압적인 도전에 성공한 여자는 없었다. 약간 과체중이 아닌가 싶을 만큼 건장한 체격을 가진 34세의 미국인 헨리 설리번(Henry Sullivan)이 1923년 8월 5일, 7번째 도전에서 성공적으로 해협을 건넜다. 그가 세운 26시간 50분이라는 기록은 오늘날까지 가장 느린 기록으로 남아 있다. 6일 후, 아르헨티나의 엔리코 티라보스치(Enrico Tiraboschi)는 16시간 30분이라는 가장 빠른 기록을 세웠다. 남녀 할 것 없이 수많은 사람들이 영국해협에 도전했다. 도전한 이들은 모두 평영으로 수영을 했다. 에이덜리의 코치인 글래스고 태생의 자베즈 월페(Jabezz Wolffe)는 영국해협 횡단에 성공하지 못한 가장 운이 없는 선수로 알려져 있다. 그는 22번 시도해서 모두 실패했는데, 그중 한 번은 도착점을 불과 몇 미터 남겨두고 큰 파도와 피로를 이기지 못하고 좌절했다.

영국해협에서 가장 좁은 곳은 칼레(Calais)에서 도버의 백색 절벽(white cliffs) 사이로, 직선거리가 34킬로미터이다. 그러나 물살이 세고 위험한 역류가 있는 곳이라 헤엄치는 사람을 몇 킬로미터나 떠밀어 보낼 수 있는 곳이기도 하다. 물의 온도는 한여름에도 15도를 넘는 경우가 거의 없다. 선수들은 저체온증을 겪을 가능성이 있다. 선수가 느리거나 날씨 탓에 바다가 요동을 치는 날이면 위험은 한층 커진다. 대서양에서 발생한 태풍과 높은 파도가 오랫동안 영향을 미치는 영국해협의 날씨는 여름철에도 변덕스럽고, 짙은 안개가 끼며, 바람이 많이 분다. 게다가 고깔 해파리 등 수많은 해파리 떼와 마주칠 거라는 사실도 염두에 둬야 한다. 또한 세계에서 가장 분주한 해상 교통로의 본거지라는 점도 이곳을 헤엄쳐 건너려는 이들에게는 또 다른 위험 요소이다. 헤엄쳐서 건널 수 있는 코스 중 더 긴 장거리 코스도 여럿 있지만, 영국해협보다 위협적인 곳은 찾기 힘들다.

거트루드는 이전에 시도했던 여러 사람들과 마찬가지로 첫 번째 도전에서 실패했다. 모든 사람들은 그 사실을 당연하게 생각했지만, 그녀만은 그렇지 않았다. 만일 코치가 그녀를 중단시키지만 않았어도 거의 성공할 뻔했다. 그녀는 거의 9시간 동안 수영해서 37킬로미터를 헤엄쳤다. 폭풍이 일으킨 거대한 파도가 그녀를 덮쳤을 때는 겨우 9킬로미터를 남겨두고 있었다. 에이덜리가 바닷물을 뱉으며 괴로워하는 것처럼 보이자 예인선을 타고 그녀와 함께 가며 한시도 눈을 떼지 않고 있던 월페가 "거트루드가 빠졌다!"라고 소리쳤다. 또 다른 남자가 다가와 그녀를 붙잡자 거트루드는 해협 수영 규칙에 따라 즉시 실격처리가 되었다. 그녀는 매우 화가 났고, 미국에 있는 사람들이 그녀에 대해 뭐라고 말할까봐 걱정했다. 사람들은 그녀 이야기를 별로 하지 않았다. 애초에 에이덜리가 성공할 거라 예상하는 사람들은 거의 없었기 때문이다.

그녀는 다시 도전하겠다고 맹세했고, 곧바로 실행에 옮겼다. 월페를 해고한 그녀는 월페와는 달리 영국해협 횡단에 성공한 토머스 버지스를 새 코치로 맞이했다. 그녀는 아버지에게 다음번 도전에서는 자신이 부탁하지 않는 한 어느 누구도 자신을 물 밖으로 데리고 나오지 못할 거라고 말했다. 여자수영협회가 거트루드의 첫 번째 도전을 후원했지만 그녀는 두 번째 도전에서는 협회에 부담을 주고 싶지 않았다. 「시카고트리뷴(Chicago Tribune)」과 뉴욕 「데일리뉴스」 두 신문사가 두 번째 도전을 경제적으로 지원하고 약간의 사례금을 주겠다고 제안했다. 성공할 경우에는 보너스를 지급하고 대신 거트루드의 경험담에 대한 독점권을 갖기로 했다. 그 제안을 받아들이려면 아마추어 신분을 포기해야 했다. 올림픽 경기나 다른 아마추어 대회에는 참가하지 못한다는 의미였다. 거트루드는 제안을 받아들였다. 그녀에게는 미래의 어떤 경기나 명예보다도 영국해협이 더 큰 의미가 있었다.

거트루드가 험난한 수영을 위해 각오만 단단히 한 것은 아니다. 그녀는 자신감에 영향을 미친 첫 번째 실패의 기억을 잊지 않았다. 그녀는 여느 때처럼 승리한다는 자신감에 넘쳤지만, 이제는 실패를 경험해봤기 때문에 자신 앞에 놓인 도전이 얼마나 어려운지를 알았다. 그리고 훗날 영국해협에서 만나는 가장 큰 장애물은 두려움이라고 말했다. 그러나 자신의 능력 또한 알고 있었기 때문에 그것을 해내기로 결심했다. 멕과 아버지, 버지스, 「트리뷴」과 「데일리뉴스」에서 온 기자 두 명과 동행한 그녀는 1926년에 다시 한 번 프랑스 해안을 향해 출발했다.

에이덜리의 두 번째 도전 3일 전인 8월 3일, 뉴욕 뉴로셸에서 교사로 일하는 클라라벨 바렛(Clarabelle Barrett)이 영국해협 횡단에 도전해서 20시간 가까이 수영한 끝에 거의 목적지에 도달했다. 마지막 3킬로미터를 남겨두고 그녀는 안개와 어둠 속에서 길을 잃었고, 서너 시간 후 구출되기 전까지는 공식적으로 실종 상태였다. 에이덜리는 또 다른 미국 여성 릴리안 캐논(Lilian Cannon)도 몇 주 내로 해협에 도전하기 위해 준비 중이라는 것을 알았다.

8월 6일 아침, 프랑스의 꺄쁘그리네(Cap Gris-Nez) 해변에는 잔뜩 찌푸린 하늘과 높이 이는 파도가 앞으로 다가올 폭풍을 암시하고 있었다. 경고 표지판은 소형 선박들에게 닻을 내리라고 충고했다. 높은 파도가 예상됐기 때문에 대서양을 횡단하는 대형 기선들은 그날 운행을 취소했다. 거트루드는 동생이 디자인한 검은색 투피스 수영복을 입고 빨간색 수영모, 노란색 고글을 썼다. 가슴에는 작은 미국 국기를 수놓았다. 그녀는 추위와 해파리로부터 몸을 보호하기 위해 멕이 바셀린과 올리브 오일, 양기름을 발라주는 동안 참을성 있게 기다렸다. 그녀는 "이제 그만 시작하자."[1]라는 말과 함께 파도 속을 걸으며 소리 없이 기도했다. "하나님, 제발 도와주세요."[2] 그녀는 먼저 서쪽으로 간 다음 해협 중심으로 돌아와 도버 해변 쪽으로 향하는 조류에 편승하는, S자 모양의 코스로 수영할 계획이었다. 오전 7시 9분, 인사를 한 그녀는 차가운 회색빛 바다로 뛰어들어 영국을 향해 헤엄치기 시작했다.

런던 도박사들은 6대 1의 비율로 그녀가 성공하지 못한다는 데 돈을 걸었다. 런던의 「데일리뉴스」는 그날 아침 그녀의 실패를 점치며 "여성의 권리와 능력을 강력하게 주장하는 사람들일지라도 육체적 능력과 속도, 인내력을 요하는 운동경기에서 여성은 영원히 약자일 수밖에 없다는 사실을 인정해야만 한다."라고 말했다.[3]

불과 몇 분 뒤, 큰 파도에 시달리다 구역질을 느낀 에이덜리는 돌아가는 것에 대해 잠시 생각해보았다. 그녀는 "거친 파도 때문에 출발한 지 7분 만에 거의 포기 상태였다. 그렇지만 좋은 성적을 거둬야 한다고 생각했다. (중략) 몇 킬로미터를 더 움직였을 때 성공할 수 있다는 자신감이 생겼다."라고 회상했다.[4]

예인선 두 대가 따라왔다. 한쪽에 알자스(Alsace)라고 쓰인 예인선에는 아버지와 멕, 버지스, 다른 후원자들 몇 명이 탔다. 그 배의 다른 한쪽에는 도버 절벽을 향하는 화살표 표시와 함께 "이쪽이다, 애야."라고 쓴 격려 문구가 있었다. 다른 배에는 부부 사이인 기자 두 명, 「트리뷴」의 웨스트브룩 페글러(Westbrook Pegler)와 「데일리뉴스」의 줄리아 하프먼(Julia Harpman), 사진 기사들, 영화 촬영팀이 탔다. 그들은 축음기와 레코드 몇 장, 거트루드의 상황을 미국에 전하기 위한 무선 장비를 가져왔다.

처음에는 바다가 잔잔해서 수월하게 앞으로 나아갔다. 그러나 10시경부터 빗방울이 떨어지기 시작했다. 차가운 물 때문에 왼쪽 다리가 저려서 발차기를 하기가 어려웠다. 비가 점차 세차게 쏟아지는 동안, 남서쪽 바람이 강해져서 파도도 점점 크게 일었다. 오후가 되기 전에는 날씨가 바뀌어 스콜이 내렸다. 아버지가 탄 배는 강한 역류 때문에 코스에서 벗어났다. 에이덜리가 앞으로 1미터 나아가면 파도가 다시 그녀를 2미터 밀어냈다. 6시간 후, 조금이라도 전진하려고 애를 쓰고 있을 때 버지스가 물에서 나오라고 소리쳤고 그녀의 동생은 계속 가라고 격려했다. 거트루드는 수영을 계속했다.

그녀의 사기를 높이기 위해 기자들은 축음기로 '렛 미 콜 유 스위트하트(Let Me Call You Sweetheart)'와 '스위트 로지 오그래디(Sweet Rosie O'Grady)'를 틀었다. 거친 파도 때문에 바늘이 튀고 레코드가 긁혔다. 그녀는 노래를 따라 부르며 리듬에 맞추어 8비트 스트로크를 했다. 그리고 아버지가 체력을 비축하라고 주의를 줄 때까지 기자들과 함께 "그래요, 우리에게는 바나나가 없어요(Yes, We Have No Bananas)."를 되풀이해서 불렀다. 그들은 거트루드의 어머니가 보내는 전보를 읽어주었다. 전보가 끝난 뒤에는 내용을 지어내서 읽었다. 거트루드의 아버지는 그녀가 성공할 경우 빨간색 로드스터를 사주겠다고 약속했었다. 그래서 이따금씩 진행상황을 알리는 신호를 들어 올릴 때마다 처음에는 자동차 바퀴 한 개, 그 다음에는 두 개를 보여주었다. 때로는 실격조건이 되는 신체적 접촉을 피하기 위해 기다란 장대에 달린 그물에 파인애플 조각과 닭다리, 묽은 수프, 초콜릿, 각설탕을 담아 거트루드에게 주기도 했다.

거트루드는 가끔씩 예인선에서 보이지 않을 정도로 물살에 떠밀릴 때도 있었다. 나중에 그녀는 그때 '섬뜩한 느낌'이 들었다고 말했다. 그러나 마치 '오랫동안 알고 지낸 아이'라도 되는 듯 바다에 말을 걸었다. 그녀는 '그곳에 있는 동안' 단 한 번도 외로움을 느낀 적이 없다고 말했다. 그리고 계속해서 물살을 갈랐다. "나는 계속 헤엄치지 않으면 빠진다는 것을 알았다."[5]

태풍이 격렬해지고 파도가 6미터 정도 솟아오르자 동행한 사람들 중 일부는 예인선에 몸을 기대고 구토를 했다. 거트루드가 기운을 내려고 잠시 멈출 때마다 사람들은 그녀를 걱정스럽게 바라보며 계속할 수 있겠냐고 물었다. 그녀는 못 들은 척 수영을 계속했다. 6시 무렵, 완전히 지친 그녀는 그저 살기 위해 헤엄치고 있었다. 영국 해안 주변의 위험한 조류는 심하게 요동치는 큰 물결 속에서 그녀의 발목을 붙잡았다. 버지스는 거트루드를 그만두게 할 때라고 생각했다. 그녀는 지금까지 훌륭하게 해냈다. 그러나 거트루드처럼 용감하고 강한 여자에게도 영국해협은 너무 위협적인 대상이었다.

버지스는 걱정이 돼서 미칠 것만 같았다. 버지스는 그녀에게 그만두라고 간청했다. "거티, 이제 물에서 나와야 돼!" 그가 소리쳤다.

"싫어요!" 그녀가 대답했다.

그가 다시 말했다. "물에서 나와야 돼."

"왜요(What for)?" 그녀는 이렇게 묻고는 기자들이 두려움을 모르는 수영선수의 대답을 전보로 보내는 동안 멀어져갔다. 그녀가 버지스의 간청에 조금이라도 귀를 기울였는지는 알 수가 없다. 그녀는 한 번도 그 일을 언급한 적이 없었다. 어둠 속에서도 앞에 있는 도버의 절벽이 보였다. 그녀를 뒤로 밀어내는 모든 파도는 앞길을 가로막는 사소한 장애물에 불과했다. 그녀는 사투를 벌이고 있었고, 그녀가 해안에 도착할 수 있다고 믿는 사람은 그녀―그리고 아마 멕―밖에 없었다.

마지막 삼사백 미터가 고비였다. 그녀는 무거운 팔다리를 힘없이 움직였다. 그녀를 환영하기 위해 기다리고 있는 수천 명의 사람들이 해안가에 밝혀놓은 모닥불이 보였다. 그녀는 마지막 힘을 끌어 모았다. 피곤한 팔을 한 번 저을 때마다 재빨리 다리를 네 번 움직여 물살을 갈랐다. 얕은 곳에 도착하자 그녀는 두 다리로 일어서서 오후 9시 40분에 해안가로 걸어갔다. 바람과 파도, 조류 때문에 꺄쁘그리네와 영국 킹스다운(Kingsdown) 사이의 거리인 34킬로미터보다 26킬로미터나 더 많이 헤엄쳐 도착한 것이다. 그녀는 엔리코 티라보스치의 기록을 두 시간 앞당긴 14시간 31분 만에 영국해협을 건넜다. 자신의 기록 또한 거트루드의 기록보다 뒤처진 토머스 버지스는 크게 안도하고 자랑스러워했다. 그는 "어느 누구도 해내지 못한 일이다. 이것은 인간의 이해력을 넘어서는 일이다."라고 말했다. 런던의 로이즈(Lloyd's)와 내기를 해서 17만 5,000달러를 딴 헨리 에이딜리는 자신의 식당에서 모든 뉴욕 사람들에게 핫도그를 무료로 주겠다고 전보로 알렸다. 그녀의 아버지는 수많은 사람들과 함께 물속으로 들어가 거트루드를 맞이했다. 그는 그녀를 껴안고 옷을 둘러주었다. 그녀가 혼자 해안 쪽으로 걸어오는 동안 조명장치와 스포트라이트가 길을 안내했다. 배들은 경적을 울렸으며, 수천 명의 사람들이 소리치며 환호했다. 해변에서 그녀를 처음 맞이한 사람은 여권을 요구한 영국의 세관직원이었다. 여권이 없던 그녀는 영국 정부가 그녀를 맞이할 때까지 알자스에서 두어 시간 기다려야 했다. 기다리는 동안 기자들이 어떻게 험난한 영국해협을 정복할 생각을 했느냐고 물었다. 그녀는 "그냥 할 수 있을 거라는 걸 알았어요. 저는 성공해야만 했고, 또 그 일을 해냈어요."라고 대답했다.[6]

그녀는 베렌가리아를 타고 뉴욕으로 돌아왔다. 도착하는 날, 선박의 경적 소리와 사이렌 소리가 항구 전체에 울려 퍼졌다. 복엽비행기는 배의 갑판 위로 꽃을 떨어뜨렸다. 뉴욕 시는 거트루드를 위해 제1차 세계대전에서 돌아온 영웅들을 맞을 때보다 더 성대하고, 이제껏 열린 어느 것보다 더 화려한 색종이 행진을 준비했다. 2백만 명이 보도를 가득 메우고 창가에서 손을 흔들었다. 과장하기를 좋아하던 뉴욕 시장 지미 워커(Jimmy Walker)는 그녀의 업적이 '모세가 홍해를 건너고, 시저가 루비콘 강을 건너고, 워싱턴이 델라웨어 강을 건넌 것'에 버금간다고 말했다. 언제나 감정표현을 자제하던 캘빈 쿨리지(Calvin Coolidge) 대통령은 그녀를 두고 '미국 최고의 여성'이라고 했고, 뉴욕 사람들은 '바다의 여왕 트루디(Trudy)', '왜요(what for) 아가씨'라고 불렀다.

어빙 벌린(Irving Berlin)은 그녀를 위해 노래 '트루디'의 가사를 썼으며, 「뉴욕타임스」는 그녀의 성공이 '지금까지의 운동경기 중에서 가장 큰 업적'이라고 했다.[7] 웨스트브룩 페글러는 이렇게 썼다. "세상에서 가장 흥미진진한 권투 경기장이나 중대한 경기가 열리는 경기장의 맨 앞줄이라도 (중략) 예인선의 내 자리와는 바꾸지 않을 것이다. 나는 이것이 세상에서 가장 위대한 스포츠 이야기라고 생각하기 때문이다."[8] 그해 말, 에이덜리는 '이 시대 가장 인기 있는 명사' 투표에서 베이브 루스보다 많은 표를 얻었다.

거트루드는 단편영화 〈소녀여, 헤엄쳐라(Swim, Girl, Swim)〉에서 주연을 맡았고, 순회 보드빌 연극(vaudeville act: 춤과 노래를 곁들인 가볍고 풍자적인 통속 희극—옮긴이)에 합류하기로 했다. 몇 달 동안 결혼하자는 편지가 수없이 많이 배달되었다. 그러나 약혼한 지 얼마 안 되어 약혼자의 변심 때문에 약혼이 깨졌다. 그 이후 그녀는 두 번 다시 결혼에 대해 생각하지 않았다. 1928년, 파도 사이에 있을 때가 가장 행복하다는 숫기 없는 여성은 대중의 관심과 여행에서 비롯한 긴장과 피로 때문에 신경쇠약을 앓았다. 영국해협을 건넌 뒤로 청각 장애도 크게 악화되어 몇 년 사이에 거의 완전히 귀가 멀었다. 사람들 앞에서 어떻게든 그 장애를 숨기려고 한 것도 신경을 혹사시킨 원인이었다. 공인으로서의 생활을 그만두었을 즈음에는 찰스 린드버그의 단독 대서양 횡단에 묻힌 그녀의 명성은 이미 무색해져 있었다. 그러나 그녀는 전혀 마음을 쓰는 것 같지 않았다.

1933년, 그녀는 헐거운 타일 바닥에서 미끄러지는 바람에 계단에서 굴러 떨어졌다. 그 사고로 척추를 심하게 다쳤다. 신경과 의사 19명은 그녀가 앞으로 다시는 걷거나 수영하지 못할 거라는 진단을 내렸다. 6년 후, 그녀는 브로드웨이의 흥행사 빌리 로즈(Billy Rose)가 연출한 만국박람회 '수상 쇼'에서 수영을 하기 위해 잠시 대중 앞에 모습을 드러냈다. 로즈는 그녀에게 최선을 다해달라고 부탁했다. 그러나 쇼가 끝난 후 그는 사실 그렇게 '엄청나게 빨리' 헤엄치라고 할 생각은 아니었다며 그녀의 공연에 놀랐다고 했다.[9] 수상 쇼 공연을 마친 후 그녀는 기분 좋게 은둔생활로 돌아갔다. 확실히 그녀는 자신이 할 수 있다는 것을 온 세상에 보여주겠다는 목적 하나 때문에 공연에 찬성한 것처럼 보였다.

이글, 착륙하다

그들은 달 저편에서 작별 인사를 했다. 동부 표준시로 오후 2시 12분, 달 표면에서 100킬로미터 떨어진 달 궤도에 13번째 진입한 마이크 콜린스(Mike Collins)는 버튼을 눌러 두 우주비행선을 분리시켰다. "굉장한걸." 그는 우주사령선 컬럼비아의 창문 밖을 바라보며 감탄했다. 아폴로 11호의 선장 닐 암스트롱은 이글(Eagle)을 회전시키며 달 착륙선에 있는 콜린스가 이글의 착륙 기어가 제대로 내려와 고정되었는지 자세히 살펴볼 수 있게 했다. "문제없다." 콜린스가 확인했다.

암스트롱이 대답했다. "알았다. 이글은 비행 준비가 됐다."

"뒤집혀서 날고 있긴 하지만 이글은 아주 좋아 보인다." 콜린스가 농담을 했다.

"누군가 뒤집혀 있군." 암스트롱이 대답했다.

"조심들 하게." 콜린스는 암스트롱과 달 착륙선 조종사 버즈 올드린(Buzz Aldrin)에게 작별을 고하며 말했다. 그러고는 제어로켓을 점화시켜

◆ 닐 암스트롱(센트럴 프레스/특파원, Getty Images).

이글에서 멀어져갔다.

"나중에 보자고."[1] 말수가 적은 암스트롱이 평소처럼 눈앞의 임무에 몰두하며 대답했다. 다음 27시간 동안 콜린스는 달에서 100킬로미터 떨어진 곳에 홀로 남아 휴스턴의 우주비행관제센터와 이글에 있는 두 우주비행사 사이의 통신을 중계했다.

휴스턴 우주비행관제센터의 진 크란츠(Gene Kranz)가 이끄는 화이트팀(White Team)—기술자, 과학자, 컴퓨터 전문가, 우주비행사들이 복잡한 방에 한 줄로 앉아 아폴로 계획 실행을 감독하고 지휘했다—은 오전 8시에 교대 임무를 시작했다. 그들은 1961년 케네디 대통령이 미국은 달 탐사에 도전할 거라고 처음 선언했을 때부터 실제로 한 미국인이 달 표면에 착륙하는 순간까지, 8년 동안의 꿈이 실현되는 그날 아폴로 11호를 지켜볼 예정이었다. 이제 그들은 달 뒤쪽 궤도에 있어서 무선 연락이 닿지 않는 우주비행사들과 통신이 재개되기를 기다리고 있었다. 이글이 달에 돌아왔을 때 휴스턴은 암스트롱과 올드린에게 첫 번째 하강 신호를 보냈다. 달 표면에서 15킬로미터 떨어진 곳까지 궤도를 낮추는 것이었다. 우주비행사들은 처음으로 이글의 하강 엔진을 가동해서 달을 내려다보며 우주선을 비스듬히 비행했다. 복잡한 승무원 객실에는 의자가 없었기 때문에 우주비행사들은 발을 고정시키고 서 있었다.

　암스트롱과 올드린, 콜린스와의 통신을 책임진 우주선 교신 담당자(CAPCOM)는 1957년 해군사관학교를 졸업하고 MIT에서 항공술 석사학위를 딴 전투기 조종사 찰리 듀크(Charlie Duke)였다. 3년 후 그는 달 표면을 걷는 열 번째 사람이 된다. 이글이 하강하는 동안 듀크의 남부식 느린 말투는 전 세계 사람들에게 친숙해졌다. 암스트롱이 우주선을 적당한 착륙 지점으로 말없이 몰고 가는 동안 그가 달 착륙선의 연료 소모 정도를 암스트롱과 올드린에게 걱정스럽게 알려주었기 때문이다.

　비행 감독관이자 계획 전체를 총괄하는 책임자인 진 크란츠는 듀크 뒤쪽 세 번째 줄에 앉아 있었다. 그는 자신의 트레이드마크인 흰색 조끼를 입고, 시끄럽게 떠드는 팀원들 사이에서 헤드셋으로 들리는 모든 통신 내용에 귀를 기울였다. 그리고 신기하게도 그 내용을 모두 다 이해했다. 그는 훗날 치명적인 참사로 이어질 뻔했던 아폴로 13 계획에서 우주비행사 세 명을 무사히 귀환시키겠다는 확고한 결의와 단호한 결단력을 보여주었다. 그 때문에 아폴로 시대 동안 미국인들의 영웅이자 우주비행관제센터의 유능한 기술자들과 과학자들의 상징으로 남았다.

　맨 앞줄 관제용 계기반 중간, '방어진지'에 앉아 있던 사람은 성실하고 집중력이 강하며 기민한 스티브 베일스(Steve Bales)였다. 그는 아이오와 스테이트 대학에서 과학 석사학위를 딴 직후 1964년에 나사에 들어온 젊은이였다. 7월 20일, 베일스는 아폴로 11에 있는 컴퓨터 유도장치 모니터링을 책임진 우주선 유도 기술자(GUIDO)였다. 그는 초기 제미니(Gemini) 계획 때 보조 관제사였지만, 비행관제사가 된 지 겨우 3년밖에 안 되었다. 이제 크란츠나 우주비행사들이 '유도장치' 정보를 요구하면 스티브 베일스가 최대한 빨리 신뢰할 수 있는 답변을 내놓아야 했다.

그는 아이오와 주 오텀와에서 태어났다. 그의 아버지는 건물 관리인이었고 어머니는 미용사였다. 케네디 대통령이 1970년대가 되기 전에 "사람을 달에 보내고, 그들을 무사히 지구로 귀환시키겠다."라고 약속했을 때 베일스는 항공공학을 공부하는 대학 신입생이었다. 그는 우주여행에 대한 자신의 집념이 어린 시절의 경험 때문이라고 했다. 그는 "내가 디즈니 프로그램을 본 것은 1956년 즈음이었다."라고 기억했다. 달과 화성에 유인우주탐사선을 보내는 계획을 진행한 베르너 폰 브라운과 월트디즈니가 공동으로 제작한 텔레비전 프로그램이었다. 그 프로그램은 만화를 이용해서 대다수 시청자들이 살고 있는 시대에 어떻게 그런 업적을 달성하는 것이 가능한지 설명했다. 그는 "그 당시 가장 큰 궁금증 중 하나는 달의 뒷면은 어떻게 생겼을까 하는 것이었다."라고 회상했다. "그들은 레이더로 달의 지형을 조사하고 있었다. 그런 다음 또 다른 우주선을 발사해서 착륙시켰다. (중략) 나는 정말 깊은 인상을 받았다. 굉장한 일이었다."[2]

아폴로 11호가 역사에 이름을 남긴 지 20년 후, 베일스는 유인탐사선이 실제로 달에 착륙했던 날의 벅찬 감동을 설명했다. "월트디즈니 만화가 현실이 되었다. 마치 어릴 때 읽었던 소설처럼 지구 밖의 다른 행성에 가는 내용 같았다. 그런데 그 일이 실제로 일어난 것이다."[3]

1969년 7월 20일, 베일스는 겨우 26살이었다. 그리고 그날이 지나기 전에 우주비행관제센터에 있는 동료들, 그리고 자신들의 운명과 계획의 성패를 베일스에게 의존해야 하는 아폴로 비행사 세 명으로부터 가장 적절한 시기에 꼭 있어야 할 곳에 있는 최고의 적임자라는 찬사를 받았다.

닐 암스트롱은 1930년에 태어나 오하이오 주 와파코네타에서 자랐다.

과묵하고 진지한 소년이며 이글스카우트 단원이었고, 6살 때 처음 비행기를 탄 후 비행기에 푹 빠졌다. 그는 집 지하실에 풍동(風洞)을 만들어서 모형 비행기의 항공 역학을 시험했다. 15살 때는 비행 수업을 시작해서 16살 생일에 조종사 자격증을 땄다. 자동차운전면허도 따기 전이었다. 그는 장학금을 받으며 퍼듀 대학에 다녔다. 2학년을 마치고 해군에서 3년 동안 현역으로 복무하려면 장학금을 받아야 했다.

1949년, 그는 플로리다 펜사콜라에 있는 해군 항공기지에서 비행훈련을 받았다. 그는 유능함을 인정받았고, 한국전에 참전하라는 명령에 따라 1951년 8월 29일에 첫 번째 비행작전에 투입되었다. 5일 후에는 정찰 비행 중 격추되었지만 무사히 탈출했다. 한국전에서는 비행 작전에 78번 참여했고, 1952년 8월 현역으로 제대하기 전까지 공군수훈장을 3번 받았다. 그는 1955년에 학사과정을 마치기 위해 퍼듀로 돌아갔다. 다음 해에는 캘리포니아 주 에드워드 공군기지의 미국항공자문위원회(National Advisory Committee for Aeronautics)에서 민간 조종사 시험에 합격했다. 그는 에드워드 공군기지에서 7년을 근무하며 Bell X-1B 로켓선으로 고도 18킬로미터 이상을 비행했으며, X-15의 프로젝트 조종사로서 시험비행을 7번 했는데, 그중 한 번은 거의 고도 64킬로미터까지 도달했다. 1962년에는 공군이 개발한 '우주비행기' X-20의 조종사와 기술자 6명 중 한 명으로 선정되었다. 그러나 그해 가을, 그는 나사의 새로운 계획인 아폴로 계획의 우주비행사로 선발된다.

암스트롱은 과묵하고 위엄 있는 사람이었다. 가족과도 잡담을 나누는 적이 거의 없고 감정 상태를 절대 밖으로 드러내지 않았다. 언제나 철저하게 사무적으로 보였으며, 자신의 일과 관련이 없거나 권한이 없는 문제에는 함구했다. 그는 정색을 하고 진담인 양 농담을 잘했는데, 그를 잘 모르는 사람들은 이 사실을 잘 알지 못했다. 달에 발을 내딛은 일에 대한 인상적인 말을 제외하면, 그는 아폴로 11의 동료 우주비행사들과는 달리 달 착륙의 극적인 경험을 설명할 필요를 느끼지 못했다. 그가 말한 것이라고는 이런저런 업무를 점검하며 나눈 사무적인 대화가 전부였다. 그때 느꼈던 감정과 경험을 낭만적으로 꾸미는 것은 암스트롱의 성격이 아니었다. 그렇다고 그가 아무것도 느끼지 못했다는 의미는 아니다. 그저 내색하지 않았을 뿐이다. 아폴로 11호가 발사되기 직전, 나사의 관리자 조지 로우(George Low)가 달에 도착했을 때 무슨 말을 할지 생각해봤느냐고 물었다. "그럼요, 생각해봤습니다." 암스트롱이 그에게 해준 말이라고는 이 한마디뿐이었다.[4]

공군 대령 에드윈 유진 '버즈' 올드린 주니어(Edwin Eugene 'Buzz' Aldrin Jr.)는 1930년 뉴저지 주 몬트클레어에서 태어났다. 아버지 에드윈 유진 올드린은 로버트 고더드의 학생이었으며, 의지와 비전을 지니고 미국육군항공대(U.S. Army Air Corps)를 창설한 전설적인 장군 빌리 미첼(Billy Mitchell)의 보좌관이었다. 올드린 주니어는 1951년 육군사관학교를 3등으로 졸업했다. 한국전쟁에서는 비행작전에 66번 투입되어 제트기 F-86 '세이버(Sabre)'를 몰며 적군의 미그기 두 대를 격추시키는 공을 세웠다. 전쟁이 끝난 후에는 넬리스 공군기지에서 공중사격 교관으로 일했으며, 나중에는 독일 비트부르크에서 F-100 비행중대장으로 복무했다.

1959년, 올드린은 MIT에서 항공학과 우주항행학 석사학위를 따기 위해 잠시 비행을 중단했다. 그는 박사학위를 받을 때까지 공부를 계속했고, 1963년 졸업논문으로 쓴 유인우주선의 랑데부에 관한 연구가 통과되었다. 그는 자신의 논문 헌정사를 "모든 우주비행사들에게. 나도 그들 중 한 명이라면."이라고 썼다. 그는 논문에서 우주비행사들이 조종하는 우주선들이 최대한 가까이에서 도킹하는 기술을 고안해냈다. 이 기술은 미국 우주비행사와 러시아 우주비행사 사이의 첫 번째 도킹을 포함한 나사의 모든 랑데부와 도킹 비행에 이용되었다. 올드린은 박사학위를 받고 얼마 지나지 않아 아폴로 계획에 참여했다. 그는 박사학위를 가진 최초의 우주비행사였다. 나사의 동료들은 그에게 '랑데부 박사'라는 별명을 붙여주었다.

올드린은 암스트롱보다 언변이 뛰어났고—대부분의 사람들이 그랬지만—대중의 주목을 받는 일에 더 편안해 보였다. 그는 아폴로 11호의 선장과 달에 착륙하는 최초의 사람이 되려고 로비활동을 열심히 했다. 그리고 그 임무가 암스트롱에게 돌아가자 실망감을 감추지 못했다. 알려진 바에 의하면 나사와 닉슨 정부는 아폴로 계획의 평화적인 목적을 상징하기에는 민간인 선장이 더 적합하다고 판단했다고 한다. 그러나 그는 금세 실망감을 떨쳐내고 세상에서 가장 운이 좋은 두 사람 중 한 명이라는 사실에 기뻐하며 모든 임무를 훌륭하게 수행했다. "정말 아름답구나." 그는 달에 발을 내려놓으며 외쳤다. "장대한 황무지군."

군인 가문 출신인 공군 중령 콜린스는 육군 소장인 아버지 제임스 로턴 콜린스가 1930년에 배치되어 있던 로마에서 태어났다. 그는 어린 시절 그의 가족이 푸에르토리코에 살고 있을 때 처음으로 비행기를 탔다. 1952년에는 육군사관학교에 입학하며 아버지와 형들, 삼촌 두 명과 사촌의 뒤를 이어 군인의 길로 들어섰다. 그러나 족벌주의라는 비난을 피하기 위해 육군사관학교를 졸업한 뒤에 공군에 입대하기로 결심했다. 유능함을 인정받은 그는 넬리스에서 비행훈련 고급 과정에 선발되어 마침내 제21전투비행단에 배정받았다. 그곳에서 비행술과 핵무기를 싣고 비행하는 법을 배우고, 1954년에는 전투비행단과 함께 프랑스의 나토 기지로 전임했다. 프랑스에서 복무하는 동안 훈련 도중 그의 폭격기에 불이 붙은 일이 있었지만 그와 부조종사는 무사히 탈출했다.

그는 매우 노련한 조종사였고, 에드워드 공군기지의 시험비행사가 되어 그곳에서 비행시간 4,000시간을 기록했다. 1962년에 존 글렌(John Glenn)이 지구 궤도를 비행한 후 콜린스는 미국 우주비행사 고급 과정에 지원했다. 그러나 그해에는 선발되지 못했다. 그는 단념하지 않고 우주비행을 가르치는 수업에 등록하고 또다시 나사에 지원, 1963년 10월에 아폴로 계획에 참여한다.

그는 1968년에 아폴로 8호의 사령선 조종사로 선발되었으나 추간판 헤르니아 진단을 받았다. 척추 두 개를 연결시키는 수술을 받고 석 달 동안 목 보호대를 착용한 후, 그는 비행에서 제외되었다. 1967년 연습비행 중 아폴로 1호의 캡슐에서 화재가 발생하여 탑승한 우주비행사 세 명—버질 그리섬(Virgil Grissom), 에드 화이트(Ed White), 로저 샤피(Roger Chaffee)—모두가 사망했을 때 콜린스는 자진해서 마사 샤피에게 남편의 죽음을 알렸다. 선량하고, 느긋하고, 앞에 나서지 않는 콜린스는 암스트롱과 올드린이 인간의 발길이 닿은 적이 없는 곳을 걷는 특권을 누리는 동안 달에서 100킬로미터 떨어진 곳에 남아 있어야 하는 것에 불쾌함을 내비친 적이 없었다. 그는 자서전에서 "그 임무에는 세 사람이 필요하고, 나는 내 역할이 다른 두 사람의 역할만큼 중요하다고 생각한다."라고 말했다.[5]

달 위쪽에서 홀로 28시간 가까이 비행하면서 지구와 교신이 안 되는 궤도를 도는 48분간 그는 완전히 혼자인 상태였다. 그러나 그는 한 번도 외로움을 느끼지 않았다고 말했다. 대신 '깨달음, 희망, 만족, 자신감, 환희'를 느꼈다고 했다.[6] 아폴로 11호 계획의 유명한 미션 패치(mission patch)는 거의 그가 도안한 것이다. 달에 막 내려앉으려는 독수리 한 마리가 발톱을 펼치고 있고 배경으로 지구가 조금 보이는 패치였다. 누군가 그 이미지가 너무 호전적이라며 한쪽 발톱에 올리브 가지를 포함시키면 어떻겠냐고 제안했다. 그 제안이 받아들여졌고, 콜린스는 독수리가 '착륙하기 전에 올리브 가지를 떨어뜨리기'를 바란다고 무미건조하게 말했다.[7]

암스트롱과 올드린, 콜린스 모두 이전에 우주비행 경험이 있었다. 암스트롱은 1966년 동료 우주비행사 데이비드 스콧(David Scott)과 함께 처음으로 궤도 위에서 도킹에 성공했을 때 제미니 8호 선장이었다. 올드린은 마지막 제미니 계획인 제미니 12호 때 2시간 20분 동안 우주에서 걸음으로써 우주비행사가 우주선 밖에서도 활동할 수 있다는 것—나사 용어로 선외활동(EVA)이라 한다—을 입증했다. 콜린스는 우주비행사 존 영(John Young)

과 함께 제미니 10호를 조종하고 두 가지 선외활동을 수행했다. 그중 한 가지 활동 때는 도킹 시스템에 영향을 미치는 심각한 문제를 처리했다.

이전의 임무 경험과 당시 받은 집중적인 훈련에도 불구하고 아폴로 11호를 위해 선발된 우주비행사들은 꼬박 일 년 동안 추가 훈련을 받아야 했다. 일찍이 우주개발계획 중에서 그 정도로 철저하고 엄격한 훈련은 없었다. 사령선과 달 착륙선 각각의 비행 모의훈련도 포함되었다. 우주비행사들은 두 우주선이 만들어진 공장을 찾아갔고, 우주선의 모든 세부 사항에 대한 간단한 설명도 들었다. 그들은 우주비행사로서의 전문지식과 전혀 관련이 없는 주제에 대해서도 강의를 들었다. 우주선 발사와 재돌입, 착수, 랑데부, 도킹, 도킹 해제, 달에 하강하고 걷고 상승하는 방법도 훈련받았다. 기압복을 만들기 위해 치수를 재고, 그들이 견뎌야 하는 관성력을 체험하기 위해 원심력 훈련을 참아냈으며, 계획 각 단계에서 일어날 수 있는 수많은 문제를 열심히 연구했다. 콜린스의 훈련은 사령선에 집중되었고 나중을 대비해서 때로는 혼자 훈련을 했다. 암스트롱과 올드린은 달 착륙 훈련선(LLTV)이라고 불리는 볼품없는 기계로 달 착륙 비행을 연습했다. 그것은 달 하강 마지막 단계에서 그들이 사용할 모든 조종장치와 우주선을 조종하는 감각을 최대한 비슷하게 재현하기 위해 만든 기계였다. LLTV는 강력한 자세 제어 로켓 때문에 비행하기가 어려웠다. 암스트롱은 시험비행 도중 LLTV가 제어되지 않아 충돌하기 직전 탈출한 적이 있다.

나사 교관과 우주비행사들은 잘못될 수 있는 모든 가능성을 생각하고, 그것들을 바로잡기 위한 방법을 고안했다. 모든 우발적인 사고와 반응은 긴 일지에 기록하고 몇 번이고 되풀이해서 연습했다. 그들은 역사적 임무를 위해 만반의 준비를 갖추었다. 중압감 속에서 능력과 재능을 발휘할 수 있는 선천적인 자신감은 존재한다. 그러나 모든 조종사들은 중압감 속에서 중대한 결정을 내리기 위한 자신감을 키우는 데에는 준비와 경험만 한 것이 없다고 이구동성으로 말할 것이다. 어떤 결정은, 비록 생사가 달린 중대한 결정이라 하더라도 즉시 내려야 한다. 예기치 못한 문제가 발생했을 때 많은 사람들과 상의하거나 당신의 대응책을 하나하나 따질 여유가 없다. 달에 유인 우주선을 보내는 계획은 그런 상황에 속한다. 아무리 중대한 결정이라도 훈련과 경험을 통해서라면 경솔하지 않은 확고한 자신감을 갖고 결단을 내릴 수 있다. 본능은 습득하는 것이다. 본능은 가지고 태어난 것이 아니다. 당신 스스로를 단련하고 어떤 경험에 대비하면서 생긴 자신감이 아니라면 그것은 자신감이 아니라 자만이다. 그것은 위험한 결과를 불러올 수도 있다.

우주비행관제센터 또한 훈련을 한다. 관제센터팀의 컴퓨터 모의훈련을 책임진 딕 쿠스(Dick Koos)는 자신의 업무를 진지하게 받아들였다. 그는 포트 블리스 육군 미사일 사령부에서 컴퓨터 유도 전문가로 일했다. 머큐리와 제미니 계획 때 모의 우주비행 프로그래밍 전문가가 되었고, 발생 가능한 문제들을 고안해서 우주비행사와 관제사들에게 적용하는 능력은 당연히 자랑할 만했다. 아폴로 11호 발사 11일 전, 그는 진 크란츠의 화이트팀에게 관제사들이 알아내지 못할 거라고 자신하는 유독 생소한 프로그램 경보, '사례 26번'을 적용했다. 쿠스는 그들이 경보의 의미를 알아차릴 것인지는 걱정하지 않았다. 다만 그들이 새로운 프로그램 경보를 다루는 절차에 따르는지 보고 싶었다. 문제에 대한 단서가 두 가지이거나 중요한 업무에 뭔가 오류가 생겼다는 것을 파악하지 못했을 경우, 계획 중지 결정을 내려서는 안 되는 것이다.

그러나 우주선 유도 기술자 스티브 베일스가 한 일이 바로 그것이었다. 7월 5일 착륙 모의훈련을 시작한 지 3분이 지났을 때 쿠스는 기술자들에게 경보 1201을 울리라고 말했다. 베일스를 비롯해서 팀의 어느 누구도 그것이 무슨 의미인지 몰랐다. 베일스는 팀에서 이글의 컴퓨터 시스템에 대한 전문가였기 때문에 재빨리 안내서 책장을 넘겨 그 의미를 알아내야 했다. 크란츠나 쿠스가 답을 요구하기 전에 베일스는 경보 1201이 이글의 컴퓨터가 부하가 걸렸다는 의미임을 알아냈다. 그러나 베일스는 과부하가 어떤 결과를 가져오는지는 짐작조차 하지 못했다. 시스템은 모두 정상적으로 작동하는 것처럼 보였다. 그때 쿠스가 다른 경보를 울리라고 지시했고, 베일스는 그 의미를 알아내기 위해 재빨리 소프트웨어 기술자인 잭 가먼(Jack Garman)과 상의했다. 그가 대답했다. "이건 비상경보야. 이유는 모르겠지만 컴퓨터가 처리할 일이 너무 많아서 그 일을 다 하기에는 시간이 부족하다는 의미지."[8] 베일스는 어떤 업무를 소홀히 했는지 짚이는 것이 전혀 없었다. 쿠스는 경보 외에도 관제용 계기반 화면을 조작하고 있어서 모든 것이 정상적으로 작동하고 있는 것처럼 보였다. 뭔가 중요한 것을 놓친 것이 아닐까 걱정이 된 베일스는 가먼에게 계획을 중지해야겠다고 말했다. 그는 크란츠에게 그렇게 보고했고, 크란츠는 중지하라고 명령했다.

쿠스는 우주비행관제센터로 걸어 들어가 관제사들의 결정을 나무랐다. "이번 것은 계획 중지 경보가 아니었네. 착륙을 계속 진행했어야 했네."[9] 그는 만약 모든 것이 정상으로 보인다면 중지할 또 다른 이유가 있어야 한다고 설명했다. "계획을 중지하려면 반드시 두 가지 이유가 있어야 하네. 자네들은 이유가 하나였는데 중지 요청을 했네." 다음 6일 동안 쿠스는 베일스와 가먼에게 어느 경보가 심각하고 어느 것이 그렇지 않은지 구분할 때까지 프로그램 경보를 철저하게 가르쳤다. 베일스는 착륙 중지를 명령해야 하는 모든 프로그램 경보 목록을 만들었다. 경보 1201은 그 목록에 속하지 않았다.[10]

달에 착륙한 날, 우주비행관제센터가 이글과 다시 교신하기를 기다리는 동안 진 크란츠가 관제사들에게 마지막으로 격려 연설을 했다.

> 제군들, 우리는 오늘 정말로 달에 착륙할 걸세. (중략) 우리는 지금 아무도 한 적이 없는 일을 하려는 참이네. 우리가 이제 들어갈 환경에 대해서 우리가 알지 못

하는 것이 많이 있다는 것을 염두에 두게. 그러나 내가 자네들을 절대적으로 신뢰한다는 것도 알아두게. (중략) 우리가 위험부담이 큰 미지의 영역에서 일하고 있다는 것을 아네. 그러나 이 일을 시도해본다고 생각하면 안 되네. 오직 성공에 대해서만 생각해야 하네. 자네들이 얼마나 유능한지 알고 있네. 만약 문제가 생기더라도 자네들에게 해결할 시간이 단 몇 분만 주어진다면, 성공할 걸세. 자, 그럼 한번 해보자고.[11]

오후 3시 8분(동부 표준시), 더 낮은 달 궤도로 진입하기 위해 이글 엔진에 불이 붙더니 순식간에 사라졌다. 컬럼비아와 이글이 달 저편에서 다시 나타났을 때 교신 담당자인 찰리 듀크는 이글의 최초 하강을 보고하라고 요청했다. 컬럼비아는 이제 달 착륙선보다 80킬로미터 높은 궤도를 비행하고 있었다. 따라서 휴스턴은 암스트롱과 올드린보다는 콜린스와 무선통신을 하는 편이 빨랐다. 게다가 이글과의 통신은 달 착륙선의 안테나 문제로 가끔씩 중단될 때가 있었다. 올드린이 콜린스에게 15킬로미터 궤도에 도달했다고 알렸다. 콜린스는 듀크에게 "모든 일이 착착 진행되고 있다."라고 보고했다.[12] 90초 후, 올드린의 목소리가 휴스턴에 닿았다. 그는 이글이 달까지 마지막 동력 하강을 할 준비가 되었다고 확인했다. 우주비행사들은 컴퓨터 유도장치와 항법 시스템을 점검하고 우주비행관제센터가 동력 하강 지시를 내리기를 기다렸다. 궤도 위 정확히 정해진 장소에서 동력 하강을 시작하는 것은 매우 중요했다. 너무 이르거나 높은 곳에서 시작하면 착륙 전에 연료가 바닥날지도 몰랐다.

우주비행사들은 달의 경계표를 보며 착륙 위치를 결정해야 했다. 이글은 계속 수평으로 비행하고 있었다. 달 착륙선이 달 표면까지 정확한 거리를 측정하는 데 사용하는 레이더는 위쪽을 향하고 있었고 유용한 정보를 전혀 제공하지 못했다. 아래쪽을 내려다보며 비행하는 동안 달의 산맥을 발견한 암스트롱과 올드린은 현재 속도를 기록하고, 각도와 하강 속도를 결정하기 위해 암스트롱이 고안한 수학공식을 이용해서 위치와 고도를 계산했다. 4시 무렵 콜린스는 암스트롱과 올드린에게 동력 하강을 시작하라는 휴스턴의 지시를 전달했다. 4시 5분, 이글은 최대 추력의 10퍼센트로 엔진을 점화하고 마지막 하강을 시작했다. 얼마 지나지 않아 암스트롱이 예정보다 몇 분 빨리 경계표를 지났다고 말했다. 그는 동력 하강을 조금 늦게 시작해서 어쩌면 길이 16킬로미터 넓이 5킬로미터인 '착륙 예정 지점'을 지나쳤을지도 모른다고 생각했다.

20년 뒤, 닐 암스트롱은 그때의 경험을 되돌아보며 우주비행사들이 그런 까다로운 계획에서도 침착하게 자기 확신을 가질 수 있는 이유를 설명했다. "우리는 확신하기는 했지만, 분명 과신하지는 않았습니다. 연구와 탐구를 통해서라면 예상치 못한 일에도 대비할 수 있습니다. 우리는 우리 안전에는 큰 관심이 없었습니다. 그러나 기계 고장이나 예기치 못한 사건으로 달 착륙에 차질이 생겼더라도 놀라지 않았을 겁니다."[13] 그들은 예상치 못한 일에 대비했다. 그리고 그 일이 일어났을 때 대응할 준비가 되어 있었다.

우주비행관제센터에 있는 스티브 베일스는 걱정하고 있었다. 이글의 속력이 너무 빨랐기 때문이다. 계획보다 초속 6미터 더 빠른 비행 속도였다. 그는 크란츠에게 이글의 속도와 낮은 고도로 미루어보아 항법 시스템에 이상이 생겼으며 그것이 이글의 궤도에 영향을 미칠 수도 있다고 말했다. 착륙 중지 지시를 내리기 일보 직전이었다. 결정을 내리려면 한시라도 빨리 내려야 했다. 하강 단계에서 중지를 하면 엔진 점화가 달 착륙선의 상승부를 심각하게 손상할 우려가 있었기 때문이다. 베일스는 크란츠에게 문제가 지속되는지 조금 더 지켜보겠다고 말했다. 몇 분 뒤, 암스트롱이 이글을 회전시켜 착륙할 준비를 했다. 일단 달 착륙선이 수평 비행을 멈추고 수직으로 비행하기 시작하자, 착륙 레이더가 달의 표면을 확인해 이글의 고도를 계산하고 기내에 있는 컴퓨터 유도장치 시스템에 하강 속도가 너무 빠르다는 신호를 보냈다. 컴퓨터는 문제점을 파악하고 달 착륙선의 속력을 줄였다.

베일스는 이렇게 회상했다. "하강을 시작하고 처음 3분 동안은 이 문제가 커지지 않기만을 기도했다. 착륙이 중지되는 걸 바라지 않았기 때문이다." 암스트롱의 시기적절한 행동 덕에 베일스의 인내심은 보답을 받았다. 베일스는 "나에게 일어날 수 있는 최악의 사태가 실제로 일어났다. (중략) 이제는 모든 것이 괜찮아질 것이다."라고 생각했다.[14]

찰리 듀크는 우주비행사들에게 동력 하강을 계속하라고 알렸다. 몇 분 뒤, 엔진이 발화하며 달 착륙선이 격렬하게 요동치자 이글의 관제용 계기반 화면에 노란색 컴퓨터 경보장치가 깜빡거렸다. 암스트롱은 "프로그램 경보…… 1202다."라고 휴스턴에 알렸다. 경보 1202가 무엇을 의미하는지 몰랐던 암스트롱은 우주비행관제센터에 설명을 요청했다. 스티브 베일스도 1202가 무슨 의미인지 몰랐지만 딕 쿠스의 모의훈련 후 작성한 주요 경보 목록에 속하지 않는다는 것은 알았다. 진 크란츠는 즉시 답을 알고 싶어 했다. 베일스는 잭 가먼과 의논했다. 경보기가 처음 깜빡거리고 불과 몇 초가 지났을 때 크란츠는 관제 계기반을 두드리며 우주선 유도 기술자에게 '해결책'을 요구했다. 닐 암스트롱은 침착하지만 분명 다급한 목소리로 프로그램 경보 1202에 대한 사항을 읽어달라고 요청했다. 암스트롱은 훗날 그 경보를 특별히 걱정하지는 않았고, 경보기가 자주 울리는 것이 심각한 문제로 발전하지 않을 거라고 생각했다며 그때의 기억을 떠올렸다. 그러나 불안으로 가득한 몇 초 동안—정확히는 19초 동안—휴스턴은 착륙 중지가 위험한 행동이 될지도 모른다는 것을 깨달았다. 달 착륙선이 격렬하게 분리되고, 컬럼비아로 돌아가기 위해 사용할 상승부가 엔진을 최대 추력으로 점화시키기 때문이다. 게다가 착륙 중지는 우주비행사들과 계획에 관련된 모든 사람들, 사실상 전 세계에 심각한 실망을 안겨줄 수 있었다. 찰리 듀크는 "생각만 해도 아찔한 일이었다."라고 회상했다.

당황하는 사람은 없었다. 베일스는 좀 더 시간을 갖고 중대한 결정을 내리고 싶었지만, 그와 가먼은 경보 1202가 단순히 컴퓨터가 너무 많은 일을 처리하고 있다는 신호인 1201과 동일한 문제를 나타낸다고 서둘러 결론 내렸다. 이글이 정상적으로 비행하고, 암스트롱과 휴스턴이 그 사실을 인지하고, 경보기가 지속적이지 않고 간헐적으로 울리는 동안에는 아무 문제가 없을 게 분명했다. 휴스턴의 모든 관제사들이 역사에 남을 계획이 실현되기 몇 분 전에 계획을 중지할 것인지의 여부를 결정할 말을 기다리는 동안, 26세의 스티브 베일스는 24살인 동료 잭 가먼과 의논한 끝에 다음 지시를 내렸다. "계속 진행한다. 문제가 반복되지만 않으면 모든 게 정상이다." 크란츠는 우주비행사들과 교신하고 있는 찰리 듀크에게 그 지시를 반복했다. "계속 진행한다."

잠시 후에 올드린이 다시 경보 1202를 보고했다. 베일스는 망설이지 않고 계속 가라고 말했다. 올드린이 1202가 발생했다고 두 번 더 연락했고, 베일스는 크란츠에게 계획을 진행하라고 두 번 더 말했다. 달에서 914미터 떨어진 곳에 있는 우주비행사들은 듀크로부터 착륙하라는 지시를 받았다. 올드린이 대답했다. "알았다, 착륙하겠다." 그와 동시에 컴퓨터가 1201 경보를 보냈다. 베일스는 신경 쓰지 않았고, 찰리 듀크는 올드린에게 "계속 진행한다. 같은 경보다. 계속 진행한다."라고 말했다. 610미터 상공에서 경보 1202가 울렸을 때 베일스는 다시 무시했다. 이글이 하강하는 동안 프로그램 경보가 총 7번 울렸다. 베일스의 불안감이 얼마나 컸는지는 모르겠지만, 그는 조금도 망설이는 기색을 보이지 않았다. 그는 계속 반복했다. "계속 진행하라."

달 착륙선에 있는 우주비행사들도 당황하는 빛을 보이지 않았다. 그러나 집중력이 흐트러졌다. 암스트롱은 이글을 착륙시킬 적당한 장소를 찾느라 달을 둘러보던 중 날카로운 경보음 때문에 계속 주의가 산만해졌다. 이제 달 표면에 152미터까지 접근했을 때 암스트롱은 그 상황이 마음에 들지 않았다. 유도 시스템과 항법 시스템이 이글을 거대한 표석(漂石)으로 둘러싸인 분화구 쪽으로 조종하고 있었다. 암스트롱은 분화구 직전에 달 착륙선을 멈출 수 있다면 모든 일이 괜찮을 거라고 생각했다. 그러나 곧 위협적인 표석과 충돌하지 않도록 제때 피하는 것이 불가능하다는 점이 분명해졌다. 암스트롱은 이글을 제어하고 마치 헬리콥터를 몰 듯이 수동으로 비행했다. 그 순간 이글이 살짝 앞쪽으로 쏠렸다.

암스트롱은 하강 속도를 줄이면서 동체를 똑바로 세웠다. 그는 일어선 채로 작은 삼각형 모양의 창을 통해 밖을 바라보며 조종장치를 꽉 쥐었다. 올드린이 변하는 고도와 속도를 큰 소리로 외치는 동안, 암스트롱은 안전한 장소에 착륙하기 위해 달 표면을 유심히 살폈다. 몇 분간 필사적으로 살펴보아도 아무런 소득이 없었다. 그러나 이전의 경험과 조종사로서의 침착함, LLTV로 훈련했던 시간이 그를 도전에 맞설 수 있는 적임자로 만들었다.

휴스턴에서는 무슨 일이 일어나고 있는지 알지 못했다. 관제센터의 컴퓨터는 암스트롱이 수동비행을 하고 있다는 사실만 보여주었다. 그들은 표석에 대해 아는 바가 없었고 이글이 착륙하지 않는 이유도 몰랐다. 들리는 것이라고는 버즈 올드린이 숫자를 읽는 소리뿐이었다. 우주비행사들의 몸에 부착한 센서가 암스트롱의 심장박동이 분당 156회로, 평상시보다 두 배나 빨리 뛰고 있음을 알렸다. 이글의 연료가 떨어지기 시작했다는 것도 알 수 있었다.

80미터 상공에서 올드린은 이글의 창문을 힐끗 쳐다보았다. 60미터에서 50미터까지 계속 하강하는 동안 암스트롱은 또 다른 작은 표석을 막 지난 곳에 착륙할 장소를 발견했다. 그러나 30미터가 조금 못 미쳤을 때 엔진의 불꽃이 달의 먼지를 일으켜 시야를 가렸다. 22미터 상공에서 듀크는 우주비행사들에게 연료가 부족해서 앞으로 60초밖에 견디지 못한다고 말했다. 우주비행사들은 달 착륙선 조종에 온 정신을 집중하느라 아무런 응답도 하지 않았다. 휴스턴에 있는 사람들은 모두 심각하게 걱정하기 시작했다. 크란츠는 여전히 암스트롱과 올드린이 무엇을 하고 있는지 알지 못한 채, 우주비행사들에게 '달에는 주유소가 없다는 점을 상기' 시키라고 듀크에게 말했다. 듀크는 그들에게 연료가 완전히 떨어지기 30초 전이라고 알렸다. 또다시 응답이 없었다. 올드린이 계속 숫자를 말하고 있을 뿐이었다. "앞으로 12미터, 0.5미터 하강. 먼지가 올라온다. 앞으로 9미터, 0.5미터 하강……. 1미터 전진, 1미터 전진. 약간 오른쪽으로 치우쳤다."

"깃털 떨어지는 소리까지 들리겠군." 크란츠가 말했다.[15] 우주비행관제센터의 모든 사람들과 크란츠는 그 순간에는 더 이상 아폴로 11호에 관한 결정에 관여할 수 없다는 것을 알았다. 닐 암스트롱이 이글 착륙에 단독 권한을 갖고 있었다. 불안감이 고조된 휴스턴에서는 그가 올바른 결정을 내렸는지 알기 위해 기다렸다. 이글 위로 97킬로미터 상공에서 조용히 홀로 비행하고 있는 마이크 콜린스도 걱정스럽게 소식을 기다리고 있었다.

달 표면에서 15미터 떨어진 곳은 착륙을 중지하기에는 너무 늦은 시점이었다. 그러나 그때 암스트롱은 이글이 지면에 충분히 가까워졌기 때문에 착륙의 충격을 견딜 수 있을 거라고 생각했다. "착륙 지점에 가까워졌고, 착륙해야 한다는 것도 알고 있었다. (중략) 그러나 연료 문제에 관해서는 당황하지 않았다."[16]

분화구를 지난 후, 암스트롱은 표석을 피하기 위해 살짝 왼쪽으로 기울여 비행했고, 잠시 후에 이글을 착륙시킬 만한 대략 평방 60미터 정도 되는 평지를 발견했다. 하강 속도를 늦추는 동안 먼지가 소용돌이쳤다. 암스트롱은 비행 속도와 착륙까지 남은 거리가 얼마나 되는지 감을 잡을 수 없었다. 이글이 처음에는 뒤로, 그다음에는 옆으로 떠밀리기 시작했고, 낙심한 암스트롱은 그것을 바로잡기 위해 작동장치를 힘주어 움직였다. LLTV보다는 이글을 작동하는 것이 훨씬 수월했지만, 거의 바닥 난 연료에 대한 걱정과 형편없는 시야 때문에 조종사가 경험할 수 있는 가장 힘겨운 착륙이 되었다.

암스트롱은 작업에 완전히 몰두해서 올드린이 지면에 닿았다는 신호등이 깜빡거린다고 보고하는 소리도 듣지 못했다. 연료는 15초 분량이 남은 상태였다. 암스트롱은 달 표면에 닿았는지조차 느끼지 못할 정도로 이글을 부드럽게 착륙시켰다. 연료가 소진된 엔진이 문제를 일으키지 않도록, 지면에 닿았을 때 엔진을 끌 생각이었다. 잠시 후 이글을 안전하게 착륙시켰다는 사실을 확인하자마자 암스트롱은 엔진을 껐다. 크게 안도한 휴스턴의 관제사들은 올드린이 착륙을 확인하고 "엔진 정지."라고 말하는 소리를 들었다. 찰리 듀크가 우주비행사들에게 질문이라도 하듯이 연락을 취했다. "착륙한 것으로 알겠다, 이글."

잠시 후 암스트롱이 알렸다. "휴스턴, 여기는 고요의 바다. 이글은 착륙했다."

"알았다, 고요의 바다." 듀크가 기뻐하며 대답했다. "자네 때문에 여러 사람이 사색이 되었네. 모두들 이제야 한숨 돌렸어. 고맙네."

미국인들이 달을 걷던 날 나는 감옥에 있었다. 언제나 베트남인들은 바깥소식 중에서 우리를 낙담시킬 정보만을 신중하게 골라 전해주었다. 그들은 미국이 전쟁에서 지고 있고 미국 정부가 우리를 포기했다는 자신들의 반복된 주장을 우리가 믿을 거라고 기대했다. 그리고 계속해서 반전 시위, 미국의 참전에 대한 국제사회의 반대, 군대 후퇴에 관한 것만 알려주었다. 별 소용없는 행동이었다. 우리는 새로 도착한 전쟁포로들에게 들은 이야기로 전쟁 상황과 고국에서 일어난 일들을 더욱 분명하게 파악할 수 있었다. 그러나 나는 라디오 방송에서 전쟁에 반대하는 어느 유명한 미국인이 연설 도중 아폴로의 성공을 언급하는 것을 듣기 전까지 아폴로 11호의 의미 깊은 성공에 대해서는 알지 못했다. 만약 내 기억이 정확하다면, "그는 미국이 달에 인간을 내려놓을 수 있다면 분명 이길 가망도 없고 지지하는 사람도 없는 전쟁에서도 철수할 수 있을 겁니다."라는 식의 말을 했다. 얼마 안 있어 나는 가족이 보낸 짧은 편지를 받았다. 작은 엽서 크기의 편지 뒷면에는 한 우주비행사가 달에 꽂힌 미국 국기 옆에 서 있는 우표가 붙어 있었다. 그날은 하노이에서 보낸 날 중 모처럼 기분 좋은 날이었다.

앞서 가는 사람의 등에는
수많은 화살이 꽂혀 있다

혈액에는 2만 개가 넘는 단백질이 있다. 주다 포크먼(Judah Folkman)은 그중 한 가지를 찾고 있었다. 만일 그가 성공한다면, 그가 발견한 수수께끼를 풀고, 언젠가는 인간이 가장 무서워하는 질병, 아무도 의사가 그런 진단을 내리는 것을 듣고 싶어 하지 않는 질병인 암을 더욱 성공적이고 인도적으로 치료하는 것이 가능할지도 몰랐다. 그를 비판하는 사람들은 포크먼의 이론이 논란의 여지가 있고 위험하고 확실치 않다며 도외시했다. 그가 관찰한 현상이 진짜라고 하더라도 정황적일 뿐이며 암과 관계가 없다고들 말했다.

1971년 10월, 보스턴에 있는 베스 이스라엘(Beth Israel) 병원의 내분비학과장은 포크먼에게 주간 세미나에서 하버드 의과대학의 동료 내과의사들에게 그의 이론을 소개할 수 있는 기회를 주었다. 그는 그 기회를 환영했다. 언제나처럼 거의 10년을 투자한 연구에 쏟은 자신의 열정을 나누고, 자신의 견해를 논의하고 싶었다. 내분비학과장은 저명한 「뉴잉글랜드 의학저널(New England Journal of Medicine)」에 그의 발표가 실리도록 하겠다고

◆ 주다 포크먼(브래드 마켈/기고가, Getty Images).

약속했다. 그 약속은 과학잡지들의 거절에 좌절하지는 않았어도 차츰 익숙해지고 있던 포크먼에게 매력적으로 들렸다. 아마 결국에는 그의 실험이 그가 '아하!' 순간이라고 부르는 시점에 도달했을 때, 또 힘겨운 실험과 오차의 세월이 연구를 가속화시키는 명백한 통찰력을 제공했을 때 그가 경험한 흥분을 더 많은 의학계 사람들에게 전할 수 있을 것이다. 대부분의 연구자들은 그런 순간을 한 번이라도 경험하는 것은 실험실 인생의 특징인 수많은 실패 중에서 소중한 예외의 순간이라고 말한다. 포크먼은 그런 순간을 서너 번 경험했다. 아마 그것이 지금까지 40년 동안의 연구 인생에서 그 모든 비판과 좌절을 경험하면서도 그가 자신의 연구와 자기 자신에 대해 말을 많이 하는 솔직하고 열정적인 신봉자로 남을 수 있었던 이유일 것이다.

그러나 이번에 그의 기대는 또다시 과학협회가 쌓아올린 회의와 무관심의 장벽에 부딪혔다. 과학협회는 골치 아픈 비주류 연구자들이 직관과 원대한 집념으로 훌륭한 의학연구를 어지럽히는 일을 막으려 했다. 주다 포크먼은 청중에게 그들 대다수가 모르고 있거나 믿으려 하지 않는 것 네 가지를 말했다. 첫째, 악성 종양에 영양을 공급하는 혈관은 새로 만들어진 것이며, 새로운 혈관을 생성하는 데 종양이 중요한 역할을 한다. 둘째, 종양은 어떤 불가사의한 물질을 생성하며 정체불명의 단백질을 확산시킨다. 그는 이를 TAF(tumor angiogenesis factor), 즉 종양신생혈관형성인자라고 불렀다. 셋째, 이렇게 확산된 단백질은 종양에 연결된 새로운 혈관 성장을 촉진시킨다. 가장 논란이 된 마지막 하나는 만일 이 진행 과정을 막는 방법을 찾을 수 있다면, 종양으로 가는 영양분을 차단하여 성장을 멈출 수 있다는 것이었다.

포크먼은 종양을 자극하는 혈관의 성장과정을 '신생혈관형성(angiogenesis)'이라 이름 짓고, 그 과정을 막을 수 있다는 자신의 견해를 '신생혈관형성억제(anti-angiogenesis)' 라고 불렀다. 오늘날에는 암 치료 연구 분야가 활발해진 것이 포크먼 덕분이라고 생각한다. 그러나 1971년 10월 그날 아침, 그는 이단자였다.

그가 하는 말을 들은 의사들은 발표가 끝난 후 몇 가지 질문을 던진 다음 뭔가 기발한 것을 들었다는 기색은 전혀 보이지 않고 줄지어 강당을 빠져나갔다. 그들은 아마 기존의 암 치료와는 전혀 다른 이 혁신적인 방법이 비현실적인 발상이라고 생각했을 것이다. 그러나 그들은 환자를, 또 암 환자를 치료하는 의사들이었다. 그 당시 암 치료는 화학성 유독물질과 방사선으로 암세포를 죽이거나 외과수술로 종양을 제거하는 것이었다. 과학은 나날이 발전하고 있으며, 누군가 포크먼의 의견이 현실적인지 확신하기 훨씬 전에 미래가 밝은 새로운 화학요법이 등장할 게 분명했다. 영양분을 차단해 종양을 없애는 방법을 찾기 위한 포크먼의 불확실한 여정에 동참하는 것은 환자들에게 전혀 이로울 게 없었다. 그들은 유해물질로 종양을 죽이거나, 태우고, 제거하는 치료방법이 필연적으로 건강한 세포를 손상시키고 환자들의 삶의 질을 저하시키더라도 그 방법들을 고수할 생각이었다.

「뉴잉글랜드 의학저널」에도 실린 그의 발표도 이전에 경험했던 것과 똑같은 비난과 무관심만 되살렸다. 포크먼은 늘 그랬듯이 자금을 얻고 인정받기 위해, 그리고 그의 생각에서 비범함을 볼 수 있는 총명한 제자 몇 명을 모집하기 위해 고심해야만 했다.

포크먼은 종양이 자라면서 거기에 영양분을 공급하기 위한 새로운 혈관이 형성된다는 사실을 처음으로 발견한 사람은 아니었다. 그러나 그 현상을 암과 관련이 없다고 단정하지 않은 사람은 그가 처음이었다. 또한 자신의 발견을 적용할 실제적인 방법을 찾기 위해 전념한 최초의 의사였다.

미국 해군은 1960년에 주다 포크먼을 해군 중위로 발탁했다. 해군은 최초의 원자력 항공모함 엔터프라이즈 호의 취역(就役)과 함께 이제 막 핵 시대로 들어선 참이었다. 엔터프라이즈는 연료를 보급하러 항구로 들어올 필요가 없고 많은 양의 보급품을 실을 수 있었다. 항공모함과 승선한 해군 4,000명이 일 년 동안 해상에 머무를 수 있었다. 그러나 한 가지 뜻밖의 문제가 있었다. 수술실 네 곳에 신선한 혈액을 보존할 수 없었던 것이다. 혈액은 3주가 지나면 변질되었다. 1957년, 하버드 의과대학을 최우등으로 졸업하고 외과 수련의 과정으로 유명한 매사추세츠 종합병원에서 3년차 레지던트로 일하던 28세의 포크먼과 또 한 명의 새로운 중위, 뉴욕 대학에 적을 둔 전도유망한 젊은 병리학자 프레드 베커(Fred Becker)는 메릴랜드 주 베데스다에 있는 미 해군 의학연구소로 가라는 명령을 받았다. 그들은 그곳에서 장기간 보존할 수 있는 대체 혈액 개발 임무를 맡았다. 인간의 장기에 산소를 공급하는 능력을 잃지 않게 헤모글로빈을 건조시켰다가 다시 액상으로 만들 수 있는지 알아보는 실험이었다. 일단 헤모글로빈을 건조시켰다가 식염수를 이용해 액상으로 만드는 기술을 개발한 그들은 토끼에서 떼어낸 갑상선에 제품을 시험해보았다. 시험은 성공이었다.

프로젝트를 끝마치자 그들의 상관이 실험실에서 필요하다고 생각하는 일을 하라고 지시했다. 두 의사는 관류(灌流)한 토끼의 갑상선이 새로운 세포를 생성할 수 있는지 연구하기로 하고 가장 빠르게 성장하는 세포와 악성 암세포들을 골라 그들이 세운 가설을 시험해보았다. 그들은 쥐에서 추출한 흑색종 세포를 토끼에게 이식하고 그들이 개발한 대체 혈액을 관류시켰다. 며칠 만에 세포가 분리되고 작은 종양들이 생겼다. 그리고는 지름 1밀리미터 정도 되는 똑같은 크기에서 성장을 멈추었다. 똑같은 크기로 자라지 않는 악성 종양에서는 보기 드문 일이었다.

어째서일까? 무심코 암세포들을 죽인 것일까? 암세포는 죽은 걸까, 아니면 설명할 수는 없지만 그냥 휴지 상태일까? 그들은 그 세포를 살아 있는 쥐에게 이식했다. 세포는 즉시 활동을 시작해서 순식간에 커다란 종양으로 자랐다. 이유가 뭘까? 분명 갑상선에 주입해서 죽은 것은 아니다. 그러나 활동을 멈췄다. 동물에게는 존재하고 제거한 갑상선에는 없는 물질이 무엇인가? 그들은 곧 답을 찾았다. 쥐에서 커다란 종양을 제거했을 때는 그것이 혈관으로 가득했다. 갑상선에서 추출한 작고 일정한 크기의 종양에는 혈관이 없었다. 종양을 쥐에게 주입하자마자 주변 조직에서 새로운 모세혈관이 자라서 종양을 에워싸기 시작했다. 그들의 실험은 이전에 밝히지 못했던 생물학적 현상을 보여주었다. 자신이 발견한 것을 이해하고 위대한 인도주의적 목적에 이바지하게 만들겠다는 주다 포크먼의 오랜 여정이 그 순간 시작되었다.

다음 40년 동안, 포크먼은 성공과 실패, 거부와 인정을 몇 번이고 반복해서 경험했다. 그러면서 그가 발견의 순간에 어렴풋이 엿보았던 것, 즉 어쩌면 전통적인 치료방법보다 더 효과적이고 인도적인 방법으로 암을 치료할 수 있을지도 모른다는 데 자신의 경력과 명성, 마음의 평안 등 모든 것을 걸었다.

두 의사들은 자신들이 우연히 발견한 것이 단순히 흥미로운 것 이상이라는 사실을 깨달았다. 베커는 "나는 그것이 흥미롭다고 생각했고, 주다는 굉장하다고 생각했다."라고 말했다.[1] 군에 징집되어 베커와 포크먼과 함께 일했던 또 다른 의사 데이비드 롱(David Long)은 포크먼이 자신의 실험이 과학계가 깨닫지 못한 뭔가를 발견했으며 엄청난 의미가 있을지도 모른다는 사실을 신속하고도 완벽하게 이해한 것에 몹시 놀랐다. "그는 곧바로 그 사실을 알았다. 그 사실을 눈치 채고 완전하게 이해할 수 있었다. 그는 그곳에 서서 나에게 무슨 일이 일어나고 있는지를 말해주었다. 그리고 나는 그를 믿었다."[2]

포크먼은 랍비인 아버지 제롬 포크먼을 따라 환자들을 방문했던 7살 때부터 의사가 되고 싶었다. 그의 아버지는 동정심 많고 온화한 사람으로 산소 텐트의 두꺼운 플라스틱을 통해 환자들에게 작은 목소리로 기도를 해주었다. 어린 주다는 텐트 안에서 일하는 의사들이 환자들을 돌보는 데 더 직접적인 역할을 한다는 사실을 깨달았다. 그는 아버지에게 랍비보다는 의사가 되고 싶다고 말했다. "그러면 랍비 같은 의사가 되려무나." 그의 아버지가 말했다.[3]

그는 운동장에서 노는 것보다 실험실을 더 좋아하는 소년으로, 과학에 소질이 있는 성실한 학생으로 성장했다. 기하학 선생님은 한 가지 문제를 푸는 데에는 여러 가지 방법이 있다는 것을 가르치고, 화학 선생님은 다른 분야에서 얻은 지식을 이용해서 과학 분야의 지식을 한층 더 넓히도록 장려했다. 그런 교훈들은 어른이 되었을 때 그의 직업에서 중요한 특징이 되었다.

고등학생일 때 그는 오하이오 주립대학 병원의 수술실에서 잡역부로 일했다. 외과장이 그를 불러 외과 레지던트들이 개를 수술하며 훈련을 하고 있는 실험실에서 일을 하라고 했다. 오하이오 주립대학 학생이던 3년 동안, 매일 오후 레지던트들의 조수로 일하는 데 익숙해진 포크먼은 수술을 시작하고 마무리하라고 허락받는 경우가 많았다. 하버드 의과대학에 입학했을 무렵에는 이미 외과의가 알아야 할 기본적인 지식을 습득했다. 그는 의과대학생일 때 심장 방실 사이에 장착하는 매몰식 인공 심장박동기를 최초로 개발해서 몇 차례 상을 받았다. 해군에서 복무를 마친 후 매사추세츠 종합병원으로 돌아간 지 2년이 지났을 때, 그는 수석 외과 레지던트가 되었다.

1965년에는 보스턴 시립병원의 하버드 외과팀에 합류했고, 의과대학 전임 강사가 되었다.

　1968년, 해군에서 제대하고 5년이 지나기 전에 그는 정교수가 되었고 보스턴 아동 병원의 외과장으로 임명되었다. 그는 역대 외과장 중 가장 젊었다. 게다가 소아과 외과수술 실습이 부족해서 나중에 미국 공중위생국장이 되는 에버렛 쿱(Everett Koop)의 지도 아래 필라델피아에서 6개월 과정의 교육을 받는 것으로 부족한 부분을 보완했다. 그는 아마 무한한 장래성을 지니고 그의 직업군에서 가장 빠르게 떠오른 스타였을 것이다. 그러나 포크먼이 꿈꾸는 것은 사람들이 추측하듯이 그가 선택한 외과 분야에서의 명성에 국한된 것이 아니었다. 그는 외과 과학자가 될 생각이었다. 그러나 의학계는 관례적인 외과 처치를 개선하는 것보다 연구에 더 큰 뜻을 품은 외과의를 비웃었다. 포크먼의 야망은 그들의 조롱보다 더 원대했다. 환자에게서 종양을 제거할 때마다 종양에 영양을 공급하기 위해 생성된 새 혈관들이 보였다. 그는 그 미지의 현상이 종양이 자라는 이유와 성장을 멈추는 방법에 대한 열쇠가 아닐까 하는 궁금증을 떨칠 수 없었다.

　"포크먼이 종양과 혈관과의 관계를 연구하길 원한다면 완전히 새로운 연구 분야를 만들어야 한다. (중략) 그것은 포크먼의 이중 인생이 시작되었음을 의미했다."[4] 보스턴 시립병원에, 그 다음에는 아동 병원에 개인 실험실을 만든 포크먼은 신생혈관형성의 새로운 이론을 실험하며 밤과 주말을 보냈다. 그는 베데스다에서 했던 실험을 재개해서 그 결과를 확인하는 일에서부터 출발했다. 처음 2년 동안에는 국립암협회(National Cancer Institute)에서 받은 약간의 보조금을 이용해서 홀로 연구를 계속했다. 1967년, 하버드 의과대학 2학년생인 마이클 짐브론(Michael Gimbrone)이 자진해서 포크먼의 연구에 합류했다. 곧 포크먼의 비전과 열정에 매혹된 다른 과학자들이 큰 포부를 안고 팀에 합류했다. 그러나 그들의 연구는 포크먼이 조달한 얼마 안 되는 연구 보조금과 비좁은 실험실, 경멸에서부터 노골적인 적의에까지 이르는 과학계의 반응 때문에 번번이 지체되었다.

교수들은 포크먼의 실험에 합류하는 데 관심을 가진 대학원생들을 만류했다. 그들은 포크먼의 연구가 물의를 빚고 있으며 경력에 치명타를 가할지도 모른다고 경고했다. 공개 발표를 하는 동안에는 고의적인 경멸을 드러내려고 포크먼이 발표를 끝내기도 전에 나가곤 했다. 과학잡지들은 으레 그의 연구 보고서를 싣기를 거부했고, 냉담하게 비난하는 어투로 신생혈관형성 이론과 실험 결과를 무시했다. 하버드의 동료 교수들은 그의 연구를 비웃었다. 외과 동료들은 포크먼이 외과의로서의 눈부신 경력을 버리고 기이한 집념을 좇을까봐 걱정했다. 지원금 신청은 포크먼이 직감에 시간을 낭비하고 있다는 불신의 표현과 함께 거절당하기 일쑤였다. 과학자들이 직감을 무시하는 건 아니었지만, 포크먼의 직감은 빠르게 성장하는 암 연구 분야의 방향과는 완전히 달랐다. 한번은 국립암센터에서 약간의 후원금을 받았을 때 지원금검토위원회의 한 위원이 분별없이 서류 가장자리에 메모를 남겨 포크먼에게 위원회의 결정을 알렸다. "이것이 한계입니다. 우리는 포크먼이 독자적인 연구센터를 세우는 것을 원치 않습니다."[5]

주다 포크먼의 연구를 방해하고 그의 자신감을 시험하는 혹평이 쏟아진 데에는 세 가지 원인이 있었다. 첫째, 20세기 후반의 대다수 과학자들은 암을 이해하는 열쇠는 건강한 혈관이 아니라 암세포 연구에서 발견될 거라는 데 의견을 같이했다. 둘째, 그의 연구는 믿을 수 있는 과학적 증거가 아니라 직관을 기반으로 했다. 셋째, 포크먼의 직업인 외과의사는 과학계에서 특별히 존경받는 직업이 아니었다. 그는 분자생물학이나 생화학 교육을 받지 않았다. 그의 직업은 환자에게서 종양을 제거하는 것이지 그 일을 하는 이유에 대한 직감을 좇는 것이 아니었다. 그것은 본래 신중하고 의심 많은 과학계에 알리기 전, 몇 년에 걸쳐 가설을 증명할 자료를 모으는 과학자들의 영역이었다.

포크먼에 대한 비난 중에서 어느 정도 사실이라 할 수 있는 부분은 그의 이론이 직감에서 시작했다는 것이었다. 포크먼은 자신의 이론을 실험실에서 한 관찰로 뒷받침했다. 그러나 날카로운 통찰력으로 프레드 베커와 데이비드 롱의 마음을 움직였던 포크먼의 지성은 증거와 기존 과학계를 앞서 나갔다. 마침내 포크먼의 지성은 일반적으로 통용하던 상식과 반하는 놀랄 만한 개념을 떠올렸다. 만일 종양이 어떤 물질을 분비해서 새로운 혈관을 끌어당기는 거라면, 신생혈관형성을 막고 영양분을 차단하는 방법도 분명 존재한다. 자연계에는 대개 반대되는 힘이 있기 때문이다. 포크먼은 전이된 일부 종양 환자들의 장기에 휴지 상태인 작은 종양 수십 개가 있다는 사실을 알았다. 그것들은 처음 생긴 종양을 수술로 제거했을 때만 악성으로 변하는 것 같았다. 내과의사들은 외과수술과 관련해서 알려지지 않은 그 무엇, 아마 절개상의 어떤 문제에 대한 반작용이 그런 현상의 원인일 거라고 생각했다. 포크먼은 직관적으로 종양에 자체적으로 영양을 공급하는 방법이 있다면, 전이 과정에 영양공급을 중단시키는 방법도 있다고 믿었다.

주다 포크먼은 외과의로서의 훈련이 과학자가 되기에 불리한 조건이라고 생각하지 않았다. 반대로 그는 그 점 때문에 자신을 비판하는 사람들보다 훨씬 더 유리한 입장에 있다고 생각했다. 생화학자와 분자생물학자는 페트리 접시에 있는 흰색 종양만 관찰했다. 종양학자들과 수술실이 생소한 사람들은 엑스레이로 종양을 관찰했다. 외과의사들은 따뜻하고 피가 흐르고 살아 있는, 혈관으로 둘러싸인 종양을 손에 쥐었다. "신장과 간은 수술할 수 있다. (중략) 혈액을 잃으면 장기는 움직임을 멈춘다." 포크먼이 말했다. "모든 혈관에서 혈액의 흐름이 멈추면 마취전문의들은 '그만, 수혈을 해야 합니다.'라고 말할 거다. 그러나 종양에서는 (중략) 출혈이 계속될 수 있다. (중략) 혈액을 몇 리터 써버릴 테고, 외과의사는 모두 그것을 알고 있다. 나는 이 혈관들에 뭔가 다른 점이 있다는 것을 안다."[6] 포크먼은 페트리 접시의 일반 통념에서가 아니라 경험과 인생에서 영감을 얻었다.

포크먼은 분명 낙담했을 것이다. 그러나 그는 결국 의학을 생명을 구하는 데 쓰고자 노력했고, 비판자들의 불신에 흔들리거나 그들의 의혹을 불식시키는 데 필요한 지지부진하고 고생스러운 발견 과정에 좌절하지 않았다. 그는 이렇게 회고했다. "내게는 한 가지 유리한 점이 있었다. 나는 계속해서 '이 사람들이 틀렸다고 확신한다.' 라고 말했다." 그러나 여전히 확신이 흔들리는 순간들이 있었다.

"연구에서는 끈기와 아집 사이의 경계가 아슬아슬하다. 원하는 결과를 얻기 위해 조금 더 인내하고 있는 것인지 아니면 그저 아집을 버리지 못하고 있는 것인지는 아무도 모른다. (중략) 나는 우리가 그 경계를 넘나든다고 생각하기 시작했다."[7] 그러나 포크먼은 중단하지 않았다.

그는 용기를 갖고 모욕과 실망을 견딜 수 있었던 것을 아내 파울라 덕분으로 돌렸다. 그리고 남다른 인생의 우여곡절을 겪는 동안 아버지의 말씀에서 힘을 얻었다. 운이 트이기 시작했을 때, 그는 그 두 사람의 도움뿐만 아니라 자신의 비전과 연구를 함께한 몇몇 용감하고 유능한 사람들의 공헌과 온갖 비난에도 불구하고 그의 연구에 자금을 제공한 협회들을 잊지 않았다. 포크먼이 일에 대한 열정을 자랑했던 적은 없었다. 지금에 와서 그가 자화자찬 비슷하게 하는 말이라고는 어쨌든 자신이 옳다는 것을 알고 있었다는 말이 전부이다.

그의 이론에 대한 비난은 「뉴잉글랜드 의학저널」에 발표한 후에도 수그러들 기미가 보이지 않았다. 1971년 노벨상 수상자 존 엔더스(John Enders) 박사의 이름을 딴 아동 병원에서 새로운 연구 시설의 10층 대부분을 제공하기는 했지만 연구지원금은 여전히 보잘것없었다. 포크먼의 옆 연구실을 쓴 엔더스는 포크먼이 제출하려고 준비 중인 지원금 제안서에 연구 전체를 요약해서 보여주라는 유용한 조언을 해주었다. 포크먼은 자신의 연구에 대해 너무 많은 정보를 노출하는 건 아닐까 걱정했다. 비윤리적인 연구자들이 도용할 수도 있었기 때문이다. 제안서를 꼼꼼히 읽은 엔더스는 고개를 들어 사려 깊게 대답했다. "도난당할 염려는 안 해도 되겠군. 자네 속도대로 연구를 계속할 수 있을 거야. 다른 사람이 이걸 믿으려면 십 년은 걸릴 것 같네."[8]
포크먼은 지원금 신청이 거절당하거나 다른 사람이 맹렬히 비난할 때마다 자주 엔더스에게 의지하며 용기를 얻었다. 엔더스는 "미래에 대한 전문가가 없다는 뜻이네. 자리에 앉아 이미 발견된 사실만 연구하는 과거에 대한 전문가들만 있을 뿐이지."라고 말하곤 했다.[9] 포크먼은 자신에게 조언을 해준 현명한 사람처럼 미래에 대한 전문가가 될 생각이었다.

1970년대 초, 포크먼의 연구에 대한 가장 일반적인 비판은 그의 실험이 종양이 기생하는 인체 내부에서 이루어지지 않았고, 신생혈관형성은 염증, 다시 말하면 상처에 고름이 생기는 것처럼 부상에 대한 신체의 자연스러운 반응에 불과하다는 것이었다. 포크먼은 마이클 짐브론과 함께 그 비난에 답할 수 있는 실험을 고안했다. 그들은 실험용 토끼에게서 성장 중인 종양을 떼어내어 토끼의 각막에 이식했다. 이 까다로운 수술은 짐브론의 전문이었다. 눈 앞쪽의 투명한 부분인 각막에는 혈관이 없다. 따라서 종양이 자라려면 직접 공급되는 혈액이 필요하다는 이론을 실험하고 관찰할 수 있는 이상적인 장소였다. 토끼의 각막에서 종양을 떼어내서 혈액이 공급되는 더 가까운 장소인 눈 안쪽 홍채에 이식했을 때, 그들은 곧 새로운 모세혈관이 홍채에서 생성되어 종양을 감싸고 종양이 원래 크기보다 몇 천 배나 커지는 것을 지켜보았다. 이때가 '아하!' 순간으로, 포크먼은 먼 훗날에도 이를 가장 흥분된 발견 중 하나로 기억했다.[10]

그 다음에는 종양 자체에서 신생혈관의 성장을 촉진시키는 물질이 나온다는 포크먼의 주장을 뒷받침하기 위해 짐브론이 고안한 실험을 했다. 그들은 혈관에서 멀리 떨어진 토끼의 각막에 종양의 일부를 심고, 나머지 종양 조각은 각막에서 먼, 홍채와 더 가까운 곳 여기저기에 심었다. 만일 종양에서 발산되는 물질의 분자가 크다면 홍채에서 가장 멀리 떨어진 종양에서 발산된 물질은 홍채에 도달하지 못할 거라고 추측했다. 곧 홍채에서 모세혈관이 생성되어 근처에 있는 종양에 도달하는 것이 관찰되었다. 반면 각막에

심은 종양에서는 신생혈관형성 현상이 나타나지 않았다.[11]

이 결과에 흥분한 포크먼은 유명한 의학잡지에 연구 결과를 밝힌 상호 평가 논설을 제출했다. 그러나 최근의 발견에 대한 대단한 존경을 조금이라도 기대했다면 포크먼은 순식간에 자신의 낙관주의에서 깨어났을 것이다. 한 젊은 생화학자가 포크먼의 결론을 반박하는 실험을 발표했다. 그녀는 적은 양의 요산(尿酸)을 토끼의 각막에 투여해서 똑같은 결과를 얻었다. 혈관은 빠른 속도로 자랐다. 포크먼이 발견한 것이 염증에 지나지 않는다는 주요 비판을 입증한 것이다. 지원금검토위원회는 그 실험을 근거 삼아 포크먼의 지원 요청을 거절했다. 위원회의 위원인 시카고의 어느 저명한 병리학자는 포크먼이 절대 잊지 못할 경멸적인 말로 상처를 입혔다. 그는 "요산도 같은 결과를 낼 수 있다면 종양이 뭐가 그리 특별한가? 포크먼은 쓸데없는 짓을 하고 있다."라고 단정했다.[12]

다음 해에도 거의 비슷한 일이 계속되었다. 그의 실험실에서 놀랄 만한 진전을 보이면 새로운 비판과 힐난이 뒤따랐다.

1972년, 미국암협회가 언론인 세미나에서 강연을 하고, 종양을 자극하는 혈관의 성장을 현미경으로 관찰한 사진을 보여달라고 설득했다. 언론의 반응은 긍정적이고 활기를 띠었다. 그러나 언론이 과학협회를 대표하는 것은 아니었다. 과학협회는 여전히 회의적이었고 포크먼의 발표에 냉소적인 반응을 보였다. 협회는 포크먼이 새로운 암 치료법에 대한 거짓된 희망을 불러일으킨다고 비난했다. 아동 병원의 다른 외과의사들은 재능 있는 외과장이 실험실에서 생화학과 씨름하는 대신 수술실에서 더 많은 시간을 보내야 한다고 불평했다. 물론 암연구협회의 비난은 한층 더 원색적이었다. 그들에게 포크먼은 대담하게도 상호 검토 논설로 평판이 좋은 과학잡지에 연구 결과를 제출한 협잡꾼에 불과했다.

그는 소수이지만 믿음직스러운 젊은 대학원생 그룹, 그리고 포크먼의 열정과 그가 발견한 것에 설득당해 잠시 연구에 동참하기로 한 의사들의 도움을 받으며 여건이 허락하는 한 대부분의 시간을 실험실에서 보냈다. 그들의 연구 상당수가 가장 중요한 발견으로 이어졌고, 그들의 공헌은 포크먼이 다른 곳에서 받은 모욕을 보상하고도 남을 정도였다. 그들은 힘을 합쳐 종양이 혈액을 공급받기 위해 발산하는 것으로 추측되는 미지의 물질과 그 진행 과정을 멈출 수 있는 미지의 단백질을 찾기 위해 노력했다.

1974년, 몬산토사(Monsanto Company)가 신생혈관형성을 유발하는 물질을 계속 연구하는 데 필요한 지원금 2,300만 달러를 제공하면서 포크먼의 운명에 적지 않은 영향을 미쳤다. 하버드 총장 데릭 복(Derek Bok)은 지원금을 승낙했다. 그러나 대학 교직원들과 학생들은 기업으로부터 엄청난 연구 지원금을 받는다면 포크먼과 동료 연구자인 버트 밸리(Bert Vallee)가 특허권을 소유하고 기업은 특허 사용권을 갖게 된다며 그 결정을 거세게 비난했다. 그 일이 있기 전 하버드는 연구자들이 연구에 대해 특허권을 소유하는 것을 허락하지 않았다. 포크먼과 몬산토는 이기적이고 탐욕스럽다는 비난을 받았다. 복은 계속 포크먼을 옹호했고 지원금을 사용하라고 허락했다.

1977년, 「사이언스」지에 실린 한 기사는 몬산토 논란을 다시 점화시키며 지원금을 둘러싼 모든 비난을 되풀이했다. 그 기사는 신생혈관형성에 대해서도 새로운 의문을 던졌다. 포크먼이 앞으로 밝혀야 하는 신생혈관형성을 유발하는 종양의 수수께끼 같은 요소는 존재할 수도 있고 그렇지 않을 수도 있었다. 그 기자는 회의적인 한 과학자의 말을 인용하기 전에 이렇게 말했다. "나는 자신도 알지 못하는 어떤 요소가 존재한다고 하는 사람은 오륙 년 내에 그것을 증명해야 한다고 생각한다. 그 시간이 지나면 나는 더 이상 관심을 갖지 않겠다."[13]

그 기사는 포크먼의 연구에 대한 하버드 내부의 비난에 다시 불을 붙이고, 동료 외과의사들의 적대심을 부채질했다. 결국에는 아동 병원의 이사진이 한 번도 외과의로서 책임을 소홀히 한 적이 없고 많은 환자들과 그들의 가족에게 존경받는 외과장에게 그의 지위와 연구 중에서 하나를 선택하라고 통보하는 상황까지 이르렀다. 만일 연구를 선택한다면 그것을 유지할 지원금을 찾아야만 했다. 안타깝게도, 그러나 자신이 옳다는 확신을 갖고, 주다 포크먼은 외과장 자리를 내놓고 1981년에 마지막 수술을 집도했다.

1970년대 말, 의료협회는 포크먼의 노력에도 불구하고, 신생혈관형성이 실재한다는 것은 인정하지만 죽어가는 종양 세포의 부작용에 불과하다고 결론 내렸다. 포크먼과 함께 일하는 젊은 과학자 로버트 아우어바흐(Robert Auerbach)는 살아 있는 종양 세포를 토끼의 한쪽 눈에 이식하고 죽어가는 종양 세포는 다른 쪽 눈에 이식했다. 죽어가는 세포는 새로운 혈관을 만들지 못했지만 살아 있는 세포는 새로운 혈관을 생성했다. 신생혈관형성은 마침내 과학 연구 주제로서 인정받기 시작했다. 그러나 포크먼의 연구는 매번 진전을 보일 때마다 새로운 비난에 부딪히는 것처럼 보였다. 의료협회의 경멸은 신생혈관형성을 증명했을 때보다 한층 더 심해졌다.

1983년, 포크먼의 끈기가 성과를 거두었다. 동료 생화학자인 마이클 크로그브룬(Michael Klagsbrun)과 유엔 싱(Yuen Shing)이 종양의 체액에 있는 단백질 분자의 혼합물에 포크먼이 20년 동안 이해하지 못했던 성장 요소가 있다는 사실을 발견했다. 몇 달 동안 쥐의 종양 수백 개를 이용해서 그 요소를 분리하고 정제하려고 노력한 결과 마침내 신생혈관형성을 유발하는 분자를 얻었다. 그들은 1984년 「사이언스」지에 연구 결과를 발표했고, 발표한 지 얼마 안 되어 포크먼은 "비판하던 수많은 사람들이 경쟁자로 변했다."라고 말했다.[14] 신생혈관형성과 그것을 중단시키기 위한 연구는 의학연구에서 가장 빠르게 성장하는 분야 중 하나가 되었다.

1985년 11월, 일 년 전 포크먼 팀에 합류한 도널드 잉그버(Donald Ingber) 박사가 어떤 발견을 했다. 그는 우연히 공기 중 미생물에 의해 생긴 이상한 곰팡이가 배양접시에서 자라고 있는 것을 발견했다. 배양접시에는 신생혈관형성을 촉진시키는 혈구가 있었다. 포크먼 실험실의 규칙은 곰팡이가 생긴 배양접시는 폐기하는 것이었지만 잉그버는 현미경으로 곰팡이가 핀 세포를 관찰했다. 그가 발견한 것으로 포크먼의 신생혈관형성 억제 연구는 엄청난 도약을 이루었다. 그는 혈구에 곰팡이가 피면 성장을 멈춘 것처럼 보인다는 사실을 목격했다. 잉그버가 일본 화학회사와 일하며 발견한 이 사실로 최초의 신생혈관형성 억제제 TNP-470이 만들어졌다. TNP-470은 동물 실험에서 종양의 성장을 늦추는 것으로 증명되었고, 화학요법을 병행한 임상실험에서도 가능성을 보여주었다.

1991년, 젊은 외과의 마이클 오레일리(Michael O'Reilly)가 포크먼의 연구실에 합류하여 종양이 어떻게 2차 전이를 억제하는 것처럼 보이는지를 연구했다. 그는 종양을 쥐에게 이식한 다음 3년에 걸쳐 다량의 소변을 모았다. 포크먼이 항상 존재할 거라고 짐작했던 종양에 있는 신생혈관형성 억제제를 발견하기 전이었다. 오레일리는 안지오스타틴(angiostatin)이라 불리는 단백질 조각을 발견하고 이를 정제했다. 그리고 얼마 안 있어 오레일리와 포크먼은 또 다른 물질, 엔도스타틴(endostatin)을 발견했다. 뒤이은 실험에서 두 단백질은 쥐의 종양을 작게 하는 데 놀랄 만한 효과를 보인다는 것이 입증되었다.

몇 년 동안 이 발견에 대한 소문이 돌았고, 암 환자들은—많은 사람들이 포크먼에게 개인적으로 전화를 걸었다—흥분해서 이 새로운 치료제를 언제쯤 이용할 수 있는지 문의했다. 1998년, 소문은 기대감에 부푼 갖가지 추측으로 변했다. 1998년 5월 3일, 「뉴욕타임스」가 일요일 1면에 실은 기사에서 "주다는 2년 내에 암을 치료할 것이다."라는 노벨상 수상자이자 DNA 공동 발견자인 제임스 왓슨(James Watson)의 말을 인용, 새로운 신생혈관형성 억제제의 성공을 알렸다. 많은 사람들, 특히 암 환자들에게 주다 포크먼은 민중의 영웅이었다. 그리고 많은 암연구협회들에게는 그들이 언제나 주장했듯이 관심 끌기를 좋아하는 무책임한 협잡꾼에 불과했다. 제시된 증거는 쥐의 종양을 줄인 단백질이 인간의 종양을 없애는 데 효과적이라는 사실을 입증하지 못했다. 그 단백질이 인간에게도 효과적일 거라고 포크먼이 직접 말한 적은 없었다. 기사 어디에서도 그런 인용은 찾을 수 없었다. 그는 낙관적인 태도를 잃지 않되, 암 환자들이 잘못된 희망을 갖지 않도록 주의를 기울였다. 그가 한 말은 "당신에게 암이 있고 또 당신이 쥐라면, 우리가 제대로 치료할 수 있을 겁니다."라는 것이 전부였다. 그는 자신의 성공에 열광했지만, '쥐에서 사람으로 옮겨가는 것은 커다란 도전'이었다.[15]

그 기사가 발표된 후, 잘못된 기대감이 커지는 것과 관련해서 포크먼을 비난하며 그의 데이터와 그것을 암 치료에 적용할 가능성에 의문을 던지는 사람들이 나타났다. 왓슨은 자신의 말이 잘못 인용되었다고 주장했다. 11월에는 다른 실험실에서는 그 실험에 성공하지 못했다고 주장하는 기사가 「월스트리트저널(Wall Street Journal)」에 실렸다. 그러나 포크먼은 다른 실험실에서도 충분히 가능한 일이며, 성공하지 못한 이유는 단백질을 먼 거리로 옮기는 일이 까다롭기 때문에 생긴 문제인 것 같다고 분개했다. 주다 포크먼이 비난과 어려움을 무릅쓰고 중요한 발견을 할 때마다 언제나, 정말 언제나 그가 '틀렸다고 확신하는' 사람들이 그의 전진을 부정했다.

안지오스타틴과 엔도스타틴은 제조하기 어려운 것으로 판명 났다. 엔도스타틴을 제조할 권리가 있던 작은 제약회사는 몇 년 동안 시도한 끝에 관련 비용과 실망스러운 임상실험 결과를 언급하며 2004년에 포기를 선언했다. 그러나 2005년 「월스트리트저널」은 중국에서 일하고 있는 스탠퍼드 출신의 생화학자가 개선한 엔도스타틴제가 실험에 성공했다고 보도했다. 미국에서는 아직 허가가 나지 않았고 시험되지도 않은 약이었다.

2004년, 지넨테크(Genentech)가 만든 아바스틴(Avastin)의 임상실험이 끝난 후, 미국 식품의약국(Food and Drug Administration)은 결장암 환자들에게 그 약을 사용하는 것을 승인했다. 종양에 영양분을 공급하는 신생혈관 형성을 억제해서 암을 치료하는 방법으로는 처음 승인된 약이었다. 주다 포크먼이 그 가능성을 엿본 뒤 40년 만에, 그를 경멸하던 의학연구협회는 이제 그가 인정받기 위해 열심히 연구했던 분야에 전념하고 있다.

포크먼의 최근 자서전을 읽은 한 의사는 그 책을 '한 사람의 경탄할 정도로 강박적인 진실 추구'에 관한 이야기라고 묘사했다. 분명 암담했던 시절에 끈기와 아집 사이의 경계선을 넘은 것은 아닌지 걱정했던 적도 있었다. 그러나 주다 포크먼은 중대한 것을 발견하고자 하는 사람이 더 이상 어려움을 견디지 못해서 그 발견이 미뤄지는 역사 속의 사례는 되지 않았다.

"앞서 가는 사람의 등 뒤에는 수많은 화살이 꽂혀 있다." 포크먼은 스스로 만족해하는 어투로 말했다. 이런 자화자찬을 했다고 포크먼을 비난할 수 있는 사람은 거의 없을 것이다.[16] 전반적으로 그는 아버지에게 약속했던 대로 동정심 많고, 결연하며, 확신에 찬 랍비 같은 의사라 할 수 있다. 그리고 아마 언젠가는 아무도 그 점을 의심하지 않을 것이다.

지휘관의 결정이 승패를 만든다

필리핀의 해방자이자 점령된 일본의 쇼군, 한국전의 유엔군 사령관이었던 미국 육군 장군 더글러스 맥아더. 그는 이제 막 따끈따끈한 승전보를 올리고 어떤 중요한 자리에 나타나기를 좋아하는 모습 그대로 태평양 북쪽의 웨이크(Wake) 섬에 도착했다. 그 만남은 그의 생각이 아니었다. 트루먼 대통령이 맥아더와의 '개인적인 면담'을 원했다. 물론 그것은 강압이었다. 10군단은 1950년 9월 26일 서울을 해방시켰다.* 부산 방어선을 뚫은 제8군은 총 퇴각하는 적군을 쫓아 북한 진영으로 몰아넣었다. 부산을 포위한 지 3개월 후, 이제 제8군이 망치가 되어 모루인 10군단 쪽으로 적을 공격했다〔망치와 모루: 공격전술의 기본. 앞쪽이 망치(타격부대) 역할을 하면서 적을 포위 공격하고 후방에서는 모루(저지부대) 역할을 한다―옮긴이〕. 10군단은 이후 인천에서의 대담한 육해 공동 상륙작전으로 북한의 허를 찌른다. 미군, 제8군 제24보병

---

* 어쨌든 맥아더는 그렇게 선언했다. 수도에서는 포위된 채 저항을 계속하는 부대와 며칠 동안 치열한 싸움이 계속되었다.

사단 선발대는 10월 7일 38도선을 넘었다. 남아 있는 북한군은 뿔뿔이 흩어지고 대부분 붕괴되었다. 10월 1일, 맥아더는 북한에 항복을 요구했고 아직 답변을 듣지 못한 상태였다. 그는 한반도 동쪽 연안에 있는 원산에 10군단을 이용한 또 한차례의 대담한 상륙작전을 준비하고 있었다. 전쟁의 끝이 가까워졌다고 확신한 그는 육군 사병들과 해병대 대부분이 크리스마스에는 일본에 돌아가 있을 거라고 예상했다. 그러나 아직 전투가 남아 있었다. 그는 할 일이 많았다.

국방장관 조지 마셜(George C. Marshall)이 맥아더에게 하와이보다 웨이크 섬이 편하다면 대통령이 그곳에서 만나기를 바란다고 알려왔다. 맥아더는 참모들에게 전시용 행사에 지나지 않는 일 때문에 임무를 방해받기 싫다고 불평했지만, 다음과 같이 확실하게 말하며 마셜과의 대화를 끝냈다. "15일 오전에 웨이크 섬에서 대통령을 뵙는다면 매우 기쁘겠습니다." 만남이 이루어졌을 때 「타임」지는 이를 '회담을 나누고 서로의 의중을 살피기 위해 수행원들과 함께 중립지대로 가고 있는 독립된 두 국가의 원수' 사이의 만남에 비유했다.[1]

맥아더는 언제나 자신만만해 보였다. 그는 시기하는 맞수, 무능한 상관, 군과 시민들이 도처에서 자신을 비방하고 있다는 음모론의 망상에 사로잡혀 불안했지만, 겉으로는 국민을 지키고 섬기는 임무에만 집중하며 다른 일에는 무관심한 척했다. 그는 그 이미지에 각별히 신경을 쓰며 그것을 고수하기 위한 노력을 아끼지 않았다. 그가 품은 의혹이 어떤 것이었든지 간에, 자기 자신에 대한 것은 아니었다. 그는 자신의 운명을 믿고 자신의 재능을 확신했다. 그러나 아무리 냉소적인 사람이라 하더라도 그가 용감하고, 엄격하고, 확신에 찬 뛰어난 장군이라는 점은 인정할 수밖에 없을 것이다. 그의 재능 덕분에 수많은 전투에서 놀라운 승리를 거둘 수 있었다. 그가 구상한 대담한 상륙작전은 한국전의 방향을 완전히 바꾸었다. 그러나 똑같은 전쟁에서 똑같은 용기와 자신감이 큰 실패를 불러오기도 한다.

1950년, 미국은 병력을 상당히 많이 감축했고 전쟁 준비도 갖추지 않은 상태였다. 사령관들은 아시아가 아니라 새로운 적 소련이 유럽에 가하는 위협에 집중하고 있었다. 해병대는 제2차 세계대전 말에 무장한 군인 50만 명을 보유했다. 5년 후에는 복무하는 해군이 7만 4,000명이었고, 훨씬 더 많은 인원 감축이 예정되어 있었다. 중국을 차지한 공산주의자들과 대만의 중국 민족주의자들에게 가해지는 위협도 근심거리였다. 그러나 당시에는 제7함대의 깃발을 보여주는 것 이상의 군사적 해결책을 제시하는 사람은 아무도 없었다. 일본에 있는 미국 수비대 대부분은 육군 현역 사단 10개 중 조직력이 부족한 4개 사단으로 구성되었다. 그들 대부분은 훈련이 덜 되고 장비도 부족한 신병들이었다. 수비대 임무는 식은 죽 먹기이고 훈련은 걱정스러울 만큼 느슨했다. 그들은 즉각 전투를 치룰 수 있는 상태가 아니었다. 사령관인 맥아더는 대만해협에 촉각을 곤두세우고 있었지만, 일본 사회를 재건하고 군국주의 독재국가를 평화롭고 자유로운 민주국가로 변화시키는 복잡하고 피곤한 직무에 상당 시간을 할애했다. 1950년 6월 25일, 북한의 인민군이 38도선을 넘었을 때 미국은 한국군만큼 당황했고, 또 거의 한국군만큼 준비가 안 되어 있었다.

유엔 안전보장이사회는 회원국들에게 침입군을 격퇴하기 위한 참전을 허가했고, 워싱턴은 맥아더에게 포위된 남한군을 도우라고 명령했다. 그는 보급품과 무기를 한국으로 보내고 해군과 공군 지원을 명령했지만 전쟁 발발 며칠 만에 대패한 것으로 보인다는 보고를 받았다. 기갑부대와 무기가 부족하고 지휘구조가 허술한 남한군은 압도적인 인민군의 맹공격을 받고 허둥지둥 남쪽으로 후퇴했다. 남한의 장군은 서울의 남쪽 경계를 이루는 한강다리를 폭파해서 북한의 진군을 늦추라는 명령을 받았다. 불행히도 여전히 강 이북에 있는 대부분의 군인들은 발이 묶여 전멸했다. 전쟁 4일째, 맥아더는 호전적인 장군으로 보이고 싶은 특유의 과시욕에 휩싸였고, 최전방에서 위험하게 지휘를 하며 일부 기자들도 그곳으로 데려갔다. 그들은 호위하는

◈ 더글러스 맥아더(그레이 빌렛/특파원, Time & Life Pictures/Getty Images).

비행기도 별로 없이 악천후를 뚫고 점령된 수도 서울에서 32킬로미터 떨어진 수원의 소형비행장에 도착했다. 그리고 남한의 대통령 이승만을 만났다. 차를 타고 전방에 간 그는 진지를 둘러보며 그곳에서 8시간을 보냈다. 퇴각하는 군인들과 겁에 질린 피난민들이 가득 찬 곳에서 그는 재난을 둘러보았다. 죽음, 파괴, 공포가 그가 본 전부였다. 도쿄로 돌아간 그는 워싱턴에 상황을 보고하고 현재의 방어선을 지키려면 적군이 공격 태세를 갖추기 전에 미국의 전투부대를 즉각 파견하는 것만이 유일한 방법이라고 조언했다. 트루먼은 맥아더의 보고를 받은 지 24시간 안에 군대 파견 명령을 내렸다.

일본에서 차출된 미국의 첫 번째 부대는 맥아더에게서 '거만하게 군사력을 과시'하라는 명령을 받았다. 제24보병사단의 부대들, 구경 105밀리미터 곡사포 6문을 갖춘 호전적인 포병중대, 지휘관인 육군 중령 찰스 스미스(Charles B. Smith)의 이름을 딴 스미스 기동부대가 남한의 남쪽 항구도시 부산에 도착해서 사단장인 윌리엄 딘(William Dean) 소장에게 보고했고, 그는 즉시 오산으로 행군하라고 명령했다. 스미스가 이끄는 병사 400명은 대부분 십 대로 6분의 1만 전투 경험이 있었다. 모든 군인이 탄약 120발과 소총으로 무장하고 전투식량(C ration) 이틀분을 휴대했다. 기동부대는 구경 75밀리미터 무반동총 몇 자루와 박격포 서너 문, 바주카포 6문을 가지고 있었다. 한국에 도착한 지 5일 후, 그들은 서울과 남쪽에 있는 오산 사이에서 산허리를 따라 1.6킬로미터 정도의 참호를 팠다. 7월 5일 이른 아침, 북한군의 소련제 탱크 행렬이 가까워졌다. 미국의 바주카포와 무반동총을 비롯해서 후방에서 발사하는 곡사포도 장갑부대를 저지하기에는 역부족이었다. 탱크는 그들을 아랑곳하지 않고 요란한 소리를 내며 남쪽으로 몰려왔다. 그 뒤로 더 많은 탱크가 뒤따랐고 스미스의 부대 및 지원 포병중대와 잠시 격전을 벌인 후 계속 앞으로 나아갔다. 처음 몇 시간 만에 스미스의 기동부대에서 사망하거나 다친 군인들이 20명이었다. 포병중대 일부는 도망쳤고 지휘관은 부상당했다.

마지막 탱크가 지나간 지 1시간이 되었을 때, 대규모 보병대가 열을 지어 다가왔다. 포탄과 기관총탄이 빗발치고 지원 포병중대와의 유일한 연락선마저 파괴되었다. 스미스의 병사들은 이른 오후, 스미스가 유능하지 못한 소총중대에 퇴각 명령을 내릴 때까지 자리를 지켰다. 기관총이 발사되고, 중상자가 발생하고, 부대 응집력은 무너졌다. 그들은 무거운 무기와 장비, 고장 난 곡사포를 포기한 채 중대로 돌아왔다. 죽거나 부상당한 많은 군인들은 그 자리에 남겨졌다. 간신히 오산으로 돌아간 군인들은 그곳이 무장한 북한군에게 점령당했다는 사실을 알았다. 퇴각은 살기 위한 무질서한 돌격이 되었다. 마침내 인원수를 확인했을 때는 죽거나, 다치고, 실종된 사람이 150명에 달했다.

제24사단의 서너 연대가 7월 첫 주에 부산으로 해상수송되었고, 제25사단에서 온 연대를 포함한 지원병력이 서둘러 뒤를 따랐다. 맥아더가 한국전 미군 임시 사령관으로 임명한 딘 소장은 서울에서 남쪽으로 160킬로미터 떨어진 대전에 본부를 설치하고 신속히 방어선에 병력을 배치한 다음 금강으로 진군하는 북한군을 확인했다. 7월 7일, 유엔 안전보장이사회가 한국에 있는 모든 병력을 아우르는 통합사령부를 승인했고 트루먼 대통령은 그 지휘권을 맥아더에게 주었다. 7월 13일에 부산에 도착한 제8군의 군단장 육군 중장 월튼 '조니' 워커(Walton 'Johnnie' Walker)가 미군과 한국군의 작전 지휘를 맡았다. 대전에 있는 딘의 방어선은 조직력이 부족한 세 개의 보병연대 제34연대, 제19연대, 제21연대로 이루어져 있었으며 인원은 약 4,000명이었다.

북한군은 8개 사단과 절반 전력의 사단 둘, 독립 연대 둘, 기갑여단 하나가 선두에서 넓게 진군했다. 7월 16일에는 북한군 2개 사단이 딘의 전방 방어진지를 전복시켰다. 딘은 병력을 강화해서 대전 주변의 방어선을 더욱 견고하게 만들었다. 7월 19일, 북한군이 딘의 방어선을 둘러싸며 공격했고 다음 날 미군은 총 퇴각했다. 퇴각하는 동안 본부 참모들과 걷던 딘 장군은 부상자들을 위해 물을 길어 오는 동안 좁은 골짜기에서 미끄러졌다. 그는 머리를 부딪쳐 의식을 잃고 뒤에 남겨졌다. 의식을 되찾은 그는 한 달 넘게 미국 진영으로 돌아가려고 노력하다가 북한군에게 사로잡혀 전쟁이 끝날 때까지 포로로 붙잡혀 있었다. 그는 1953년 미국으로 돌아가서 명예훈장을 받는다.

이제 제24연대와 제25연대, 제1기갑사단까지 합세한 제8군은 남쪽으로 돌격하는 북한군을 몇 차례 저지하려 했지만 실패했다. 미군은 계속해서 부산과 바다 쪽으로 밀렸다. 맥아더는 7월 말에 워커와 의논을 하기 위해 부산에 도착했다. 두 사람은 미군이 대대적인 철수를 하는 일은 없을 거라는 데 의견을 같이했다. 7월 26일, 워커는 낙동강 뒤로 철수해서 그곳에 방어진지를 구축하라는 명령을 내렸다. 워커는 제2차 세계대전 때 탱크사단을 지휘하고 조지 패튼(George Patton)이 '가장 전투적인 개자식'이라고 부른 강인한 텍사스 사람이었다. 그는 사단사령부를 방문해서 "죽음으로 사수하라."라고 명령했다. 8월 1일, 그의 군대는 낙동강을 건너 다리를 폭파하고 방어진지를 구축했다. 바다에서 80킬로미터 떨어진 곳에서 그들은 뒤이은 6주 동안 233킬로미터에 달하는 부산 방어선을 지켰다. 인민군은 13개 보병연대와 1개 기갑사단으로 방어선을 공격했다. 지원병력이 꾸준히 도착하고 미국 공군의 원조도 받은 제8군은 굳게 방어선을 지켰다. 서투른 전술가인 북한과 비교했을 때, 워커는 임시 방어의 대가였다. 북한은 마구잡이로 돌격하고 소규모로 싸움을 걸었다. 워커는 병력을 여기저기 분산시켜 방어선의 약한 곳을 보강하는 한편, 적에게 큰 손실을 입혀 북한의 공격을 무기력하게 만들었다.

8월 6일, 북한의 제4사단이 낙동강을 건너는 데 성공했다. 9월까지 계속된 낙동강 전투는 오늘날까지도 가장 치열한 전투로 꼽힌다. 미군은 사상자가 많이 발생했지만 북한에 가한 타격만큼은 아니었다. 맥아더는 또 다른 육군사단과 해군여단, 연대 소속 전투부대, 4개 탱크대대를 전투에 투입했다. 그러는 동안 북한의 병참선은 몇 백 킬로미터까지 늘어났고, 병력도 눈에 띄게 줄었다. 북한은 방어선을 뚫기 위해 탄약과 군량, 연료 등을 모두 써버렸다. 한국군은 재정비를 했고, 영국은 영연방 제27보병여단을 보냈다. 전쟁의 흐름이 바뀌려는 순간이었다. 이제 북한군을 공격하는 입장에서 수비하는 입장으로 변화시킬 한 가지 대담한 움직임만 남아 있었다. 맥아더는 9월 15일에 행동을 개시했다.

이미 서울-오산 간선도로에서 스미스의 기동부대에 불운한 사태가 생겼을 시점부터 맥아더는 어떻게 하면 해군과 공군의 이점을 이용해서 현재의 주둔지에서 군대를 내보낼 수 있을지 심사숙고했다. 현 주둔지는 작전행동을 하기에는 비좁고 제한된 공간이었다. 그는 네드 알몬드(Ned Almond) 소장에게 미 해병대를 한국의 서해안에 착륙시켜 적군의 공급선과 연락선을 차단하는 육해군 공동작전을 계획하라고 지시했다. 미군이 급속히 퇴각하고 주춤거리는 방어선을 지키기 위해 지원군을 보내야 하는 상황이 되자 맥아더는 낙담했다. 그러나 7월 20일 그는 자신의 경력에서 가장 눈부시고 대담한 책략을 벌일 장소로 항구도시 인천을 선택했다.

육해군 공동 공격을 위한 상륙 장소로서 인천은 별다른 이점이 없는 곳이었다. 북한은 침공 장소로 그런 곳을 선택할 거라고는 상상하지도 못했다. 따라서 수비가 그다지 삼엄하지 않았다. 조수 간만의 차가 극심하고, 썰물 때 개펄이 넓었기 때문에 상륙용 주정(舟艇)이 항구에 들어갈 수 있는 시간은 오후 몇 시간밖에 없었다. 해안 수비가 삼엄하지는 않았지만 좁은 수로와 급격한 물살, 높이 5미터의 방파제는 대규모 육해 공동작전의 성공 가능성에 의문을 품게 하는 장애물이었다. 그리고 그런 점이 맥아더의 관심을 끌었다. 울프(James Wolfe) 장군이 이끄는 군인들이 성곽 도시의 높은 절벽을 올라가 전쟁을 효과적으로 종결시키는 동안 아무런 대비도 없던 퀘벡의 몽칼름(Marquis de Montcalm) 장군처럼,[2] 북한군은 그들의 진지가 난공불락이라고 여겼다.

맥아더는 가장 총애하는 알몬드 장군에게 10군단의 지휘권을 주었다. 아마 그 계획이 가능하다고 믿은 장성으로는 알몬드가 유일했을 것이다. 해군과 해병대, 육군 사령관들은 그 작전에 반대했다. 합동참모본부는 그들 중 두 사람을 도쿄로 급파해서 맥아더를 단념시키려고 했다. 그들은 서울의 남쪽, 가능하면 오산 근처의 다른 장소를 선택해야 한다고 주장했다. 그러나 맥아더는 인천이 점령된 수도에 있는 적군의 수뇌부를 공격할 기회를 준다고 맞섰다. 남쪽에서 너무 멀거나 전방에서 너무 가까운 곳에 상륙하면 그가 계획한 대로 적군을 완전히 포위하지 못하고 사실상 방어선에 있는 워커의 제8군을 지원하는 역할밖에 못한다는 것이 그의 주장이었다. 해군은 인천의 지리적 특성은 극복하기 힘든 장애물이며, 급습은 공동 상륙의 거의 모든 규칙을 위반한다고 설명했다. 그러나 맥아더는 작전이 성공한다는 자신감이 있었으며, 그 작전이 전쟁의 끝을 앞당길 뿐 아니라 방어선에서 힘겹게 북쪽으로 전진할 필요도 없는 방법이라고 확신했다. 사령관들과 논쟁하고, 합동참모본부와 여러 차례 전보를 주고받은 끝에 그는 9월 15일에 작전을 개시할 거라고 알렸다. 9월 6일, 합동참모본부가 전보를 보내 재고해달라고 하자 그는 "작전 가능성에는 의문의 여지가 없습니다. 저는 만족스러운 성과를 거둘 기회라고 생각합니다."라고 대답했다. 무뚝뚝한 어조로 승인이 떨어졌다. "작전을 승인하오. 대통령께도 그렇게 보고 드렸소."[3]

10군단 지상병력은 육군 제7보병사단의 병력 절반과 황급히 소집된 제1해병사단으로 이루어졌다. 사단들의 전투력을 높이기 위해 맥아더는 부산 방어선에서 지원군을, 강력히 항의하는 조니 워커에게서는 해병연대를 데려왔다. 9월 13일, 부산의 제7사단, 제1해병사단, 제5해병연대가 태풍으로 소용돌이치는 황해에 집결했고, 선박 261척의 행렬이 인천을 향해 기세 좋게 나아갔다. 마운트맥킨리 호에 승선한 맥아더는 전방에서 지휘하고 있었다. 다음 묘사는 페렌바흐(T. R. Fehrenbach)의 심층연구인 『한국전쟁(This Kind of War)』에서 발췌한 것이다.

> 미국 10군단, 군인 7만 명이 항해 중이었다. 처음부터 분초를 다투었고, 병력은 부족했다. 기존의 모든 논리적 문제점을 거스르는 작전이었으며, 미군의 역량을 최대한 끌어내는 구상이었다. 세계 어느 나라도 그렇듯 단시간 내에 병력을 모을 방법과 능력은 없다. 처음부터 맥아더가 계획한 것을 시도하려는 나라는 어디에도 없을 것이다.[4]

급습은 두 단계로 진행했다. 인천항 입구에 있는 월미도는 무장한 군대가 지키고 있었다. 해병대대가 15일 이른 아침에 섬을 공략하기 위해 상륙했다. 월미도는 둑길로 본토와 연결되어 있었고, 해병대는 지상군의 지원 없이 싸워야만 했다. 썰물이 빠지면 개펄에서 꼼짝하지 못하기 때문에 함대는 항구에서 철수했다. 나머지 병력을 실은 상륙용 주정이 방파제에 도착할 수 있는 늦은 오후까지 기다렸다가 다시 항구로 가는 밀물을 탈 예정이었다. 이로써 해병대에게는 교두보를 만들 수 있는 시간이 두 시간 주어졌다. 그 사이 앞바다에 있는 함선은 쉴 새 없이 대포를 발사했다. 해군과 해병대의 공중 지원대는 월미도에 있는 해병대를 엄호했다. 해병대가 북한 수비대 400명으로부터 섬을 탈취하는 데 약 90분이 소요되었고, 해병 17명이 희생되었다. 마운트맥킨리 호에 승선한 맥아더는 미국 국방부로 급보를 발송하라고 지시했다. "약간의 병력 손실과 함께 첫 상륙 단계 성공. 모든 일이 계획대로 순조롭게 진행되고 있음."

육해 공동작전의 주력 부대가 해변 세 곳에 나뉘어 상륙했다. 첫 번째 부대는 오후 5시 30분에 상륙했고, 20분이 지나기 전에 첫 번째 목표를 달성했다. 다음 날 오전 1시 30분 즈음에는 북한군 2,000명을 완전히 제압하고 인천을 포위했다. 16일 늦은 시각, 육군 제7사단의 여러 분대가 상륙하는 동안 제5해병대와 루이스 '체스티' 풀러(Lewis 'Chesty' Puller) 대령이 이끄는 제1해병대가 서울로 향했다. 낙동강으로 가던 북한군 사단은 침입자들로부터 서울을 지키기 위해 방향을 바꿔 서둘러 북쪽으로 갔다. 그들은 교전 끝에 제1해병대에 패했다. 맥아더는 17일에 상륙했다. 다음 날, 김포 공항 활주로는 미국의 수중에 떨어졌고, 군대는 이제 비행기로 보급품을 받을 수 있었다. 20일, 해병대가 한강을 건넜다. 서울의 서쪽 변두리에서 4일 동안 치열한 전투가 계속되었다. 25일에는 해병대가 제7사단의 측면 엄호를 받으며 수도에 도착했다. 백병전이 며칠 동안 이어지기는 했지만, 맥아더는 26일에 서울을 함락했다고 선언했다. 29일 열린 행사에서 그는 이승만 대통령에게 수도를 돌려주었다.

2주가 조금 지나, 웨이크 섬에 대통령 전용기가 착륙하는 동안 맥아더는 대통령을 맞이하기 위해 활주로에서 기다리고 있었다. 늘 그렇듯 편안한 옷차림을 한―훗날 대통령이 직접 쓴 기록에 따르면 무례하게도 단추를 다 잠그지 않은 카키색 셔츠를 입고, 더럽고 구겨진 모자를 썼다고 한다—맥아더는 대통령이 비행기에서 모습을 드러냈을 때 경례를 하지 않았다. 대신에 그는 친근하게 손을 내밀며 자신을 보기 위해 세상을 거의 반 바퀴 돌아서 온 사람에게 미소를 지었다. 71세의 위대한 맥아더는 또 한 번 미군에 놀라운 승리를 안겨줌으로써 조국의 명예와 자신의 명예를 빛냈다. 그가 계획하고 또 자신만이 유일하게 성공할 거라 믿었던 인천상륙작전은 그가 장담한 대로 전쟁의 종결을 앞당겼다. 나중에 조니 워커의 뒤를 이어 제8군을 지휘한 매튜 리지웨이(Matthew Ridgway) 장군, 그리고 나중에는 맥아더 본인도 이렇게 말했다. 합동참모본부가 가능성을 의심했던 승리 때문에, 다음에 맥아더가 대대의 군인들에게 "물 위를 걸으라는 명령을 내린다고 해도 그 명령에 따를 사람이 있을 정도로 맥아더의 명성과 영향력이 높아졌다."[5]

그러나 그 당시 맥아더와 대통령 모두 그 같은 자신감과 맥아더는 무적이라는 인식이 더글러스 맥아더의 경력 중 최대 오점이자 그의 실각으로 이어질 거라고 예상하지 못했다. 중화인민공화국은 미군이 38도선 너머로 너무 깊이 들어와서는 안 되며, 한국군과 미군 모두 중국과 한국의 경계를 이루는 압록강에서 멀리 떨어져야 한다고 경고했다. 미군은 중국군이 이미 한국에 있다는 정보기관의 보고를 받고 이를 뒷받침하는 상당량의 증거를 발견했다. 맥아더와 정보부부장인 육군 소장 찰스 윌러비(Charles Willoughby)는 보고서를 무시했다. 그들은 중국이 개입할 시기는 지났으며, 지금부터는 중국이 침입할 시 미 공군에게 완패당할 것이 분명하고, 한국에서 적발된 중국군은 소수의 하찮은 자원병들에 불과하다고 일축했다. 트루먼 대통령이 "중국이나 소비에트가 개입할 가능성은 어느 정도입니까?"라고 물었을 때 맥아더는 "매우 희박합니다."라고 대답했다. 반대하는 사람은 없었다.

그 순간, 한국에는 중국군 12만 명이 있었다. 그리고 아무도 그 사실을 알지 못했다.

1950년 10월 말, 전장에는 일부 인민군 패잔병들만 있었고, 부대를 재정비하거나 군수품을 재보급하려는 움직임은 보이지 않았다. 군 정보국은 이를 중국과 소비에트가 손을 뗐다는 신호로 받아들였다. 국경에는 중국의 대군이 있었다. 미국은 최소한 24개 사단이 압록강 북쪽에 주둔하고 있는 것으로 추정했다.* 그러나 맥아더와 참모들은 중국이 사단을 엄호하는 공군도 거의 없이 한국에서 승리한 유엔군에 맞서 전장에 뛰어드는 것은 자멸과 같다고 생각했다. 그들은 괴멸될 게 분명했다. 맥아더와 미국 정부는 유엔군이 북한 깊숙이 전진하는 것을 중국에 대한 적대적인 의도로 간주하겠다는 중국의 경고를 '외교상의 허풍'으로 취급했다.

제8군이 한강에 도착했을 때 워커 장군은 이제 10군단을 지휘할 거라고 기대했다. 10군단과 제8군은 도쿄에서 작전을 감독하는 맥아더에게 개별적으로 보고하고 있었다. 병력을 분리하는 것은 장군에게 위험한 일이다. 신중한 워커는 일단 10군단이 북한군의 허를 찌르는 대담한 작전을 성공적으로 마치면, 제8군이 방어선을 뚫고 인민군을 격파하는 동안 한 사령관의 지휘 아래 군대를 통합하려 했다. 그러나 맥아더는 다른 계획이 있었다. 그는 10군단이 한반도 동해안에 있는 원산에서 또 다른 육해 공동 상륙작전을 수행하도록 만들 생각이었다. 그리고 도쿄에서 두 부대의 움직임을 감독할 자신이 있었다. 10군단이 동해 항구도시에 도착할 즈음, 한국군은 이미 원산을 해방시켰다. 한국의 지리적 특성인 태백산맥 때문에 병력을 둘로 나눈 위험이 배가되었다. 태백산맥은 한국을 동서로 양분한다. 이 무시무시한 장벽은 광대하고, 춥고, 가파르고, 대부분 통행이 불가능한 황무지였다. 그들은 북한의 수도인 평양의 북쪽에서 가장 높은 곳에 도달했다. 군대가 통과할 길도, 철도도 없는 곳이었다. 만일 중국이 침입해서 공군의 공격에서 살아남더라도 태백산맥의 동쪽에서는 10군단과, 서쪽에서는 제8군과 마주친다. 두 병력은 서로 완전히 떨어져서 상대방을 도우러 올 수 있는 방법이 없었다.

---

* 사실 1950년 6월 무렵, 린뱌오가 지휘하는 농민군 60만 명이 국경 쪽으로 진군하기 시작했다.

미 육군과 해병이 38도선을 넘고 얼마 후, 맥아더가 웨이크 섬으로 떠나기 하루 전에 중국의 제4야전군이 압록강을 건넜다. 25일 무렵에는 중국의 사단 6개가 눈에 띄지 않게 한국에 들어왔다. 5개 사단은 이제 워커의 제8군 앞에 있었고, 또 한 사단은 동쪽에서 10군단을 기다리고 있었다. 10월 19일, 평양이 제8군에 함락되었다. 안주 북쪽 청천강을 건넌 제8군은 바위투성이인 산과 계곡에서 더 이상 전방을 가지런히 정렬할 수가 없었다. 대대 내 보병중대는 뿔뿔이 흩어졌고 거의 서로 분리된 채 움직였다. 워커의 병참선은 위태로울 정도로 길어졌다.

그동안 중국군은 끊임없이 압록강 서쪽과 산맥의 동쪽을 지나고 있었다. 그들은 밤에 행군하고 낮에는 몸을 숨겼다. 숲이나 좁고 깊은 계곡에 숨거나 고원의 눈 위에 누워 흰색 판초와 방수외투를 덮는 방법으로 미 공군 정찰대의 눈을 피했다. 그에 반해 유엔군의 배치는 식별 가능했을 뿐만 아니라 뉴스로도 보도되고 있었다.

10월 말, 중국인임이 분명한 군인들이 유엔군에 체포되기 시작했다. 그러나 정보국은 여전히 마오쩌둥이 이미 한국에서 싸우고 있다고 발표한 소수의 자원병들이라고 일축했다. 중국군은 누빈 군복을 입고 털 장화를 신어 겨울철 전쟁에 대비했다. 미군은 대부분 여름 군복을 입었으며 여름용 침낭에서 잠을 잤다. 11월 즈음, 매서운 시베리아 바람이 느껴지기 시작했다. 그러나 크리스마스에는 모두 도쿄에 있을 거라는 기대 때문에 불편함을 견딜 수 있었다.

미군은 빠르게 진군했다. 제24사단의 선발 부대는 이미 압록강 입구에 이르렀다. 예정보다 빨리 전투를 시작해야겠다고 느낀 린뱌오(林彪)는 '첫 번째 공격 단계'에 착수했다. 10월 마지막 주, 미군과 한국군은 중국군과 첫 교전이 있었다고 보고했다. 11월 1일, 중국이 제8기갑연대의 1개 대대를 포위하고 거의 전멸시켰다. 11월 첫째 주 내내, 제8군의 대대들은 거의 매일 밤마다 조직적이고 잘 무장된 중국군이 사방팔방에서 나팔을 불며 공격하고 있다고 보고했다.

11월 5일 밤, 청천 교두보를 지키던 제19보병연대 제2대대 E중대가 낮은 언덕에 잠자리를 마련했다. 그들은 연대 가장 왼쪽 측면에 있는 참호 속에 있었다. 8킬로미터에 달하는 산악지대가 영연방 제27여단과 그들 사이를 가로막아 고립되었다. 그들은 불안감을 느꼈다. 지난 이틀 밤 동안 중국군과 포격전을 벌였고 그날 밤에도 또 한차례 포격전을 예상하고 있었다. 그렇지만 중국군 대대가 그들을 둘러싸고 전방에 이어 후방에서 공격했을 때 대부분의 병사들이 침낭 안에서 죽었다. 중대의 후퇴를 엄호했던 두 사람의 영웅적인 행동 덕분에 E중대는 전멸을 면했다. 부대가 7월에 부산에 도착한 이후로 그날 밤에 중대원 중 오직 18명만이 살아남았다.

깜짝 놀란 조니 워커는 제8군의 위험한 작전을 곰곰이 생각해보았다. 그의 사단은 혼란에 휩싸여 이곳저곳으로 분산되었고 병참선에서도 멀리 떨어졌다. 분명 처음 생각했던 것보다 훨씬 많은 수의 중국군이 한국에서 싸우고 있었다. 그는 진군을 멈추고 청천으로 후퇴하라고 명령했다. 맥아더는 그 명령이 마음에 들지 않았지만 워커가 당황하고 지친 군사들을 정비하는 것을 마지못해 허락했다. 동쪽에서는 10군단의 해병이 새로운 적과 싸우고 있었다. 그러나 제8군보다 손실이 적었고, 느리기는 했지만 계속 압록강으로 전진했다.

11월 첫째 주가 끝날 무렵, 시작과 마찬가지로 갑작스럽게 중국의 1단계 공격이 멈췄다. 린뱌오의 군사들은 다시 숲과 계곡, 산으로 모습을 감추었다. 아무런 접전 없이 며칠이 지나는 동안 맥아더와 참모들은 이제 한국에 있는 중국군이 7만 명이 조금 안 된다고 추정했다. 그들은 중국군의 침입이 유엔군의 진군과 한국의 통일을 막기 위한 엄포라고 확신했다. 중국군이 사라지고 만주로 돌아간 듯 보이는 점이 맥아더의 처음 판단(비록 잘못된 판단이지만)을 입증했고, 그가 전쟁을 빨리 끝내야겠다는 결심을 굳히는 계기가 되었다. 그는 길고 혹독한 한국의 추운 겨울 동안 육군과 해병을 지금 있는 장소에 잡아둘 생각이 없었다. 그는 제8군과 10군단에 다시 전진하라고 명령했다. 양분한 병력으로 적군을 포위해서 몇 주 내에 압록강 근처로 몰아넣은 다음 '철저히 봉쇄' 할 수 있다고 확신했다.[6] 그는 압록강 남쪽 지역에 동쪽에서부터 서쪽에 이르는 방어선을 구축한 다음 한국 전체를 장악하려고 했다. 만약 중국이 대규모 지원군을 보낸다면, 그들이 강을 건너는 동안 공군이 전멸시킬 수 있었다. 그는 중국의 전술이 전형적이라고 생각했다. 합동참모본부는 우려를 표하며 맥아더에게 한국군만 압록강에 보내라고 권했다. 맥아더는 그들의 걱정을 무시했다. 그는 제8군에 "우선 압록강으로 간다. 그 다음에 교대시켜주겠다."라고 말했다.[7] 추수감사절 저녁식사를 맛있게 먹고 있는 군인들에게 그는 이번 마지막 공격으로 크리스마스 때는 전선에서 벗어날 수 있을 거라고 장담했다.

맥아더가 제8군과 추수감사절을 축하한 다음 날, 공격이 시작됐다. 맥아더와 워커, 10군단을 지휘하는 알몬드는 자신들도 모르는 사이에 함정으로 다가갔다. 수십만 명의 중국군이 그들을 기다리고 있었다. 그 수는 며칠, 몇 주 새에 네 배로 늘어났고, 그들과 합류하기 위해 수십만 명이 더 압록강 다리로 떼 지어 몰려들었다. 11월 26일, 그들은 먼저 서쪽에 있는 제8군과 한국의 2군단을 습격하며 공격을 시작했다. 제8군 제2사단과 제25사단이 치열한 전투가 벌어진 지 4일 만에 참패했고, 제8군은 남쪽으로 퇴각하기 시작했다. 그리고 이것은 곧 무질서한 패주가 되었다. 11월 27일, 중국군이 장진호에서 해병 제1사단과 제7보병사단을 공격했다. 장진호에 있는 제1해병연대를 지휘한 체스티 풀러는 그 재난을 검토한 후 이렇게 말했다. "우리는 얼마 전부터 적을 찾고 있었다. 그리고 마침내 그들을 찾았다. 우리는 포위됐다. 덕분에 문제는 간단해졌다. 이제 우리는 모든 방향으로 공격할 수 있다." 그날 전장에서 발휘한 용맹스러운 리더십으로 그는 다섯 번째 해군십자훈장을 받았다.

해병대는 도망치지 않았다. 그들은 호수를 둘러싼 낮은 산에서 빠져나와 퇴각하는 동안 치열하게 싸웠다. 사상자가 속출하는 가운데 중국군에 큰 손실을 입히며 미 해병군단 역사에서 가장 위대한 한 페이지를 장식한 것이다. 제7보병사단에는 1만 5,000명의 사상자가 발생했지만 분투 끝에 흥남 부두에 이르렀다. '얼어붙은 장진호'에서 미 해병대와 육군 병사들을 함정에 빠뜨렸던 중국의 7개 사단은 퇴각하는 미군에 크게 패해 더 이상 전투를 계속할 수 없는 상황에 이르렀다. 그러나 크리스마스 전날 무렵에는 10군단의 마지막 한 사람까지도 북한에서 철수했다.

서쪽에서는 제8군이 허둥지둥 남쪽을 향하며 미군 역사상 가장 긴 퇴각을 하고 있었다. 12월 23일, 타고 있던 지프가 트럭과 정면으로 충돌하며 조니 워커 장군이 사망했다. 매튜 리지웨이 장군이 제8군의 지휘를 맡았다. 1월 3일, 서울이 중국에 함락되었다. 리지웨이는 2주 후 오산 근처에 방어선을 구축하고, 3월에는 역습을 시도해서 서울을 되찾고 적군을 북한과 남한의 경계인 38도선 너머로 몰아냈다. 거의 3년 동안 교착 상태에 있던 한국은 전쟁을 중지하기로 합의했다. 맥아더는 이미 한국을 떠난 지 오래였다.

1951년 3월 20일, 대통령이 휴전협정을 받아들일 용의가 있다고 발표했다. 4일 후, 분명 정부 정책과 반대하는 공식적인 발언은 삼가라고 지시를 받았을 맥아더는 중국까지 전쟁을 확대하겠다고 위협하며 최후통첩을 했다. 그는 그 전쟁이 용감하고 대담한 군인들에 의해 또 다른 역사적인 승리를 이끌 것이며, 안달복달하는 정치인들과 창의적이지 못한 국민들의 소심한 충고로는 막지 못할 거라고 확신했다. 대통령은 생각이 달랐다. 1951년 4월, 맥아더는 열광적인 환영을 받으며 본국으로 돌아왔다. 그 후 트루먼 대통령은 명령불복종을 이유로 맥아더를 해임했다.

1951년 1월, 프레드 웨이안드(Fred C. Weyand) 중령이 제3보병사단 제

7연대 제1대대의 지휘관이 되었다. 그는 제1해병대와 제7보병사단이 장진호에서 퇴각할 때와 미군 역사상 가장 큰 규모로 진행된 철수인 흥남 철수 때 이들을 엄호하면서 힘거운 싸움을 지켜봤다. 그가 지휘하는 대대의 미군 병사들은 162명으로 줄었다. 나머지는 인원이 부족한 미군 때문에 강제 군 복무를 하게 된 남한의 민간인들이었다. 몇 년이 흐른 후, 그는 "그 대대는 지휘관이라면 누구나 꿈꾸는 최고의 대대였다."라고 회상했다.[8]

제3보병사단과 웨이안드의 대대는 3월 7일부터 4월 4일까지 리퍼(Ripper) 작전에 참가해서 서울을 탈환하고 중국군과 북한군을 38도선 너머로 몰아냈다. 4월 셋째 주, 유엔군이 수적으로 우세한 중국군에 심한 타격을 입히면서 또다시 38도선을 넘었다. 중국은 더 많은 군대를 한국으로 보내 병력이 자그마치 75만 명에 달했다. 웨이안드의 대대는 중국이 다시 서울을 점거하기 위한 첫 번째 반격—한국전에서 단독 전투로는 가장 규모가 컸다—을 시작했을 때 위치했던 33번 국도를 따라 서울에서 북쪽으로 48킬로미터쯤 떨어진 곳에 배치되었다.

27개 사단과 25만 명의 남성들로 이루어진 중국 야전단 9개가 임진강 강변에 있는 유엔군에게 달려들었다. 정면에서 공격에 맞선 제3보병사단은 제2차 세계대전 동안 프랑스에서 보인 용맹한 행동으로 마른의 바위(Rock of Marne)로 불렸다. 한국에서는 7일간 펼쳐진 잔혹한 전쟁에서 큰 희생을 치르면서 남한 수도의 입구를 굳건히 사수했기 때문에 서울의 바위로 환영받았다. 용맹한 웨이안드의 대대는 대통령 부대 표창을 받고, 적군 3,000명 이상을 사살하는 공을 세웠다. 대대원 중 두 사람은 용감한 행동으로 은성훈장을 받았으며, 군단장은 제1대대를 가장 훌륭한 대대라고 평했다.

중국은 다시 후퇴했고, 제1대대는 제3보병사단의 나머지 병력과 함께 전방에 자리를 잡았다. 그리고 3주 후 또다시 공격한 중국군을 격퇴했다. 웨이안드는 1952년에 교체되어 미국으로 돌아갔다. 그는 한국전쟁 참전을 이렇게 기억했다. "선두 소대에서 대대를 지휘했을 때이다. 만일 군대가 승리

◆ 프레드 웨이안드(ⓒ Bettmann/CORBIS).

했다면, 그건 선두에 있었기 때문이다."⁹⁾

그는 1938년 캘리포니아-버클리 대학 ROTC 프로그램을 마치고 소위로 임관했다. 키가 크고 친절하고 상냥한 캘리포니아 태생의 웨이안드는 제2차 세계대전 중국-버마-인도 전역(戰域)에서 '비네거 조' 스틸웰('Vinegar Joe' Stilwell) 장군을 보좌하는 정보장교로 복무했다. 전쟁 후에는 어떤 장교가 군에서 성공하고 싶다면 보병대로 전임해야 한다고 충고하기 전까지 하와이에 있는 태평양 지구 사령부 정보국에서 육군 정보부장으로 복무했다. 북한이 38도선을 넘었을 때는 막 조지아 주 포트 베닝(Fort Benning)의 보병학교를 졸업한 참이었다.

한국에서 뛰어난 전투 사령관임을 입증한 웨이안드는 몇 가지 임무를 완수해서 승진했고, 1958년 육군 전쟁대학 졸업 후 주독 미군 보병대대 지휘관으로 선발되었다. 그는 1960년 첫 번째 훈장을, 1962년에는 두 번째 훈장을 받았다. 2년 후에는 하와이에 주둔하는 제25보병사단을 지휘했으며, 존슨 대통령이 미군 전투부대를 베트남에 참전시키기로 결정한 후 사단을 이끌고 베트남으로 갔다. 제25보병사단은 웨이안드의 지휘 아래 많은 무훈을 세웠다. 전장에서 그가 세운 공을 인정한 윌리엄 웨스트모어랜드(William Westmoreland) 장군은 3군단 사령부인 제2야전군의 지휘권을 그에게 주었다. 센트럴 하이랜드의 남쪽 경계선부터 메콩 강과 캄보디아 국경까지 사이공 주변 마을 11개를 포함하는, 베트남에서 가장 큰 군단 사령부였다.

베트남 공산당 정치국 일원이며 보 구엔 지아프(Vo Nguyen Giap) 장군의 맞수인 북베트남군의 고위 장성 구엔 치 탄(Nguyen Chi Thanh)이 1967년 7월에 사망했다. 그는 남부에서 일찌감치 결정적인 승리를 거두기 위해 대규모 공격작전을 지지하는 사람들의 우두머리였다. 그러나 남베트남에서 싸우고 있는 북베트남 고위급 사령관으로서 미군의 우세한 군사력과 기동력에 대항하는 재래식 전투방법이 부질없다는 것을 목격했다. 이아드랑 계곡의 전투 이후로 한데 모여 미군과 교전을 벌이는 것이 북베트남군에 막심한 피해를 입힌다는 사실이 입증되었다. 구정 공세 계획을 누구의 공으로 돌려야 하는지는 여전히 논란거리다. 탄이 그 계획을 처음으로 제안하고, 지아프가 실행에 옮기는 책임을 이어받았다고 주장하는 역사학자들이 많다. 공격 계획에 대한 하노이의 공식적인 설명이 그러한 견해를 입증한다. 보고에 따르면 지아프는 그 의견에 반대했다고 한다. 어떤 사람들은 그 주장에 이의를 제기한다. 진상이 어떻든 간에, 1967년 여름 무렵, 하노이는 분명히 주로 도시를 목표로 한 크고 작은 군사작전으로 남부 전체를 총공격해서 미군과 남베트남군에 맞설 계획을 세우고 있었다.

공격은 1968년 1월 말, 베트남 전투지원사령부가 일시적인 휴전을 선언한 동안에 음력설의 시작인 베트남 신년축제와 일치하도록 때를 맞추었다. 여기에는 거의 모든 주요 도시와 마을 전체에서 공격을 시작하고, 이것이 성공하기 위해서 남베트남 사람들의 봉기가 뒤따라야 한다는 두 가지 전략적인 요소가 있었다.

하노이와 베트콩 고위급 인사들은 남베트남군이 싸울 수도 싸울 생각도 없다는 사실을 밝히기 위한 대담한 모험이 기폭제가 되기를 바랐다. 그래서 남베트남 사람들이 베트남 민족주의의 기치 아래 단결하여 사이공의 꼭두각시 정권을 무너뜨리고 조국에서 미국을 몰아내기를 기대했다. 그것은 위험한 오판이었다. 남베트남 사람들 대부분은 하노이의 지배를 받는 것을 원치 않았으며, 강력한 미군에 대항하여 무기를 들자는 애국심에 대한 호소에도 감동받지 않았다.

계획의 전략적 오판에도 불구하고 지아프가 세운 군사작전 단계는 기발할 정도로 현란했다. 그런 점 때문에 그는 부지불식간에 웨스트모어랜드 장군의 도움을 받았다. 웨스트모어랜드는 재래식 전투를 통해 적을 찾아내서 싸우고 무찌르고 싶은 훌륭하고 명예로운 장교로, 하노이처럼 전략적으로 잘못 생각하고 있었다. 전쟁에 대한 하노이의 의지를 꺾을 수 있다고 믿었던 것이다. 베트남 전쟁은 비무장지대 남쪽에서 벌어졌고, 북베트남에는 이따금 미 공군이 폭격을 가할 뿐이었다. 공군의 우세함은 전쟁에서 그 가치를 따질 수 없을 만큼 중요하지만, 실질적으로 영토를 점령하지는 못한다. 그 일은 보병만이 할 수 있다. 존슨 정부는 미국이 북베트남을 공격한 것 때문에 중국 그리고 소비에트와 분쟁이 생길까봐 우려했다. 구정 공세 당시 미 정부는 라오스에 있는 적의 병참선을 공격하는 지상작전 승인을 거부했다. 자신의 영토에서 적과 맞서지 않고, 은신처를 떠나지 않고, 수도 사이공을 점령하겠다고 위협하며 전쟁을 질질 끌고 있는 적을 무찌르기 위해서는 웨스트모어랜드 장군이 사용한 게릴라 소탕작전은 들어맞지 않았다. 그보다는 그들이 통제하는 지역을 지키고 도와주고 경제적으로 삶의 질을 향상시키는 전통적인 반란 억제 전략을 이용해야 했다. 이 전략은 웨스트모어랜드 장군의 후임자인 크라이튼 에이브람스(Creighton Abrams) 장군이 수행해서 상당한 성공을 거두었다. 그러나 그때는 이미 너무 늦은 상태였다. 미국인들은 미군이 전쟁에서 승리할 거라는 자신감을 잃었다.

웨스트모어랜드는 앞으로 북베트남의 실수를 이용해서 대규모 전투에서 그들을 전멸시킬 기회가 생기기를 바랐다. 그리고 1967년 늦가을과 1968년 초겨울, 고맙게도 지아프가 그의 바람을 이루어주려는 듯 보였다. 10월 말에 접어들었을 즈음, 지아프는 비무장지대와 캄보디아 국경 근처에서 미군과 수많은 전투를 벌였다. 북베트남군은 많은 사상자를 냈다. 그리고 미군의 약점을 찾으려는 공격이 헛된 일인 듯한 인상을 주며 일제히 쫓겨갔다. 그러나 사실 그것은 지아프의 '부차적인 작전', 즉 미군을 도심에서 끌어내서 국경에서 교전하려는 시도의 일부였다. 이것은 적군이 퇴각 중이며 캄보디아와 라오스에 있는 은신처에서만 공격할 수 있다는 웨스트모어랜드의 생각과 맞아떨어졌다. 그는 사이공 방어를 남베트남군에 맡기고 사이공에 있던 미군 부대를 이용해서 대규모로 게릴라를 소탕한다는 작전을 1968년 초에 세운 바 있었다. 웨스트모어랜드는 이미 프레드 웨이안드가 지휘하는 지역에서 캄보디아 국경을 따라 군사력을 증강하라는 명령을 받았다.

1월 초, 북베트남 사단 서넛이 비무장지대 서쪽 끝에 있는 고립된 해병대 군기지, 케산을 향해 진격했다. 웨스트모어랜드는 지아프가 프랑스 식민주의자들의 전쟁 의지를 무너뜨린 전투처럼, 다시 한 번 전투에서 큰 승리를 거두려 할 거라고 생각했다. 그는 디엔비엔푸에 있던 프랑스군에는 미군과 같은 공군력과 지상 군사력, 기동력이 없었다는 것을 알고 있었다. 케산에서 벌어진 전투는 이 모든 이점을 이용해서 미군이 맹공을 펼칠 기회였다. 웨스트모어랜드는 급히 지원병과 군사 장비들을 케산 기지, 그리고 충돌이 절정에 달했다고 예상되는 다른 국경 지역들에 보냈다. 그러나 지아프는 그런 부분을 충분히 고려해두었다. 케산을 포위한 77일 동안 일부 해병대가 영웅적인 행동을 보여주기도 했지만, 그것은 미군을 남베트남의 도시에서 유인한 다음 무력해진 도시들을 공격하기 위한 또 다른 양동 작전이었다.

프레드 웨이안드는 우려를 감출 수가 없었다. 그는 적군이 국경을 공격하는 것이 양동작전이 아닐까 의심했다. 그는 침착하고 유능한 전투 지휘관으로, 과민반응은 보이지 않았다. 또한 적군의 진짜 의도에 대한 경고 신호를 어떻게 해석해야 하는지 아는 통찰력 있는 지휘관이었다. 정보장교로서의 오랜 경험과 한국전에서 내린 위험천만한 오판을 목격한 일이 그에게 모든 위대한 전사들의 특징인 날카로운 판단력과 특별한 직관을 길러주었다. 적이 무엇을 하고 있으며 그 이유가 무엇인지를 알아내는 감각 말이다. 처음에 그는 웨스트모어랜드가 벌이는 지구전에 회의적이었다. 이미 전설이 된 인물인 존 폴 반(John Paul Vann) 부사령관과 마찬가지로 베트남전의 승리는 남베트남에 있는 마을과 도시를 지키고 진압하는 데 달렸다고 생각했다. 그는 웨스트모어랜드가 자신이 원하는 전쟁 방식을 고집하느라 적군이 어떻게 전쟁을 벌이고 있는지를 알려주는 증거를 간과하는 건 아닌지 점차 우려하기 시작했다. 반면, 반은 웨스트모어랜드의 "사고가 너무 진부하다고 걱정했다."[10] 웨이안드는 한국전에서의 맥아더와는 달리 적군의 진짜 목적에 대한 증거를 찾기 위해 그들의 작전에 주의를 기울이고, 증거를 객관적으로 평가했다. 모든 주요 전투에서 미군이 북베트남군과 베트콩을 사정없이 무찌르고 있다는 사실에도 방심하지 않았.

캄보디아 국경을 따라 벌어진 적의 공격이 시작만큼이나 갑작스럽게 멈췄다. 국경에 배치된 웨이안드의 병사들은 그 지역에 적군이 남아 있거나 북베트남군이 위험한 공격을 계획하고 있다는 증거를 더 이상 찾지 못했다. 웨이안드는 베트남 전투지원사령부가 기회만 주어진다면 방위 구역 내부로 순식간에 뛰어들 수 있는 베트콩 부대의 능력을 과소평가하고 있다고 생각했다. 베트콩은 1월 첫 3주 동안, 3군단의 방위 구역에서 매우 활발하게 움직였다. 지아프가 명령한 전투 중 하나는 사이공에서 97킬로미터 떨어진

로치닌에서 벌어졌다. 그곳에서 획득한 적군의 문서에는 베트콩 부대가 서로 공조하는 방법과 위치를 바꾸고 있음을 보여주는 정보가 있었다. 지도 위에 베트콩 대대의 새로운 위치를 표시하자 사이공을 책임진 군관구에서 이루어질 작전을 통솔하는 부대가 없는 것처럼 보였다. 더 정확히 말하자면 "모든 부대가 심장을 겨냥하는 비수처럼 사이공을 포함한 모든 방위 구역을 부채꼴로 둘러싸고 있었다."[11] 웨이안드는 사이공 주변에서 베트콩이 보내는 전파량을 모니터하고 탈주자와 최근에 체포한 베트콩 포로들을 심문했다. 그 결과 적이 3개 사단으로 수도뿐만 아니라 수도 북동쪽 롱빈에서 비엔호에 걸쳐 길게 뻗어 있는 군사시설도 공격할 계획임을 알았다. 그곳에는 두 번째로 큰 미 공군기지와 남베트남 3군단, 전쟁포로수용소, 2야전군과 3군단 사령부가 있었다.

1월 29일 오후 6시부터 시작될 신년축제 휴전이 다가오는 동안 웨이안드는 "상당히 불길한 일이 일어나려 한다. 라오스 국경 근처가 아니라 우리가 있는 곳 가까이에서 일어날 것이다."라고 감지했다.[12] 군 정보부는 객관적으로 검토한 자료보다는 웨스트모어랜드의 예상을 따랐다. 그래서 수도에서 반경 32킬로미터까지의 사이공 주변 지역에 대한 위협은 도외시했다. 수도를 지휘하는 남베트남군과 캄보디아 국경에 있는 웨이안드의 부대 다수, 3군단에서 운용할 수 있는 대대 14개만이 사이공 주변 지역에 남았다. 1월 11일, 웨이안드는 웨스트모어랜드에게 공격을 연기하고 대대를 재배치해서 도시 입구를 막을 수 있게 해달라고 요청했다. 웨스트모어랜드는 웨이안드의 우려가 '걱정스럽기는' 하지만 '가능성이 희박한' 정보부의 '갖가지 정보'에 근거한 것이라고 여겼다.[13] 여전히 공격의 중심이 북쪽일 거라고 예상한 웨스트모어랜드는 가장 북쪽에 있는 마을 두 곳의 신년축제 휴전을 취소했고, 다른 지역들의 휴전 기간을 단축하는 것도 고려했다. 모든 미군에게 일반경계경보를 내리긴 했지만, 그러한 경보는 흔히 있는 일이라 무시되기 일쑤였다. 그렇지만 웨스트모어랜드는 웨이안드의 요청을 승인했다. 웨이안드는 즉시 운용할 수 있는 대대 13개를 추가로 사이공 주변부에 배치하라는 명령을 내렸다. 역사학자들은 이것을 '베트남전 전체에서 가장 중대한 결정'으로 평가한다.[14] 웨이안드는 롱빈과 비엔호에서의 군사 활동에 지장이 없도록 불도저로 그 지역 군사시설 주변의 초목을 베라고 명령했다. 그리고 무장 기갑부대를 전면 경계태세에 돌입시켰다.

웨이안드는 스스로 정보를 분석한 결과 롱빈과 비엔호에 대한 공격이 1월 31일 오전 3시 정각에 일어난다고 확신했다. 지아프는 조심스럽게 군대를 조직했고 부대에 목표에 대한 간단한 지시를 내렸다. 그러는 동안에도 신년축제가 임박할 때까지 사령관들에게 정확한 작전시간을 비밀로 했다. 지아프의 군대는 1월 30일에 공격을 시작하라는 명령을 받았지만, 나중에 명령이 바뀌어 다음 날로 연기되었다. 모든 부대에 변경 소식을 알릴 시간이 부족했기 때문에 일부는 계획보다 앞선 1월 30일에 다낭과 플레이쿠, 그리고 기타 도시 10곳을 공격했다. 웨스트모어랜드와 베트남 전투지원사령부의 정보부는 이 산발적인 공격이 케산을 목표로 한 중심 공격에서 주의를 돌리려는 것이라고 추측했고, 다른 공격들이 다음 날 시작될 거라고 확신했다. 남부 도시 도처에 잠입한 베트콩 게릴라들은 다음 날 아침 공격을 개시했다. 롱빈과 비엔호 공격은 프레드 웨이안드가 예상한대로 1월 31일 3시 정각에 일어났다.

베트콩 수천 명은 남베트남 부대가 휴가를 받는 휴일축제를 이용, 휴일을 맞아 집으로 돌아가는 남베트남 군인들로 변장하고 목표 지역에 잠입했다. 31일 저녁 무렵에는 남베트남의 거의 모든 도시와 마을이 공격당했다. 미군과 남베트남 부대는 서둘러 격렬한 포격전을 벌이며 침입자들을 격퇴했다. 그러나 예상한 대규모 반란뿐만 아니라 작전 성공에도 필수적이었던 기습 공격은 실패했다. 프레드 웨이안드와 제3군단은 준비되어 있었다.

사이공 주변 공격은 도시 외곽에 사령부를 설치한 육군 중장이자 북베트남에서 서열이 두 번째로 높은 트란 반 트라(Tran Van Tra)가 지휘했다. 그는 북베트남 사단 하나와 베트콩 사단 두 개를 이끌고, 하노이가 총 반란을 시작하는 데 있어 중요한 곳이라고 생각한 사이공 주변 지역의 주요 목표 지점 8곳을 노렸다. 웨이안드는 사이공에 있는 모든 미군의 지휘권을 제2차 세계대전에서 명예훈장을 받은 육군 소장 키스 웨어(Keith Ware)에게 주었다. 웨어 장군과 그의 지휘 아래 있는 미군은 도시를 지키기 위해 끈질기게 싸웠다. 북베트남이 싸우지 않을 거라 생각했던 남베트남군도 유혈이 낭자한 몇몇 전투에서 패하기는 했지만 전반적으로 제 몫을 다했다. 모든 곳을 한꺼번에 공격하며 여러 지역에서 급습하겠다는 적군의 결정은 웨이안드의 말처럼 "그들의 병력을 뿔뿔이 흩어지게 했고 대참패라는 결과를 낳았다."[15]

미국 대사관을 포함한 도시의 주요 표적에 대한 괄목할 만한 공격에도 불구하고 사이공 전투는 구정 공세 전투 대부분이 그런 것처럼 적군의 완패로 며칠 만에 막을 내렸다. 오직 오랜 제국의 중심지이며 유일하게 점령당한 휴와 케산에서 이루어진 작전만 일주일 이상 지속되었다. 8만 4,000명이 넘는 적군이 공격에 가담해서 5만 명이 사망한 것으로 추정된다. 구정 공세는 적군에 참담한 실패를 안겼다. 베트콩은 두 번 다시 전쟁에서 위협적인 존재가 되지 못했다. 그러기에는 생존자의 수가 너무 적었다. 그 후로 북베트남군은 홀로 투쟁을 계속한다.

그러나 언론은 전쟁이 언제라도 벌어질 수 있다고 단언했다. 광범위하게 동시다발적으로 일어나는 범상치 않은 공격의 특성상—미 대사관 건물로 잠입한 베트콩이라든지 케산과 휴에서의 엄청난 희생—전쟁이 끝나려면 멀었으며 적군이 몇 년이라도 싸움을 계속할 수 있다고 판단했다. 월터 크롱카이트는 전쟁이 교착 상태라고 주장했고, 언론과 워싱턴의 여론 주도층 대다수도 의견이 일치했다. 북베트남의 고위 장성인 트란 도(Tran Do)는 구정 공세의 모순을 적절히 설명했다.* "솔직히 말해, 우리는 주요 목표를 달

---

* 트란 도는 정부의 부패와 정치 억압에 반대하는 유명한 반체제 인사가 되었고, 2002년에 죽었다.

성하지 못했다. 그러나 그것은 남부 도처에서 반란이 일어나는 동기가 될 것이다. (중략) 우리의 목적은 미국에 영향을 미치는 것이 아니었지만, 결과적으로 보면 우리에게 잘된 일이다."[16]

항간에 알려진 것과 달리, 미국 국민들이 곧바로 전쟁 지지를 철회한 것은 아니다. 여론조사를 보면 구정 공세가 일어난 후 얼마간 미국인 대부분이 전쟁을 지지했다. 그 후 한참 후까지도 대중의 전쟁 지지는 가파르게 하락하지 않았다. 그러나 미국 국민들은 결국 전쟁을 지지하지 않았고, 프레드 웨이안드는 이렇게 말했다.

> 미군은 사실 군대를 선망하고 주인의식을 갖고 군대의 행보에 관심이 있는 미국 국민들에게 속해 있다는 의미에서 보면 국민의 군대이다. 군대가 헌신하면 미국 국민들도 헌신한다. 미국 국민들이 더 이상 전쟁을 지지하지 않을 때 군대가 전쟁을 계속하는 것은 쓸데없는 일이다.[17]

구정 공세 후 여론 주도층에서 눈에 띄는 변화가 일어나면서 미국인들 사이에서도 전쟁에 대한 불만이 싹텄다. 크라이튼 에이브람스가 최선을 다해 노력하고 적지 않은 승리를 거두었지만, 미국이 전쟁에 반감을 갖게 되었을 때 국민들의 이성과 마음을 변화시킬 시간은 충분하지가 않았다. 그리고 국회는 국민이 이끄는 방향으로 따라갈 수밖에 없었다.

에이브람스의 뒤를 이어 베트남 전투지원사령부의 사령관이 된 프레드 웨이안드는 마지막 미 전투부대가 베트남에서 철수하는 모습을 지켜보았고, 그후 육군 참모총장이 되었다. 1975년, 그는 하노이가 파리평화협정을 어기고 남쪽에서 재래식 전투를 일으킨 후 포드 대통령의 요청에 따라 육군 참모총장 자격으로 베트남을 여행했다. 남베트남 정부와 군대를 돕기 위해 미국이 무엇을 해야 하는지 확인하기 위해서였다. 웨이안드는 남베트남에 7억 5,000만 달러 상당의 지원을 해야 미국도 체면이 서고 국익에도 도움이 된다고 충고했다. 국회는 예산 지출을 거부했다. 미국 정부가 파리협정에 서명했을 때 약속한 대로 미 공군과 해군을 보내 포위된 남베트남군을 지키려 했지만 국회는 이것 역시 승인하지 않으려 했다. 북베트남이 완전히 승리를 거둔 결과 빚어진 베트남, 라오스, 특히 캄보디아의 인도주의적인 대참사는 명민한 지휘관인 프레드 웨이안드가 다시 한 번 옳았음을 보여주었다. 그러나 때는 이미 너무 늦어버렸다.

Part
5

겸손
HUMILITY

겸손은 존경할 만한 특성이다. 우리가 사용하는 그 단어는 수줍음의 동의어이거나 성격상 앞에 나서지 않는 의사결정자들을 설명하기 위한 것이 아니다. 더 정확히 말하자면, 여기서 말하는 겸손은 다른 사람들의 행복을 주된 목적으로 삼는 결정의 특성이다.

20세기 전에는 황열병보다 더 두려움을 느끼게 하거나 미국 역사에 더 두드러진 영향을 미친 질병은 거의 없었다. 간이 손상되고, 내출혈을 일으키고, 황달을 일으키는 바이러스성 질환. 황열병 환자 다섯 명 중 한 명은 목숨을 잃었다. 주기적이고 치명적인 유행성 황열병은 고통스러웠다. 그 병이 접촉성 감염질환이라는 잘못된 생각 때문에 도시 전체의 주민들은 시골로 몸을 피했다. 1793년, 새로운 미 공화국의 수도인 필라델피아를 강타한 유행성 황열병으로 인구 10퍼센트가 사망하고, 워싱턴 대통령과 해밀턴 재무장관을 포함한 가장 저명한 시민들 여러 명이 일시적으로 정무에서 손을 뗐다. 1802년에는 나폴레옹 보나파르트가 아이티로 보낸 프랑스 병력이 황열병으로 수가 격감했고, 루이지애나 영토를 미국에 매각하기로 결정하기로 한 나폴레옹의 결정에도 영향을 미쳤다. 그 당시에는 환자나 환자들의 침구, 의류와 접촉하면 병이 옮는다고 믿었다. 미국인들은 황열병이 가장 빈번하게 발생하는 서반구 열대 지방의 여러 도시들을 거의 사람이 살 수 없는 곳으로 여겼다. 스페인-미국 전쟁에서 스페인이 패한 후 미군이 점령한 쿠바와, 미국이 중앙아메리카 지협(地峽)을 가로지르는 운하를 판 파나마에서는 황열병이 풍토병이었다. 그곳에 거주하는 미국인들뿐만 아니라 황열병이 만연한 도시에서 온 사람들과 물건이 도착하는 미국 항구들도 위협을 받았다.

쿠바에서 적의 포화보다도 황열병으로 인한 사상자가 더 많다는 것을 깨달은 미군은 의학연구팀을 만들어서 그 원인을 규명하는 실험을 하고 군인들을 보호하기 위한 더 효과적인 방법을 강구했다. 군에서 황열병위원회를 이끌 사람으로 선택한 월터 리드(Walter Reed) 박사는 18살 때 첫 의학학위를 딴 총명하고 저명한 의사였다. 황열병을 연구한 어느 쿠바인 의사는 최근 연구에서 어쩌면 병이 퍼지는 이유가 접촉 때문이 아니라 감염된 모기에게 물렸기 때문일지도 모른다는 가설을 세웠다. 그 당시 의학연구자들은 대부분 그 가설을 못 미더워했다. 그러나 리드의 팀은 결국 자진해서 감염된 모기에게 물릴 피실험자를 이용한 실험을 통해 가설을 확인하기로 결정했다. 리드 외에도 의사 세 명이 위원회의 일원으로 쿠바에 갔다. 미 군의관인 제임스 캐롤(James Carroll)과 어린 시절 가벼운 황열병을 앓은 뒤 면역성이 생긴 쿠바 태생의 아리스티데스 아그라몬테(Aristides Agramonte), 존스홉킨스 의과대학 의학연구팀의 내과과장인 제스 래지어(Jesse Lazear)가 그들이었다. 네 명 중 래지어만이 모기감염이론이 병이 확산되는 원인을 이해하는 열쇠라는 사실에 강한 의심을 품었다.

위원회가 처음 실험을 한 곳은 최근에 황열병이 발생한 쿠바의 퀘마도스에 있는 컬럼비아 막사였다. 그들은 대부분 막사에 딸린 군병원에서 온 수십 명의 자원자들을 감염된 모기에게 물리게 했다. 위원회 위원들 중 캐롤과 아그라몬테, 래지어도 자발적으로 감염되었다. 그 후 한 사람, 래지어를 제외하고 병에 걸린 지원자들이 모두 회복되었다. 래지어는 발병 7일 후에 목숨을 잃었다. 실험은 다른 사람들을 살리기 위해 자신을 희생한 사람의 이름을 딴 하바나의 캠프 래지어 근처에 있는 새로운 장소에서 계속되었다.

황열병의 원인을 증명해서 모기떼를 박멸하고 결국에는 황열병 백신이 탄생한 것은 월터 리드 덕분이다. 육군병원과 메릴랜드 베데스다의 의학연구센터는 그의 이름을 땄다. 그러나 리드는 존경받을 만한 사람이지만, 위원회의 의사들 중에서 바이러스에 감염되기를 원치 않은 유일한 사람이기도 했다. 인류는 카리브 섬들만이 아니라 북아메리카와 남아메리카 도시들을 공포의 도가니로 몰아넣은 유행병을 예방하는 발견에 대해 제스 래지어에게 더 많은 빚을 졌다.

자기 생명을 걸고 의학을 발전시키기 위한 제스 래지어의 결정에서 드러난 명백한 겸손은 존경할 만한 특성이다. 우리가 사용하는 그 단어는 수줍음의 동의어이거나 성격상 앞에 나서지 않는 의사결정자들을 설명하기 위한 것이 아니다. 더 정확히 말하자면, 여기서 말하는 겸손은 다른 사람들의 행복을 주된 목적으로 삼는 결정의 특성이다.

원정 전투를 마친 군인들이 재입대하는 이유는 군에서 출세하기로 결정해서가 아니라—분명히 국방의 의무를 다해야 한다고 생각해서도 아닐 것이다—동료들만 희생하고 죽음에 맞서도록 내버려둘 수 없기 때문이다. 엄마들은 집에서 아이에게 모든 정성을 쏟기 위해 보람 있는 직장을 떠난다. 아빠들은 부업을 해서 아이를 더 좋은 학교에 보낸다. 의무봉사를 마치고 정부에서 빌린 학자금도 상환한 후 인디언 보호 거주지 진료소에 남은 의사는 안락하고 수입이 더 좋은 자리보다 치료한 사람들을 사랑하게 된 것을 더 가치 있게 여긴다. 래지어의 영웅적인 결정만큼은 아니더라도 자기 자신의 이익보다 다른 사람들의 이익을 위해 결정을 내리는 사람들의 예를 찾기란 그리 어렵지 않다. 그들은 진정으로 존경할 만하다.

겸손한 결정을 내리는 의사결정자들은 대부분 자기 자신을 위해 행동하지 않는 사람들이다. 그들은 자신의 결정이 가져올 결과—성공 또는 실패—보다 자기 자신들이 봉사하려는 사람들을 더 중요하게 여긴다. 1988년, 아웅산수치(Aung San Suu Kyi)는 서구에서 누리던 편안하고 행복한 인생을 포기하고 조국인 미얀마로 돌아가기로 결심했다. 그녀는 미얀마에서 자유를 위한 미얀마 국민들의 투쟁을 이끌면서 위협과 징역, 고립에 용감히 맞섰다. 그녀는 가족과 헤어지고, 미얀마 국민들에게 사랑받았다. 그녀를 지도자로 선택하고 그녀의 용기에 자신들의 유일한 희망을 거는 미얀마 사람들을 위해 잔혹함과 역경에 맞서기로 결심한 이후로 계속 미얀마에 남아 있다. 남편 마이클 아리스(Michael Aris)가 암으로 죽어가고 있을 때 미얀마 정부는 아내와의 마지막 재회를 원하는 그의 입국을 거부했다. 만약 수치가 남편을 만나기 위해 미얀마를 떠났다면 다시 돌아오지 못했을 것이다. 마이클의 슬픈 말년 동안 남편과 아내는 헤어져 있는 쪽을 선택했다. 두 사람 모두 자기 자신보다 더 위대한 목적에 헌신했기 때문이다.

타인의 행복을 위하여

라이베리아 공화국은 갈등 속에서 탄생했다. 라이베리아의 건국을 지원했던 미국인들은 하나의 목표를 가졌지만, 동기는 서로 달랐다. 일부는 노예들을 속박에서 해방시키는 것이 목적이었고, 또 다른 사람들은 노예 폭동이 건국된 지 얼마 되지 않은 미 공화국을 심각한 혼돈에 빠뜨리는 것을 막는 것이 목적이었다. 미국식민협회(American Colonization Society)는 노예제도를 혐오하는 퀘이커 교도들과 남부 노예주들이 1816년에 설립했다. 남부 노예주들은 카리브에 있는 가장 부유한 프랑스 노예 식민지 산토도밍고에서 1791년에 일어난 피비린내 나는 폭동이 13년 후 아이티 공화국 수립으로 이어지는 것을 두려운 눈으로 지켜보았다. 양측은 해방된 미국 노예들을 아프리카로 송환하는 것이 그들의 상반된 목적을 충족시키는 최선의 방법이라는 데 의견을 모았다.

노예폐지론자들과 저명한 아프리카계 미국인들은 그 의견에 반대했다. 그러나 미국식민협회는 많은 기부자를 끌어들여 영국령 서아프리카 식민지 시에라리온에 첫 번째 식민지를 설립했다. 이것은 실패로 끝났다. 그리고 2년 후, 그들은 또 다른 시도를 했다. 1822년, 이전에 노예였던 사람들 86명과 식민지 건설 후 첫 25년 동안 그들을 다스릴 미국식민협회의 백인 사무관들이 아프리카 서쪽 해안에 위치한 케이프 몬트스라도에 도착했다. 그들은 약간의 돈과 폭력적인 협박으로 아프리카 원주민들에게서 몰수한 토지를 분배했다. 곧 해방된 노예를 쫓아내려는 주에서 보낸 다른 이주민들도 도착해서 근처에 자신들의 마을을 만들었고, 나중에는 세력이 커진 미국식민협회에 합류했다.

그들은 힘든 시간을 보냈다. 풍토병에 시달렸으며, 기독교를 전파하고 토착 부족들의 수입원인 노예무역을 금지하려는 행동 때문에 추방된 원주민들로부터 거센 반발을 샀다. 식민지 초창기는 가혹한 시련의 시기였다. 그러나 그들은 견뎌냈다. 1824년에는 미국 제5대 대통령이자 미국식민협회 창립위원인 제임스 몬로(James Monroe)의 이름을 따서 정착촌을 몬로비아(Monrovia)라 명명하고 라이베리아 공화국의 수도로 선포했다.

그 후 40년 이상이 지나는 동안 거의 2만 명에 달하는 미국인들이 도착해서 공동체를 형성했다. 이 공동체는 그들이 알고 있는 유일한 문화인 남북전쟁 이전 미국 남부의 사회적 관습과 종교의식을 모방한다. 그들은 해안가에 있는 농장식 저택에서 살며, 이전 주인들이 무릎 꿇고 기도드렸던 곳과 흡사한 교회에서 예배를 드리고, 남부 사투리와 말씨가 배어 있는 영어를 사용했다. 주로 결혼을 통해 원주민들을 이주 미국 사회에 동화시키려는 시도도 있었다. 그러나 대체적으로 스스로를 미국인이라 부르는 이주민들은 원주민들에게 사회적, 경제적, 정치적 권리를 빼앗아 자신들보다 훨씬 더 인원이 많은 그들을 지배하려고 했다.

1847년, 이민단은 미국과 식민지 관계를 청산하고, 미국식민협회에 작별을 고한 다음 아프리카 최초의 독립 공화국이 되었다. 미국계 라이베리아인들은 아프리카와 유럽 혼혈의 버지니아 태생인 조셉 젠킨스 로버츠

(Joseph Jenkins Roberts)를 라이베리아 초대 대통령으로 선출했다(원주민들은 1946년까지 선거권이 없었다). 새로운 독립 공화국은 미국 국기와 비슷한, 빨갛고 하얀 줄무늬 11개와 파란색 바탕에 흰색 별이 하나 있는 국기를 채택했다. 라이베리아는 미국 헌법을 본떠 대통령, 양원제 의회, 대법원, 이렇게 세 기관으로 나뉜 정부를 수립했다. 라이베리아의 통화는 예나 지금이나 미국 달러이다. 국가 표어는 "우리가 여기 온 이유는 자유에 대한 사랑 때문이다."라고 정했다.

그러나 라이베리아는 또한 미국의 사회적, 정치적 관습을 따랐다. 이것이 좀 더 일찍, 좀 더 결정적으로 미국의 헌정질서를 위협했던 것처럼, 머지않아 라이베리아가 붕괴 위험에 처하는 원인이었다. 초기 이주민들과 후손들의 상호 불신, 그리고 원주민들에 대한 억압이 라이베리아의 역사에서 끊이지 않았다. 국가 전체 인구의 10퍼센트를 넘은 적이 없는 미국계 라이베리아 지배계급과 16개 토착 소수민족들―열대우림의 오지에 살며, 전혀 다른 방언을 사용하고, 토착신앙인 정령 숭배 관습에 따라 초자연적 존재를 숭배했다―사이의 원한은 경제난, 유럽 열강의 제국주의적 야심과 더불어 라이베리아 존립을 위협하는 가장 중대한 문제였다. 그 적개심은 간헐적으로 무시무시한 폭력으로 번졌다.

1943년, 육군 대장이자 감리교 목사의 아들인 미국계 라이베리아인 윌리엄 터브먼(William Tubman)이 대통령으로 선출되었다. 그는 1971년에 사망할 때까지 대통령직을 유지했다. 그는 친서구주의자였고 제2차 세계대전 당시 연합국과 연대를 선언했다. 서구에서는 그가 대체적으로 국가를 안정시키고 중용을 지킨 인물이라고 평가한다. 그는 초기 이주민들이 도착한 이래 줄곧 차별받았던 여성과 오지의 부족민들을 포함한 모든 라이베리아 사람들에게 선거권을 허락했다. 그러나 그의 정치적 개혁은 제한적이고 자기 본위였다. 그는 말뿐인 시민의 권리 신장을 효과적으로 이용해서 자신에게 권력을 집중시켰다. 라이베리아 토착 원주민들은 지역 공무원을 뽑는 선거에 참여할 수 있었지만 후보자들은 대통령의 승인을 받아야 했다. 선거 과정을 완전히 통제하는 트루휘그당(True Whigs)은 선거 결과를 조직적으로 조작했다. 1955년, 터브먼의 암살 시도가 실패로 끝나자 그의 반민주주의적 성향은 더욱 강해졌다. 그의 통치에 반대하는 사람들에게는 광범위하고 무자비한 보복이 시작되었다. 언론을 엄격하게 통제, 검열했고, 그 결과 언론은 한낱 정부기관으로 전락했다. 광범위한 정치 스파이들과 폭력배들로 조직망을 결성해서 반대세력을 위협하기도 했다. 그리고 대통령직을 7번 연임할 수 있도록 헌법 조항을 개정하라고 지시했다. 두려움이 팽배한 문화는 터브먼이 대통령으로 있던 27년 동안 한층 더 악화되었고, 20세기의 마지막 20년 동안에도 라이베리아인들을 공포로 몰아넣었다.

그러나 터브먼은 자유무역과 외국투자 정책으로 라이베리아의 경제를 괄목할 만큼 성장시켰다. 라이베리아는 아프리카에서 비교적 혜택받은 국가이다. 물과 광물이 풍부하고 광활한 삼림지대에서 재목을 얻을 수 있으며 기후는 농사짓기에 적당하다. 목재와 고무, 철광석의 주요 수출국이기도 하며, 철광석이 수출로 벌어들이는 소득의 절반 이상을 차지한다. 1950년대 중반에는 터브먼의 정책으로 세계에서 경제성장률이 가장 높은 나라가 되었고, 상당한 외국자본을 유치했다. 라이베리아는 세계에서 가장 큰 무역선단을 소유했다.

물론 정치적 자유와 법치주의가 자유시장주의와 보조를 맞추지 못하면 경제가 빠르게 성장하는 동안 부정부패가 만연한다. 국가의 부를 차지한 사람들은 터브먼과 그의 오랜 지인들이었다. 9년 동안의 공백 이후—미국 이주민들이 초기에 뿌린 정치적, 사회적, 경제적 불균형의 씨앗이 붉은 피의 꽃을 활짝 피웠을 때—터브먼의 통치에 뒤이어 나타난 것은 이례적인 무법 정권으로 알려진 한층 악화된 정치제도와 13년간의 간헐적인 내전이었다. 라이베리아는 실패한 정권의 교과서적인 사례가 되었다. 라이베리아의 경제상황은 재난의 한 부분이지만, 분명 가장 큰 타격을 받거나 유일하게 타격을 받은 부분은 아니다. 오늘날, 더 나은 미래를 위한—가능성이 희박하기는 하지만—라이베리아의 희망은 전적으로는 아니지만 상당 부분 라이베리아 최초의 공정한 자유선거에서 승리하여 대통령직에 오른, 단호하고 학자다운 풍모를 지닌 작은 노부인에게 달려 있다.

윌리엄 터브먼은 오랜 집권이 끝나갈 무렵 아마 미래의 후계자—미국 교육을 받은 공무원으로 당시 31살이었다—가 그의 정권이 도둑정치(kleptocracy)의 죄를 범했다고 비난하는 것을 눈치 채고 화가 났을 것이다. 문제의 젊은 여성 엘렌 존슨 설리프(Ellen Johnson Sirleaf)는 방문 중인 하버드 교수의 충고를 들었다. 그녀는 자신의 행동이 무분별했음을 깨닫고 충격을 받았다. 그리고 정권에 노골적으로 반대해도 문제에 휘말릴 가능성이 없는 미국으로 건너가 공부를 계속했다. 그녀가 교수의 충고를 받아들이고 교수가 그녀의 하버드 입학을 도와주겠다고 제안한 것은 그리 놀라운 일이 아니다. 더욱 놀라운 것은 꽤나 고통스러운 경험을 한 후에도 그녀가 조국으로 돌아가기로 결정한 점이다. 그리고 가장 놀라운 것은 그녀가 살아남았다는 사실이다.

그녀는 미국계 라이베리아 지배계급에서 태어나지 않았다. 골라(Gola)족 족장의 아들인 그녀의 아버지는 국회의원으로 선출된 최초의 원주민 라이베리아인이었다. 독일 상인과 라이베리아 시골 여성의 딸인 그녀의 어머니는 카누를 타고 먼 곳에 사는 신도들을 방문하는 감리교 순회 전도사였다. 설리프는 자신의 단호함과 청렴결백함이 부모님 덕분이라고 했다. 그녀는 이렇게 설명했다. "어렸을 때 했던 일들을 통해 근면과 정직을 배웠다. 우리는 학교에 가기 전과 학교에서 돌아온 후 집안일을 하고, 매일 아침 기도를 했다. 우리는 '도둑질하지 마라.' 라는 잠언의 신성함을 이해했다."[1]

엘렌의 부모는 어렸을 때 모두 미국계 라이베리아 가정에서 자랐다. 라이베리아에서는 장래가 촉망되는 토착 부족의 아이들을 몬로비아로 보내는 것이 일반적인 관행이었다. 몬로비아에서는 대개 상류층 가정이 집안일

◆ 엘렌 존슨 설리프(© AHMED JALLANZO/epa/CORBIS).

을 하는 하인으로 아이들을 고용하면서, 동시에 충분한 교육을 받을 수 있도록 배려했다. 설리프는 부유한 몬로비아 사람들의 집에서 부모님이 당한 '모욕과 수모'를 자주 이야기했다. 그녀의 아버지는 자신의 친구인 라이베리아 대통령, 힐러리 리처드 라이트 존슨(Hilary Richard Wright Johnson)을 기리며 존슨이라는 이름을 택했다.

세 번째 아이이자 첫 번째 딸인 엘렌은 1938년에 태어났다. 그녀는 몬로비아에서 라이베리아 주류사회에 동화한 부모님 손에 자랐다. 그러나 일 년 중 여름은 오지에 있는 아버지의 조상들이 사는 마을에서 났다. 아버지가 젊은 나이에 뇌졸중을 겪자 엘렌의 가족은 얼마 안 되는 어머니의 수입에 의존해야 했다. 엘렌은 감리교 고등학교와 서아프리카 대학을 다니며 충분한 교육을 받았으며, 경제학과 회계학에서 두각을 드러냈다. 대학에 다니는 동안에는 암살 시도 실패 후 터브먼 대통령이 정치적 반대파를 탄압하는 것을 목격했다. 라이베리아 군인들은 교내 학생시위를 폭력적으로 진압했다. 그녀는 "실제로 폭력을 목격한 건 그때가 처음이었다."라고 기억했다.[2] 그녀는 그 후로 한층 더 잔혹한 폭력을 자주 목격한다.

엘렌은 고등학교 졸업 후 제임스 설리프와 결혼해서 4년에 걸쳐 아들 넷을 낳았다. 1961년, 남편은 위스콘신 대학에서 공부를 계속하기 위해 장학금을 받았다. 엘렌은 어린아이 넷을 어머니 손에 맡기고 남편과 함께 첫 해외여행길에 올랐다. 남편이 경제학 박사학위를 따기 위해 공부하는 동안, 그녀는 매디슨 경영대학에 입학해서 회계학을 공부하고 1964년에 경영학 학사학위를 받았다. 공부를 하기 위해 그녀는 약국의 간이식당에서 서빙을 하고 바닥을 쓸었다.

엘렌과 제임스가 라이베리아로 돌아온 후, 그녀는 터브먼 대통령의 기획부에 자리를 얻었다. 그리고 바로 그 자격으로 참석한 개발회의에서 라이베리아를 통치하는 사람이자 그 당시 그녀에게 급여를 주고 있는 '거물'을 규탄하기 위해 라이베리아를 방문 중이었던 하버드 경제학 교수 구스타프 파파넥(Gustav Papanek)의 눈에 띄었다. 1969년, 그녀는 다시 라이베리아를 떠나 파파넥의 도움으로 콜로라도 대학에서 경제학 학위를, 하버드의 케네디 행정대학에서 행정학 석사학위를 취득했다. 하버드에 있는 동안 그녀는 제임스 설리프와 이혼했다.

엘렌은 1971년 라이베리아로 돌아왔다. 윌리엄 터브먼이 사망했고, 오랜 기간 부통령으로 재직한 윌리엄 톨버트(William Tolbert)가 대통령직을 승계한 참이었다. 설리프는 톨버트 정부에 합류하여 마침내 재무장관 보좌관으로 승진했고, 그의 대통령직 마지막 해에는 재무장관으로 입각했다. 톨버트 정부는 비교적 분별력이 있었다. 그는 제1야당 설립까지 허용하면서 정치, 경제 개혁을 시작했다. 일부 정부 관리들은 그가 너무 혁신적이라고 생각했다. 그러나 지배계급이 무엇을 제안하더라도 미국 이주민들의 자손이 아닌 대다수 라이베리아 사람들의 변화에 대한 열망을 충족시키지 못할

게 분명했다. 나라를 지배하는 5퍼센트와 지배계급의 미덥지 못한 자비심에 의존하며 대부분 선조들이 경험한 것과 똑같은 생활수준—가난하고, 교육받지 못하고, 희망을 잃은—을 면치 못하는 95퍼센트 사이의 오래된 불평등을 시정하려면 사회경제 시스템 전체를 바꾸는 수밖에 없었다. 그리하여 라이베리아 역사의 근본적인 갈등은 해결되지 않은 채 결국 끔찍한 결과를 낳았고, 참으로 얄궂은 라이베리아의 비극이 시작되었다. 조직의 변화도 일어났다. 미국계 라이베리아인들의 133년간의 지배는 종말을 맞는다. 그리고 그 결과, 대다수 라이베리아인들이 오랫동안 겪었던 불공평과 부정보다 훨씬 더 끔찍한 상황에 처했다.

톨버트가 라이베리아 사람들의 주식인 수입쌀 가격을 올리기로 했을 때 사태는 극도로 악화되었다. 국내 생산을 장려하려는 의도였지만, 라이베리아 사람들은 이 새로운 경제적 부담에 거리시위로 맞섰고, 이것은 곧 폭력 시위로 변했다. 1979년 4월, 톨버트는 라이베리아 군인들에게 시위대를 향해 발포하라는 지시를 내려 70명을 사살했고, 반대파 지도자들을 체포하라고 명령했다. 폭동은 라이베리아 전체로 번지고 더욱 격렬해졌다. 라이베리아군의 군인들 중에는 시위대에 공감하는 사람들이 있었다. 대부분의 장교들과 마찬가지로 라이베리아 상류층 출신이 아닌 사병들이 특히 더했다. 그러나 사회적 평등 이상의 것을 꿈꾸는 군인들도 있었다.

1980년 4월 12일, 가난하고 작은 크란(Krahn)족 출신의 군인들—28살의 육군 상사 사무엘 도(Samuel K. Doe)가 이끌었다—이 대통령 관저로 돌격해서 침대에 누워 있는 윌리엄 톨버트를 총검으로 찔러 죽였다. 며칠 후, 도는 톨버트의 각료 13명을 체포해서 해변으로 데려가라고 명령했다. 그러고는 하얗게 질린 해외 기자단과 열렬히 환호하는 수많은 라이베리아 원주민들 앞에서 각료들을 기관총으로 사살했다. 엘렌 존슨 설리프는 톨버트 정부 관리들 중에서 목숨을 건진 네 사람 중 한 명이었다. 아마 그녀와 서구와의 관계, 즉 서구에서 정직하고 유능한 소수의 라이베리아 공무원 중 한 사람으로 높이 평가받는 점 때문에 목숨을 건질 수 있었을 것이다.

스스로를 인민구제평의회(People's Redemption Council) 회장으로 선언한 도는 소수민족 크란족 사람들이 다스리는 독재정권의 막을 올렸다. 그것은 10년간 지속되었다. 도 정권은 라이베리아 이전 정부의 부정부패와 부당함을 능가하는 만행과 탐욕으로 널리 이름을 떨쳤다. 그러나 결과적으로 나타나듯이, 그 뒤를 잇는 독재정치의 잔혹함과 탐욕에 비할 바는 아니었다. 나이로비로 피신한 설리프는 그곳에서 시티은행 아프리카 지역 부총재가 되었다.

항상 피해망상에 사로잡혀 있던 도는 크란족 동료들만 주위에 두었다. 이것이 다른 라이베리아 소수민족들의 분노를 사고 이전의 협력자들이 반란을 일으키는 계기로 작용해, 마침내 그의 실각으로 이어진다. 도는 자신에게 가장 이익이 되는 서구와의 관계를 공고히 하기 위해 자신의 통치에 반대할 가능성이 있는 사람들에게 일반적으로 징역형이나 사형에 처해지는 범죄인 사회주의자라는 누명을 씌워 처형했다. (그는 미국의 환심을 사기 위해 소비에트연방과 국교를 단절했다.) 그는 엄격하게 제한된 야당 설립을 허락하는 허세를 부리고, 1984년에 국민투표로 새 헌법을 채택했다. 1985년에는 대통령선거에 후보로 나섰다. 선거는 희극과도 같았다. 도는 정치적 반대파 수십 명을 살해하라고 명령하고, 한 경쟁자가 선거에서 이길 것처럼 보이자 자신의 스파이 50명에게 비밀리에 투표용지를 세라고 지시했다.

라이베리아의 정치상황을 관찰한 사람이라면 누구나 위험을 또렷이 인식하고 있었다. 그러나 엘렌 존슨 설리프는 1985년 라이베리아로 돌아가 상원의원 선거운동을 시작했다. 그녀는 현재 실정을 저지르고 있는 '거물'에게 거짓으로 경의를 표하는 척하지 않았다. 그녀는 공공연히 도를 비판하는 후보자였다. 설리프는 정부가 정당 등록을 거부하는 데 항의했다는 이유로 몇몇 대학생과 함께 수감되었으나 미국의 공식적인 항의로 곧 석방되었다.

사무엘 도가 대통령선거에서 과반수인 득표율 51퍼센트로 당선된 지 4

주 후, 도와 사이가 틀어진 라이베리아 육군 전직 사령관 토머스 퀴원크파(Thomas Quiwonkpa)가 소규모 게릴라를 이끌고 정권 전복을 시도했다. 반란은 순식간에 진압되었다. 퀴원크파는 체포되어 고문을 당했다. 소문에 의하면 크란족 군인들에 의해 완전히 폐인이 되었다고 한다. 쿠데타 실패로 명분이 생긴 도는 길길이 날뛰며 횡포를 부렸다. 그는 퀴원크파가 속한 지오(Gio)족이 살고 있는 님바 카운티의 무고한 라이베리아 사람들 수천 명을 학살했다. 그리고 수도에서 정치적 모살 작전을 시작하라고 명령했다. 새로운 유혈진압은 소수민족의 적개심에 기름을 부었고 결국에는 라이베리아를 끊임없는 내전 상태로 몰아넣었다.

엘렌 존슨 설리프는 쿠데타 시도의 직접적인 여파 때문에 도의 정치적 반대파 수백 명과 함께 체포되어 수감되었다. 당시 그들 대부분이 살해되었다. 군인 두 명이 설리프를 체포하러 왔고, 그녀를 감옥으로 데려갈지 즉결약식 처형을 할지 논쟁을 벌였다. 그러다 어찌된 일인지 그녀는 간신히 그들을 설득해서 목숨을 건질 수 있었다. 몬로비아 감옥으로 끌려간 그녀는 남자 12명과 함께 감방에 갇혔다. 남자들은 이내 끌려가 처형되었다. 수감된 다른 여자들은 간수에게 강간당했다. 한 희생자가 벌거벗은 채 자신의 감방으로 내던져진 후에 설리프는 비슷한 운명을 맞이할 각오를 했다. 설리프와 같은 종족 출신인 친절한 간수 한 명이 골라 사투리로 몇 마디만 해서 같은 종족임을 증명하라고 요청했다. 그녀가 그 말에 따르자 그는 그녀 편에 서서 다른 간수들의 성추행으로부터 그녀를 보호했다.[3]

설리프는 몇 년 후 어느 인터뷰에서 그날 밤의 공포를 떠올렸다. 그리고 머지않아 그 경험을 통해 라이베리아 국민들의 고통을 덜어주겠다는 결심을 더욱 굳혔다.

> 그 순간, 내가 생각할 수 있는 거라곤 살려달라는 기도뿐이었다. 그러나 일단 그런 경험을 하고 석방되자 내가 추구하고 있는 신념이 더욱 강해졌다. 나는 그

때, 우리가 우리나라를 변화시켜서 다시는 다른 누군가가 나와 같은 경험을 해서는 안 된다는 것을 그 어느 때보다도 더욱 분명히 알았기 때문이다. (중략) 그 일로 나는 더욱 용기를 얻었다."

불행하게도 수십만 명의 동포들이 오랫동안 설리프와 같은 경험을 하거나 훨씬 더 비참한 경험을 했다. 멀리 떨어진 공화국의 정치적 가치관과 모순을 본받고 자유를 찾아 건국된 라이베리아는 끔찍한 폭력의 기나긴 악몽 속으로 빠져들었다. 그리고 한동안은 영원히 깨어나지 않을 것처럼 보였다.

엘렌은 감옥에 있었고, 다시 6개월이 지날 때까지 그녀의 운명은 불투명했다. 그녀는 징역 10년을 선고받았다. 그러나 그녀를 지지하는 서구, 특히 미국의 설득 때문에 도는 엘렌이 라이베리아를 떠나도록 허락했다. 몇 년이 지난 후, 워싱턴 D.C.에서 그녀는 '전능하신 하나님의 은혜와 다른 사람들의 자비' 덕분에 석방되었다고 말했다.5)

엘렌은 워싱턴에 있는 동안 유엔개발계획(UN Development Program)의 직책을 수락하기 전에 아프리카에 지부가 있는 은행에서 일했다. 그녀는 여전히 도의 독재정권에 저항하려고 애쓰는 중이었다. 그러나 도 정권이 자행하는 극도의 폭력 때문에 조국으로, 그리고 그녀가 개인적인 의무로 받아들인 사명, 즉 라이베리아 전체를 무지몽매한 역사의 대학살과 불의에서 해방시키는 일로 돌아가지 못하고 있었다.

도의 동지에서 적으로 돌아선 수많은 사람 중 한 명인 혼혈 라이베리아인 찰스 테일러(Charles Taylor) 또한 미국으로 피신했다(그의 어머니는 골라족의 원주민이었고, 아버지는 미국계 라이베리아인이었다). 도 정권이 정부 기금 횡령 죄로 그를 고발했고, 테일러는 잠시 매사추세츠 플리머스 교도소에 구류되어 본국 송환을 기다렸다. 그는 다른 재소자 네 명과 함께 감옥 세탁실 창문에 있는 창살을 톱으로 잘라낸 후 매듭이 있는 천을 타고 내려갔다. 함께 탈출한 동료들은 곧 체포되었지만, 테일러는 간신히 그 나라를 벗어나 처음에는 리비아로, 다음에는 아이보리(Ivory) 해안으로 갔다. 그곳에서 그는 리비아국민애국전선(National Patriotic Front of Libya)이라는 이름으로 반란군을 모집했다. 그리고 1989년 크리스마스이브에 님바 카운티를 침공했다. 리비아국민애국전선은 스스로를 존슨 왕자라 부르는 지도자가 이끄는 지오족 반군과 동맹을 맺은 상태였다. 그는 교양 없고 광적으로 피에 굶주린 사람이었다.

도의 군인들은 늘 그렇듯이 님바 카운티에서 마주치는 모든 사람을 죽이고 모든 것을 파괴하면서 무분별한 폭력으로 폭동에 대응했다. 그 결과 수많은 피난민들이 떼를 지어 국경을 지나 아이보리 해안과 기니로 몰려갔다. 6개월 만에 내란은 전국으로 번졌다. 전장 곳곳에 있는 군인들—대다수가 아이들이었다—은 끔찍한 짓을 수없이 저지르고, 마구잡이로 강간하고 고문하며, 반군과 시민 수천 명을 학살했다. 그래서 다른 나라들은 누가 무엇 때문에 싸우고 있는지 거의 이해하지 못했다. 그저 라이베리아가 지상의 지옥으로 변해가는 모습을 두려움에 가득 찬 눈으로 지켜볼 뿐이었다. 테일러의 군인들은 머지않아 대부분의 지역을 장악했지만, 인근 서아프리카 국가들의 개입으로 수도에는 들어가지 못했다. 그러나 존슨 왕자의 반군이 몬로비아를 점령하는 것은 막지 못했다. 대통령궁에서 보호를 받고 있던 도는 곧 존슨의 군대에 의해 체포되었다. 도를 처형하기 전, 존슨의 군대는 오랫동안 그를 고문하고 양쪽 귀를 잘랐다. 그들의 지도자는 반군 중 한 명이 부채질을 해주는 동안 의자에 앉아 맥주를 홀짝이면서 그 무시무시한 광경을 바라보았다고 한다.[6]

처음에는 테일러를 지지했던 설리프는 1990년, 몰래 라이베리아로 가서 그를 만났다. 몇 년 후 한 기자가 어째서 테일러의 야만성을 진작 깨닫지 못했냐고 묻자 설리프는 1990년의 은밀한 만남은 '종족 학살'에 대해 그와 논쟁하기 위한 것이었다고 말했다.[7] 그녀는 "초기에는 수많은 사람들이 그를 지지했지만 그는 모든 사람을 배신했다. 그는 권력을 갈망하고 있었다."라

고 설명했다.⁸⁾

테일러와 존슨 왕자는 도의 암살 직전에 각자의 길을 갔다. 존슨은 경쟁 반군인 라이베리아독립국민애국전선(Independent National Patriotic Front of Liberia)을 창설했다. 테일러의 군인들은 결국 존슨을 몬로비아에서 쫓아냈다. 사무엘 도의 전제정치로부터 나라를 해방시키기 위한 전쟁이 전국적인 종족 간 전쟁으로 변했다. 일곱 명의 지도자들이 라이베리아의 차기 대통령 자리를 놓고 다투었다. 가발(fright wig)을 쓰고 마약을 복용한 테일러의 군인들—일부는 10살 정도였다—이 가장 극악무도한 만행을 저질렀지만, 모든 종족들이 권력을 얻기 위해 폭행을 일삼았다.

1990년 10월, 서아프리카경제공동체(Economic Community of West African States)는 미국에서 교육을 받은 정치학 교수 아모스 소여(Amos Sawyer)를 라이베리아 임시정부 수반으로 선포했다. 존슨은 처음에는 임시정부를 지지했지만, 테일러는 임시정부의 권위를 인정하지 않고 싸움을 계속했다. 테일러는 다시 몬로비아를 공격했지만 서아프리카경제공동체 군사들이 수비를 보강했다. 1992년, 테일러는 연립정부에 합류하는 데 동의했다. 그러나 다음 5년 동안, 국가가 어떤 희생을 치르는지는 상관없이 권력 찬탈에만 여념이 없는 라이베리아의 여러 지도자들 사이에서 끊임없이 교전이 일어났다. 서아프리카경제공동체와 연이은 국제적인 평화 유지 노력도 내전을 종식시키지 못했다. 1996년, 대규모 전투가 몬로비아에서 일어났다. 마침내 1996년 8월에 분쟁이 해결되었고, 그 다음 해에 선거를 치르기로 했다.

테일러는 분명 가장 강력한 대통령 후보였다. 그의 군대는 몬로비아 대부분을 지배했다. 그가 휴전과 자유선거에 동의하기는 했지만, 그 무렵 모든 사람들이 그가 국가의 번영이나 정치적 화해를 위한 발전에는 별 관심이 없는 사람이라는 사실을 분명히 알고 있었다. 대다수 라이베리아 사람들은 선거에서 졌을 때 그가 보일 반응을 두려워했다. 그러나 엘렌 존슨 설리프는 예외였다. 그녀는 다시 조국으로 돌아가 대통령직을 놓고 그에게 도전했다. 선거운동 기간에, 아이들은 유권자들을 향해 테일러를 뽑아달라고 호소했다. "테일러는 우리 엄마를 죽였어. 테일러는 우리 아빠를 죽였어. 그가 대통령이 된다면 나는 죽이지 않을 거야."[9] 전 미국 대통령 지미 카터가 공정하고 자유로운 선거라고 선언하고, 설리프는 부정선거라고 비난한 선거에서 테일러는 득표율 75퍼센트를 기록했다. 설리프는 10퍼센트를 얻는 데 그쳤다. 테일러의 정당은 라이베리아 국회에서 과반수 지지를 받았고, 테일러는 8월에 대통령으로 취임했다. 설리프가 자신에게 단호히 반대하고 선거를 인정하지 않는 데 분노한 테일러는 그녀를 반역죄로 고발했다. 당시 상황과 테일러의 천성으로 미루어볼 때 가볍게 여길 사안이 아니었다. 그녀는 또다시 망명길에 오를 수밖에 없었다.

7년 동안의 내전으로 라이베리아 인구는 격감했다. 사회시설은 폐허가 되었고, 잔혹한 전쟁에서 살아남은 사람들은 대부분 지독하게 가난했다. 새로운 대통령은 국민들이 받고 있는 고통에는 거의 관심이 없었다. 라이베리아의 경제를 살리려는 노력은 국가의 가치 있는 자원을 조직적으로 횡령하기 위한 자금을 마련하는 일에 국한되었다.

테일러의 당선과 함께 공식적으로는 내전이 끝났다. 그러나 현실적으로 라이베리아 사람들의 싸움은 완전히 끝났다고 보기 어려웠다. 가장 규모가 큰 두 반란군은 인근 국가로 이동할 수밖에 없었다. 그들은 여전히 자신들의 지도자를 새로운 대통령으로 세우려는 의도를 갖고 있었다. 테일러 정부는 몇 년 후 내전이 본격적으로 재개되기 전에도 간헐적으로 경쟁자들과 전투를 벌였다. 1998년, 정부 군인들이 경쟁 지도자가 몸을 피신한 미국 대사관을 향해 총을 발사했다. 미국은 라이베리아로 해병대를 파견해 대사관 직원들을 보호한 다음 그들을 대피시켰다.

인근 국가들과 미국이 테일러가 이웃한 시에라리온의 내전을 선동했다고 비난한 후, 1999년에 전투가 다시 시작되었고, 2001년 무렵 전국으로 확산됐다. 유엔은 계속 시에라리온에 간섭하는 라이베리아에 제재를 가했다. 라이베리아는 또다시 현대사회에서 시에라리온과 더 비극적인 르완다를 제외하고는 거의 전례가 없는, 한층 더 격렬하고 끔찍한 공포에 휘말렸다. 비군사 지역은 무차별 폭격을 당했다. 위태롭게 남아 있던 시설들도 경쟁 지도자들이 라이베리아의 천연자원 횡령에서 얻는 수익을 차지하려고 마구잡이로 싸우는 통에 파괴되었다.

비극이 일어나는 내내 설리프는 테일러의 위협에 개의치 않고 동포들의 고통을 덜어주기 위해 비정부기구에서 일했다. 그녀는 통일당(Unity Party)의 대표로서 평화를 애호하는 야당을 결성했다. 설리프는 정직한 행정가로서 국제사회에서 받는 신임, 불굴의 용기, 라이베리아를 악몽에서 구하겠다는 소망이 있기 때문에 스스로 조국을 이끌 수 있는 이상적인 후보자라고 믿었다. 그러나 기회를 잡기 전에 모든 라이베리아 사람들이 그런 것처럼 때를 기다려야 했다.

2003년 즈음, 반군은 몬로비아에서 몇 킬로미터 떨어진 곳에 있었다. 그해 여름, 다시 한 번 협상 교섭이 실패했고, 국제평화유지군을 배치하려는 처음 계획은 좌절되었다. 유엔은 전쟁범죄로 테일러를 기소한 특별재판소를 지지했으며 미국 정부는 그의 사퇴를 요구했다. 8월에 반군이 점차 가까워지고 나이지리아 평화유지군과 미국 해병대가 도착하자 테일러는 "신이 허락하신다면 나는 돌아올 것이다."라고 선언하며 나이지리아로 피신했다.

임시 연립정부가 수립되어 2005년 선거를 치를 수 있을 때까지 국가를 관리하기로 했다. 설리프는 굿거버넌스위원회(Commission on Good Governance)의 의장으로 참여했다. 그러나 실제로 국가를 운영한 것은 유엔 행정가들과 국제적인 세계평화유지군 1만 5,000명이었다. 그것은 만만 찮은 일이었고 지금도 다를 바 없다. 자유라는 이름으로 건국되어 한때 번영했던 국가는 결딴났다. 수도는 전기도 수돗물도 없는 빈민가로 몰락했다. 라이베리아 성인 90퍼센트가 실직 상태였다. 그리고 60퍼센트 이상은 문맹이었다. 학교, 병원, 기타 지역 공공시설은 거의 운영되지 않았다. 과도정부의 구성원들이 전임자들 못지않음이 입증되는 데에는 시간이 많이 걸리지 않았다. 여전히 독직(瀆職)이 비일비재했다. 퇴임하는 국회의원들은 2005년 선거에 앞서 국회의 값비싼 비품들을 싹쓸이해 갔다. 원조를 제공하는 국가들은 정부에 있는 또 다른 도둑들의 호주머니만 불릴 거라는, 근거가 충분한 우려 때문에 라이베리아에 약속한 원조를 철회했다. 테일러의 지지자들—여전히 무장을 하고 있는 사람들이 많았다—은 일이 없는 경쟁 도당의 전사들과 마찬가지로 거리를 어슬렁거렸다. 오랜 내전 동안 20만 명이 넘는 라이베리아 사람들이 죽었다. 그리고 수백만 명이 다른 나라에서 난민생활을 하거나 급하게 세워진 구조 캠프의 열악한 환경 속에서 살았다.

설리프는 감당키 어려운 절망과 사회불안에 맞서 대통령으로 봉사하겠다고 나섰다. 다른 후보 23명과 함께 그녀는 2005년 10월 11일로 예정된 선거에 출마 선언을 했다. 세계적인 축구 스타이자 유엔 친선대사인 조지 웨아(George Weah)의 인기가 가장 높았다. 그러나 많은 후보자 중에 누구도 과반수 표를 확보하지 못하자 가장 많은 표를 얻은 후보인 웨아와 차점자인 엘렌 존슨 설리프 사이의 결선 투표가 11월 8일로 예정되었다. 그리고 67세의 노부인이 가볍게 승리했다.

평생 동안 조국을 황폐화시킨 잔혹한 독재정권에 반대하며 보여준 용기와 불굴의 정신 때문에, 그녀는 라이베리아의 '철의 여인'이라는 별명을 얻었다. 그러나 투표소에 몰려들어 그녀를 뽑은 라이베리아 사람들 수천 명—대부분이 남성이 지배하는 라이베리아 정치계를 절망적으로 생각한 여성들이었다—에게는 더욱 친근하게 '마 엘렌(Ma Ellen)'으로 알려졌다. 그리고 강인하기로 명성이 자자하기는 하지만—엘렌은 이것을 조금도 자랑스러워하지 않았다—그녀는 자신이 지금 비참한 조국에 해줄 수 있는 최선의 것은 어머니다운 보살핌이라는 걸 알고 있고, 그렇게 하고 있다.

설리프는 해외에 많은 숭배자들을 거느리고 있으며, 오래전에 라이베리아에서 희망은 영원히 사라졌다고 체념한 국민들에게 희망을 심어주었다. 2006년 1월 그녀의 취임식에는 로라 부시(Laura Bush) 영부인과 콘돌리자 라이스(Condoleezza Rice) 국무장관은 물론 많은 외국의 고위 인사들이 참석했다. 설리프를 신뢰하여 그녀가 라이베리아를 다시 일으키는 일을 돕겠다고 약속한 외국 정부들도 많이 있다. 그러나 그녀 앞에 놓인 상황은 거의 절망적이다. 설리프가 조국을 정상적인 국가의 모습으로 상당히 회복시켰지만, 라이베리아는 몰락한 국가의 모습에서 크게 달라진 것이 없다. 갖가지 경제적 문제가 산적해 있을 뿐만 아니라 폭력으로 회귀하려는 망령이 남아 있다. 찰스 테일러의 부인과 사무엘 도가 고문으로 죽는 모습을 즐겁게 지켜본 존슨 왕자를 포함해서, 내전 동안 약탈을 일삼고 국가를 황폐화시킨 도당의 대표자들이 지금도 라이베리아 의회에 자리를 차지하고 있다. 새로운 정부는 어쩔 수 없는 정치적 필요성 때문에 라이베리아의 불행에서 이득을 얻고 싶어 하는 또 다른 거물 서너 명과 의심스런 타협을 할 수밖에 없었다. 군인들 수천 명과 전쟁에 찌든 아이들은 여전히 일자리가 없고 교육을 받지 못한 상태이다. 다시는 라이베리아 설립자들의 정치적 가치와 좌우명을 무색하게 만든 불의를 바로잡지 못할지도 모른다. 그러나 설리프 대통령, 마 엘렌은 그것이 가능하다고 믿으며 여느 때처럼 목표에 매진하고 있다.

그녀는 자신이 다른 이들보다 라이베리아의 모순을 더 잘 이해하고 있다고 생각한다. 언젠가 그녀는 한 기자에게 라이베리아에서 서로 상충되는 두 세계, 엘리트 집단과 혜택받지 못한 계층을 경험하고, 인간의 잔인함을 직접 체험하고, 서구에서 생활할 수 있었던 혜택받은 인생 덕분에 "라이베리아의 상반된 모든 부분을 대표할 수 있는 자격을 갖추었다."라고 말했다. "저는 라이베리아의 가능성을 알고 있습니다. 만일 변화를 몰고 올 수 있는 사람이 있다면, 그 사람은 인생의 그늘과 양지 모두를 대표할 수 있는 사람이어야 합니다."[10]

스스로를 절망적인 나라에 변화를 일으킬 수 있는 동력이자 희망의 등불이라고 확신하는 설리프의 자신감이 거만해 보일 수도 있다. 그러나 그것은 해외에서 편안하고 안락한 삶을 살 수 있을 때 몇 번이고 되풀이해서 라이베리아로 돌아오고, 공포로 가득 찬 경험에서 다시 일어서고, 거대한 위험에 맞설 수 있는 힘의 원천이었다. 그녀는 일신의 영달이 아니라 다른 사람들을 돕기 위해 그런 일들을 했다. 어쩌면 설리프의 결정은 인생의 비밀이란 바로 다른 사람들에게 도움을 주는 것이라는 사실을 알고 있음을 보여주는 예일 것이다. 그것은 허영의 반대, 진정한 자존심의 근본인 겸손이다. 그리고 가장 고귀한 결정에서 공통적으로 볼 수 있는 가치이다.

권리를 지키다

1946년 2월 13일, 아이작 우다드 주니어(Isaac Woodard Jr.) 하사관은 조지아 주 오거스타에 있는 미 육군의 캠프 고든에서 명예롭게 제대했다. 그날 저녁, 그는 사우스캐롤라이나 주 윈스보로 행 그레이하운드 버스에 올랐다. 오거스타를 지난 한 정류장에서 그는 버스 운전기사에게 화장실에 갔다 올 동안 기다려달라고 부탁했다. 운전기사 블랙웰(A. C. Blackwell)은 거절했고 말다툼이 벌어졌다. 우다드는 블랙웰이 자신의 요청을 거절하면서 사용한 무시하는 듯한 말투에 화가 났고, 운전기사에게 그대로 말했다. 마침내 블랙웰은 한 걸음 양보해서 우다드가 화장실에 다녀올 동안 기다렸다.

다음에 일어난 일에 대해서는 의견이 분분하다. 운전기사는 우다드와 다른 군인들 서넛이 술에 취하고 무질서했으며 우다드의 행동이 한 여성 승객을 불쾌하게 했다고 주장했다. 우다드는 자신은 술에 취하지 않았고—동료 퇴역군인들이 입증한 사실이다—잘못이라고는 자신을 무례하게 대한 운전기사에게 말대꾸를 한 것뿐이라고 주장했다. 화장실에서 돌아온 다음 그는 블랙웰과 더 이상 말을 하지 않고 자리에 앉아 버스가 사우스캐롤라이나 주 베이츠버그에 도착할 때까지 조용히 있었다.

블랙웰은 잠시 버스에서 내려 마을 경찰서장 린우드 셜(Lynwood Shull)과 또 다른 경찰관 엘리엇 롱(Elliot Long)과 함께 돌아왔다. 롱은 우다드를 버스에서 끌어내어 때렸다. 나중에 셜은 우다드가 술에 취해 상스러운 말을 내뱉었기 때문에 곤봉으로 위협할 수밖에 없었지만, 그 순간에는 폭력을 사용할 필요성은 느끼지 않았다고 주장했다. 사건을 목격한 승객 서너 명은 그의 주장을 반박했다. 셜과 우다드 모두 이후에 폭력행위가 있었다고 인정했다.

셜은 다른 승객들이 볼 수 없는 가까운 골목으로 우다드를 끌고 갔다. 우다드는 경찰서장이 그의 질문에 "네, 그렇습니다." 대신 "그렇소."라고 대답했다는 이유로 자신을 구타했고, 결국 몸무게가 95킬로그램이나 나가는 셜에게서 곤봉을 빼앗으려 할 수밖에 없었다고 인정했다. 셜은 자신의 행동이 정당방위였다고 주장했다. 그러나 롱 경찰관이 그 자리에 나타나자 실랑이는 폭행으로 변했다. 나중에 셜은 우다드를 야경봉으로 때린 사실은 인정하지만 횟수는 기억나지 않는다고 말했다. 우다드는 머리 부위를 여러 차례 맞았으며 셜이 야경봉으로 양쪽 눈을 강타했다고 주장했다. 구타가 잠잠해졌을 때 셜과 롱은 피 흘리는 우다드를 교도소로 데려가 감방 안에 던졌고 상처도 치료하지 않은 채 그대로 방치했다.

아침에 눈을 뜨자 우다드의 시력은 악화되기 시작했다. 지방판사 앞에 선 그는 음주 문란으로 유죄 판결을 받고 벌금 50달러를 부과받았다. 그는 감방으로 돌아와 의사의 진료를 요청했다. 이틀 후, 의사가 도착해서 컬럼비아에 있는 퇴역군인병원으로 옮기라고 조언했다. 우다드의 가족은 실종자 보고서를 제출했다. 3주 후 육군이 퇴역군인병원에 있는 그를 발견하고 즉시 스파턴버그에 있는 육군병원으로 옮겼다. 의사들은 그가 완전히 실명했다고 말했다. 린우드 셜이 휘두른 야경봉으로 양쪽 안와(眼窩)가 파열된 것이다.

어처구니없지만, 우다드 하사관에게 가해진 야만적인 폭행은 그 당시, 또 그 일이 일어난 곳에서는 보기 드문 일이 아니었다. 아이작 우다드는 흑인이었다. 그리고 그의 적은 백인들이었다. 철저히 인종차별적인 1940년대 남부에서는 흑인들을 학대하는 일에 인권 따위는 전혀 문제되지 않았다.

27살의 아이작 우다드 하사관은 대서양 전역에서 이제 막 돌아오고, 육군에서 제대한 지 불과 몇 시간밖에 안 되는 퇴역군인이었다. 그는 훈장수여자였고, 병역을 면한 시민들이 좀 더 따뜻하게 환영해주기를 기대했다. 우다드는 좀 더 현명했어야 했다. 그는 사우스캐롤라이나에서 태어나 노스캐롤라이나에서 자랐고, 인종차별적인 문화가 얼마나 바뀌기 어려운지 알고 있었다. 그러나 전쟁은 사람을 변화시킨다. 군복무를 마친 그는 수천 명의 아프리카계 미국인들과 마찬가지로 메이슨딕슨선(Mason-Dixon line : 미국 메릴랜드 주와 펜실베이니아 주와의 경계선으로, 남부와 북부의 경계—옮긴이) 이남에 있는 백인들도 군복을 입고 국가를 위해 목숨을 건 자신에게 좀 더 경의를 표하는 것이 당연하다고 생각했다. 백인 우월주의 옹호자인 남부 사람들은 이런 생각에 분노했다. 그리고 퇴역군인들을 즉시 착각에서 깨어나게 해주기로 결심했다.

전쟁 후 처음 몇 달 동안 전쟁 때문에 흑인 군인들이 기존 사회질서를 전복시킬 힘을 얻자 남부 사람들의 우려가 커졌다. 그 때문에 큐클럭스클랜(Ku Klux Klan : 남북전쟁 후에 생겨난 인종차별주의적 극우비밀조직—옮긴이) 활동이 크게 증가했다. KKK의 부활은 남부에서만 볼 수 있는 현상이 아니었다. KKK 뉴욕 지부의 회원도 늘어났으며 공개시위가 더 자주 열리고 참석자도 많아졌다. 그러나 남부에서는 오래된 증오를 표출하는 더욱 과격한 활동이 일어났다.

1946년 2월, 테네시 주 컬럼비아의 한 백인 남성이 흑인 여성을 때렸다.

최근 해군에서 제대한 그녀의 아들 제임스 스티븐슨(James Stephenson)은 그 남자를 판유리 창문에 던졌다. 스티븐슨을 죽이려고 흑인 지역으로 향한 성난 무리는 무장한 흑인 퇴역군인들과 맞닥뜨렸다. 폭력 사태가 벌어졌고, 그 와중에 백인 경찰 네 명을 포함해서 무리 중 서너 명이 죽거나 다쳤다. 주지사는 주 경찰관 500명을 현장으로 보냈다. 주 경찰관들은 사람들을 향해 총을 무차별 난사하고, 눈 앞에 있는 것을 모두 부수었다. 100명이 넘는 사람들을 체포했고 그중 두 명은 교도소에 있는 동안 살해했다. 전미유색인종지위향상협회(NAACP)의 변호사로 피고측 법률고문을 맡은 미래의 대법원 판사 더굿 마셜(Thurgood Marshall)은 테네시 주의 행동을 '독일 돌격대'의 행동에 비유했다.

6월 25일, 조지아 주 월튼 카운티에 있는 한 다리에서 스무 명 이상의 일당이 육군 퇴역군인 조지 도시(George Dorsey)와 아내 메이, 처형과 처형의 남편이 탄 차를 세운 다음 차에서 끌어내렸다. 그들을 소작농으로 고용했던 예전 백인 농장주가 주도한 일이었다. 그들은 애팔래치아 강변 근처에서 60군데 이상 총상을 입은, 형체를 알아볼 수 없는 시체로 발견되었다. 그들을 끔찍한 운명으로 몰아넣은 남자는 "입대하기 전 조지는 꽤 착한 검둥이였다. 그러나 제대한 후에는 자기가 백인 남자들만큼 잘났다고 생각했다."라고 말했다.[1]

그날 밤, 조지아 주 버틀러에서 어머니와 살고 있는 또 다른 훈장수여자이자 퇴역군인인 마케오 스나입스(Maceo Snipes)가 대문을 두드리는 소리에 문을 열었다가 총에 맞아 죽었다. 그는 그날 민주당 예비선거에서 투표를 했다. 그가 살고 있는 지역에서 오직 흑인 6명만이 선거권을 행사했다.

8월, 한 백인 폭도가 또 다른 퇴역군인 존 존스(John C. Jones)를 가스화염기와 고기 써는 칼로 고문해서 죽이고 시체를 루이지애나 주 민던 근처에 있는 늪에 내버렸다.

이들 모두 끔찍한 사건이었지만 흑인 퇴역군인들에 대한 백인들의 집단

폭력사태 중 일부에 지나지 않았다. 양식 있는 미국인들은 이 참사에 분노했고 민권단체들은 남부에서 흑인 퇴역군인들이 받는 치욕스러운 대접과 인종차별법의 부당함에 항의했다. 전미유색인종지위향상협회의 사무총장인 월터 화이트(Walter White)는 제1차 세계대전에서 훈장을 받은 퇴역군인 출신으로, 항상 전우들에 대한 애정이 넘치는 한 친구와 그 충격적인 사건들을 논했다.

화이트는 분명 분노에 동조한 그 친구의 배경을 알고 있었다. 남북전쟁 20년 후에 태어난 그는 인종차별이 존재하는 남부에서 유명인사였다. 예전에 노예 소유주였던 그의 가족에게는 여전히 북부군의 난폭한 취급에 대한 분노가 남아 있었다. 그가 오랫동안 속한 문화와 가족에게는 일반적인 인종적 편견이 존재했다. 그는 '검둥이'라는 단어도 사용했는데 악의에서가 아니라 그 당시 백인들의 대화 습관 때문이었다. 인종평등주의에 찬성하지 않는 것도 여전했다. 화이트는 그가 좋은 사람이라는 걸 알았고 그를 존경했다. 그가 비록 자신을 후원하는 부패한 정치적 지배세력의 우두머리에게 충성을 다하고는 있지만 양심적이고 정직한 사람으로 알려졌다는 사실을 알고 있었다. 그 집단은 도시에 사는 흑인들의 표에 의지하고 있었으며, 그들의 복지에 관심을 갖고 있다는 것을 보여주려고 애를 썼다. 지금 화이트가 도움을 청하려는 사람은 항상 흑인들에게 예의바르고 그들에게 관심을 가지는 모습을 보여주었다. 그러나 인종 문제에 있어서 그는 분명 민중 선동가는 아니었다. 오히려 본능적으로 정의를 추구하고 약자를 지지하며 올바른 일을 하려고 노력하는 정직한 사람이었다. 다만 20세기 중반 미국 문화에 깊게 뿌리 내린 편견을 뛰어넘지는 못한 사람이었다.

6년 전 한 연설에서 그는 흑인들의 처우와 그들이 처한 상황에 관심을 갖겠다고 맹세했지만 흑인 관중에게 이렇게 충고했다. "저는 검둥이들의 사회적 평등을 호소하는 것이 아닙니다. 검둥이들이 그렇게 어리석지는 않습니다. 가장 영향력 있는 검둥이 지도자들은 오히려 검둥이들만의 사회가 더

◈ 해리 트루먼(아트 셰이/기고가, Time & Life Pictures/Getty Images).

좋다고 솔직하게 말하고 있습니다. 검둥이들이 원하는 것은 정의이지, 사회적인 교제가 아닙니다." 그러나 그는 이런 경고를 덧붙였다. "어느 인종에게든 끊임없이 적대행위를 가하고 모욕을 준다면 결국 그들의 인내심이 한계에 다다르고 위기가 닥칠 겁니다. 우리는 모두 검둥이들이 이 나라에서 우리와 함께 있을 거라는 사실을 알고 있습니다. 그들을 정치, 경제생활에서 배제할 수 있는 방법은 없습니다. 우리 헌법에 명시되어 있듯이 흑인들의 양도할 수 없는 권리를 인정해야 합니다. 다른 사람들을 보호하지 않으면서 법의 보호를 주장할 수 있겠습니까?"[2]

그는 정직하고 공명정대했고, 시대보다 약간 더 앞서 있는 사람이었다. 남부에서 잔악한 행위로 고통받고 있는 흑인 퇴역군인들에게 각별한 애정을 가진 사람이기도 했다. 그는 흑인들의 총사령관이었다. 해리 트루먼(Harry S. Truman)은 자신이 하는 일에 대한 책임을 가볍게 여기지 않았다.

해리 트루먼은 1922년에 처음으로 공직에 출마했다. 군 동료들은 미주리 주 잭슨 카운티에서 세를 확장하고 있는 KKK단이 그에게 호감을 갖고 있으며 경쟁률이 높은 민주당 예비선거에서 그의 당선이 보장될 수 있도록 힘을 쓸 수 있다고 말했다. 트루먼은 처음에 그 제안에 난색을 보였지만 나중에는 입회비 10달러를 내고 KKK단 설립자와 만나기로 했다. 그러나 KKK의 임원이 당선 후에는 절대 가톨릭교도를 고용해서는 안 된다고 말하자 트루먼은 10달러를 돌려달라고 말했다. 그는 제1차 세계대전에서 캔자스시티 출신의 아일랜드계 가톨릭교도들로 이루어진 포병중대를 지휘했고, 그들을 '아일랜드 패거리'라고 다정하게 불렀다.[3] 그 이후로 그는 "나는 형제들보다 전우들과 더 가깝다."라고 단호하게 말했다. KKK단은 그때의 선거운동과 이후의 모든 선거운동에서 트루먼을 방해했다. 트루먼은 아랑곳하지 않았다. 그는 한 번도 KKK단을 좋아한 적이 없었다.

트루먼은 대통령이 된 지 몇 주 지나지 않았을 때 처음으로 월터 화이트를 만났다. 만남이 끝난 후 두 사람은 서로를 친구로 여겼다. 새로운 대통령은 상징적인 중요 조치로 유색인종지위향상협회의 지도자를 백악관으로 초청했다. 그리고 다른 문제들과 더불어 루스벨트 대통령이 대통령령으로 만든 공정고용실천위원회(Fair Employment Practices Committee) 설립을 논의했다. 대통령령은 곧 만료되기 때문에, 공정고용실천위원회를 상임위원회로 만들고 운영기금을 확보하려면 트루먼이 연방의회의 승인을 받아야 했다. 루스벨트는 그 법안 때문에 연방의회를 재촉하는 것이 내키지 않았지만 트루먼은 개의치 않았다. 1945년 6월 5일, 그는 그 법안이 묻혀 있는 하원 준칙위원회(House Rules Committee)의 위원장에게 편지를 써서 "자격을 갖춘 사람이 고용에서 차별을 받는 것은 본래 반미국적일뿐더러 종국에는 산업폭동과 산업분쟁을 야기할 수 있습니다."라고 경고했다. 일주일 후 기자회견에서 트루먼은 연방의회에 법률제정을 촉구했다.

상원의 남부 민주당원들은 삼대 후에도 대다수 미국인들은 그 법률에 충격을 받을 거라고 말하며 예상한 반응을 보였다. 미시시피 주의 시어도어 빌보(Theodore Bilbo) 상원의원은 동료들에게 "뉴욕에 있는 검둥이들과 유대인들은 서로 협력해서 일하고 있습니다. (중략) 이것은 빌어먹을 공산주의자들이 악의를 품고 만든 법안입니다."라고 주의를 주었다. 미시시피의 다른 상원의원 제임스 이스트랜드(James Eastland)도 그와 의견을 같이하여 그 법안을 옹호하는 사람들을 비난했다. "우리는 열등한 인종의 문제를 논하고 있습니다. (중략) 검둥이 군인들은 전 유럽에서 미국의 위신을 떨어뜨렸습니다. (중략) 검둥이들은 싸우지도 않고, 일하지도 않을 겁니다."4)

트루먼이 공정고용실천위원회를 상임위원회로 만들기 위해 일 년 이상 노력했음에도 불구하고 결국 상원의 의사진행 방해로 법안이 부결되었다. 그가 할 수 있는 최선의 방법은 위원회가 없어지기 전에 약간의 정부지출금으로 마지막 업무를 끝마치게 하는 것이었다.

트루먼과 화이트의 만남이 있고 몇 년 후, 대법원이 브라운 대 교육위원회 사건에서 역사적인 판결을 내렸다. 이로써 1950년대와 1960년대 인종평등을 위한 투쟁이 가속화되었다. 남부에서 흑인 퇴역군인들이 당한 학대로 민권단체들이 결집하고 저명한 백인들이 행동에 나섰다. 그러나 흑인들의 헌법상 권리를 되돌려주기 위한 전국적인 외침은 없었다. 연방의회의 완고한 공직자들은 말할 것도 없었다. 워싱턴 자체가 인종차별이 존재하는 곳으로, 워싱턴의 흑인 시민들이 받는 대우는 캔자스시티의 흑인들보다 나을 것이 없었다. 아니, 어쩌면 더 형편없는지도 몰랐다.

트루먼 역시 정치적인 모험을 감행할 수 있는 입장이 아니었다. 그는 부통령직을 맡은 지 겨우 5개월 만에 친애하는 프랭클린 루스벨트 대통령의 뒤를 이었다. 대다수 국민들과 워싱턴의 공직자들은 트루먼에게 고인이 된 이전 대통령과 같은 노련함과 지혜, 매력이 부족해서 그 둘을 비교하는 일

자체가 터무니없다고 생각했다. 그는 워싱턴과 고향에서 인기가 많았으며 상원의원 역할을 훌륭히 수행했던 의회에서도 대체로 존경받았다. 그러나 절친한 친구들(모두 다는 아니었지만)을 제외하고는 아무도 그가 대통령직에 적임자라고 생각하지 않았다. 여론조사가 보여주듯이 그의 지지도는 낮았다. 사람들은 더 적합한 대통령이 나타날 때까지 연방정부 대행인의 역할을 하는 것 외에 그가 다른 일을 할 거라는 기대도 거의 하지 않았다.

대통령직을 승계했을 때 트루먼은 대단히 중요한 시기에 그 자리를 책임질 만한 사람으로 보이지 않았다. 전쟁을 끝내기 위해 그리고 전후 세계질서를 정비하고 기본적인 공공시설을 설립하기 위해 그가 내려야 했던 결정들은 엄청나게 힘들고 부담스러웠다. 트루먼이 윈스턴 처칠, 스탈린 같은 세계무대의 노련한 강적들과 만난 포츠담 회담(Potsdam Conference)은 취임한 지 몇 달 되지 않았을 때 열렸다. 일본에 최초로 원자폭탄을 투하하는 결정도 내려야 했다. 유엔을 창설하기 위한 교섭도 진행 중이었다. 일본이 항복한 후, 트루먼은 지난날의 적 소비에트연방과 함께 냉전시대에서 자유진영을 이끌었다. 트루먼 정부는 마셜 플랜(Marshall Plan: 유럽경제부흥계획. 미 국무장관 마셜이 경제적 파국에 직면한 유럽 여러 나라를 구제한다는 명목으로 제창한 계획—옮긴이)을 시작하고, 트루먼 독트린(Truman Doctrine: 1947년 트루먼 대통령이 의회에서 그리스·터키에 대한 군사 원조를 요청할 때 선언한 외교 정책의 새로운 원칙. 자유주의 진영에 대한 공산주의 세력의 위협에 힘으로 대항한다는 의사를 명백히 하여 냉전을 공식화한 원칙—옮긴이)을 발표한다. 트루먼 독트린은 그리스와 터키가 소비에트연방의 위성국가가 되는 것을 막기 위해 원조를 제공했고, 냉전시대 외교 정책의 기조가 되었다. 이런 결정들과 더불어 기념비적인 다른 중요한 결정들은 학력이라고는 고등학교 졸업이 전부인 겸손한 전직 잡화상인의 책임이었다. 그에게 지금이 민권에 대한 혁신적인 모험을 시작할 적기라고 조언하려는 사람은 거의 없었다.

그러나 월터 화이트와 동료들이 트루먼에게 1946년 9월 19일에 남부에서 퇴역군인들에게 가해진 잔학한 행위들을 상세히 이야기한 후 트루먼은 즉시 조치를 취했다. 그는 양심의 가책을 무시하거나 자신의 건전한 도덕심에 혐오감을 느끼게 하는 행동들을 묵인하는 타입이 아니었다. 퇴역군인들은 조국을 지킨 군인들이었다. 어디에 살든지 간에 그들은 동포들로부터 그에 합당한 대우를 받을 자격이 있었다.

월터 화이트는 회고록에서 방금 들은 정보에 대경실색한 트루먼의 반응을 회상했다. 트루먼은 "맙소사! 그 정도로 끔찍한지는 미처 몰랐소. 우리가 무슨 조치를 취해야 하오."라고 말했다.[5] 그는 법무장관 톰 클라크(Tom Clark)에게 남부에서 퇴역군인들에게 가해진 연방범죄를 수사하고 범인들을 체포하여 기소하라고 말했다. 클라크는 대통령의 말대로 했지만, 결과는 반쪽짜리 성공이었다. 우다드 폭행사건 후 6일째 되는 날, 연방정부의 요원들이 린우드 셜을 체포했다. 그러나 전원 백인인 배심원들은 무죄를 선고했다. 선량한 클라크는 과거에 노예를 소유했던 집안 출신의 남부 사람치고는 민권에 편견이 없는 사람이었다. 그는 최선을 다했다. 그러나 연방요원들의 수사를 지휘하는 에드거 후버(J. Edgar Hoover)는 명백히 그러한 의견에 동조하지 않았다. 그리고 남부 백인 배심원들은 분명 흑인의 권리를 훼손한 혐의로 기소당한 백인 남자들에게 교수형을 선언할 사람들이 아니었다. 월터 화이트를 만난 다음 날, 트루먼은 클라크에게 보내는 메모에 독단으로 인종 불평등을 조사하는 연방위원회를 임명하는 것을 곰곰이 생각 중이라고 쓰고, 의회에는 연방위원회가 상황을 개선하기 위한 것이라고 알렸다.

대통령 민권위원회를 만들겠다고 결정한 이유가 오직 퇴역군인들의 처우에 대한 트루먼의 분노 때문이라고 생각하면 오산이다. 사실 그는 그 문제로 대단히 노여워했다. 그러나 다른 많은 결정에서와 마찬가지로 미국인 전사들의 희생에 대해 느끼는 본능적인 존경심과 공명정대함이 이유의 전부가 아니었다. 트루먼은 대다수 전임 대통령들만큼 정규교육을 많이 받지는 못했다. 그저 조그만 가족농장의 분주하고 때로는 적막하기도 한 환경 속에서 자란 소년으로, 전통적인 일반 교양교육 교과서를 모두 읽은 매우 박식한 사람이었다. 그는 키케로나 플루타르크, 마르쿠스 아우렐리우스의 글을 하버드의 학자만큼 정확하고 적절하게 인용할 수 있었다. 미국 헌법과 독립선언 같은 건국에 관련된 문서들을 이해하고 충실히 따르는 데도 전념했다. 그는 이제 헌법상의 공무원이며 남편과 아버지로서의 책임만큼 진지하게 헌법을 지키겠다고 서약했다.

트루먼은 미국 내의 인종적 불평등이 미국인들의 위선을 폭로하고, 도덕적 지위 그리고 민주주의와 평등의 원칙 위에 새로운 세계질서를 세울 능력을 약화시켰다는 것도 알고 있었다. 그는 미국의 새로운 적 소비에트연방이 유럽의 절반 이상에 철의 장막을 드리울 준비를 하는 동안 재빠르게 그러한 위선을 지적하리라는 것을 알았다.

그래서 1946년 12월 5일, 트루먼은 대통령령 9808을 발포하여 유럽과 아프리카 태생의 저명한 미국인 15명으로 구성된 최초의 대통령 민권위원회를 만들었다. 그는 모든 지역의 인종적, 종교적 차별을 조사하여 불평등을 바로잡기 위해 어떤 조치—법률제정이든 대통령령이든—가 필요한지 보고하라고 지시했다. 발표가 있기 한 달 전, 유권자들은 트루먼에게 굴욕적인 패배를 안겨주었다. 1946년 중간선거로 양원에서 공화당원 다수가 선출되었다. 트루먼의 지지도는 여론조사 결과 30퍼센트 중반으로 떨어졌는데, 이것 역시 압도적으로 많은 수의 미국인들이 새로운 연방 민권정책을 지지하지 않는다는 것을 보여주었다. 트루먼은 의회의 새로운 공화당원들이 남부 민주당원들과 함께 새로운 위원회의 운영을 위한 기금을 제공하지 않을 거라고 판단하고 대통령의 우발위험준비금(contingency fund)에서 기금을 지불했다.

트루먼이 임명한 저명한 시민 15명은 누군가의 말에 의하면 '노아의 방주 위원회'를 구성했다.[6] 트루먼은 인종 간 관계에 대한 진보적 견해를 갖춘 것으로 알려진 존경받는 제너럴일렉트릭(General Electric)의 사장 찰스 윌슨(Charles E. Wilson)에게 위원장직을 맡아달라고 부탁했다. 추가로 그는 민권운동의 선구자를 어머니로 둔 전임 대통령의 아들 프랭클린 루스벨트 주니어(Franklin Roosevelt Jr.), 리버브라더스(Lever Brothers)의 사장 찰스 럭맨(Charles Luckman), 존경받는 성직자 세 사람, 랍비 롤랜드 기텔슨(Roland Gittelsohn)과 가톨릭 주교 프랜시스 하스(Francis Haas)와 성공회 주교 헨리 쉐릴(Henry Sherrill), 산업별노동조합회의(CIO)의 제임스 캐리(James Carey)와 미국노동총연맹(AFL)의 보리스 쉬스킨(Boris Shishkin), 로마가톨릭 우애공제회(Knights of Columbus)의 프랜시스 매튜스(Francis Matthews), 다트머스 대학의 존 딕키(John Dickey), 전 상원의원이며 사우스캐롤라이나 대학의 총장인 프랭크 그레이엄(Frank Graham), 유색인종을 위한 교육의 기회를 증진하는 펠프스-스토크스펀드(Phelps-Stokes Fund)의 이사 채닝 토비어스(Channing Tobias), 미국시민자유연맹(American Civil Liberties Union)의 설립자 모리스 에른스트(Morris Ernst), 감리교회의 틸리(M. E. Tilly) 부인, 경제학박사이며 강경한 인종평등지지자로 명성이 자자한 필라델피아 출신의 흑인 변호사 새디 태너 알렉산더(Sadie Tanner Alexander)를 임명했다.

직업과 인종, 종교, 지역 면에서 균형을 이룬 이들 모두가 민권에 대한 워싱턴과 대다수 국민들의 일반적인 견해보다 진보적인 견해를 견지하고 있었다. 트루먼은 그들이 제출할 보고서가 공정하고 영향력이 클 것이라 믿었다. 그는 위원회 구성원들에게 "우리의 권리장전이 실제로 시행되기를 원합니다. 우리는 전진하고 있습니다. 그러나 우리가 전진하는 속도는 충분하지가 않습니다."라고 말했다. 그는 KKK단과 20세기 초의 인종 문제를 언급하면서 이렇게 말했다. "인종차별은 더 이상 보고 싶지 않습니다. 이 나라에 예전 같은 신앙적인 편협함이 만연하는 것을 더 이상 보고 싶지 않습니다." 트루먼은 위원회에 소환장 발부권을 포함해서 광범위한 권한을 위임했고, 연방정부에 전적으로 협력하라고 지시했다. 위원회에는 다음 해 가을까지 보고서를 완성하라고 요청했다.

6개월 후, 트루먼은 미국 대통령으로서는 최초로 유색인종지위향상협회 회의에 참석해 링컨 기념관 계단에서 연설을 했다. 며칠 전 그는 여동생 메리 제인에게 보낸 편지에서 어머니가 자기 의견에 관심을 갖지 않으실 거라고 걱정했다. 활기 넘치는 그의 어머니는 11살 때 연방군 때문에 강제로 가족농장에서 피신했다. 그 이후로는 북부 사람들에 대한 경멸과 인종편견적 견해에 대해 단호한 입장을 유지하고 있었다. 백악관 집사 알론조 필즈(Alonzo Fields)의 회고록에는 이런 이야기가 있다. 백악관을 방문한 마사 엘렌 영 트루먼이 저녁식사 시간에 대통령이 한 손님에게 누군가의 이름을 언급하는 것을 들었다. 그녀는 트루먼에게 "그 사람 북부 사람 아니냐?"라고 물었다.

"네, 어머니. 그렇지만 아시다시피 남부 사람도 좋은 사람, 나쁜 사람이 있는 것처럼 좋은 북부 사람들도 있어요." 트루먼이 대답했다.

그러자 그의 어머니가 말했다. "글쎄다. 좋은 양키가 있는지는 모르겠지만, 나는 지금껏 한 명도 못 봤단다."[7]

여동생에게 보낸 편지에 트루먼은 이렇게 썼다. "내일 연설을 해야 한단다. (중략) 내가 연설을 할 필요가 없었으면 좋겠다. (중략) 어머니는 내가 해야 할 말을 좋아하지 않으실 거야. 링컨의 말을 인용하면서 연설을 마무리 할 생각이란다. 그러나 나는 내가 하는 말을 믿고, 우리가 그것을 실행할 수 있다고 생각한다."[8]

오후 4시, 트루먼은 워싱턴 몰에 모인 관중 1만 명을 앞에 두고 전국적으로 방송되는 연설을 했다. 그의 옆에 서 있던 월터 화이트는 화술은 조금 부족할지 모르지만 연설이 보여주는 정치적 용기에 있어서는 게티즈버그 연설에 필적할 만큼 훌륭하다고 생각했다. 트루먼의 연설은 인두세와 일터에서의 차별, 공교육 불평등 폐지를 직접적으로 호소했다. "우리는 연방정부를 모든 미국인들의 권리와 평등을 지키는, 친근하면서 경계를 늦추지 않는 수호자로 만들어야 합니다. 저는 다시 한 번 모든 미국인들이라는 점을 강조하는 바입니다." 그의 호소는 단지 정치적 필요성이 아니라 순전히 도덕적 중요성에 근거했다.

> 아직도 많은 국민들이 모욕적인 행동으로 수모를 받으며, 점점 수위를 더해가는 협박 때문에 공포에 떨고, 신체적 상해와 집단폭행으로 고통받고 있다는 말씀을 드리게 되어 유감입니다. 이런 악은 편견과 불관용 속에 여전히 깊이 뿌리박혀 존재하고 있습니다. 우리 국민들의 양심과 이를 단속하는 사법기관들은 아직 모든 국민들을 공포로부터 완전히 해방시키지 못했습니다.
> 이런 악폐를 없애기 위해 다시 10년을, 또는 한 세대를 기다릴 수는 없습니다. 우리는 그 어느 때보다 열심히 노력해서 이제 문제를 해결해야 합니다.

자리에 앉은 대통령은 화이트 쪽으로 몸을 돌려 "내가 말한 한 마디 한 마디가 모두 진심이오. 그리고 나는 그 말이 진심이었다는 것을 증명하겠소."라고 말했다.[9] 그리고 그는 그것을 증명했다.

대통령 민권위원회는 1947년 10월 29일, 178쪽 분량의 보고서를 트루먼에게 제출했다. '이 권리들을 확보하기 위해' 라는 표제가 붙은 보고서는 흑인들에게 주어지지 않았지만 트루먼이 흑인들이 가져야 하는 권리라고 주장한, 공포로부터 자유로울 권리를 지키는 여러 가지 방법을 자세하게 설명했다. 보고서는 최근에 벌어진 대중에 의한 처형과 극악한 인권학대, 남부와 그 밖의 장소에 살고 있는 흑인들의 생활 곳곳에서 가해지는 무수히 많은 형태의 차별을 상세히 기록했다. 그리고 개인적인 처형을 금지하는 연방법, 인두세 폐지를 위한 연방법, 유권자의 권리보호, 각 주(州) 간 상업적 왕래의 인종차별 폐지, 1913년 우드로 윌슨(Woodrow Wilson)이 인종에 따라 분리한 군과 행정사무직에서의 인종통합 등을 포함한 구체적인 법적 구제절차와 실행방법 서른다섯 가지를 제안했다. 트루먼은 그 제안들을 모두 채

택했다. 「워싱턴포스트」는 '미국인들의 생활양식에서 인종분리와 인종차별을 일소하는 즉각적이고 대담한 방법들 때문에' 그 보고서를 '사회적 다이너마이트'라고 묘사했다.[10]

트루먼이 1948년 연두교서를 준비하는 동안 트루먼 정부의 법률제정 최우선 순위는 민권위원회의 권고였다. 그는 자신에게 반대하는 사람들이 누구인지 알고 있었다. 의회의 공화당원들과 남부의 인종차별주의자들이 지배하는 민주당 간부회는 그들 대부분이 문제라고 보지 않는 것을 개선하려는 과감한 행동들을 받아들이지 않을 게 분명했다. 더 큰 우려는 다가오는 국회의원 총선거였다. 민주당은 총선을 통해 의회에서 다수의 좌석을 되찾기를 기대하고 있었다. 인종 간의 관계를 급진적인 방법으로 해결하려고 해봤자 남부 민주당원들과 소원해지기만 할 뿐이었다. 트루먼 역시 재선거를 앞두고 있었지만, 의회에 있는 민주당원들에게는 큰 관심사가 아니었다. 그들은 많은 미국인들과 마찬가지로 지금 민권 문제로 자신들을 성가시게 하는, 전임 대통령의 사망 때문에 대통령직을 승계한 트루먼이 아마도 큰 표 차이로 재선에 실패할 거라고 믿었다.

해리 트루먼은 민주당원들의 생각은 전혀 모르고 있었지만, 민권 프로그램이 의회에서 통과되기란 사실상 불가능하다는 것을 깨닫고 있었다. 그러나 그는 시도해보는 것이 중요하다고 생각했다. 트루먼의 고문들은 그 계획이 결국 트루먼의 재선 가능성을 높일 거라는 부류와 재선에 악영향을 미칠 거라는 부류로 나뉘었다. 북쪽 도심지에서 흑인들의 표심이 점차 중요해지고 있기 때문에 남부의 이심을 상쇄할 거라고 생각하는 사람들이 많았다. 그러나 다른 사람들은 굉장히 위험한 도박이라고 생각했다. 프랭클린 루스벨트 대통령의 이전 부통령이었던 헨리 월러스(Henry Wallace)가 진보당 후보로 대선에 출마할 예정이었다. 고문들은 월러스가 트루먼이 이번 논쟁으로 끌어올 수 있을 거라고 기대하는 바로 그 표들의 일부를 흡수할까봐 우려했다.

미국에서는 대통령의 정책에 관해서 의견이 거의 일치했다. 미국인들은 정책에 반대했다. 갤럽이 진행한 여론조사에 따르면 미국인 중 오직 6퍼센트만 찬성했다. 트루먼을 가장 많이 비난하던 남부에서는 57퍼센트가 반대했다.[11] 정계에서는 이미 인기 있는 인종차별주의자 스트롬 서몬드(Strom Thurmond)와 사우스캐롤라이나 주지사가 민주당을 탈당해서 주권민주당의 후보로 대선에 출마할 거라는 소문이 돌았다. 자신이 마주한 정치적 반대에 낙담하는 것이 당연했겠지만, 트루먼은 그런 내색은 거의 하지 않았다.

1월에 있던 연설에서 트루먼은 곧 민권위원회의 제안을 실행하는 데 필요한 법률제정을 요구하겠다고 단언했다. 그것이 그해 트루먼에게 최우선 순위였다. 그는 "우리의 첫 번째 목적은 우리 국민들의 기본적 인권을 완전히 보장하는 것입니다."라고 선언했다. 1948년 2월 2일, 트루먼은 연방의회에 개인적인 처형을 금지하는 법, 각 주 간 통상의 인종차별 폐지, 유권자의 권리를 보호하는 법령을 포함해서 위원회의 권고 중 다섯 가지 핵심이 담긴 교서를 보냈다. 당시는 무지한 시대였다. 그렇지만 어디 출신 국회의원이든 간에 그들이 개인적인 처형을 금지하는 법을 지지하고 싶었을 거라고 생각하는 사람도 있을 것이다. 살인을 용인할 사람이 어디 있겠는가? 실제로 그 법에 반대한 남부 민주당원들 중에는 개인적인 처형을 옹호하지 않는 사람들이 많았다. 심지어 스트롬 서몬드도 사우스캐롤라이나 주에서 엄격한 개인적 처벌 금지법과 실행을 재촉했다. 그러나 그들은 연방정부가 범죄 법령을 만들고 집행하는 자신들의 주권(州權)을 침해하는 것을 용납하지 않았다.

의회의 많은 친구들뿐만 아니라 남부 민주당원들을 포함한 고향의 친구들도 트루먼에게 민권 문제를 강행하겠다는 결심을 포기하라고 충고했다. 의회는 그 법안을 통과시키지 않을 테고, 그에게 필요한 유권자들이 떠나가면 트루먼만 손해였다. 공화당은 인기가 높은 뉴욕 주지사 톰 듀이(Tom Dewey)를 후보로 지명할 예정이었다. 트루먼이 친구들에게 검둥이들의 권리를 계속 떠들어댄다면 그들도 트루먼을 도울 수 없었다. 그러나 트루먼은 요지부동이었다.

남부의 친구들을 대표해서 찾아온 한 친구에게 트루먼은 '자신의 조상이 남부동맹 사람'이기 때문에 그들의 관점을 이해한다고 대답했다. 트루먼의 조부모는 노예 소유주였으며 부모님은 어릴 때부터 남부연합에 애정을 가진 분들이었다. 그러나 그는 이렇게 말했다. "해외에서 이제 막 돌아온 검둥이 군인들이 미시시피에서 군대 트럭 밖으로 던져지고 구타당한 사실을 알았을 때 나는 욕지기가 일었다네." 그리고 트루먼에게 충고한 미주리 출신의 한 친구에게 장황하고도 강경하게 대답했다.

> 나는 사회적 평등을 요구하는 게 아니네. (중략) 모든 인간에게 공평한 기회를 주자고 요구하는 거네. 내가 여기에 있는 한 이 싸움을 계속할 생각일세. 폭도들이 네 사람을 밖으로 데리고 나가 총으로 쏠 수 있고, 그 지역에 있는 모든 사람들이 그런 짓을 한 사람이 누구인지 알면서도 아무런 조치도 취하지 않는다면 그곳은 곤경에 빠진 거라네. (중략)
> 사우스캐롤라이나에서 경찰서장과 보안관 한 명이 검둥이 하사관을 버스에서 끌어내려 갑자기 공격하고 한쪽 눈을 실명시킬 수 있는데도 주 권한으로 아무런 조치도 취할 수 없다면 그 시스템은 뭔가 근본적으로 잘못된 걸세.
> 루이지애나와 아칸소 철도에서 석탄 연료 기관차가 사용됐을 때, 그곳에서 일하고 싶어 하는 사람은 검둥이 소방관들이었네. 그 일이 고되고 지저분한 일이었기 때문이지. 연료가 석유로 바뀌자마자 검둥이 소방관들에게 총을 쏘는 것이 관행이 되었고, 수많은 사람들이 살해당했네. 이제는 그 일이 사무직이고 백인에게 돌아가야 하는 일이라고 생각했기 때문이지. 나는 그런 일이 벌어지는 것을 용납할 수 없을뿐더러 내가 여기 있는 한 절대로 용납하지 않을 걸세. (중략) 나는 상황을 개선하기 위해 노력할 생각이고, 그 노력이 재선에서 실패하는 것으로 끝난다면 그 실패는 대의를 위한 것일세.[12]

1948년, 필라델피아에서 열린 민주당 회의에서 한 젊은 상원의원, 미네소타 주의 휴버트 험프리(Hubert H. Humphrey)가 대통령의 민권 프로그램을 정당의 강령에 포함시키기 위한 논쟁의 선봉장이 되어 그의 정치경력 중 가장 인상적인 연설을 했다. 남부 의원들의 분노를 샀기 때문에 마지막 당 회의 때 트루먼은 민권 강령을 논의하지 않는 데 찬성했다. 그러나 그는 재빨리 험프리의 노력을 후원했고 그것은 효과를 거두었다. 그리고 남부 민주당원들 일부가 항의 퇴장하는 결과를 낳기도 했다. 오랜 롤콜(roll call: 출석자를 호명하면 찬성·반대·기권 의사를 표명하는 표결방식—옮긴이)을 거쳐 마침내 트루먼을 후보로 지명하기로 결정한 후 〔남부의 반대 후보로 급하게 선택된 조지아 주의 리처드 러셀(Richard Russell)은 263표를, 트루먼은 948표를 얻었다.〕 트루먼이 했던 수락 연설은 열정적인 연설로 호평받았다. 트루먼은 연설에서 선거운동을 하는 동안 몇 번이고 호되게 비판했던 주제, 태만한 공화당 국회의원들에 관한 이야기를 처음으로 언급했다. 그리고 공화당이 태만하다는 것을 증명하기 위해 7월 26일 임시국회를 소집하고 민권법안을 포함한 입법 프로그램을 통과시켜야 한다고 주장할 계획이었다. 청중은 계획에 찬성했다. 강령의 새로운 조항 때문에 분개한 남부 민주당원들과 공화당 국회의원들은 찬성하지 않았다.

7월 17일, 남부 민주당원들인 '딕시크랫(Dixiecrat: 1948년에 미국에서, 민주당을 떠나 주권민주당을 조직했던 사람들을 이르는 말. 민주당의 혁신 정책에 반대하는 미국 남부의 지주 계급을 중심으로 이루어졌다—옮긴이)' 이 앨라배마 주 버밍햄에서 회의를 개최했다. 그들은 급히 창당한 주권민주당의 대통령 후보로 서몬드 주지사를 지명했다. 10일 후, 진보당원들은 헨리 월러스를 대표로 지명했다. 톰 듀이는 이미 대통령이나 마찬가지였다. 트루먼은 매우 곤란한 처지였지만, 의기소침해 보이지는 않았다. 그는 그 상황을 즐기고 있었다. 화가 난 국회의원들을 국회로 소집한 그날, 트루먼은 사인 한 번으로 군대와 연방정부 일자리에서 인종차별을 철폐하라고 명령하고, 우드로 윌슨의 인종차별주의 정책과 군대의 오랜 전통을 타파함으로써 워싱턴을 아연하게 만들었다.

당연히 의회는 대통령의 계획을 전부 거부했고 2주 후로 회의를 연기했다. 그것은 중요하지 않았다. 트루먼은 '태만한 공화당'이라는 주장이 타당함을 입증했다. 그는 전국 지방유세를 하며 싸움을 계속했다. 군중들이 더 많아지고 더욱 열렬해졌다. 트루먼을 좋아하는 언론은 그 상황을 환영했다. 그러나 기자들 대부분은 거의 모든 정치인들과 마찬가지로 트루먼이 머지 않아 실각할 거라고 생각했다. 트루먼은 생각이 달랐다. 그리고 나중에 밝혀지듯이 많은 유권자들도 그가 재선에 실패할 거라 생각하지 않았다.

최측근 중 한 명인 클라크 클리포드(Clark Clifford)가 지방유세에 트루먼과 동행했다. 어느 날 아침, 한 철도역에 도착했을 때 클리포드는 기차에서 내려 「뉴스위크(Newsweek)」를 한 부 샀다. 「뉴스위크」가 유명한 정치 전문가 50명을 상대로 조사한 결과 모두 듀이가 트루먼을 이길 것이라고 답했다. 기차에 탄 클리포드는 잡지를 숨기려고 했지만 트루먼은 자신이 봐야 한다고 고집했다. 트루먼은 기사를 읽고 클리포드를 향해 몸을 돌리더니 이렇게 말했다. "나는 이 50명을 모두 알고 있네. 하나같이 손톱만큼의 분별력도 없는 사람들이지."13)

1948년 11월 2일 대통령선거일 밤, 상황이 대통령에게 조금 더 유리해 보였다. 그날 밤 트루먼이 잠자리에 들 때 뉴욕과 펜실베이니아 주에서는 듀이가 우세했지만 일반투표에서 그가 앞서고 있었다. 잠자리에서 일어났을 때는 투표 결과가 나와 있었다. 잠시 후, 모든 사람들이 승자가 될 거라고 확신했던 듀이가 패배를 인정했다. 서몬드는 남부 4개 주에서 과반수 표를 얻었고, 월러스는 한 곳도 확보하지 못했다.

어느 청명한 1월 아침, 로버트 리와 실패로 돌아간 남부연합의 주장을 숭배하도록 키워진 남부의 아들이 얼어붙을 듯한 추위 속에 미국 대통령에 취임했다. 그의 두 번째 임기에도 첫 번째 임기만큼 중대한 사건들이 일어났다. 소비에트는 첫 번째 원자폭탄을 시험했다. 미국은 한국전에 참전했다. 트루먼은 명령불복종을 이유로 상징적인 맥아더 장군을 해임했다. 그는 한 번도 큰 인기를 누리지 못한다. 그는 압도적으로 많은 지지를 얻은 것이 아니라 아슬아슬하게 재선에 성공했다. 그러나 장애물에도 불구하고 민권 프로그램을 포함한 자신의 계획을 강행했다.

군과 행정사무에서 인종차별을 철폐하기로 한 트루먼의 일방적인 결정은 충분히 혁신적이었다. 그러나 그는 다른 계획들도 추진했다. 또한 인종차별에 찬성하다가 입장을 바꾸기 시작한 판사들을 대법원 판사로 임명했다. 해리 트루먼의 재임 시절 동안 법원이 인종차별 사건 심리에서 내린 판결들은 그가 임기를 마친 2년 후 브라운 대 교육위원회 사건에서 법원이 기념비적인 판결을 내리는 계기가 되었다. 이는 헌법에서 보장한 모든 미국인들의 권리를 지키기 위한 전국적인 투쟁의 시작을 알리는 신호였다. 역사학자들은 트루먼에게 호의적이고 또 응당 그래야 한다. 그러나 트루먼이 대통령직을 맡았을 때 만연했던 미국 역사의 추악한 시기를 지난 것에 대한 공로는 이후 정권들에 더 많이 돌아갔다. 민권을 위한 거대한 투쟁이 린든 존슨(Lyndon Johnson) 정부 시절에 큰 결실을 얻었을 때 대다수 국민들은 이미 인종차별 정책을 지지하지 않았다. 해리 트루먼이 모든 미국인들의 헌법상 권리를 지키는 자신의 책임을 다하기로 결심했을 때, 대다수 미국인들은 트루먼의 어머니와 마찬가지로 그가 국가를 이끄는 방향으로 갈 준비가 되어 있지 않았다. 그는 모든 미국인들에게 그러한 권리를 보장하는 것은 도덕적으로 반드시 필요한 일이라고 믿었다. 그 대가로 그는 백인들 사이에서, 그를 밀어준 정치적 동료들 사이에서, 오랫동안 가깝게 지내온 사랑하는 사람들 사이에서 사실상 혼자였다.

해리 트루먼에게는 감탄할 점이 많다. 보잘것없는 집안 출신으로 믿기지 않을 정도로 출세한 점, 세계와 조국의 중대한 역사적 전환기에 보여준 과단성 있고 현명한 리더십, 건전한 인격이 그렇다. 많은 사람들이 그를 좋아했지만 그가 대통령직을 훌륭히 수행할 거라 믿는 사람은 거의 없었다. 그는 결국 손톱만큼의 분별력도 없는 전문가들을 모조리 어리둥절하게 만들어 그의 행보를 지켜보는 사람들에게 즐거움을 선사했다. 어느 역사학자가 적절하게 표현했듯이 그는 '역사가 기억하고 싶어 할 사람'이었다.

남부동맹의 아들이 어째서 자신의 당보다, 정치적 미래보다, 그의 친족이며 이웃인 일반 대중보다 자기 자신이 무심코 검둥이라고 부르기도 하는 미국인들의 권리를 중요하게 여기겠다는 결심을 했는지 제대로 이해하려는 사람은 트루먼의 말과 행동을 조사하는 데 몇 달이 걸릴 수도 있다. 그는 퇴임 후 재임 기간보다 인기가 훨씬 더 높아졌다. 그때 그는 범상치 않은 본인의 인생을 곰곰이 생각해보라는 한 기자의 요청을 거절했다. "나는 회고하는 것과 내가 지나온 길을 되짚어 가는 것을 좋아하지 않소. 나는 내가 해야 하는 일을 했고, 그것이 전부요."[14]

그는 모든 미국인의 대통령이며, 헌법상 가장 높은 위치에 있는 공무원이었다. 그는 그가 해야 할 일을 했고 그것이 전부였다.

전쟁의 모순을 용서하라

　전쟁이 벌어지면 수많은 비극이 뒤따른다. 가장 위대한 애국자들의 삶이 희생된다. 무고한 사람들이 고통받는다. 상업은 중단되고, 경제는 피해를 입는다. 오랫동안 끈기 있는 외교술로 가려진 전략적 이해관계는 전쟁의 필요성과 외교적 충돌 때문에 위태로워진다. 그러나 전쟁의 정당한 목적을 위해 우리는 전쟁이 우리에게 죗값을 요구할 때 잃어버린 그 모든 것 때문에 눈물을 흘려야 한다. 전쟁은 영웅적인 행위와 숭고함을 연출하기도 하지만, 추악한 면이 있는 것도 사실이다. 이것이 어쩔 수 없는 전쟁이라 하더라도, 또 우리가 판단하기에 전쟁의 목적이 정당하다 하더라도 전쟁이 끔찍한 일일 수밖에 없는 이유이다.

　할아버지는 제2차 세계대전 때 태평양에서 항공기동대를 지휘하셨다. 할아버지는 전쟁이 가장 무자비한 행동이며, 전쟁의 목적은 적을 전멸시키는 것이라고 생각하셨다. 물론 모든 훌륭한 지휘관이 그러하듯, 할아버지도 적의 능력에 조심스럽게 경의를 표하셨다. 그러나 사려 깊은 성격 때문에 적을 증오하는 마음이 누그러지는 법은 없으셨다. 할아버지가 일본인의 특성을 말씀하실 때 자주 사용하신 모욕적인 표현은 오늘날 내가 보기에는 인종차별적인 뉘앙스 때문에 질겁할 정도이다. 그러나 할아버지가 살던 시대의 통념과는 일치했다. 나는 그 시대 사람들이 실제로 인종차별주의자였다고는 생각하지 않는다. 투사들이 흔히 그렇듯이 할아버지도 적에 대한 강렬한 증오심을 키워야 했다. 할아버지는 한때 "적을 모조리 고통스럽게 죽이자."라고 말씀하셨다. 물론 그것은 죄악이지만, 증오는 우리의 친구들을 죽이고 우리를 죽이려는 적이 저지른 잔학한 행위를 향한 자연스러운 반응이다. 그리고 이것은 대수롭게 여길 일이 아니다. 군인들은 증오 때문에 적을 전멸시키는 일에 전념할 수 있으며, 자신이 저지른 일에 넌더리를 내며 뒷걸음질 치고 싶은 인간적인 충동을 극복할 수 있다.

기독교인들은 "네 맘을 다하여서 너의 하나님을 사랑하라. 네 이웃을 네 몸과 같이 사랑하라."라는 가르침을 받는다. 파괴, 잔인함, 악행 같은 전쟁의 죗값이 어떻게 그러한 계율과 일치할 수 있을까? 이런 사악함을 알면서 전장에 있는 군인 혹은 그 군인에게 적을 죽이라고 명하는 국가가 적에 대한 사랑을 가슴에 품은 채 끔찍한 짓을 저지르기를 기대할 수 있을까? 가장 지독한 약탈과 가장 격렬하고 무시무시한 분노에 반대하는 신앙심, 그리고 성스러우며 이승의 인간에게는 역부족인 사랑을 품고 말이다. 지친 하루하루를 보내면서 수많은 비극에 단련이 되었을지는 모르지만 그래도 전쟁을—정당한 전쟁이든 그렇지 않든, 사심 없이 희생하고 정의를 위한 것이라 주장하며, 필연적이고 가치 있는 목적을 위해 다른 사람들을 고통받게 한 사실을 인정하는 전쟁이라 하더라도—보이는 모습보다 훨씬 더 고결한 목적을 지닌 것으로 생각하기란 쉽지 않다.

지난 세기의 저명한 미국인 신학자 라인홀트 니부어(Reinhold Niebuhr)는 전쟁의 본질과 전쟁 중인 인간에 대한 이러한 모순을 인식했다. 평화주의를 가장 날카롭게, 또 효과적이며 설득력 있게 비난한 예전의 평화주의자는

◆ 라인홀트 니부어(월터 샌더스/특파원, Time & Life Pictures).

본질적으로 전쟁보다 더 끔찍한 것들이 있으며, 인간은 필요하다면 폭력으로라도 그것들을 저지할 도의적 책임이 있다고 주장했다. 그는 전쟁의 모순을 이해하는 사람은 전력을 다해, 그러나 증오는 배제한 채 전쟁에 임해야 한다고 역설했다. 물론 그것이 말처럼 쉽지 않다는 것을 니부어도 알았다.

그는 "적을 사랑하는 것이 그들의 불의를 묵인해야 한다는 의미는 아니다."라고 썼다.

> 역사에서 비롯한 모든 도덕적 차이를 초월하여 우리 자신이 우리의 적과 인간이라는 공통점뿐만 아니라 타락한 인간이라는 공통의 죄로 묶여 있다는 사실을 알아야 한다. 기독교 신앙은 우리가 역사적인 과제를 수행할 때 독선적이기

보다 겸손하라고 권해야 한다. 그 겸손함이 바로 동정심과 용서의 근원이다.[1]

동정심과 용서를 이야기했을 때, 그가 언급한 것은 하나님의 자비심이지 인간의 자비심이 아니었다.

니부어는 1930년대 말 스코틀랜드 에든버러로 초청을 받았다. 그는 창설자인 아담 로드 기포드(Adam Lord Gifford)의 말을 빌리자면 '가장 넓은 의미로 자연신학연구를, 다시 말하면 신에 대한 학문을 발전시키고 널리 보급하기 위해' 시작된 유명한 공개토론인 기포드 강연(Gifford Lectures)을 맡았다. 니부어는 강연을 통해 그가 주장하는 기독교 윤리의 모델이 되는 신학인 '기독교 현실주의(Christian realism)'를 정교하게 발전시켰다. 당시 가장 영향력이 큰 자유주의 신학과 개신교의 사회주의 복음, 인간의 완전가능성(perfectibility)을 믿는 르네상스적인 믿음과 결별한 것이 기독교 현실주의였다. 그 강연은 니부어의 대표작으로 꼽히는 『인간의 본성과 운명(The Nature and Destiny of Man)』으로 출판되었다.

강연을 맡은 동안 영국을 두루 여행하던 니부어와 부인인 우르술라는 잠시 서식스의 한 오두막에서 지냈다. 그곳에서 그들은 보기 드물게 도덕적으로 깨끗하고, 용기 있고, 독실한 목사이자 루터파 신학자인 젊은 독일인, 디트리히 본회퍼(Dietrich Bonhoeffer)와 재회했다. 몇 년 전, 본회퍼는 니부어가 교수로 있던 뉴욕 소재 유니온 신학교의 학생이었다. 그때 두 사람은 서로를 존경했지만 사이가 좋지 않았다. 본회퍼는 사회적 책임을 강조하는 니부어의 기독교 윤리 개념을 너무 세속적이라는 이유로 인정하지 않았다. 그는 아돌프 히틀러가 권력을 잡은 독일로 돌아가 몇 년간 고백교회 신학교에서 교편을 잡았다. 고백교회는 나치 정부의 주장과 교회교리와 권위를 바탕으로 만들어진 이데올로기에 반대하는 기독교인들의 지하저항운동이었다. 1939년, 본회퍼가 니부어를 만났을 때는 제2차 세계대전으로 이어지는 비극적인 사건들이 진행되고 있었다. 그 즈음 신앙이 현실적으로 도움이 되어야 한다는 니부어의 신념을 받아들인 본회퍼는 다가오는 전쟁에서 독일을 지지할 수 없다는 것, 지금 조국으로 돌아가면 위험한 상황에 빠진다는 사실을 알았다. 그는 니부어에게 미국에서 도피처를 마련하는 일을 도와달라고 간청했고, 니부어는 서둘러 유니온 신학교에 자리를 마련해주었다.

뉴욕에서 머무른 지 몇 달 되지 않아 본회퍼는 전쟁이 일어나기 전 독일로 가는 마지막 배편을 예약하기로 결심했다. 그는 니부어에게 보낸 편지에서 그 이유를 설명했다. 편지는 남아 있지 않지만 니부어의 기억에 따르면 "제가 미국으로 온 것이 실수였다는 결론을 내렸습니다. 저는 독일의 기독교인들과 함께 우리 조국의 어려운 역사적 시기를 이겨내야 합니다."라는 것이 이유였다.[2] 그는 그 결정 때문에 목숨을 잃었다.

본회퍼와 쌍둥이 누이동생들은 1906년 독일 브레슬라우의 유복하고 존경받는 집안에서 태어났다. 아버지 칼은 저명한 정신의학 교수였다. 디트리히는 13살 때 아버지에게 목사가 되겠다고 말했다. 그다지 신앙심이 깊지 않던 가족은 그의 선언에 깜짝 놀랐다. 본회퍼는 1927년 베를린 대학에서 신학 박사학위를 받았고, 1931년에는 루터파 교회에서 목사를 안수했다. 매우 젊었을 때도 그의 글은 정확하고 날카로운 통찰력으로 높이 평가받았다. 그는 탐구하는 지성을 가졌다. 인간과 하나님과의 관계, 그리고 하나님의 의지를 이해하기 위해 다른 교회와 다른 문화를 광범위하고 깊이 있게 조사했다. 본회퍼는 스위스의 신학자 칼 바르트(Karl Barth)의 영향을 받았다. 칼은 제1차 세계대전 동안 교전 중인 모든 국가들이 하나님이 자국과 함께 한다고 주장하며 하나님을 특정 국가의 하나님으로 만든 것—바르트는 이것이 기독교를 망치다시피 한 신성모독이라고 믿었다—을 불쾌하게 생각했다.

본회퍼는 이 세상에서 인간의 진정한 의무와 창조자이며 구세주인 하나님의 뜻을 이해하려고 애썼다. 그는 간디의 비폭력을 공부했다. 바르셀로나에 있는 한 교구의 보좌신부로서, 그리고 로마와 멕시코, 쿠바를 여행하면서, 로마 가톨릭의 교리와 전통을 철저하게 연구했다. 전쟁이 벌어지는 동안에는 가톨릭 수도원을 피난처로 삼았다. 런던에 있는 루터파 교회의 목사로 임명되었을 때는 영국 국교회 주교와 절친한 친구가 되었다. 유니온 신학교의 대학생으로서 그는 근본주의자 교인들을 비웃는 엘리트 학생들—대부분 자유주의자였다—의 지적인 자만에 괴로워했다. 그는 "모든 근본주의자들이 하나님의 진리와 은혜, 자비와 공평하심을 훨씬 더 많이 알고 있는데도 이 자유주의 신학교의 학생들은 미국의 근본주의자들을 경시한다."라고 비난했다.[3]

본회퍼는 할렘의 흑인 교회에서 커다란 정신적 위안을 찾았다. 예배시간에 넘치는 흑인들의 기쁨과 열정, 독특하고 생동감 넘치는 음악, 사회를 개선하기 위해 적극적으로 일하는 헌신적인 태도에도 깊은 영향을 받았다. 그는 세계교회주의운동의 열렬한 지지자였지만, 그의 신학과 윤리적 철학의 중심은 언제나 예수 그리스도의 속죄의 고통이었다.

본회퍼는 도덕원칙이 일반적인 원칙으로 전락해서는 안 된다고 생각했다. 우리는 우리 행동이 정당하다는 주장을 해서는 안 되며, 우리가 절대적으로 옳다고 확신해서도 안 된다. 우리는 의무나 이데올로기, 도덕적 확신—이것은 하나님이 판단하실 것이다—이 아니라 하나님과 이 죄 많은 세상을 화해시킨 그리스도의 본보기에 따라 저지른 죄와 행동의 당위성을 인정해야 한다. 예수님의 본보기는 우리에게 이웃이 필요로 하는 것에 책임을 지고, 그 책임을 다하는 동안 저지른 죄가 있다면 죄를 인정하고, 하나님의 자비심에 복종하라고 명한다. 그것이 우리가 하나님의 뜻에 따라 행동하는 방법이다. 불의에 맞서, 악에 맞서 책임감 있는 행동을 취하라. 악을 묵인하지 마라. 개인적인 덕행을 쌓느라 악을 용인하는 것보다 직접적으로 악에 대항하면서 죄를 짓는 편이 낫다.

본회퍼는 우리는 도움이 필요한 이웃들을 돕기 위해 우리의 자유의지를 이용하여 도덕원칙이 예외가 되게 만들어야 한다고 생각했다. 네 이웃을 사랑하라는 예수님의 명령이 강압적인 행동으로 악에 대항하지 말라는 명이라고 생각하는 사람들, 혹은 가능한 한 세상의 악에서 비켜서 있어야 한다고 믿는 사람들은 바로 그 악에 이용당한다. 다른 사람들의 고통 한가운데서 수동적인 태도를 취하는 것은 폭력으로 그것에 대항하는 것보다 훨씬 더 큰 죄악이다. 본회퍼는 예수님의 사심 없는 희생이 '하나님께 가장 가까워지는 길은 바로 어려운 이웃을 돕는 것' 임을 우리에게 가르친다고 생각했다.[4] 우리는 죄악이나 세속적인 결과에 대한 두려움 때문에 도움을 청하는 목소리를 외면해서는 안 된다. "이 세상에서 살고 있는 사람들은 항상 평화로울 수 없고, 도덕적으로 결백할 수도 없으며, 죄에서 자유로울 수도 없다."[5] 예수 그리스도의 존재는 모든 타락과 악이 있는 실제 세상과 진정한 하나님의 무한한 사랑과 자비심을 양립시켰다.

그리스도의 존재와 하나님의 뜻은 폭력으로 인종의 우월함을 주장하고 유대인과 비(非)아리안족에 대한 편견을 가진 나치 파시즘에 대항할 책임을 우리에게 주셨다. 따라서 디트리히 본회퍼는 젊은 시절의 평화주의를 단념하고 자신이 짓는 죄악보다 훨씬 더 큰 악에 맞서 무기를 들었다. 대담한 기질을 가진 사람은 매우 위험한 방법으로 신의 뜻을 추구한다. 본회퍼와 같은 신념을 지닌 사람들은 그들이 맞서려 하는 죄악만큼 큰 죄를 범하기 때문이다. 낙태시술자를 살해하는 낙태반대론자가 그 명백한 사례 중 하나이다. 본회퍼는 그리스도가 하나님의 뜻 이상의 것을 시도하려 한 존재라고 오해하지 않았다. 그는 살인을 공모했다. 자기 스스로 정당화하지 않았지만 하나님께서 용서를 맡겼다. 그가 한 일은 그가 직면한 현실 속에서, 또 역사 속에서 필연적이며 정당한 일이었다.

본회퍼는 "교회가 정부에 대항할 수 있는 방법에는 세 가지가 있다." 라고 말했다.

첫째, 정부가 하는 행동이 합법적이냐고 물을 수 있다. 둘째, 정부의 행동으로 피해를 입은 희생자들을 도울 수 있다. 교회는 기독교 사회에 속하지 않는 희생자라 하더라도 그들에게 무조건적인 책임이 있다. 세 번째 방법은 바퀴 밑에 있는 희생자에게 붕대만 감아주는 것이 아니라 나무토막을 바퀴 사이에 끼워 넣는 것이다.⁶⁾

그는 나무토막을 바퀴 사이에 끼워 넣었다.

교회에서 비아리안족의 흔적을, 심지어 구약성경까지도 모두 없애라는 나치 정부의 명령에 복종한 기독교인들이 세운 것이 독일 제국교회이다. 이에 반대하여 루터파 목사 2,000명이 긴급 동맹을 결성했고 이것이 고백교회가 되었다. 본회퍼는 고백교회 신학교의 학장으로 일하며 나치에 대항하기 위해 신임목사들과 신학자들을 양성했다. 그는 크리스탈나흐트(Kristallnacht : 1938년 11월 9일에 나치 돌격대가 유대교 회당 및 유대인 상점을 습격한 사건—옮긴이)가 나치가 '불경하다는 것을 보여준 예'라고 비난했다. 독일이 다시 한 번 유럽을 전쟁의 소용돌이에 빠뜨렸을 무렵 고백교회는 대대적으로 탄압을 받았다. 지도자 서너 명이 체포되고, 신학교는 문을 닫고, 본회퍼는 설교를 금지당했다. 많은 목사들이 독일제국에 대한 충성서약에 서명하도록 강요받았다. 본회퍼는 독일의 무장 지하저항운동에 더욱 열중했다. 그는 유대인들에게 피난처를 제공하고 탈출하도록 도왔다. 지하저항운동을 돕기 위해 몰래 해외로 나가기도 했다. 한번은 스위스의 성공회 주교와 만나 독일 전복과 전쟁을 끝내기 위해 독일이 제안할 수 있는 평화협정을 논의했다. 본회퍼는 히틀러 암살을 모의하고 있는 독일 군사정보부(Abwehr) 장교들의 비밀모임에 가담했다. 1940년부터 1943년에 걸친 위험한 기간 내내 그는 나치즘에 대항하는 폭력적인 행동에 윤리적 근거를 제공하는 『윤리학(Ethics)』을 집필했다. 그는 도의적인 책임이 있는 사람들은 폭력적인 행동을 취할 필요가 있다고 믿었다.

본회퍼는 1943년 1월, 마리아 폰 웨드마이어와 약혼했다. 그리고 두 달 후에는 유대인들이 스위스로 탈출하는 데 자금을 조달했다는 이유로 체포되었다. 그해 12월, 그는 테겔(Tegel) 감옥에서 유명한 옥중서간 '10년 후(After Ten Years)'를 썼다. 엄청난 위험을 무릅쓰며 투쟁했던 세월 동안 이룬 것이 거의 없다는 사실을 깨닫고 사기가 꺾인 지하저항운동 동지들에게 보내는 편지였다. 그는 동지들의 피로, 실망, 하나님의 뜻을 따르기로 한 선택과 순수한 자기희생, 죄 짓는 것을 무릅쓰고 벌인 행동이 과연 가시적인 변화를 일으키고 있는지에 대해 그들이 느끼는 불안감을 현실적이고 날카롭게 인식했다.

> 우리는 사악한 행위의 소리 없는 목격자들입니다. 우리는 여러 차례 끔찍한 사건에 휘말렸습니다. 우리는 얼버무리고 위장하는 기술을 배웠습니다. 그간의 경험 때문에 다른 사람들을 의심하고, 우리 자신도 신뢰와 솔직함에서 멀어졌습니다. 견딜 수 없는 투쟁이 우리를 지치고 냉소적으로 만들었습니다. 우리가 선한 싸움을 계속할 수 있겠습니까?

본회퍼는 죄책감에 괴로워하고, 고되고 강경하고 위험한 삶에 염증을 느끼며, 과연 언젠가 아직도 도처에 만연한 악에 치명타를 입힐 수는 있을지 확신하지 못하는 동지들에게 물었다. "누가 우리의 신념을 지키겠습니까?"

> 하나님에 대한 믿음과 충성으로 복종하고, 책임 있는 행동을 취하라는 부름을 받았을 때 자신의 이성과 원칙, 판단, 자유, 미덕을 위해서가 아니라 이 모든 것을 희생할 준비가 된 사람입니다. 오직 하나님의 질문과 부름에 대답하는 삶을 사는 책임감 있는 사람입니다.[7]

나치는 본회퍼가 유대인들을 포로수용소에서 탈출시키는 음모를 꾸몄다고 생각했지만, 처음에는 그가 벌이는 지하저항운동의 범위는 알지 못했다. 본회퍼는 테겔에서 시와 편지를 쓰고 가족 그리고 지속적으로 그와 편지를 주고받고 있는 약혼녀 마리아를 걱정하며 시간을 보냈다. 마리아는 본회퍼에게 편지를 쓰는 침실에 그가 설명한 대로 감방 치수를 분필로 표시했다. 그렇게 해서 그와 직접 대화를 나눈다는 상상을 할 수 있었다.

1944년, 히틀러 암살 시도가 실패로 돌아가고 군사정보부의 음모와 본회퍼의 역할이 발각 났다. 본회퍼의 형 칼과 매제 두 명은 체포되었다. 베를린에 있는 게슈타포 감옥으로 이송된 본회퍼는 그곳에서 마리아에게 마지막 편지를 쓰고, 다시 부헨발트로 옮겨졌다. 1945년 4월 8일, 그는 한밤중에 플로센부르크 정치범수용소로 끌려갔다. 그는 "그리스도께서 우리를 부르실 때에는, 와서 죽으라고 명령하시는 것이다."라고 말했다.[8] 히틀러가 자살하기 3주 전, 소비에트 적군(Red Army)이 베를린으로 진격하고 멀리서 미국이 대포를 발사하던 4월 9일 이른 아침에, 본회퍼는 벌거벗겨진 채 교수대로 끌려갔다. 한 교도소 의사는 간수가 본회퍼를 데리러 갔을 때, "그는 무릎을 꿇고 간절히 기도하고 있었다. 사형집행 장소에서도 그는 다시 짧게 기도했다. (중략) 15년 가까이 의사로 일하면서 그렇게 하나님의 뜻에 완전히 순종하며 죽는 사람은 거의 본 적이 없다."라고 회상했다.[9]

아버지에게 보낸 마지막 편지에서 본회퍼는 이렇게 말했다. "이것이 마지막입니다. 그러나 제게 있어서는 삶의 시작입니다."[10]

본회퍼와 마찬가지로 기독교적 삶의 진정한 의무를 깨달은 라인홀트 니부어는 한때 평화주의가 사랑하라는 그리스도의 말씀에 적합한 행동이라고 믿었다.[11] 그는 전쟁에 반대할 정당한 도덕적 이유를 제공하는 것이 교회의 책임이라고 생각했다. 한때 열렬한 사회주의자였던 니부어는 전쟁이 자원과 생산수단을 통제하기 위한 자본주의적 제국주의의 폭력적인 투쟁이라는 비판에 동조했다. 그는 근대의 다른 미국 지식인들보다 모순에 익숙한 사람이다. 예일 대학 신학교에서 신학을 공부하던 초기에, 그가 선호하는 논증방식의 조짐이 보였다.

니부어는 파괴적인 전쟁 계획에서 탄생한 영웅적인 행위가 용기, 자기희생, 충성, 사랑 같은 고귀한 미덕을 빈번하게 드러내곤 한다는 사실을 간과한다. 그리고 애국심이 야기한 이런 미덕들을 평화로운 사업 쪽으로 전환할 수 있을까, 라고 가정해보았다. 그것이 가능하다고 주장하는 그의 논문 「애국심의 모순(The Paradox of Patriotism)」은 설득력 있고 논리 정연해서 카네기국제평화재단(Carnegie Endowment for International Peace)이 후원하는 전국대회에서 동상을 받았다.

그는 처음에 미국의 제1차 세계대전 참전을 지지했다. 그러나 루르 계곡을 여행하며 전쟁에 참여한 국가들이 저지른 참상을 목격하고는 일기에 "나는 앞으로 전쟁과 관계가 없다."라고 썼다.

니부어의 부모인 구스타프와 리디아는 독일에서 이주해서 미주리 주 동부, 나중에 일리노이 주 서부가 되는 곳에 정착했다. 구스타프는 루터교와 독일 신교 전통에 뿌리를 두고 있으며 오늘날 예수연합교회의 일부인 북아메리카 복음교회 총회의 목사가 되었다. 독일의 다른 복음교회처럼 구스타프 니부어의 교회에서 드리는 예배는 니부어의 가족이 집에서 사용하는 언어인 독일어로 진행되었다. 예일 신학교에 다니던 20대 초까지도 라인홀트는 영어로 말할 때 강한 독일어 억양을 없애느라 고생했다. 구스타프 니부어는 정말로 하나님의 뜻을 이해하고 따른 신앙심이 깊은 사람으로 기억된다. 그는 전제정치를 혐오하고 불의에 대항할 개인적인 책임감을 느꼈다. 아버지를 존경한 라인홀트는 "아버지는 나와 같은 사명을 선택한 것에 어느 누구보다 더 많은 책임감을 느끼셨을 것이다."라고 회고했다. 열 살 때 성직자가 되겠다고 선언했을 때 그는 '마을에서 가장 재미있는 사람'인 아버지를 닮고 싶기 때문이라고 설명했다. 그리고 몇 년 후 본인의 사명에 만족하느냐는 질문에 "제가 아버지의 비전을 성취할 수 있는 한은 만족합니다."라고 대답했다.[12] 니부어가의 아이들 네 명 중 세 명이 성직자가 되었고, 나머지 한 명 리처드 또한 거의 라인홀트만큼 존경받는 신학자가 되었다.

라인홀트는 루터교 대학 두 곳, 엘머스트 대학과 이든 신학대학에 다녔다. 이든에 다니는 동안 사랑하는 아버지가 당뇨성 혼수상태에 빠져 세상을 떠났다. 그를 고통스럽게 만든 아버지의 죽음은 그가 중서부의 작은 독일 복음주의 세계라는 한정된 영역에서 벗어나는 계기였다. 어머니의 격려를 받은 라인홀트는 아버지를 따라 즉시 성직자의 길로 들어서기보다 예일에 입학하는 길을 선택했다.

예일에서 그는 예수님의 인성을 강조하며 인간의 완전가능성을 낙관적으로 믿는, 동시대 사람들의 사회 자유주의와 신학적 자유주의를 받아들였다. 그는 박사과정을 마치기 전에 석사학위를 받고 예일을 떠났다. 연구를 지루하게 느낀 라인홀트는 "나의 다른 면을 알게 되었다. 나는 학문보다는 사회와 관련이 있는 일을 하고 싶다."라고 말했다.[13]

1915년에는 목사 안수를 받고 디트로이트에 있는 작은 교회에 부임해서 월급으로 50달러를 받았다. 미망인이 된 어머니도 가사를 돌보고 아들에게 음식을 해주기 위해 디트로이트로 왔다. 니부어가 부임했을 때 베델복음교회의 신도는 열여덟 가정이 전부였다. 13년 후 그가 떠날 때는 800명이었다. 베델교회가 번성한 이유 중 하나는 자동차 산업이 급성장하면서 수천 명의 근로자가 디트로이트로 몰려왔고, 그 결과 도시 인구가 폭발적으로 증가했기 때문이었다. 니부어는 교회의 미국화를 주장하며 눈에 띄는 독일적 특색을 없애고 새로운 신도들을 모집했다. 그러나 니부어 자신도 매력 요인이었다. 그는 사람들의 마음을 사로잡는 설교자였다. 박식하지만 대중성을 지녔으며, 구체적으로 설명하는 설교방식은 매혹적이었다. 키가 크고 살짝 구부정하고 머리가 벗겨지기 시작한 니부어는 원고를 보지 않고 말을 빨리 했다. 갑자기 말을 멈췄다가 다른 이야기를 쏟아내며 몸을 흔들고, 이리저리 왔다 갔다 하고, 평소에도 가만두는 법이 없는 손을 공중에서 휘둘렀다. 그는 자신이 하고 있는 설교에 사로잡힌 것처럼 보였고, 주위에 있는 모든 것과 회중을 매료시키는 동작은 의식하지 못했다. 박력 있고 강렬한 설교,

그리고 디트로이트의 유명인사로 명성이 높아진 점 때문에 니부어의 작은 교회에서 멀리 떨어진 곳에서도 그를 주목했다.

베델은 니부어가 목사직을 맡은 유일한 곳이지만, 그때의 경험을 통해 그의 정치적, 종교적 사고가 형성되었다. 그는 "나는 내가 읽은 그 어떤 책보다도 베델을 통해 더 크게 성장했다."라고 말했다.[14] 노동자계층 교인들의 어려운 상황에 자극을 받아 사회주의─처음에는 온건했지만 점차 급진적으로 변했다─를 받아들인 니부어는 매력적인 사회행동주의자이자 지식인으로서 전국적으로 주목받기 시작했다. 그는 설교대에서, 종교적·비종교적 출판물에서, 다양한 집회의 연설무대에서 사회주의를 지지했다.

헨리 포드는 사회주의와 대조를 이루는 인물로, 산업화의 영향으로 인간성이 말살되었다고 가차 없이 비난하는 니부어의 주요 목표였다. 포드조립공장의 근로 조건이 당시 다른 공장보다 더 열악한 것은 아니었다. 그러나 니부어의 눈에는 이례적으로 일당 5달러를 지급한 공상적인 실업가가 칭송받아 마땅한 사회적 목적이라는 명분 아래 노동자들을 착취해서 이익을 얻는 이기적인 자본가의 전형으로 보였다. 포드가 한동안 경쟁자들보다 급여를 더욱 후하게 지급했는지도 모른다. 그러나 니부어는 고용인과 피고용인 사이의 엄청난 부의 격차, 잦은 무급 휴업, 음침한 환경에서 반복하는 장시간의 노동, 부상자나 환자 또는 해고된 근로자가 이용할 수 있는 구제수단 결여, 근로자들의 운명에 무관심한 독재적인 경영에 분개했다. 그리고 발전이라는 이름 아래 이기적인 인간이 야기한 불의에 항의했다. 니부어는 자사의 노동 정책이 정당하다는 포드의 주장이 사리사욕 추구를 하나님의 신성과 동일시했을 때 하나님의 은총을 잃은 아담의 원죄인 자만의 본보기라고 생각했다. 그리고 그것이 니부어의 신학적, 사회적 신념을 형성했다. 니부어가 자본주의의 노동착취를 격렬히 비난했을 때 그는 정말로 인간과 사회 안에 내재된 타락에 독설을 퍼부었다. 그는 인간이 자기 자신의 유한함에 직면했을 때 신의 특성에 매달려 불안함을 잠재우고, 자신의 탐욕과 권세욕을 인정한다고 믿었다.

　니부어는 사회정의를 위한 사회운동가로 전국적으로 유명해졌다. 처음에 그는 인간은 본래 선하게 태어났으며, 욕구와 교육, 경제적 행복에 세심한 주의를 기울이면 인류는 필연적으로 진보하고, 불의와 탐욕, 빈곤, 전쟁이 존재하지 않는 하나님 나라가 이 땅에서 재현될 수 있다는 사회복음주의의 낙관적 자유주의를 설교했다. 그러나 초기에 이런 희망적인 신념을 선언하던 니부어에게는 분명 절대적인 확신이 없었다. 그는 곧 사회복음주의 지지자들이 주창하는 사회주의가 자기기만적인 자만이며 신을 인간의 역사에 관여시키는 이단이라고 확신했다. 그는 하나님이 역사에 관여하신 적은 인간의 모습으로 온 그리스도가 하나님과 인간이 서로 조화를 이루게 했을 때, 단 한 번뿐이라고 주장했다. 니부어의 신학이론과 사회적 자유주의에 근본적인 변화가 생겼다. 그리고 그 변화는 1928년 베델을 떠나 유니온 신학교에서 자신이 고안한 '응용 기독교'를 가르치고 그 시대의 가장 저명하고 영향력 있는 신학자가 되기 전부터 형성되었다.

　니부어가 디트로이트에 있는 동안 한번은 그가 비폭력에 대해 설교하는 것을 들은 젊은 신문배달원이 길에서 그를 멈춰 세웠다. 그는 자신이 직면한 윤리적 딜레마에 충고를 해달라고 부탁했다. 다른 신문배달원들이 그가 열심히 장사를 하고 있는 길모퉁이에서 그를 몰아내려고 하고 있었다. 만일 그가 자신의 영역을 지키기 위해 싸우지 않는다면 신문을 팔 수 없고, 그의 가족은 극도로 빈곤해진다. 니부어 목사님은 어떻게 하는 것이 옳다고 생각하십니까? 니부어는 잠시 신문배달원의 곤란한 처지를 곰곰이 생각한 후 대답했다. "당신의 자리를 지키십시오."

　뉴욕에 도착했을 무렵, 한 전기 작가의 설명에 따르면, 학자로서의 자격이 명백히 의심스러운 촌스러운 시골뜨기는 자신이 자유주의의 독선적인 기만으로 보기 시작한 많은 것들을 버렸다.[15] 젊고 감수성이 예민한 목사의 기독교 이상주의는 언제나 사회적 정의를 위태롭게 하는 이기심이 사회와 인간에게 가장 중요하다고 보는 완고하고 현실적인 기독교 이상주의자들의 실용주의를 따르기 시작했다. 그는 사회당 당원이자 당의 공직 후보자이며, 기독교 사회주의자 단체의 설립자, 또 전쟁을 가장 큰 악으로 보는 화해 친우회(Fellowship for Reconciliation)의 회장이었다. 그러나 관점의 변화 때문에 평화주의뿐만 아니라 사회주의의 도덕적 자만심과도 결별하기에 이르렀다. 니부어의 정치적 견해에 생긴 변화는 당대 이상주의자들의 자만심을 드러낸 인간 본성을 비관적으로 바라보며 당시 미국 개신교에서 일반적이던 자유주의 신학을 거부하고 종교개혁의 정통 신앙으로 회귀한 것이 발단이었다. 그는 "나는 목회생활 중반쯤, 내가 1915년에 진실이라고 말했던 거의 모든 자유주의의 신학적 이상을 거부한 것을 포함해서 거의 완전한 사고의 전환을 경험했다."라고 기록했다.[16]

자신의 독창적인 저서 『도덕적 인간과 비도덕적 사회(Moral Man and Immoral Society)』에서 니부어는 인간의 본성은 5세기에 형성되었다는 견해와 성 아우구스티누스의 이론에 찬성했다. 그리고 자신의 종교적, 정치적 견해의 전면적인 변화를 설명했다. 예수 그리스도의 복음은 인간에게 예수의 완전한 사랑을 행하라고 명한다. 그러나 예수의 고통으로 드러났듯이 인간은 천성적으로 그러한 완벽한 사랑은 행할 수 없다. 인간의 의식은 우리가 세상의 광대함 가운데 놓인 하찮은 존재라고 인식한다.[17] 어려움에 처한 인간은 특히 자신이 조직하려는 사회에서 실제보다 더 중요한 인물인 양 자신을 과장하고 스스로에게 절대적인 도덕적 권한을 부여한다. 그는 '자신을 만인에게 알리는 한편 있는 그대로의 자신보다 중요한 존재'가 되려 한다.[18] 이기적인 욕망은 아무리 의도가 훌륭해도 인간이 사회적으로 추구하는 모든 것에서 인간을 타락시킨다. 인간의 가장 기본적인 충동이라 할 수 있는 이상향을 추구하는 비현실적인 계획은 도덕적 자만, 즉 우리 개개인을 우상시하는 교만의 원죄를 명백하게 보여준다. 우리 인간이 그리스도의 완전한 사랑을 실천할 수 있다고 믿는 사람들은 사실 기독교의 가르침을 거스르는 것이다. 그들은 자신들의 노력 덕분에 세상 사람들이 그리스도를 알게 되었다고 생각하지만 우리에게 알려진 오직 한 분뿐인 진정한 그리스도는 역사 속에서 십자가에 못 박히신 그분이다.[19] 그는 나중에 "죄악의 본질은 한마디로 인간이 '완전무결한 하나님의 영광을 타락한 인간의 형상'으로 바꾸는 것이다. 인간은 항상 신의 자리를 가로채서 인간의 행동에 대한 최후의 심판자라고 주장한다."라고 말했다.[20]

인간 본성에 관한 그의 비극적인 관점은 다음의 논점을 피하고 있다. 우리가 선천적으로 이기심 때문에 타락했다면 어떻게 그리스도의 명령을 따를 수 있을까? 우리의 죄악을 상쇄하고 계속 하나님의 뜻을 구하고 충족시키려면 무엇을 해야 하는가? 니부어는 우리 스스로를 속이는 일을 그만두어야 한다, 라고 대답했다. 우리는 우리 자신을 낮추고 우리의 죄 많은 본성을 인정해야 한다. 우리는 세상에서 그리스도의 완벽한 사랑과 정의를 인간적인 형태로 구현해야 한다. 그리스도의 완벽한 사랑은 오직 인간의 모습을 한 그리스도에게서만 볼 수 있었고, 이 세상이 끝날 때까지 다시는 볼 수 없을 것이다. 정의를 실현하려는 시도조차 절대적 도덕의 권위를 주장함으로써 부패할 거라는 사실을 깨닫는다면 인간은 이 땅에서 정의를 실현할 수 있다.

인간 본성에 대한 니부어의 견해는 그와 같은 통찰력과 지혜가 없는 독자들에게 보이는 것만큼 비관적이지는 않다. 그는 우리가 이기심에서 시작된 망상을 실현시키려 하지 않는다면 막연한 가능성이 있다고 믿었다. 하나님의 뜻을 따르려고 노력하는 것처럼, 정의를 추구하는 우리는 도덕적 절대주의로 가장한 이기심이 우리가 추구하는 정의를 무너뜨릴 거라는 사실을 인정해야 한다. 만일 도덕적, 법적, 물리적 방법으로 구속받지 않는다면 선한 일을 하려는 우리 의지는 권세욕으로 변한다. 그는 "자만은 절대 권력에서 나오는 죄악의 종교적 측면이고 불의는 그 죄악의 사회적 측면이다."라고 말했다.[21] 그 예로, 스탈린 시대 소비에트의 마르크스주의는 공산당과 소비에트를 지배하는 전제군주에게 제1순위가 되었다. 마르크스주의가 계획했던 노동자를 위한 정의는 법적, 도덕적, 물리적 장애로 통제되지 않았다. 그리고 결국 그것을 실현하려는 방법에 내재된 자만과 이기심 때문에 무너졌다. 우리는 이런 모순을 이해해야 한다. 우리는 자아의 요구로 정의가 무너지는 것을 막기 위해 우리 행동에 제약을 설정하고 그것을 지켜야 한다. 그리고 정의를 지키기 위해서 어쩔 수 없이 취한 행동으로 지은 죄를 인정하는 겸손함을 지녀야 한다. 목적이 수단을 정당화하지는 않는다. 자신을 정당화하려는 시도는 모두 헛되며 나치 파시즘과 스탈린의 공산주의처럼 반드시 악으로 향한다. 불의와 싸우기 위해서는 분명 죄를 지을 것이다. 이것이 어떤 악은 다른 악보다 크다는 사실을 인정하는 실용주의이자 현실주의이다. 그리고 이를 지탱하는 것은 작은 악이라도 악은 악이며 인간은 용서받기 위해 자기 자신이 아니라 하나님의 최후의 심판과 사랑에 복종해야 한다는 깨달음이다.

　니부어가 처음 비폭력을 거부한 것은 사회주의가 추구하는 역사 속의 정의는 강제적인 방법으로만 얻을 수 있다는 사실을 깨달으면서부터였다. 분명 다른 것에 맞서고자 폭력을 행사하는 것은 죄악이다. 그러나 니부어는 더 큰 악에 저항하기 위해서는 불가피한 일인지도 모른다고 생각했다. 그는 소비에트의 사회주의가 어떻게 정의를 권력의 도구로 희생시켰는지 목격하면서 모든 이상향을 위한 비현실적인 운동은 똑같은 부패로 이어질 여지가 있다고 생각했다. 그리고 결국 불완전하고 어리석은 민주주의 정부 형태가 개혁가와 반동주의자 모두의 이기심으로부터 정의를 지킬 수 있는 최선의 방법이라고 인정하기에 이르렀다. 개개인은 최상의 미덕, 용기, 이타주의, 연민, 사랑을 실천하면서 자신의 자아를 통제하는 편이 낫다. 훨씬 더 어려운 일은 국가나 정치적 단체들이 이기심에 휩쓸리지 않는 것이다. 이것은 정의를 법적으로 보호하여 강제하는 수밖에 없다.

　미국 헌법은 니부어의 정치철학을 거의 완벽하게 반영하는 것처럼 보인다. 미국 건국자들은 자신들도 빠질지 모를 권력의 부패를 막는 조항—세기관이 서로 견제하고 균형을 이루는 정교한 방법과 세 기관은 법적으로 서로 대등하다는 내용——을 미국의 기본법에 써 넣었다. 니부어는 민주주의가 인간의 결함과 인간의 결함으로부터 정의를 지키기 위한 노력을 인정한다고 믿었다. 그는 사회당을 탈당하고 냉전시대 미국 자유주의자들의 반스탈린주의 단체인 미국민주주의행동연합(Americans for Democratic Action)의 전신, 민주주의행동연합(Union for Democratic Action)의 설립을 도왔다. 또한 프랭클린 루스벨트의 숭배자가 되었다. 루스벨트가 자유방임주의 원칙의 불가피한 결과인 치명적인 경쟁으로부터 자본주의를 구하기 위해 노력한다고 생각했기 때문이다. 니부어는 자신의 가장 유명한 역설로 민주주의 정부에 대한 선호와 그 본성에 대한 이해를 표현했다. "정의를 추구하는 인간의 성향 때문에 민주주의가 가능하며, 불의를 저지르는 인간의 성향 때문에 민주주의가 필요하다."[22]

    니부어는 일찍부터 파시스트들이 자유민주주의에 도전한다는 사실과 무력으로 진압해야만 하는 거대한 악, 나치의 박해를 깨달았다. 그리고 다른 악과 싸우기 위해 폭력이라는 악에 의지하는 것을 비난하는 평화주의자들을 가장 날카롭게 소리 높여 비난했다. 그리스도의 사랑을 널리 알리고 있다고 믿는 평화주의자들이 사실은 불의를 돕고 전쟁을 불가피한 것으로 만든다. 도덕적으로 거만한 그들의 신앙심이 이 세상에서 구현할 수 있는 정의와 불가사의한 하나님의 자비심에 대한 우리의 복종을 인간의 완전성을 믿는 반역사적, 반기독교적인 믿음으로 바꾼다. '히틀러주의를 혐오' 하지만 '하나님이 보여주시는 정의를 거스르는' 죄악을 더 혐오한다고 주장한 당시의 저명한 평화주의자에게 니부어는 이렇게 응수했다.

> 당신은 히틀러에 대항하는 연합국을 지지하려 하지만, 한쪽에 반대하여 다른 한쪽을 지지하는 행동을 용납하지 않는다. 그러한 행동을 용납하는 것은 죄를 짓는 것이다. 당신의 문제는 이 세상에서 죄를 범하지 않고 살고 싶어 한다는 것이다.[23]

평화주의에 대한 종교적인 근거를 주장하는 미국인들과 구세계의 정치적 혼란을 우려하고 경멸하기만 하는 고립주의자들은 루스벨트에게 중립법을 고수할 것과 다가오는 전쟁에 가담하는 것처럼 보일지도 모르는 언행은 삼가라고 요구했다. 니부어는 그것이 도덕적 책임을 포기하는 악의에 찬 행동이라고 비난했다. "종교적이라기보다 정치적인 이유로 평화주의를 지지하는 사람들은 전제정치를 허용하고 정당화하고 묵인하려 한다. 그들은 노예제도가 전쟁보다 낫다고 공공연히 말한다. 나는 선량한 사람들을 이런 억지스러운 결론으로 이끄는 감상적인 기독교 시스템 전체를 의심하고 이의를 제기하기를 청하는 바이다."[24] 그는 자신과 같이 현실주의를 지지하고 자신이 원하는 방식이 아니라 그 순간 필요한 방식으로 세계 문제를 다룰 책임을 진 윈스턴 처칠을 대단히 존경했다. 미국의 정치 지도자들이 영국의 전성기를 이끈 처칠을 본받아야 한다고 말하기도 했다. 니부어는 처칠이 수상이 된 데 대해 이렇게 썼다. "처칠이 영국과 세계의 암흑기에 지도자 자리에 올랐을 때처럼 적당한 시기에 적절한 장소에 자리 잡는 정치적 재능과 지혜를 타고난 사람은 거의 없다."[25]

니부어가 에든버러에서 기포드 강연을 하고 있던 어느 날 저녁, 독일 공군의 폭격기를 향해 고사포를 발사하는 소리가 들리자 청중은 안절부절못했다. 연단 위를 걸어 다니고 팔을 휘두르며 자신의 강연에 완전히 몰입했던 니부어는 아무 소리도 듣지 못했다. 그리고 명백하게 동요하는 청중의 모습을 자신이 한 어떤 말에 대한 반응이라고 추측했다. 기포드 강연은 그의 경력에서 가장 큰 성공이다. 아마 미국인 신학자가 제시한 기독교 신앙에 관한 가장 포괄적이고 설득력 있는 설명일 것이다. 그의 강연은 널리 논의되고 검토되었다. 타락한 권력이 미치는 영향에 관한 그의 비평은 이성과 사랑만으로는 인간이 저지르는 악을 이길 수 없다는 것을 미국이 납득하는 데 기여했다.

그는 "인간은 자기 자신에 대해 어떻게 생각해야 하는가?"라는 질문으로 첫 번째 강연을 시작했다. 이후에 그는 "그것이 내가 선택할 수 있는 유일한 주제였다. 다른 분야의 기독교 사상은 내 능력 밖이었기 때문이다. 나는 '인간의 본성과 운명'에 대해 강의했다."라고 기록했다.[26]

그는 평화주의자들을 여러 차례 '기생충'으로 표현하며 매우 신랄하게 비판했다. 일각에서는 그가 자신의 이론을 제시하는 것보다 상대방의 주장을 뒤집는 데 능한 성마르고 무자비한 논객이라고 비판했다. 그는 공개적인 토론이나 신학적 논쟁에서 자비심을 요구하지도, 자비심을 보이지도 않았다. 그러나 사람 자체가 아닌 그 사람의 견해를 비난하려고 노력했다. 그는 개인적인 인간관계에서는 따뜻하고 관대한 사람이었다. 자신이 무지막지하게 비난한 사람에게도 개인적인 호감을 가졌다. 그는 가르치는 일을 좋아하고 학생들에게 아낌없는 정성을 쏟았다. 인간사에서만큼 자기 자신의 인생에서도 자만의 죄악을 조심했다. 그를 잘 아는 사람들은 존경하는 듯한 태도로 그의 겸손함을 이야기했다. 한 학생은 "신학을 공부하는 모든 사람들에게 자만의 죄악을 설득력 있게 보여준 그 사람 자신이 그 죄악에서 자유로운 사람이었다."[27]라고 말한다. 다른 사람들의 이상주의에서 보이는 교만을 개탄하고 조국에게 교만하지 말라고 경고했던 그는 자신의 견해에서 교만함이 보이지 않도록 노력했다.

냉전시대 때 그는 파시즘과 히틀러 치하의 독일에 그러했듯이 공산주의와 소비에트연방의 열렬한 반대자였다. 그러나 그는 봉쇄 정책에 도덕적 십자군의 권한을 위임하는 것은 위험하다고 경고했다. 전후 시대 초기에 미국의 외교 정책을 이끈 사람들 중 여럿과 절친한 사이였던 니부어는 그들의 세계관 형성에 영향을 미쳤다. 그는 미국 외교 정책의 이상주의가 전제정치에 적절히 대항하고 있을 때도 이상주의에 반대했다. 또한 해외에 민주주의를 확산시키려는 미국의 열의에서 그가 잘못된 것으로 보는 자만심을 감지했다. 1952년에 출판한 『미국 역사의 아이러니(The Irony of American History)』에서는 우리가 맞서고 있는 적을 가차 없이 심판하고 있는 동안에도 우리 자신이 결백하다는 거만한 생각은 하지 말라고 경고했다. 그는 "우리는 전제정치로부터 자유를 지키고 있으며, 처음에는 더 높은 수준의 정의를 약속했는데도 도를 지나친 불의와 잔인함을 자행하고 있는 시스템으로부터 정의를 지키려고 한다."라고 썼다. 그리고 이 투쟁에서 성공하려면 "우리 문명을 지키기 위해 도덕적으로 위험한 행동을 취해야 할 것이다. 우리는 권력을 행사해야 한다. 그러나 그 과정에서 국가가 완벽하게 공평할 거라 믿어서는 안 된다. 누군가의 이익이나 욕망이 권력 사용을 합법화해서 정의를 부패시킬 만큼 커지는데 무관심해져서는 안 된다."라고 경고했다.[28]

그는 우리가 베트남에서 우리는 언제나 선을 위해 싸우는 군대라는 착각의 함정에 빠졌다고 생각했다. 그리고 공공연하게 전쟁에 반대했다. 강대국들에 의한 권력행사는 여전히 부패할 소지가 있으며 권력행사 과정에는 '도덕적으로 위험한 행동'이 필요하다. 그는 이 행동에 우리의 겸손함이 필요하다고 생각했다. 솔직히 말하면 나는 한 번도 전쟁에 참가하지 않은 사람이 그렇게 정확하게 전쟁을 이해하고, 조국을 지키기 위해 살인을 해야 하는 군인으로서는 피할 수 없는 도덕적 혼란을 표현할 수 있다는 데 매우 놀랐다. 전쟁을 경험한 사람은 대부분 도덕적으로 극심한 혼란을 경험한다. 많은 군인들에게 전쟁이 끝난 후에도 몇 년 동안 계속되는 악몽과 같은 존재이다. 그러나 니부어만큼 그 딜레마를 정확하고 포괄적으로 이해하거나 표현한 사람은 거의 없었다. 전쟁을 경험하지 않은 사람들이 전쟁에 대해 알고 있는 것은 전쟁에 대한 약간의 단서를 제공하는 본능적인 두려움 정도에 지나지 않는다. 우리는 우리가 한 일이 올바르고 필요한 일이었다고 생각한다. 그러나 그 결과 일어난 일과 우리에게 일어난 일, 우리가 한 일은 언제나 전쟁에 대한 우리 기억을 어지럽힐 것이다. 우리는 우리의 적을 향한 증오나 우리 충성에 대한 자만으로 비극을 완화시키려고 하는지도 모른다. 니부어는 우리에게 승리와 절망의 순간이 아니라 겸손함에서 행복을 찾으라고 권한다.

내가 국내외 문제의 열정적인 이상주의를 불신하는 니부어의 의견에 전적으로 찬성하는 것은 아니다. 우리 이익을 냉정하게 따져서 통제하지 않는다면 분명 타락의 길로 빠질 수도 있다. 그러나 우리 중에서 니부어처럼 현실주의에 대한 호소에 고무되어 정의를 위해 기꺼이 위험을 무릅쓸 수 있는 사람은 거의 없다. 일부 정치인들은 냉정을 유지할 수 있을지도 모르겠다. 그러나 군인들이 어떤 빈정거림이나 혹은 그들이 세상에 필요한 정의를 실현하고 있다는 생각을 고취하려고 애쓰지 않는 국민들을 위해서 목숨을 걸기란 쉽지 않다. 조국이나 세계에서 정의를 실현하는 것은 그리스도의 완벽한 사랑을 실천하는 것만큼 어렵지 않을지도 모른다. 그러나 니부어가 깨달은 것처럼 역시 쉽지는 않은 일이다. 현실주의가 제공하는 동기부여로는 정의를 실현하기에 충분하지 않다. 정의를 실현하는 일에는 앨라배마 주 셀마 거리에서든 아르덴(Ardennes: 제1·2차 세계대전의 격전지—옮긴이) 숲의 피로 물든 눈 위에서든 간에 엄청난 희생이 따른다. 사람들은 미국이 세계에 모범을 보이고 있다고 생각한다. 그리고 그런 의도에 대한 자만이 실제로 죄악일지도 모르지만 그것이 이 세상을 더 살기 좋고, 공정한 곳으로 만들었다.

이것은 우리가 유한하고 나약하고 죄 많은 창조물이라는 깨달음도 없이 선을 행하기 위해 세상으로 행진해야 한다는 주장이 아니다. 대의를 위해서라면 우리 행동은 결백하다는 말을 하려는 것도 아니다. 우리는 오직 이기심을 충족시키는 것보다 정의를 더 많이 구현하기를 바랄 수 있을 뿐이다. 물론 쉬운 일은 아니다. 니부어가 미국의 '가장 위대한 신학자'라고 생각한 에이브러햄 링컨처럼 니부어도 그 주제에 대해 남다른 통찰력이 있었다.

만약 니부어가 살아 있었다면 그가 이라크 전쟁에 찬성했을지 반대했을지 궁금해하는 것은 당연하다. 그 나라에 민주주의를 심어주자는 호소에 심기가 불편했을까? 아니면 그것을 지지했을까? 그는 과거에 세계의 특정 지역에서 그런 계획이 효용성이 있을지에 의문을 가졌다. 아마 그는 백해무익

하고 오만불손한 생각이라고 비난했을 것이다. 그러나 철저하게 현실주의적이기는 했지만 니부어는 염세적이거나 냉소적이지 않았다. 그는 우리에게 불의에 맞설 책임이 있지만 우리 자신의 가식을 염두에 두어야 한다고 믿었다. 미국이 이라크에 개입한 결과 유별나게 악의적인 전제정치가 무너졌다. 니부어는 이라크 전쟁을 우리의 안전을 위협하는 것과 불의에 대한 현실적인 대응으로 생각했을까? 아니면 그저 잘난 체하는 이상주의로 생각했을까? 만일 후자라면 그 전쟁을 벌이면서 수많은 실수를 저지른 후에 우리가 이라크에서 철수해야 한다고 주장했을까? 그의 말대로 했다면 인도주의적인 대참사가 일어나고 국가 안보이익에 더 큰 위협이 되었을까?

9월 11일의 공격 후에 미국인들을 전장으로 소집한 도덕적 우월감에 대한 호소에도 같은 질문을 할 수 있을 것이다. 그는 그것이 우리를 증오하는 테러리스트들이 주장하는 전제주의와 오만함의 순화된 형태라고 비난했을까? 나는 그렇게 생각하지 않는다. 니부어는 평화주의를 비판했다. 그러면서 역사에는 도덕적 차이가 존재하며 우리는 부당함에 맞서 정의를 지킬 책임이 있다고 주장했다. 우리의 목적이 우리 적의 목적보다 도덕적으로 우월하다는 사실은 분명하다. 무고한 사람들이 죽는 것이 전쟁의 결과 일어난 비극적인 사건이 아니라 그들이 전쟁을 하는 목적이기 때문이다. 그 차이를 주장하는 것은 우리가 도덕적으로 완벽하다고 주장하는 것이 아니다. 우리의 적이 아닌 우리가 도덕적으로 이치에 맞는 주장을 하고 있음을 인식하는 것이다. 하나님이 그분의 심판에 맡기라고 우리에게 권고하신 복수의 욕망은 분명 우리에게서 정의를 실현할 권리나 책임이 사라졌다는 뜻이 아니다. 이 논쟁에서 죄인은 우리지만, 우리가 우리의 적들보다 선하다.

이 문제에 대한 미국 내의 의견 차이는 뚜렷하고 점점 더 격렬해지고 있다. 양측은 니부어가 자신들의 의견에 동조한다고 주장한다. 어느 쪽이 옳은 걸까? 이쪽 아니면 저쪽? 둘 모두? 아니면 둘 다 아닌가? 그는 우리가 인생에서 바랄 수 있는 최선은 정의에 근접하는 것이라고 말할지 모른다. 우리는 그 목표를 이루고 있는가? 나는 우리가 노력하고 있다고 생각한다. 아마 우리 중에서 다음의 글에 동의하지 않을 사람은 없을 것이다.

> 행할 가치가 있는 일은 우리 생애에서 이루어질 수 없다. 따라서 우리는 희망을 갖고 살아야 한다. 진실하거나 아름답거나 선한 것은 지금 당장 완벽하게 이해될 수 없다. 따라서 우리는 신념을 갖고 살아야 한다. 그러나 우리가 행하는 고결한 일은 단독으로 완성될 수 없다. 따라서 우리는 사랑하며 살아야 한다. 우리의 친구나 적의 관점에서 보는 고결한 행동은 우리 관점에서 보는 것만큼 고결하지 않다. 따라서 우리는 사랑의 마지막 형태인 용서를 하며 살아야 한다.[29]

"예수님이라면 어떻게 하셨을까?" 이 질문은 한동안 이라크 전쟁과 이슬람 테러리스트들에 대한 광범위한 싸움에 반대하는 사람들이 자주 던지던 질문이다. 나는 위의 글을 쓴 사람, 인간사가 비극적이면서 개선할 수도 있음을 알았던 사람이 현재 논쟁을 벌이는 양측을 어떻게 판단했을지보다 그 질문에 어떻게 대답했을지를 안다고 자신한다. 라인홀트 니부어와 디트리히 본회퍼는 우리가 숨 쉬는 한 우리는 하나님 나라에서 사는 것이 아니라는 사실을 상기시키면서 그 질문에 대답했을 것이다. 예수님은 인간이 할 수 없는 일을 하지 않으셨을 것이다. 예수님이 하시는 일을 우리가 할 수 있다고 생각한다면 우리 자신을 우상시하는 것이다. 예수님은 테러리스트들의 행동과 그들과 싸우기 위해 국민들을 소집한 정부를 지켜보신다. 그분은 전쟁을 비난하는 시위자들과 전쟁터에서 살인을 하는 군인들을 지켜보신다. 우리의 속죄를 위해 돌아가신 그분은 피조물들을 위해 눈물을 흘리신다. 그리고 우리가 회개하면 우리의 죄를 용서해주신다.

진정한 자비

1974년 10월 17 화요일 아침, 도착한 증인이 분과위원회 위원들 앞에 자리 잡았다. 그는 의장의 개회사가 끝나기를 기다리는 동안 침착하고 당당했다. 개회사가 끝나면 증인은 정식으로 증언을 하고 위원들의 질문에 답을 한다. 청문회가 열리는 장소는 텔레비전 카메라와 기자, 연방의회 직원, 방청객들로 만원이었다. 분과위원회의 청문회는 일반적으로 한산하다. 대부분 소수의 로비스트들과 논의 중인 주제에 흥미를 가진 사람들 몇몇이 참석한다. 청문회가 엄청난 관심을 끄는 경우는 현안이 논란거리라서 예정된 증인이 사건에 상당한 위협을 느끼거나 혹은 어리석게도 관심받기를 갈망하고 대중의 스포트라이트를 받을 수 있는 기회 때문에 흥분한 경우이다. 이번 증인은 어느 쪽도 아니었다. 그는 청문회에 익숙했다. 여러 분과위원회의 청문회에 참석했으며 위원회 위원들도 잘 알았다. 그들 중 일부는 친구로 생각하기도 했다. 다른 사람들은 그의 경쟁자였지만, 그는 사람들이 좀처럼 정적이나 개인적인 적으로 여기지 않는 사람이었다.

어쨌든 그는 하원의원으로서 자신이 속한 당의 대표 자리까지 오른 25년 경력의 베테랑 국회의원이었다. 사람들에게 사랑받고, 국회의 전통을 존중했으며, 국회에서 당을 초월한 우정을 쌓고 그것을 소중히 여겼다. 그는 동료 의원들의 성격과 정치적 역학관계를 이해해서 의회에서 일어날, 예측하기 힘든 일들을 예측할 수 있는 사람이었다. 국회는 그의 인생이었으며, 그는 그 인생을 좋아했다.

거의 일 년 전, 그는 아내와 함께 다음 임기가 끝나면 국회를 떠나겠다는 쉽지 않은 결정을 내렸다. 아직 일할 수 있는 동안 변호사로 일하며, 안락한 은퇴생활에 필요한 돈을 벌기 위해서였다. 그런데 계획을 수정해야 하는 일이 일어났다. 사실 그는 국회를 떠나기는 했다. 그러나 그의 계획보다 시기가 빨랐다. 이날 그는 국회의원이나 전직 국회의원으로서가 아니라 그의 새로운 지위인 대통령으로서 위원회 앞에 나타났다. 증인은 미국의 대통령, 제럴드 포드(Gerald R. Ford)였다.

논의할 문제는 심각했다. 전임 대통령인 리처드 닉슨(Richard Nixon)이 대통령직을 사임하기 전에 포드가 닉슨에게 사면을 약속했나 하는 문제였다. 그날 그에게 질문할 예정인 일부 위원들을 포함해서 좀 더 공격적이고 급진적인 위원들은 포드가 사면을 약속했을 거라고 강하게 의심했다. 그러나 대부분의 위원들은 포드가 좀 더 현명한 사람이라는 것을 알고 있었다. 어쨌든 그 유례없는 대통령직의 성공 여부는 포드만이 아니라 국회에도 중요했다.* 국민들은 그를 대통령으로 선출하지 않았다. 그를 대통령으로 선택한 것은 국회였다.

그는 제2차 세계대전 때 태평양 전역에서 활약하던 해군 퇴역군인으로, 훈장수여자였다. 1948년에는 처음으로 국회의원으로 당선되었다. 그는 근면한 입법자이며, 정치적으로 기민했고, 양당의 의원들에게 인기가 있었

---

* 국회 분과위원회 앞에서 자진해서 증언했다고 알려진 대통령은 없다.

◆ 제럴드 포드(AFP/특파원, AFP/Getty Images).

다. 그는 항상 인기가 많았다. 고등학교에서는 스포츠 스타였고, 미시간 대학 미식축구팀 MVP 센터였다. 예일 대학의 법대생이자 미식축구 코치였고, 미시간 주 그랜드래피즈에서 장래가 촉망되는 젊은 변호사였으며, 잘생기고 쾌활해서 여성들에게 인기가 있었다.

제럴드 포드는 친구를 쉽게 사귀고 친분을 잘 유지했다. 처음 국회의원에 당선되기 한 달 조금 안 돼서 그는 가장 신뢰하는 절친한 친구 엘리자베스 앤 블루머 워렌과 결혼했다. 그들은 워싱턴의 사교생활을 즐기는 활동적이고 매력적인 부부였다.

나는 언제나 당파적, 혹은 개인적 독설에서 비롯한 워싱턴의 분열이 지금처럼 심하지 않은 것처럼 보이던 과거를 그리워하는 데 회의적이었다. 실망한 국민들이 지금은 사라졌다고 생각하는 양당 간의 조화와 예의범절의 황금시대는 워싱턴에 존재할 가능성이 거의 없다. 정치는 항상 격랑 속에 있으며 책략가와 악당, 이기심을 끌어들인다. 그러나 제럴드 포드가 미시간 제5선거구를 위해 일하고, 국회의원들과 자주 어울렸던 대부분의 시간 동안 당적을 우정의 걸림돌로 여긴 적이 거의 없으며, 당파적, 개인적 야심보다 국익을 먼저 생각하는 것처럼 보였다는 사실은 부정할 수 없다.

현상 유지에 안달하며 더 강력하고 적극적인 지도력을 지지하는 개혁론자들 무리는 국회의 모든 세대에서 공통적으로 경험할 수 있다. 그들은 주로 소수당, 특히 자유분방한 상원의원과 비교할 때 더 규칙이 엄격한 하원에서 쉽게 볼 수 있다. 소수당 의원들이 영향력을 미칠 입법상의 기회는 거의 주어지지 않아서 다수당 지도부가 예의상 혹은 이따금 필요한 경우에 기회를 줄 때까지 기다리는 것이 일반적이었다. 가장 온화하고 사교적인 의원들조차 이것 때문에 항상 좌절감을 느낀다. 나도 하원에서 두 번의 임기를 보내는 동안 개혁론자였는데, 내 성격이 본래 그렇기 때문에 특별히 놀라운 일은 아니다. 그러나 나는 제럴드 포드가 전국적으로 유명한 인물이 되었을 때 그의 역할이 그의 성격, 또는 적어도 연륜 있는 신중한 정치가의 성격과는 어울리지 않는다는 인상을 받았다. 그는 주로 친절하고, 착실하고, 믿을 수 있고, 사려 깊고, 호감이 가는 사람으로 묘사되었다. 나는 한 번도 포드를 난폭한 돌격자로 상상했던 적이 없다. 그보다는 소수당 생활에 익숙해지고, 국회를 장악하려고 문제를 일으키는 일에 별 관심을 보이지 않는 공화당 대표로 생각했다. 그러나 그것은 포드에 대한 묘사로는 정확하지 않다.

포드는 비슷한 성향을 가진 다른 공화당 하원의원들의 지지를 등에 업고 공화당 지도부에서 세 번째로 높은 자리를 차지하기 위해 1961년에 보수파와 맞섰다. 2년 후 그는 하원 공화당 원내대표로 선출되었고, 국회에서 보낸 10년 동안 계속 그 지위를 유지했다. 그는 매번 선거 기간마다 공화당을 다수당으로 만들고, 자신의 직업적 야심을 만족시키기 위해 열심히 일했다. 그의 노력은 한 번도 성공한 적이 없지만 정치적 동지들과 반대파 모두가 그를 유능하고 책임감 있는 야당 대표라고 생각했다.

포드는 워싱턴과 공화당 행동주의자들 사이에서 유명하고 존경받는 사람이었지만 전국적으로 유명한 인물과는 거리가 멀었다. 리처드 닉슨은

1968년에 포드를 부통령 후보군에 포함시켰다는 보고를 받았다. 그러나 그를 부통령으로 진지하게 고려할 가능성은 거의 없었다. 그는 하원의원이었으며 그를 좋아하고 존경하는 만큼이나 그를 잘 아는 미국인들은 포드가 대통령감이라고 생각하지 않았다. 포드는 대통령을 꿈꾸는 사람들의 전형적인 특징으로 여겨지는 것들이 부족했다. 동시대 사람들보다 특별하게 보이려는 본능과 대담함, 자의식 말이다. 닉슨에게는 확실히 그런 요소가 있었다. 그리고 닉슨에게 대통령이 될 수 있는 어떤 특성들이 있었던 것처럼, 분명 포드에게도 대통령이 될 수 있는 특성들이 있었다.

"진실을 말하고, 열심히 일하고, 제시간에 저녁식사를 하라." 이는 엄격하고 헌신적인 부모님이 어린 제럴드 포드에게 강조한 원칙이었다. 포드의 어머니는 비참한 결혼생활을 했다. 그녀의 남편은 술에 취하면 그녀를 때렸다. 포드의 어머니는 아들이 태어날 때까지 기다린 다음 남편과 이혼했다. 2년 후, 훌륭한 남자를 만나 결혼한 그녀는 아들의 이름을 제럴드 포드라 지었다. 그들 부부는 아들을 올바른 사람으로 키웠다. 어머니는 아들의 성격에서 생물학적 아버지의 기질이 나타나지는 않는지 주의 깊게 지켜보았고, 아들이 화를 낼 때마다 키플링(J. R. Kipling)의 시 '만약(If)'을 암송하게 했다. "만약 뭇사람이 이성을 잃고 너를 탓할 때/ 냉정을 유지할 수 있다면."[1] 어머니가 포드에게 가르친 자제심은 그가 성인이 되었을 때 긴박한 상황에서도 침착하고 냉정하고 사려 깊은 사람이라는 평판을 얻는 데 많은 도움이 되었다. 좋은 의미에서건 나쁜 의미에서건 인생에서 중대한 일이 있을 때면 그는 어머니에게서 배운 기도, 「잠언」 3장 5-6절을 암송했다.

> 너는 마음을 다하여 여호와를 신뢰하고 네 명철을 의지하지 마라.
> 너는 범사에 그를 인정하라. 그리하면 네 길을 지도하시리라.

한 번도 본 적 없고 소식을 들은 적도 없는 어느 부유한 남자가 갑자기 그랜드래피즈에 나타났다. 그는 자신이 아버지라고 말하며 16살 된 아들에게 자신과 함께 살고 싶은지를 물었다. 제럴드는 침착하게 대답했다. "아니요. 저는 여기가 좋아요."[2]

그가 국회에 온 것을 반갑게 맞이한 공화당원 중 한 명이 야심만만한 젊은 정치인이자 변호사이며 동료 해군 퇴역군인인 남부 캘리포니아 출신의 리처드 닉슨이었다. 미래의 두 대통령은 정치 초년생일 때 친구였다. 비록 가장 절친한 친구 사이는 아니었지만 포드와 닉슨은 정치적 관계 이상으로 끈끈한 유대관계를 맺었다. 그들은 보잘것없는 집안에서 태어나 대공황의 시련을 겪고 명성을 얻은 자수성가한 사람으로서 동질감을 느꼈다.

마침내 포드를 부통령으로 지명하는 닉슨의 결정에 그 동질감이 얼마나 큰 역할을 했는지는 알 길이 없다. 포드는 닉슨의 야망을 충실하게 지지하고 워터게이트 스캔들로 그의 대통령직이 위협받는 동안 닉슨을 보호했다. 분명 그 점이 닉슨이 실각한 스피로 애그뉴(Spiro Agnew)의 후임자를 심사숙고하는 동안 포드에게 유리하게 작용했다. 그러나 닉슨에게 진정으로 가까운 친구는 거의 없었던 것 같다. 그는 우정이나 그 밖의 다른 것을 정치적 필요보다 우위에 놓는 사람이 아니었다. 포드를 좋아하긴 했다. 그러나 닉슨은 스스로 자신의 특성이라 생각하며 자랑스러워한 거물 정치인의 노련함과 세계무대에서 위대한 정치가가 되기 위한 경험이 포드에게 없다고 생각했다고 한다.

포드에게는 닉슨의 다른 특성들도 없었다. 그는 원한을 품거나 결연한 정적의 끊임없는 위협을 예민하게 받아들이는 사람이 아니었다. 리처드 닉슨은 정치를 극히 개인적으로 받아들였다. 그리고 결국에는 그 결점이 그의 뛰어난 재기를 압도했다. 그는 민주당이 1960년 대통령선거에서 자기를 속였으며, 자신은 그 부당함을 냉정하게 받아들였으나 민주당이나 미디어에서는 자신의 희생을 거의 인정하지 않는다고 주장했다. 아주 허황된 주장은 아니었다. 그러나 언제나 적에게 위협받고 있다는 생각에 사로잡힌 닉슨은 기다란 적의 명단에 늘 새로운 이름을 추가했다.

닉슨은 보기 드물게 단점과 장점이 밀접히 관련된 모순적인 사람이었다. 그는 유년시절의 결핍에서부터, 위험을 무릅쓰면서 입성한 정계에서 상류층 출신 정치인들의 무례한 언행에 이르기까지, 근면함과 지혜로 모든 멸시를 견뎠다. 그러나 자신이 자기를 비방하는 사람들보다 단호하고 명민한 것을 자랑스러워했다. 그는 강인함을 동경하고 실제로 강인하기도 했지만, 가장 약한 적에게도 쉽게 공격받을 수 있다고 느꼈다. 그는 가장 경멸하는 바로 그 사람들에게 인정받기를 간절히 원하는 것처럼 보였다. 상류층 사람들과 유명인사들에게 인정받으려는 그의 애처롭고 헛된 노력에서 사라지지 않는 열등감을 보기란 어렵지 않다. 그러나 위대한 인물이 되는 길을 가로막는 장애물—사람이든 상황이든—을 극복할 수 있다는 자신감 또한 두드러졌다.

그는 앨저 히스(Alger Hiss)를 추궁한다는 이유로 조롱과 경멸을 받았다. 지금은 히스가 반역죄를 지었다는 사실이 명백해졌지만 그렇다고 닉슨의 판단을 재평가하려는 움직임은 거의 없다. 그는 아이젠하워의 러닝메이트 자리에서 밀려날 뻔했지만 살아남았다. 1960년 대통령선거에서는 모든 면에서 그와 정반대인 잭 케네디에게 패했다. 2년 후에는 캘리포니아 주지사 선거에서 패했고, 정치 전문가들은 그의 정치인생이 끝났다고 말했다. 그로부터 6년이 지나기 전에, 그는 대통령으로 선출되었다. 1972년에는 미국 정치 역사상 가장 큰 표 차이로 재선에 성공했지만, 미국인들은 다른 대선 때와는 달리 그의 승리를 축하하지 않았다. 대통령직을 사임한 후, 그는 한때 가장 열렬한 지지자였던 사람들에게조차 매도당했다. 그러나 놀라운 의지력으로 명예를 회복했다. 그리고 그가 항상 열망하던 역할에 대한 권리를 주장했다. 세계 지도자들과 야심만만한 미국 정치인들이 조언을 구하러 오고 그 조언을 높이 평가받는 원로 정치인 역할 말이다. 그는 복잡하고 독특하고 흥미진진한 미국인이었다. 미국 정계에 또다시 그와 같은 인물이 나타날 거라고는 기대하기 어렵다.

 닉슨의 잘못에 대한 전통적인 견해에 상당 부분 동감한다. 그러나 그가 외교정책 지도자로서 보여준 재능과 세계정세가 긴박한 순간에 미국을 이끈 능력을 존경하기 때문에 그에 대한 나의 비판이 약해졌다는 사실을 인정해야겠다. 그리고 나는 그의 의지력에 감탄을 금치 못한다. 나와 전시 동료 수감자들에게서 닉슨의 의지력은 자유와 계속된 포로생활 사이의 차이를 의미한다. 그는 정계와 언론, 국민의 반대를 무릅쓰고 1972년 크리스마스 때 하노이 폭격을 명령했다. 만약 그 일이 없었다면 북베트남군이 파리협정에서 더 유리한 조건을 주장했을 테고, 우리는 언제 끝날지도 모르는 포로생활을 계속했을 거라고 생각한다. 나는 리처드 닉슨에게 큰 빚을 졌기 때문에 그의 과실을 평가할 때 잠시 주저했다. 그리고 닉슨의 비판자들이 그가 권좌에서 실각한 이야기를 할 때 극도로 즐거워하는 이유를 잘 모르겠다.

 제럴드 포드는 리처드 닉슨을 존경했다. 그들은 초기에 친분을 쌓은 이후로 몇 년이 흐르는 동안 함께 지낸 시간이 거의 없었다. 닉슨이 대통령으로 선출된 후, 아마 포드는 국회의 다른 공화당원들과 마찬가지로 닉슨 정부가 그들을 대하는 오만한 방식에 분개했을 것이다. 그러나 그는 닉슨의 재능과 강인함에 감탄하며 당과 국가의 지도자가 되기 위해 모든 역경을 이긴 그 비범한 사람을 충실하게 지지했다.

 닉슨과 같은 정치적 재능은 없었을지 모르지만 제럴드 포드에게는 대통령이 될 수 있었던 다른 특성들, 침착함과 솔직한 겸손함, 변치 않는 자신감, '덕행은 그 자체가 보수'라는 강한 신념이 있었다. 포드는 정치가로서의 경력이 끝나갈 즈음에 역사의 부름을 받았다. 그는 당연히 자신이 이룬 것을 자랑스러워했다. 부유하지는 않았지만 아내와 반듯하게 자란 네 아이들에게 자신이 어렸을 때 가져보지 못한 기회들을 제공했다. 그는 자신이 기회를 최대한 이용했으며 국가를 위해 충실하게 봉사했다고 믿으며 정계를 떠났다.

법무부가 스피로 애그뉴와 백악관에 부통령을 뇌물수수 혐의로 기소하고 유죄를 입증할 증거들이 충분하다고 통보했을 무렵에는, 존 딘(John Dean)의 인상적인 표현을 빌리자면 워터게이트라는 암이 백악관에 전이된 상태였다. 상원 워터게이트위원회(Senate Watergate Committee) 위원들이 선출되었다. 텔레비전을 통해 방영된 청문회는 몇 달 동안 미국인들을 경악시켰다. 딘은 결정적인 증언을 했다. 백악관 보좌관 알렉산더 버터필드(Alexander Butterfield)는 백악관에 도청 시스템이 존재하며 거기에 닉슨과 고위 보좌관들이 워터게이트 강도들과 정부의 관계를 은폐하려는 대화가 녹음되었다고 폭로했다. 닉슨의 최측근 보좌관 홀드먼(H. R. Haldeman)과 존 에릭먼(John Ehrlichman)이 사임했고 척 콜슨(Chuck Colson)과 딘, 다른 백악관 직원 몇몇도 자리에서 물러났다. 법무장관으로 임명된 엘리엇 리처드슨은 워터게이트 스캔들을 조사하는 특별검사로 아치볼드 콕스(Archilbald Cox)를 임명했다. 콕스는 테이프 9개에 대한 소환장을 발부했다. 백악관은 이를 넘기기를 거부했고 난잡하고 혼란스러운 사건은 연방법원으로 옮겨졌다.

1973년 10월 10일, 애그뉴가 사임했다. 그리고 대통령 지명으로 새로운 부통령을 선택하고 하원과 상원의 인준이 뒤따른다는 헌법수정 제25조 부통령 공석 관련 조항이 처음으로 발효되었다.

애그뉴가 세금포탈이라는 중죄에 불항쟁의 답변(nolo contendere : 유죄를 인정하지 않지만 논쟁하지 않겠다는 것—옮긴이)을 내세웠을 무렵에는 그의 후임자를 찾는 일이 순조롭게 진행 중이었다. 닉슨은 국회의사당에서 민주당 지도부와 상의하여 신중하게 선택해야 했지만, 결국 그들이 바라는 대로 결정했다. 대통령은 무력했다. 민주당원들은 닉슨이 임기를 채우지 못하고 자신들이 인준하는 사람이 머지않아 미국의 38대 대통령이 될 거라고 확신했다. 때문에 그들이 신뢰하지 않고 좋아하지 않는 사람으로 애그뉴를 대신하게 만들 생각이 없었다.

닉슨은 전 민주당 출신의 텍사스 주지사인 존 코넬리(John Connally)를 마음에 들어 했다. 그러나 상원 다수당 대표인 마이크 맨스필드(Mike Mansfield)와 하원의장인 칼 앨버트(Carl Albert)는 코넬리 지명에 반대하겠다는 뜻을 분명히 했다. 코넬리가 닉슨의 재선을 돕고 최근에 당을 옮겼다는 점이 많은 민주당원들을 적으로 만들었고, 공화당에서는 아직 그를 신뢰하지 않고 있었다. 닉슨의 측근들이 공화당 지도자들과 행동주의자들에게 누구를 지지하는지 물어보는 동안 닉슨이 고려했거나 최소한 고려하는 시늉을 했던 사람들이 더 있었다. 충실한 당원들 사이에서 가장 인기 있는 넬슨 록펠러(Nelson Rockefeller)와 로널드 레이건, 코넬리와 다른 후보자 한 명이 대통령이 가진 짧은 명단에 올라 있었다. 공화당 상원의원들은 특별히 선호하는 사람이 없었다. 하원의 공화당원들은 압도적으로 한 사람을 선호했다. 하원의 공화당 원내대표인 제럴드 포드였다. 더욱 중요한 것은 국회를 책임진 민주당 지도부도 포드를 지지했다는 점이다.

닉슨은 애그뉴가 사임하기 전에 조용히 포드를 만났다. 그는 부통령 자리를 제안하거나 포드에게 관심이 있냐고 묻지 않았으며 애그뉴가 조만간 사임할 거라는 말도 하지 않았다. 그는 포드와 함께 애그뉴 문제와 대통령직을 위태롭게 만드는 다른 문제들을 논의했다. 포드는 닉슨이 자신에게 속마음을 털어놓은 이유가 무엇인지 몰라 혼란스러워하며 백악관을 나섰다.[3]

애그뉴가 사임하자마자 포드는 상원 소수당 대표 휴 스콧(Hugh Scott)과 함께 다시 백악관을 방문했다. 닉슨은 그들에게 새 부통령에 대한 동료 의원들의 선호도를 알아봐달라고 부탁했다. 만남이 끝났을 때 하원의장 앨버트와 다수당 대표 맨스필드가 대통령 집무실에 나타났다. 기민한 정치가인 닉슨은 두 사람이 마지막으로 마음을 굳혔다는 것을 알았다. 그들은 거의 한마디도 하지 않고도 닉슨이 제안하는 후보자를 모두 거부할 수 있었다. 닉슨이 여전히 국회에서 보수적인 민주당원들의 지지를 받는다고 해도 앨버트와 맨스필드는 자신들이 반대하는 지명자를 거부할 만큼 표를 충분히 끌어 모을 수 있었다. 닉슨이 지명하는 사람에 대한 좌익들의 이의제기를 물리치려면 이 두 원로 정치인이 필요했다. 닉슨은 임기를 마칠 수 있는 가능성이 잘해봐야 50퍼센트 정도라는 것도 알고 있었다. 앨버트와 맨스필드는 가능성을 훨씬 더 낮게 보았다. 그들이 건의하는 것 모두가 당의 이익에서 완전히 자유로울 수 없겠지만 그들은 애국자이기도 했다. 닉슨이 사임할 경우 공직에 강한 책임감을 갖고 봉사하지 못할 사람, 대통령 제도에 대한 국민들의 신뢰를 회복하지 못할 거라고 생각하는 사람을 추천할 리는 없었다.

앨버트는 처음에 대통령에게 자신이 생각하는 사람의 이름을 말하지 않았다. 그러나 맨스필드가 두세 명 이름을 언급하자 앨버트는 민주당에서는 오직 한 사람을 지지할 수 있다고 했다. 맨스필드는 재빨리 동의했다. 닉슨이 메릴랜드 산꼭대기에서 마지막 결정을 내리기 위해 곧 캠프 데이비드로 떠나기는 했지만 실제로 결정이 내려진 건 그 만남에서였다. 민주당 대표가 그 다음 해에 말했듯이 "제럴드 포드를 대통령으로 만든 것은 국회였다."[4]

두 사람이 백악관을 떠난 후 닉슨은 보좌관인 멜빈 레어드(Melvin Laird)와 브라이스 할로(Bryce Harlow)에게 포드가 부통령에 관심이 있는지 의중을 떠보도록 했다. 레어드는 포드의 집으로 전화를 걸었다. 포드는 관심이 있었지만 그에게 가장 소중한 사람인 부인 베티와 상의하려면 시간이 좀 더 필요하다고 했다. 몇 시간이 지나 레어드에게 전화를 한 포드는 두 사람의 의견이 일치한다고 말했다. 그는 부통령으로 지명될 경우 수락하겠다고 했다. 레어드는 대통령에게 그대로 전했다.

닉슨은 캠프 데이비드로 떠났다. 그리고 돌아온 후에는 예상대로 제럴드 포드를 부통령으로 결정했다. 제럴드 포드는 정계의 유명인사도 아니고 닉슨과 같은 날카로움과 역사와 외교 문제에 대한 박식함도 없었지만 성실한 국민이자 유능한 국회의원이었다. 그리고 아주 절친한 극소수의 사람만 신뢰했던 닉슨이 보기에는 신뢰할 만한 인물이었다. 물론 민주당 의원들이 그를 인준할 것이라는 점이 가장 중요했다.

또한 전해진 바로는 닉슨이 포드를 선택하면 자신이 대통령직에서 쫓겨나는 일을 막아줄 거라고 기대했다고 한다. 비록 닉슨이 무슨 생각을 했는지 확신을 갖고 말할 수는 없지만, 내가 생각하는 닉슨의 동기는 그 정도로 비열하지는 않다. 닉슨의 동기를 판단하기에 더 적절한 위치에 있는 어떤 사람들의 주장에 따르면 닉슨은 결과적으로 포드를 대통령으로 만들 수도 있는 일련의 행동을 국회가 결정하고 싶어 하지 않을 거라고 판단했다고 한다. 닉슨은 그 자리가 매우 중요해서 미국 대통령의 엄청난 책임을 수행할 능력이 없는 포드는 신뢰할 수 없다고 생각했고, 국회도 그렇게 생각할 거라 추측했다. 냉전, 아직 끝나지 않은 베트남 전쟁, 중동 문제, 소련을 상대로 한 닉슨의 긴장 완화 외교, 그리고 닉슨의 중국 방문으로 미국의 대통령직은 이후 세계의 역사를 결정할 사건들의 중심에 있었다. 만일 닉슨을 비판하는 사람들이 옳다면, 그가 정말 부통령을 선택한 이유가 이런 냉소적인 정치적 이유에서 비롯됐다면, 그가 내린 많은 오판들 중에서 가장 심각한 오판이다.

칼 앨버트와 마이크 맨스필드는 처음에는 포드가 부통령 자리에 적합하지 않다고 생각했기 때문에 그를 추천하지 않았다. 만일 스피로 애그뉴가 계속 부통령 자리에 있었다면 그들은 당연히 닉슨 탄핵소송이 전혀 마음에 들지 않는 후임자를 국가수반으로 만드는 결과로 이어질 수도 있다고 걱정했을 것이다. 그러나 그들은 제럴드 포드가 청렴하고 정직하고 근면하며 공정하고, 애국자라는 점에서 논쟁의 여지가 없는 사람이라는 것을 알았다. 그들이 생각하기에 대통령직과 국가의 명예를 심각하게 훼손한 사람을 대신하기에는 포드가 적임자였다.

포드는 부통령 지명이 공식적으로 발표되고 국회에 통보되기 전 마지막으로 대통령을 만났다. 여전히 존 코넬리가 대통령으로 선출되기를 바라고 있던 닉슨은 그 만남에서 1976년 대통령선거에 입후보하지 않겠다는 약속을 받아냈다. 포드는 기꺼이 그러겠다고 했다. 그는 대통령이 되려는 생각이 없었다. 그는 이제 막 발을 들여놓으려는 자리가 예기치 않은 명예라고 여겼다. 생각지도 않게 대통령이 된다 하더라도—그도 그 가능성을 모르는 바는 아니었다—그 기회를 공직에서 물러나기 전 조국에 봉사할 수 있는 마지막 기회로 삼을 계획이었다. 미국 정계에서 가장 높은 지위에 오른 사람에게 겸손함을 보기란 흔한 일이 아니다. 그러나 포드가 대통령이 되고 그 당시 미국에게 가장 필요한 사심 없는 지도력으로 국가를 이끌 수 있었던 이유는 그가 겸손하고 예의바르기 때문이었다. 그리고 대다수 국회의원들과 국민들도 곧 미국에 필요한 것이 무엇인지 깨달았다.

백안관이 포드를 지명했음을 국회에 알린 날, 순회항소법원은 정부의 행정부 특권 주장을 판결할 수 있도록 특별검사 콕스와 상원 워터게이트위원회가 소환한 워터게이트 테이프 9개가 제출되어야 한다는 지방법원 판사 존 시리카(John Sirica)의 판결을 찬성 5표, 반대 2표로 확정했다. 닉슨의 비서실장 알렉산더 헤이그(Alexander Haig)가 법무장관 엘리엇 리처드슨을 백악관으로 불렀다. 많은 사람들이 국정 운영이 마비된 닉슨 정부를 실질적으로 지배하는 인물은 헤이그라고 생각했다.

헤이그는 닉슨의 지시에 따라 리처드슨에게 백악관은 대통령에게 우호적인 민주당 원로 상원의원인 존 스테니스(John Stennis)에게 테이프의 요약본을 제공할 계획이며 스테니스가 그것을 검토할 것이라고 알렸다. 이유는 분명했다. 닉슨은 백악관에서 테이프를 검토할 수 있는 유일한 사람이었다. 그는 테이프에 어떤 내용이 담겨 있는지 알고 있었다. 테이프에는 그가 은폐 지시를 내려 사법절차를 방해했다는 명백한 증거가 있었다. 닉슨은 다른 사람들과 테이프를 공유할 의도가 없었다.

헌정(憲政)의 위기가 빠르게 다가왔다. 리처드 닉슨의 대통령직의 끝을 알리는 시계가 재깍거리기 시작했다.

진보적 성향의 하원의원들은 지도부가 포드를 인준청문회로 끌어내서 그의 배경에서 자격을 박탈할 뭔가를 찾을 시간을 벌 수 있기를 바랐다. 그들의 진짜 목적은 닉슨 대통령을 탄핵하는 동안 부통령 자리를 공석으로 남겨두는 것이었다. 헌법상 대통령직 승계 순위 세 번째는 하원의장 앨버트였다. 그들은 공화당원이 아닌 앨버트가 닉슨을 대신하기를 원했다. 그것은 몇 가지 이유에서 무서운 계획이었다. 그리고 제안자들에게 명예로운 일도 아니었다.

미국 국민들은 약 일 년 전 재선에서 높은 지지율과 함께 공화당 대통령과 부통령을 선택했다. 다음 대통령이 자신들 중에서 나오길 바랐던 민주당은 당파 분열을 악화시켰으며 국가를 사실상 통치 불가능한 상태로 만들려고 했다. 워터게이트가 마무리되면 국민들은 안정을 그리워할 것이 분명했다. 미국의 통치제도에 대한 국민들의 신뢰를 회복하려면 몇 년이 소요될지도 몰랐다. 만일 앨버트 하원의장이 그가 원치 않는 자리임이 분명한 대통령직에 올랐다면 닉슨의 남은 임기 동안 대국민화합의 시작은 지연되었을 것이다. 그리고 민주당이 자신들이 강제로 자리에서 물러나게 한 사람만큼 이기적이고 음흉하다는 사실이 입증되었을 것이다.

그들이 선택한 표적 또한 엄청난 오판이었음이 입증되었다. 그들은 제럴드 포드의 배경에서 비윤리적인 것을 전혀 발견하지 못한다. 사실 조사관들이 길고 광범위한 포드의 배경 조사에서 발견한 것은 포드가 공화당 전당대회 때문에 양복 두 벌을 구입하고 회사경비로 처리한 불법 세금공제가 전부였다.

민주당에서 의사방해를 지지하는 사람들은 소수에 불과했다. 또 그들 대다수가 초선의원이라는 사실은 그들의 판단력이 미숙함을 보여주는 증거였다. 다행히 칼 앨버트와 팁 오닐리(Tip O'Neill), 탄핵절차—만일 탄핵까지 해야 한다면—를 관할할 사법위원회(Judiciary Committee) 의장 피터 로디노(Peter Rodino)와 그 밖의 민주당원들은 분열을 일으키는 국가적 비극을 이용해서 권력을 잡겠다는 생각이 없었다. 포드의 인내심과 원숙함을 믿은 로디노는 위원회에서 불평하는 민주당 의원들에게 인준청문회 동안 포드에게 곤란한 질문을 해도 된다고 허락했다. 그러나 그는 정도를 넘는 질문은 허용하지 않았다. 지도부도 포드의 인준을 늦추려는 시도에 동의하지 않았다. 야당 대표인 포드와 일하는 동안 그들은 하원 사법위원회에서 탄핵 절차를 시작하라는 국회의 요구를 교묘하게 지연시켰다. 그들은 포드의 인준 전에 대통령이 탄핵되거나 탄핵되기 직전이라면, 닉슨이 사임하거나 상원 심판에서 유죄를 선고받기 전에 제럴드 포드가 부통령 자리에 오르는 것이 불가능해질지도 모른다는 사실을 알고 있었다.

포드는 그 모두를 당연한 일로 받아들였다. 인준청문회에서 있었던 무례함에도, 곧 경험할 책임과 인생의 엄청난 변화에도 침착한 태도를 잃지 않았다. 워싱턴에서 논쟁이 진행되는 동안 어깨가 넓고, 턱이 각지고, 천성적으로 겸손하고 점잖은 포드는 청문회에서 하원 사법위원회와 상원 준칙위원회(Senate Rules Committee) 앞에 똑바로 앉아 있었다. 그는 유창한 말솜씨는 아니지만 품위 있는 태도로 워터게이트를 둘러싼 온갖 문제에 관련된 적대적인 질문에 대답했다. 네바다 주 상원의원이며 준칙위원회 의장인 하워드 캐논(Howard Cannon)이 좀 더 까다로운 질문을 던졌다. "만일 대통령이 임기가 끝나기 전에 사임한다면 그의 후임자가 전직 대통령에 대한 조사나 형사소추를 방해하거나 종결시킬 권력을 가지게 될까요?"

"국민들이 용납하지 않을 거라 생각합니다." 포드가 대답했다.

상원과 하원 위원회는 포드의 지명을 호의적으로 보고했다. 11월 27일, 상원은 찬성 92표 대 반대 3표로 그를 인준했다. 9일 후, 하원도 마찬가지로 찬성 387표 대 반대 35표로 인준에 찬성했다. 포드는 그날 밤 대통령이 참석한 가운데 하원의사당에서 취임 선서를 했다.

포드는 짧았던 부통령 시절의 대부분을 전국의 여러 공화당원들과 다양한 시민단체들 앞에서 연설을 하면서 보냈다. 닉슨은 포드가 가까이 있으면서 하원 공화당원들을 설득해서 탄핵 결의를 반대하게 만들어주기를 원했다. 포드는 의도적으로 닉슨의 대통령직을 집어 삼키고 있는 불길과 거리를 두고 현명하게 멀리 떨어져 있었다. 1974년 7월 24일, 대법원은 대통령의 행정부 특권 주장에 위헌판결을 내리고 테이프를 특별검사 레온 자워스키(Leon Jaworski)에게 넘기라고 명령했다. 절박해진 닉슨은 법원의 명령과 그 뒤에 일어날 필연적인 결과를 피하려고 다양한 대응책—대부분 터무니없었다—을 모색했다. 그러나 백악관의 다른 모든 사람들은 닉슨의 대통령직이 끝났다고 믿었다. 판결이 나오려면 몇 주가 더 흘러야 했지만 닉슨이 자기 손으로 대통령직에 치명적인 상처를 입혔다는 사실을 의심하는 사람은 없었다. 7월 27일, 하원 사법위원회는 찬성 27표 대 반대 11표로 첫 번째 탄핵 죄목 사법 방해를 제시했다. 7월 29일과 30일에는 각각 두 번째 죄목 권력 남용과 세 번째로 국회 모욕을 제시했다.

8월 1일, 알 헤이그가 부통령 포드에게 면담을 요청했다. 법원의 판결 직후 닉슨은 처음으로 변호인단과 헤이그가 자신의 유죄를 입증할 테이프를 들을 수 있게 했다. 테이프는 1972년 6월 23일에 있었던 대통령과 홀드먼 사이의 대화를 녹음한 것이었다. 테이프에서 닉슨은 비서실장에게 CIA를 동원해서 워터게이트 조사를 종결하도록 FBI에게 압력을 가하라고 명령했다. 명백한 사법 방해였다. 헤이그는 자워스키와 국회가 곧 결정적인 증거를 확보할 것이라는 사실을 알리고, 대통령이 사임 여부에 대한 포드의 의견을 듣고 싶어 한다고 말할 생각이었다. 또한 대통령이 일단 사임하면 포드가 그를 사면할 가능성을 높일 작정이었다. 포드의 집무실에 도착한 헤이그는 포드의 비서실장인 밥 하트먼(Bob Hartmann)을 보고 불쾌해졌다. 둘은 서로에게 반감을 갖고 있었다. 헤이그는 포드에게 테이프—내용에 대한 구체적인 설명은 하지 않았다—가 곧 공개될 예정이고 닉슨에게 치명타가 될 것 같다는 보고만 했다. 몇 시간 후, 포드와 둘만 있는 자리에서 헤이그는 닉슨의 사임 여부에 대해 부통령의 조언을 구하고 함께 사면 문제를 논의했다.

대통령의 변호사 한 명이 꼼꼼하게 조사를 한 후 공문을 준비하면서 전임 대통령을 실제로 기소하기 전에 대통령이 사임하는 것이 합헌적이라고 주장했다. 아무 말 없이 경청한 포드는 잠시 그 문제를 생각해보자고 했다. 그는 중요한 결정을 내리기 전이면 늘 그랬듯이 자신이 사려 깊고 신중하게 행동하고 있다고 믿었다. 하트먼과 전직 국회의원 잭 마쉬(Jack Marsh)와 다른 고위 보좌관들은 질겁했다. 그들은 포드에게 헤이그는 사면을 대가로 대통령직을 내놓겠다는 거래를 제안한 것이며, 예비 교섭을 허락한 사람도 닉슨이 분명하다고 말했다. 최소한 헤이그가 닉슨에게 사임을 권유하기 위한 방법으로 사면에 대한 포드의 생각을 이용하려는 거라고 주장했다. 국회와 국민들은 그러한 합의를 사법 방해로 생각할 가능성이 높았다. 헤이그가 자신이 제안한 거래를 상대방이 숙고했다고 생각한다면 포드의 대통령직은 시작하기도 전에 타격을 받을 것이다. 포드는 그런 약속은 하지 않았으며 헤이그도 대답을 요구하지 않았다며 만남에 대한 해석을 일축했다. 보좌관들은 만일 헤이그가 포드가 닉슨의 사면을 고려하고 있다고 생각한다면 상당히 큰 문제를 일으킬 소지가 있기 때문에, 즉시 "합의할 수 없소."라는 말로 그런 생각을 바로잡아야 한다고 답했다. 그들은 브라이스 할로와 의논해 보라고 포드를 설득했다. 포드는 평소 그의 판단력을 높이 사고 있었다. 할로는 하트먼과 마쉬와 의견을 같이했다. 베티 포드도 마찬가지였다. 그들이 걱정하자 마음이 움직인 포드는 헤이그에게 전화를 걸어 하트먼과 할로가 지켜보는 가운데 종이에 적힌 글을 읽었다. "나는 대통령이 사임과 관련해서 무엇을 해야 하는지 권고할 의사가 없소. 대통령께서 어떤 결정을 내리시든 어제 오후 우리가 나눈 대화에서 고려하실 내용은 없소."[5]

헤이그는 "지당하신 말씀입니다."라고 대답했다. 대통령의 비서실장은 다시 가장 시급한 일, 리처드 닉슨이 사임하도록 설득하는 일에 몰두했다.

닉슨은 이제 희망이 없다는 것을 알았다. 그러나 실수 때문에 치러야 할 대가가 엄청났기 때문에―성인이 된 후 인생의 대부분의 시간 동안 노력하고 계획한 자리에서 불명예스럽게 사임하는 것―판단력이 더 흐려졌다. 그는 비참하게 항복하는 것과 마지막으로 자신에게 반대하는 거대한 세력에 맞서 불가능한 싸움을 시작하는 것 사이에서 고심했다. 헤이그는 누구와 의

논을 하더라도 탄핵과 유죄 판결은 의심할 여지가 없다고 말할 게 분명하다는 점, 그리고 즉시 사임하는 것이 국가와 닉슨 자신을 위해서도 더 현명한 길이라고 분명히 말했다. 일주일 후, 좌절한 닉슨은 그 의견에 동의했다.

8월 8일, 대통령이 부통령에게 대통령 집무실로 오라고 부탁했다. 그곳에서 닉슨은 포드에게 다음 날 아침 미국 대통령이 될 거라고 알렸다. 제럴드 포드와 베티 포드는 버지니아 주 알렉산드리아에 있는 집에서 닉슨 대통령이 대통령직에서 물러나겠다고 발표하는 모습을 텔레비전으로 지켜보았다. 방송이 끝나자 그들은 잠자리에 들었다. 잠들기 전에 두 사람은 「잠언」 3장 5-6절을 함께 암송했다. 너는 마음을 다하여 여호와를 신뢰하고……그리하면 네 길을 지도하시리라.

"우리나라의 기나긴 악몽은 끝이 났습니다."라는 진심어린 약속과 함께 1974년 8월 9일 새로운 대통령이 취임했다. 그가 알 헤이그와의 사이에 있었던 대단히 위험한 오해를 간신히 면한 후에 전임자 사면을 진지하게 고려하기 시작하자 많은 사람들이 놀랐을 것이다. 그러나 포드 대통령이 정말로 닉슨의 사면과 그 대가를 공모했다고 믿거나 그의 결정에 충격을 받은 사람들은 알 헤이그나 리처드 닉슨보다도 포드를 제대로 이해하지 못하는 것이다. 포드의 친구이자 대내 정책고문인 제임스 캐논은 제럴드 포드의 가장 훌륭한 특성을 간결하고 정확하게 요약했다. "포드에게는 정치가들에게서 거의 볼 수 없는 면이 있다. 그는 국익에 도움이 되는 것과 자신의 정치적 이득을 구분할 줄 안다."[6]

취임 첫째 날, 기자들이 기자 출신의 새로운 공보비서관 제리 터호스트(Jerry terHorst)에게 끊임없이 질문을 퍼부었다. 리처드 닉슨의 기록과 테이프를 어떻게 처리할 것인가. 새로운 대통령은 전임 대통령 사면을 고려하고 있는가……. 터호스트는 포드가 인준청문회에서 면책에 반대했다는 말로 대답을 대신했다. 정확한 말은 아니었다. 포드는 미국인들이 사면에 찬성할 거라고는 생각하지 않는다고 말했고, 논란의 여지는 있지만 어쨌든 여론에 따를 의사가 있다는 인상을 남겼다. 그러나 사면을 고려할 거라는 말은 하지 않았으며 직접적으로 사면하겠느냐는 질문을 받은 적도 없었다. 그런 질문은 청문회가 끝나고 며칠 후에 있었다.

한시적으로 비서실장으로 남아 있던 알 헤이그는 전직 대통령과 사전에 합의한 대로 백악관의 테이프들을 캘리포니아 주 샌클러멘티에 있는 닉슨에게 보내라고 지시했다. 공군 직원들이 서류 상자를 트럭에 싣고 있는 모습이 포드가 백악관 법률고문 역할을 맡기려고 국회에서 데려온 젊은 변호사 벤튼 베커(Benton Becker)의 눈에 띄었다. 그 짐들이 테이프들과 그 밖의 기록이라는 것을 안 그는 새 대통령이 승인했는지 확인할 때까지 운반을 중지하라고 지시했다. 정보를 입수한 언론은 끈질기게 터호스트에게 설명을 요구했다. 국회 민주당원들은 닉슨의 테이프 전부와 대통령 문서기록을 정부의 관리 아래 두는 법안을 제출했다. 닉슨에게 테이프를 주겠다고 약속했던 헤이그는 전임 대통령들처럼 닉슨도 본인의 문서기록을 소유할 자격이 있다고 주장했다. 하트먼과 마쉬, 포드의 수석 법률고문이자 이전 법률회사 파트너 필 부첸(Phil Buchen)은 문서는 지금 보관돼 있는 곳에 있어야 한다는 단호한 입장을 표명했다.

레온 자워스키와 단호한 그의 법률팀은 전임 대통령을 기소하기 위해 조직적으로 증거를 수집했다. 첫 번째 기소가 언제 발표될지 추측하느라 워싱턴 전체가 웅성거렸다. 전직 법무장관인 존 미첼(John Mitchell)과 홀드먼, 에릭먼, 콜슨을 포함한 고위 보좌관 7명은 이미 기소되어 재판을 기다리고 있었다. 포드는 닉슨의 사임으로 워터게이트에 쏠린 전 국민의 과도한 관심이 진정되기를 진심으로 원했다. 그러나 일이 진행되는 상황이 느리기는 해도 심각한 전직 대통령의 유죄 판결과 구속으로 확실하게 기우는 동안, 포드는 그 추문이 자신의 대통령직에 영향을 미칠 가능성이 있음을 깨달았다.

포드는 어려운 시기에 복무했다. 미군 6,000명이 베트남에 남아 있었지만 북베트남군은 파리평화협정을 위반하고 남쪽으로 행군했다. 소비에트

연방과의 관계는 중대 기로에 놓여 있었다. 포드는 중국과의 새로운 관계를 발전시킬 책임이 있었다. 여전히 제4차 중동전쟁의 여파가 느껴졌다. 천정부지로 치솟는 에너지 비용은 그 일부에 불과했다. 물가상승률은 7퍼센트를 기록했다. 이 모든 문제와 그 밖의 문제들은 최우선 문제들이었고 그는 가능한 한 정공법으로 처리할 생각이었다. 그러나 지금은 워터게이트가 주요 국정 현안을 처리하려는 그의 발목을 잡을지도 모른다는 사실을 분명히 인식했다. 더 심각한 점은 국민들의 사기와 통치제도에 대한 믿음이 거의 바닥이라는 사실이었다.

닉슨의 사임도 국민들을 거의 진정시키지 못했다. 그러나 국민들에게 거의 알려진 것이 없는 새로운 대통령의 현실적인 태도가 그들의 기운을 북돋운 것은 분명했다. 취임하는 날 아침 포드가 손수 아침식사를 준비한 것으로 알려졌다. 그리고 그 간단한 행동은 현재 미국의 대통령은 국민들과 생활방식과 가치관이 비슷한 사람이라는 증거로 여겨졌다. 그의 취임 연설은 국회와 언론, 국민들에게 호평을 받았다. 포드는 취임 4일 후 첫 번째 국회 연설에서 자기 자신을 위해서가 아니라 국회의원들과 그들이 대표하는 사람들을 위해 살겠다고 말했다. 그는 이전 동료들에게 열렬한 환영을 받고 대단히 감동했다. 며칠 후 이루어진 여론조사에서 새로운 대통령의 지지도는 71퍼센트였다. 낙관론의 희미한 빛이 이제 워터게이트의 그늘 속에서 어렴풋이 빛나고 있었다. 그러나 다른 많은 이들과 마찬가지로 포드도 국민들의 관심이 계속해서 워터게이트에 집중된다면 국민과 정부를 중재하려는 자신의 가장 큰 소망이 추문의 그늘에서 꽃피지 못하고 시들 거라고 판단했다.

따라서 처음에는 남몰래 닉슨의 사면을 고려하기 시작했다. 닉슨의 사면은 언론과 민주당, 많은 공화당 정치인들, 대다수 국민들에게 호응받지 못할 수 있었다. 그러나 사면으로 인해 처음에 어떤 분노가 일든 간에 국민들은 곧 혼란스러운 사건이 끝났다는 사실에 안도감을 느낄 거라고 생각했다.

포드는 자신의 정치적 미래를 고려하는 것처럼 보인 적이 없었다. 그는 리처드 닉슨의 남은 임기를 채울 목적으로 취임했다. 헨리 키신저는 만일 처음부터 임기 말의 무능한 대통령처럼 비친다면 세계 지도자로서의 신뢰도가 훼손된다고 설득했다. 그래서 그때부터 포드는 자신의 의도를 비밀로 했다. 그러나 아직 마음을 바꾼 것은 아니었다. 그는 할 일이 있었으며, 상처 입은 조국을 위해 개인적인 이해관계와는 상관없이 할 수 있는 최선을 다해 봉사해야 했다. 국가에 봉사하기 위해 모든 노력을 들일 작정이었다.

그는 닉슨의 내각 구성원들을 자신의 사람들로 교체하고 대통령직에 자기 색깔을 입히면서 보좌관들과 함께 사면에 관한 첫 논의를 시작했다. 8월 30일에는 최측근인 하트먼과 마쉬, 부첸 세 사람과 비밀리에 이야기했다. 그들은 최소한 닉슨에게 죄를 물은 뒤라야 한다며 사면에 완강히 반대했다. 포드는 참을성을 가지고 그들의 말을 끝까지 들은 다음 이런 상황에서는 나라를 다스릴 수 없다고 말했다. 그는 부첸에게 누군가 기소되기 전에 사면할 권한이 대통령에게 있는지 조사하는 일을 맡겼다. 키신저는 그 계획에 찬성했지만 엄청난 반대여론이 일 거라고 주의를 주었다. 잭 마쉬는 포드와 개인적으로 만나 8월 1일 헤이그가 제안했던 거래가 알려진다면 사면이 의혹으로 얼룩질 수도 있다고 경고했다. 포드는 위험을 인식했다. 그는 부첸과 벤튼 베커를 통해 닉슨의 변호사인 잭 밀러(Jack Miller)에게 대통령이 사면을 고려하고 있다는 사실과 닉슨 쪽에서 죄를 뉘우친다는 성명서를 준비해주면 좋겠다고 알렸다. 부첸은 자워스키를 만나서 정말로 닉슨을 기소할 계획인지, 그렇다면 공판이 얼마나 오래 지속될지를 알아보았다. 자워스키는 전임 대통령이 몇 가지 중죄로 기소될 가능성이 상당히 높으며 소송을 제기하고, 객관적인 배심원을 찾고, 피고를 법정에 세우고, 닉슨의 가장 큰 혐의를 확인하기까지 일 년에서 이 년 정도 걸릴 수 있다고 말했다. 닉슨이 기소되기 전이나 사면에 대한 반대여론이 높아지기 전에 대통령 권한으로 사면하는 것을 자워스키가 받아들일 의향이 있는지 확인하는 것도 부첸의 몫이었다. 자워스키는 그럴 생각이 없음을 조심스럽게 내비쳤다.

결단을 내린 포드는 벤튼 베커를 샌클러멘티로 보내 테이프 문제를 놓고 닉슨과 협상을 시도했다. 가능하다면 사면과 함께 발표할 개회 성명서를 받아오라고도 했다. 벤튼은 닉슨의 공보비서인 론 지글러(Ron Ziegler)를 만났다. 지글러는 어떤 이유로든 닉슨이 사죄해야 한다는 계획을 딱 잘라 거절하며 토론을 시작했다. 포드는 벤튼에게 최선의 거래를 하되 닉슨이나 그 측근들이 그런 조건으로는 사면을 받아들일 수 없다는 결론을 내릴 정도로 협정을 어렵게 몰고 가지는 말라고 했다. 포드는 상대방이 그 문제에 어떻게 협조하든 간에 사면하기로 마음을 굳혔다고 말했다. 닉슨의 측근들은 가끔씩 닉슨과 의논하기 위해 자리를 떴다. 그들은 마침내 닉슨의 소유를 인정하는 테이프에 관한 일방적인 협정과 잘못된 판단을 내린 점을 인정하고 후회하지만 대국민 사죄나 고백과는 거리가 먼 성명서에 동의했다. 워싱턴으로 돌아가기 전 닉슨과의 만남을 요청한 벤튼은 잠시 그를 만났다. 벤튼은 포드에게 육체적으로나 감정적으로 완전히 지친 닉슨에게 포드와 보좌관들이 받은 보고를 알렸다는 사실과 함께 전직 대통령이 재판을 할 만큼 오래 살지 못할 것 같다고 말했다. 이런 상황 또한 제럴드 포드의 마음을 무겁게 내리눌렀다. 그는 자신이 한때 존경했지만 다른 많은 사람들의 기대를 저버렸듯이 자신의 기대도 저버린 사람의 고통을 애석하게 여겼다. 벤튼이 거의 성과를 거두지 못한 것에는 개의치 않는 것처럼 보였다. 포드는 무슨 일이 있어도 계획을 진행하기로 결심했다.

9월 8일 아침, 제럴드 포드는 라파예트 거리를 지나 세인트존 성공회 교회 주일예배와 성찬식에 참석했다. 그 전날, 그는 일부 국회의원들에게 자신의 계획을 알렸다. 그들의 반응은 정중함에서부터 노골적인 반대까지 다양했다. 배리 골드워터(Barry Goldwater)는 질겁했다. 포드의 친구인 팁 오넬리는 사면 때문에 포드가 1976년 후에도 대통령직을 지킬 수 있는 희망이 사라질 것이라고 경고했다. 전날 사면 소식을 접한 제리 터호스트는 주머니에 사직서를 넣고 출근했다. 그는 재고해보라는 설득에도 불구하고 사직서를 제출했다.

오전 11시 5분, 제럴드 포드는 리처드 닉슨을 사면한다는 대국민담화를 발표하며, "이성적으로나 도의적으로 그것이 옳은 일임을 확신한다."라고 말했다. 즉각 도처에서 반대여론이 일었다. 포드의 예상보다 훨씬 심각했다. 모든 신문의 논설위원들이 그를 비난했다. 진보와 보수 할 것 없이 모든 칼럼니스트들이 그의 판단력과 동기와 정의감을 의심했다. 대중의 분노는 엄청났다. 사실상 그의 지지도는 밤사이 30퍼센트가 떨어졌다. 국회는 전모를 밝히기 위해 조사에 착수하겠다고 약속했고, 즉시 닉슨과의 공모에 대한 대통령의 해명을 요구하는 결의문을 제출했다. 포드는 언론과 국민, 국회에 거짓말을 해서 자신이 대통령직을 승계하기 전에 사면 논의는 없었다고 말하고 싶지 않았다. 차라리 전례를 깨고 자진해서 국회의사당에서 증언을 하고 사면과 관련한 모든 질문에 답하기로 결정했다. 그는 그렇게 제안하기 전에 칼 앨버트와 마이크 맨스필드와 상의했다. 앨버트는 옳은 행동이라며 반색했다. 맨스필드도 겉으로는 찬성했지만 잭 마쉬에게 대통령에게 그런 관례를 만들어서는 안 된다고 말하도록 했다.

청문회 동안 포드는 자발적으로 헤이그와의 만남과 암묵적인 거래를 거절한 일, 심사숙고해서 결정을 내린 원인을 자세하게 설명했다. 그를 향한 대부분의 질문들에서 강한 불신이 느껴졌다. 예상대로 더 젊고 호전적인 위원들이 공격적이었지만 도를 넘지는 않았다. 상원 민주당원들은 여느 때처럼 포드를 지지했고, 그의 대담한 행동이 곧 의혹을 불식시키고 언뜻 사면으로 다시 불거진 듯한 논란을 잠재울 거라고 확신했다. 아무리 화가 나도 포드는 침착함을 잃지 않았다. "어떠한 경우에도 거래는 없었습니다. 이상입니다."

포드의 행동으로 그가 비밀리에 불법적인 일을 저질렀다는 심각한 혐의는 대체로 벗겨졌다. 그러나 정치적으로 큰 대가를 치렀다. 공화당은 몇 주

후의 국회의원 선거에서 참패했고, 워터게이트를 계기로 당선된 새로운 정치인 집단이 워싱턴에 도착했다. 그들은 국정에 새 바람을 일으키기 위해 의욕적으로 일하는 한편, 재앙의 가장 큰 원인을 사면한 사람의 인생을 가능한 한 비참하게 만들고자 했다. 포드는 남은 임기 동안 훌륭하게 정사를 돌보았다. 그리고 사면으로 빚어진 모든 소동에도 불구하고 자신의 일을 즐겼다. 마음을 바꿔서 1976년 선거에 혼자 힘으로 입후보하기로 결정했을 때 그는 예비선거에서 공화당 행동주의자들의 지지를 받는 전 캘리포니아 주지사 로널드 레이건에게 거의 패할 뻔했다. 그리고 본선거에서 거의 알려지지 않은 전 조지아 주지사에게 패했다. 말할 것도 없이 대통령과 그의 가족, 친구들에게 대단히 실망스러운 일이었다. 그러나 포드는 평소처럼 침착하고 겸손하게 대처했다. 그는 자신이 국가에 없어서는 안 될 사람이라고 생각하지 않았다. 자신이 없어도 국가는 아무 문제가 없었다. 그는 약간 아쉬움을 느꼈으나 원통해하지 않았다. 그리고 예기치 않게 자신에게 찾아온 특권에 감사하는 마음으로 공직에서 물러났다.

리처드 닉슨은 임기 말에 사위인 에드 콕스(Ed Cox)와 데이비드 아이젠하워(David Eisenhower)에게 "비극이 어떤 방식으로 끝나든 간에 우리는 그것이 끝날 때까지 견뎌야 한다."라고 말했다.[7]

포드는 미국이 워터게이트로 입은 타격을 극복하도록 노력했고 실각한 대통령이 불필요한 고통을 당하는 것을 막았다. 그는 용기와 자신감으로 대통령직과 그 시대가 처한 시련에 대처하고 훌륭하게 처신했다. 예기치 않게 대통령 자리에 오른 사람의 현명함에 대한 놀라움은 전혀 놀랍지 않다. 그를 가장 잘 알았던 사람들이 기대한 대로 제럴드 포드는 그저 자신의 역할에 충실했다.

Part 6

영감
INSPIRATION

영감은 정의, 양심, 신에 대한 도덕적 의무에 따라 느끼고 행동하는 사람들이 내리는 결정이다. 그런 결정은 역사 속에서 흔치 않으며 인간의 눈에는 숭고해 보인다. 그 결정들은 우리의 본성을 극복하고 이기심보다 더 위대한 신념을 위해 일할 수 있는 가능성이 우리 모두에게 있다는 것을 재확인시키는 위대함의 증거이다.

마지막으로 이번 고귀한 결정을 알아보기 위해서는 간단한 설명이면 충분하다. 우리가 이야기하고 있는 영감의 특성은 의무감이나 단순히 올바른 일을 해야 한다는 정의감에 이끌린 사람들, 올바른 목적을 지키기 위해 올바른 방법을 이용하는 사람들, 자신의 신의를 지키기 위해 어떤 대가든 치를 준비가 된 사람들이 내리는 결정에서 볼 수 있다. 그것은 정의, 양심, 신에 대한 도덕적 의무에 따라 느끼고 행동하는 사람들이 내리는 결정이다. 그런 결정은 역사 속에서 흔치 않으며 인간의 눈에는 숭고해 보인다. 그 결정들은 우리의 본성을 극복하고 이기심보다 더 위대한 신념을 위해 일할 수 있는 가능성이 우리 모두에게 있다는 것을 재확인시키는 위대함의 증거이다.

가장 성스러운 장소

결국 모든 군인들은 같은 목적을 위해 싸운다. 정의를 위해 싸우는 군인들도 있고, 악의 편에 서서 싸우는 군인들도 있다. 국가의 명에 따라 싸우는 군인들도 있다. 자신들이 소집된 이유가 국가의 다른 이익—그리 고결하지 않거나 이기적인 목적—때문이라는 것을 눈치 채는 군인들도 있지만, 그들은 애국심 때문에 싸운다. 어떤 이들은 직업군인이며 훈련받은 일을 실행하는 데 긍지를 느끼기 때문에 싸운다. 전쟁에서 최선을 다하지 않으면 부끄러울까봐 싸우는 군인들도 있다. 어떤 이들은 세상을 살기 좋은 곳으로 만들기 위해, 어떤 이들은 세상의 평화를 지키기 위해 싸운다. 혼신을 다해 싸우는 군인들도 있고 마지못해 싸우는 군인들도 있다.

그러나 모든 이를 평등하게 만드는 전쟁의 격변 속에서 모든 것은 변한다. 전쟁은 기만과 가식, 망상의 정글을 헤치며 추악한 진실과 아름다운 진실을 발견한다. 그리고 아무도 존재하리라 예상치 않았던 곳에서 미덕을 찾고 죄악을 폭로한다. 사람들의 경험은 모두 제각각이다. 전쟁이 야기하는 공포와 영웅적인 행위들 때문에, 전쟁에 참가한 군인들이 인간이 상상할 수 있는 모든 것을 경험한다는 생각은 참으로 모순이 아닐 수 없다. 보통 이해하려면 평생이 걸리는 경험들도 인생의 어느 짧은 사건에서 강렬하게, 완전히 이해할 수 있다. 사랑하는 사람을 잃은 사람은 가슴이 찢어지는 듯한 슬픔이 어떤 느낌인지를 안다. 아이를 낳은 사람은 환희가 어떤 느낌인지 안다. 퇴역군인은 엄청난 상실감과 환희가 동시에 일어나는 것이 어떤 느낌인지를 안다. 경험은 당신과 당신의 인생을 바꿀 수 있다.

그러나 자유나 화합, 전제정치 타파와 같은 명예로운 목적이 전쟁의 경험을 규정하지는 않는다. 전쟁은 명예에 대한 우리의 이상화된 개념—참된 것이든 가치 있는 것이든 그보다 못한 것이든 간에—을 조롱한다. 전쟁에는 전쟁만의 진리가 있다. 만일 전쟁에서 명예를 찾을 수 있다면, 그것은 완전히 다른 개념이다. 그것은 곤경에 빠지고, 피로 물들고, 더렵혀진 명예이며, 냉혹하고 참을성 있는 명예이다. 지독한 타락 가운데서도, 말로 형언할 수 없는 고통과 절망과 참혹함 속에서도 계속 존재하는 품위와 사랑이다. 우리가 우리 자신보다 더 큰 무엇인가에 속해 있으며, 전쟁을 통해 시험받고 상처 입고 변화된 우리 개개인의 정체성이 우리가 소중히 여기는 유일한 것이 아니라는 깨달음이다. 우리가 속해 있는 그 무엇은 이상적인 것이 아니라 같은 경험을 공유한 사람들, 전우들이다. 군인들은 전쟁을 하는 이유인 신념, 생명을 건 신념을 지키기 위해 싸울 책임이 있다. 그러나 그 전쟁을 하는 사람은 군인들이며, 그들에게는 그들만의 신념이 있다.

군인들은 의무와 군율에 얽매여 있다. 그들은 전쟁의 급박함과 혼돈, 파괴, 충격을 견디고 극복해야 한다. 그들이 가장 강한 충성심을 느끼는 대상은 오직 군인들에게만 있는 신념, 바로 그들 모두는 서로를 위해 싸운다는 신념이다. 그것은 어떤 경우에도 훼손되지 않는다. 전우를 향한 충성심, 그런 그들만의 유일한 특권이 있기에 군인들은 그들의 삶을 변화시키는 국가적 이상을 위해 싸운다. 전쟁이 끝나면 군인들은 아마 국가의 목적을 이루는 일에 유일하지는 않지만, 가장 큰 기여를 했다고 주장할 것이다. 그러나 그들의 주장에는 승리하기 위해 경험해야 했던 가혹한 시련에 대한 환상이나 향수는 없다. 가혹한 시련에서 그들이 얻은 유일한 포상과 영광과 명예는 그들이 전쟁의 야만과 상실에 저항했다는 사실, 같은 경험을 한 사람들이 그들의 가치를 알게 되었다는 사실이다.

'눈이 파란 행운의 아이' 로버트 굴드 쇼(Robert Gould Shaw)는 서둘러 전쟁터로 향했다. 그는 다른 군인들과 마찬가지로 오랫동안 미뤄졌던 심판의 날이 마침내 찾아왔다는 사실에 흥분하고 있었다.* 처음부터 논란이 되었던 노예제도 문제는 결국 피할 수 없는 치명적인 충돌로 치달았다. 에이브러햄 링컨이 대통령으로 선출되자 독립을 주장하던 남부는 미연방에서 탈퇴하기로 결심했다. 이제 최종적으로 결정이 날 것이다.

남부 포병중대가 섬터 요새를 향해 발포했을 때 쇼는 국가의 부름에 처음으로 답하려는 사람들 사이에 있었다. 새로운 대통령은 연방에 충성하는 주들에 즉각 민병대를 보내 국가의 수도를 지켜달라고 간청했다. 뉴욕주 방위군 제7연대가 가장 먼저 도착했다. 열을 지어 행군하는 군인들 중에는 남자다움과 애국심을 증명하려는 뉴욕 상류층 자제들이 많았다. 그들은 전쟁이 그 시작만큼이나 빨리 끝날 거라 믿었다. 30일을 기한으로 입대했는데, 대다수가 문제를 해결하기에 충분한 시간이라 믿었다. 그들과 함께 행군하던 쇼는 생각이 좀 달랐다. 그는 미연방이 무력으로 재편성되는 것이 가능한지 확신할 수 없었다. 그러나 가능하건 불가능하건 간에 북부는 적어도 남부와 남부 특유의 제도가 미국의 명예를 훼손한 것에 보복하기 위

---

* 윌리엄 제임스가 매사추세츠 주 제54보병연대를 기리기 위한 세인트고든스(Augustus Saint-Gaudens) 기념관 개관식에서 한 연설에서 발췌.

◆ 로버트 굴드 쇼(© Bettmann/CORBIS).

해 일격을 가할 수 있었다. 미연방이 분리되는 것은 막지 못하더라도 연방군은 전쟁에서 유능한 군인임을 입증할 수 있었다. 쇼 이병은 자신과 조국이 명예롭게 전쟁을 끝내고, 남부 사람들에게 그들의 부끄러운 신념이 수치라는 것을 알려주기 위해 자신의 본분을 다했다고 자신할 수 있었다.

그는 고의가 아니라 해도 항상 자신의 명예가 실추되는 것에 민감했다. 나이가 들수록 국가를 모욕하는 일에도 예민하게 반응했다. 이제 그는 그 무례한 자를 응징하기 위해 행진했다. 그와 더불어 국가의 명예로운 신념이자 부모님이 간절히 원하는 노예제도 폐지도 이루어진다면 쇼는 분명 기뻐했을 것이다. 그러나 그의 목적은 징벌이었기 때문에 그것을 실행하는 데 몰두했다. 쇼는 특권층 자제들인 동료들과 함께 브로드웨이 아래에서 환호하는 군중을 지나 배터리 공원과 대기 중인 수송선 쪽으로 기운차게 행진했다. 그는 어서 남부에 따끔한 맛을 보여주고 재빨리 집으로 돌아올 수 있기를 고대했다. 그러나 뒤이은 전쟁으로 그 모든 기대가 바뀐다.

쇼는 부유하고 유명한 상인 가문 출신이었다. 부모인 프랜시스 쇼와 사라 스터지스 쇼는 진보주의 개혁자들 그리고 열렬한 노예폐지론자들과 친분을 맺고 있었다. 쇼의 아버지는 32살 때 사업에서 손을 떼고 오직 가족과 자신이 아낌없이 후원하고 있는 사회운동에만 전념했다.

그의 가족은 랄프 왈도 에머슨(Ralph Waldo Emerson)과 나다니엘 호손(Nathaniel Hawthorne) 등 저명한 지식인들과 진보론자들이 설립한 공상적인 공동체 브룩 팜에서 가까운 매사추세츠 주 웨스트 록스베리로 이사했다. 그리고 사라의 시력 문제로 뉴욕에 돌아올 때까지 그곳에 머물렀다. 그 당시 유명한 노예폐지론자 대부분과 사회개혁가들을 친구로 두었던 쇼 부부는 친구들처럼 감정 표현이 격하고 망설임이 없었다. 사라 쇼는 특히 자신의 신념에 헌신적이어서 그녀에게 노예제도의 수치를 끝내는 것만큼 중요한 일은 없었다.

1837년 10월 10일에 출생한 로버트 쇼는 외아들이었다. 사라가 아들을 소중히 여기는 만큼 로버트도 어머니를 소중히 여겼다. 그러나 특권을 누리는 부유계층은 다른 사람들의 고통을 덜어주어야 할 의무가 있다는 어머니로서의 가르침이 항상 그녀의 신념이 존경받는 결과로 이어진 것은 아니었다. 로버트는 노예폐지론자로 성장했다. 쇼 가족의 모든 사회적 활동은 그들의 신념과 관련되어 있었다. 로버트의 놀이 상대들은 노예폐지론자들의 자녀들이었다. 그의 가족이 다니는 교회는 노예폐지론자들이 이끌었다. 어느 날 로버트가 어머니에게 항의한 것처럼, 그의 부모님은 노예제도 폐지 이외의 것은 거의 말하지 않았다. 로버트는 부모님과 부모님의 친구들에게 노예들이 처한 상황과 노예제도에 의존하는 경제체제, 노예해방운동을 진전시키는 데 도움이 되는 최근의 사회적, 정치적 발전에 대해 질문했다. 그는 노예제도폐지운동을 잘 알고 있었고 그것이 주장하는 바를 이해했다. 한 번도 그 주장에 담긴 신념을 의심하지 않았다. 그러나 헌신적인 노예폐지론자는 아니었다. 아마 그는 부모님과는 달리 모든 사람들이 억압에서 자유로워지면 출신 환경을 극복할 수 있다는 것도 믿지 않았을 것이다. 로버트는 머리로는 노예폐지론자였을지 모르지만 가슴으로는 아니었다. 그는 끔찍한 불의 때문에 감정적으로 괴로워하지 않았다. 노예제도가 사악하다는 것은 알았지만 그것을 폐지하는 것은 그의 책임이 아니었다. 그는 흔히 남부 사람들이 노예폐지론자에 대해 생각하듯이 광적인 노예폐지론자가 아니었다. 오히려 남부 사회가 노예들 없이 사는 법을 익히기 전에 성급하게 노예제도를 없애서 북부 사람들이 두려워하는 충돌을 앞당길까봐 염려하는 연방주의자였다.

　로버트는 반항적인 소년이었지만 다른 소년들처럼 부모와는 다른 고유의 정체성을 추구하는 정도였다. 제멋대로이고 거만한 기질이 있었지만 부유한 집 아이들 사이에서는 흔한 일이었다. 학교를 싫어해서 부모님께 보내는 편지에 학교 욕을 잔뜩 썼다. 어머니가 정기적으로 편지를 쓰지 않는다고 나무라자 "매주 쓰기는 싫어요. 너무 번거롭거든요. 제가 필요한 게 있을 때만 쓸게요."라고 대답했다.[1]

　1851년, 쇼 가족은 5년간의 유럽여행을 떠났다. 로버트는 처음에는 스위스 기숙학교에서, 그 다음에는 독일 하노버에서 가정교사들과 2년 동안 공부하며 중등교육을 마쳤다. 그는 하노버에서 처음 경험하는 자유를 즐기며 거기에 푹 빠졌다. 하숙을 시작했을 때 그의 나이는 15살밖에 되지 않았지만 그의 일정이나 행동을 제약할 어른은 아무도 없었다. 그는 연극장과 오페라극장, 파티장에서 저녁을 보내며 알코올음료에 맛을 들였다. 혼자서 유럽 곳곳을 여행하기도 했다. 인생에서 처음으로 친구를 사귀고, 여자아이들과 시시덕거리고, 밤늦게 집에 돌아왔다. 대체로 즐거운 시간을 보냈으며 가족과 떨어져 있을 때면 그를 괴롭히곤 하던 향수병에도 걸리지 않았다.

그는 앞날에 관심을 갖고 어떤 직업이 가장 적합할지 궁리하면서 어머니에게 편지를 썼다. "저는 노는 것 말고는 취미가 없어요."[2] 받은 돈을 마지막 동전 한 닢까지 다 써버린 후에는 자주 편지를 쓰며 돈을 달라고 간청했다. 어머니에게 이제 독립해서 사는 데 익숙해졌으니 집으로 돌아갔을 때 자신이 엄격한 규칙 속에 살기를 기대해서는 안 된다고 통보하기도 했다. "매사에 허락을 구하기는 싫어요. 그것은 복종이니까요."[3]

이탈리아 소렌토에서 가족과 함께 휴일을 보내던 중 그는 유명한 여배우 패니 킴블을 소개받았다. 그녀는 희한하게도 조지아 주의 노예 소유 농장주와 결혼했던 노예폐지론자였다. 패니는 남부에서 살았던 이야기와 남편의 논에서 일하고 그녀가 해방을 주장했던 노예들의 생활을 설명하며 로버트의 마음을 사로잡았다.

1855년, 로버트는 어머니에게 보내는 편지에 어느 파티에서 한 남자가 '미국을 맹렬히 비난' 한 이야기를 썼다.[4] 대체로 그 모욕을 개인적으로 받아들여서 이왕이면 폭력을 사용해서 보복하겠다는 뜻을 밝혔다.

1856년, 쇼 가족은 고국으로 돌아가 스테이튼 섬에 있는 새 저택에 갔다. 로버트는 그해 가을 하버드로 떠났다. 대체로 평범한 학생이었지만 사교활동이 활발하고 인기가 높았다. 그는 금발에 표정이 풍부한 푸른 눈, 이목구비가 뚜렷한 잘생긴 젊은이로 성장했다. 키는 165센티미터여서 신장에는 자신 없어 했지만, 매력적이고 고상한 데다 말솜씨가 뛰어나 숙녀들의 관심을 끌었다. 그는 하버드에서 친구들을 많이 사귀었다. 이들과의 우정은 곧 유쾌함과는 거리가 먼 상황에서 다시 시작되고 더욱 강해진다.

로버트는 3학년을 끝으로 하버드를 떠나 뉴욕에 있는 숙부 조지 러셀의 무역회사 사무원으로 취직했다. 그는 그 일에도 곧 싫증을 내고 재미도 없는 일을 장시간 하라고 설득당했다며 투덜거렸다. 그는 살면서 무슨 일을 하고 싶은지 몰랐지만 무슨 일이 됐든 간에 흥미진진한 일이기를 바랐다. 1861년, 역사가 그에게 기회를 주었다. 그리고 그는 망설이지 않고 기회를 잡았다.

하버드와 뉴욕에 있을 때 로버트는 늘 노예제도폐지운동의 새로운 소식에 민감했다. 새로운 공화당 창당을 포함해서 고무적인 정치적 발전이 있을 때 부모님만큼 기뻐했다. 북부와 남부 할 것 없이 전국 대부분에서 그런 것처럼, 그도 노예제도를 폐지하기 위한 전쟁에 도움을 주려고 하퍼스 페리에 있는 연방무기고를 습격한 존 브라운(John Brown)의 재판과 교수형을 대단한 관심을 갖고 지켜보았다. 1860년, 로버트 쇼는 처음으로 권리를 행사한 선거에서 에이브러햄 링컨에게 투표했다. 이런 변화가 그가 부모님의 신념에 더욱 적극적으로 헌신하도록 그를 고취했는지, 적과 싸우고 싶은 욕구에 불을 붙였는지는 분명하지 않다. 그는 그토록 원하던 흥미진진함과 남부 사람들을 괴롭힐 기회를 위해 제7연대에 입대했다.

쇼가 제7연대에 입대한 30일 동안 가장 인상적이었던 일은 하원의사당에서 야영한 일과 국무장관 윌리엄 수어드(William Seward)의 주재로 새로운 대통령과 잠시 개인적으로 만난 일이었다. 쇼는 링컨에게 투표하기는 했지만 그를 만나기 전까지는 세련된 동부 사람들이 일반적으로 생각하듯이 링컨이 키가 크고 볼품없는 벽지 출신의 시골뜨기일 거라고 여겼다. 그러나 그 만남 이후 쇼는 생각이 달라졌다.

> 대기실에서 몇 분을 기다린 후 우리는 링컨 대통령이 있는 방으로 안내되었다. 대통령은 온갖 종류의 서류들로 완전히 뒤덮인 책상 앞에 앉아 있었다. 그는 자리에서 일어나 진심어린 태도로 우리와 악수하며 자리에 앉으라고 권했는데, 우리의 방문을 매우 기뻐하는 것처럼 보였다. 대통령을 우리나라에서 가장 못생긴 사람이라고 부르는 것은 옳지 않다. 나는 그보다 더 상냥하고 친절해 보이는 사람은 거의 보지 못했다.[5]

제7연대는 거의 모든 시간을 끊임없이 훈련하며 보냈다. 복무 기간이 전혀 특별하지 않았는데도 쇼 이병은 어쩌면 인생에서 처음으로 좋아하는 일을 찾았는지도 모르겠다고 생각했다. 연대가 뉴욕으로 돌아갈 준비를 하는 동안, 쇼는 가족의 연줄을 이용해서 매사추세츠 주 방위군 제2연대의 장교 자리를 얻었다. 제2연대 장교단은 보스턴에서 내로라하는 집안 출신이 많다는 것을 자랑으로 삼았다. 그들 대부분은 쇼가 어릴 적부터, 또는 하버드에서부터 잘 알고 지낸 사람들이었다. 연대는 쇼가 유년시절을 보낸 웨스트록스베리에 급조한 막사에서 훈련했다. 그는 그곳을 집처럼 편안하게 느꼈으며 명문가 동료들로 이루어진 우호적인 집단에서 승승장구했다. 제2연대에서 다시 쌓은 옛 우정은 가족을 제외하고 그가 가장 소중히 여기는 인간관계가 된다.

제2연대는 하퍼스 페리에서 수비임무를 맡았다. 전쟁 초기에 링컨은 남과 북의 경계선에 있는 주들을 자극해서 연방에서 탈퇴하는 일이 없도록 조심했다. 따라서 제2연대의 초기 임무 중 하나는 도망치는 노예를 체포해서 주인에게 돌려주는 것이었다. 쇼는 그 일이 혐오스러웠지만 회피하지는 않았다.

전쟁 초기에 쇼와 제2연대의 동료 장교들은 군대생활이 전혀 힘들지 않았다. 그들은 늘 그래왔듯이 계속해서 특권을 누리는 생활을 했고—그러나 이제는 그 특권이 부가 아니라 계급이었다—계급에 따른 차이를 당연하다고 생각했다. 그 당시 그들의 임무는 고생스럽거나 특별히 위험한 일과는 거리가 멀었다. 그래서 그들에게 익숙한 육체적 안락을 누릴 시간적 여유와 기회가 있었다. 제2연대 장교들은 막사 근처 사저에서 숙박하며, 무도회에 참석하고, 좋은 음식과 술을 즐겼다. 쇼는 가족 그리고 애니 해거티라는 젊은 숙녀와 계속 편지를 주고받았다. 전쟁이 시작되기 전에 함께 오페라를 보러 갔던 이후로 쇼의 머릿속에는 해거티 생각뿐이었다. 이질에 걸렸을 때 쇼는 개인 간호사를 고용해서 편안하고 잘 꾸민 하숙집에서 간호를 받았고, 빨리 회복할 수 있었다. 불행히도 병에 걸린 대다수 사병들은 덜 쾌적한 환

경에 놓였으며 그렇게 편하게 생활하지 못했다.[6]

1861년 여름과 가을, 겨울 내내 제2연대는 남부동맹 기병대와 사소한 충돌을 한 번 일으킨 것 외에는 거의 활동을 하지 않았다. 그들은 몇 달 동안 군인이 되는 법을 배우며 시간을 보냈다. 7월, 첫 번째 큰 전투였던 불런 전투에서 북부군은 불명예스럽게 패배했다. 포토맥군의 지휘관은 어빈 맥도웰(Irvin McDowell) 장군에서 조지 매클렐런으로 바뀌었다. 매클렐런은 전투 장군으로서 결점이 있었지만, 검증되지 않은 군대를 일사불란한 전투부대로 훈련하고 조직하는 일에 재능이 있음을 입증했다. 제2연대의 장교들, 특히 쇼는 매클렐런의 엄격한 훈련을 마치고 긍지를 느꼈다. 그 이후로 제2연대는 장교가 사병들에게 고압적으로 보일 수도 있는 가혹한 훈련을 시키는 것으로 유명해진다. 젊은 중위 쇼는 규율에 까다로운 사람은 아니었지만 질서와 군율을 지키는 일에 예외를 두지 않았다. 아무리 사소한 규칙위반이라도 재고의 여지없이 가혹하게 처벌했다.

1861년 10월, 제2연대는 매사추세츠 주의 제15, 제21연대가 미시시피 주의 제17연대에게 형편없이 당하고 있는 버지니아 주 리스버그 근처 볼스 블러프로 가라는 명령을 받았다. 그들이 도착했을 때 전투는 완패로 끝난 뒤였다. 쇼는 다리에 탄환이 박히고 폐에 관통상을 입은 올리버 웬델 홈스 주니어(Oliver Wendell Holmes Jr.)를 포함, 사상자 속에서 친구 몇 명을 발견하며 처음으로 전쟁의 참상을 목격했다. 그러나 포화 속에서 연대의 능력에 대한 신념이 흔들리고 전쟁의 진정한 파괴력을 경험하기 시작한 것은 1862년 늦봄부터였다.

3월 말, 제2연대는 쉐난도어 계곡 사이로 달아나는 스톤월 잭슨을 추격하고 있는 나다니엘 뱅크스(Nathaniel Banks) 장군의 군단과 함께 진군했다. 23일, 제2연대는 버지니아 주 프론트 로얄에서 첫 번째 전투를 치렀다. 그리고 이틀 후에 같은 장소에서 또 한 번 싸웠다. 잭슨의 군단은 두 번 모두 손쉽게 승리를 거두었다. 쇼는 작은 총탄이 정확히 금시계를 넣어두었던 조끼 주머니에 박혔을 때 경상을 입었지만 전투 내내 침착했다. 쇼는 자신이 속한 연대가 남부동맹의 급습에 무너지는 것을 목격하며 실망했지만, 연대는 꽤 질서정연하게 퇴각할 수 있었다. 쇼는 포화 속에서 보여준 용기와 침착함 때문에 동료들에게 존경을 받았다.

8월 9일, 제2연대는 더욱 가혹한 시련과 마주했다. 뱅크스의 군단은 잭슨과 대적한 컬페퍼 카운티 시더 산 전투에서 또다시 수세에 몰렸다. 제2연대는 압도적인 십자포화에 휩싸였고, 장교 16명과 사병 162명이 죽거나 다치거나 사로잡혔다. 쇼는 무사했다. 전투가 벌어졌을 때 그는 여단 지휘관인 조지 고든(George Gordon) 장군의 부관이었다. 그런데도 그는 포화에 노출되었고 다시 용감하게 처신했다.

나중에 친구들과 가족에게 보낸 편지에서 그는 너무나 많은 친구들이 목숨을 잃어서 무척 괴로우며 그들의 용기에 크게 감동받았다고 썼다. 쇼는 다음 날 대위로 승진했다.

한 달 남짓 지났을 때, 쇼와 제2연대는 매클렐런이 이끄는 포토맥군과 리의 북부 버지니아군 사이에서 벌어진 격렬한 전투에서 엄청난 유혈을 쏟아내며 싸웠다. 앤티텀이라 불리는 작은 메릴랜드 지류 근처였다. 남부동맹군은 연방군을 버지니아에서 몰아내는 데 성공했고 대담한 리는 이제 포토맥을 건너 적의 영역에서 적군과 싸웠다. 매클렐런의 군대는 9월 15일, 리의 군대보다 세 배 많은 병력을 이끌고 앤티텀에 도착했다. 매클렐런이 가능한 빨리 공격했더라면 제아무리 지략이 풍부한 리라도 수적으로 엄청나게 우세한 병력과의 교전을 피하지 못했을 것이다. 그러나 늘 신중한 매클렐런은 17일이 될 때까지 기다렸다가 공격을 명령했다. 그때는 이미 리가 제임스 롱스트리트(James Longstreet)의 제1군단과 잭슨의 제2군단을 증강한 상태였다. 여전히 매클렐런의 병력이 두 배 이상 많아 수적으로 유리했지만 그의 전략은 발상도 부적절할뿐더러 제대로 실행되지도 않았다. 매클렐런은 한 번도 병력을 한 지점으로 모아 이점을 활용하려 들지 않았고, 리는 교묘하게 군대를 이동시켜 각각의 공격을 막아냈다. 그렇지만 매클렐런이 훌륭하게 훈련시킨 군인들이 용맹하게 싸운 덕분에 12시간 동안 지속된 전투는 무승부로 끝났다.

매사추세츠 주의 제2연대는 여전히 고든 장군이 이끄는 여단에 속해서 새로 부임한 조셉 맨스필드(Joseph Mansfield) 소령의 지휘 아래 육군 제12군단에서 싸웠다. 그들은 놀랍도록 잘 싸웠고, 팽팽한 접전 끝에 악명 높은 옥수수 밭에서 반란군을 몰아냈다. 쇼와 동료들은 "대부분이 반란군인 수많은 사상자를 지나 행군했다. (중략) 그런 끔찍한 광경은 처음이었다. 우리 부대원들은 그들을 밟고 지나가지 않도록 상당히 조심해야 했다. 대포 때문에 갈기갈기 찢기고 엉망이 된 사람들이 많았다. 그러나 대다수는 총상을 입었다. 그들 사이에서 멈춘 우리는 수통에 있는 물을 먹이고 편안한 자세를 취하게 도와주며 그들을 위로하기 위해 우리가 할 수 있는 모든 일을 다 했다."[7] 쇼는 다시 경상을 입었다. 맨스필드 장군은 전투가 시작되고 얼마 안 있어 치명상을 입고 다음 날 사망했다. 전투가 끝날 즈음, 매클렐런의 군대에서는 1만 2,401명이 부상을 입고 2,108명이 전사했다. 리의 군대에서는 1만 318명이 중상을 입고 1,546명이 목숨을 잃었다. 매클렐런 병력의 4분의 1과 리의 병력 3분의 1에 달하는 이 숫자는 미국 역사에서 일어난 모든 전쟁 가운데 단 하루 사이에 발생한 사상자 수로는 가장 많다. 쇼 대위는 미국의 명예를 더럽힌 자들을 응징하기 위한 전투에 더 이상 흥분하지 않았다. 그는 마치 장난이라도 되는 양 열을 지어 행진했던 소년일 때보다 훨씬 더 성숙했고 용감했다. 쇼는 가족과 애니 해거티에게 보내는 편지에 재앙이 곧 지나갔으면 좋겠다고 쓰기 시작했다. 그러나 그것이 가능하리라 믿는 사람은 이제 아무도 없었다.

적군을 다시 전술로 물리치긴 했지만 전장을 먼저 떠난 사람은 리였다. 그의 군대는 버지니아로 돌아갔다. 북부 신문들이 연방군이 앤티텀에서 승리했다고 선언하기에 충분한 소식이었다. 그리고 에이브러햄 링컨이 대통령 임기 중 가장 대담한 정치적 결정을 실행하기에도 충분했다. 일주일 후, 링컨은 예비 노예해방령을 발포하며 남부동맹에 속한 주들이 1863년 1월 1일까지 연방에 합류하지 않을 시에는 그들의 노예들에게 해방을 선언하겠다고 했다. 1월 1일, 남부동맹은 그 제의를 일축했고, 링컨은 경고한 대로 실행했다.

북부에서는 즉시 이전 주인들의 군대를 무찌르기 위해 해방 노예들로 구성된 새로운 군대를 모집한다는 소문이 돌기 시작했다. 남부는 이 소식에 혐오감을 느끼는 동시에 두려움에 떨었다. 쇼 대위는 가족만큼 노예해방선언에 열광적인 반응을 보이지 않았다. 그는 흑인 연대를 이용해서 반란을 진압하자는 의견에는 오래전부터 찬성이었다. 그러나 그 선언이 북부군에 실질적인 도움이 될 수 있을지 의심스러웠다. 이미 전쟁으로 야기된 끔찍한 잔혹 행위를 악화시키기만 하는 것은 아닌지 우려했다. 그는 가족에게 "노예해방선언에 모두들 매우 기뻐하고 계실 거라고 생각합니다. 저로서는 지금 상황에서 그 선언이 실제적으로 무슨 도움이 될지 모르겠습니다. 우리 군대가 가는 곳마다 노예들이 해방되었습니다. 그러나 그 선언으로 우리가 가지 않는 곳의 노예들까지 해방되지는 않을 겁니다. (중략) 제프 데이비스(Jeff Davis)는 곧 모든 포로들을 교수형에 처하겠다고 협박하는 성명서를 발표하고 군인과 민간인 할 것 없이 모든 사람을 몰살할 겁니다."라고 썼다.[8)]

쇼와 연대는 메릴랜드 주 샤프스버그 앤티텀과 버지니아 주 페어팩스 스테이션 근처에 있는 막사에서 조용히 겨울을 났다. 쇼는 휴가를 받아 가족과 함께 크리스마스를 보낸 다음, 매사추세츠 주 레녹스로 가서 애니 해거티와 그녀의 가족을 만나 두 사람의 미래를 상의했다. 앤티텀으로 돌아온 후, 기진맥진한 노련한 군인 쇼는 편지로 청혼했고 해거티는 청혼을 받아들였다.

전쟁 때문에 지쳤을지는 모르지만 사랑하는 여인과 함께 있기 때문에 행복했던 쇼는 휴가 후 연대로 복귀하게 되어 기뻤다. 그곳은 그가 속한 곳이었다. 실제로 가족을 제외하고 인생에서 그 어떤 것에도 그렇게 친밀감을 느낀 적이 없었다. 인정받고 성공하기를 간절히 원하는 마음에 한때 다른 곳에서 기회를 찾는 것을 고려한 적도 있었지만, 이젠 아니었다. 그는 친구들을 묻고, 극도로 괴로워하는 친구들을 간호했으며, 친구들과 함께 전쟁이 얼마나 엄청난 재앙인지 깨달았다. 그는 연대 병사들이 최악의 상황에 직면하고, 치열하게 투쟁을 계속하며, 빗발치는 총탄 속으로 행진하는 것을 보았다. 그곳은 그의 집이었고 설령 살아서 떠나지 못하더라도 연대와 끝까지 함께할 생각이었다. 그는 더 이상 국가의 명예를 회복하기 위한 보복성 일격을 가하는 데 만족하지 못했다. 남부는 재결합을 받아들여야만 했다. 그보다 못한 것을 위해 그만두기에는 이미 너무나 많은 희생이 있었다. 그는 "남부를 포기하느니 평생 동안 여기에 있는 편이 낫다."[9]라고 말했다. 목숨을 잃지 않는 한, 동료 장교들과 매사추세츠 주 제2연대의 군인들과 함께 전쟁의 마지막 전투까지 참가할 생각이었다. 그러나 자라면서 존중하라는 가르침을 받은 신념과 전쟁 때문에 그의 계획을 변경할 수밖에 없는 상황이 찾아왔다.

연방군 병력은 복무 만료, 탈영, 사상자 때문에 심각하게 격감했다. 국회는 20세에서 45세 사이의 모든 남자들의 징병을 승인했다. 그 법령은 큰 비난을 샀고 뉴욕 시에서 일어난 거대한 폭동과 그 밖의 곳에서 일어난 크고 작은 폭동의 도화선이 되었다. 노예폐지론 정서가 보편화된 지역을 제외하고는 흑인 연대를 모집하려는 노력은 지지받지 못했다. 그러나 정치인들은 전쟁 때문에 호응받지 못할 결정을 내려야만 했다. 매사추세츠 주지사인 존 앤드류(John Andrew)가 육군장관 에드워드 스탠튼(Edward Stanton)에게 이를 승인해달라는 편지를 썼다. 스탠튼은 서둘러 '흑인 혈통 사람들로 조직된 특공대를 포함한' 새로운 연대를 모집하는 것을 허가했다.[10]

프랜시스 쇼가 뜻밖에도 아들이 있는 겨울 막사에 도착했을 때 그의 손에는 앤드류 주지사가 로버트에게 보내는 편지가 있었다. 주지사는 매사추세츠에 할당된 인원수만큼 지원병을 모집해서 그 일부로 조직할 계획인 '유색인 연대', 매사추세츠 주 제54보병연대의 지휘관과 대령 자리를 제안했다. 쇼는 그 제안을 거절했다. 그는 사랑하는 연대를 떠날 수 없었고, 그의 성숙한 자아는 자신의 능력 부족을 문제 삼았다. 전쟁은 자기 자신의 부족함을 깨닫게 한다. 그는 한 사람의 군인으로서는 자신이 전에 상상하던 것보다 훨씬 더 큰 용기와 능력을 갖추었지만, 마찬가지로 한때 생각했던 것보다 훨씬 더 하찮은 사람일 수도 있다는 사실을 깨달았다. 광활하고 냉혹한 전쟁터에서 한 군인의 운명은 오직 그의 가족과 양 옆에서 싸우는 군인들에게만 중요하다. 전쟁에서 자아정체성은 사라지지 않을지 모르지만 자존감이라는 고귀한 개념은 온데간데없다. 군인은 자신이 속한 부대에서의 중요도에 따라 세상에서의 중요도가 결정된다. 어떤 가식에 빠져 있든, 젊은 시절 어떤 자격이 있다고 생각했든 간에 모두 사라진다. 군인에게 남은 것은 의무와 의무를 다하면서 자신의 명예를 더럽히지 않아야겠다는 결심뿐이다. 군인은 용기와 능력을 갖추고 전쟁에서 자력으로 살아남아야 한다. 군인들은 자기 자신을 의심하는 법을 배우지 않는다. 자신에게 전쟁의 시련을 극복할 힘이 있다는 사실을 깨달은 사람들은 대체적으로 이전보다 더 자신을 진심으로 신뢰한다. 그러나 그들은 더 이상 세상에 태어났기 때문에 모든 것을 할 수 있고 모든 것을 성취할 수 있다고 생각하지 않는다. 군인들은 자신의 한계를 배운다.

　로버트 굴드 쇼는 자신이 그 책임을 짊어지질 적임자가 아니라고 생각했다. 유색인종으로 구성된 연대 모집은 그의 부모님이 속한 사회에서 지지를 받을 뿐만 아니라 다른 곳에서도 필요하다고 생각한다. 그러나 남북을 막론하고 대다수 미국인들은 그런 생각을 경멸할 것이다. 그 연대는 스스로 훌륭한 연대임을 입증해서 회의론자들과 드러내지 않고 비판적이던 사람들을 어리둥절하게 만들어야 한다. 당시 사람들은 흑인에게는 자제심과 용기와 이해력이 부족해서 훌륭한 군인이 될 수 없다는 편견—쇼도 이 편견에서 그리 자유롭지 않았다―을 품고 있었다. 따라서 그들은 군대 경험이 없더라도 전장의 어느 누구 못지않게 유능한 전투부대가 되어야 한다. 훈련에서든 전투에서든 어떤 식으로든 연대가 실패한다면, 성공할 경우 노예제도를 폐지하자는 주장의 정당성과 인종 간의 평등에 미칠 긍정적인 영향보다 그 폐해가 더 클 것이 분명했다.

매사추세츠 주 제54연대의 군인들에게는 전쟁터의 모든 군인에게 필요한 용기만이 아니라 그들이 대신 싸우는 사람들에게서 받는 부당함을 견딜 수 있는 용기, 모든 흑인들의 염원을 짊어질 용기, 출전할 때 만일 부상당하거나 잡히기라도 한다면 적군에게 아무런 자비도 기대할 수 없다는 사실을 깨닫는 용기가 필요했다. 남부는 쇼가 예상한 대로 흑인 혈통의 연방군인이나 그들의 지휘관은 재판에 회부되어 처형될 수 있다는 성명서를 발표했다. 쇼가 자신이 '외로울 게 뻔하고, 비웃음을 피할 수 없고, 어쩌면 실패할지도 모르는' 부담스러운 임무에 적합한 사람이라는 확신을 갖지 못한 것도 당연했다.[11]

쇼는 주지사에게 제안을 거절하는 편지를 썼고 실망한 그의 아버지가 편지를 보스턴으로 가져갔다. 그의 부모는 사랑하는 아들이 자신들이 평생을 바친 신념의 선두에 서서 그런 제안을 받은 데 크게 기뻐했다. 쇼는 부모님의 신념을 존중했고, 부모님처럼 열정적이거나 개인적인 책임감을 느낀 것은 아니지만 이성적으로는 부모님과 뜻을 같이했다. 어머니는 아들의 결정을 알리는 남편의 전보를 받고 매우 낙심했다. 쇼는 분명 어머니가 어떤 반응을 보일지 알고 있었다. 부모님의 실망, 그리고 그분들이 아들에게 전하려고 애썼던 가치들이 그를 무겁게 짓눌렀다.

쇼는 동료 장교들에게 조언을 구했다. 그리고 그들의 응원에 힘입어 다시 생각해보았다. 개인적인 소망이 군대의 요구보다 우선할 수 없는 상황에서 그는 아마 순수하게 개인적인 결정을 내렸을 것이다. 흑인 연대는 전쟁을 빠른 시간 내에 성공적으로 끝내는 유능한 전투부대가 될 수도 있다. 그는 자신의 능력을 증명할 전쟁터에서 군사들을 훈련시키고 명령하는 일에 능숙할지도 모른다. 완전히 이해하지는 못하는 어떤 이유 때문에 신이 그에게 심각한 불의를 바로잡을 수 있는 기회를 주셨는지도 모른다. 연대를 떠나는 것은 분명 쉽지 않은 일이지만 떠나지 않는다면 불명예스러울 것이다.

집으로 돌아간 쇼의 아버지는 거절 편지를 폐기하고 주지사에게 제안을 받아들이겠다는 전보를 보내달라고 부탁하는 아들의 전보를 발견했다. 아버지는 뛸 듯이 기뻐했다. '아들의 거절 때문에 피눈물을 흘렸던' 어머니는 이제 아들에게 '그 결정 덕에 느끼는 환희를' 표현했다. "네가 고난과 끔찍한 상황에 놓인 진실한 신념을 지지하려는 모습을 보니 이제 죽어도 여한이 없을 것 같구나."12)

쇼는 1863년 2월 15일에 보스턴에 도착했다. 이미 새로운 연대에 소속될 신병을 모집하는 중이었다. 주지사는 많은 흑인 지도자들에게 모집운동을 지지하라고 강요했는데, 특히 가장 말솜씨가 좋은 노예해방지지자 프레더릭 더글러스(Frederick Douglass)의 도움이 컸다. 더글러스는 흑인들에게 제54연대에 입대한 자신의 두 아들, 루이스와 찰스를 본보기로 삼으라고 권고했다. 북동 지역 도시 곳곳에서 온 자유인 신분의 흑인들이 자유를 위해 싸우겠다고 약속하는 입대 서류에 서명했다. 한 달 급여 13달러, 가족수당은 3달러였다. 단시간에 연대 정원인 1,000명이 모두 모집되었다.

앤드류 주지사는 매사추세츠 주 제20연대 출신이자 앤티텀 참전군인인 펜실베이니아 주의 퀘이커 교도 노우드 펜로즈 할로웰(Norwood Penrose Hallowell)을 부사령관으로, 그의 동생인 네드 할로웰(Ned Hallowell)을 참모장으로 임명했다. 그러나 연대 장교 29명은 거의 다 쇼가 선택했다. 장교들은 보스턴 남부의 캠프 메이그스에서 연대원들을 훈련시켰다. 규칙 위반과 불복종뿐 아니라 명령을 이해하지 못하는 것도 처벌 대상이었다. 1861년에 출전했던 낙천적인 군인이자 동료 장교들을 좋아했던 쾌활한 젊은이는 사라졌다. 쇼는 자신의 자리에서는 중대한 임무에 열중하는 위엄 있는 군인이었다. 그리고 그저 전투에 적당히 대비하는 군인들보다 의무감이 강한 사람이었다. 그는 명령뿐만 아니라 전쟁이 벌어진 원인인 신념 또한 받아들였다. 그가 명령을 얼마나 훌륭하게 이행하느냐가 신념의 진보를 결정했다.

그러나 아이러니하게도 그는 처음에 자신이 지휘하는 군인들을 존중하지 않았다. 쇼는 흑인이 백인보다 열등하다고 생각했지만 그 당시 일반적이었던 잔혹행위는 하지 않았다. 그는 무자비한 사람이 아니라 그저 부유한 특권층 출신이며, 최근에 전쟁 때문에 달라진 계급적 차이에 민감한 사람이었다. 만일 자신의 인종이 노예들의 인종보다 우월하다고 생각하지 않았다면 그는 보기 드물게 현명한 사람이었을 것이다. 그는 그 정도로 현명한 사람은 아니었다. 그러나 그의 인종차별은 주로 독선적인 온정주의였다. "생활습관이 어떻든 간에 그들은 분명 사악하거나 부도덕하지 않고 굉장히 어린애 같다. 강아지들만큼 자신들의 행동에 책임질 줄 모르는 사람들이다."[13] 그러나 대다수 흑인들이 글을 읽을 줄 알고, 교육을 꽤 많이 받고, 북부에서 오랫동안 생활한 사람들이었다. 훗날 쇼는 "이 검둥이들이 보여주는 지성에 매우 놀랐다."라고 고백했다.[14] 사적인 자리에서 흑인들을 '검둥이'나 '깜둥이'라고 부르는 일도 머지않아 그만두었다. 그는 편견이 있기는 했지만 본래 훌륭한 사람이었다. 처음에는 자신의 지휘 아래 있는 군인들을 인격체로 보는 데 어려움을 느꼈지만 그런 태도도 곧 바뀌었다.

기상나팔은 오전 5시 30분에 울렸다. 그리고 몇 시간씩 계속되는 교련, 검열, 행군, 무기훈련이 뒤따랐다. 쇼는 장교들에게 "사병들의 군인다운 태도와 하사관들의 견실함에 각별히 주의를 기울여야 한다."라고 지시했다.[15] 쇼는 군의관을 모집해서 군인들을 면밀하게 검사하고 엄격한 군대생활을 못 견딜 기미가 조금이라도 보이면 복무 요청을 거절했다. 그는 엄격했고 사병들과 거리를 두었으며 가능한 한 진지한 태도를 유지했다. 그는 연대원들이 훌륭한 전사 이상이 되어야 한다는 사실을 알고 있었다. 그들은 군에서 가장 잘 훈련받은 질서정연한 연대가 되고, 또 그런 인상을 주어야 했다. 장교의 확인이 없으면 어떤 이유로도 부대를 떠날 수 없었다. 쇼는 음식과 의류를 충분히 제공했다. 백인 연대에 지급되는 물품은 무엇이든 받았다. 5월이 되어서야 간신히 훈련용으로 지급된 나무소총과 머스켓총을 최신 엔필드총 1,000자루로 교체하기는 했지만 말이다.

두 달이 지나기 전, 쇼와 장교들은 연대원들이 이뤄낸 성과에 감탄했다. 부대를 방문한 사람들도 깜짝 놀라며 만족스러워했다. 연대가 열을 지어 행진하는 것을 본 보스턴의 어느 기자는 "제54연대는 훌륭하게 행진하고, 방향을 바꾸고, 기립하며, 총을 다룬다. 연대원들 전체가 완벽하고 질서정연하며 사기가 충만해 보인다. 백인 연대에서도 그보다 더 훌륭한 모습은 본 적이 없다."라고 말했다.[16]

흑인 연대의 성공을 의심했던 이들 중에서조차 빠른 시간 내에 신병에서 당당한 군인으로 거듭난 제54연대의 군인들에게 감탄하는 사람들이 생겼다. 그러나 가장 감탄한 사람은 그들을 지휘하는 대령이었다. 그들의 성장을 지켜보는 동안 태도에 변화가 생긴 쇼는 그들을 존중했다. 그는 연대원들을 인격체이자 유능한 군인으로 보기 시작했다. 그들과 함께 보내는 여가시간이 늘어났으며, 개인적으로 접할 기회도 환영하고, 칭찬받아 마땅한 일을 했을 때는 칭찬의 말을 아끼지 않았다. 게다가 개인적으로 그들의 생활에도 관심을 가졌다. 쇼는 그들을 존경했고 그들도 쇼를 존경했다. 개인적인 유대감이 강해지자 쇼도 그들 공통의 신념에 더욱 헌신할 수 있었다. 5월 말, 그들이 훈련을 끝내고 정식 입대할 때 쇼는 이렇게 말했다. "사실 나는 지금까지 내 인생의 행복과 성공을 감사하게 여겨야 한다. 흑인 부대 모집이 국가와 흑인들에게 도움이 된다고 입증된다면 (중략) 나는 그 일부가 되도록 나를 이끌어주신 하나님께 감사하고 또 감사해야 한다."[17]

로버트 쇼와 애니 해거티는 1863년 5월 2일 뉴욕 시에서 결혼했다. 두 사람의 가족은 처음에 결혼에 반대했다. 신랑이 곧 전쟁터로 돌아가야 했기 때문에 양측 부모는 나라가 안정된 후로 결혼을 미루는 것이 사리에 맞다고 생각했다. 쇼의 어머니는 아들이 결혼 때문에 자신에게 맡겨진 성스러운 임무에 주의를 기울이지 못할까봐 염려했다. 그러나 쇼는 마음을 바꾸지 않았다. 그는 인생에서 다시는 찾아오지 않을 마지막 행복을 만끽하기를 원했다. 신랑 신부는 주지사가 쇼를 부를 때까지 버크셔에 있는 해거티 가족의 여름 별장에서 짧은 신혼여행을 즐겼다. 연대는 사우스캐롤라이나 주 힐튼 헤드에 있는 남부 사령관 데이비드 헌터(David Hunter) 육군 소장에게 가라는 명령을 받았다.

쇼와 애니는 쇼와 장교들이 출정과 전투에 대비해서 연대를 준비시키는 동안 캠프 메이그스 근처에 있는 하숙집에서 마지막 날들을 함께 보냈다. 5월 18일, 연대는 수많은 사람들이 참석한 공식행사에서 앤드류 주지사로부터 군기를 받았다. 앤드류는 제54연대에 모든 흑인들의 희망이 함께할 것이라는 점을 상기시켰다. 쇼는 주지사에게 단언했다. "제54연대는 임무의 중요성을 이해하고 있습니다."[18]

10일 후, 매사추세츠 주 제54연대는 보스턴 거리를 지나 배터리 부두까지 행진한 다음 증기선 드몰레이(Demolay)를 타고 전쟁터로 향했다. 보스턴 사람들은 일찍이 그런 광경을 본 적이 없었다. 시민들 대부분이 그 모습을 보기 위해 밖으로 나왔다. 흑인 군인 1,000명이 환호하는 보스턴 시민들 사이로 당당하게 행진했다. 소총을 멨고 군인으로서의 태도도 나무랄 데 없이 질서정연했다. 선두에는 고적대와 정복을 갖춰 입은 근사한 기마장교들이 있었다. 종대 선두에서 원기 왕성한 흑마를 타고 있는 사람은 부대의 지휘관 로버트 굴드 쇼 대령이었다. 그의 매끈하고 잘생긴 얼굴은 위엄이 있고 임무에 전념한 사람의 전형이었다. 어머니의 생가 앞에 모여 있는 가족과 젊은 부인을 지나치면서 그는 검을 높이 들어 입술에 갖다 댔다. 그리곤 절도 있는 태도로 고개를 다시 앞쪽으로 돌리고 검을 내린 다음, 군사들을 운명의 장소로 행군시켰다.

보스턴 코먼에서 멈춘 제54연대는 여러 고관들이 그들의 용기에 찬사를 보내고 행운을 비는 동안 열중쉬어 자세로 서 있었다. 행사가 끝날 즈음, 사랑하는 사람들에게 작별을 고할 수 있도록 장교와 사병들에게 자유시간 몇 분이 주어졌다. 다시 대오를 정렬해서 배터리 부두로 향하라는 명령이 있기 전 쇼는 부모님과 누이들 그리고 아내를 껴안았다. 그는 두 번 다시 그들을 보지 못한다.

연대는 일주일 후 힐튼 헤드에 도착했다. 헌터 장군은 연대를 사열하고 사령관에게 치하의 말을 건넨 다음, 사우스캐롤라이나 주 보퍼트 근처에서 야영을 하라고 명령했다. 제54연대는 증기선을 타고 상류를 향하는 동안, 해안가에 위치한 광활한 농장을 호기심어린 눈으로 바라보았다. 농장주 대부분은 연방군을 피해 달아났고, 노예들만 남아 있었다.

연대가 천막을 친 지 이틀 후, 헌터는 조지아 주의 세인트 시몬스 섬으로 가서 제임스 몽고메리가 이끄는 사우스캐롤라이나 주 제2연대와 합류하라고 명령했다. 몽고메리는 존 브라운과 함께 캔자스에서 싸운 열렬한 노예폐지론자였다. 그는 해방된 노예들로 '흑인노예 연대'를 조직해서 흑인들을 속박하는 사악한 남부문화에 대항하는 보복 수단으로 이용했다. 두 연대의 사병들은 같은 인종이었지만, 둘 사이의 차이는 쉽게 눈에 띄었다. 쇼가 이끈 연대는 오래전에 노예 신분에서 벗어났거나 북부에서 자유의 몸으로 태어난 흑인들로 이루어졌다. 그들은 훈련이 잘 되고 기강이 바로 서 있었다. 또 대부분 교육을 받은 사람들이었다. 몽고메리의 제2연대는 군기가 해이하고 군사훈련도 부족했으며 정규교육을 받은 사람도 거의 없었다. 그들은 최근까지도 그들의 대령이 약탈하고 파괴하라고 명령한 농장 중 일부에서 일하던 사람들이었다.

쇼는 제2연대와 함께 '매복기습'을 하는 것보다 좀 더 괜찮은 임무가 주어지기를 바랐다. 그러나 몽고메리는 제2연대와 함께 알타마하 강을 타고 조지아 주 다리엔을 기습하라고 명령했다. 쇼는 이의를 제기하지 않고 연대원들에게 집합하라고 지시한 후 수송선을 타고 그들을 상류 쪽으로 데려갔다. 제54연대가 도착했을 때 몽고메리는 마을을 포격하라고 명령했다. 포격을 멈추고 마을 중심부로 들어간 그들은 가는 도중 아무도 만나지 않았다. 다리엔의 백인 주민들은 모두 마을에서 피신했다.

몽고메리는 양 연대에 마을 거리를 따라 늘어선 훌륭한 저택들을 약탈하라고 명령했다. 쇼는 장교들에게 소규모 그룹을 만들어서 "부대에서 유용하게 쓸 수 있는 것은 무엇이든 가지고 나오라."라고 말했다.[19] 그러나 몽고메리가 쇼의 연대에게 마을에 불을 지르라고 명령했을 때 쇼는 반발했다. 다리엔의 주민들은 저항하지 않았다. 만일 그들이 저항했다면 그런 극단적인 수단은 정당화되었을 것이다. 그러나 그들이 저항하지 않았기 때문에 쇼는 마을을 완전히 파괴하는 것이 불명예스럽다고 여겼다. 만일 몽고메리가 제54연대의 한 중대에 주변 건물을 불태우는 군인들을 도우라고 직접 명령하지 않았다면, 쇼는 자신의 연대원들을 마을 광장에 집합시켰을 것이다. 그러나 쇼는 자신의 중대가 창고와 상점, 주택에 충실하게 불을 지르는 모습을 혐오스러운 표정으로 지켜볼 수밖에 없었다.

제54연대가 원정에서 돌아온 후, 쇼는 애니에게 '이런 비열한 일'에 가담한 내용을 편지에 썼다.

> 내가 이런 야만스러운 전쟁을 혐오한다는 사실을 차치하고라도 이것이 흑인 군대나 그들과 관련이 있는 사람들의 평판을 훼손하는 건 아닌지 모르겠소. (중략) 나는 지금까지 명예롭게 전쟁에 참가했소. 나는 약탈자나 강도로 타락하는 것을 원치 않소. 이는 우리 연대 모든 장교들의 바람이기도 하오. 처음부터 끝까지 어떤 용기나 담력이 필요한 행위는 전혀 없었소.[20]

마을을 무차별 파괴하는 일에서 명분은 찾아볼 수 없었다. 쇼는 인생의 마지막 순간까지 그 행동에 관련된 것이 자신과 자신이 지휘할 수 있는 명예를 누린 제54연대의 이름을 더럽히는 것은 아닐까 걱정했다. 그는 아내에게 "버지니아에서 힘겨운 작전과 전투가 끝난 후, 나는 너무나 부끄러웠소."라고 말했다.[21] 그의 우려는 현실이 되었다. 북부와 남부 신문들은 잔학한 행위를 보도했다. 남부 사람들이 격렬하게 독설을 퍼붓는 동안 북부 사람들 역시 비난의 목소리를 높였다. 쇼는 그 사건으로 연대의 명예가 더럽혀지고, '유색인종 연대'에 대한 남부 사람들의 반대가 거세어졌으며, 흑인들에게 무기가 주어지고 살인이 허용된다면 야만상태로 돌아간다는 주장이 더욱 힘을 얻었다는 것을 알았다. 그는 헌터 장군의 부관에게 편지를 써서 몽고메리의 주장대로 헌터가 다리엔을 불태우라고 명령했는지, 아니면 몽고메리가 자진해서 한 일인지를 물었다. 몽고메리가 정말로 헌터의 명령에 따른 거라는 대답을 들었을 때 그는 화를 억누를 수 없었다. 그 후 링컨 대통령이 헌터를 해임하고 퀸시 길모어(Quincy Gilmore) 장군이 후임자가 되었을 때 쇼는 상당히 기뻤을 것이다.

금이 간 연대의 명성을 되살려야겠다고 결심한 쇼는 사병들을 다시 엄격하게 훈련시키는 한편, 또 다른 비난을 초래할 만한 행동을 하는 사람은 엄중히 처벌했다. 그는 군사들을 과도하게 교련하며, 매일 저녁 정복을 갖춰 집합하게 한 다음 사열했다. 물론 쇼는 포화 속에서 이룬 공적만이 비난을 잠재우리라는 점을 깨닫고 있었다.

6월 30일, 급여를 받기 위해 집합한 제54연대는 화가 났다. 기본 월급이 10달러로 삭감되고, 추가 수당 3달러는 정부에서 지급하는 유니폼으로 대체되었다. 그리고 그 모욕에 그들의 지휘관만큼 격노한 사람은 없었다. 쇼의 병사들은 어느 백인 연대 못지않게 힘든 훈련을 받았다. 그들은 다른 백인 연대만큼 고통받고 희생할 준비가 되었다. 그들은 다른 연대의 임금과 달리 보잘것없는 임금을 약속받았다. 그들의 권리를 부정하는 것은 불신행위일 뿐 아니라 고의적으로 그들이 봉사하는 국가로부터 합당한 존경과 보답을 받지 못하게 하려는 공식적인 위법행위였다. 쇼는 용납할 수 없었다.

그는 연대원들에게 그 모욕적인 일을 취소하고 약속된 임금 전부가 나올 때까지 임금을 거부하라고 충고했다. 그와 장교들도 동참했다. 결국 육군이 양보했다.

쇼는 제54연대가 받는 경멸과 무관심에 넌더리가 났다. 그래서 상관들에게 북부 사람들의 의혹을 불식시키고 유색인종 연대도 어느 백인 연대 못지않게 훌륭하게 싸울 수 있으며 자신이 그들을 지휘할 수 있다는 것을 입증할 기회를 달라고 계속해서 간청했다. 첫 번째 기회는 갑작스럽게 찾아왔다. 길모어는 전쟁이 시작된 본거지인 찰스턴을 점령할 때가 왔다고 결정했다. 그러나 처음에는 제54연대를 작전의 주요 현장에서 백인 연대와 분리할 생각이었다. 쇼는 그를 잘 알고 총애하는 여단장 조지 스트롱(George Strong) 소장에게 불평했다. 스트롱은 쇼에게 전투 중 어느 시점에서 제54연대를 위해 할 수 있는 일이 무엇인지 찾아보겠다고 약속했다. 7월 8일, 길모어는 제54연대에게 양동작전을 펼칠 제임스 섬으로 가라고 명령했다. 길모어는 도시 자체를 공격하기에 앞서, 찰스턴 항을 지키는 섬의 요새들을 점령할 계획이었다. 섬터 요새는 마지막이 될 터였다. 그의 첫 번째 목표는 모리스 섬과 와그너 요새의 토루(土壘)를 함락하는 것이었다. 그러나 와그너 요새에 가한 첫 번째 공격은 커다란 손실을 입으며 실패로 끝났다. 얼마 후에 제임스 섬에 도착한 제54연대의 7개 중대는 백인 연대에서 온 중대들과 함께 보초 임무를 맡았다.

7월 16일 새벽, 남부동맹 보병대 약 1,500명이 제임스 섬 전방에 있는 보초병들을 공격했다. 보초병들 중에는 제54연대 사병 250명이 포함되어 있었다. 그들은 지원병력이 도착할 때까지 용감하게 싸웠다. 쇼의 병사들은 수적으로 훨씬 더 우세한 반란군이 발사하는 빗발치는 탄환 속에서 질서정연하게 퇴각하면서 적군이 공격을 멈출 때까지 전력을 다했다. 쇼와 장교들은 전장에서 사단장에게 칭찬을 들었으며, 함께 싸운 백인 연방군인들로부터 존경을 받은 제54연대 부대원들의 용기와 투철한 군인정신에 감동받았다. 코네티컷 주 제10보병연대의 한 군인은 집으로 보내는 편지에 "매사추세츠 주 54연대 (흑인 연대)의 용기가 아니었더라면 우리 연대 전체가 붙잡혔을 겁니다. (중략) 그들은 영웅처럼 싸웠습니다."[22)]라고 썼다.

마침내 제54연대는 전쟁에 합류했다. 기개를 입증할 첫 번째 기회에서 그들은 연방군의 다른 연대에 못지않음을 보여주었다.

길모어는 제54연대에 코네티컷 주 제10연대와 함께 모리스 섬에 있는 연방군 본대를 지원하라고 명령했다. 병사들은 쏟아지는 비를 뚫고 7시간 동안 야간행군을 해서 폴리스 섬으로 가는 증기선에 올랐고, 폴리스 섬에서 다시 6시간을 행군한 끝에 또 다른 증기선을 타고 모리스 섬으로 갔다. 7월 18일 오후 5시에 모리스 섬에 상륙한 병사들은 두 시간을 더 행군해서 섬의 남쪽 끝에 있는 집합지점에 도착했고, 쇼는 그곳에서 스트롱 장군에게 보고했다. 제임스 섬 전투 이후로 병사들이 먹을 것이라고는 커피와 건빵이 전부였다. 장교들의 상황도 그들보다 나을 것이 없었다.

스트롱은 쇼에게 그날 밤 와그너를 공격하라는 길모어의 명령을 알렸다. 스트롱은 특별히 제54연대가 공격의 선두에 서는 것을 허락했다. 명령은 아니었기 때문에 거절할 수도 있었다. 연대는 제임스 섬에서 싸운 이후 거의 휴식을 취하지 못해 지쳐 있었다. 따라서 스트롱은 쇼가 그 제안을 거절하더라도 이해했을 것이다. 그러나 쇼는 거절하지 않았다. 장교들과 병사들도 쇼가 거절하기를 원치 않았다. 그들은 싸워서 그들의 가치와 명예를 증명하기 위해 왔다. 제54연대는 그들에게 허락된 특권을 환영했다. 쇼의 전기 작가인 러셀 던컨(Russell Duncan)의 말에 의하면, "쇼는 찰스턴 공격의 열쇠가 해변 끝에 달렸다는 것을 알고 있었다. 만약 흑인 병사들이 요새를 급습해서 반란의 태생지로 향하는 문을 연다면 그 상징성은 엄청나게 커진다. 그의 임무는 더할 나위 없이 명확했다."[23)]

그러나 쇼가 그 임무를 거절하지 않은 데에는 또 다른 이유가 있었다. 제임스 섬에서 남부동맹의 공격을 격퇴한 이후, 쇼는 네드 할로웰에게 다음 전투에서 죽을 것 같은 예감이 든다고 털어놓았다. 그는 애니에게 보내는 편지에서 제임스 섬에서 연대가 거둔 성공을 알렸다. "오늘 우리가 한 일이 가슴 아파하는 것 말고는 달리 어찌할 도리가 없던 다리엔 사건의 기억을 지웠소." 그러나 그는 전쟁 상황을 알리기 위해서라기보다 작별을 고하기 위해 편지를 썼다. 그는 "안녕, 내 사랑."이라는 말로 편지를 끝맺었다.[24]

길모어는 와그너에 대한 이전 공격으로 보초병들이 격감하고 녹초가 되었을 거라고 생각했기 때문에 정면공격으로 손쉽게 함락이 가능하다고 확신했다. 연방군의 포함은 24시간 동안 쉬지 않고 집중포화를 쏟아내며 와그너를 공격했다. 제54연대는 총검을 겨누고 돌격하기 위해 오른쪽에는 바다를, 왼쪽에는 지류를 면한 좁은 사취(沙嘴) 위를 약 550미터 지나야 했다. 서로 밀착할 수밖에 없었기 때문에 포격에는 취약했다. 길모어는 여전히 제54연대가 요새의 토루에 도착하기만 하면 지칠 대로 지친 보초병들을 백병전에서 재빨리 제압할 수 있을 거라고 확신했다. 군사들을 집결시키기 전에 쇼는 친구인 「뉴욕트리뷴(New York Tribune)」 통신원 에드워드 피어스(Edward Pierce)에게 개인적인 서류와 편지를 가져갔다. 그리고 그가 전사할 경우 가족과 아내에게 무사히 전해달라고 부탁했다.

7월 18일 저녁, 적진으로 향하던 제54연대 병사들은 그들을 응원하는 13개 백인 군단 지원연대 사이로 행진했다. 그들을 지휘하는 호리호리하고 소년 같은 대령은 말에 박차를 가해 종대 앞으로 간 후 말에서 내렸다. 그는 군사들에게 전열을 두 개로 형성하고 총검을 꽂은 후 공격신호를 기다리라고 명령했다. 연대원들이 기다리는 동안, 쇼는 그들 사이로 걸어가 앉은 다음 격의 없이 다정하게 이야기를 나누었다.[25]

7시, 포함이 집중사격을 멈추었다. 7시 45분, 쇼는 종대 앞에 서서 검을 빼들고 연대원들에게 "자신을 증명하라."라고 격려하고 진격명령을 내렸다. 요새에서 200미터 떨어진 곳까지 접근했을 때, 와그너와 섬터에서 발포하는 대포가 제54연대 사이로 날아들었다. 쇼는 빠른 걸음으로 진격하라고 명령했다. 와그너의 보초병들은 하루 종일 계속된 집중포화 속에서도 살아남았고, 놀라울 정도로 질서정연했다. 제54연대가 90미터 이내로 접근하자 남부동맹의 병력 1,700명은 대포와 소총으로 사격을 개시했다. 좁은 해변에서 제54연대는 어깨를 나란히 하고 뛰었다.

군사들이 잠시 주춤하자 쇼는 검을 내저으며 외쳤다. "제54연대, 앞으로!" 보초병들이 요새 주변에 판 해자는 물이 1미터가 넘게 차 있었다. 군사들은 해자로 뛰어들고, 발을 헛디뎌 물에 빠지고, 일어서서 해자 밖으로 나갔다. 그들 앞에는 그들의 대령이 있었다. 쇼는 선두와 함께 벽을 기어올라 흉벽에 다다랐다. 그는 검을 높이 들고 큰 소리로 군사들을 격려했다. 그때 총탄 하나가 그의 심장을 관통했다. 그는 숨을 거두고 요새로 떨어졌다.

연대는 마지막으로 퇴각명령이 내려질 때까지 한 시간 동안 와그너의 흉벽에서 싸웠다. 절반 가까운 병사들이 죽거나 잡혔다. 군사사학자들에게 이런 무의미한 돌격은 수없이 많았던 전쟁에서 일어난 또 하나의 헛된 돌격이었다. 그러나 전투 중 보여준 연대의 용기와 단호한 결심 때문에 연대의 죽음은 자유라는 영광스러운 목적을 위한 신성한 희생으로 바뀌었다.

제54연대에서 복무하고 와그너 공격에서 부상당한 윌키의 형 윌리엄 제임스는 몇 년 후 동생인 소설가 헨리 제임스에게 편지를 썼다. "불쌍한 로버트 쇼는 자신이 깨달은 것보다 더 위대한 상징이 되었다." 나는 제임스의 의견에 동의하지 않는다. 쇼는 와그너에서 흑인이 백인과 동등함을 입증하는 임무를 맡았을 때 자신이 무엇이 될지를 알았다. 그리고 그 임무를 수행하기 위해 자기 앞에 죽음이 있다는 것을 알면서도 진군했다. 가족의 신념을 자신의 것으로 받아들이고, 한때 열등하다고 판단했던 사람들을 전쟁터로 이끌었다. 그는 그들과 전쟁터에 있는 군인들만의 끈끈한 유대감을 맺었고, 그 유대감 때문에 그의 인생이 바뀌었다.

훗날 목격자들이 그 설명에 이의를 제기하기는 했지만, 북부 신문들은 와그너의 반군 보초병들의 뒤이은 행동을 분노에 차서 비난했다. 그들은 쇼의 시체를 전사한 병사들과 함께 같은 곳에 묻었다. 연방장교들이 휴전 백기를 들고 찾아가 전사한 대령의 시신을 요청했을 때 남부동맹의 사령관은 이를 거절했다. 그는 "우리는 그의 시신을 검둥이들과 함께 묻었소."라고 말했다고 한다. 그 모욕적인 말이 프랜시스 쇼의 귀에 들어갔을 때, 그는 자신의 아들을 묻기에 그보다 더 성스러운 장소는 찾을 수 없을 거라고 대답했다. 와그너가 마침내 함락되었을 때 쇼의 아버지는 육군성에 편지를 써서 아들의 무덤을 그대로 놔둬야 한다고 주장했다.

대서양의 조수는 오랜 세월 동안 한때 와그너 요새가 서 있던 곳의 모래를 휩쓸어 가고 있다. 그 파도 아래 어딘가에 로버트 굴드 쇼와 그와 함께 일어서서 싸우고 목숨을 잃은 제54연대원들의 시신이 잠들어 있다. 그 공격이 실패한 후 부상병들을 치료했던 한 간호사가 그들이 쇼 대령의 운명을 얼마나 걱정했으며 그가 전사했다는 사실을 알았을 때 얼마나 슬퍼했는지를 적었다.

그녀는 "그 사람들은 쇼를 사랑했다."라고 썼다.[26]

죽은 자들에 대한 의무

그 책은 얼어붙은 도롱뇽 이야기로 시작한다. 작가는 자신과 친구가 어느 과학잡지에서 읽었던 기사를 이야기한다. 수만 년 동안 얼어붙어 있던 러시아 극동의 개울에서 완벽하게 보존된 선사시대 동물의 표본이 발견되었고, 그 자리에 있던 사람들이 얼음을 깨고 바로 먹어치웠다는 기사였다. 작가는 일반 독자들이 분명 얼어붙은 도롱뇽이 그 오랜 세월 후에도 식용이 가능하다는 사실에 깜짝 놀랐을 거라고 말했다. 그러나 그와 그의 친구가 깜짝 놀란 데에는 다른 이유가 있었다. 기사는 국가 전복을 교묘하게 암시하고 있었다.

그때 그 생물들은 '놀라운 굴라크〔Gulag: 러시아의 교정(矯正) 노동수용소 관리국—옮긴이〕 나라'에 있었다. 그곳에서는 '기운 넘치는 죄수 출신'의 굶주린 사람이 얼어붙은 도롱뇽을 볼 때마다 얼음을 깨고 꺼내서 구워 먹곤 했다. 이 식사거리가 박물학자들에게 엄청난 흥미를 불러일으킬 생물은 아닐까 하는 생각은 할 틈도 없었다.[1] 알렉산드르 솔제니친(Aleksandr Solzhenitsyn)은

◆ 알렉산드르 솔제니친(세르게이 구네예프/기고가, Time & Life Pictures/Getty Images).

죄수였다.

그는 어째서 그런 암울한 유머가 담긴 일화를 소개했을까? 그는 1958년 집필하기 시작해서 완성하기까지 10년이 걸리고, 출판하는 데 다시 6년이 더 걸린 책의 서문으로 그 이야기를 골랐다. 그러나 솔제니친에게 그 이야기는 1945년 동프로이센에서 제2차 세계대전이 막바지에 이르렀을 때 러시아 적군(赤軍)이 베를린으로 진격하는 동안 시작되었다.

솔제니친은 1942년부터 전선에서 공훈을 세운 전방의 포병중대 지휘관이자 훈장수여자인 포병대 대위로서, 소비에트 남자들의 귀감이었다. 그는 로스토프 온 돈(Rostov-on-Don)의 북카프카스에서 태어나 홀어머니 슬하에서 자랐다. 제1차 세계대전 때 보병대 장교로 복무했던 아버지는 솔제니친이 태어나기 6개월 전에 사냥을 하던 중 사고로 목숨을 잃었다. 생활이 곤궁했지만(그의 집은 마구간을 개조한 곳이었다), 솔제니친은 장학생이자 헌신적인 청년 공산주의 지도자, 수학과 물리학 학사학위를 받은 재능 있는 대학생이었다. 그는 신혼여행을 떠나면서도 『자본론(Das Kapital)』을 가져갔다. 흠잡을 데 없는 이력에 훈장을 두 번 수여했고, 그때까지 조국 그리고 소비에트의 목적과 영광에 대한 충성심으로 가득했다. 그는 강인하고, 엄격하고, 훈련이 잘된 장교였다. 또한 지적이고 냉소적인, 그러나 충성스러운 공산주의자이자 레닌의 숭배자였다. 그는 당시 소비에트 국민들의 아버지 스탈린에 대해 약간 위험할 정도로 부정적인 견해를 갖고 있었다.

최전선의 다른 구역에서 복무하던 한 학교 친구에게 보낸 편지에서 솔제니친은 직접적으로 스탈린을 지칭했다. 그는 자신이 생각하는 콧수염 난 남자의 정치적 실패를 비판했다. 서구 사람들이 보기에는 그런 애매모호하고 사소한 규율 위반은 오랜 전쟁으로 지친 군인의 전형적인 불평쯤으로 비칠 것이다. 그러나 적군 검열관들에게서 솔제니친의 편지를 받은 소비에트 방첩기관은 모국에 대한 배신으로 여겼다. 그의 경솔함은 전시의 반소비에트 운동으로 간주되었기 때문에 반역죄나 다름없었다. 솔제니친은 체포되었다.

그의 기록에 따르면 솔제니친은 "유럽의 창백한 어느 2월, 누구의 관점이냐에 따라 우리가 독일을 둘러싸고 있는, 또는 그들이 우리를 둘러싸고 있는 발트 해 해안의 좁은 돌출부에서 끌려갔다."[2] 여단 사령부로 끌려간 솔제니친에게 그의 지휘관인 대령이 권총을 반납하라고 명령했다. 방첩기관 장교 두 사람이 그의 팔을 붙잡고 모자와 어깨에서 장교 휘장을 뗀 다음 구금했다. 그가 이유를 알고 싶다고 요구했을 때 방첩기관 장교들의 반대에도 불구하고 여단장이 대답했다. "자네, 우크라이나 최전선에 친구가 한 명 있더군."³⁾ 대령은 솔제니친에게 호의를 보이기는커녕 정중하게 대한 적도 없었다. 그런 그가 상당히 이례적으로 가장 잔혹한 전투에 참전했던 동료 군인과 악수를 하며 행복을 빌었다.

그러나 적어도 일반적인 의미에서의 행복은 그 불행했던 나날에서 오랜 세월이 지난 후에야 찾아온다. 11년 동안 알렉산드르 솔제니친은 죄수였고, 소비에트연방을 가로지르는 열도(列島), 수용소군도(1945년부터 1953년까지의 수용소 체험을 바탕으로 쓴 솔제니친의 장편 소설 제목이기도 하다─옮긴이)의 주민이었다.

솔제니친은 모스크바의 악명 높은 루뱐카 감옥에서 고문당했다. 루뱐카의 고문자들은 그 불운한 죄수가 사실대로─혹은 자신들이 진실이라고 생각할 만한 것을─털어놓을 때까지 폭력을 행사했다. 그는 새로운 공산당을 창당하려 했다는 혐의로 기소되었다. 그리고 법정에 출석하지도 않고 강제노동수용소에서 징역 8년을 선고받았다. 처음 몇 달 동안은 모스크바 주변 수용소에서 복역했다. 다음 해에는 그의 전공인 수학 지식이 국익에 도움이 될 수 있는 모스크바의 마르피노 감옥에 있는 연구소로 옮겨졌다.

그는 젊은 포병대 대위로서 전쟁터에서 엄청난 규모의 인간적 희생을 목격하고, 잠시 당과 이념에 의혹을 품었을 것이다. 아마 스탈린과 그가 소비에트군에 적용한 무분별하고 파괴적인 정책에 혐오감이 커지면서 촉발된 일일 것이다. 군에서는 뛰어난 장교들이 표창을 받는 것이 아니라 제거의 대상이 되고 총살당하는 일이 비일비재했다.

힘겹고 필사적인 전쟁의 최전선에서 그의 견해는 약간 변화했고, 징역을 사는 동안 완전히 바뀌었다. 마르피노에서 그는 마르크스레닌주의가 스탈린 아래서 얼마나 기괴하게 변했는지 깨달았다. 태어나면서부터 죽을 때까지 국가가 국민들에게 씌워놓은 이념의 눈가리개가 벗겨졌다. 솔제니친은 연구소 상관들에게 점점 더 반항하고 비협조적이 되었다. 그의 불복종은 갈수록 눈에 거슬렸다. 그리고 그의 지성과 전문지식이 가치가 없어졌을 때 정부는 강제노동체제에서 더 열악한 일을 그에게 배정했다. 1950년, 솔제니친은 오직 정치범만을 수용하기 위해 만든 카자흐스탄 에키바스투스의 새로운 강제노동수용소로 옮겨졌다. 만약 살아남는다면 그곳에서 남은 형기를 모두 마칠 것이다.

그는 에키바스투스에서 벽돌공, 광부, 제련공으로 일했다. 그리고 훔친 종잇조각에 시를 쓰고 암기한 다음 종이를 없앴다. 솔제니친은 언제나 글 쓰는 것을 좋아했다. 그의 어머니는 먹고살기 위해 타이피스트로, 속기사로 일했다. 그러나 그의 어머니는 교양 있는 여성이었다. 어머니는 자매인 이리나와 함께 그에게 책에 대한 변치 않는 사랑을 심어주었다. 그는 어려서부터 도스토예프스키, 톨스토이, 투르게네프, 푸슈킨 같은 영웅들의 발자취를 따르고 싶어 했다. 고등학교 때는 글쓰기에서 두각을 나타냈고 당선된 적은 없지만 소설을 써서 잡지에 보내기까지 했다. 그러나 집안의 지독한 가난과 병약한 어머니 때문에 유명한 문학부가 있는 대학에 갈 수 없었다. 그래서 그는 로스토프 대학에서 수학과 물리학을 공부했다. 4학년 때는 장학금을 받았고, 모스크바 국립대학의 통신강좌를 들으며 지식욕을 채웠다. 1941년에는 졸업과 동시에 대학시절의 여자친구인 나탈리아 레세토프스카이아와 결혼했다. 같은 해, 지방 고등학교 수학교사로 자리 잡은 솔제니친은 1941년 6월 독일군이 러시아를 침공하자 군대에 징집되었다.

물론 그가 훗날 인정하듯이 문학을 직업으로 삼을 여건이 허락되지 않았을 때 그가 느낀 실망감은 부차적인 문제였다. 만일 그가 작가나 러시아 문학을 가르치는 교사였다면 과학 연구소라는 비교적 편안한 환경에서 형기의 절반을 보내는 일은 없었을 것이다. 솔제니친은 아마 고된 노동으로 형기를 채우고 분명 살아남지 못했을 거라고 인정했다. 그는 전쟁 속에서 인간의 고통에 눈을 떴다. 그러나 그것조차 가혹한 강제노동수용소에서의 생활이라는 통탄할 만한 인간 존엄성의 타락을 대비하기에는 충분하지 않았다. 그곳에서는 작은 죽 한 그릇이 전부이고, 친절은 기대할 수 없으며, 악질적인 유머가 죄수에게 허락된 유일한 위안거리였다. 장시간의 노동은 매우 고되고 위험했으며, 극한 날씨, 기아에 가까운 상태, 상해, 질병이 반복되었다. 수백만 명이 강제수용소를 거쳐 갔고 거의 대부분이 굴라크를 벗어나지 못했다. 솔제니친은 운이 좋은 몇 사람 중 한 명이었다.

그가 에키바스투스에 있을 때 위암이 생겼다. 국부마취만으로 수술을 했지만 놀랍게도 종양을 제거하는 데 성공했다. 1953년에는 에키바스투스에서 풀려나 카자흐스탄 남쪽에 있는 코크테레크로 종신 유배되었는데, 암이 재발해서 죽음의 문턱까지 갔다. 솔제니친은 짧은 자서전에 "1953년 말, 나는 죽기 직전이었다. 음식을 먹을 수도 잠을 잘 수도 없었으며 종양 때문에 매우 고통스러웠다."라고 썼다.[4] 카자흐족이 대부분인 타슈켄트에 있는 병원에서 치료받는 것이 허락되었다. 어떤 사람들은 솔제니친이 굴라크에 있을 때 무의미한 환상이라고 치부했던 인생에서 로스토프에서 살던 어린 시절에 예상했던 것보다 더욱 많은 것을 이룬 이유가 가까스로 죽음을 모면한 사람이 느낀 기적 때문이라고 추측한다. 그는 다시 수학과 물리학을 가르쳤다. 글쓰기도 다시 시작했다. 그는 카자흐스탄에서의 유배생활이 그의 인생에서 가장 행복하고 생산적이었던 시간 가운데 일부라고 추억했다. 스탈린 사망 3년 후인 1956년 유배생활이 끝났을 때, 그는 코크테레크에서 시작했던 일을 계속했다.

솔제니친은 마르피노에서의 기억을 되살려 타슈켄트 병원에서 『제1원(The First Circle)』을, 에키바스투스 수용소에서 『암병동(The Cancer Ward)』을, 그리고 그의 걸작 『이반 데니소비치의 하루(One Day in the Life of Ivan Denisovich)』를 구상했다. 그는 작가가 될 운명이었기 때문에 글을 썼다. 그것은 위대한 러시아 문학의 아름다움에 빠졌던 유년시절부터 결정되었다. 죄수의 땅으로부터 특별한 책임을, 즉 그의 기억을 도구 삼아 이해할 수 없는 것을 이해하기 쉽게 만들 불가피한 도덕적 의무를 완수해야 했다.

솔제니친은 부지런히, 광범위하게, 예리하게, 그리고 비밀리에 글을 썼다. 왜 그랬을까? 잊혀진 사람들에게 정의가 필요할 때 침묵을 지키는 기억이 무슨 소용이란 말인가? 그는 이런 방법으로 작품이 압수당하고 훼손될 때의 절망감 혹은 정치적으로 허용되지 않거나 작품성이 부족해서 거절당할 때의 좌절감을 피했는지도 모른다. 어쩌면 작품과 기억을 공표함으로써 그때 누리고 있던 행복을 희생했을지도 모른다. 솔제니친은 굴라크로 되돌아갈 수도 있었다. 이유가 어떻든 간에 그는 작품을 자기 자신과 아내인 나탈리아만의 비밀로 했다. 그들은 솔제니친이 에키바스투스로 보내졌을 때 이혼했다. 솔제니친이 수용소에서 고통받는 동안 나탈리아는 다른 사람과 결혼했다. 그러나 솔제니친이 유배생활을 마치고 돌아와 모스크바에서 약 160킬로미터 떨어진 랴잔에 정착했을 때 재결합했다. 그는 "1961년 전까지는 내 평생 내 작품이 활자화된 것을 보지 못할 거라고 확신했을 뿐만 아니라 가까운 지인들에게 내가 쓴 것을 보여줄 용기도 없었다. 나는 내 글이 알려지는 것이 두려웠다."라고 말했다.[5]

솔제니친은 재기 넘치고, 엄격했으며, 작품에 온전히 몰두했다. 문학계만이 아니라 냉전시대의 정계 전체를 놀라게 할 작품을 쓰는 비범한 재능을 지닌 작가였다. 그리고 '무명의 작가로 있는 것이 지겨워지기 시작' 할 때까지 작품이 발표되지 않는 것을 감수했다.[6] 1956년, 흐루시초프가 제20차 공산당 전당대회에서 스탈린을 비난하고, 1961년 제22차 전당대회에서 문화해빙을 장려했다. 이에 용기를 얻은 솔제니친은 가난한 농민의 고통스러운 강제노동수용소 생활 중 하루를 그린 소설 『이반 데니소비치의 하루』를 「노비 미르(Novi Mir)」라는 문학잡지에 보냈다. 잡지사의 재능 있는 편집자 알렉산드르 트바르도프스키(Aleksandr Tvardovsky)는 그 천재적인 작품을 알아보았다. 그는 솔제니친을 톨스토이와 비교하며 작품을 흐루시초프에게 보내 총서기의 허락을 구하고 출판했다. 트바르도프스키는 밤늦게 원고를 읽었는데 "그 책의 강렬함에 감동해서 침대 밖으로 나와 양복과 넥타이를 갖춰 입고 똑바로 앉아 밤새 책을 읽었다. (중략) 잠옷 바람으로 그러한 대

작을 읽는다는 것은 작품에 대한 모독이다."라고 말했다.[7]

출간 즉시 비평가들의 찬사가 쏟아졌다. 공산당 기관지는 스탈린 시대의 수많은 악습을 바로잡기 위한 노력에 정치적으로 상당히 중요한 의미를 가진 책이라며 환영했다. 이듬해, 책은 각국의 언어로 번역되어 해외에서 출판되었다. 전 세계적으로 갈채를 받은 솔제니친은 현존하는 러시아 작가 중 가장 유명한 작가, 아니 어쩌면 현존하는 작가 중 세계에서 가장 유명한 작가가 되었다(솔제니친은 이 책의 한국어판이 출간되기 전인 2008년 8월 3일, 89세를 일기로 타계했다—옮긴이).

성공은 그에게 큰 도움이 되었다. 솔제니친은 당에서 환영받고 소비에트 중심 사회로 들어갔다. 흐루시초프는 그를 칭송했다. 소비에트작가동맹은 그를 동료로 맞아들였다. 솔제니친은 차를 구입하고, 문화행사에 참석하고, 좋은 음식을 먹었으며, 편안하게 잠을 자고, 풍족한 생활을 했다. 그리고 글을 썼다. 1958년, 행운이 찾아오기 전에 그는 세계를 변화시킬 책을 집필하기 시작했다. 그리고 1961년 후에도 작업을 지속했다. 작품이 너무 방대하고 어려워서 완성하지 못하는 건 아닐까 하는 우려가 들었다. 유명인사라는 달콤한 유혹과 자신의 기억 때문에 모든 것을 잃게 될 위험도 있었지만, 꾸준히 집필에 전념했다.

솔제니친은 굴라크의 역사를 일곱 부분으로 나눠 쓰기로 결정했다. 굴라크는 일반적으로 생각하는 것처럼 악의적인 스탈린의 편집증 때문에 생긴 것이 아니었다. 볼셰비키 통치 초기에 강제노동수용소를 지어 공산당의 권력 강화를 법적으로 정당화한 레닌의 작품이었다. 물론 레닌의 계획 이상으로 그 제도를 발전시킨 사람은 스탈린이었다.

집필은 불규칙하게 진행되었다. 또 한 번의 암 치료가 그를 방해했다. 그리고 그는 공식적인 기록과 자기 자신의 경험이 기록된 문서를 입수할 수 없다는 점 때문에 거대한 계획의 근거가 될 충분한 자료를 입수할 수 있을지 확신하지 못했다.[8] 그는 작업을 미뤘다. 그러나 『이반 데니소비치의 하루』

를 출간한 후, 굴라크 생존자들에게서 편지 수백 통이 오기 시작했다. 그 편지들과 증인 총 227명의 회고록과 대화에 포함된 이야기들은 작업을 완성하기에 충분한 자료였다.

솔제니친이 정부의 호의를 경험한 것도 잠시였다. 1962년과 1964년 사이 그는 단편소설 몇 편을 출간할 수 있었다. 그러나 1964년에 흐루시초프가 물러나자 지식인과 전위예술가들을 공식적으로 허용했던 공산당이 유명해진 솔제니친을 또다시 의심의 눈초리로 바라보았다. 1965년, KGB는 솔제니친의 소설『제1원』의 원고와 함께 그 책과 그 밖의 작품 자료들을 압수했다. 그의 다른 작품을 출판하는 것은 금지되었다. 때문에 소비에트에서는 지하출판 형태로 출판하고,『제1원』과『암병동』은 서구로 밀수출해서 출판했다. 1969년, 소비에트작가동맹은 이런저런 규칙위반을 이유로 들어 공식적으로 그를 제명했다.

그러나 1964년, 솔제니친은『수용소군도(The Gulag Archipelago)』집필을 시작해서 8시간씩 두 번, 하루 16시간을 작품에 매달렸다. 그는 1966년 말부터 1967년 초의 두 달 반에 걸쳐 두 번째 초안을 완성했다. 1968년 봄에는 작품을 끝내고 해외 출판을 기대하며 마이크로필름에 담기 위해 열정적으로 일했다. 1968년 6월 2일, 작업이 끝났다. 일주일 후, 친구 한 사람이 캡슐에 넣은 마이크로필름을 파리로 가져갔다. 그 책이 출판되기까지 5년이 흘렀다.

솔제니친은『수용소군도』, 그리고 소비에트 압제체제에 엄청난 타격을 주고 전후 강대국 간의 세력 균형을 무너뜨릴 진실을 세계에 알리기 전에 세 가지 결정을 내려야만 했다. 물론 첫 번째는 그것을 쓰겠다는 결정이었다. 소비에트연방에서 문화 자유화 시대가 계속되기는 했지만, 솔제니친이 밝힐 진실은 스탈린의 후계자들을 대단히 불쾌하게 만들 수 있었다. 그중에는 레닌이 굴라크에 책임이 있다는 것, 그리고 스탈린과 다른 소비에트 지도자들뿐만 아니라 소비에트 사람들도 그와 같은 범죄에 일정 부분 책임을 져야 한다는 비난도 있었다. 두 번째는 다시는 소비에트연방에서 출판이 허용되지 않을 거라는 사실을 알기 때문에 출판을 위해 원고를 해외에 보내겠다는 결정이었다. 세 번째 결정은 책의 출판을 지시하는 것이었다.

세 가지 결정 모두가 솔제니친에게는 엄청난 위험이었다. 다른 야심 찬 집필 작업을 위한 자료들을 압수당할 가능성이 있었다. 진심으로 사랑하는 조국에서 살면서 책을 출판하고 작가로서의 평범한 인생을 살기 위해 가졌을 법한 희망은 산산조각이 날 게 분명했다. 『수용소군도』에 소중한 기억을 제공한 용감한 사람들을 심각한 위험에 빠뜨릴지도 몰랐다. 심지어 그가 거대한 진실을 발견한 장소, 굴라크 나라로 돌아갈 수도 있었다. 결정 하나하나가 치명적이었다. 그가 내린 결정은 솔제니친의 '엄청난 용기와 결연한 의지'에 대한 조지 케넌(George Kennan)의 찬사를 입증하는 데 꼭 필요한 유일한 증거이다.[9]

다양한 요인들이 각각의 결정에 영향을 미쳤지만, 공통된 주요 요인 한 가지가 있었다. 솔제니친은 그의 사자가 원고와 함께 출국한 후 무사히 도착했는지의 여부를 알기 전의 불안한 나날을 기록했다. "나는 팔다리를 쭉 펴고 휴식을 취하면서 신선한 공기를 마시고 마음껏 즐길 수도 있었다. 그러나 죽은 이들에 대한 의무감 때문에 그런 호사를 누릴 수 없었다. 그들은 죽었고 당신은 살아 있다. 당신의 의무를 다하라."[10]

솔제니친은 『제1원』과 『암병동』이 서구에서 일제히 출판되었다는 소식을 들었다. 그의 명성이 이전보다 더욱 자자해졌음은 물론이고, 소란스럽고 고집 센 유명 작가에 대한 러시아 정부의 분노도 더욱 격렬해졌다. "『수용소군도』를 보내는 것은 지각없고 매우 위험한 행동이었지만 기회는 많지 않았다. 앞으로 기회가 또 있을 것 같지도 않았다. 나는 그 책을 보냈다. 일단의 불확실함은 사라졌지만, 그 결정은 또 다른 불안을 몰고 왔다. 한시도 마음이 편할 새가 없었다."[11]

솔제니친에게는 기회가 있었다. 또 다른 기회는 없을 것 같았다. 두려움을 느꼈고, 또 더욱 안전한 시대가 올 때까지 기억을 봉인해야 하는 이유들이 수없이 많았다. 그러나 그는 기회를 놓치지 않았다. 원고가 세관에서 압수당하지는 않았는지, 정부의 분노가 금방이라도 자신을 덮치는 건 아닌지 걱정하며 불안한 몇 주를 보냈다. 마침내 원고가 무사히 파리에 도착했다는 소식이 날아들었다. 솔제니친은 크게 기뻐하며 새로운 작품에 착수했다. 제1차 세계대전에서 제정러시아 군대와 독일 군대 사이의 초기 전투로 시작된, 러시아 혁명을 일으킨 사건들의 역사였다.

그러나 출판 결정은 미뤄졌다. 처음에 솔제니친은 1970년 말에 그 책을 출판할 계획이었다. 그는 그해 노벨문학상을 받을지도 모른다고 정확하게 예상했다. 이는 그의 국제적인 위신을 높이고 출판에 대해 러시아 정부가 함부로 행동하지 못하게 만들 것이 분명했다. 그러나 그 순간이 찾아왔을 때, 새로운 노벨문학상 수상자는 주저했다. 어째서일까? 그는 나름대로의 이유가 있었다. 솔제니친은 상을 받기 위해 스톡홀름으로 여행할 계획이었지만 소비에트연방으로 다시 돌아올지 못할까봐 수상식 참석을 취소했다. 그는 나탈리아 스벳로바라는 또 다른 여성과 사랑에 빠져 결혼했고, 새로운 사랑에서 얻는 위안 때문에 과감히 별거를 결행하지 못했다. 그는 이미 운을 믿고 과욕을 부리고 있었다. 크렘린이 인간의 권리를 억압한다고 더욱 자주, 더욱 대담하게 항의했다. 솔제니친은 작가로서만큼이나 유명한 반체제 인사가 되었다. 소비에트 정부가 공식적인 불쾌감을 표시하고 더 큰 문제를 일으킬지도 모르는 이단자에게 경고하기 위해 이용한 여러 기관에서 그를 비난하는 선전운동이 진행 중이었다. 원고에 그다지 만족하지 못한 솔제니친은 내용을 조금 더 보강하면 훨씬 더 나아질 거라고 생각했다. 그러나 책에 기억과 이름이 실린 사람들이 박해받을 우려가 있었다. 그는 죽은 이들에 대한 의무만큼 살아 있는 사람들에게도 의무가 있었다. 그리고 계속해서 작업을 할 수 있기를 바랐다.

솔제니친의 전기 작가인 마이클 스캐멜(Michael Scammell)은 솔제니친의 심경을 다음과 같이 요약했다.

> 출판할 준비가 되었을 때 그는 말을 할 수가 없었다. 2년 내에 출판할 생각이 분명했지만, 무엇보다 원고의 안전이 가장 중요했다. 그는 죽은 이들과 살아 있는 이들에 대한 의무 중 첫 번째 의무를 다했다. 증언이 완성되었다. 그러나 그것을 출판하는 것은 폭탄을 발사하는 꼴이었고, 그 폭발 속에서 솔제니친 자신이 사라질지도 몰랐다. 그는 그런 희생에는 아직 준비되어 있지 않았다.[12]

몇 년이 흘렀다. 매번 마감시한을 놓치면서 그는 그 이유를 옹호하고 때로는 의문을 제기했다. 출판이 연기되는 것에 괴로워했으며 나약한 결단력을 자책했다. "내가 어떤 변명에 기대서 나의 안위를 도모하든지 간에 굴라크에서 목숨을 잃은 사람들에게는 터무니없어 보일 것이다."[13]

그래도 그는 기다렸다. 스캠멜은 "그는 가능한 한 오랫동안 결정의 순간을 연기하고 싶어 했다. 그리고 그 순간이 왔을 때 스스로 결정을 내리고 싶어 했다."라고 말했다.[14] 그 순간은 1973년 9월에 찾아왔다. KGB가 그를 위해 결정을 내린 것은 아니었다. 그러나 솔제니친이 그 순간을 피하지 않고, 용기를 끌어 모으고, 모든 것을 잃을 각오를 하고 『수용소군도』의 출판을 지시할 수밖에 없었던 것은 그들 때문이었다.

1973년 9월 1일, 솔제니친은 레닌그라드에서 온 어떤 소식을 접했다. 8월에 5일 동안 KGB에게 심문을 당한 그의 타이피스트가 협박에 못 이겨 시골 어느 정원에 묻어둔 원고 사본의 존재와 행방을 고백했으며, KGB가 그 즉시 땅을 파서 사본을 압류했다는 소식이었다. 그의 타이피스트는 자신의 행동에 절망해서 풀려난 지 2주 후에 스스로 목숨을 끊었다. 솔제니친은 형세의 급변 속에서 신성한 힘이 개입했다고 느꼈다. "나는 신의 손길을 느꼈다. 게으른 종이여, 그대는 자고 있는가? 이제 결단의 순간이 왔다. 진실을 세상에 알려라!"[15]

그래서 그는 그렇게 했다. 솔제니친은 파리에 연락해서 책의 1권을 출판하도록 했다. 12월 28일, 그는 BBC 라디오 러시아어 방송에서 『수용소군도』가 파리에서 출간되었다고 알리는 것을 들었다. 그는 훗날 이렇게 기록했다. "이제 내가 짊어진 짐을 모든 사람이 볼 수 있는 곳에 내려놓았다."[16)]

국제적인 반응은 빠르고, 엄청났으며, 매우 인상적이었다. 내 생전에 출판된 책 중에서 독자들과 문학사뿐만 아니라 세계의 정치역사에 그렇듯 강렬한 영향을 미친 책은 없을 거라고 생각한다. 조지 케넌은 그 책이 '정치체제에 대한 이 시대의 가장 위대하고 가장 강력한 정치적 고발' 이라고 말했다.[17)] 솔 벨로(Saul Bellow)는 「뉴욕타임스」에 편지를 보냈다. "영웅이라는 단어는 솔제니친이 되살렸다. (중략) 스탈린주의의 만행을 밝히기 위해 그가 한 일은 또한 우리를 위해 한 일이기도 하다. 그는 우리들 모두에게 우리가 그 진실에 어떤 빚을 졌는지 상기시켰다."[18)]

『수용소군도』가 미친 근본적인 정치적 영향은 아무리 설명해도 지나치지 않는다. 그 책은 소비에트 정권의 범죄가 병적일 정도로 권력에 미친 독재자 스탈린이 혼자 저지른 것이라는 그릇된 관념에서 깨어나게 했다. 그리고 소비에트연방과 레닌에 대해 호의적인 사람들의 생각도 바꾸었다. 이제 서구에서는 레닌과 그의 모든 후계자들이 그들이 고용한 고문자들과 사형집행인들만큼 그런 범죄에 책임이 있다는 사실을 알고 있다. 마르크스의 이상향적인 목표를 이루기 위한 형태라 하더라도 전체주의 자체가 범죄이다. 소비에트연방의 모든 사람들, 그리고 그들의 현실을 외면하거나 상황이 나아지기를 기다렸던 서구 사람들 모두가 죄책감을 느껴야 한다. 솔제니친은 그들의 눈에서 눈가리개를 치웠다. 그는 그들을 보게 만들었다.

책의 출판은 최근에 세가 더욱 확장되고 민주주의 안에서 심각하게 권력을 다툰 서유럽 공산당들의 몰락을 초래했다. 『수용소군도』는 서유럽 공산당들이 쇠퇴하고 궁극적으로 붕괴하는 데 있어 다른 어떤 사건보다도 큰 역할을 했다.

　소비에트에서도 레오니트 브레주네프가 흐루시초프의 후임자가 되었을 때 멈춰 있던 최후 심판의 날로 향하는 시계가 재깍거리기 시작했다. 솔제니친의 용기와 그가 밝힌 적나라한 진실은 그의 힘차고 감동적인 산문 못지않게 소비에트 정권에게서 정통성에 대한 마지막 주장을 빼앗았다. 이제 권력을 지키려면 군사력에 의지하는 수밖에 없었다. 그리고 과도한 군대 유지 비용 때문에 도전을 받자 국고가 바닥이 났다. 그들은 여전히 오래된 마법을 이용해보려고 애썼다. 그러나 선전과 공식적인 거짓말 잔치, 완전히 날조된 역사는 이제 국민들의 상상력과 충성심을 좌지우지할 힘을 잃었다. 공산당 기관지「프라우다(Pravda)」는 '반역자의 행로(The Path of a Traitor)'라는 제목의 기사에서 솔제니친을 비난했다. 타스 통신사는 그 책이 소설에 불과하다고 일축했다. 그러나 더 이상 그들을 믿는 사람은 없었다. 솔제니친은 "현 정권과 그 뒤를 잇는 자들은 50년이 지나도록 내가 초래한 재난에서 벗어나지 못할 것이다."라고 썼다.[19]

　1974년 2월 12일, 솔제니친은 체포되어 반역혐의로 기소되었다. 다음 날, 그는 가족과 함께 소비에트연방에서 추방당했다. 그는 잠시 서독과 스위스에서 살다가 마침내 미국으로 이주해서 비교적 쓸쓸하게 생활하며 글을 썼다. 20년 후, 소비에트연방이 마침내 붕괴했을 때 그 사건에 결정적인 역할을 한 미하일 고르바초프는 솔제니친이 영웅으로서 고국에 돌아오는 것을 환영했다. 솔제니친은 자신의 기억과 함께 조국으로 돌아갔다.

　기억은 인간의 노력에서 구조적 결함을 찾아내서 밀고 무너뜨리는 한여름의 가뭄과 초가을의 허리케인, 봄 홍수, 겨울철 눈보라 같은 자연의 힘보다 강력할 수 있다. 기억도 인간이 만든 것의 결함을 폭로하고, 밀어내고, 파괴시킬 수 있다. 그러나 기억은 회반죽을 제공해서 그 파편들로 더욱 견고하고 멋진 것을 만들 수도 있다.

　우리는 기억이 무엇을 파괴했는지를 안다. 그러나 솔제니친의 기억은 무엇을 만드는 데 도움이 되었는가? 한동안은 그 완벽한 대답을 얻지 못할지도 모른다. 역사 속에서 한 인간의 인생은 부싯돌을 칠 때 튀는 불꽃 정도에 지나지 않는다. 그러나 그것이 지핀 불길은 조금 더 오래 지속된다. 그렇기 때문에 불길이 미친 영향, 즉 한 인간이 이룬 것은 사후에 그 가치를 평가할 수 있다. 어쩌면 솔제니친의 기억이 그가 원하는 작은 공동체들로 이루어진 위대한 국가를 이루지 못할지도 모른다. 신앙심 깊고, 조국의 성스러운 흙이 숭배되고, 진실을 추구하는 진지하고 강박적인 관심이 비정한 전제정치의 잔인한 압제에 대항하는 국가 말이다. 그 기억들이 마지막으로 이룬 것이 무엇이든, 작가가 원하는 선이나 진실이 무엇이든, 그의 국가가 이룬 진보가 무엇이든 간에, 기억이 밝혀낸 진실과 야기한 변화는 그의 죽음 후에도 러시아의 광활한 땅에서, 그것을 지켜보는 전 세계 사람들에게 큰 영향을 미칠 것이다.

오늘날 일부 러시아 사람들은 솔제니친과 그의 위대한 작품을 존중하지 않고 그 작가를 별난 구식 괴짜로 취급하는 것처럼 보인다. 그러나 소비에트 경찰국가의 중심인 관료제도에서 성장한 통치자들이 지난날에 대한 향수와 이기심으로 러시아를 다시 전제정치의 바다에 침몰시키려고 한다면, 오늘날의 반체제자들이 솔제니친이 그랬듯 산 자와 죽은 자에 대한 그들의 의무를 찾을 것이다. 알렉산드르 솔제니친과 동료 죄수들이 공표한 기억으로부터 용기를 얻어 진실을 밝히고 불의를 무너뜨려, 그 조각들로 뭔가 더 바람직한 것을 만들 수 있을 것이다.

고귀한 약속

에이브러햄 링컨은 교회를 열심히 다니지 않았다. 그는 청년시절을 보낸 뉴세일럼의 국경 마을을 뒤흔든 종파 간의 반목과 교리논쟁이 조장하는 과도한 감정에서 비껴 서 있었다. 어떤 교회에도 소속되지 않았다. 그가 말하길, 네 맘을 다하여서 너의 하나님을 사랑하고 네 이웃을 네 몸과 같이 사랑하라는 그리스도의 명령을 기반으로 하는 최초의 교회가 설립될 때까지 한 교파에 정식으로 등록하는 일은 미루는 것이 나았다.

링컨이 1846년 국회의원 후보로 나섰을 때 그의 정치적 반대파들은 그를 불신자라고 비난했다. 맞수인 피터 카트라이트(Peter Cartwright)는 감리교 순회목사였다. 그는 일리노이 주 전역에서 박력 있는 설교와 자신을 급습한 노상강도나 폭력을 사용해서 신학적 논쟁을 잠재우려는 사람들을 가차 없이 벌하는 것으로 유명했다. 카트라이트 지지자들이 겨냥한 종교적 자유주의에 대한 비난이 입후보 자격에 치명적인 위협이 될 조짐이 보이기 시작했다. 그러자 링컨은 정면으로 그 문제에 부딪히기로 결심했다. 그는 카트라이트 목사의 부흥회에 참석했다. 카트라이트가 천국에 가고 싶은 죄인들은 일어서라고 하자 많은 사람들이 자리에서 일어났다. 지옥에 가기 싫은 사람들도 일어서라고 하자 링컨을 제외한 모든 사람이 일어났다. 자신의 맞수가 어느 쪽 권유에도 응하지 않은 것을 본 카트라이트가 물었다. "제가 뭐 좀 여쭤도 되겠습니까, 링컨 선생? 선생은 어디를 가시겠습니까?"

이 질문에 키가 193센티미터였던 링컨이 일어서서 온화하게 대답했다.

> 저는 경의를 표하는 한 사람의 청중으로 이곳에 왔습니다. 카트라이트 목사님 눈에 띌 줄은 몰랐습니다. 저는 종교 문제는 매우 진지하게 다루어야 한다고 생각합니다. 카트라이트 목사님께서 물으신 질문이 대단히 중요하다는 것은 인정합니다. 저는 다른 분들과는 달리 대답할 필요성을 느끼지 못했습니다. 카트라이트 목사님께서는 저에게 어디를 가겠냐고 직접적으로 물으셨습니다. 저도 솔직히 말씀드리겠습니다. 저는 국회로 가겠습니다.[1]

링컨은 성인이 된 후 대부분의 시간 동안 신앙이 없는 사람이라는 의심을 받았다. 그러나 그는 항상 이 세상사를 주관하는 훨씬 더 지혜로운 존재가 있다는 것을 의식하고 있었다. 그는 햄릿을 자주 인용했다.

> 우리가 어떻게 틀을 잡든지 간에
> 우리 목적에 구체적인 형태를 부여하는 것은 신의 섭리라네.

자신은 사건을 통제할 수 없지만 사건은 그를 통제한다는 구슬픈 체념에서부터 자신의 죽음에 대한 예감에 이르기까지, 대통령으로서의 삶에 대한 링컨의 운명론은 비통했다. 그런가 하면 원하지는 않지만 질 수는 없었던 전쟁을 수행하려는 결심에서 드러난 운명론은 숭고했다. 그의 운명론은 항상 그런 식이었다. 고생스럽고 비참했던 청년시절에도, 개인적으로나 정치

◆ 에이브러햄 링컨(MPI/특파원, Getty Images).

적으로 시련을 겪던 장년기 초반에도, 어떤 위대한 역사적 목적을 위해 선택되었다는 직감 속에서도, 그를 절망스럽게 만들던 계속된 우울증 속에서도, 링컨은 자신의 운명에 대한 느낌을 굳게 믿었다. 젊었을 때 그는 운명론을 믿는다고 공공연하게 말했고, 그것이 그가 이신론자(理神論者)라는 의혹을 부채질했다. 링컨은 1846년 선거운동 때 이신론을 "인간의 마음은 마음이 통제할 수 없는 어떤 힘에 의해 의지하거나 행동해서는 안 된다."라는 믿음이라고 설명했다.

링컨 이전에도 그 이후에도 그보다 더 성경에 해박한 대통령은 없었다. 켄터키와 인디애나 주의 황무지에 보낸 피폐한 유년시절의 가혹한 환경에서는 정규교육을 받을 수 있는 방법도, 마음의 양식으로 삼을 수 있는 책도 거의 없었다. 그것이 링컨이 가장 손쉽게 구할 수 있는 유일한 배움의 수단에 무섭게 집중하며 성경에 정통할 수 있었던 이유일 것이다. 링컨보다 시편과 구약, 신약을 더 많이 외우는 정치인은 없었다. 수수께끼처럼 보이는 신앙이 오늘날까지도 논란거리이긴 하지만 그의 연설에도, 심지어 비공식적인 대화에도 성경 인용과 신에 대한 간구는 자주 등장했다. 그리고 세월이 지나면서 종교적인 통찰력은 더욱 깊어졌고 성경도 더 자주 인용했다. 링컨은 그가 가장 큰 역할을 한 역사적인 사건 때문에 전쟁이 야기한 국가의 고통에 들어맞는 더 훌륭한 설명을 찾는 데 몰두했다. 그것은 그에게 큰 부담이었다. 그는 연방을 분열시킨 격한 감정으로부터 연방을 회복하는 일에 자신의 이성을 사용하기로 마음먹었다. 그리고 전쟁에서 언뜻 신의 존재를 보았다. 그로써 그가 내려야 하는 부담스러운 결정의 짐을 일부 덜 수 있었다.

링컨은 애써 자신의 종교적 견해가 정통이 아니라는 의혹을 해소하거나 기독교 종파와 논쟁을 벌이려고 하지는 않았다. 그는 다만 선한 기독교인의 전형이었다. 역사 속에서 그의 숭고한 위치는 그가 인생에서 이룬 보기 드문 업적, 지혜와 정치적 재능으로 미천한 신분과 빈곤을 벗고 지도자로 떠오른 점, 파란만장했던 대통령 임기 기간에 보여준 단호함 때문이다. 그러나 그가 동시대 사람들과 후손들의 마음속에서 특별한 자리를 차지한 또 다른 이유는 그의 남다른 인생 때문만이 아니다. 그가 정직하고 사리사욕을 추구하지 않았으며, 다른 사람에게 공감하고 겸손하며 진실로 정중하고, 고통받고 시련을 겪으면서도 상냥함을 잃지 않았기 때문이다. 청교도에서부터 노예제도폐지론자들, 그리고 인류를 위해 자신들에게 맡겨진 위대한 일을 하기에 적절하지 않다고 생각하는 현 세대에 이르기까지 모두가 지지하는 미국인들의 믿음, 즉 미국은 특별하다는 예외주의에서 링컨은 믿음의 아버지 아브라함이 되었다.

워싱턴 입성과 대통령 취임식을 준비하는 동안 링컨은 스프링필드에서 25년 동안 함께 살았던 사람들에게 감동적인 작별 인사를 했다.

> 언제 돌아올지, 혹은 다시 돌아올 수 있을지 기약할 수 없지만 워싱턴 대통령이 짊어졌던 것보다 더 중대한 과업과 함께 저는 이제 떠납니다. 항상 저를 돌보아 주시는 하나님의 도움이 없다면 저는 성공할 수 없습니다. 하나님이 도우실 때 저는 성공할 수 있습니다. 하나님이 어디든 저와 함께 가시고, 여러분과 함께 계시며, 선한 일이 행해지는 모든 곳에 계시다는 것을 믿으면 모든 일이 잘 되리라 확신할 수 있습니다. 여러분이 기도하실 때 저를 보살펴달라고 기도하시듯, 저 또한 주님이 여러분들을 돌보아주시기를 바라며 애정을 담아 여러분께 작별을 고합니다.

링컨은 워싱턴으로 가는 길에 여러 번 멈춰 섰다. 그리고 그때마다 국가가 헌정 위기에 처해 있으며 자신이 그것을 해결하겠다고 연설했다. 1861년 2월 21일, 그는 뉴저지 주 트렌턴에서 상원의원들에게 연설을 했다. 링컨은 뉴저지가 독립전쟁 때 수많은 전투가 벌어진 곳이며 자유를 위한 미국의 투쟁에서 엄청난 희생을 감수했다는 점을 상기시켰다. 그리고 그때의 희생을 현재의 위기에, 또 자신의 목적을 독립 전쟁의 이상에 비유하며 이렇게 주장했다.

> 미연방과 헌법, 국민들의 자유가 애초에 우리가 싸운 이유인 자유의 개념을 좇아 영원히 계속되기를 간절히 바랍니다. 그리고 그 위대한 전투의 목적을 영원히 지키는 데 제가 전능하신 하나님의 비천한 도구로, 또 그분의 거의 선택받은 백성인 여러분의 비천한 도구로 쓰일 수 있다면 매우 기쁘겠습니다.

하나님의 거의 선택된 백성들이라니. 이 얼마나 이상한 묘사인가. 존 윈스롭(John Winthrop)은 '언덕 위에서 빛나는 도시'를 만들기 위해 새로운 세상으로 함께 갈 순례자들을 모집했다. 새로운 예루살렘을 지으러 왔다는 청교도의 이상은 자신들의 기름부음을 하나님의 선택된 자들이라는 징표로 여겼지, 거의 선택받은 자들로 여긴 것이 아니었다. 그리고 오늘날까지 이어지고 있는 미국의 예외주의에 대한 생각—비종교적이든 종교적이든 간에—에서도 비슷한 자부심을 엿볼 수 있다. 즉 우리는 전 세계에 모범을 보이도록 선택되었거나 아니면 적어도 우리 스스로 선택했으며, 하나님 또는 역사 혹은 둘 모두에게서 다른 나라 사람들과 구별되는 특징을 부여받았다는 자부심 말이다. 링컨이 '거의'라는 말을 덧붙여서 나타내려 한 것은 무엇인가? 나는 그가 자신을 '전능하신 하나님의 비천한 도구'라고 표현한 것처럼 그가 봉사하는 대상인 미국 국민들도 겸손한 도구임을 나타내려 했다고 생각한다. 미국이 인류의 본보기로 여겨진다는 것, 하나님께서 이상과 법률, 관습, 그 목적을 이룰 수 있는 자원으로 우리를 축복하심을 부정하려는 것이 아니었다. 그와 반대로, 링컨은 우리가 '이 땅의 마지막 희망이자 최고의 희망'이라는 사실을 상기시키고자 했다. 그는 그 명예로운 직위에서 신의 손길을 느낀 것이 분명하다.

오히려 나는 역사 속에서 그런 특별한 역할을 부여받았지만 절반이 노예이고 절반이 자유민인 국가로서 우리 스스로 그 일을 감당할 자격이 있고 그 사명에 계속 헌신한다는 것을 증명하지 못했음을 일깨우는 것이 링컨의 목적이었다고 생각한다. 아니 좀 더 분명히 말하면 '그 나라가, 혹은 그러한 신념에 의해 세워진 어떤 나라가 과연 이 지상에 오랫동안 존재할 수 있는지' 증명하지 못했음을 일깨우는 목적 말이다. 온 나라를 강타한 위기와 뒤이어 일어난 남북전쟁은 그 신념에 대한 우리의 충성심을 시험했다. 전쟁은 우리에게 희생과 변화, 우리가 감당할 수 없을 것 같은 '새로운 자유의 탄생'을 명하시는 하나님의 뜻을 알리는 것인지도 모른다. 맹목적 애국주의와 우리의 선민의식 속에 자리 잡은 자만은 우리가 직면한 문제에 답을 주지 못한다. 또 당장 눈앞에 있는 위대하고도 가혹한 사명에 어울리지도 않는다.

그러나 목적이 정당하건 그렇지 않건 간에, 뒤이어 일어난 유혈참극과 파멸에서 비기독교인이나 도덕적이지 않은 사람들도 우리가 해야 하는 혹은 다른 사람들에게 명령해야 하는 일에 대한 번민에서 자유로울 수 없었다. 게다가 승리가 우리 손으로 저지른 잔혹한 행위에 대한 책임을 면제하지는 않는다. 우리가 할 수 있는 일은 정의를 행하고, 정의를 추구하는 데 가장 큰 역할을 하는 국가를 구하고, 그 목적을 완수하는 데 필요한 모든 것을 하고, 하나님께서 노예제도라는 사악한 죄를 피로 보답한 것에 대한 죄책감을 덜어주신다고 믿는 것이 전부였다. 그리고 그것들은 4년 후 대학살이 정점에 달했을 때, 그리고 승리를 눈앞에 두고도 기진맥진한 국가가 겸손히 일어섰을 때, 링컨의 가장 위대한 연설인 두 번째 취임식 연설에서 울려 퍼질 종교적이고도 세속적인 믿음이었다.

첫 번째 취임식 연설에서 그는 다가오는 큰 화재를 피하고 싶은 마음을 설득력 있게 표현했다. 그는 "저는 전쟁을 원하지 않습니다. 우리는 적이 아니라 동료입니다. 우리가 적이 되어서는 안 됩니다."라고 선언했다. 링컨은 '분명히 그렇게 될 것이라 확신하지만 국민들 본성의 선한 부분이 다시 그들의 마음을 어루만질' 때까지 국민들의 관용에 호소했다. 그러나 남부가 연방으로부터 독립을 선언했을 때 그는 전쟁을 시작했다. 그리고 잔혹하지는 않지만 단호하게 결정을 내렸고, 비록 목적이 정당하고 고결했지만 결과에 분노했다. 동물을 다치게 한다는 생각만으로도 괴로워하는 그 인정 많은 남자는 총사령관에게 말했다. "용맹하게 공격해서 조금의 틈도 주지 말고 적을 격퇴하시오."

1864년, 링컨은 노예해방선언과 흑인 연대 모집에 항의하는 켄터키 출신의 저명한 연방주의자 세 사람에게 편지를 썼다. "저는 본래 노예제도에 반대하는 사람입니다. 만일 노예제도가 잘못된 것이 아니라면, 잘못된 것은 아무것도 없을 겁니다. 저는 평생 동안 생각하고, 그렇게 느꼈습니다." 그러나 그는 대통령으로 선출되었고 그들에게 자신의 목적은 노예제도를 종식시키는 것이 아니라 미연방을 구하는 것임을 상기시켰다. "저는 대통령이 되었다고 해서 저의 개인적인 판단과 감정에 따라 공식적으로 행동할 무제한적인 권리가 생겼다고 생각하지 않습니다." 그는 노예제도가 잘못된 것이라면 헌법이 그 제도를 폐지하거나 유지할 권한을 위임한 것은 대통령이 아니라 국가라고 생각했다.

> 헌법을 지키고, 보호하고, 방어하겠다고 맹세하지 않았다면 저는 취임할 수 없었습니다. 권력을 얻기 위해 맹세하고, 그 권력을 이용해서 맹세를 지키지 않겠다고 생각한 적도 없습니다. 또한 일상적인 국정 운영에서 이 맹세 때문에 노예제도의 도덕적 의문에 대한 저의 판단에 따른 합리적인 일마저도 못 할 수 있다고 생각합니다. 저는 이것을 공개적으로 여러 번, 여러 방식으로 선언했습니다. 그리고 오늘날까지 노예제도에 대한 저의 개인적인 판단과 감정에 따라 공무를 수행한 적이 없다고 맹세합니다.

> 그러나 일단 전쟁이 일어나고 연방의 존립을 위협하자 법적으로 허용된 미 최고사령관의 권한으로, 노예제도를 끝내고 미연방을 구하기 위해 군대에 도움이 되는 다른 행동들도 명령하겠다는 판단을 내렸다.

> 그러나 저는 최선을 다해 헌법을 지키겠다는 저의 맹세가 가능한 모든 방법으로 정부와 그 헌법이 기본법인 국가를 지키라는 의무를 저에게 지웠다고 생각합니다. 국가를 잃고서 헌법을 지키는 것이 가능하겠습니까?

편지에서 링컨은 노예해방령 발포 결정을 설명한다. 그의 주장에서 '냉철하고, 빈틈없고, 차분한' 이성을 엿볼 수 있을 것이다. 링컨은 즉각적인 노예해방이 도덕적, 군사적으로 필요하다고 주장하는 급진적인 공화당원들에게 시달렸다. 중도적인 공화당원들과 충실한 민주당원들은 그러한 성급한 조치는 피하라고 경고했다. 아직 연방주의자인 남북 국경지역에 있는 주들에서 긴장이 심화될까봐 우려하기도 했다. 드레드 스콧(Dred Scot) 판결(미주리 주에 살던 군의관 존 에머슨의 노예인 드레드 스콧은 에머슨을 따라 노예금지 주인 일리노이와 위스콘신으로 이주하고, 주 법률에 따라 자유의 신분이 된다. 노예가 아닌 미국 시민으로 자유 주에서 12년을 살던 스콧은 에머슨이 죽은 후 미주리로 돌아가서 자유인 신분을 요구하는 소송을 제기한다. 무려 11년이나 이어진 이 소송 끝에 1857년 3월 6일, 연방대법원은 미합중국 헌법은 흑인을 시민으로 인정하지 않으므로 노예는 시민권을 가질 수 없으며, 따라서 노예는 재판소에 소송을 제기할 권리가 없다는 판결을 내렸다―옮긴이)을 내린 대법원장 로저 태니(Roger B. Taney)가 노예해방법령을 위헌이라고 하지는 않을지도 주시해야 했다. 남북전쟁이 벌어진 일 년 반 동안 링컨은 노예해방에 대한 논쟁을 현명하게 다루고 정치적 목적과 타이밍 그리고 그 필요성을 심사숙고했다.

   링컨은 언제나 자신의 유일한 목적은 미연방을 구하는 것이며 그 밖의 다른 결정들은 더 큰 목적을 뒷받침하는 부수적인 것들이라고 강조했다. 그는 남북의 경계에 있는 주들이 자발적으로 해방시킨 노예에 대해 정부가 보상하고, 자금을 제공해서 해외에 노예들을 위한 식민지를 건설하기로 했다. 링컨은 법안 초안을 수정할 것을 주장한 후 남부동맹의 전쟁 준비에 이용되는 모든 노예들을 풀어주고, 컬럼비아 특별지구의 노예제도를 종식시켰다. 드레드 스콧 판결을 번복하고 도망한 노예들을 돌려주는 일도 금지했다. 연방정부의 영토에서 노예제도는 불법이었다. 반란에 가담하거나 지지하는 모든 사람들의 재산―노예도 포함해서―을 몰수하라고 명령하고, 흑인의 군입대를 허용했다. 그러나 장군들 때문에 군관할구 내에 있는 노예들의 해방 명령은 철회했다. 링컨은 잠시 흑인 연대 모집을 꺼렸다. 그리고 국가 권한을 불법으로 행사한다는 이유로 어디선가 정부에 법적으로 이의를 제기하는 것을 피하기 위해 육해군 총사령관의 자격으로 남부 주 전체에서 노예해방을 선언하라는 끈질긴 탄원을 거절했다.

   도덕적 확신과 서로 모순되는 정치적 압력과 군사적 필요성이 그의 판단에 큰 부담이 되었다. 그러나 역사의 판단에 따르면 링컨은 오직 미연방을 구하는 데 필요한 일만 했다고 정직하게 주장할 수 있는 선에서 힘껏 노력했다. 마침내 선언서 발표를 결정하고 공식적으로 발표하기 전, 그는 노예해방선언을 요청하는 「뉴욕트리뷴」의 편집장 호레이스 그릴리(Horace Greeley)로부터 온 공개서한에 답장을 보냈다. "이 전쟁에서 내 최대 목표는 연방을 구하는 것이지 노예제를 유지하거나 없애는 것이 아닙니다. 노예를 해방하지 않고도 연방을 구할 수 있다면 나는 그렇게 할 겁니다. 또 노예를 해방하고 연방을 구할 수 있다면 그렇게 하겠습니다."

링컨이 보인 신중함의 본질은 깊은 통찰력이었다. 노예제도는 그저 남부 주의 고유한 제도가 아니라 모든 미국인들의 공동 책임이었다. 그 불의는 미국 역사에 깊게 뿌리박혀 있었으며 선량한 본성에 호소하는 것만으로는 쉽게 근절되지 않았다. 엘버트 포터(Elbert Porter) 목사가 링컨을 찾아가서 그가 주저하는 이유를 물었을 때 대통령은 자신의 신중함을 다음과 같이 설명했다.

> 미국 노예제도는 가벼운 문제가 아니기 때문에 즉시 폐지할 수는 없습니다. 우리 국민들 생활의 일부이며 과거의 일이 아닙니다. 노예제도는 식민지 시대에 시작되었습니다. 어찌 되었든 노예제도는 우리 정부의 거의 모든 것에 영향을 미쳤습니다. 남부에서만큼 북부에서도 많은 영향을 미치고 있습니다. 단순히 지역적, 지리학적인 제도가 아닙니다. 노예제도는 우리 정치, 경제, 상업, 종교에 속해 있습니다. 우리나라의 모든 부분이 노예제도의 성장과 증가에 일조했습니다. 거의 200년에 걸쳐 지금과 같은 규모로 커진 것입니다. 노예제도는 옳지 않으며 거대 악입니다. 그러나 흑인종에 행한 잘못에 남부가 북부보다 더 큰 책임이 있는 것은 아닙니다.[2]

마지막 말에서 우리는 전쟁이 일어난 지 일 년 후에 그가 내린 모든 결정을 보여주는 일련의 행동, 즉 남부 주의 노예해방, 미국 전역에서 노예제도를 폐지하는 수정헌법 제13조 제정, 양측에 전례 없이 엄청난 사상자를 내고 미국 역사상 가장 끔찍한 참상을 일으킨 군사 전쟁에 대한 결연한 의지에서 그가 어떤 생각을 했는지 엿볼 수 있다. 링컨은 미국 국민 모두가 노예제도에 책임이 있기 때문에 국가 전체에 가장 무시무시한 정의가 요구될 만하다고 말했다. 인간은 그 응보의 도구에 불과하며, 더 위대한 힘의 지배 아래 있다. 그 주제는 전쟁이 벌어지고 전사자 명단이 쌓여가는 동안 링컨의 말과 글에서 거듭 되풀이되었으며, 감동적인 두 번째 취임식 연설에서 절정에 달했다. 그 연설에서 우리는 링컨이 어떻게 하나님에게서 위안을 구했는지, 어떻게 전쟁의 대학살과 잃어버린 모든 것에 대한 비탄 속에서 성스러운 정의의 흔적을 발견했는지 볼 수 있다.

링컨은 하나님께서 노예제도라는 불의에 대한 대가를 치르도록 허락하시기 전에는 진심으로 피하고 싶은 전쟁을 피할 수 없고, 지키고 싶은 헌법을 지킬 수 없으며, 구하고 싶은 연방을 구할 수 없다는 것을 깨달았다. 그리고 무시무시한 여름 내내 하나님의 진노를 산 악을 바로잡기 위해 그의 임기 동안 가장 중요한 법령을 발표할 순간이 다가왔다는 징조를 하나님에게서 찾고자 했다.

링컨은 1864년에 유명한 켄터키 연방주의자에게 보내는 편지를 다음과 같이 끝맺었다.

> 이 이야기를 하면서 내 자신의 총명함을 치하하려는 노력은 하지 않겠습니다. 나는 사건을 통제하지 못하지만 사건은 나를 통제한다고 솔직하게 고백하는 바입니다. 전쟁을 벌인 지 3년이 되는 지금 국가는 누구도 생각지 못했던, 또 기대하지도 않은 상태입니다. 오직 하나님만이 그에 대한 책임을 지실 수 있습니다. 우리나라가 어디로 향하는지는 명백해 보입니다. 하나님께서는 거대 악을 없애려 하시며, 또한 남부 사람들만큼 북부에 있는 우리도 그 죄악에 연루된 것에 대한 죗값을 공평하게 치르길 원하실지 모릅니다. 만약 그렇다면 공명정대

한 역사는 그 가운데에서 하나님의 정의와 선하심을 증명하고 경외할 수 있는 새로운 이유를 찾을 것입니다.[3]

1862년 여름 무렵에는 전쟁 상황이 북부 쪽에 불리하게 진행되었다. 세븐파인스 전투는 양측에 막대한 사상자만 발생시키고 아무런 성과 없이 끝났지만, 사실상 리치몬드를 장악하기 위한 반도회전의 끝으로 이어졌다. 그 결과 엄청난 사상자를 낸 7일 전투에서 북버지니아군의 사령관 리가 등장했고 매클렐런은 퇴각했다. 남부 미시시피 계곡을 통제하려는 연방의 노력은 지지부진했으며 빅스버그의 주요 도시는 여전히 남부연합의 지배 아래 있었다. 8월 29일과 30일에는 불런 전투에서 남부동맹군 5만 5,000명이 북쪽으로 도망가는 연방군 7만 5,000명을 무찔렀다.

9월 4일, 리의 군대가 메릴랜드를 침공했다. 북부군이 전쟁에 점차 회의를 느낀 반면, 남부연합은 전혀 지친 기색을 보이지 않았다. 남부의 장군 로버트 리는 링컨이 연방군 장군들에게 바라는 진취적인 기상과 대담한 전략을 지녔다. 링컨의 장군들 대부분은 무능하고 그의 목적에 동의하지 않았다. 매클렐런의 경우 공공연하게 대통령의 권위를 우습게 여겼다. 링컨은 북부가 '전술을 바꾸지 않으면 전쟁에 패할' 수 있음을 알았다. 그러나 그 중요성에 공감하는 장군을 찾을 가망은 없었다. 어디를 보더라도 승리할 가능성은 아득해 보였다.

대통령직의 무거운 짐을 더욱 무겁게 만든 것은 그를 거의 절망상태로 몰아간 개인적인 비극이었다. 그해 2월, 사랑하는 셋째 아들 윌리가 장티푸스로 죽었다. 비탄에 잠긴 링컨은 "불쌍한 내 아들. 그 아이는 이 세상에서 살기에는 너무나 선했다. 하나님은 내 아들을 집으로 부르셨다. 그 애가 천국에서는 훨씬 더 행복할 거라는 걸 알지만 그래도 우리는 그 애를 너무나 사랑했다. 아이를 잃는 건 너무나 괴롭구나!"라며 슬퍼했다.

그 암울한 시간 동안 수심에 가득 찬 링컨은 「하나님의 뜻에 대한 명상

(Meditation on the Divine Will)」을 썼다. 비서관인 존 니콜라이(John Nicolay)와 존 헤이(John Hay)는 이를 두고 '조물주와 더욱 친밀한 교감을 하려고 애쓰는 더할 나위 없이 정직한 한 영혼이 개인적으로 엄숙하게 쓴' 글이라고 말했다.[4]

> 하나님의 뜻은 승리한다. 격전 속에서 양쪽 부대는 하나님의 뜻에 따라 행동하는 것이라고 주장한다. 어쩌면 양쪽 모두—그리고 한쪽은 틀림없이—틀렸다. 하나님이 어느 한쪽을 지지하면서 동시에 반대하실 리는 없다. 지금의 남북전쟁에서 하나님의 목적은 양쪽 군대의 목적과는 사뭇 다를 수도 있다. 그러나 평소와 다름없이 일하는 사람은 하나님의 목적을 이루는 최선의 도구이다. 나는 이 전쟁이 하나님의 뜻이며 아직 끝내실 생각이 없음이 분명하다고 생각한다. 하나님은 그저 조용히 양측의 마음에 거하시는 것만으로도 인간의 전쟁 없이 미연방을 구하거나 멸망시킬 수도 있었다. 그러나 전쟁은 시작되었다. 전쟁이 시작되었으니 그분은 언젠가 어느 한쪽에 최후의 승리를 허락하실 수 있다. 그러나 전쟁은 계속되고 있다.[5]

역사가이자 복음주의자인 마크 놀(Mark Noll)은 이 짧은 명상에 대해 "링컨은 이스라엘 고대 역사의 인물처럼 하나님과 논의하고 있다. 그러나 그분은 국내의 신이나 미국의 하나님이 아니라 세계 모든 나라의 통치자이시다. 우리나라가 하나님을 좌지우지하는 것이 아니라 하나님께서 우리를 부리신다는 사실이 링컨에게 분명해지기 시작했다."라고 썼다.[6]

그는 1862년 한여름에 노예해방령을 선포하고 나라를 황폐화시키고 있는 분노를 해방시켜 불의를 바로잡기 시작한 사람이었다. 링컨은 7월 13일에 각료 중 두 사람에게 자신의 계획을 알렸고 일주일 후에는 모든 각료에게 말했다. 그가 제시한 이유들은 정치적으로, 군사적으로, 법적으로 타당했다. 북부군은 사기가 떨어졌고, 입대 인원은 감소했다. 노예들을 해방하면

연방 군대에 새로운 병력을 충분히 공급할 수 있었다. 이것은 남부에게서 전쟁을 계속하는 데 꼭 필요한 경제적 자원을 빼앗는 일이었다. 많은 외국 정치인들이 오랫동안 역사적 예외이며 사라질 운명이라고 일축했던 미 공화국을 지키는 것이 아니라 노예제도의 도덕적 의문을 해결하는 데만 집중한다면 남부를 대신한 외국의 개입은 막을 수 있었다. 링컨은 최고사령관으로서 군사적 필요에 의해 노예해방을 명령할 법적 권한이 있었다.

두 번째 회의에서 일부 각료들은 그것이 너무 위험하고 남북 경계에 있는 주들을 자극하는 조치라며 우려를 표했다. 어떤 각료들은 즉각 선언해야 된다고 주장했다. 자신들이 본 초안을 수정하자는 사람은 거의 없었다. 국무장관 윌리엄 수어드는 링컨이 자포자기하는 심정으로 행동한다는 인상을 지울 수 있도록 적어도 연방군이 중요한 승리를 거둘 때까지 기다리자고 설득했다. 링컨은 계속 회의를 갖기로 했지만 언제가 될지는 확신하지 못한 채 회의를 끝냈다.

링컨은 훗날 그 회의 후 어느 땐가 만일 연방군이 리의 군대에 맞서 중요한 승리를 거둔다면 노예해방선언을 하겠노라고 하나님께 서약했다고 말했다. 9월 17일, 미국 군대 역사상 한 전투에서 가장 많은 사상자가 발생한 앤티텀 전투가 일어났고, 약 2만 3,000명이 전사하거나 부상을 입었다. 그러나 리가 먼저 철수했고 링컨은 기다리던 승리를 거두었다. 그는 즉시 약속을 이행했다.

9월 22일, 링컨은 각료들을 소집해서 그날 선언서를 발표할 계획이라고 알렸다. 그는 남부연합 측에 반란을 끝내기 위한 시간으로 100일을 줄 생각이었다. 만약 남부가 저항한다면 남부에 있는 모든 노예들은 영원히 자유라고 선언할 참이었다. 연방군이 선언서의 대상 주들을 정복하기 전까지 링컨이 명령을 강요할 권한은 없었다. 그러나 그는 남부와 전 세계에 이제부터 남부가 연방에서 탈퇴한 이유를 끝내기 위해 싸울 것이라고 통고했다. 링컨은 이미 이전 각료회의에서 결정을 내린 이유를 설명했다. 이제 그는 장관들에게 마지막으로 그렇게 결정적인 일을 감행한 정당한 이유를 설명했다. 해군장관 기드온 웰스(Gideon Welles)는 일기에 다음과 같이 기록했다.

> 대통령은 우리가 앞으로의 전쟁에서 승리하게 해주신다면 신의 뜻이 나타난 것으로 여기겠노라고 하나님께 서약했으며, 노예해방을 위해 전진하는 것이 자신의 의무라고 말했다. 대통령이 말하길 자기 자신조차 무엇을 해야 할지 분명하게 알지 못하는 상황에서 이런 방법으로 앞으로의 일을 결정하는 것이 이상하게 보일지도 모른다고 했다. 하나님께서는 노예들 편에 서서 이 문제를 결정하셨다. 대통령은 선언서가 옳다고 판단했고, 서약과 결과로 자신의 행동에 더욱 확신을 가졌다.[7]

켄터키 노예주의 딸인 부인 메리가 발표 직전 그 결정을 문제 삼았다. 그 때 링컨은 "나는 명령을 받았으니 명령에 따라야 하오."라고 대답했다.[8]

역사학자 리처드 호프스태터(Richard Hofstadter)의 말을 빌리면 '선언서 자체가 도덕적으로 숭고한 선하증권(船荷證券)'이었다.[9] 선언서는 무미건조한 표현으로 기안했다. 링컨은 현명하게도 감정이 아닌 법적인 근거로 정당성을 입증해야 한다는 것을 알고 있었다. 도덕적 의문은 전쟁과 그가 확립하고 싶어 하는 자비로운 평화로 해결될 것이다. 링컨은 대법원의 이의 신청을 피하기 위해 최고사령관으로서 권한을 넘지 않는 선에서 선언서가 군사적으로 필요한 일이라고 옹호해야 했다. 그리고 국민들과 하나님의 허락을 간절히 호소하며 선언문을 마무리했다. "이 행동이 군사적으로 필요한 일이기 때문에 저는 이것이 진심으로 정의로운 행동이며, 헌법으로 정당화된 행동이라고 믿었습니다. 여러분의 사려 깊은 판단과 전능하신 하나님의 자비로우신 은총을 간절히 원합니다."

1863년 1월 1일, 최종 선언서에 서명할 때 링컨의 손이 떨렸다. 그는 그날 아침 신년회에서 참석한 사람들 수백 명과 악수를 한 탓에 서명이 똑바르지 못했다고 말했다. "제 평생 종이에 서명하면서 지금처럼 옳은 일을 하고 있다고 확신해보기는 처음입니다."

국민들은 링컨이 기대한 만큼 그의 결정에 열렬히 호응하지 않았다. 북부 민주당원들과 보수적인 공화당원들, 노예제도에 대해 태도가 분명치 않은 사람들은 선언서에 반대했다. 그해 11월 선거에서 민주당은 의회 과반석을 확보했다. 링컨은 선거에서 비롯한 곤경에도 불구하고 선언을 철회하느니 차라리 죽는 게 낫겠다고 공언했다. 선거 결과는 큰 타격이었다. 그의 결정에 대한 국민들의 반응과 군대의 패배는 1864년 선거에서 민주당 후보 매클렐런에게 링컨이 질 거라는 조짐으로 보였다. 매클렐런은 오랜 전쟁으로 지친 국민들에게 남부동맹과 평화협정을 하겠다고 약속했다. 셔먼 장군이 때맞춰 애틀랜타에서 거둔 아슬아슬한 승리가 모든 상황을 바꾸었다. 승리에 도취된 북부에서 그날 승리의 주역인 링컨은 재선에 성공했다. 북부의 승리에서 신의 섭리를 분명히 느낄 수 있었다.

마크 놀은 이런 글을 썼다.

> 링컨의 믿음에 대해 진정으로 놀라운 것은 그런 상황이 어떻게 링컨으로 하여금 하나님과 그분의 뜻에 대해 더 깊은 묵상을 하게 했느냐는 점이다. 겉으로 보기에 종교의식에 얽매이지 않는 링컨에게는 도덕심이 강하고, 믿기 어려울 정도로 하나님을 이해하고, 인간의 상상을 초월하는 자유로우신 하나님을 굳게 믿는 사람의 모습이 숨어 있었다.[10]

미국 역사상 에이브러햄 링컨의 이야기만큼 용기를 주는 이야기는 없다. 앞으로도 있을 것 같지 않다. 그리고 링컨의 이야기 중 이성이 선량한 본성을 불러낼 수 있다고 믿는 야심 찬 젊은이에서 그 일은 오직 하나님만이 하실 수 있다고 믿는 지치고 고뇌하는 대통령으로 변한 것보다 더 감동적인 부분은 없다. 마지막으로 선언서를 발표하기 10일 전 프레더릭스버그에서 연방군이 참패했을 때, 링컨은 절망적으로 물었다. "주님은 왜 나를 이 자리에 세우셨을까?" 그 자리의 짐은 그렇게 인정 많은 사람이 홀로 감당하기에는 너무 벅찼다. 그의 자질이나 다른 사람의 도움으로는 그런 시련을 견디거나 그의 상처받은 양심을 달랠 수 없었다. 오직 하나님만이 그 무게를 지탱할 수 있었다. 그리고 그는 하나님께 의지하여 무거운 짐을 나누어졌다.

그의 대통령 임기 동안 내렸던 모든 위대하고 힘든 결정 중 가장 중대한 결정은 노예해방령 선언이었다. 그리고 그때 더욱 진지하게 하나님의 인도하심에 의지했다. 링컨은 정치적 재능과 천부의 전략적 통찰력, 변호사로서의 능력을 모두 이용해서 결정을 내렸다. 그는 노예해방선언이 사실상 불가피한 일이라고 옹호했고, 그 안에 담긴 위대한 도덕적 힘을 감추기라도 하듯이 변호사의 소송보고서처럼 무미건조하게 썼다. 그러나 자신이 무엇을 하려는지 알고 있었다. 링컨이 마지막 희생자가 되는 충격적인 전쟁은 양쪽 모두 가담한 불의에 대한 벌이었다. 정의는 이루어져야 하며 그는 그 일을 위한 도구였다.

링컨이 노예해방을 선언하기로 결정한 도덕적 통찰력을 설명하고 전쟁에 대한 그의 견해를 링컨 자신의 표현보다 더 감동적인 언어로 전달하는 일은 내 능력 밖의 일이다. 마지막 주요 대중연설에서 링컨 스스로 나타낸 것보다 그의 현명함과 선량함을 더욱 잘 나타낸 사람은 없다. 어떤 미국 정치인이 말한 가장 감동적이고 예언적이고 신앙심 깊은 표현이자 역사상 가장 유명한 의사결정자의 표현으로 이 책의 마지막 장을 마무리하는 것이 적절할 것 같다. 나라의 거대한 시련을 꿰뚫어본 현명한 판단에 대한 설명과 그가 구한 위대한 국가에 대한 미국 국민들의 책임을 이해하기 위한 조언은 링컨에게 맡기기로 하자.

어느 쪽도 전쟁이 그처럼 크게 번지고 오랫동안 계속되리라고는 예상하지 못했습니다. 양쪽 모두 전쟁의 원인이 전쟁이 끝남과 동시에, 또는 전쟁이 끝나기 전에 사라진다고 기대하지 않았습니다. 모두들 쉽게 승리할 거라 생각했을 뿐, 이처럼 근본적이고 놀라운 결과가 나타날 거라고는 예상하지 못했습니다. 양쪽이 똑같은 성경을 읽고, 같은 하나님께 기도하며, 상대방을 물리치도록 도와주시기를 간절히 원하고 있습니다. 정의로우신 하나님께 다른 사람이 땀 흘려 얻은 빵을 빼앗도록 도와달라고 기도하는 것은 이상하게 보일지도 모릅니다. 그러나 우리가 심판받지 않으려면 우리도 남을 심판하지 않도록 합시다. 남과 북 양쪽의 기도가 똑같이 응답받을 수는 없습니다. 어느 쪽도 온전히 응답받지 못했습니다. 전능하신 하나님께서는 그분 나름의 목적을 갖고 계십니다.

"실족케 하는 일이 있음으로 해서 세상에 화가 있도다. 실족케 하는 일이 없을 수 없으나 실족케 하는 그 사람에게 화가 있도다." 미국의 노예제도를 하나님의 섭리로 일어날 수밖에 없고, 그분이 예정한 시간 동안 계속되는 그런 실족케 하는 일 중의 하나이며, 하나님께서 지금 그것을 없애려 하신다고 생각해봅시다. 또 실족케 한 죄를 지은 자들이 응당 입어야 하는 화로서 남과 북에 이 끔찍한 전쟁을 내리신 것이라고 생각해봅시다. 만일 그렇다면 우리는 그 가운데에서 살아계신 하나님을 믿는 사람들이 항상 그분의 속성이라고 믿는 그 성스러운 속성과 그렇지 않은 것을 구별해야 하지 않을까요? 이 엄청난 전쟁의 괴로움이 어서 빨리 지나가기를 순수한 마음으로 바라고 간절히 기도합시다. 그러나 만일 250년 동안 노예들의 대가 없는 노역으로 축적된 부가 무너질 때까지, 채찍질로 흘린 피 한 방울 한 방울을 검으로 흘린 피로 되갚을 때까지 이 전쟁이 계속되는 것이 하나님의 뜻이라면, 3,000년 전에도 말씀이 있었듯이 오늘날에도 "주의 판결은 확실하며 다 의로울 것입니다."

어느 누구에게도 악의를 품지 않고, 모든 사람에게 자비를 베풀고, 하나님이 우리에게 보여주신 정의를 굳게 믿으며, 우리가 맡은 일을 끝내기 위해 노력합시다. 나라의 상처를 치료하고, 전쟁터에서 목숨을 잃은 사람들과 그들의 미망인, 아버지를 잃은 아이들을 보살펴주며, 우리 자신과 모든 나라의 올바르고 영원한 평화를 이룩하는 데 도움이 되는 모든 일을 하기 위해 노력합시다.

아멘.

| 맺는말 |

2007년 새해 휴일이 지난 어느 날, 웨슬리 오트리(Wesley Autrey)는 어린 두 딸을 데리고 타임스퀘어로 갔다. 그곳에서 아내에게 아이들을 맡기고 브루클린에서 건설 일을 할 예정이었다. 137번가와 브로드웨이에 있는 지하철역의 회전식 개찰구를 통과한 오트리는 뉴욕 영화아카데미 학생인 스무 살 청년 카메론 홀로피터(Cameron Hollopeter)가 갑자기 발작을 일으키며 쓰러지는 것을 보았다. 오트리와 다른 두 승객이 젊은이를 돕기 위해 달려갔다. 오트리는 역장에게 도움을 청하라고 말한 후에 홀로피터의 입에 펜을 끼워서 그가 혀를 물지 못하도록 했다. 잠시 후, 멍한 홀로피터가 눈을 뜨고 가까스로 일어서서 비틀거리다가 플랫폼에서 떨어졌다. 그는 남행열차가 역에 가까워지는 동안 레일 사이로 떨어졌다.

웨슬리 오트리가 한 일 중 칭찬할 만한 첫 번째 행동은 개인적인 결정을 내려야 한다는 것을 깨달았다는 점이다. 그는 즉시 결정을 내려야 했다. 그는 그냥 방관자가 아니라 선택을 해야 하는 사람이었다. 목숨을 걸고 다른 사람의 목숨을 구해야 하는가? 아니면 딸들과 함께 남아 다른 사람이 소름 끼치는 사건으로 죽는 끔찍하고 심리적으로 공포스러운 장면을 목격해야 하는 걸까? 그날 오후 지하철 플랫폼에는 분명 양식 있는 사람들이 많이 있었다. 그러나 그들 중 몇 명이 자신들에게도 선택의 여지가 있다는 것을 알았을까? 아마 다른 사람들도 그 사실을 알았을 것이다. 오트리가 아니었더라도 아마 다른 누군가가 오트리처럼 행동했을 것이다. 이 문제를 제기해서 한 젊은이의 생명이 위험에 처한 그 순간에 있던 사람들을 경멸하겠다는 의도는 전혀 없다. 오히려 나는 그런 참사를 목격한 사람이 너무 놀라 그저 망연자실하게 바라보거나 곧 닥칠 비극을 외면해야겠다는 생각 외에는 아무런 생각도 행동도 하지 못하는 것이 당연하다고 생각한다. 충격적인 돌발 상황에서 결정을 내리는 것은 일반적인 반응이 아니다. 그때는 분명 생각할 시간도 거의 없다. 오직 찰나만 있을 뿐이고, 어떤 행동이든 본능적인 것에 지나지 않는다.

나는 웨슬리 오트리의 행동 본능이 습득된 것이라고 생각한다. 그는 해군으로 베트남전에 참전했던 퇴역군인이었고, 그가 받은 훈련 덕분에 즉각적이고 중대한 결정을 인식하고 내릴 수 있는 준비가 되었을 것이다. 비록 훈련받은 지 오랜 시간이 지나고 감각이 무뎌지기는 했지만 나 역시 비슷한 군대 경험이 있다. 그러나 내가 지금까지 군에 있었더라도 웨슬리 오트리처럼 행동했을지는 잘 모르겠다. 나에게 결정을 내려야 할 책임이 있다는 것을 적시에 깨달았을까? 올바른 결정을 내렸을까? 아니면 선로 위에서 브레이크를 밟는 날카로운 소리가 내 귀청을 찢고 열차가 관성 때문에 불운한 희생자 쪽으로 향하는 동안, 그저 눈을 크게 뜨고 입을 다물지 못한 채 젊은 카메론 홀로피터의 인생이 갑자기 끝나는 것을 바라보았을까? 나는 솔직하게 말하지 못하겠다. 나의 허영심은 긍정적인 대답을 하라고 부추기지만, 쓰라린 경험을 통해서 배운 겸손함은 대답을 망설이게 만든다. 우리는 위기에 처했을 때 우리가 되고 싶어 하는 유형의 사람이 된다고 장담할 수 없다.

오트리는 유난히 가정교육을 잘 받았는지도 모른다. 절실히 도움이 필요한 사람을 돕는 것이 도덕적 의무라고 배우고, 양심에 따른 행동이 신체적인 본능이 되도록 훌륭한 가르침을 받았을 것이다. 아니면 다른 사람들의 영향과 인생 경험이 타인의 고통에 공감하고 위대한 용기를 내는 그의 인격을 형성했는지도 모른다. 나는 그가 건설현장에서 일하고, 퇴역군인이며, 뉴욕에 살고, 아버지이자 용감한 사람이라는 것 외에는 오트리의 인생에 대해서 아는 것이 거의 없다. 미국의 나머지 국민들처럼 나도 그에게 감탄하는 한 사람으로서, 나라면 그런 일을 할 수 있었을지 확신할 수 없는 비범한 일을 한 사람에 대해 어림짐작하고 추측할 수 있을 뿐이다. 나는 사람들이 순간적으로 혹은 오랜 시간 끝에 타당하고 용기 있는 결정을 내릴 능력을 타고 나지 않은 것처럼, 영웅이나 겁쟁이로 태어나는 사람이 있다고는 생각하지 않는다. 무엇 혹은 누군가가 지금의 그 사람이 되는 데 영향을 미쳤다. 위기에서 행동하도록 준비시키고, 충격과 혼돈 한가운데서 재빨리 사고하라고 가르치고, 혼란과 놀라움, 두려움으로도 막을 수 없는 의무감을 그에게 전했다. 오트리는 분명 훌륭한 미덕을 많이 갖춘 사람이다. 그러나 미덕은 타고난 고유한 천성이 아니라 제2의 천성이다. 우리 스스로 오랫동안 시련을 겪고 다른 사람들의 도움을 받으면서 힘들게 만들어지는 것이다. 그리고 선천적인 본능—그중 첫 번째는 자기보존(self-preservation)이다—을 압도하는 거의 본능이 된 미덕이 가장 습득하기 힘들다. 웨슬리 오트리가 지금과 같은 사람이 되도록 도와준 사람이 누구이든지 간에—배우자, 선생님, 목사님, 혹은 교관이나 해군이든지—그들에게도 신의 축복이 있기를. 그들은 그날 한 생명을 살리는 데 일조했다.

    나는 전통적인 군인 집안에서 태어났다. 아버지와 할아버지는 오직 국가와 임무에만 헌신하는 해군대장이셨다. 그분들은 더 나은 인생을 상상조차 할 수 없었다. 할아버지와 아버지, 어머니, 해군학교는 자기 자신만을 위한 삶은 진정으로 보람된 삶이 아니라는 이치를 나에게 가르쳐주려고 애썼다.

행복, 그러니까 오래 지속되는 행복은 자기 자신보다 더 위대한 목적을 위해 봉사하는 미덕을 지닌 사람들에게서 발견된다. 나는 그 교훈을 깨닫는 데 오랜 세월이 걸렸다. 그리고 지금도 나에게 교훈을 가르쳐주신 분들만큼 충실하게 그 교훈을 따른다고는 말하지 못하겠다. 그러나 그분들은 내 양심과 그분들이 정한 기준에 내가 얼마나 가까워졌는지 또는 멀어졌는지를 평가하는 자기 가치의 개념을 심어주셨다.

고등학생 때 스스로 본보기가 되어 내 인생과 내가 내린 결정을 더욱 충실하게 만든 가치를 가르쳐주신 영어 선생님이자 풋볼코치를 만난 건 행운이었다. 만약 나를 멋대로 놔두었다면 나는 그런 가치를 결코 배울 수 없었을 것이다. 데이비슨 대학의 스타 러닝백이었던 윌리엄 라베넬(William B. Ravenel)은 듀크 대학에서 박사학위를 받았다. 그는 제2차 세계대전 때 패튼(Patton) 대전차군단에서 복무하며 히틀러의 기갑사단과 치열한 접전을 치르고 살아남았다. 내가 선생님을 알게 되었을 때 선생님은 예비군 중령이며 여전히 군에 복무하는 학교에서 유일한 박사학위 소지자였다. 선생님은 영문학, 특히 셰익스피어를 좋아하셨고 매우 효과적인 방법으로 선생님의 열정을 우리에게 전해주시는 한편, 우리도 그런 열정을 갖도록 격려하셨다. 그분은 학생들에게 영웅이었고, 우리는 선생님이 좋아하시는 것을 좋아하고 싶어 했다.

어렸을 때 나는 별로 말을 잘 듣는 아이가 아니었다. 주말이면 주중에 저지른 갖가지 교칙위반과 그 밖의 무례한 행동들 때문에 생긴 벌점을 없애기 위해 일을 했다. 학교에서는 현명하게도 라베넬 선생님의 집 마당에서 갈퀴로 나뭇잎을 모으는 일과 그 밖의 잡다한 허드렛일을 시켰다. 나는 선생님이 왜 나에게 관심을 갖는지 알지 못했다. 그 당시 나는 남에게 호감을 주는 아이가 아니었기 때문이다. 그러나 선생님이 하신 일은 나에게 이로웠다.

선생님은 그 기회를 빌려 내가 흥미를 갖고 있는 역사, 영문학, 스포츠, 여학생들, 선생님과 우리 아버지, 할아버지의 전쟁 경험을 자세하게 말씀해

주셨다. 나는 친구들에게도 거의 털어놓지 않는 비밀을 선생님에게 말하기 시작했다. 나는 해군학교에 간 후 해군에서 경력을 쌓을 예정이라고 말씀드렸다. 그 당시 나는 그 일에 별 감흥을 느끼지 못했다. 선생님은 그 문제에 대해 현명하게 조언해주셨다. 그리고 내가 그 운명을 거절하거나 받아들이도록 부추기지 않으셨다. 다만 희생과 여러 보상을 공평하게 따져보며 신중하고 폭넓게 생각해보라고 하셨다. 솔직히 말하면 그 문제에 대해 우리가 할 수 있는 일은 없었다. 우리 집안 남자들은 군인을 직업으로 삼는다. 아들을 군대에 보낼 것인지 말 것인지의 관점에서는 논의조차 하지 않았다. 우리 집안 남자는 당연히 군대에 간다고 여겼다. 진로에 의문을 갖는 것은 내가 성장했을 때 면도를 할 것인지 말 것인지를 심사숙고하는 것만큼 이상한 일이 될 게 분명했다. 그러나 선생님은 그것을 의문을 가져야 할 대상으로 여기지 않으셨고, 어느새 나도 그런 식으로 생각해서 내가 있어야 할 곳은 해군이라는 결론에 이르게끔 유도하셨다. 내가 특별한 열정을 지니고 해군학교에 입학했다고는 말할 수 없다. 그러나 그때 선생님의 충고가 아니었다면 내 마음속에 자리 잡았을 분노는 이미 없었다.

내가 고학년 때 라베넬 선생님이 지도하는 이군 풋볼 선수 한 명이 훈련 규칙을 따르지 않았다. 그 규칙위반은 팀에서 제명하는 것이 정당할 정도로 심각했다. 선생님은 우리에게 결정을 맡기고 아무 말 없이 우리가 논의하는 것을 지켜보셨다. 내가 다니던 고등학교에는 명예규정(honor code)이 있어서 대다수 학생들이 그 규정을 어기지 않으려고 작은 잘못에도 신경을 썼다. 우리 학교는 명예에 관련한 문제는 심각하게 다뤘기 때문에, 팀의 중론은 그 학생의 규칙위반이 명예규정을 어긴 것이 아니더라도 제명해야 한다는 쪽으로 모아졌다. 그러나 나는 그 의견에 동의하지 않았고 반대의사를 표명했다. 우리 팀 동료가 훈련을 중단했지만 아무도 그 사실을 알지 못했다. 압력도 없고 질문조차 받지 않았는데 그 학생 자신이 규칙위반을 자백했다. 그 애가 마음이 편치 않아서 모든 것을 실토한 것이기 때문에 나는 그 사실을 참작해야 한다고 생각했다. 규칙을 따르지 못할까봐 지레 겁을 먹어서 우리들과 달리 훈련규칙을 충실히 지키겠다는 맹세를 하지 않았다는 점도 관용을 베풀어야 한다고 주장한 이유였다. 다소 격해진 논쟁에서 나는 그 선수가 양심의 가책을 느껴서 자백했으니 더 이상의 징계는 불필요하다고 말했다. 그 선수의 행동은 불명예스럽지 않았다. 나중에 안 사실이지만 라베넬 선생님도 나와 같은 생각이셨다. 그러나 우리가 그 선수의 제명 문제를 토론하는 모습을 지켜보면서 선생님은 아무 말씀도 하지 않으셨다. 나는 선생님을 존경하는 우리 팀원 모두가 어떤 식으로든 칭찬할 만한 방법으로 그 결정에서 자기 본분을 다하기 위해 노력할 거라는 점을 선생님이 아셨다고 짐작한다. 선생님은 내가 말하는 동안 잠깐 한두 번 고개를 끄덕인 것 외에는 의견을 드러내지 않으셨다. 그러나 결국 우리 팀원 대부분이 나와 마찬가지로 선생님도 관용을 베풀자는 입장일 거라고 짐작하면서 내 주장에 동조했다. 토론이 끝날 때쯤 그 문제를 결정하기 위해 투표를 하는 쪽으로 의견이 모아졌을 때 우리는 선생님의 의견을 물었다. 선생님은 그것이 가장 현명한 방법이라고 생각한다고 말씀하셨다. 그래서 우리는 투표를 해서 우리 팀원을 안심시키고 우리의 작은 군사법원을 해산했다. 나중에 선생님은 나에게 결정이 만족스럽고, 우리 스스로 문제를 이성적으로 해결하고 또 내가 앞장서서 더욱 기쁘다고 말씀하셨다.

 그 후 몇 년간 나는 해군에서 꽤 파란만장한 인생을 보냈다. 그리고 고등학교 풋볼팀에서 한 소년의 경력을 결정하는 것보다 훨씬 더 중대한 결과가 뒤따르는 결정들과 맞닥뜨렸다. 결정을 내릴 때 나는 나와 같은 경험을 한 다른 용감한 분들에게 조언을 구했다. 내가 내린 결정 중 가장 자랑스러운 결정은 감옥에서 내린 것으로, 그분들의 비난을 사는 불명예를 견딜 수 없었던 것이 가장 큰 이유였다. 그때나 그 이후에나 내가 항상 올바른 결정을 내린 것은 아니다. 다만 큰 실수 없이 여러 차례 중요한 결정들을 내릴 수 있었다. 그 모든 심각한 상황에서 나는 친구들과 가족의 조언에 귀를 기울이는 것 외에도 라베넬 선생님이라면 어떻게 하셨을지 상상하곤 했다. 선생님은 오래전에 돌아가셨지만 나는 선생님과 선생님이 내게 가르쳐주신 것들을 잊은 적이 없고, 앞으로도 잊지 않을 것이다.

나는 공공의 의무를 지닌 사람이고, 충실히 그 의무를 다하겠노라고 선서했다. 내가 하는 일은 다른 사람들에게 이로운 결정을 내려야 하는 일이다. 그 결정은 나에게 이익이 되는 일이어서는 안 되며, 만약 그렇더라도 내가 대표하는 주의 시민들과 내가 봉사하는 국가에도 이익이 되는 일이어야 한다. 그러나 현실적으로 개인적인 요소가 정치인의 결정에 절대 영향을 미치지 않을 거라고 기대하는 것은 인간의 본성에 대한 무리한 요구이다. 우리 중 오직 극소수의 사람들만이 그런 주장을 할 수 있지만, 그들도 그런 주장을 입 밖으로 꺼내는 것은 내켜하지 않는다. 그러나 국회의원으로서 올바르거나 혹은 그다지 올바르지 않은 결정—진심으로 공익을 위한 일이라 믿었을 때조차 바람직하지 않은 결정을 내렸다—을 내리기는 했지만, 정계에서만이 아니라 내 인생 전체에서 내가 내린 최악의 결정은 내 이익을 우선으로, 또 나만의 이익을 추구하기 위해 내렸던 결정이라고 말할 수 있다.

내가 국회에 있을 때 유명한 혹은 불명예스러운 일이 두 번 있었다. 내 선거운동 기부자의 간청으로 그의 이해관계를 조사하고 있는 연방선거감시위원들과 회의에 참석한 적이 있었다. 내가 그렇게 한 데에는 그의 지지를 소중히 여긴 것 말고는 다른 이유가 없었다. 그들이 나에게 내 지지자에 대해 준비하고 있는 고발의 심각성을 알린 후 나는 연방선거감시위원들을 압박해서 조사를 재고하게 만들려는 조취나 다른 행동은 하지 않았다. 그러나 만약 내가 그 일로 야기될 명예 문제를 신중하게 생각하고 중요한 후원자에게 작은 친절을 베푸는 개인적인 이익보다 공익을 먼저 생각했더라면 그 회의에 참석하지 않았을 것이다. 나는 곧 그 결정을 뼈저리게 후회했다.

2000년 대선에 출마했을 때 나는 논란이 되고 있는 사회문제가 잘못이라는 걸 알면서도 그 잘못된 입장을 주장한 적이 있었다. 그 문제와 관련한 주의 예비선거에서 이기는 데 도움이 될지도 모른다고 생각했기 때문이었다. 나는 그 결정 역시 후회했다. 정치적으로 나에게 거의 도움이 안 되었을 뿐 아니라 나 자신이 부끄러워졌고, 그런 짐을 지기에는 많은 나이였다.

두 경우에서 나는 겸손, 그리고 사욕보다 더 고귀한 목적을 성취하려는 열정이 부족했고, 그것이 내 잘못의 원인임이 밝혀졌다. 그때가 나에게 그런 특성이 없던 유일한 시기는 아니다. 그러나 나는 고통스러운 경험을 통해 그 두 가지가 훌륭한 결정에서 가장 중요한—어려운 결정일 때는 더욱더—요소라는 사실을 배웠고 앞으로도 다시 배울 기회가 있을 거라 생각한다.

겸손, 그리고 자신의 이익보다 더 고귀한 목적을 성취하려는 열정은 위험을 무릅쓰고 운 나쁜 젊은이의 생명을 구하겠다는 웨슬리 오트리의 결정에서 가장 두드러진 특성이었다. 오트리는 사고가 마비되고 반응이 느려지는 충격 속에서도 상황을 인식했다. 그는 열차가 가까이 오는 것을 보고 그 청년이 혼자 힘으로는 목숨을 구할 수 없다고 생각했다. 청년은 열차에 치이거나 고압전류가 흐르는 제3궤조(軌條)에 닿아서 죽을 수 있었다. 그러나 오트리는 또한 홀로피터를 선로 밖으로 꺼내지 못하더라도 다른 방법으로 청년의 생명을 구할 수 있다는 것을 알고 있었다.

오트리에게는 선견지명 비슷한 게 있었다. 그는 딸들이 어린 나이에 그렇게 끔찍한 일을 목격한다면 얼마나 큰 충격을 받을지 우려했다. 그는 이 모든 것을 순식간에 파악하면서 주저하지 말고 행동해야 한다는 사실을 깨달았다. 홀로피터를 안전하게 플랫폼으로 올리기에는 시간이 충분하지 않았다. 오트리는 자신이 옳다고 믿는 일은 행동으로 옮기는 자신감과 배짱이 있었다.

오트리는 "저는 눈 깜짝할 사이에 결정했습니다."라고 말했다. "열차가 저 젊은이를 치고 내 딸들이 비명 소리를 듣고 유혈이 낭자한 모습을 보도록 그냥 있을까? 아니면 뛰어내릴까?" 그는 홀로피터를 도우러 온 다른 두 여성에게 딸들의 손을 잡게 한 다음 선로로 뛰어내렸다.

완벽한 혼란 상태에 빠진 홀로피터는 자신을 도우려는 오트리를 뿌리쳤다. 홀로피터를 플랫폼으로 올리려고 분투하는 동안 오트리에게 열차 불빛이 보였다. 열차 기술자는 선로에 사람들이 있는 것을 알아채고 브레이크를 밟았다. 그러나 열차의 추진력 때문에 오트리와 홀로피터가 몸을 피하기 전에 정지하지 못할 거라는 사실은 분명했다. 오트리는 양쪽 선로 사이에 30센티미터 정도 깊이의 배수로가 있는 것을 보고 홀로피터를 그 안으로 밀고 자신의 몸으로 청년을 감쌌다. 열차가 멈추기 전에 열차 차량 두 대가 지나갔다. 웨슬리 오트리의 뜨개 모자에 기름얼룩이 남은 것을 보면 머리에서 불과 4~5센티미터밖에 떨어지지 않은 것이 분명했다.

오트리와 홀로피터의 모습이 보이지 않는 플랫폼에 있던 사람들은 두 사람에게 일어났다고 상상한 일 때문에 공포에 질려 소리를 질렀다. 오트리가 열차 밑에서 진정하라고 외쳤다. "우린 괜찮아요. 제 딸 둘이 그 위에 있어요. 애들에게 아빠가 무사하다고 알려주세요."

오트리가 해낸 무의식적이고, 기민하고, 대담하고, 영웅적인 행위는 보기 드물다. 그의 겸손함은 희망을 준다. 그가 제일 먼저 한 생각은 자기 자신이 아니라 젊은이를 위한 것이었고, 그 다음에는 플랫폼에서 울부짖고 있는 딸들이었다. 그는 나중에 자신은 영웅이 아니라고 힘주어 말했다. "진정한 영웅은 이라크에서 싸우고 있는 젊은이들입니다." 그러면 그가 한 일은 무엇이었을까? "그 자리에 있다가 제 옆에 있는 사람을 도운 겁니다."

당신은 이 책에서 살펴본 결정 중 일부는 그 결정을 내린 사람이 그것을 어려운 결정이 아니라 당연한 행동으로 여겼다는 사실을 알아챘을 것이다. 특히 의무감—겸손하게 표현되고 어떤 의무, 목적, 신념에 영향을 받는다—이 강한 사람들이 결정을 내릴 때 다른 사람들의 이익을 먼저 생각하고 행동하는 모습을 볼 수 있다.

어느 날 다른 사람이 곤경에 처한 것을 보았을 때 웨슬리 오트리는 출근하는 길이었다. 그는 망설이지 않고 돌진하는 열차 앞으로 뛰어내려 모르는 사람의 생명을 구했다. 본분을 다하고 그의 용기를 향한 목격자들의 환호가 잦아들자 그는 딸들을 아내에게 맡기고 조금 늦게 직장에 도착했다.

감사의 말 │

　두 사람의 도움이 없었다면 이 책은 태어날 수 없었을 것이다. 이 책을 계획한 편집자 조나단 카프는 여러 주제를 제시하며 상냥하게, 하지만 끈질기게 우리에게 책을 쓰라고 졸라댔다. 카프는 질문에는 재빠르고 아낌없는 조언을 해주고, 우리가 책을 못 끝내겠다고 절망적으로 변명할 때는 참을성 있게 대해주었다. 집필이 순조롭게 진행될 때는 우리를 믿고 맡겼고, 잘 풀리지 않으면 용기를 주었으며, 편집하는 동안에는 항상 날카롭고 신중했다. 조나단은 지금까지 거의 10년 동안 우리의 편집자였고 이 즐거운 부업에서 우리가 거둔 성공은 그의 공이기도 하다.
　마이클 힐은 집필하는 데 필요한 조사를 담당하고 몇 가지 주제를 권해주었다. 다른 작가들이 알고 있는 것처럼 그는 근면하고 신속하고 빈틈없는 조사자이며, 믿을 수 있고 안목 높은 조언자이다. 과제에 대한 마이클의 열의와 역사에 대한 지식과 열정은 그의 격려, 친절, 감수성만큼이나 우리에게 없어서는 안 될 것들이었다. 우리는 일하는 과정에서 친구가 되었는데,

그의 뛰어난 작업에 감사하는 만큼 그 점에 대해서도 감사히 여긴다.

우리의 대리인 플립 브로피는 우리를 응원하고, 조언을 해주고, 변함없는 우정을 보여준 소중한 친구이다. 그는 언제나 그렇듯이 우리의 과제에 대해 우리보다 더 큰 자신감을 갖고 있었다. 존 슈타우퍼와 브루스 스털링, 마이클 스캐멀, 하워드 가드너, 로버트 달랙, 다이안 라비치, 리처드 폰테인은 고맙게도 이 책에 포함될 만한 중대한 결정의 사례들을 소개해주었다. 비록 그분들이 바라는 만큼 우리가 그 결정에 관해 통찰력 있거나 품위 있게 쓸 수 있을 거라고는 기대하지 않았지만, 우리가 쓴 글이 아이디어를 요청했을 때 보여주신 그분들의 관심에 감사표현을 할 수 있을 정도는 되길 바란다.

우리의 유능한 교열 편집자 티모시 메넬은 통찰력 있고, 합리적이고, 재치 있으며, 놀라울 정도로 기민하고 꼼꼼하다. 티모시와 일한 건 이번이 처음이지만 이번이 마지막이 아니길 바란다.

트웰브의 홍보 책임자 게리 골드스테인은 광고를 훌륭하게 배치했고, 네이트 그레이는 이번 일을 시작할 때부터 좋은 아이디어를 많이 제공했다. 두 사람 모두에게 감사드린다.

또한 에미 바타글리아, 크리스 바바, 모린 이젠, 앤소니 고프, 제프 후키, 하비-제인 코윌, 마사 오티스, 브루스 파오네사, 제이미 랍, 제니퍼 로마넬로, 카렌 토레스, 앤 투미, 플라머 토누지, 토머스 워틀리, 아셰트 출판사의 데이비드 영, 그리고 열정적인 영업부 직원들과 마감 스트레스 속에서도 우리를 배려해주신 제작부 직원들에게 특별히 감사의 마음을 전하고 싶다.

마지막으로 우리의 가장 중요한 책임에서 시간을 빼앗는 또 다른 과외활동에 착수하는 동안, 늘 그랬듯이 우리에게 인내심을 보인 가족에게 크나큰 감사의 빚을 졌다.

옮긴이의 말 ㅣ

　미국의 유력한 정치인이자 베스트셀러 저자이기도 한 매케인은 이 책에서 역사상 가장 위대한 결정들을 6가지 특성으로 분류해서 설명한다. 그러나 자신의 목소리를 직접 사용한 지루한 설명 대신, 그 특성들을 효과적으로 보여주는 일화를 풍부하게 준비하는 쪽을 택했다. 우리에게 친숙한 처칠, 링컨, 맥아더에서부터 다소 생소한 과학자, 운동선수, 신학자에 이르기까지, 여러 인물들의 이야기를 읽고 있노라면 마치 수십 권의 위인전에서 가장 흥미진진한 부분만을 골라 솜씨 좋게 엮어낸 특별한 선물을 열어보는 느낌이다. 이야기들은 소설 못지않은 재미와 흥분을, 그리고 때로는 눈물이 핑 도는 감동을 선사한다.
　인생은 수많은 결정들의 연속이다. 누구나 살면서 언젠가는 어려운 결정을 내려야 한다. 매케인은 그가 인생에서 중요한 결정을 내려야 했을 때 여기 소개된 이야기들이 길잡이가 되었다고 말한다. 확신하건대, 독자 여러분도 유독 마음에 강하게 와닿고 오랫동안 기억에 남을 이야기를 한두 개쯤은 발견할 수 있을 것이다.

  독자 여러분이 이 책을 읽는 동안 삶을 살아갈 용기와 지혜를 얻기를 바란다. 더불어 언젠가 힘든 결정을 내려야 할 때 잠시나마 이 이야기들의 일부를 기억한다면 역자로서 더 이상 바랄 것이 없겠다.

안혜원

주 |

변화를 준비한 사람들

1. "Rookie of the Year", *Time*(1947, 9, 22)
2. David Falkner, *Great Time Coming: The Life of Jackie Robinson*, Simon & Schuster, 1995.
3. "Jackie Robinson and the Integration of Major League Baseball", *History Today* 53(2003, 9), 25-30.
4. Jules Tygiel, *Baseball's Great Experiment*, Oxford University Press, 1983.
5. John R. Austin, "A Method for Facilitating Controversial Social Change in Organizations: Branch Rickey and the Brooklyn Dodgers", *Journal of Applied Behavioral Science* 33(1997, 3): 101-118.
6. 같은 책, *The New Yorker*(1950, 6, 2)에서 인용.
7. 같은 책.
8. 같은 책.
9. Falkner, *Great Time Coming*.
10. Geoffrey C. Ward and Ken Burns, *Baseball: An Illustrated History*, Alfred A. Knopf, 1994.
11. Falkner, Great Time Coming.
12. Jackson Lears, "Providence at Bat", *The New Republic*(1998, 2, 2)
13. Falkner, *Great Time Coming*.
14. 같은 책.
15. "Robinson sparkled in the field and the plate", Larry Schwartz, ESPN.com(2005, 7, 5).
16. Falkner, *Great Time Coming*.
17. Carl Rowan with Jackie Robinson, *Wait Till Next Year: The Story of Jackie Robinson*, Random House, 1960.
18. 같은 책.
19. 같은 책.
20. Falkner, *Great Time Coming*.
21. Tygiel, *Baseball's Great Experiment*.
22. Frank Deford, "Crossing the Bar", *Newsweek*(1997, 4, 14).

23. Falkner, *Great Time Coming*.
24. Tygiel, *Baseball's Great Experiment*.
25. 같은 책.
26. 같은 책.
27. Falkner, *Great Time Coming*.
28. 같은 책.
29. 같은 책.
30. 같은 책.
31. Tygiel, *Baseball's Great Experiment*.
32. Jackie Robinson and Alfred Duckett, *I Never Had It Made*, Putnam, 1972.
33. Falkner, *Great Time Coming*.
34. Robinson and Duckett, *I Never Had It Made*.
35. Tygiel, *Baseball's Great Experiment*.
36. Ward and Burns, *Baseball: An Illustrated History*.
37. 같은 책.
38. William Nack, "The Breakthrough", *Sports Illustrated*(1997, 5, 5).

위기를 기회로 만든 용기

1. Lloyd Wendt and Herman Kogan, *Give the Lady What She Wants! The Story of Marshall Field & Company*, Rand McNally, 1952.
2. 같은 책.
3. 같은 책.
4. 같은 책.
5. James L. Palmer, president of Marshall Field & Company, "The Origin, Growth and Transformation of Marshall Field & Company", address to the Newcomen Society, Chicago, 1963.
6. Wendt and Kogan, *Give the Lady What She Wants!*
7. 같은 책.
8. 같은 책.

최선의 결정이 가장 중요하다

1. Report of the Presidential Commission on the Space Shuttle Challenger

Accident(1986, 6, 6).
2. 같은 책.
3. Marcia Baron, *The Moral Status of Loyalty*, Kendall/Hunt Publishing, 1984.
4. Jeffrey Kluger, "Time 100: Robert Goddard", *Time*(1999, 3, 29).
5. Ernst Stuhlinger and Frederick Ⅰ, Ordway Ⅲ, *Wernher von Braun: Crusader for Space*, Krieger Publishing, 1994.
6. 같은 책.
7. 같은 책.
8. "Reach for the Stars", *Time*(1958, 2, 17).
9. Stuhlinger and Ordway, *Wernher von Braun*.
10. 같은 책.
11. 같은 책.
12. "Reach for the Stars", *Time*.

예지

1. Richard Tedlow, "The Education of Andy Grove", *Fortune*(2005, 12, 12).

위험은 언제나 존재한다

1. 이번 장의 제목은 하우스먼(A. E. Houseman)의 시 '슈롭셔의 젊은이(A Shropshire Lad)'에서 따온 것이다. 처칠은 이 시가 아가디르 사건이 벌어진 불안한 시기를 훌륭히 반영했다고 평했다. William Manchester, *The Last Lion*, Random House, 1983.

On the idle hill of summer,
Sleepy with the flow of streams,
Far I hear the steady drummer
Drumming like a noise in dreams.

Far and near and low and louder
On the roads of earth go by,
Dear to friends and food for powder,
Soldiers marching, all to die.

2. Manchester, *The Last Lion*.
3. Winston S. Churchill, *The World Crisis*, Charles Scribner's Sons, 1923.
4. 같은 책.
5. Robert K. Massie, *Dreadnought: Britain, Germany, and the Coming of the Great War*, Random House, 1991.
6. Randolps S. Churchill, *Winston S. Churchill: Young Statesman, 1901~1914*, Houghton Mifflin Company, 1967.
7. 같은 책.
8. Massie, *Dreadnought*.
9. 같은 책.
10. 같은 책.
11. Churchill, *The World Crisis*.
12. 같은 책.
13. Peter Gretton, *Winston Churchill and the Royal Navy*, Coward McCann, 1968.
14. Churchill, *The World Crisis*.
15. 같은 책.
16. 같은 책.
17. 같은 책.
18. 같은 책.
19. Manchester, *The Last Lion*.
20. Churchill, *The World Crisis*.
21. 같은 책.
22. Massie, *Dreadnought*.
23. Churchill, *The World Crisis*.
24. 같은 책.
25. 같은 책.
26. 같은 책.
27. 같은 책.
28. Sir Martin Gilbert, *Churchill: A Life*, Henry Holt, 1991.
29. Churchill, *The World Crisis*.
30. Gilbert, *Churchill: A Life*.

특허번호 174465, 세상의 거리를 좁히다

1. Maury Klein, "What Hath God Wrought", American Heritage.com.

2. 같은 책.
3. Catherine MacKenzie, *Alexander Graham Bell*, Whitefish, MT, 2003.
4. "The Voice Heard Round the World", *American Heritage*(1965, 4)
5. 같은 책.
6. "Hindsight, Foresight and No Sight", *American Heritage*(1985, 6/7)
7. "The Voice Heard Round the World", *American Heritage*.
8. George David Smith, *The Anatomy of a Business Strategy*, Johns Hopkins University Press, 1985.
9. Ron Adner and George David Smith, "The Bell-Western Union Patent Agreement of 1897", Case Study, Copyright INSFAD, 2005.

세계를 만든 신념과 용기

1. *Time*(1982, 6, 21).
2. "Reagan and Russia", *Foreign Affairs*, 1982/1983 winter.
3. Peter Schweizer, *Victory: The Reagan Administration's Secret Strategy That Hastened the Collapse of the Soviet Union*, Atlantic Monthly Press, 1994.
4. Peter Schweizer, "Who Broke the Evil Empire?", *National Review*(1994, 5, 30).
5. "Fencing at the Fireside Summit", *Time*(1985, 12, 2).
6. Ronald Reagan, *An American Life*, Simon & Schuster, 1990.
7. 같은 책.
8. 같은 책.
9. Mikhail Gorbachev, *Memoirs*, Doubleday, 1996.
10. Reagan, *An American Life*.
11. 같은 책.
12. "Freedom's Team: How Reagan, Thatcher and John Paul II Won the Cold War", *The Wall Street Journal*(2004, 6, 7).
13. Reagan, *An American Life*.
14. Richard Reeves, *President Reagan: The Triumph of Imagination*, Simon & Schuster, 2005.
15. 같은 책.
16. 같은 책.
17. Meg Greenfield, "How Does Reagan Decide?", *Newsweek*(1984, 2, 20).
18. Reagan, An American Life.
19. 같은 책.
20. Gorbachev, *Memoirs*.

21. Jeffrey Gedmin, *The Hidden Hand: Gorbachev and the Collapse of East Germany*, AEI Press, 1992.
22. 같은 책.
23. 같은 책.

타이밍

1. Felix Frankfurter, *American National Biography*, John A. Garraty and Mark C. Carnes, eds., Vol. VII, Oxford University Press, 1999.
2. Richard Kluger, *Simple Justice*, Alfred A. Knopf, 2004.

인간들로 가득 찬 하늘

1. *Time*(1954, 7, 19).
2. 같은 책.
3. Harold Mansfield, *Vision: The Story of Boeing*, Popular Library, 1966.
4. "Boeing's 15,000,000 Gamble", *Collier's*(1954, 3, 19).
5. Clive Irving, *Wide-Body: The Triumph of the 747*, William Morrow & Co., 1993
6. "Time 100: Juan Trippe, Richard Branson", *Time*(1998, 12, 7).

면도기가 아닌 면도를 판매하라

1. Russell Adams, *King Gillette: The Man and His Wonderful Shaving Device*, Brown, 1978.
2. 같은 책.
3. "Gillette in His Early Days", *Fortune*(2003, 4, 1).
4. 같은 책.
5. Adams, *King Gillette*.
6. 같은 책.
7. "Gillette in His Early Days", *Fortune*.
8. Adams, King Gillette.
9. 같은 책.
10. "Gillette in His Early Days", *Fortune*.

11. Adams, *King Gillette*.
12. http://en.wikipedia.org/wiki/Kong_C._Gillett.
13. "K. C. Gillett Dead; Made Safety Razor", *The New York Times*(1932, 7, 10).

이스라엘이여, 이슬람이여, 영원하라

1. "Two Weeks at Camp David", *Smithsonian*(2003, 9).
2. "The Warrior Who Made Peace", *The Jerusalem Report*(1992, 3, 19).
3. "Menachem Begin, Guerrilia Leader Who Became Pracemaker", *The New York Times*(1992, 3, 10).
4. "The Warrior Who Made Peace", *The Jerusalem Report*.
5. "Zion's Man of Iron", *People*(1992, 3, 23).
6. "Anwar Sadat, 1977 Man of the Year", *Time*(1978, 1, 2).
7. Anwar el-Sadat, *In Search of Identity*, Harper and Row, 1978.
8. 같은 책.
9. 같은 책.
10. 같은 책.
11. 같은 책.
12. 같은 책.
13. 같은 책.
14. 같은 책.
15. "Anwar Sadat, The Daring Arab Pioneer of Peace with Israel", *The New York Times*(1981, 10, 7).
16. "Anwar Sadat", *Time*.

확신

1. Kenneth P. Williams, *Lincoln Finds a General*, Macmillan, 1949.
2. George B. McClellan, *McClellan's Own Story*, Charles L. Webster, 1887.
3. William, *Lincoln Finds a General*.
4. Katharine Graham, *Personal History*, Knopf, 1997.

멈추어 설 이유가 없다

1. "Greased Lightning", *The Guardian*(2006, 10, 16).
2. "Gertrude Ederle, the First Woman to Swim Across the English Channel, Dies at 98", *The New York Times*(2003, 12, 1).
3. *Daily News*(1926, 8, 6).
4. "Ederle Crosses the English Channel", *St. Petersburg Times*(1999, 10, 5).
5. "Swim It or Drown, Getrude of America, 1926", *New York Daily News*(2003, 12, 12).
6. "Gertrude Ederle Swims the English Channel", *The New York Times*(1926, 8, 6).
7. "Greased Lightning", *The Guardian*.
8. "Girl Swims Channel", *Chicago Daily Tribune*(1926, 8, 7).
9. "Laughing with the First Woman to Swim the Channel", Cynthia L. Cooper, Women's E News(2003, 12, 5).

이글, 착륙하다

1. *Apollo II* radio transcripts, www.history.NASA.gov.
2. "The Eagle Has Landed", *Houston Chronicle*(1989, 7, 16).
3. 같은 책.
4. James R. Hansen, *First Man: The Life of Neil A. Armstrong*, Simon & Schuster, 2005.
5. Michael Collins, *Carrying the Fire: An Astronaut's Journey*, Farrar, Straus, and Giroux, 1974.
6. 같은 책.
7. 같은 책.
8. Hansen, *First Man*.
9. 같은 책.
10. 같은 책.
11. Charles Murray and Catherine Bly Cox, *Apollo: The Race to the Moon*, Simon & Schuster, 1989.
12. Hansen, *First Man*.
13. "The Eagle Has Landed", *Houston Chronicle*.
14. 같은 책.
15. Hansen, *First Man*.
16. 같은 책.

앞서 가는 사람의 등에는 수많은 화살이 꽂혀 있다

1. Robert Cooke, *Dr. Folkman's War*, Random House, 2001.
2. 같은 책.
3. 인터뷰, Academy of Achievement, Washington, D.C.(1999, 6, 18).
4. Cooke, *Dr. Folkman's War*.
5. 같은 책.
6. 인터뷰(1999, 6, 18).
7. 인터뷰, *Nova*, PBS(2001, 2, 27).
8. 인터뷰(1999, 6, 18).
9. 같은 인터뷰.
10. Cooke, *Dr. Folkman's War*.
11. 같은 책.
12. 같은 책.
13. 같은 책.
14. 인터뷰(2001, 2, 27).
15. *The New York Times*(1998, 5, 3).
16. *The Economist*(2001, 2, 10).

지휘관의 결정이 승패를 만든다

1. William Manchester, *American Caesar*, Little, Brown, 1978.
2. 같은 책.
3. T. R. Fehrenbach, *This Kind of War*, Macmillan, 1963.
4. 같은 책.
5. Manchester, *American Caesar*.
6. 같은 책.
7. 같은 책.
8. 해리 서머스(Harry Summers) 대령이 한 웨이안드 장군과의 인터뷰, *Vietnam*, 1988.
9. Neil Sheehan, *A Bright Shining Lie*, Random House, 1988.
10. 같은 책.
11. John Prados, *The Hidden History of the Vietnam War*, Ivan R. Dee, 1998.
12. Sheehan, *A Bright Shining Lie*.
13. Marc Jason Gilbert and William Head, eds., *The Tet Offensive*, Westport,

Praeger, 1996.
14. David T. Zabecki, "Battle for Saigon", *Vietnam*, 1989 summer.
15. 웨이안드 장군과의 인터뷰, *Vietnam*, 1988.
16. Stanley Karnow, *Vietnam: A History*, Viking Press, 1983.
17. 같은 책.

타인의 행복을 위하여

1. "Healing Powers", *Newsweek*(2006, 4, 3).
2. "After the Warlords", *The New Yorker*(2006, 3, 27).
3. "It's the Little Things—A Reflection on Ellen Johnson Sirleaf's Journey to the Presidency", *Financial Times*(2006, 3, 24).
4. 인터뷰, *NewsHour*, PBS(2006, 3, 23).
5. Ellen Johnson Sirleaf, address to the U. S. Congress(2006, 3, 15).
6. *Meeting the Hard Man of Liberia*, BBC(2006, 11, 4).
7. "After the Warlords", *The New Yorker*.
8. "Healing Powers", *Newsweek*.
9. "It's the Little Things", *Financial Times*.
10. "After the Warlords", *The New Yorker*.

권리를 지키다

1. Laura Wexler, *Fire in the Canebrake*, Charles Scribner's Sons, 2003.
2. Joseph Pierro, "'Everything in My Power': Harry S. Truman and the Fight Against Racial Discrimination", master's thesis, Virginia Polytechnic Institute and State University.
3. David McCullough, *Truman*, Simon & Schuster, 1992.
4. Pierro, 같은 글.
5. Walter White, *A Man Called White*, North Stratford, Ayer Company Publishers, 1948.
6. Michael R. Gardner, *Harry Truman and Civil Rights: Moral Courage and Political Risks*, Southern Illinois University Press, 2002.
7. Alonzo Fields, *My 21 Years in the White House*, Coward McCann, 1961.
8. Margaret Truman, *Harry S. Truman*, William Morrow, 1973.
9. McCullough, *Truman*.

10. Gardner, *Harry Truman and Civil Rights*.
11. Alonzo L. Hamby, *Man of the People: A Life of Harry S. Truman*, Oxford University Press, 1995.
12. McCullough, *Truman*.
13. 같은 책.
14. *The New York Times*(1972, 12, 27).

전쟁의 모순을 용서하라

1. Reinhold Niebuhr, "Our Responsibilities in 1942", *Christian Century*(1942, 1, 12).
2. Charles C. Brown, *Niebuhr and His Age*, Trinity Press International, 1992.
3. "Dietrich Bonhoeffer", www.victorshepard.on.ca.
4. Dietrich Bonhoeffer, *Ethics*, Augsburg Fortress Publishers, 2004.
5. "Dietrich Bonhoeffer", the Internet Encyclopedia of Philosophy.
6. "The Church and the Jewish Question", public address by Dietrich Bonhoeffer, 1933.
7. Dietrich Bonhoeffer, *After Ten Years: Letters and Papers from Prison*, Macmillan, 1971.
8. Dietrich Bonhoeffer, *The Cost of Discipleship*, Macmillan, 1949.
9. A Hitler Dilemma, BBC(2006, 4, 14).
10. 같은 책.
11. Bonhoeffer, *The Cost of Discipleship*, preface.
12. 라인홀트 니부어와의 인터뷰, *McCall's*(1966, 2).
13. June Bingham, *Courage to Change: An Introduction to the Life and Thought of Reinhold Niebuhr*, Charles Scribner's Sons, 1961.
14. *Reinhold Niebuhr: His Religious, Social, and Political Thought*, ed. Charles Kegley and Robert W. Bretall, The Library of Living Theology, vol. 2, Macmillan, 1956.
15. Richard Fox, *Reinhold Niebuhr: A Biography*, Pantheon, 2005.
16. Reinhold Niebuhr, "Ten Years That Shook My World", *Christian Century*(1939, 4, 26).
17. Reinhold Niebuhr, *Moral Man and Immoral Society*, Scribner's, 1932.
18. 같은 책.
19. Reinhold Niebuhr, "Radical Religion" (1939), in *Love and Justice*, Westminster John Knox Press, 1992.
20. 같은 책.

21. Reinhold Niebuhr, *Discerning the Signs of the Times*, Scribner, 1946.
22. Reinhold Niebuhr, *Children of Light and Children of Darkness*, Macmillan, 1985.
23. Gordon Harland, *The Thought of Reinhold Niebuhr*, Oxford University Press, 1960.
24. 같은 책.
25. Brown, *Niebuhr and His Age*.
26. *Reinhold Niebuhr: His Religious, Social, and Political Thought*.
27. Howard G. Patton, *Reinhold Niebuhr*, Word Incorporated, 1977.
28. Reinhold Niebuhr, *The Irony of American History*, Scribner, 1952.
29. 같은 책.

진정한 자비

1. James Cannon, *Time and Chance: Gerald Ford's Appointment with History*, HarperCollins, 1994.
2. 같은 책.
3. 같은 책.
4. 같은 책.
5. Gerald Ford, *A Time to Heal: The Autobiography of Gerald R. Ford*, Harper and Row, 1979.
6. Cannon, *Time and Chance*.
7. 같은 책.

가장 성스러운 장소

1. Russell Duncan, *Where Death and Glory Meet: Colonel Robert Gould Shaw and the 54th Massachusetts Infantry*, University of Georgia Press, 1999.
2. 같은 책.
3. 같은 책.
4. 같은 책.
5. Russell Duncan, ed., *Blue-Eyed Child of Fortune: The Civil War Letters of Colonel Robert Gould Shaw*, University of Georgia Press, 1992.
6. Duncan, *Where Death and Glory Meet*.
7. Duncan, ed., *Blue-Eyed Child of Fortune*.

8. 같은 책.
9. 같은 책.
10. Duncan, *Where Death and Glory Meet*.
11. William James's oration at the dedication to the memorial to the Fifty-fourth Massachusetts Regiment, Boston Music Hall(1897, 5, 31).
12. Duncan, *Where Death and Glory Meet*.
13. 같은 책.
14. 같은 책.
15. 같은 책.
16. Duncan, ed., *Blue-Eyed Child of Fortune*.
17. Duncan, *Where Death and Glory Meet*.
18. 같은 책.
19. 같은 책.
20. Duncan, ed., *Blue-Eyed Child of Fortune*.
21. 같은 책.
22. 같은 책.
23. 같은 책.
24. 같은 책.
25. 같은 책.
26. 같은 책.

죽은 자들에 대한 의무

1. Aleksandr I. Solzhenitsyn, *The Gulag Archipelago: 1918~1956*, Harper and Row, 1973.
2. 같은 책.
3. 같은 책.
4. Nobel Lectures in Literature, Edited by Sture Allén, Swedish Academy, Stockholm.
5. 같은 책.
6. 같은 책.
7. D. M. Thomas, *Alexander Solzhenitsyn: A Century in His Life*.
8. *Gulag Archipelago*.
9. George Kennan, "Between Earth and Hell", *The New York Review of Books*(1974, 3, 21).
10. Aleksandr Solzhenitsyn, *The Oak and the Calf*, Harper and Row, 1975.

11. 같은 책.
12. Michael Scammell, *Solzhenitsyn: A Biography*, Norton, 1989.
13. Solzhenitsyn, *Oak and the Calf*.
14. Scammell, *Solzhenitsyn*.
15. Solzhenitsyn, *Oak and the Calf*.
16. 같은 책.
17. Kennan, "Between Earth and Hell", *The New York Review of Books*.
18. *The New York Times*(1974, 1 15).
19. Solzhenitsyn, *Oak and the Calf*.

고귀한 약속

1. Carl Sandburg, *Abraham Lincoln: The Prairie Years*, Harcourt, Brace and Company, 1926.
2. Don E. and Virginia E. Fehrenbacher, *Recollected Words of Abraham Lincoln*, Stanford University Press, 2005.
3. Letter to Albert G. Hodges, Abraham Lincoln(1864, 4, 4).
4. *Abraham Lincoln: A History*, vol. IV, Century Company, 1914.
5. "Meditations on the Divine Will", Abraham Lincoln and Roy Basler, ed., *Collected Works of Abraham Lincoln*, The Abraham Lincoln Association.
6. Mark A. Knoll, "The Puzzling Faith of Abraham Lincoln", *Christian History*, 1992 winter.
7. Allen C. Guelzo, *Lincoln's Emancipation Proclamation: The End of Slavery in America*, Simon & Schuster, 2004.
8. Allen C. Guelzo, *Abraham Lincoln: Redeemer President*, Wm. B. Eerdmans Publishing Co., 2003.
9. Richard Hofstadter, *The American Political Tradition and the Men Who Made It*, Knopf, 2nd revised ed., 1973.
10. Knoll, "The Puzzling Faith of Abraham Lincoln", *Christian History*

찾아보기 |

ㄱ

가브릴로 프린치프 124
가자지구 241, 254
갈리폴리 115, 227
고든 무어 103
고백교회 390, 394
골다 메이어 244
골란 고원 247
공정고용실천위원회 372, 373
구엔 치 탄 334
구정 공세 334, 335, 340, 341
국제지구물리관측년 94
굿거버넌스위원회 362
그단스크 159
그렉 자비스 76
금강 321
기독교 현실주의 390
기드온 웰스 494
기포드 강연 390, 405
김포 공항 325

ㄴ

나다니엘 뱅크스 446
나다니엘 호손 441
남북전쟁 41, 63, 64, 65, 133, 215, 258, 349, 368, 370, 485, 488, 492
내셔널지오그래픽협회 150
네드 알몬드 322, 323, 330
네비 무사 227

네빌 체임벌린 128
넬슨 록펠러 420
노벨문학상 475
노비 미르 471
노빈 그린 148
노예제도폐지론 483
노예해방령 449, 487, 492, 496
노우드 펜로즈 할로웰 453
놋홀 갱 25, 26
뉴욕앤드미시시피밸리 인쇄전신회사 132
뉴욕여자수영협회 267
뉴잉글랜드 의학저널 299, 301, 308
뉴잉글랜드 전화회사 146, 147
니그로리그 28, 31, 39, 40, 42, 43, 45, 46, 48
니콜라에 차우셰스쿠 251
니키타 흐루시초프 163, 471, 472, 473, 478
닉 다닐로프 168, 169

ㄷ

다르다넬스 115, 128
더굿 마셜 369
더글러스항공사 203
데릭 복 311
데이르 야신 231
데이비드 로이드 조지 107
데이비드 롱 303, 307
데이비드 벤구리온 230, 231
도덕적 인간과 비도덕적 사회 401
돈후안 214
드 하빌랜드 200, 202, 203
드레드 스콧 487, 488
드몰레이 456

딕 스코비 76
딕 쿠스 289, 293

ㄹ

랄프 왈도 에머슨 441
러셀 던컨 461
러셀 애덤스 208, 212, 217
레드 그레인지 270
레오 듀로셔 27, 52
레오니트 브레주네프 153, 160, 243, 478
레온 자위스키 426, 429, 431, 432
레이건 독트린 161
레이캬비크 176
레흐 바웬사 159
로버트 룬드 82
로버트 매시 115
로버트 아우어바흐 312
로베르토 클레멘테 55
로스앤젤레스 레드 데블스 37
로저 보이스졸리 80, 82
로저 태니 488
록웰인터내셔널 82
록히드마틴 193
론 맥네어 76
론 지글러 432
롤랜드 기텔슨 377
루 게릭 269, 270
루뱐카 468
루이스 드브레다 핸들리 267, 268, 269
리비아국민애국전선 359
리처드 러셀 383
리처드 쿡 80
리처드 크루거 188

리처드 파인만 79, 83
리쿠드 232, 254
린든 존슨 385
린뱌오 328, 329
린우드 설 367, 368, 375
릴리안 캐논 274

ㅁ

마가렛 대처 159, 163, 177
마르피노 468, 470
마리카 바론 84
마셜 플랜 474
마셜우주비행센터 97
마운트맥킨리 324, 325
마이크 맨스필드 420, 422, 433
마이크 스미스 76, 77
마이클 스캠멜 475
마이클 크로그브룬 312
마케오 스나입스 369
마크 놀 492, 495
매튜 리지웨이 326, 331
매튜 웹 271
메이슨딕슨 368
멜빈 레어드 421
모리스 에른스트 377
모스부호 131
모튼티오콜 79, 80, 82, 83
모하메드 나기브 240
모하메드 파우지 243
몬산토 311
몬트리올 로얄즈 41, 48, 51
무아마르 카다피 249
미트 아부알쿰 234, 236

ㅂ

바르샤바 조약 153, 171, 179, 241
바비 존스 270
밥 하트먼 426
배리 골드워터 432
버나드 로 몽고메리 238
버질 그리섬 287
베렌가리아 271, 278
베를린 올림픽 34
베를린 장벽 152, 153, 177, 180, 182
베스 이스라엘 병원 299
베이브 루스 269, 278
베타 227, 228
벤 채프먼 53
벤저민 프랭클린 10, 130
벤튼 베커 429, 431, 432
보 구엔 지아프 333, 335, 336, 337, 339
보리스 쉬스킨 377
보스턴 레드삭스 43, 46
보스턴 브레이브스 52
부헨발트 89, 396
불런 446, 491
불의 전차 264
브라운 대 교육위원회 373, 385
브라이스 할로 425, 427
브레스트리토프스크 226, 230
브레주네프 독트린 178, 180
브룩 팜 441
브리츠 운하 152
브리태니커백과사전 268
빌 보잉 194, 202
빌리 로즈 279
빌리 미첼 285
빌헬름 2세 106

ㅅ

사라위 고마아 243
사무엘 도 355, 356, 360, 364
새턴 V 97
샐리 라이드 79
서아프리카경제공동체 360
선례 구속성의 원리 188
성 아우구스티누스 401
세르게이 아흐로메예프 176
세베린 비알러 157
세븐파인스 전투 491
소비에트작가동맹 472, 473
솔 벨로 477
수에즈 운하 236, 241, 247, 249
수용소군도 468, 473, 474, 476, 477
수정헌법 제13조 490
슐리펜 작전 110, 113
스미스소니언협회 87, 139
스캐파플로 124, 126
스트라토라이너 197
스트라토크루저 198
스트롬 서몬드 381, 383, 384
스티브 베일스 282, 283, 289, 290, 292, 293, 294
스페인-미국 전쟁 344
스푸트니크 96
시어도어 빌보 373
시온 풀 227
시카고 대화재 57, 208
시카고 세계박람회 73
신생혈관형성억제 301

ㅇ

아나톨리 도브리닌 167, 168
아놀드 알드리치 82
아담 로드 기포드 390
아리스티데스 아그라몬테 345
아메리칸 크롤 268, 269
아모스 소여 360
아바스틴 314
아서 밸푸어 114
아웅산수치 346
아이작 우다드 주니어 366
아지스 알 마스리 237
아치볼드 콕스 419, 423
아폴로 8호 287
안토니오 메우치 140
알란 맥도날드 82
알렉산더 버터필드 419
알렉산더 터니 스튜어트 61
알렉산더 헤이그 423
알렉산드르 트바르도프스키 471
알론조 필즈 378
알리 마헤르 240
알리 사브리 243
알프레드 베일 131
알프레드 폰 티르피츠 109, 110, 128
암병동 470, 473, 474
앙드레 마리 앙페르 129
애퍼매턱스 코트하우스 65
앤디 그로브 103
앤티텀 258, 447, 448, 449, 453, 493
야노스 카다르 179
야오이린 181
어니 톰슨 80, 83
어빙 벌린 278
얼 워렌 189

에노스 슬로터 53
에드워드 그레이 108, 125
에드워드 스탠튼 450
에디 스탠키 52
에르빈 롬멜 237, 238
에리히 호네커 180, 181, 182
에릭 리델 264
에버렛 쿱 305
에셀다 블레이브트레이 269
에스더 윌리엄스 267
에키바스투스 469, 470, 471
엔도스타틴 313, 314
엔리코 티라보스치 272, 277
엘 알라메인 238
엘리엇 롱 367
엘리엇 리처드슨 243, 419, 423
엘버트 포터 489
예두아르트 셰바르드나제 169, 171
예브게니 노비코프 161
예수의 생애 50
예외주의 483, 485
요한 바오로 2세 160
우드로 윌슨 379, 383
우주 행성으로 가는 로켓 88
워터게이트 262, 416, 419, 423, 424,
    425, 426, 429, 430, 434
월터 리드 344
월터 크롱카이트 251, 340
월터 헤이건 270
월터 화이트 370, 372, 374, 375, 378
웨이크 섬 217, 325, 328
웨인 그레츠키 100
웬델 스미스 43, 46, 53
윌리엄 딘 320
윌리엄 로저스 78
윌리엄 수어드 444, 493

윌리엄 스터전 129
윌리엄 에머리 니커슨 219, 220, 221, 222, 225
윌리엄 웨스트모어랜드 334
윌리엄 터브먼 350, 351, 354
유리 안드로포프 160, 163, 165
유엔 싱 312
유틀란트 127, 128
윤리학 394
이르군 즈바이 레우미 228, 230, 231
이반 데니소비치의 하루 470, 471, 472
이슬라믹 지하드 255
이승만 319, 325
인간의 본성과 운명 390, 406

ㅈ

자베즈 윌페 272, 273
자본론 467
자유노조 153, 159, 160, 179
자유장교단 240
장진호 330, 331, 332
잭 가먼 290, 293, 294
잭 뎀프시 269
잭 밀러 431
전국고용평등위원회 42
전미유색인종지위향상협회 369, 370
전역 핵무기 153
제1원 470, 473, 474
제4차 중동전쟁 255, 430
제너럴일렉트릭 376
제네바 정상회담 166
제럴드 메이슨 82
제롬 포크먼 304
제리 터호스트 428, 432

제미니 10호 288
제미니 8호 287
제스 래지어 345, 346
제임스 롱스트랜 447
제임스 몬로 349
제임스 왓슨 313
제임스 이스트랜드 373
제임스 캐롤 345
제임스 캐리 377
제임스 포레스탈 93
조 디마지오 41
조 루이스 37
조 존스턴 259
조 크로닌 43
조 킬민스터 82, 83
조니 와이즈뮬러 264
조셉 맨스필드 448
조셉 젠킨스 로버츠 349
조셉 프리스틀리 10
조셉 헨리 130, 139
조안 아페리카 157
조지 고든 447
조지 고든 바이런 214
조지 로우 285
조지 마셜 317
조지 맥러플린 45
조지 버나드 쇼 135
조지 슐츠 171, 174, 175
조지 스트롱 460
조지 웨아 363
조지 케넌 474, 477
조지 하디 83
존 니콜라이 492
존 딕키 377
존 딘 419
존 셰드 72, 73, 74, 75

존 스테니스 423
존 시리카 423
존 앤드류 450
존 에릭먼 419
존 엔더스 308
존 영 287
존 윈스롭 484
존 조이스 221, 223, 224
존 코넬리 420, 422
존 파웰 59, 60, 69
존 폴 반 337
존 헤이 492
존슨 왕자 359, 360, 364
종양신생혈관형성인자 301
주디스 레스닉 76
줄리아 하프먼 275
줄리어스 시저 215
쥘 튀겔 47
지넨테크 314
지미 워커 278
지미 카터 250, 361
지미 캐논 53
지미 파워스 28
지미 파웰 42
집단 역학 80, 84
찰리 토머스 30
찰스 럭맨 377
찰스 린드버그 88, 279
찰스 슈왑 100
찰스 윌러비 326
찰스 윌리엄 137, 138, 142, 143, 150
찰스 크로서머 161
채닝 토비어스 377
척 예거 79
척 콜슨 419
천안문 광장 180

청각 장애 134, 135, 138, 150, 266, 279
최고도에 도달하는 방법 87, 89

ㅋ

칼 마르크스 155
칼 바르트 391
칼 앨버트 420, 422, 424, 433
캐서린 그레이엄 262
캔자스시티 모나크스 31, 39, 40, 41, 480
캘빈 쿨리지 278
캠프 데이비드 253, 421
케네디우주센터 79, 82, 83
케네소 마운틴 랜디스 42, 43
케네스 윌리엄스 260
케말 아타튀르크 237
코멧 200, 202, 203, 205
콘돌리자 라이스 364
콘스탄틴 치올코프스키 88
퀸시 길모어 459
크라이튼 에이브람스 335, 341
크리스 구에프로이 152, 153
크리스타 매컬리프 76
크리스탈나흐트 394
클라라벨 바렛 274
클라이드 수크포스 48
클라크 클리포드 384
키스 웨어 340
킬 운하 118

ㅌ

타운젠드앤드헌트 222

타이 코브 54
타잔 265
텍스 존스턴 202
토머스 버지스 273, 277
토머스 베일 147, 149
토머스 샌더스 138, 144
토머스 에디슨 137, 140, 141, 146, 147, 148
토머스 쿼원크파 357
톰 듀이 381, 383
톰 미니 29
톰 클라크 375
트란 반 트라 339
트루먼 독트린 374

ㅍ

파보 누르미 264
펠릭스 프랭크퍼터 187, 188, 189
프라우다 478
프란츠 페르디난트 125
프랜시스 매튜스 377
프랜시스 하스 377
프랭크 그레이엄 377
프레더릭 더글러스 453
프레드 베커 302, 307
프레드 빈슨 188
플래시 대 퍼거슨 188
피 위 리즈 52, 53
피에르 드 쿠베르탱 265
피츠버그 파이어리츠 55
피터 로디노 424
피터 카트라이트 480
필 부첸 429, 431
필 존슨 194, 195

ㅎ

하가나 227, 230, 231
하나님의 뜻에 대한 명상 491
하드리아누스 215
하워드 캐논 425
하인리히 힘러 90
한국전쟁 200, 285, 324, 332
해리 고든 셀프리지 72, 73, 74
행크 그린버그 41
허버트 애스퀴스 113
헤르만 오베르트 88, 89, 91
헤르만 폰 헬름홀츠 135
헨리 설리번 272
헨리 월러스 380, 383, 384
헬무트 콜 180
호레이스 그릴리 489
후안 트립 200, 204, 205
휴 스콧 420
히람 시블리 133

6일 전쟁 232, 242, 245, 247
7일 전투 491
A. C. 블랙웰 366, 367
B&O 철도역 132
J. P. 모건 149
KKK 368, 372, 377
T. R. 페렌바흐 324
V-2 89, 91, 92, 93

고독한 리더를 위한 6가지 결단의 힘

초판 인쇄 | 2009년 4월 6일
초판 발행 | 2009년 4월 15일

지은이 | 존 매케인 · 마크 솔터
옮긴이 | 안혜원
펴낸이 | 심만수
펴낸곳 | (주)살림출판사
출판등록 | 1989년 11월 1일 제9-210호

주소 | 413-756 경기도 파주시 교하읍 문발리 파주출판도시 522-2
전화 | 영업부 031)955-1350 기획편집부 031)955-4667
팩스 | 031)955-1355
이메일 | book@sallimbooks.com
홈페이지 | http://www.sallimbooks.com

ISBN 978-89-522-1005-0 03320

* 잘못된 책은 구입하신 서점에서 바꾸어 드립니다.
* 저자와의 협의에 의해 인지를 생략합니다.

책임편집 · 교정 : 정홍재

값 18,000원